WHAT FOREIGNERS NEED TO KNOW ABOUT AMERICA

FROM A TO Z

从A到Z：

行走美国必备宝典

[美] 兰斯·约翰逊 著

朱明权　费涓洪　朱洲 译

天津出版传媒集团

天津人民出版社

图书在版编目(ＣＩＰ)数据

从 A 到 Z：行走美国必备宝典 /(美) 兰斯·约翰逊著；朱明权, 费涓洪, 朱洲译. -- 天津：天津人民出版社, 2017.6

书名原文: What Foreigners Need To Know About America From A to Z

ISBN 978-7-201-11761-4

Ⅰ. ①从… Ⅱ. ①兰… ②朱… ③费… ④朱… Ⅲ. ①美国—概况 Ⅳ. ①K971.2

中国版本图书馆 CIP 数据核字(2017)第 090207 号

版权合同登记号：图字 02-2015-186

从 A 到 Z：行走美国必备宝典
CONG A DAO Z：XINGZOU MEIGUO BIBEI BAODIAN

出　　版　天津人民出版社
出 版 人　黄　沛
地　　址　天津市和平区西康路35号康岳大厦
邮政编码　300051
邮购电话　(022)23332469
网　　址　http://www.tjrmcbs.com
电子信箱　tjrmcbs@126.com

责任编辑　张　璐

印　　刷　三河市华润印刷有限公司
经　　销　新华书店
开　　本　787×1092毫米　1/16
印　　张　33.5
插　　页　2
字　　数　550千字
版次印次　2017年6月第1版　2017年6月第1次印刷
定　　价　168.00元

为了促进相互理解，我们需要了解彼此的历史和文化。否则，我们就无法懂得为什么我们作出了不同的选择，或者为什么我们不会以完全同样的方式思考和行动。接触的增加和知识的扩展将减少误解与加强相互尊重。

——新加坡驻联合国和驻美国大使许通美（Tommy Koh）

美国——

更准确地说,美利坚合众国——

对我来说似乎是……资源丰富,

适应性强,

但又遭受诽谤,

遭受嫉妒,

为人畏惧,

受人欺骗。

它热心体贴,

过于友好,

机智灵敏,

慷慨大方,

多彩艳丽,

惯于使用夸张言辞

和夸张手势。

它的人民本性上是旅游者

和流浪者,

不断搬迁,

不断漂移,

好动不安,

挤在福特汽车中,

挤在远洋游轮里,

渴望娱乐,

快活激动,

在世界各国中自得其乐。

——埃德娜·费伯(Edna Ferber,1887—1968),美国作家

关于作者

生活的方程式：知识 + 理解 + 接受 = 属于所有人的更加美好的世界

——兰斯·约翰逊

兰斯·约翰逊生长于美国，长期以来对美国和外国的历史与文化以及它们的差异怀有浓厚的兴趣。他访问过美国50个州中的49个，在81个国家进行过旅游。从这些经历中他学到了许多，其中包括：黑海、红海和蓝色多瑙河的名称并没有反映它们的颜色；冰岛最好被叫作绿岛（Greenland，格陵兰），反过来格林陵岛最好被称为冰岛。他还知道了，外国对美国及其人民的看法，以及美国对世界其余地区的看法也是可能变化的。

作为一个文化差异的研究者，约翰逊在国外的旅游也使他有机会探索外国人在理解美国的方式和语言方面遇到的困难，以及这种困难如何阻碍了外国人成功地和美国人进行交往。他就该书中的各个主题与人磋商过、讲过课、办过研讨班。他有一个常春藤盟校的商业方面的研究生学位，并曾在英国牛津大学学习。

在从事演艺和写作以前，约翰逊还曾担任一个国际管理咨询公司的经理以及一个股份公司的总裁，长达26年。现在，作为一个志愿者，他为非营利组织和移民提供服务。他曾出现在电影、舞台剧、国家宣传片和电视剧之中，包括在一部28集的中国电视剧中扮演一个美国领导人的角色。

在一个很重要的历史博物馆中，约翰逊作为一个第二代美国人通过讲解与参观者分享他对美国历史和文化的热爱。他打高尔夫和滑雪，喜爱他的第三代，与他的第三个大丹狗芭比娃娃以及由斗牛犬和巴哥犬杂交而来的麦克斯（Max）一起玩耍。他也辅导贫困家庭的孩子。

　　约翰逊心目中的英雄包括托马斯·杰斐逊、亚伯拉罕·林肯和西奥多·罗斯福等富有远见的总统，以及发明家托马斯·爱迪生（Thomas Edison）。他们都在我们今天看到的美国及其文化的发展过程中起到了巨大作用。

　　在约翰逊心目中同样重要的是那些外国人，他们来到美国，尽管遭受了极度的歧视、牺牲和剥削，仍然为美国早期丰富的定居史做出了巨大贡献。所有这些移民的遗产今天仍然存在于整个美国。

作者关于本书写作宗旨的说明

我目睹了外裔的朋友如何努力适应与其自身文化大相径庭的美国文化。在他们获得新职、开办企业、进入学校和结交朋友的过程中，有如此之多的东西需要学习。甚至我们的礼仪规则也给他们造成了困难。

当我在海外教书和周游世界的时候，我总是为当地人对美国的一切怀有的浓厚兴趣感到惊奇，包括我们的语言、政府、人民、音乐和电影，还有我们的行为，甚至我们在世界舞台上的负面形象。他们想知道，为什么我们的疯狂英语的规则不像他们的语言那样更具一致性。他们对美国为何认为自己必须充当世界警察感到迷惑不解。他们还想知道，为什么我们感到自己比世界上其他国家的居民更为优秀，为什么我们不喜欢外国人而是喜欢战争，为什么我们不和世界的其他地区分享财富。如果肥胖和驾车之间是有联系的，为什么美国人都是超重却又开着那么大的汽车。我尤其感到好笑的是，他们问我为什么美国人会为很小的事情说"对不起"（Excuse me），因为我认为我们并没有像应该的那样经常地对人表示歉意。

当我和当地的人们讨论美国文化的时候，我也学习他们的文化。在经历了多年的这种交流之后，我努力寻找一本浓缩和简化了美国整个内涵的书，以便可以推荐给他们，但是没有找到。于是我开始考虑自己写一本，然而最初并未肯定要从事这样一项巨大的工程。情况很快发生了变化。

我在亚洲乘了一艘游轮，按照日程表它要在越南的两个港口靠岸，对此我感到担心。越南人会仍然把我们视为敌人吗？游轮停泊在在胡志明市的时候，我所在的旅游团和我们的越南导游在一个公园里吃盒装午饭。远远地，我看到数百个穿着洁白连衣裙的女学生，她们正沿着被荒废的建筑所包围的肮脏街道骑着生锈的自行车。

因为越南的经济和社会发展水平,我以为这些女孩子会是压抑的,就像周围郁闷的环境一样。结果我错了。在一路骑向学校的同时,她们微笑地交谈着,并高兴地对我们挥手致意。我坐在那里惊讶地想到,对于这个与美国西海岸相隔14个时区的国家,我究竟还有多少其他的错误观念?

一位导游坐在我旁边,不停地就美国提出各种问题。他说,为了在工作中有所进步,他必须增加对美国的了解和提高英语水平。他问我是否知道有那么一本就像我已经设想的书。当我摇头表示没有的时候,他明显表现出了失望。然后,这位导游又问,以后再有涉及美国的疑惑时,是否可以给我发电子邮件进行询问。当我点头说可以的时候,他高兴多了。就这样,他的具有感染力的敬业精神变成了我开始写这本书的动力。

我不仅希望我的书能够启发那些只是对世界上最后一个超级大国怀有好奇心的人,而且希望它能够进一步帮助那些与美国人有着交往的外国人改善自己的生活,无论他们是在美国还是国外。我刚才讲到的新朋友就是其中之一,或许有一天那些穿着白色衣服的女学生中的某一位也是这样的。

我从那次游轮访问中还学到了其他的教训。我假定越南人仍然仇恨美国,因为40年前我们蹂躏了他们的国家,就像在此之前法国人所做的那样。我们失去了5.8万名军人。他们失去了数百万人,还有许多人缺臂少腿,一些建筑物仍然布满弹孔。其国土的20%还隐藏着尚未爆炸的地雷,自战争结束以来已经有4万人因此丧生。

尽管遭受了如此重大的损失,越南人——甚至那些失去了肢体的人——对我们美国人都表现出了真挚的友好。那位导游解释说:"战争已经结束很久,我们都在往前走。"我想,如果我们所有人都能追随由越南人民树立的榜样,世界会是多么美好。或许,仅仅是或许,我的书会对此起到一点促进作用。当然,我开始撰写该书,还有更多的原因。

那天晚上,当我们的游轮驶向曼谷的时候,我独自一人坐在船上寂静的木质嵌板图书馆中,列出了写作这本或许某一天会被置放在一个外国人的书架上的书籍的目标。以下是我所列的内容:

为了能向读者提供有益的帮助,本书必须:

● 对于那些想要了解美国究竟是什么样子的读者来说,本书要易于阅读,包含有趣的材料,并以有助于增加不同人民之间理解的方式加以组织,无论他们是住在本国,还是来到美国生活、游玩、工作或学习。

- 要使用简单的语言和句子,因为英语可能是读者的第二语言。(我用俚语词"KISS"给自己作了一个注释,即 Keep it sample, stupid,意思是"简单点儿,傻瓜"。)

- 要使用和解释那些外国人可能会碰到和自己会在实践中使用的俚语单词和俚语俗话。

- 我这方面要就美国和外国人提供一些诚实的、坦率的解释,不做掩饰。(我又用我们另外一个俚语俗话给自己作了一注释:Be a straight shooter,意思是做一个坦白正直的人。)

- 要使得读者感到他(她)和我是在进行一对一的对话,就像我年轻的越南朋友在公园里所做的那样。

- 要提供比较,一方面是我们在美国如何做事,另一方面在其他国家人们是如何做事。我从表演和教学文化中已经懂得比较是极佳的学习工具。

- 在标题中要有"从 A 到 Z"字样以显示本书的广泛范围,但是要把有关美国的这26个最重要的方面加以分类和浓缩,以便理解。

- 要识别出美国人民的真正特性和价值。要讨论今天我们想些什么以及我们与其他国家的人民有何异同。

- 要对那些帮助塑造了我们文化的基础力量做出解释,以便其他人可以理解为什么我们会是现在这个样子。

- 要为那些访问或居住在美国的人提供增加日常经验的实际技巧。

- 要为那些访问或居住在美国的人提供额外的学习工具, 如被推荐的书籍、杂志、报纸、电影的名称和互联网网站。

- 要向读者解释如果需要怎样才能改善他们的英语语法和口语能力。这种能力将提高他们在美国人和其他西方人中塑造的形象, 或许还会增加他们取得成功的机会。

- 要为数百万想到美国上学的外国学生提供重要的信息。要解释我们的录取过程以及一旦到了这里以后如何才能改善他们的经验。

- 要讨论我们的商业环境,这是针对那些在美国或海外为美国雇主工作的人,以及那些想在美国开办企业或谋得工作的人。

- 要介绍许多来自其他国家的美国领导人和成功者,以鼓励读者。

我也想到曾与一位来自美国的高级管理人员有过的一次讨论,那是发生在我飞往亚洲以便从那里搭乘游轮的航班上，我们的座位紧挨着。他负责一家美国大公司的海外运作，在将美国的企业观念传授给所聘的国外经理方面遇到了不少困难，因此对于文化差异问题深有感触。我告诉他，我正在考虑为外国人写一本书，其中将包括几页商务方面的内容。他说，如果我写出来了，他肯定会好好地读一下；但是，我应当扩大有关的讨论范围，让该书成为更加宝贵的培训资料，他会将其发给担任经理和管理人员的外国人。他还讲，"内容要涉及高质量的过硬事实、文化，加上大的背景和具体细节，从而使得来自外国的经理和管理人员理解我们的商业文化。此种商业文化是我们一再努力灌输的东西，但是，由于文化分歧，这些人就是接受不了，很快又回到当地的习俗上去"。我接受了他的劝告。

回到家里以后，我就开始了《从A到Z》的有关工作，包括写作、研究以及与不同领域的数十位专家进行探讨，前后花了两年的时间。在我的工作进行到一半的时候，海外一家有影响的出版社获得了本书的版权。这表明我最终获得了所要的肯定：我正在进行的工作确实是重要的。再过一年，它就会被完成，这对那位年轻的越南导游以及——但愿如此——世界各地的数百万的其他人将是一种帮助。

上面讲的都是过去的事了，今天，本书的修订版可以为世界上任何希望更多了解美国的人所读到。其中包括美国人！甚至我本人也从自己的有关美国的研究中学到了许多。

对于那些与美国人打交道的人来说，无论怎么强调理解美国文化的重要性以及难学的英语的微妙性都不为过。但是，在你了解我们的文化和语言之后，你就会在与我们的关系中变得更为轻松和自信，而这正可能促使你取得进一步的成功，或许也间接地促使我们的成功。

随着彼此理解的加深，我们都会感到更加积极，实现相互尊重。这一点已经从我的学生那里得到了证明，也会从你那里得到证明。

尽管我们有着各种文化分歧，你会惊奇地发现，在这块被叫作地球的来自太阳的第三块岩石上，我们的国家以及作为人类的我们之间有着那么多的共同之处。毕竟，在世界各地的迪士尼公园所演奏的歌曲是：《这毕竟只是个小小的世界》（*It's a Small World after All*）。

　　感谢你在这一旅程中一直陪伴着我。

　　感谢你让我与你分享我的美国。感谢你们中的所有人与我分享你们的国家。愿我们都生活在和平之中。①

兰斯·约翰逊

---

　　①　欢迎你对本书作出评论。你希望在以后的版本中看到一些新增加的内容吗？在帮助外国人更好地理解美国以及在与美国人交往时取得更大成功方面，你有可以与大家分享的经验或知识吗？请将你的评论用电子邮件发至：info@AmericaAtoZ.com。谢谢。

作者关于充分利用本书的建议

就像这本书的标题所表明的，它是为外国人所写。但是，什么样的人算是外国人？你是一个外国人吗？按照字典的解释，对于一个国家说来，外国人就是并非其公民的人。但是，这一定义不适用于本书。作为替代，我仅仅将"外国人"界定为那些身在美国但是对我们的文化并不充分熟悉的人。他们可能实际上是来自外国的美国公民，却并没有像自己所希望的那样很好地掌握美国文化。这包括我的那些生于外国但是归化美国的朋友，他们在这里生活了20年，仍在极力理解我们的方式和语言，希望知道得更多一些。

按照我的定义，一个外国人也可能是一个第一代美国人。其移民父母并未让他们充分暴露于我们的文化之中，例如，经常十分好心地将他们送到当地学习本族语言的私立学校。当这些年轻人日后要进入美国的主流社会时，便要为父母的做法付出代价。还有许多你会想到的其他例子。

本书为外国人描绘了一幅有关美国及其人民的独特并具启示性的画面，他们将因对我们国家的更深入理解而获益。有了这些知识，外国人就会掌握丰富的信息，给美国同行或朋友创造一个美好和见多识广的印象。对于一些外国人来说，这有可能使得他们在与美国人打交道时取得更大的成功，包括职务晋升、求学和个人关系。

本书每一章的描述，都有助于最后说明美国究竟是什么样的国家、美国人究竟是什么样的人。全书被分为四部分。①

- **第一部分——美国的传统**。这一部分阐明了为什么美国及其人民会变成今天这种状态的历史背景。要理解复杂的美国，获得这方面的知识乃是不可

---

① 每一部分也都有单本的书，中文版将附录和译者后记作为第五部分。

或缺的。

- **第二部分——美国的文化**。这一部分叙述了作为一个民族我们是谁以及如何经营我们的日常生活，从习俗和礼仪到美国人心中的想法、教育、文学、电影和许多其他的内容，甚至包括我们如何看待外国人以及外国人如何看待我们。

- **第三部分——美国的商业**。这部分解释了我们复杂的商业环境，它的运作、习俗和美国的商业在全世界取得成功的原因。它也提供了各种有关的信息，包括如何与美国商务人士打交道，如何像许多外国人那样开办和经营自己的企业，以及如何增加为这里或海外的美国雇主雇用的机会。

- **第四部分——美国的语言**。对于那些有兴趣的人来说，这一部分讨论了改善他们英语语法、口语、写作和交流的技巧，包括口音矫正。它还识别了外国人通常所犯的英语语法和发音错误，并提供了克服这些错误以改善形象的简单技巧。

全书的重点是我们在美国如何办事，以及那些或许生活在你的国家的美国人如何办事，如雇主、同事或教师。只有你自己可以判断，无论是在这里还是在你的国家与美国人打交道时，你是否接受了我们某个方面的文化。我们并不期待你改变自己的文化，就像我们在与你交往时你并不期待我们改变美国人的文化一样。但是，存在着一个中间立场，即理解我们的差异以及做出某种调整，这可以促进你的利益以及改善我们的相互观念以及关系。

根据你的需要，你可以选择略过本书的某些部分，而其他人可能对它们包含的信息怀有浓厚的兴趣。该书包含的广泛内容将可以同时服务于这两种读者。

为了更充分利用本书，还请注意以下各点：

比较——全书都在美国和其他国家之间进行比较。我绝非是在宣扬美国或任何其他国家，这样做是为了说明我们的相似性以及澄清我们的差异。比较有助于我们更清楚地理解两种文化。我仅仅描绘一幅我所知道的美国的图画，你可以得出自己的结论。

如果为了简洁我在比较时只讲到了某个国家而没有提及你的国家，请勿介意。另外，假如我将美国和"亚洲""南美"或"欧洲"进行比较，请记住这是一般性的比较，可能并不适用于你所属的特定的国家、地区或家庭。你能判断我的比较是否符合你的特定情况。

　　这一点也同样适用于我对自己国家的讨论。就像你会知道的,美国是个具有多样性和变化的国家。所以,当我叙述我们美国文化的各个方面时,它是属于一般性的情况,总是会有例外,就像在你的国家一样。

　　我的一位教表演的老师曾同样将一个学生在课堂上的表演与一个知名演员作了比较,以更好说明自己的观点。还有一次排练时,一位电影导演力图对我解释他希望我为银幕创造一个怎样的复杂形象。我努力试了三天,还是不能让他满意。最后,这位导演告诉我,不要太像詹姆斯·斯图亚特(James Stuart,一个有名的美国演员),而要更像另一位知名的演员。一下子我准确地知道了他要我如何进行表演。比较为演员提供了一个参考框架,就像他们为那些学习外国文化的人所做的一样。

　　知识基础——本书提供了一个基础,据此你可以依靠自己继续增加有关美国的知识。希望你会这么去做。为了帮助你,我提供了不同的工具:

- **俗话和短语**——书中含有不少我们使用的通俗说法和短语。技术上他们可以被界定为格言、俚语、口语、谚语和成语。但是,为了让你能方便地在索引①中进行查询,它们被列在"俗话/谚语"或者"俚语/成语"之下。俗话和谚语通常给予了建议或知识。俚语和成语可能是非正式的词汇或者表述,意味着某些与它们表示的似乎并不相同的东西,以及为某种文化所特有的东西。例如,"诚为上策"(Honesty is the best policy)被列在"俗话/谚语"之下,因为它提供了建议,而"系好你的腰带"(Cinch up your belt)可在"俚语/成语"之下发现,因为它是说困难的时刻正在到来,不一定是指腰带。在"俗话/谚语"之下,还可以发现你可能听到美国人使用并且最终你自己也可能使用的名人语录,如里根总统说:"拆掉这堵墙吧,戈尔巴乔夫先生。"(Tear down this wall, Mr. Gorbachev.)

- **书籍和其他出版物**——本书提供了有关的书籍、报纸和杂志的名称,它们将帮助你进一步探索某个主题。

- **网站**——本书推荐的网站是宝贵的学习工具,但是它们会不时地发生变化或消失。②

---

① 该书索引未加翻译。——译者

② 为了正文的流畅和简洁,在翻译的时候已经将其中介绍的所有网站都移到注释部分。——译者

提示：如果本书中一个推荐的网站出现于一个句子的末尾，如"……html."，它并不包括互联网站后面的句号。

- **影片**——本书推荐的影片将帮助你进一步对美国进行深入观察。它们可以买到、租到、下载到或者从互联网上看到。①
- **民意调查**——本书会提及各种有关美国及其人民的研究报告和民意调查。对于它们的进一步探索将丰富你的知识。
- **在美国获得成功的外国人**——有些章节会提供有关那些在美国取得成功的外国人的信息。或许这些内容将对你起到鼓舞的作用。
- **提示**——最后，你在全书当中都会看到"提示"。它们是我向你提供的小小帮助，就如何进一步讨论或理解某个主题给你一些我个人的指导，以改进你关于特定主题的谈话技巧。那些提示的页码列于索引的"谈话提示"之下。

希望你有一本很好的英语词典，有些现在可以从手提设备中获得。《韦氏字典》（*The Merriam-Webster Dictionaries*）就是很出色的，可以在网上买到。②

为了理解提到的美元数额如何转化成你的国家的货币，可以通过一些网站查询。③

新的词汇和短语——你在该书中将学到新的词汇和短语。④我鼓励我的学生使用3英寸×5英寸的卡片写下想记住的所有词汇和短语。在你看完全书后，应当积有200—300张卡片。许多这样的词目都可以在索引中找到。为了真正掌握这些新的词汇和短语，我建议你采用一种分三步走的方法：

- **第一步——记下**。当你发现黑体的词汇和短语时，那就是一个信号，要将它及其解释写在小卡片上。每个词汇或短语都有自己的卡片，甚至包括那些并非你要记住的黑体短语。例如，在关于口语的一章中我们讨论了俗话"冰山一角"（**Tip of Iceberg**）的含义以及你如何在讲话时使用它的问题。做一张标题为

---

① 见：www.netflix.com。

② 见：www.amazon.to.GoodDictionary。

③ 见：www.xe.com.net。

④ 作者对难以发音的一些单词作了注音。因为作者采用的并非中国读者所熟悉的国际音标，所以这些注音一概略去。——译者

"冰上一角"的卡片，上面写下它的含义以及使用这一短语的例句。你可以把它归于俚语一档。有的学生还将这种小卡片当作生词卡，正面写上词汇或短语，反面写上解释，这样可以对自己进行测试。有的人甚至将卡片的内容储存到电脑或手提数字式设备上。

- **第二步——记住**。将新的卡片放在桌子上、汽车里，贴在你的自行车或滑板车上，粘在你家浴室的镜子或你在一天之中会看到的任何地方。直到你在讲话或写作中已经用到过这个词汇或短语并感到得心应手之后，再将卡片放到你的文件夹里。

- **第三部——复习**。不定期地重温你的卡片，巩固你的记忆。你甚至可以将这当作一种游戏。让一个朋友随意地从你的文件夹中抽出卡片，对你进行测验。或者你可以考他们。这也能巩固你的记忆。

　　利用你从与美国朋友的讨论中收集的或者从美国的媒体上看到的信息补充你的文件夹。我有一个移民朋友，她无论在哪里都带着一本便笺簿记下自己每天学到的新东西。她经常在我说完一句话时让我停下来，询问听到的新的词汇的意思，记下来，然后再让我继续讲下去。我喜欢这种做法。谁知道呢，或许你自己最终会为来自你的国家的人民写一本有关美国的书。

目　录

第一部分　美国的传统

第二部分　美国的文化

第三部分 美国的商业

第四部分　美国的语言

第五部分　附录及译者后记

第一部分

美国的传统

历史是不懈的大师。它没有现在，只见过去冲向未来。试图紧紧抓住现在会被卷到一边而无人问津。

　　——约翰·F. 肯尼迪(John F. Kennedy,1961—1963 在任),美国总统

理解文化差异的重要性

我们不是变成一个熔炉,而是变成一块美丽的马赛克,包括不同的人民、不同的信念、不同的追求、不同的希望、不同的梦想。

——吉米·卡特,美国总统(1977—1981)

我们的世界充溢着成百上千种文化,以及成千上万种关于其他文化的错误观念和关于自己国家的神话。美国涌进了巨大的人流,他们随身带来了这些文化和看法。事实上,美国接收的移民比世界上其他所有国家加在一起还要多。1970年,每20个美国人中就有一个来自外国;今天,9个美国人中就有一个来自外国。他们来到美国可能是为了寻求美好的生活、为美国雇主工作、为本国的雇主开设分公司或工厂、创办自己的企业或上学。其他一些人则可能在本国为设在那里的美国机构或公司工作,或者要与来自美国的教师和邻居打交道。无论出于什么原因,对他们来说,理解美国的语言和文化都可能是很重要的一件事。

不幸的是,尽管今天各国间相互依存正在加剧,我们却明显缺乏对于他国文化的了解,结果彼此关系就遭到损害。我相信,充分的相互理解将有助于揭示真理,而这又会有益于所有各方。

我曾带了一个英国旅游者去看棒球比赛,努力向他解释比赛的规则。结果发现,这一任务并不像我想象得那么容易。还有一次,在来自丹麦的一家人访问我的时候,我们停在了麦当劳的得来速服务窗口(Drive Thru)取好所定的食品,然后就在前往景点的路上吃早饭。他们从来没有这样的经验,问我为什么不放慢节奏,像他们在欧洲那样坐到餐厅里面稳稳当当用餐。

我很惊奇地发现,在匈牙利的布达佩斯必须为一包在美国免费的番茄酱付钱,澳大利亚的番茄酱比我们美国的还要甜，世界各地可口可乐的味道会根据当地文化而变化，在泰国穿鞋底闪光的鞋是个很大的忌讳。在保加利亚，当我知道当地人上下点头是表示"不"而左右摇头是表示"是"的时候，我感到困惑不解，因为这与美国人正好相反。在印度，司机无视停车标志和交通灯，在法国……好，你知道我的意思了。这种文化差异是非常有趣的。

在我家附近有一个我不时会去用餐的麦当劳餐厅，大多数柜台服务员都是第一代墨西哥裔的美国人，他们的英语技巧以及对我们的俚语的熟悉程度都是比较有限的。所以，当我拿着半空的咖啡杯到一位女服务员那里要求"Warm it up"（使其变暖）的时候，她露出了困惑的眼神，接过杯子，将它交给厨师放到微波炉里加热。我告诉她，我用的俚语仅仅意味着再往杯子里加一些热咖啡。由于文化差异，在这一餐厅我与其他服务员之间还发生过类似的误解。

在中国一所我要讲授美国文化和语言的大学里，校方为我举行了一个欢迎宴会。在此前一天我便知道，分配给我的助教已经向她的领导和其他有关人员表示，她想在某个时候到美国教书和学习几个月以改善自己的英语。因此，在宴会上我就开玩笑说，我准备将她带回美国。不幸的是，在座的人以为我对她有罗曼蒂克的兴趣。这迫使我花了两天的时间来加以澄清。我因而学到的文化教训是：一些不过是像幽默一样简单的事情也会以我们预料不到的方式发生变化。说到罗曼蒂克顺便提一下，甚至人们戴婚戒的手指在世界各国都是不一样的。这些文化差异颇有启发作用。但是，它们也使我认识到，一个外国人要理解复杂的美国，或者像一些外国人所说的疯狂的美国，那可能会十分困难。我也认识到了不是亲身体验而是从书本了解美国的困难。

民意调查表明，部分地是由于2003年开始的伊拉克战争，世界对美国的政策和它在经济与政治领域的支配地位日益感到不安。调查也揭示，面对那些有着非常不同而且更加悠久和传统的文化的国家，美国在处理与它们的关系时遇到了问题。在那些受访者中，有不少曾经到过美国或者与我们因商务、教育或其他事务实际发生过关系的人，他们对美国采取了更为积极的态度。这说明第一手知识有助于各国人民更好地实现相互理解。

民意调查也说明，尽管美国的全面吸引力有所下跌，美国文化和美国价值依然具有很强的感召力。或许在我们行动中表现出来的最重要的四项美德是感恩、诚实、公正与仁慈。理解这些本书加以强调的因素，将有助于外国人更好地理解真实的美国,或许还会有助于外国人在我们的文化中获得进步。

美国人认识到,我们在世界舞台上是批评的目标。盖洛普民意调查每年都会向受访的美国人提出这样一个问题:你认为其余世界是如何看待美国的?[①] 2012年,在被问及我们对于美国在世界上的地位是否感到满意的时候,53%的人做了肯定回答。而在2008年即小布什总统任期快要结束时,只有30%的人做了肯定回答。

我们为什么会在世界上形成这种负面形象?经常来自欧洲的一个抱怨是,美国人只知道自己而对其他任何人都了解甚少。在某种程度上,他们是对的,因为大多数美国人只讲一种语言(在我们的大学生中,只有8%的人学习一门外语),从没有去过外国(2/3的美国人没有护照),通常将注意力集中在美国新闻上(我们被淹没在地方和全国新闻之中),并以工作为取向(我们每周工作的时间要多于所有其他国家的人)。因此,外国人相信我们不关注其他国家。你会知道,对普通美国人来说完全不是这么回事。

我们也是生活在一个变化多端的巨大国家之中。广阔的海洋将我们与世界的其他部分分割开来。我们有着两个隔界相望的友好邻国,其中之一是讲英语的。我们基本上是自给自足的,我们中的大多数人不与其他国家发生互动。所以,我们关于其余世界的第一手知识颇为有限。但是,当世界正在变得更加全球化的时候,这种情况正在逐步发生变化。

与此同时,来访的外国人经常作出美国人多么令人愉快的评论,这与他们最初的观念往往是矛盾的。你通过本书后面各章会知道,这种与具有各种不同背景的人接触的能力根植于我们的民族特性之中,即使它可能并未一直显示出来。

随着美国和外国接触的扩大,就出现了相互更好理解对方的文化和语言的必要。这甚至具有经济上的意义。例如,亚洲一个负责处理来自美国的客服电话的外包公司的官员说:"当外国雇员从他们各自国家接听电话时,如果他们了解自己正在与之交谈的人的文化,那会具有促进作用。它经常是一个成功的外包公司与一个失败的外包公司之间的区分因素。"本书将给予那些必须与美国人交往的读者以必要的知识,双方都将因这种更加深入的相互理解而获益。

外国的承包公司也需要熟练掌握英语的雇员,这是本书的另一个主题。美国计算机制造商戴尔公司(Dell)终止了与亚洲一个负责回答来自美国顾客的电话的外

---

① 见:www.gallup.com。

包公司的合同。为什么？美国顾客投诉说，很难同那些技术支持代表打交道，因为他们口音太重以及常常做出照本宣科或重复式的响应。（我能够证明这一点！）事实上，由于这种与外国客服电话回答中心间存在的交流问题具有相当的广泛性，现在美国有法律规定，如果顾客希望，可以要求与一个土生土长的美国人讲话。

为了解决这些文化和英语语言问题，现在有些国家为电话回答中心的工作人员建立了培训机构。在印度南部班加罗尔的一个教员说，"我们向雇员讲授美国文化、美国口音、美国元音和辅音。这些旨在消除他们当地口音的培训班也结合了有关美国地理、地区方言和文化介绍（包括节日、棒球计分规则）的课程。"本书也讨论同样的话题以及大量的（A train load）的其他内容，以帮助外国人在同美国人打交道时可以取得个人的和经济上的成功，或者（在某些情况下）仅仅是为了帮助外国人更好地理解美国。

文化上的错误观念

毫无疑问，外国人和美国人彼此之间都存在着错误的观念。它们有很多很多。以下只是一些我遇到的或者了解到的文化误解的例子，涉及中国、德国乃至沃尔玛。

中国——第二次世界大战结束很长一段时间以后，我在中国碰到一个在战后出生的人并告诉他，战时我有亲戚在部队服役，他们目睹了美军官兵为建设长达1300千米的著名缅甸生命线遭遇的死亡、疾病和季节风。这条生命线连接中国，拯救了千百万中国人的生命。

当他告诉我，中国人民绝不会忘记美国的帮助以及为了拯救中国人而失去自己生命的美国人时，我感到震惊，眼睛含满了泪水。在我的心目中，鉴于1949年以来两国间经常发生争执的关系，中国人不会意识到来自美国的援助之手。我错了，学到了有关文化错误观念的宝贵一课。在相互作出判断时，我们必须学会对各个国家的人民和政府作出区分。

德国——一次旅行时，就像总是对外国人所做的那样，我问邂逅的一对德国夫妇，美国是否有什么他们想了解得更多或者不理解的地方。他们告诉我希望知道为什么美国人民相处得如此之好。这一问题使我感到很吃惊，因为我们这里确实存在社会问题，而且有许多这样的问题。

我们花了一个小时探讨为什么他们会产生这种不太正确的观念。首先，与其他欧洲国家一样,德国现在也有来自不同文化的劳工,特别是不为一些人所喜欢的来自北非和中东的人。但是,这对德国夫妇的观念是,美国总是欢迎外国人的,因而我们相处得很好。事实上,在外籍劳工、特别是非法移民的问题上,美国也面临着同样的问题,而我的德国朋友没有意识到这一点。文化人类学家说,对移民的害怕根植于无知和偏见。其次,美国有一位黑人总统,这似乎表明我们都相处得很好。最后,我的德国朋友是有着大量少数族裔演员的美国电视节目的狂热粉丝,这有助于他们相信少数族群在美国得到了接受的观念的形成。因此,他们关于美国的观念是有些偏差的,就像由于知识的局限,我头脑中有关他们的国家和人民的观念可能也是不准确的一样。随后他们反过来(turn the tables)问我有无关于德国的问题。由于想到了他们的汽车,我便问德国的文化如何造就了如此伟大的工程师。他们找不出一个答案。有时候关于美国我也没有答案。

摩洛哥——在摩洛哥,我开始意识到自己的有关穆斯林文化的观念是扭曲的,这种错误观念是因为我们的媒体总是聚焦于伊斯兰极端主义分子和恐怖主义而产生。我问一位穆斯林导游,为什么他们的清真寺在屋顶的一根杆子上有着三个聚在一起的金属球?这位导游说,数个世纪以来,它们象征着犹太人、基督徒和穆斯林是兄弟姐妹,必须友好相处。事实上,这位导游对好斗的伊斯兰少数派感到愤慨,因为这些人使得世界对穆斯林产生了否定性看法。在这里我学到的文化课是:无论世界哪个地方的少数人的行动,未必界定了多数人的文化。

南美——一位导游问我:当着南、北美洲的所有人都是"American"(泛指美洲人)时,为什么你们敢称自己为"American"(专指美国人)?他认为我们使用这个称呼反映了自我中心主义。我对他解释说,"the United States of America"(美利坚合众国)只是北美和南美30多个国名带着"America"字样的国家之一,加上American读起来比the United States更为上口干脆。此外,如果我们说自己是"合众国人"(United Statesians),这也不符合语法。于是,该导游为自己有关美国人的否定观念表示了歉意。回想这件事,我也认识到,世界普遍相信美国将手伸得过长了,这种共同观念可能也有助于认为我们拐走了"America"这一称呼的否定态度的形成。

零售店——文化的差异甚至影响到我们在全世界的商业运作。沃尔玛(Wal-mart)是以美国为基础的零售巨头,按照收入为世界最大的连锁公司之一。出乎意料的是,它在韩国、德国和日本这些国家经历了一个艰苦的奋斗过程。沃尔玛发现,自己在美国取得成功的方式,即低价、准确的存货控制、种类繁多的商品,在不同文化中并不能自然转换成市场和消费者。在经过了几乎长达10年的尝试以后，2006年沃尔玛关闭了自己设于德国（在欧洲进入的第一个国家）的分店，因为它们未能成为德国人的一站式的购物目的地，而对千百万美国人以及其他15个国家的购物者来说，沃尔玛的8500家分店正是起到了这样的作用。

为了解决在德国出现的问题，沃尔玛曾改变了在其他国家成功使用的经验。它停止要求售货员对顾客微笑，这被当地一些男顾客解释为挑逗。它也放弃了早上由一群雇员唱歌的做法。顾客和雇员发现，诸如此类的一些事情都很奇怪，因为德国人不是那么做的。并且，沃尔玛从未与德国工会建立起顺畅的关系，不理解在德国公司和工会是紧密相连的。这与没有组织工会的沃尔玛北美分店不同，但与今天在其他国家的情况相同。此事的文化教训是：一个国家的文化并不一定可以输送到另一个国家，重要的是要理解相互之间的差异。

沃尔玛仍然在学习过程之中，就像英国的零售巨头特斯科（Tesco）一样，后者最近在加利福尼亚关闭了许多业绩不佳的新鲜与便利（Fresh & Easy）分店。它们受到了从英国输入的文化规范的阻碍，这些规范对于美国购物者来说乃是不可思议的。例如，分店的一些自有品牌的产品要贵于竞争的著名品牌产品，在美国零售业中这是无法接受的禁忌（no-no）。并且，为了保鲜，特斯科的许多新鲜产品是用玻璃纸包起来的，而在美国人看来，这种产品的质量不及散装产品。并且，特斯科的计算机化的订货系统有缺陷，使得分店的日常商品也会断档，这在美国零售业中又是一个禁忌。

上述因素在英国不是什么重要的问题（no big deal），但是在美国就未能得到很好的接受。我的祖父有一条曾对成长中的我反复强调的奇怪格言：在你经历的一生中，无论目标是什么，要将目光盯在炸面圈（donut）而非它中间的圆孔上。换言之，首先要了解然后将注意力集中在你正与之打交道的文化的重要方面。

为何我们会有错误观念

一次我要乘一架达美航空（Delta Airline）客机去往海外，在它的梯子上挂着一块牌子，上面写的是：理解各国人民的不同价值能使我们更好地为全世界的一亿乘客提供服务。

为什么我们会有不同价值以及相互间的错误观念？一些心理学家提出，即使将媒体、政治、传统神话和信仰及其他人为控制的因素搁到一边，在世界不同地方的人

还是会有不同的想法。因此,我们对情势和彼此也会有不同的观点,就像沃尔玛和特斯科正在学到的那样。例如:

- **主要目标**——研究表明,西方人将注意力集中在主要目标上,而另外一些文化看到的往往是全面环境以及主要目标与其他事物之间的关系。所以,在考虑一种情势时,西方人通常是归类(如动物的类型),而另外一些文化则往往看到关系(如猕猴吃香蕉)。思维方面的这种差异能够妨碍我们的社会、政治和商务关系,例如,外国人有时要求修改合同,认为这是变化的环境所决定的。而对大多数西方人来说,谈好的事情就是谈好了(a deal is a deal),要得到兑现。

- **推论**——我们也以不同的方式得出推论。有项研究画了一张表明增长率正在加快的线状图表(线条向右边陡峭上升)。研究者然后问美国和中国北京的大学生:你们认为增长率将会继续上升、下降还是保持原样?美国人根据趋势更可能预测继续上升,而中国人认为趋势有可能逆转。我们都有此种文化经验,据此得出自己的结论并让这些结论进入我们有关其他人的观念以及与他们的交往之中。

- **原则**——西方人根据普遍接受的原则指导自己的行动,而有些民族应用那些更加适合于一种特定形势的规则。例如,一项研究向受访者提出了这样的问题:在做出了15年的典范服务以后,一个雇员的当年工作没有达标,对此你会如何处置?75%以上的美国人和加拿大人说会让她离开,但是只有20%的新加坡人和韩国人表示会与她分手。

- **基本价值**——一般来说,关于生活的基本价值在各国之间是不同的。美国梦强调自治、民族自豪感和物质财富。这些都影响到美国人每天的行为表现。相反,欧洲对未来的看法强调共同体和生活质量。当美国人珍惜努力工作、财产的拥有以及有点单边主义的对外政策(这点正在缓慢地发生变化)时,欧洲人支持生活乐趣、闲暇时间和多边主义对外政策。所以,很容易就能看清这些日常生活中的文化差异如何影响了我们的行为表现以及相互看法。

越南战争——要说明文化上的错误观念会产生的悲剧性后果,没有一个例子能够比20世纪60年代后期和70年代初的越南战争更合适了。这一战争导致了美国人的痛苦分裂。美国电影《战争迷雾》(*The Fog of War*, 2003)赢得了奥斯卡最佳纪录片奖。在影片中，战争期间美国的国防部部长和战争升级的建筑师罗伯特·麦克纳马拉（Robert McNamara）会见了他的北越对手，双方都承认曲解了对方的动机。他们的结论是，美国错误地将北方对南越的入侵视为共产主义征服整个东南亚的行动，将这称为多米诺理论。按照这一理论，一个又一个国家都会像倒塌的多米诺骨牌一样倒向共产主义。麦克纳马拉的越南对手说，这只不过是一场内战，是美国100年前就经历过的事情。越南战争是对彼此误解对方文化导致的后果的又一次痛苦提醒。或许你的国家也有自己的类似提醒。

我们是不一样的？——我们与其余世界真的有那么大的差别吗？或者，我们的差异只是文化上的错误观念？总的来说，可以发现，在一系列问题上（幸福标准、宗教信仰和个人主义等），美国人和其他国家的人看法确实有些不同，但是这种差别并不惊人。与一个世纪以前相比，美国人与全球性主流的脱节并不那么严重。然而，由于此种差异，美国就可能被误解，不为世界上那些有着不同文化的国家所理解。上面曾提及，在涉及不同于美国的文化的关系时，我们具有同样的问题。

民意调查也表明，最重要的差异和个人主义有关。与大多数民族相比，美国人往往对塑造自己生活的能力更为乐观，对解决社会问题方面政府行动的效用更为悲观。这可以追溯到由欧洲人建国的时代，他们希望从社会、宗教和政府的桎梏下获得自由。作为今天的个人主义者，美国人往往怀疑联合国这样的组织（只有40%的美国人相信它干得很好）；但是，作为乐观主义者，美国人往往又低估了前面道路上的危险与障碍，就像我们在越南所经历的那样。该民意调查的结论是，"只要在这一星球上最为个人主义的人民要继续为解决需要全球一致行动的问题承担最大的责任"，上述态度就可能为美国人造成持续的困惑。

提示：个人主义观念是本书通篇反复出现的主题。如果外国人想理解在众多的不同情况下为什么我们会以自己的方式如此行事，很关键的就是要理解个人主义怎样和为何充满于我们的社会。

对移民的恐惧——与文化差异一起出现的是对移民的恐惧的增长。对于具有不同文化和价值的外国人的出现而产生的紧张不安在世界各国都是一种真正的威胁。随着共同市场的建立，曾经将欧洲国家隔离的移民障碍已经被降低，那里的人们现在可以在欧盟的任何地方寻找机会。结果,德国现在有着一个强大的土耳其少数族群,法国有着一个利比亚和北非少数族群,英国有着一个印度和巴基斯坦少数族群。挪威的一个反移民主义者在2011年杀死了77个本国国民。一个瑞典人在2012年杀死了3个本国国民,指责受害者都是拥抱多元文化主义的叛徒。在澳大利亚和新西兰的一些欧裔居民感到了来自亚洲和太平洋岛国的人口的增加,后者正在试图重新对被"欧洲人占领"的土地提出要求。那里的毛利族正在恢复土地和权力,就像我们夏威夷州的当地人正在收回他们的土地一样。

甚至在中国香港,现在也出现了反对数百万中国大陆游客蜂拥进入这块土地的反弹。当地人指责他们乱扔垃圾、吐痰、在公共场所小便、在不适当的地方抽烟以及做出了其他破坏礼仪的行为,此种行为冒犯了这一由英国所灌输的殖民文化的更为挑剔的神经。与此同时,在美国,移民问题集中在容易渗透的美墨边界。我们正在通过越来越严厉的法律阻止非法移民的流入。但是,许多美国人通常并不支持镇压想在美国开始一种新生活的非法移民的人权。这就是在本书中一再出现的多样性和人权问题。

新加坡驻联合国和驻美国前大使许通美(Tommy Koh)总结了这些在各国和各个民族之间出现的错误观念和基本分歧,以及实现更好的相互理解的必要性:

> "亚洲人和美国人之间相互了解甚少……居住在不同的文化包厢之中。每个包厢都充满了一个民族的历史、记忆、惯例、习俗、传统、习惯、价值、美德和偏见。我们的文化包厢决定了我们的思考和行为方式、我们理解和解释现实的方式、我们对其他人做出反应的方式。为了增加相互理解……我们需要了解彼此的历史和文化。"

所以,当你开始踏上与我一起更多地了解我的国家的旅程的时候,欢迎你来到美国。你也会了解许通美大使提及的同样的历史和文化问题。

现在要开始进入从A到Z的第一个字母。在A章中,你将了解塑造了美国文化以及使得我们成为今天这个样子的传统。为了理解复杂的美国,重要的是首先理解这一历史背景。或许你的国家也为此做出了贡献。就像你会知道的,许多国家都起到了这种作用。

A　美国人民

对于世界各地任何希望发现一个地方以便可以在其中自由地实现自己的命运的人来说,美国总是存在于他们的心中。

——伍德罗·威尔逊(Woodrow Wilson,1913—1921在任),美国总统

何谓美国? 何谓美国人民? 无论你是向这里还是海外的100个人提出这样的问题,都会得到100个不同的答案。艾森豪威尔将军是第二次世界大战期间欧洲战场的盟军领袖,在成为美国总统之前曾于20世纪50年代初担任哥伦比亚大学校长。他在一个会上告诉教师,大学不是建筑,不是实验室,也不是图书馆和其他的外部标志,他们才是大学。

南北战争期间,1863年,林肯总统在一个阵亡将士墓地的落成典礼上发表了有名的**葛底斯堡演说**,这也被视为美国历史上最重要的演说之一(全文见附录1)。他以"民有、民治和民享"(of the people,by the people,and for the people)结束了这一仅有265个单词的演说,从而界定了美国的关键因素:人民。

同样,在规定了我们政府的框架的宪法中,前3个单词"We the people……"也表达了同样的意思。

但是,我们又是谁? 本章将对美国的居民(包括来自外国的居民)以及我们与其他民族的比较提供一个综述。在此后的各章中,你将对美国人民获得更多的了解。

人民的精神

美国人具有一种竞争精神,这可以追溯到400年以前那些对他们的本土生活感

到不满的奠基移民。在过去一个世纪的大部分时间里，这种精神加强了我们的一个信念，即美国能够是并且确实是世界上的头号国家，坐于世界之巅（sat on top of the world）。这并非是自吹自擂或者与其他国家进行竞争，仅仅是关系到成就。这是美国的重要基础。但是，事情已经发生了变化。在1961年竞选总统时肯尼迪就说过："美国的形象不再是一个不断走向最光明前景的朝气蓬勃的社会了。"今天，那些谋求这一职位的竞选者们仍然说着同样的话。选民们也是如此。但是，美国真的是在走下坡路（downward slope）了吗？

美国的基础设施在世界上排第二十三位，花在研究和开发方面的费用排第十一位（德国是第一位）。按照世界卫生组织的统计，美国人的预期寿命排第二十七位，糖尿病第十八位，肥胖症第一位。我们过去获得的专利权比世界上其他国家的总和还要多，现在则占到一半。30年以前，美国的大学毕业生在世界各国所拥有的比例是最高的，而今天排第九位。在科学和数学教育方面美国现在在排第五十一位。几十年以前，在所有这些领域以及许多其他的社会标志方面，美国都是处于最高层次。

在有些领域，美国仍然排名第一。我们拥有最多的枪支、最多的债务、最大的军队，以及在富裕国家中拥有最多的犯罪。所以，与一些外国人所认为的相反，美国确实具有不讨人喜欢的赘疣（warts），一些引起许多美国人担心的东西。但是，在存在赘疣的同时，我们也有一些好的东西。

调查表明，美国是大多数外国人喜欢移民（immigrate）①的国家。我们仍然必须对世界范围的不断增长的竞争做出响应，其中包括大量廉价劳动力的问题。所以，我们工人的生产效率已经得到了很大的改进，比日本人和德国人高出30%，比欧盟工人平均高出45%。当相对于经济产量日本在世界上拥有最大的债务时，美国仅仅位列第七。

所以，概括地说（in a nutshell），就像60年前肯尼迪所说的那样，像一些外国人和美国人所相信的那样，美国——代表了我们人民——是在走下坡路呢，还是其余的世界仅仅是在追赶我们？对这一问题的回答取决于你通过什么窗口观察美国。本书将帮助打开那些窗口，以便你可以看到这里正在发生的事情，从而与你的美国朋友展开深入的讨论。

你会知道，形成了我们竞争精神基础的是这样一种信念：个人对自我利益的追

---

① emigrate是指离开一个国家，immigrate是指进入一个国家。

求也为整个国家获得了最好的结果。这与某些国家的观念并不相同。在尚未摆脱控制性、集权性政府的遗产的前苏联旅行时，这样一种信念就变得更为强烈了。

美国梦

你可能听到过美国梦（American Dream）这一流行的术语。它指的是这样一种观念：一个人可以通过努力、勇气和决心取得成功。它反映了作为一个民族我们具有的特性，因此可以被赋予实现国家繁荣的责任。今天，进一步界定了美国梦的是美国人普遍怀有的目标，即自有住房、好的工作、经济保障、国内和国际的稳定。

在最早来到北美并带来了梦想的欧洲人的故国，并不存在这样一种观念。然后，我们的开拓者们花了300年的时间在从大西洋到太平洋的这块土地上安顿了下来，同时也追求着他们个人的梦想。

霍雷肖·阿尔杰（Horatio Alger）是19世纪美国的一位多产作家。其小说讲述了贫穷孩子如何过上了受尊敬的安定和舒适的中产阶级的生活，他们有时甚至获得了巨大的财富。现在我们仍然使用"霍雷肖·阿尔杰"来称呼那些克服了悬殊差异实现了成功的人，包括外国人。其中一些将因为他们在美国取得的成就而在本书各章中得到讨论。

但是美国梦不同于其他国家的梦想。例如，欧洲是作为一个经济和文化超级地区而出现的，它的信念和特性就经常与我们不一样。我们的梦往往在某种程度上与宗教联系在一起，而欧洲梦是有些世俗的。欧洲人经常说，美国人是"活着为了工作"，而欧洲人是"工作为了生活"。欧洲平均带薪假期现在是一年6周。与之不同，美国人平均只有两周甚至更少的带薪假期，工作时间更长。我们的梦强调自治、民族自豪以及物质财富，而欧洲人对于未来的梦想强调共同体和生活质量。

移　民

美国今天的历史、民族和文化无法与我们移民的历史分开，它开始于16世纪来自西班牙的定居者以及17世纪来自法国和英国的定居者。这种较为短暂的历史与一些有着4500多年文明的国家形成了鲜明对比。今天美国人口中的6000万——总人口的1/5——都是移民或移民的子女，他们影响了我们的文化发展。

从最初的时候起,美国已经接受了世界移民总数的2/3,约7000万人。因此,美国被称为熔炉(melting pot)。从1990年以来,流入的移民和他们的子女占了我们国家所增长人口的60%,而亚洲人是我们增长最快的少数族群之一。

每年进入美国的合法移民大约是85万,非法移民据估计是这数字的一半。他们来自于各个国家,到此寻求改善生活的机会并为子女的成功创造基础。在怀揣梦想的同时,他们还带来了可以使美梦成真的技能和努力工作的意愿。

有18个国家继续吸引着世界范围的70%的移民。调查表明,美国是成年人最希望移入的目的地,其后是加拿大、英国、法国、西班牙和澳大利亚。如果全世界的所有这些成年人都能够实现移民的话,美国的纯人口增长将达到60%,其中2300万来自中国,1700万来自印度,300万来自日本。

在19世纪末和20世纪初,移民在美国向城市工业经济的转变中起到了重要作用。我们今天的语言、习俗和传统也部分来自于带来了他们文化的各种移民。结果,美国的文化,就像我们的语言和饮食一样,也是一种丰富、复杂的混合。所以,很可能你会在美国的某个地方甚至这本书中识别出来自你的故土的某些文化。

德国人是美国最大的族群(就像它是欧盟最大的族群一样)。当我在电视中观看第二次世界大战的文献电影时,我对德国官员与美国官员何其相似感到惊奇。在第二次世界大战开始以前,希特勒假定,美国人由于自身具有的德国传统不会反对他在欧洲的扩张努力。如果希特勒读了这本书,他或许会懂得,自由、独立和个人自主是我们最珍重的价值。在德国人之后,美国的其他主要族群是爱尔兰人、英格兰人、非洲人、意大利人、墨西哥人、法国人和波兰人。

人　口

白人构成了我们人口的75%,其次是拉丁美洲人(Hispanics,即讲西班牙语的墨西哥、中美和南美洲裔的美国人)、非洲裔美国人、亚洲人和被称为原住民的美国印第安人(Native American)。

就像欧洲一样,我们正在从一个年轻社会发展成为一个中年社会。我们的中位数年龄从1980年的30岁升到了现在[①]的37岁(而全世界的中位数年龄是28岁),因为

---

① 这里和以下的"现在"都应是指本书完稿的时间,即2011年前后。——译者

我们的婴儿潮一代（baby boomers）正在变老。这是指那些在第二次世界大战结束直至20世纪60年代中期出生的庞大人口群体。你还会听到我们使用的其他人口术语。在婴儿潮时代以后到20世纪80年代出生的被称为X代（Generation X），其特点是独立和雄心勃勃。出身于20世纪80年代到2000年的是Y代（Generation Y），他们是以成就为取向的。雅皮士（yuppie）是指20多岁或30多岁的上层中产阶级。你还会听到吞世代（tweens）这个提法，被用来称呼那些10—12岁的少年。

美国人从6岁开始上学，18岁有权参加选举，到了21岁可以合法地进行赌博和抽烟喝酒。我们男子结婚的平均年龄是28岁，女子是26岁，而德国男子结婚的平均年龄是33岁，女子是30岁。与大多数欧洲国家相似，在美国正常的退休年龄是65岁，而在日本是60岁，玻利维亚现在是58岁。我们结婚率、离婚率、青春期妊娠率和单亲家庭的概率在世界上都是最高的。

现在少数族群首次在美国出生的孩子中占了一半以上。少数族群构成了我们3.1亿总人口的1/3。预计到2050年时总人口会增加到4亿人，而少数族群则几乎会达到一半。相反，到2050年时欧洲人口会从今天的4.5亿下降13%，其中1/3都会超过60岁，中位数年龄将从今天的30多岁上升到57岁。欧洲面临的一项严重挑战是实现人口增长，并将移民建设性地融入一个对所有人都是公平、公正的未来社会。而这两点在美国都不是大的问题，我们的移民最终总是被整合到我们的社会之中。

在1950年，美国半数以上人口生活在东北部和中西部。今天，由于许多人移往气候宜人的南部和西部各州，这一比例已经降低。加利福尼亚是人口最多的一个州。我们的农业地区的人口呈现了下降的趋势，因为就像在其他国家发生的那样，越来越多的人移往城市寻求工作和改变生活方式。

现在，大约1/4的美国人生活在城市地区（urban areas），即拥有2500人以上居民的城镇。这和78%的人口住在城市的日本相似。25%的美国人生活在人口密度较低的农村地区（rural area）。

许多美国人住在被统称为suburbia的郊区（suburbs）。这些地区处于繁忙的大城市的边缘之外，与零售商业区和工业区分开，拥有大量的独立住宅。所以，如果你应邀访问一个美国人的家，那么有50%的可能是要到郊区去，将看到带有草地和篱笆的房子、带有草地和操场的学校，以及散布在安静的商业街上的小商店。我在澳大利亚和新西兰看到了同样的情景，在那里自己拥有住房显然也是很重要的。

家 庭

过去30年间美国的平均家庭规模已经从每户拥有3.2个孩子降到了2.6个，而欧洲是2.5个，哥伦比亚是3.9个，智利是3.6个。造成美国家庭孩子数量减少的原因很多，其中相当重要的一个是经济方面的考虑。但是这也与我们生活方式的变化有关，如更多单亲家庭的出现、缺少时间照管孩子的独立女性的增加、能够更好地控制家庭规模的医学进步等。大多数美国人主张，理想的做法是只要两个或一个孩子，而1/3的美国人赞成有3个或更多孩子。在和中国人一样对孩子性别具有偏好的美国人中，希望生男孩而非女孩的要多出40%—28%。

很可能你的美国朋友是已经离异的，因为我们的离婚率为48%(瑞典为55%，意大利为10%)，是1970年时的3倍多。美国的孩子在上大学或者获得工作之前会与父母一起生活，之后就搬入自己的公寓或住宅。这与父母可能与成年子女住在一起的中国、斐济、萨摩亚等国不同，也与成年孩子有钱后就在父母住宅上面建造自己的房子的秘鲁不一样。

在20世纪初期和中期，父亲通常是家里唯一赚取工资的人，母亲则是孩子的主要照料者。今天，经常父亲和母亲同时拥有工作，所以，对于这些双职工家庭来说，托儿所乃是必不可少的。私营企业办的托儿所和以家庭为基础的日托中心部分填补了这一需要。越来越多的公司提供日托中心以吸引成家的雇员，政府也向那些需要日托服务的低收入父母提供援助。我们甚至看到，更多的父亲承担了照看孩子的责任，而母亲则是挣钱养家的人(bread winner)。

美国的单亲家庭由一个单身成人(通常是女性)和一个或多个孩子组成。这种家庭中往往贫困的比例更高，其孩子更可能面临教育问题。它们的数量仍在不断增加，大多数黑人家庭都是没有父亲的单亲家庭。

我们的家庭今天面临的最严重的经济问题是什么？根据对美国人的调查，17%的人的回答是缺钱。12%的人说是高昂的医疗费用，占第二位。9%的人则认为是失业。

美国大约有1.12亿个家庭，以下各种数字描述了它们的平均经济状况(可与你的国家比较一下)：

- 每个家庭的年收入为5.1万美元。

- 每个家庭在银行有3800美元存款，7.7万美元的资产净值。
- 每个家庭的债务是10万美元，其中：房屋抵押贷款为7.1万美元，房屋净值循环贷款9000美元，汽车贷款6000美元，信用卡6000美元，学生贷款5000美元，其他3000美元。
- 每个家庭每年花在医疗方面的费用是1.4万美元。
- 1/2的美国家庭没有退休账户。
- 从一个孩子出生到17岁，父母要花费22.7万美元。
- 2/3的家庭都拥有自己的房子，其平均值略超20万美元，与房屋市场处于繁荣顶峰以及经济衰退开始之前的2007年相比大幅下降。如果住在南加利福尼亚的洛杉矶县或其他大城市，当时的平均值可能2倍或3倍于现在的数字。所以，如果有意于在此购买住房，你可能会遭受贵得惊人的标价冲击波（sticker shock）。

需要进一步指出的是，美国的家庭所处的经济状况要好于我们的政府。如果美国政府是个家庭，它一年挣5.8万美元，开销7.5万美元（正力图减少到7.2万美元），负有32.7万美元的信用卡债务（其中68%属于国外债主）。换一种视角也可以这么说：华盛顿每天进账60亿美元，开销100亿美元。这是一件美国的某些政客们喜欢喋喋不休地对之发出抱怨（harp on）的事情。

语　言

与一些国家不同，在全国层次上，美国没有一种"官方"语言。有些美国人反对用西班牙语为移民开设辅导课程，而建议采用一种官方语言，从而取消这些课程。82%的人声称英语是他们的母语，而96%的人声称自己的英语讲得很好。相比之下，讲西班牙语、夏威夷语、韩语、汉语、越南语、法语（在北方的新英格兰和南方的路易斯安那的部分地区）的人就要少得多。此外，还有分散的美洲原住民的语言和300种小语言。

我们许多移民将英语作为第二语言，但是，一些第二代和第三代的移民子女就不说他们祖辈的本族语言了。在中国，一种汉语口语并不能被所有地区的人所听懂。在美国就不存在这种互不理解的状况，尽管我们确实也有一些可能使讲英语的外国人感到困惑的地区口音,在南方、新英格兰和纽约地区尤其如此。

生活水平

与许多外国人认为的相反,美国人并非是世界上最富的人。联合国将美国的生活水平置于世界的前十位,这通常是根据人均收入以及获得商品和服务的情况来衡量的。但是,我们一直将自己排在斯堪的纳维亚国家、加拿大、澳大利亚和日本的后面。

联合国人类发展指数也将一个国家的预期寿命、获得教育机会和收入结合起来,作为社会和经济发展程度的参照系。据此美国排在第4位,列于挪威、澳大利亚和荷兰之后。新西兰是第5位,德国第9位,西班牙第23位,英国第28位,土耳其第92位,中国第101位,印度第134位。

美国人也将有助于提高一个国家生活水平的慈善事业视为自愿的、私人的功能。这与欧洲人不同,他们通过累进税和更多的由政府提供的社会福利实施强制性的慈善事业。美国将GDP的11%用于社会福利,欧洲则通过更高的税收将GDP的26%用于社会福利。美国人通常反感欧洲的做法,因为我们的文化信念是自己照顾自己的命运。(这又是一个独立性的问题。)

但是,在美国也并非所有的人都着迷于削弱社会福利的做法。这是在对立的两方之间进行的一场持续的拉锯战(tug of war)。说到生活水平,还有几个问题要特别提出:

(1)**阶级分野**——美国有一个庞大的中产阶级,即经济上处于工人阶级与上层阶级之间。这与一些新兴市场国家不同,它们基本上只有某些时候也被称为拥有者(haves)的富裕阶级和匮乏者(have-nots)的贫穷阶级。不过,我们的中产阶级正在迅速缩减,其部分原因是就业机会转到了海外的工厂。结果,我们最富的1%的人口现在掌控的金融财富比底层的95%人口拥有的总和还要多。我们有一个说法解释了目前发生的情况:**富者变得更富、穷者变得更穷**。

随着这种生活水平的分化,美国出现了紧张的阶级关系。按照皮尤研究中心所做的一份调查,几乎2/3的美国人相信,造成今天美国的紧张关系的最主要原因是财富差距,这一比例也是自1987年该研究中心提出同样问题以来最高的。2009年,只有不到一半的受访者表示了这样的观点。从那时以来,因财富问题而产生的猜疑已经大大超出了那些更为传统的摩擦根源的影响,如种族、性别、宗教、性取向、年龄和出生国家。

(2)贫困——具有讽刺意义的是,尽管美国那么富有,我们处于**贫困线**以下的人口却多于其他26个发达国家。1960年时这一数字高达20%,今天它落到了16%。与之相比,印度的贫困人口为29%,波兰为24%,埃及为17%,德国为11%,比利时为4%。今天,生活在美国的贫困人口要多于有据可查的16个欧洲国家的总和,这部分是由于它们实施了社会化的政府项目。

当前美国的贫困线被界定为一个四口之家的年收入大约在2.2万美元以下。非裔美国人的贫困比例几乎是全国平均水平的两倍,这是你在美国旅行时可以亲眼看到的现象,在底特律这样的大型内地城市和南方尤其如此。美国的贫困问题引起了大多数美国人的担忧,也是竞选过程中一个相互辩论和指责的话题。当我们有4900万人生活在贫困中的时候,许多人感到这是国家的耻辱。就像4600万人接受食品救济券以免费获得部分食品的事实一样,这一数字也有助于驱散那种流行看法,即认为所有美国人都是富有的。

(3)*医疗保健*——作为我们生活水平的另一反映,美国的医疗保健体系既是可以胜任的,又被认为是发达国家中最糟的之一。多年来,老百姓、企业和政客们都一直要求对之加以改善。我们基本上有一个以雇主为基础的医疗保险体系,它排除了那些低薪的工作。这就导致了4500万美国人处于医疗保险体系覆盖范围之外。这又是一个被有些美国人看成国家耻辱的问题。我们正在通过奥巴马的医疗计划探索解决这一问题的途径(feel our way),按照该计划将向所有人提供保险,但是他们本人也要支付一定费用。美国是仅有的3个没有要求雇主提供带薪产假或者不带薪的陪产假的工业化国家之一,而大多数欧洲国家都有3个月的全薪产假。美国人喜欢选择给自己看病的医生。这样,在看到那些由政府赞助医疗保健的国家中不能这么做的时候,我们就感到担心。这是另一实例,表明美国人希望将政府置于我们的生活之外。它是一个在本书中会反复出现的主题。

(4)*预期寿命*——与其他发达国家相比。美国人的预期寿命和婴儿存活率都是比较差的。我们现在更长寿了,但是比不上其他41个国家的国民,其中包括了日本和大多数欧洲国家。欧洲每1000人拥有的医生(3.22人,而以希腊最高)要多于美国(2.79人)。美国的婴儿死亡率也高于它们。美国的妇女死于与怀孕有关的病因的风险要大于其他40个国家,尽管按每人每年花在医疗方面的费用计算美国要远远超出它们，是希腊的5倍、德国的4倍、西班牙的3倍。美国的黑人妇女死于与怀孕有关的病因的可能性几乎是白人妇女的4倍。

（5）物质财富——美国人将大量的金钱用于物质财富一事已经不是什么秘密了，因此一些人将我们视为物质至上主义者。但是，美国人自己并不这样认为。这只不过是我们的生活方式。我们的巨大经济（GDP）的2/3是建立在消费性开支的基础上，而德国是55%，中国是35%。美国人均使用的电视机、汽车和其他类似产品的数量远远高于其他国家，这也是美国梦的证明。

在美国有一个说法：跟人攀比（keeping up with Joneses）。这是指要把你同你的邻居（虚构的Jones家）进行比较，以此作为一种获取社会地位和积累物质财富的基准，就像这也是一种竞争一样。

据说美国人喜欢炫耀财富，而欧洲人喜欢隐藏财富。我在西班牙的格拉纳达看到了这一点，在那里的高端住宅区，一些昂贵的房子为高墙所遮蔽，并且主人故意在门外停放一辆旧车，以此来淡化自己的富有。在欧洲，特别是在德国，一些车主订购了昂贵的汽车，但是车身上并不带注明车型的标志，以此来掩盖车主的身份。25%的奥迪车就是这么预定的，那些顶级版的特别如此。或许这也与安全措施有关。

相反，在美国，一些车主通过装上更昂贵汽车的标志来提升自己车的型号。不过，美国也有另外的极端。沃伦·巴菲特（Warren Buffet）是世界上第二富有的人，也是美国一家庞大的共同基金公司的深孚众望的头头，但是依然住在30年以前所买的朴素的房子里，仍然开着一辆旧车。

根据我的经验，美国这种被称为炫耀性消费的摆阔或许与其他国家并无差别，也是因人而异的。事实上，从对生活在加拿大的来自中国香港的移民的研究可以得出的结论是，炫耀性消费与一个人的族裔无关。

有家美国公司在南美的一个偏僻地区建立了一个大型的采矿企业。期待能像在美国一样吸引和留住足够数量的当地工人，但是却惊奇地发现应招的人很少，保有率也很低。一年以后它才明白了其中原因：对当地人来说钱没有什么用处，因为他们只能买到粮食和其他必需品，不值得为额外的钱而工作。于是，公司引进了工人可以购买物品的百货店和商品目录。此后，它就有了足够的雇员和忠诚投入的劳动力。

同样的诱惑力也在今天的美国和所有其他先进国家发挥着作用，只是程度不同而已。例如，中国拥有自备汽车的人数正经历着巨大的增长，而已经不再满足于汽车的美国人则将他们的工资花在得到改进的新房子上。一旦习惯于拥有物质财富，我们就会像前面提到的南美人一样，具有以我们自己的特定方式维持或改善生活水平的动力。

社会平等

美国确实仍然受害于族群和性别不平等的问题，尽管就如我前面提到的德国朋友那样，一些外国人并不这么认为。不过，自20世纪70年代以来，男性和女性的传统性别角色不断受到人们和法庭的挑战。所以，今天一个人的性别或肤色限制了其作用的情况已经减少。我们正在取得进步。

按照世界经济论坛的说法，北欧国家拥有最大程度的男女平等，其中冰岛排名第一，而美国则是第19位，法国第46位。我们的女性工人平均挣得的工资是从事同样工作的男性的78%，但是与大多数其他国家的男性相比，她们具有更高的就业率和薪水。南方路易斯安那州的首府巴吞鲁日付给妇女的工资只及男性的63%，因而挣得了美国支付女性薪酬最低的大城市的不佳名声。在我们的高级管理职位中女性的代表依然只占7%—16%；在第二次世界大战之前她们还不到4%。

这与印度等一些盛行对女性歧视的国家形成了明显反差。一份世界性的调查报告声称，或许是由于这样的不平等，87%的印度妇女感到承受了最为恒定的压力，而美国只有53%的妇女具有同样的问题，与20世纪60年代的欧洲大致相当。虽然情况有所改善，在印度从事政治或管理工作的妇女的百分比依然很低；与美国不同，在那里的高级企业职位以及法律和医学行业中仍然难得看到女性的身影。

当我在伊斯兰国家旅行的时候，看到同行的美国女性对那里的妇女遭受的性别不平等待遇持有严厉的看法。这种现象不仅使得她们无法接受，而且也使得她们很难不按照典型的美国方式加以评论。例如，如果没有得到男性监护人的许可，沙特阿拉伯的妇女不能旅行、工作、到海外学习、结婚、离婚或进入公立医院。总部设在纽约的人权观察组织以文件证明了沙特在体育领域对妇女的系统歧视。[①]所有这些与美国对待妇女的态度正好相反（go against the grain）。另一方面。我也看到，我的同行者更能接受进步的土耳其穆斯林的做法。在那里，妇女在用丝巾遮掩头面这样一

---

① 见：www.hrw.org。

些事情上有着更多的选择,在离婚的时候也会获得更为慷慨的解决方案。

但是,美国人、特别是美国妇女认识到,在所有这些事关平等的领域,我们仍然有着改善的余地。我们有着这么一个说法:居住玻璃屋者不宜以石掷人(People who live in glass houses shouldn't throw stones)。这表明,因为我们也犯有的同样过错,我们不应该去批评其他人。

> 提示:如果你是来自一个歧视妇女角色和宗教少数派的国家,在与一个并非知
> 心朋友的美国人讨论这些想法的时候,应当采取谨慎的态度。

外国传统的根源

美国人的根可以这样或那样的方式追溯到外国。有些人是新近的移民,还有些人是移民在此所生的第一代美国人(如我的父亲那样),其他人则是来自在美国生活了许多代的家庭。甚至直到20世纪中期,许多外国人在美国还没有得到地位更加确定的群体的接受。但是,今天大多数人都已经成了我们的复合社会的不可或缺的部分。

美国的总统和政府近来通过承认具有下述传统的群体对我们社会的贡献向他们表示了敬意:

- **亚洲/太平洋裔美国人**——克林顿总统宣布1996年5月为亚洲/太平洋裔美国人传统月。他说,我们的国民性格因为维护和尊重来自其他国土的文化价值和习俗而得到提升。
- **德裔美国人**——小布什总统宣布2003年10月6日为德裔美国人日。他鼓励所有美国人承认德裔美国公民为美国的自由和繁荣做出的贡献。
- **印度裔美国人**——2005年,国会赞扬了我们的印度裔美国人社区和印度理工学院。这是国会首次因为一个外国大学对我们的社会做出的重要贡献对其表示了敬意。发起了这一决议的国会议员表示,美国必须向印度学习,设计出注重和改善我们在数学和科学领域的研究的战略。另一个国会议员说,作为"印度裔美国人在美国最大的集中地之一的代表",他"目睹了我的来自印度的朋友们所做出的贡献"。

美国人的特性之一是**不念旧恶、原谅和忘记**。我们今天和第二次世界大战时的敌人日本与德国的关系就是例证。我们也喜欢弥补过去的错误行为，包括对待移民的态度，尽管或许我们还没有像应该的那样做得更快速和更经常。2011年，我们的联邦政府通过了一项决议，为我们早在1882年采取的针对中国移民的歧视性法律进行道歉。有着大量亚裔美国人的加利福尼亚在此前两年就已经提出了一项类似的决议。有时候迟钝的华盛顿从州里的做法得到了启示。

1988年，里根总统向在第二次世界大战期间被拘禁的每个日裔美国人提供了2万美元的补偿并做出了正式的道歉。2008年，我们为非裔美国人的先辈在奴隶制下遭受的苦难向他们表示了道歉。①2012年，奥巴马政府宣布，它将停止驱逐作为儿童来到美国的一些非法年轻移民。这一政策变化将影响到大约140万人，其中许多人现在是受到良好教育的专业人员。

美国的4个主要的传统群体是欧洲人、拉丁美洲人、非洲人和亚洲人，分别对应于他们原来所属的大陆。如果你碰巧需要与一个美国人打交道，那么有90%的可能他或她属于这4个群体中的一个。他们是美国人，但是又可能在不同程度上保留了世代相传的那些最初的文化特性。

在进入20世纪之前，美国半数以上的人口是蓝眼睛的白人。几十年以前，40%以上的美国人有着蓝眼睛。但是现在已经并非如此了。最近，这一比例降到了20%。移民的大量进入、对异族婚姻以及因此产下的孩子的接受度的提高，都导致了向褐色眼睛的人口的转变。

欧裔美国人——美国文化本质上是欧洲的，主要起源于英国。就像我们在后面会讨论到的，我们与欧洲的传承通过我们政府和公民教育的形式得到制度化。欧裔美国人组成了我们人口的61%，他们的贫困率最低，教育水平、平均家庭收入和平均个人收入方面则占第二位，要高于除亚裔美国人以外的任何其他族裔的人口。

欧裔美国人来自于两个移民高潮。从1800年到1850年，北欧和西欧人到达了美国，其中包括德国人、爱尔兰人、苏格兰人、威尔士人、法国人、丹麦人、挪威人、芬兰人和瑞典人。他们带来了高水平的教育和新教的信仰。第二个高潮出现于1880年到20世纪20年代，此时南欧和东欧人来到了美国，其中包括意大利人、波兰人、俄罗斯

---

① 关于这些歧视性的历史时期见关于历史的D章。

人、匈牙利人、塞尔维亚人、乌克兰人、克罗地亚人和保加利亚人。

拉美裔美国人——拉丁美洲是指美国以南从墨西哥到南美洲最南端的整个美洲。你会听到两个术语，即Latino和Hispanic。它们都是族群称谓，用以表示来自拉丁美洲的人，无论这个人是否具有西班牙血统。从16世纪起，这些人便出现在后来属于美国的土地上，要早于绝大多数其他的族群，仅次于一万年前就从亚洲移民过来的印第安人。

你在美国肯定会遇到拉美裔美国人，因为它们构成了美国最大的少数族群，大致占了我们人口的15%，其中一半住在加利福尼亚和得克萨斯。到2050年时，美国人口的1/4会是拉美裔美国人。在我们国家最大的50个城市的35个之中，非拉美裔的白人很快就会处于少数地位。

据估计，美国有800万来自墨西哥的非法移民，这是一个你的美国朋友可能会与你加以讨论的问题，也是一个在美国的纳税人中引起激烈争论的问题。他们必须在医疗、教育方面为非法的墨西哥移民买单，在边界沿线的各州尤其如此。因为联邦政府没有阻止其中的45万人进入西南的亚利桑那州，该州就自己采取行动（take matters into its own hands）。它颁布了与联邦政府相反的法令，要求被怀疑为非法移民的人出示身份证。在其他州的一些人看来，这一做法破坏了禁止非法搜寻的宪法保障。为了对此表示抗议，一些组织取消了它们要在亚利桑那召开的年会。这再一次证明，我们中的多数人都致力于捍卫所有人的人权，其中甚至包括非法进入美国的人，以及在其他国家被剥夺了我们享有并为之奋斗的那些权利的人。

非裔美国人——非裔美国人这一术语一般被用来指称那些主要有着撒哈拉沙漠以南地区的非洲血统的人。我们也用"blacks"（黑人）这一称谓。但是，出于对非裔美国人的尊重，"colors""Negro"和"Nigger"等说法已经在20世纪后半期从我们的语汇中被剔除出去了，来到美国的外国人不应当再加以使用。非裔美国人中的大多数都是作为奴隶被束缚在现在美国版图之内的非洲人的后裔，尽管有些人是来自非洲、加勒比地区和南美的自愿移民或其后代。

许多人相信，几个世纪以前美国是世界上首屈一指的奴隶制拥护者和使用者。但是，在当时跨越大西洋运来的1070万奴隶中，巴西接受了50%，而美国只接受了6%。此外，美国在1864年就废除了奴隶制，而巴西到1888年时才这么做，是美洲最后一个宣布奴隶制属于非法的国家。

黑人构成了我们当今人口的14%，是美国第二大的少数族群，仅次于拉美裔美国人。他们的平均收入大约是白人的65%；在巴西这一数字是57%。相对于其他包括移民在内的少数群体，非裔美国人更为积极地参与了美国的政治进程。但是，你会发现，与白人相比，无论是从经济、教育还是社会地位的角度衡量，在许多领域他们都处于弱势地位。人权运动①极大地影响了包括移民在内的所有美国人的公民自由和社会自由，无论他们的文化背景有何不同，而不仅仅是黑人。

亚裔美国人——亚裔美国人这一术语产生于20世纪60年代末，当时亚裔美国人中的积极分子试图结束"Orientals"（东方人）这一词汇的使用，相信它传达了一种负面形象。今天，亚裔美国人，就像其他外来的族群一样，作为美国风景的一个重要部分得到了承认，被视为成功、守法和取得很高成就的少数群体。过去并非这样的。②

1800多万的亚裔美国人（占总人口的6%）构成了美国增长最快的少数族群，其速度最近甚至超过了拉美裔的美国人。其中3/4都是出生于国外。华裔美国人构成了其中最大的亚群体（占23%）。接下来是菲律宾人、印度人、越南人、韩国人和日本人（7%）。大约半数亚裔美国人住在美国西部，仅仅在加利福尼亚的就占了40%。印度裔美国人则是更为均匀地分布在全国，主要是在大都市和其他城市，住在东北部的构成了最大的份额（31%）。

调查表明，亚裔美国人是受教育程度最高和收入最高的群体，往往比大多数美国人都更满意于自己的生活。在婚姻价值、亲子关系、努力工作等问题上。他们比一般公众持有更为传统的观点。同时，与一般公众相比，他们也更可能倾向于可以提供更多福利的大政府。

亚裔美国人的经验

对亚裔美国人在美国的经验所做的广泛调查，可以使我们深入了解一个庞大并且相当同质的群体如何吸收了美国的文化。这也从不同程度上反映了其他少数群体的成员如何面对同样的问题和适应美国的生活。

- **收入**——亚裔美国人夫妇的年家庭收入的平均值超过5.5万美元，而美国的平均数是4.8万美元。许多人也经营小企业。印度裔美国人收入的平均值

---

① 人权运动见关于历史的D章。

② 过去对亚裔美国人的看法见关于历史的D章。

（6.0093万美元）是美国所有族群中最高的,其百万富翁几乎达到了20万人。受过良好教育的印度人占:

* 美国医生的38%和科学工作者的12%
* 美国国家航空航天局(NASA)雇员的36%
* 微软公司雇员的34%和英特尔公司雇员的28%
* IBM公司雇员的28%和施乐公司雇员的13%

- **教育**——近年来到美国的亚裔成年移民中,多于2/3的人或者是大学生,或者已经从大学毕业。在我们最好的两个大学哈佛和耶鲁中,亚裔美国人现在占了本科生队伍的15%—20%。在加利福尼亚大学系统的名牌校园中,亚裔美国人远远超过了其他群体,包括白人。在美国的印度人有2/3获得了学士学位或更高学历的文凭,而在所有美国人中这一比例为29%。

- **语言**——亚裔美国人将英语技巧的缺乏视为影响他们升职的最大障碍。那些缺乏英语技巧的人往往从专门同亚洲人打交道的工作开始起步。不幸的是,这样他们在美国就会被束缚于唯亚洲的文化当中。①

- **文化**——亚裔美国人的孩子可能一方面会发现自己与父辈处于冲突之中,另一方面又发现自己没有完全为美国社会所接受。研究表明,所有的移民群体在来到美国以后都会经历这一阶段,但是随着时间的推移,在家庭越来越被同化的过程中这种冲突就得到了缓解。但是,对印度人来说,传统上这种同化不是一个大的问题,因为他们原来就具有较强的英语技巧,并且经常来自于印度更为富有和文化层次更高的家庭。

- **接纳**——和其他少数族群一样,亚洲人在美国也面临着接纳的问题。但是,社会学家现在将亚裔美国人称为"模范少数群体",意指亚洲人、他们的生活方式和文化都表现出善于接纳的特征。但是,一些反对任何形式的种族模仿的亚裔美国人讨厌这一术语。

- **对亚洲人的帮助**——在美国,我们会与有着同样兴趣的人团结起来,以促成变革和增强力量,这就是"美国的方式"。亚裔美国人,像其他少数族群的人一样,慢慢组成代表性团体以改善自己的地位。但是,也有一些人并不这么做,由于语言、宗教甚至历史的对立,他们依然植根于自己原来的族群认同,从而

---

① 这是X章和Y章要分别讨论如何改进英语语法技巧和口语技巧的原因。

在文化上不能取得进步。我们有一个说法用来描述这种现象：深陷泥泞（stick in the mud）。

对亚洲人的帮助可以或者来自于其他亚洲人，或者来自于面向亚洲人的美国人组织。例如，印度裔美国人政治觉悟中心就有一个网站①，华裔美国人组织致力于促进亚太裔美国人的社会、政治和经济福祉②。各种出版物和媒体也服务于亚裔美国人的需要。许多关注亚洲人的网站代表了亚裔美国人的利益，它们有的是英文的，有的是本国语言的。③有个网站提供了与各种亚裔美国人组织的联系方式。④

其他移民群体也可以得到由同样心态的移民运作的此类组织的帮助。还会发现并非专门帮助移民而是以共同体为基础的公益性组织，较为传统的有同济会、扶轮社以及商会。⑤它们就在那里，但是需要你去找出来。

城市中外国传统的影响

外国人影响到我们城市的发展和增长。从19世纪末20世纪初乃至今天，我们城市的许多部分都是为新来的移民所居住。举例来说，在我们较大的城市中就建立了中国城、小东京、德国城和小意大利。今天，仍然有着成千上万的这种保持了它们的族群构成的社区。人口达到800万的纽约市是美国拥有最大规模的群族融合的城市，少数族群占了所有人口的36%，他们讲着800种不同的语言。你或许可以在美国的某个地方发现一个自己所属的族群的社区。以下只是一些简单的例子：

- 马萨诸塞州的南波士顿早就作为一个爱尔兰裔美国工人阶级集中居住的地区而闻名。今天它也拥有小而活跃的波兰社区以及立陶宛社区。在一个世纪之前爱尔兰人面临着严重的歧视。
- 堪萨斯市的草莓山是一个斯拉夫人社区。

---

① 见：www.collegecostshowmuch.com。

② 见：www.oceannational.org。

③ 如：www.goldsea.com。

④ 见：www.asianamerican.net。

⑤ 同济会见：www.kiwanis.org；扶轮社见；www.rotary.org；商会见：www.uschamber.com。

- 威斯康星州的格林湾有着大规模的爱尔兰、德国、波兰和斯堪的纳维亚社区。
- 洛杉矶市有着历史悠久的菲律宾城，乃是菲律宾人聚居的地区。
- 位于内布拉斯加州的奥马哈的小波西米亚是一个历史久远的捷克社区。
- 位于肯塔基州的路易斯维尔的德国城是由德国移民在19世纪70年代所兴建。今天我们在全国有着数百个德国城。
- 位于密歇根州的底特律的希腊城是历史久远的希腊社区。
- 位于马里兰州的巴尔的摩的小意大利是一个大而活跃的意大利社区。
- 加利福尼亚州的索尔旺是一个丹麦村，有着古老的乡村建筑、风车和鹅卵石小道。
- 纽约市布鲁克林的布莱顿海滩作为小敖德萨而闻名，居住着15万俄罗斯移民，他们仍然喜好卷心菜馅饼、猪油三明治、烈性伏特加和伤感的音乐。
- 在我们的大都市地区中，仅仅洛杉矶、圣弗朗西斯科（旧金山）和纽约市就各有150万亚洲人。

这些族群社区向其居住者提供了工作和社交机会。但是，它们也因为使移民束缚于自己的文化而限制了其经济水平的提高以及英语口语能力的发展。今天，并非所有的移民都居住在这些族群社区之中。例如，在过去10年翻了一倍的印度裔人往往更好地与非本族群社区整合在一起，就像来自欧洲的移民所做的那样。这也是为什么属于这两种文化的人来到美国以后能够取得如此成功的另一原因。

洛杉矶地区有着各种各样的新来移民，这从地图上的城市名称就可以看出。它们有着为移民所拥有及经营的商店。其店招经常用店主的母语所写。许多餐馆和学校也是面向移民学生，地方政府中有着代表移民的强大力量。

一种移民被迅速同化和接纳的模式发生在加利福尼亚的蒙特利公园市（蒙城），一个在洛杉矶以东开车只需半个小时就可到达的地方。[①]在20世纪80年代成为美国第一个亚裔美国人占多数的市之前，它主要是一个由在其他地方工作的白人居住的社区（bedroom community），同时拥有人数不多的拉美裔移民和日本裔居民。

一个来自中国香港的年轻地产商人发现，成千上万的受过良好教育和向上攀升的中国人正在拥进洛杉矶地区。他便以这一群体作为对象发展蒙特利公园市。大量

---

①　见：www.ci.monterey-park.ca.us。

的亚洲人进来了，最初对居住在这一地区的非亚洲人造成了某些问题。市议会因而通过了一个非约束性的决议，宣布英语是官方语言。于是，在一系列的问题上发生了激烈的争论，如当地的图书馆是否可以具有亚洲文字著述的书籍，亚洲人拥有的商店是否可以使用亚洲文字书写的店招。但是，在白人和拉美裔人适应了新的社区和亚裔美国人更多地介入了地方治理和学校事务以后，纠正措施最终得以通过。在此过程中，双方都适应了对方的文化。

邻近的阿罕布拉的亚裔人口也经历了迅速的增长，从1990年占当地总人口的31%发展到今天的48%。加利福尼亚的格伦代尔是亚美尼亚之外的第三大的亚美尼亚人集中居住地区。位于洛杉矶中心部位的韩国城也见证了韩裔人口的巨大增长，据估计现在已经达到16万人，使得它成为韩国以外最大的韩国人居住地。

为了获取更多的有关美国以及美国与他们的国家的关系的信息，外国人可以利用设在他们国家的美国使领馆的网站。①

以对美国人口及移民在美国社会中的作用所做的这一概述为基础，接下来让我们考察那些有助于塑造了美国及其文化的发展的各种因素，而首先从我们的政府开始。

---

① 要查美国使领馆的完整列表，见：www.usembassy.state.gov。

B 政 府

今天我们可以宣布：政府不是问题，政府也不是解决方案。我们美国人民，才是解决问题的方案。

——比尔·克林顿（Bill Clinton，1993—2001在任），美国总统

为了更好地理解美国，外国人需要理解我们的政府。为了理解美国的政府，外国人需要理解我们的历史。①美国的历史规定了我们的政府如何发展，美国的政府和历史又影响了我们今天的社会的运行方式。如果一个外国人能够将这些知识结合到与美国人的关系和谈话之中，就肯定能够提高他（她）为自己创造的形象。

美国政府的基础是民主。其前提是，政府之所以存在是为了服务人民；人民是自由的；在少数人的权利得到保护的同时采用多数决定原则；实行法治；在法律面前人人平等；人民享有一系列的基本自由，如交换意见的自由、集会的自由和宗教的自由。这些民主思想渗透于我们的社会，决定了美国人的特点以及日常生活的进行。

对于美国的开拓者和移民来说，政府至多只是一种必要的邪恶。它的主要责任是保护国家免遭暴政和对个人的不必要的限制，而这些正是他们在自己的故国深恶痛绝的东西。甚至直到今天，一些美国人仍然将大政府更多地视为对我们的自治、财产权和自由的潜在威胁，而不是保护者。为此，在报道政府的不当管理或者对我们生活的侵犯时，美国的媒体（和人民）喜欢兴风作浪（stir up the pot）。

这与欧洲人的态度相反，他们以不同的眼光看待政府，就欧盟宪法进行了激烈的争论，而这正是我们在3个世纪以前所做的事情。美国是欧盟的支持者，但是，由

---

① 美国的历史见D章。

于我们的文化差异,这一文件中的许多内容或许对大多数美国人来说都是不可接受的。虽然它的一些段落反映了美国的《独立宣言》和《美国宪法》的《权利法案》,[①]我们还是带着怀疑甚至惊讶看待其中的某些思想和见解。

例如,欧盟宪法没有提到上帝,只在一个地方隐晦地谈及了欧洲的宗教遗产。当82%的美国人认为上帝对他们来说是非常重要的时候,只有不到20%的欧洲人表达了同样的宗教信念。另外,这一文件只在一处提及了私有财产,也只在一处说到了自由市场和贸易,而这些都是对美国的生活方式具有根本性意义的概念。

虽然我们的政府有着巨大的权力和广泛的责任,来到美国的访问者还是会惊奇地发现,在政府之外的公众通过自己的努力可以取得多么巨大的成就。例如,1865年5月,在纽约州北部的一位公民组织了装饰当地内战老兵墓地的活动。今天,我们专门有一个全国性节日对此进行纪念。[②]20世纪60年代初,雷切尔·卡森(Rachel Carson)的惊世之作将整个国家的注意力都吸引到清理和保护我们环境的必要上。这一努力在今天继续充分发挥着自己的威力,其中很大一部分并未得到官方的帮助。它真正获得的任何政府支持都会因为公众的意愿而被制度化。事实上,正是由于公众的意愿,2011年,系列芭比娃娃的制造商美泰公司表示,将停止在印度尼西亚购买纸张和包装材料,因为这与该国雨林正在经受的毁灭有关。

2004年阵亡将士纪念日,第二次世界大战纪念碑终于在华盛顿D.C.揭幕,这应该被归功于一个人的努力。我们为其他战争的老兵都建立了纪念碑,包括不得人心的越南战争。一位曾是二战老兵的公民认为,也应该为他的战友树立一纪念碑。1987年他与本州在国会的众议员讨论了这一想法。此后在一位前参议员、联邦快递的董事长以及代言人兼演员的汤姆·汉克斯(Tom Hanks)的帮助下,事情开始向前推进了(things go forward)。这一努力募集到1.93万美元的资金,在2000年开始了纪念碑的建造。它没有使用任何政府的钱,尽管纪念碑是造在政府所有的土地上。

乔迪·威廉斯(Jody Williams)因为从她在新英格兰的佛蒙特农场一手组织了禁止地雷运动而获得了**诺贝尔和平奖**。她的努力拯救了成千上万人的生命和肢体,这些人远远超出了并未铺设地雷的美国的边界。在美国有着数百万这样的志愿者,他们仅仅通过做自己感到该做的事情帮助提高了美国和整个世界的生活质量。有时政

---

① 《独立宣言》和《权利法案》会在关于历史的D章中得到讨论。

② 见关于节日和传统的Q章。

府会加入他们的努力,有时候则没有。

在美国经常听到人们说:"政府越小越好。"但是,这已经导致了像2008年金融市场崩溃那样的问题。当时,银行和金融企业在有巨利可图但却缺乏管控的领域胡作非为,从而引起了在整个世界都受到影响的金融崩溃。新的法律在未来的某个时候将会被付诸实施。所以,我们正在通过艰难的经历学到了一个教训:在某些情况下确实需要政府。

外国人可能会惊奇地发现,我们的联邦政府只要在可能时总是宁可让媒体、电影等行业实行自我管理。与各邦将大量的事务交给联邦政府的印度不同,在美国,联邦政府(和法院)多次将事情推给各州自己决定,州政府随后又把事情推给各个市。对于这种权力分散的情况,我们那些希望更多地实行自我控制的建国之父们会由衷地感到骄傲。

在美国有4个层次的政府:联邦、州、县和市。若干市被组合成县,县又被组合成州,州再被组合成美利坚合众国。我们是"联合的"各州。例如,加利福尼亚是美国的50个州之一,位于西海岸。它由58个县组成,其中之一叫作洛杉矶县。这是美国人口最多的县,面积为1.57万平方千米(4081平方英里),辖有88个市,其中之一是长滩市。它们都拥有居住者选出的政府,与一些地方政府可能由上级任命的国家不一样。

提示:集中描述美国政府的电影包括:《国情咨文》(*State of the Union*,1948)、《国王的人马》(*All the King's Men*,1949)、《史密斯先生去华盛顿》(*Mr. Smith Goes to Washington*,1939)、《华府风云》(*Advise and Consent*,1962)、《候选人》(*The Candidate*,1972)、《刺杀肯尼迪》(*JFK*,1991)。《美国总统》(*The American President*,1995)将你带入白宫的内部。

联邦政府

我们的国家,就像其他大国一样,有一部宪法。它是人民如何被治理的基本原则和法律的集中。在1789年,即我们从英国获得自由13年以后,**《美国宪法》**获得了通过。它规定了我们政府的形式以及人民的权利和自由。在这么做的时候,宪法将某些权力给了联邦政府的3个不同的分支:执行部门(总统)、立法部门(国会)和司法部门(法院)。具有这样3个分支就防止了任何单一的政府部门变得过于强大,与此同时又让它们一起工作。我们将此称为制约与平衡体系。

我们的联邦政府位于首都华盛顿D.C.（哥伦比亚特区）。这是一个"市"但并非某个州的一部分。在美国具有此种独特地位的仅它一个。你肯定听到人们提到它时仅仅叫作"华盛顿"或"D.C."。

我们以**山姆大叔**（Uncle Sam）作为美国联邦政府的象征。你可能听到美国人使用这个术语，例如："今年我欠山姆大叔2000美元税款。"

美国的国家象征是一只鹰（力量的象征），它同时抓住橄榄枝（和平的象征）和箭（防卫的象征）。你会在各个联邦部门的徽标上或在我们的钱币上看到它。这种标识的作用和法国国徽是一样的，后者有着一个带有狮头、鹰头、月桂树枝和橡树枝的盾。

联邦政府各个分支的功能得到了明确的界定。**执行分支**由总统、副总统、包括了15个部门首脑的内阁以及其他工作人员组成。它负责执行美国的法律。总统每四年选举一次，可以担任两个任期。除了为正式的总统候选人提供的对等基金以外，美国政府不会像德国等一些国家那样用纳税人的钱资助政党及其候选人。

总统住在**白宫**（是的，它是白色的）并和他的行政人员一起在那里办公。总统任命重要的联邦行政部门的领导，如国务卿、商务部长、劳工部长，但是这些任命必须得到国会的批准。在美国只有总统是负全面责任的，这和印度、德国以及其他一些国家不同。在那些国家中，总统基本上是礼仪性的，首相或总理有着更大的权力。

> 提示：白宫位于宾夕法尼亚大道1600号，所以我们有时把我们的总统甚至我们的政府称为"宾夕法尼亚1600号"，就像英国人将女王陛下政府的总部称为唐宁街一样。在与别人谈话时你可能问："关于这个问题你认为宾夕法尼亚1600号会怎么想？"白宫有其自己的网站。[①]参观被限制到当地学校的学生。如果你要给白宫写一封信，正式地址是：1600, Pennsylvania Ave NW, Washington, D.C. 20500。你可能会接到一封写在白宫信纸上的回函，确认收到了你的信件。我就曾经收到过这么一封回函。

立法分支（国会）被称为Congress，类似于其他国家的parliament。它由**参院**和**众院**所组成，负责制定法律。国会设在华盛顿D.C.的被称为**国会大厦**的圆顶建筑之中。每

---

① 见：www.whitehouse.gov。

个州选出两名任期为6年的**参议员**,与此同时,每个州也根据其人口选出人数不等的任期为2年的**众议员**。例如,加利福尼亚是人口最多的州,有3700万人,因而可以选出53位众议员,而罗德岛是仅有100万人口的小州,只能选出两位众议员。当前美国国会有100位参议员,435位众议员。

这种制度使得每个州在参院有着相等投票权,但在众院则有着加权投票权。参议员和众议员出席监督联邦行政部门运行的不同委员会,如贸易、防务、银行和其他事务。在许多情况下,他们确定政策,监控各个联邦部门的表现。这再一次体现了我们的建国之父们因为不满在欧洲遭遇的不公而建立的制约和平衡体系。

第三个分支即司法分支由联邦法院所组成,包括最高法院和层次较低的联邦法院。它负责解释法律,确保人民的权利得到保护。你经常会见到与法律事务有关的正义天平这一标识。它的含义是:争执的双方都应当被给予平等的审查。

我们最初的10项宪法修正案(补充)被称为《权利法案》,保证了我们的某些自由,如自由言论的权利、携带武器的权利、在被控犯罪时出席审讯的权利、拥有财产的权利,等等。你在美国会读到或听到一些人声称自己的宪法权利遭到破坏的诉讼案件。我们还有专攻这方面法律的律师。美国公民自由联盟(ACLU)[1]等一些非营利组织就致力于保护我们的权利,使其不致遭到破坏,就像我们的媒体所做的那样。不过,正如你可以预料到的,由于我们的多元文化,一些美国人认为ACLU在此方向上走过了头,如要消除学校中的祈祷;另一些人则支持ACLU的事业。有人说,美国的力量就在于我们的多元性。

在日常谈话中 我们喜欢使用从包括政府在内的许多渠道借来的流行说法。例如,第五修正案声称,在刑事法庭中,一个人无须作不利于自己的证明。于是,有时你会听到一个人开玩笑说:"我采取第五条",意思是他宁可不回答你的问题。

提示:你可以随意向美国人了解他们对联邦政府中从总统开始的任何官员的看法。我知道,在泰国和其他一些国家,如果你对国王发表了否定看法,就会产生严重后果。但是,在美国,你可以自由地讲话。在关于我们对自己政府的看法的问题上,美国人是非常开放的(愿意进行讨论)。为了表明知识的广泛,你也可以提到你的交谈者所在州的参议员的姓名。[2]我们对参

---

① 见:www.ACLU.org。

② 至于如何确定这些名字,可参考本书附录9,或使用网站如:www.infoplease。

议员的了解往往要多于对地位较低的众议员的了解。所以,如果你正在和一个潜在的客户讨论诸如你们的污染控制装备之类的问题,可以问他(她)所在州的两位参议员(提及他们的姓名)为控制本州的污染正在做些什么。

州政府

我们的宪法规定,任何没有赋予联邦政府的权力都是州政府的责任。所以,各州有着它们自己的宪法,乐于行使自己的权力。在中国等一些国家,全国被分成直接处于中央政府领导之下的行政地区和直辖市等。与它们的做法不同,我们的州是相当独立的。(这里又是独立的问题。)因此,外国人有时对在形形色色的治理问题上各州间一致性的缺乏以及它们具有的权力感到惊奇。例如,1933年,联邦政府结束了持续13年的禁止销售酒精饮料的立法。但是,各州被给予了管理酒精饮料的权力,于是一些州继续规定酒精饮料的销售为非法,若干年后才最终取消了这一禁令。

我们每个州都有作为州政府所在地的**首府**,它在通常也是圆顶的州**议会大厦**(就像华盛顿的国会大厦一样)**办公**。州政府的组织类似于联邦政府,有着3个相互独立的分支。每个州都有一个由该州选民选出的州长加以领导。这与其他一些国家不同,例如印度各邦的总督是由总统任命,任期为5年。我们有些州长后来成了美国总统,其中包括了里根。

加利福尼亚是美国人口最多的州,有40位任期为4年的州参议员,80位任期为2年的州众议员,他们都在首府萨克门托办公。令人吃惊的是,小小的罗德岛也有38位州参议员和75位州众议员,他们都没有任期限制。正如你可以看到的,在美国是**各人做自己的事情**,它意味我们喜欢在州这一级就如何管理的问题做出自己的决定。这种痴迷于各州地方利益的倾向导致了1861年的内战。[①]美国对世界上的其他国家宣扬政府保持诚实和透明的重要性。但是,美国公共廉政中心发布的一份研究报告详细列举了50个州中腐败的风险以及问责的缺乏。南方的佐治亚被认定为情况最糟糕的州,因为它缺乏一个强大的执行职业伦理的机构。接下来是南达科他州、怀俄明州、弗吉尼亚州和缅因州。新泽西被列为情况最好的一个州,在全国拥有

---

① 关于内战,将在后面的D章加以讨论。

最为严格的职业伦理和反腐败法律。接下来是康涅狄格州、华盛顿州、加利福尼亚州和内布拉斯加州。

　　每个州都有自己的正式名称和昵称。如果你知道你的美国朋友来自某个州，在谈话中可以使用它的昵称。例如，加利福尼亚州的昵称是金州，因为在那里发现了金矿。它的格言是Eureka（尤里卡），意思是："有了，我找到了！"1849年，当金矿矿工在加利福尼亚找到金子时，他们大叫："Eureka！"加利福尼亚的州花是罂粟花，州鸟是加利福尼亚鹑（顺便说一句，这种鸟来自中国），州兽是加利福尼亚灰熊，当地特有的动物之一。

　　　提示：今天，在我们终于发现一直在寻找的某样重要东西并且感到惊喜时，我们仍然会开玩笑地使用"Eureka"这个说法。如果你在老虎机上中了一个大奖，或签订了一份大额的销售合同，你可能会大叫"Eureka"。搞清楚你朋友所属州的格言和昵称，在与其交谈时就可以使用它们，如："你很喜欢住在金州（加利福尼亚）吗？"

　　有些州的格言可以追溯到18世纪，能使我们深入了解美国人民的道德、价值和信念。在这些格言中最经常出现的是"自由""独立""权利"和其他有关的词。特拉华州是"自由和独立"，新罕布什尔州是"不自由毋宁死"，新泽西州是"自由和繁荣"，宾夕法尼亚州是"道德、自由、独立"，佛蒙特州是"自由和团结"，怀俄明州是"平等权利"。我们依然记得当年一个痛恨英国暴政的国会议员**帕特里克·亨利**（Patrick Henry）所说的话："**要么给我自由，要么让我去死。**"

　　1999年，美国通过使用纪念币开始了为期10年的庆祝拥有了50个州的活动。按照被接纳进入合众国的顺序，每年会为5个州发行5种25美分硬币（夸特）。一些美国人着手收集这些硬币。你可能也想在访问一个州的时候获得一枚有关的硬币作为纪念。我到国外旅行时，也会带这些硬币给我的朋友，以表示自己的谢意。①

　　　提示：如果你知道你的美国朋友来自哪一州，在与他们交谈时加以提及，就会留

---

　　①　要了解更多有关纪念硬币的细节，可查网站www.usmint.gov。

下很好的印象。可以询问他们对该州或其州长的看法，注意一定要提及州长的姓名。[1]或者可以询问他们的州长在教育、公路、州税、防止污染、阻止犯罪方面所做的工作。也可以询问他们的州长是否会再次当选，或是否会像有些州长那样竞选联邦参议员或总统的职位。还可以询问该州是否有财政结余（只有少数的州能够做到）或州长是否会加税。注意：一旦就这些有争议的题目开始了交谈，你可能就很难阻止美国人发泄怒气（vent spleen）。

县和市政府

在州以下的一个政府层次是县，[2]它作为州的一个分支承担治理事务。公民通常选举一个监事会监督县的工作，如法律执行、财产估价、税收、公共卫生、社会公益服务、洪水控制、公园、娱乐和文化活动。

再下一个层次的政府就是市，它通常由该市的居民选出的**市长**加以领导。市长负责市政府的运行。一些通常由县提供的服务或许通过较大的市加以管理。可能有一个选民选出的市议会负责对市长进行监督。市政府所在的建筑有时被称为**市政厅**。我们有一个说法：**你是斗不过市政厅的**。意思是讲，你不可能通过向权威部门发出呼吁的努力就得到你想要的结果，这里的权威部门不一定就是政府机构。

在选举中，一些居民在家前面的院子放上小的广告牌，为他们支持的候选人或要被表决的问题进行宣传。有的公民变成了促进某项事业或者支援竞选公职的某个候选人的委员会成员。任何人都可以竞选任何公职或者发起旨在为他们的市、县、州或整个国家带来变革的运动。例如，2003年初，加利福尼亚有许多人站在购物中心前面争取足够签名，以便可在当年11月通过投票罢免当时的州长。在加利福尼亚的历史上，这是首次为将问题提交表决而收集到所需的签名。他遭到了罢免，演员阿诺德·施瓦辛格通过选举取而代之。但是，其表现比原来的州长也没有好很多。2011年，威斯康星州也因为某些工人作为工会代表的权利问题发生了同样的事情。上述只不过是些例子，说明美国人民越来越**通过自己的手**做必须实施或加以改变的事情。美

---

① 关于如何才能查到州长的名字可参看附录10。

② 实际上美国的县有着不同形式的政府，作者在这里的叙述过于简单。——译者

国的方式就是如此。有时这甚至扩大到一些涉及海外的事务上。

关于市,还有一些材料要补充:

(1)**最不适宜居住的10个城市**——人们在选择地方官员的时候有时很成功,有时则并不成功。确实,经常有一些超出我们的政府控制能力的情况和影响,如灾害、世界经济等。不过,通过以下列表,你还是可以看出我们经常所说的一句话是有道理的:"**无论你有什么样的政府领导人,责任都在你自己。**"所以,骄傲也罢,指责也罢,我们均应从自己身上找原因。

想移往美国的某个城市吗?最近的一个调查使用了各种标准非官方地确定了最不宜居住的美国10个城市,所有这些城市都受到了市政府的强烈影响。判断标准包括失业率、健康数据、丧失被抵押的房屋的赎回权的数量、犯罪统计、气候和其他衡量苦恼的指数。

①加利福尼亚州的埃尔森特罗(El Centro)——美国最高的失业率。

②俄亥俄州的克利夫兰——高失业率、高税收、糟糕天气和政治腐败。

③密歇根州的底特律——美国最高的暴力犯罪率。

④内华达州的拉斯维加斯——美国最高的住房借贷止赎率。

⑤俄克拉荷马州的俄克拉荷马市——美国最不健康的城市。

⑥加利福尼亚州洛杉矶市——空气污染问题和交通拥堵。

⑦亚利桑那州的菲尼克斯——移民问题。

⑧新泽西州的纽瓦克——贫穷和有毒废物的堆放地。

⑨佛罗里达州的迈阿密——很难养家的糟糕地方。

⑩田纳西州的孟菲斯——高暴力犯罪率和政府腐败。

(2)**最适于居住的10个城市**——另一项调查确定了10个最适宜居住的城市,其根据是对成人教育水平、失业情况、中学、儿童医院、暴力犯罪率、公共设施数据(公园、运动场等)的考察,所有这些都是属于地方政府的功能。

①威斯康星州的麦迪逊——迅速增长的健康和生物技术工业、丰富的娱乐活动。

②弗吉尼亚州的弗吉尼亚海滩——繁荣、低犯罪和低失业率、大量运动场。

③北卡罗来纳州的罗利(Raleigh)——繁荣的高技术和生物技术工业、低失业率、顶级的学校。

④加利福尼亚州的欧文(Irvine,尔湾)——孩子进行户外活动的极佳城市,低犯罪率和自行车道。

⑤内布拉斯加州的林肯市——大量公园和运动场,低失业率。

⑥亚利桑那州的斯科茨代尔(Scottsdale)——美国最高的成人受教育率、低失业率。

⑦德克萨斯州的普莱诺(Plano)——低犯罪率(因而获得美国最安全城市的称号)、顶级的学校体系。

⑧内布拉斯加州的奥马哈市(Omaha)——低失业率、顶级的医院、良好的经济、学校的高毕业率。

⑨爱达荷州的博伊西市(Boise)——全国最安全的城市之一、学校的高毕业率。

⑩北卡罗来纳州的格林斯博罗市(Greensboro)——极好的学校体系、大量的公园、众多的高技术企业。

(3)生活费用最贵和最便宜的城市——根据消费品、住房、交通、水电煤和医疗保健这样一些生活必需品的相对价格,基普林格(Kiplinger)所做的一项调查识别了美国生活费用最贵和最便宜的城市。[①]但是,要注意的是,我们的工资水平通常是与我们城市的生活费用指数保持平行的。

生活费用最贵的10个城市:

①纽约州的纽约市

②夏威夷州的火奴鲁鲁(檀香山)

③加利福尼亚州的圣弗朗西斯科

④加利福尼亚州的圣荷塞

⑤康涅狄格州的斯坦福德(Stamford)

⑥华盛顿D.C.

⑦阿拉斯加州的费尔班克(Fairbank)

⑧马萨诸塞州的波士顿

⑨加利福尼亚州的洛杉矶

⑩加利福尼亚州的圣迭戈

生活费用最便宜的10个城市:

①德克萨斯州的布朗斯维尔(Brownsville)

②科罗拉多州的普韦布洛(Pueblo)

③德克萨斯州的胡德堡(Fort Hood)

---

① 见:www.kiplinger.com。

④阿肯色州的史密斯堡(Fort Smith)

⑤德克萨斯州的谢尔曼(Sherman)

⑥伊利诺伊州的斯普林菲尔德(Springfield)

⑦德克萨斯州的韦科(Waco)

⑧阿肯色州的费耶特维尔(Fayetteville)

⑨德克萨斯州的奥斯汀(Austin)

⑩密苏里州的斯普林菲尔德(Springfield)

提示:你可能要与你的美国朋友讨论有关他所住城市的所有上述因素,或者当
　　　你被提供了在一个城市工作的机会时会注意到这些因素。你可以问美国
　　　人,他们认为自己城市中最重要的5个问题是什么,并且将这些问题与你
　　　所居住的城市进行比较。他们会对此感兴趣。你应该先对他们的城市进行
　　　一下网上搜索,在谈话的时候就可以提及其市长的姓名。大多数城市都有
　　　一个关于这种信息的网站。①

政 党

　　美国的政党规定总的政治政策,选择代表自己党的候选人,以及帮助他们当选。与一些国家中控制性的政党不同,美国人仅仅通过登记就可以加入某个政党。我们有着一个总是至少包含了两个政党的政治制度,它们双方同时拥有通过选举才能获得的政府职位。随着最近人们对这两党的不满的增加,有可能出现更多的政党。有的选民投票赞同自己党的所有候选人,这叫只选某一政党的候选人的选票(straight tickets),其他的选民则投票赞同自己看中的候选人,而不问他们的政党归属。无论其政党关系如何,任何美国人都可以用自己喜欢的方式投票。

　　不像一些有着数十个全国性或地方性政党的国家,在美国民主党和共和党代表了绝大多数选民。我们也有一些如独立党那样较小的政党。普遍的看法是,如果追溯到最初建党的时候,共和党代表了商界和各州的右翼,而民主党则更加关注于使政府为人民改善现状。2004年总统选举的前一天,美国的股票大跌,因而似乎民主党候

---

① 　如洛杉矶的有关网站是:www.ci.la.ca.us。

选人克里有可能取胜；但是，第二天股票又一下子上去了，从而共和党人小布什成了赢家。传统上把票投给民主党的人有：专业人士（上过大学的）、学者、年轻人、工会活动分子、妇女、工人阶级、少数族群、移民。两党的力量不时会发生变化，就当前而言，民主党在众议院里拥有少数席位，在参院则是多数，在州长的位置和州立法机构中都是少数。

但是，这些政党的观点并不完全是真实的，因为今天有如此多的冲突性的问题，甚至在同一个政党内部也存在着分歧。例如。2004年总统选举时，共和党总统候选人小布什鼓吹制定一项宣布同性婚姻非法的宪法修正案。他的竞选伙伴、有着一个同性恋女儿的副总统候选人迪克·切尼则公开宣称，在这一引起争论的问题上，他赞成让个人做自己想做的事。

自我们建国以来，美国人就感到可以自由地表达自己的观点，或者对他们不同意的事情表示抗议。你遇到的美国人可能就是一个或多个抗议团体的成员，美国有许多这种试图改造各级政府的团体。最近出现的一个是将注意力集中于财政保守主义的茶党运动。其名称是参考了1773年具有历史意义的茶党，那是由北美的殖民地居民针对英国政府对茶叶的征税发动的抗议，他们在英国国会中完全没有代表。2011年，**占领华尔街**运动开始在纽约市起步，并很快扩展到全世界，激励成千上万的人对不平等的经济和社会状况表示了愤怒。在有的地方，它更与现有的反政府运动结合了起来。抗议者们说，问题在于政府中没有一个人认真倾听公众不满的声音。

所以，作为一个外国人，你不要因为一个人、一个抗议团体、一个政党的立场就对美国人民做出结论。这也包括了我们的总统或者他的政党的立场，可能它们都代表不了大多数美国人民的态度。我们对伊拉克和阿富汗战争的观点就是这方面的一个实例。你也不要根据你朋友的政党关系便做出结论，因为他们非常可能只是支持某些政党立场。①

在政治漫画中，你可能会看到以大象代表共和党人，以驴子代表民主党人。共和党也被叫成**GOP**（Grand Old Party）。你也可能听到美国人提到"红色"州和"蓝色"州。**蓝色州**可以是任何倾向于民主党候选人的州，而**红色州**可以是任何其多数选民都赞同共和党候选人的州。与平均值相比，民主党人更有可能是妇女、非白人、较少可能是信教或已婚的。与整个美国人口相比，民主党人属于自由主义者的可能性要

---

① 你会在关于美国人想些什么的R章理解什么是美国人的集体心理。

大得多。

我们的政党试图界定自己在某些问题上的立场，以便人民对它们有更多的了解。今天，这种问题之一就是堕胎，即一个妇女终结尚未出生的孩子的孕育的权利。共和党人总体上反对堕胎，而民主党人感到一个妇女有权就这一敏感问题做出自己的选择。有些党员退出了所属的政党，因为在诸如此类的问题上他们个人的立场和党并不一致。我们希望更多的政治家会坚持自己的信念，而不是仅仅追随**党的路线**；另外一些人则认为，党（和政府）不应当在堕胎、同性婚姻这样的个人问题上采取立场。

你可能听到美国人将他们选出的代表说成右翼（保守派）或**左翼**（自由派）。共和党人传统上被叫作**保守主义者**，而民主党人被叫作**自由主义者**，尽管每个党在其内部可能又有自己的自由派和保守派。保守主义者被认为是反对变革的，而自由主义者则和变革联系在一起。但是，就像美国的一切事情一样，这种状况也是处于变化之中。怀俄明州（53%）、密西西比州（53%）和犹他州（51%）有超过一半的居民被认为是保守主义的，因而成了美国最保守的州。首都华盛顿和4个新英格兰州拥有的自由主义者比例最高。你也将听到**左翼海岸**（Left Coast）这样一个政治术语，其含义是，美国的西海岸政治上倾向于左派。

在这两个政党的队伍中还存在有时愿意与另一政党合作的**温和派**。不过，在过去的几年中，他们中的许多人都因为败选而下台，这是因为人民对政府感到了厌倦，希望做出极端变革，所以他们将选票投向了极右或极左。作为公众这种下意识（knee-jerk）反应的一个后果，各种法案在国会中就更难获得通过。所以，政府现在被人民看成停滞的，处于几十年来的最低潮。正如我们前面讲过的，说到政府，我们是咎由自取。

即使谈论政治之外的话题，如商务或生活方式，你也会听到所有这些形形色色的政治术语。

> 提示：如果你和一个美国人进行政治讨论，你可以问他（她）是来自红色州还是蓝色州，是驴子还是大象，或者是左翼还是右翼。这可能带来笑声。有些政治问题对美国人来说是属于个人的，如堕胎、婚前关系、同性婚姻、宗教信仰，或许你最好不要轻率地讨论这些问题，除非你和他们很熟悉。但是，多数美国人欢迎你就大量其他的政治话题提出问题。我们乐于表达

自己的想法，包括我们会把选票投给谁，以及为什么这么做。

我们如何看待我们的政府

就美国人民及其对华盛顿的态度进行的连续调查得出的结论是，我们的联邦政府遭到人民的普遍厌恶，无论他们属于哪个政党。许多美国人感到，在华盛顿，公众的利益输给了强大的特殊利益。大多数人认为，大公司、向候选人捐款的**政治行动委员会**（PACs）、媒体以及政治说客，在华盛顿拥有了太大的权力和影响。超出一半的人相信，我们的电视和电台访谈节目具有了过多的政治影响力。同样比例的多数人觉得，小企业和公众意见在首都的力量和影响微不足道。事实上，过去十年，3/4的美国人表示，如果领导人能够更密切关注公众而非他们的政党的意见，国家状况会好于现在。

以下是更多的发现：

- 信任——哈佛大学的一项研究表明，大多数美国人不信任联邦政府的5个最主要理由是：

①政府浪费且无效（73%）。

②政党进行不必要的争斗（68%）。

③特殊利益集团具有太大影响力（65%）。

④当选官员缺乏诚信（64%）。

⑤高税收（57%）。

- **国会**——88%的美国人对国会的工作表现不满。

- **解决问题**——57%的人对联邦政府解决国内问题的能力只有微弱信心或没有信心，而43%的美国人对它解决国际问题的能力只有微弱信心或没有信心。

- **政治人物**——53%的人对试图或者已经通过选举担任公职的男士或女士只有微弱信心或者没有信心。

- **浪费**——美国人相信，联邦政府每使用1美元，其中的51美分是被浪费掉的；州政府浪费的是42美分，地方政府浪费的是38美分。

- **自由**——一半的受访者相信，联邦政府已经变得如此庞大和强大，以致对普通公民的权利和自由造成了直接威胁，而在"9·11"对美空袭发生以后的2003年，持有这种观点的人不足1/3。美国人愿意接受对言论自由施加的某种限制，但是他们不想对任何特定的族群加以歧视。（这里又是一个平等的问题。）

- **管得少的政府**——在20世纪70年代，即发生巨大社会改革的时代，一项哈里斯（Harris）民意调查发现，只有1/3的响应者同意这一说法："最好的政府是管得最少的政府。"今天人们的看法发生了转变，57%的人希望政府管得少些。此种逆转反映了公众的这一信念：政府的作用不是重新分配公众的财富或者在社会项目上随意花钱，就像20世纪60年代和70年代那样。相反，我们绝大多数人支持这样一个政府：它将注意力集中于刺激经济增长和为所有美国人创造机会，然后就退到旁边而让我们做自己的事情。

- **企业管控**——大多数美国人相信，在管控企业和干预自由企业制度方面，政府已经走得太远。然而，在被问及政府现在管控或者能够管控的具体领域时（从汽车安全到医疗保健再到电视节目的内容），相信管控不足的美国人很可能要比认为管控过头的人多得多。

政府中的外裔美国人

第一代和第二代美国人正不断地进入从地方上的市到联邦一级的美国政府之中。以下只是其中的一些例子：

- **凯瑟琳·奥尔特加（Katherine Ortega）**——她的祖父母先是从西班牙到了墨西哥，然后又从墨西哥到了美国。她最初只能讲西班牙语，到了美国才学习英语。1983年里根总统任命她为财政部长。奥尔特加将这种成功很大程度上归之于自己的家庭传统。她说："我生长于这样一种传统：它教我对家庭要有强烈的奉献精神，承诺通过艰苦工作、锲而不舍、下定决心和坚持不懈来谋生。"

- **安东尼娅·诺维洛（Antonia Novello）**——1990年，布什总统任命她为美国公共卫生局局长。诺维洛生于波多黎各，是被任命担任这一职务的第一位女性和第一位拉美裔美国人。她因为开展了纠正美国青年健康问题的运动而受到赞扬。在离开这一职务以后，诺维洛又服务于联合国儿童基金会（UNICEF）这一儿童卫生组织，还曾担任纽约州的卫生厅长。①

---

① 2009年诺维洛对一项重罪认罪，即将自己的下属用作司机和私人服务员。——译者

- 鲍比·金达尔（Piyush "Bobby" Jindal）——2004年，他从路易斯安那被选入联邦众议院，2007年又成为该州州长。2005年，金达尔被推举为该年度的海外印度名人。

- 赵小兰（Elaine Chao）——2001年，她被小布什总统任命为劳工部长，从而成了第一位担任内阁职位的亚裔美国人。赵小兰8岁的时候来到美国，当时根本不会说英语。

- 埃里克·新关（Eric Shinseki）——日本裔的他是美国陆军历史上最年轻的参谋长之一，这也是军队里最高的5个职位之一。他退休于2003年，奥巴马总统后来任命他负责老兵事务。

- 诺曼·峰田（Norman Mineta）——1970年，他成了首位在美国的一个大城市当选市长的亚裔美国人。后来他又成了众议员并被克林顿总统任命为商务部长。2001年峰田还被小布什总统任命为运输部长，是其内阁中唯一的民主党成员。

- 骆家辉（Gary Lock）——他的祖父生于一个贫困的中国家庭，在进入20世纪的时候移民到华盛顿州，给人家做仆人。1996年骆家辉当选为华盛顿州的州长，成了美国大陆的第一个亚裔州长。2009年，他被任命为劳工部长；2011年又被任命为驻华大使。

- 马德琳·奥尔布赖特（Madeline Albright）——她生于捷克斯洛伐克。在第二次世界大战结束之后共产党人接管她的国家时，奥尔布赖特的家庭获得了在美国的避难权。此后，她获得了博士学位，并努力工作，直至担任了美国驻联合国大使，这也是她的第一个外交职位。后来，奥尔布赖特被任命为首位女性国务卿，成了美国政府历史上地位最高的妇女。

这是给你布置的作业：如果你想测试一下自己关于美国政府的一般知识，或者想学到更多有关美国的知识，可参考附录10向你提供的涉及美国政府和历史的趣味试题。

接下来让我们探索地理如何影响了美国及其文化的发展的问题。

C 地 理

这块土地是你的，这块土地是我的 /从加利福尼亚到纽约岛/从红杉树林到墨西哥湾流 /这块土地就是为你和我而准备的。

——来自20世纪40年代美国民歌演唱者和创作者
伍迪·盖瑟瑞（Woody Guthrie）的歌

为了更好地理解美国，有必要理解我们的地理所具有的潜在影响。有关美国重要的山脉、河流、湖泊、城市以及各州的名称和位置的知识将会提升你与美国人的交谈水平，帮助你进一步理解我们的文化。我们的许多企业、学校和机构都是以它们命名的。

地理，因为它的广袤和多变的陆地帮助塑造了我们的民族性格，这块陆地在数百年前就等待我们去居住、开垦并将之发展成为一个又一个的州。由于它面积的巨大，定居者们就被吸引到某些特定的地理区域，从而影响到不同的移民群体最终在何处安家。美国人长期以来将开阔的西部空间视为**最后的疆界**。我们的许多价值和主张也可以溯源到美国的**伟大疆界**：自力、机智、助人、努力、独立和强烈的平等感。

美国的故事就是移动和变化的故事。由于广袤和多变的地理，直到1869年火车才将我们的两岸连接起来。1903年，才出现了第一个开着汽车从一侧海岸到达另一侧海岸的人。他在糟糕和肮脏的道路上行驶了63天，为的是赢得50美元的赌注。但是，在短短的13年以后，随着公路状况得到了改善，驾驶者们仅仅需要5天就可以穿越同样的距离。就像它的道路一样，美国也在不断变化之中，而地理影响到许多这样的变化。20世纪50年代和60年代，在吸引工程技术人员的竞争性努力中，许多公司在占美国领土1/3且气候也更加宜人的南方开展了业务。

地理甚至影响到我们的政治进程。为了吸引大多数的选民,许多总统候选人有意选择一个来自与自己不同地区的副总统候选人作为竞选搭档。

在太平洋和大西洋之间的陆地叫作美洲,通常被分成北美、中美和南美。住在美洲的人有时被称为American,但这个词今天几乎专门被用来指称美利坚合众国的公民,而"America"就是专指美国(本书也是在此语境中使用这两个词)。

美国位于北美大陆,有48个相邻的州(叫作大陆州)和两个其他的州,即阿拉斯加和夏威夷。这两个处于太平洋的州与大陆州是隔开的。从西海岸飞到东京是11个小时,而从我们的西海岸到东海岸也需要5个小时。世界上最长的航线是在新加坡和纽约市之间,达1.5345万千米,需飞19个小时。

我们北边的邻居是加拿大,那里广泛使用的是英语,但是在某些东北地区使用的是法语。我们南边的邻居是墨西哥,在那里西班牙语是占支配地位的语言,就像在中美洲和大部分南美洲一样。

地理上,美国的面积(960万平方千米)在世界上排第3位,[①]仅次于俄罗斯和加拿大。就人口(3.1亿)而言,美国也是排第三位,在中国和印度之后。印度的国土大约是美国的1/3,它的人口密度是每平方英里941人,差不多是美国的12倍。使得问题更加复杂化的是,印度的国土只有10%适于种植粮食,大约是多产的美国的一半。我们只占世界人口的5%,却消耗世界能源的25%,其部分原因在于我们拥有庞大的工业基础和经济,它们在某种程度上又是由于美国的地理和自然资源而得到加强。

提示:想和美国人玩一个益智知识游戏吗?问他们:将南美的西海岸和美国东海岸的纽约市相比,哪一个地方位于更加靠西的位置?大多数人会回答纽约市,这样他们就错了。再问美国人:哪个南美国家不是以西班牙语作为它的母语?答案应是讲葡萄牙语的巴西。与其他南美国家不同,它是在16世纪由葡萄牙而非西班牙建立的。

观察**大陆**美国的另一种方法是将它看作有着4个贯穿南北的时区的土地:太平洋、山地、中西部和东部。至于阿拉斯加和夏威夷这两个另外的州,则处于更早的时

---

① 按照我国公布的数据,中国应排在第三位,美国则在中国之后。——译者

区之中。48%的美国人住在东部时区,29%的人在中部时区,6%的人在山地时区,17%的人在太平洋时区。我们使用"a.m."来表明从午夜到中午的时间,使用"p.m."来表明从中午到午夜的时间。当在意大利罗马是10 p.m.的时候,在太平洋时区是1 p.m.。我很惊奇地发现,中国和印度都只使用一个时区。人们会对在旅行时了解到的其他国家的事情感到诧异。

美国广阔无垠的国土包括了西部的山地和沙漠、中西部的辽阔草原以及东部的丘陵和不高的山地。我们的气候是各种各样的:夏威夷的热带气候、佛罗里达的亚热带气候、阿拉斯加的北极气候、密西西比河以西的大平原以及西南沙漠地区的半干旱气候。美国北方的州在冬季会有很多的雪,而南方的州这时享有阳光和充满了游客。与在海平面以下154米的中国吐鲁番盆地相类似,位于西部内华达州的贫瘠的死亡谷是美国的最低点,在海平面以下86米。

在整个广大的国土上,美国被赋予了丰富的农业和自然资源,包括木材、石油、天然气、金、银、煤和许多矿物。但是,有人说,我们最大的资源是源于移民的不同族群的人民。

山 脉

美国最高的是阿拉斯加的麦金利山,海拔达到6194米。在大陆美国,加利福尼亚州的**惠特尼峰**是最高点,为4476米。它在洛杉矶以北,开车两个小时可到。不妨比较一下:德国的最高点是2692米的祖格峰。在美国有两条主要的山脉:西部的**落基山脉**和东部的**阿巴拉契亚山脉**。与东西向横卧的喜马拉雅山脉不同,也被称为Rockies的落基山脉是从加拿大由北向南贯穿美国的巨大山脉的一部分(还要继续往南经过整个南美洲,在那里被称为安第斯山脉),从美加边界到美墨边界的长度为3200千米。就像其名称所标明的,落基山脉是多岩石的。

落基山脉位于西部几个州的广泛区域:华盛顿、爱达荷、蒙大拿、犹他、怀俄明、科罗拉多和新墨西哥。所以我们将它们中的大多数称为**落基山脉州**。美国**大陆的分水岭**就是落基山脉的山脊线,因为它正好将向西流进太平洋的溪流和向东流去的溪流分开,从而"划分"了我们的大陆。

落基山脉拥有50多座高度在4250米以上的山峰(而瑞士境内只有100座这样的山峰)。该地区的整体地势要高出于美国东部地区。东部的宾夕法尼亚州的最高点也要低于科罗拉多的最低点。相对而言,住在这一崎岖有时还有些偏僻的地区的人是很少的。但是,由于有着特殊的景观,它吸引了众多的游客。这里也有大量的采矿活动。在落基山脉以东,有点突然地出现了平坦的中西部地区;但是,在落基山脉以西,太平洋沿岸地区拥有许多较小的山脉。

在**刘易斯和克拉克**探险队于1804年首次踏上这一遥远的地区之前,美国的西部、特别是落基山脉地区,还尚未得到探索。那时,人们从东部经过中西部地区到达了密西西比河,但是崎岖的落基山脉阻碍了他们进一步向西移动。直到19世纪中期,开拓者们(最初的定居者)开始乘有篷的马车或者靠着步行向西推进,越过了布满了岩石的山脉。

提示:我要向希望更多了解激动人心的西部开发的外国人强烈推荐一本书,即史蒂芬·安布罗斯(Stephen Ambrose)所写的《无畏的勇气:梅里韦瑟·刘易斯、托马斯·杰弗逊和美国西部的开放》(*Undaunted Courage:Meriwether Lewis,Thomas Jefferson and the Opening of the American West*)。

北美东部的阿巴拉契亚山脉从加拿大往南一直延伸到美国的阿拉巴马州,在美国境内的长度为2400千米。比起落基山脉来,它要小得多。其西边地区属于丘陵地带,缓慢向中西部下降。17世纪时,我们最初的定居者在阿巴拉契业山脉以东的广阔的沿海平原建立了聚居地。在19世纪初发现穿过阿巴拉契亚山脉的道路之前几百年间,它都是阻止向西移民的障碍。因为阿巴拉契亚山脉具有的比较温和的特点,住在这里的人要多于落基山脉。同时,也与落基山脉一样,它吸引了旅游者和拥有自然资源。

阿巴拉契亚山脉存在着与世界上其他的偏僻地区很相像的贫困地区。在20世纪30年代,美国政府成立了田纳西河谷管理局(TVA),以刺激当地的经济和创造就业机会。该机构建造了42座水坝,改善了河流航线,向该地区提供了控制洪水和发电的能力。这是一个巨大的工程,或许类似于其他国家正在做着的事情,如中国的三峡工程。

提示:电影《煤矿工人的女儿》(*Coal Miner's Daughter*)对我们叫作阿巴拉契亚的这一地区的贫穷生活提供了准确的刻画。

外国人在美国可能还看到其他较小山脉的名字或访问过它们。其中有些位于落基山脉以西，但不能被视为落基山脉的一部分，如华盛顿州的**喀斯喀特山脉**、加利福尼亚州的**喜艾拉山脉**。在东部，所有山脉都是阿巴拉契亚山脉的一部分，但是有它们自己的名字，如北卡罗来纳州的**大烟山**、宾夕法尼亚州的**阿勒格尼山**、纽约州的**卡茨基尔山**。由于创造出我们的山脉的地质力量，它们大多数都是基本上呈南北向分布的。但是，在犹他州境内的**尤因塔山**是少数几座东西向分布的山脉之一。

河流和湖泊

我们的海岸线、湖泊和河流在美国的发展过程中起到了重要作用。与河流通常向东流去的中国以及印度不同，在美国它们一般都是往南流的。以下是你可能听到我们提及的主要湖泊和河流的名字。

让我们从沿着加拿大和美国的边界的**大湖**（**the Great Lakes**）开始。是的，这5个湖——苏必利尔湖、休伦湖、密歇根湖、安大略湖和伊利湖——在规模和重要性上都是很伟大的，就像落基亚山脉都是岩石一样。五大湖构成了世界上最大的淡水水域，是在沿岸城市间运输散装货的重要水道，甚至是通过顺着加拿大边境的**圣劳伦斯河**海道向大西洋沿岸运输散装货的重要水道，如煤、木材、铁矿石和粮食。5个大的工业城市就位于这些湖泊的岸边：芝加哥、密尔沃基、底特律、克利夫兰和布法罗。

北美最长的河流**密西西比河**全长3800千米，从明尼苏达向南流入墨西哥湾。就像是中国用作想象中的南北分界线的长江一样，密西西比河是我们的东西分界线。带着许多汇入的较小河流，它浇灌着我们的中西部。本书关于美国文学的那章会讲到美国最有名的作家之一马克·吐温，他就是围绕汹涌的密西西比河写了19世纪的生活。今天，这一河流仍然是为中西部运送散装商品的大动脉。

你可能还听我们提及其他一些重要河流：

- **俄亥俄河**全长1600千米，向西南方向流经从阿巴拉契亚山脉到密西西比河的高度工业化地区。它构成了一条北方边界，在其以南地区的人讲话就带着南方口音。
- **密苏里河**开始于蒙大拿境内的落基山脉，向东南流入密西西比河，全长4100千米。由于它的流域过于偏僻，缺乏繁忙货运和大型城市。

- **格兰德河**构成了美国与墨西哥边界的一部分，为这一干旱地区提供了水源。
- **科罗拉多河**也发源于落基山脉，但是向西南流经2300千米的沙漠地带，在汇入加利福尼亚海湾之前将加利福尼亚州和亚利桑那州分开。它创造了本章最后会讨论到的壮观的大峡谷国家公园。
- **哥伦比亚河**长度为1950千米，从落基山脉向西流入太平洋，形成了华盛顿州和俄勒冈州的边界。它的水坝是水力发电的主要来源。

地理区域

在最广泛的意义上，美国乃是由两个主要的区域构成，即西部和东部。但是，我们也有七个较小的地理区域。从地形、气候、经济、语言、食品、习俗和历史来说，它们都是大略一致的。从西向东，这些区域分别是：太平洋沿岸、落基山地、西南部、中西部、南方、大西洋中部地区和新英格兰。你可能也经常听到美国人使用这些名称。①

（1）**太平洋沿岸区域**——属于这一区域的有**加利福尼亚州**、**俄勒冈州**和**华盛顿州**。太平洋西北是指华盛顿州和俄勒冈州，太平洋西南是指南加利福尼亚州地区。这几个州都濒临太平洋，有着崎岖的山地、茂密的森林、美丽的海岸线和沙漠。该区域还包含肥沃的农业地区，蕴藏丰富的矿藏。它的亚裔人口要多于美国的任何其他区域。主要城市有洛杉矶、圣弗朗西斯科和西雅图。

（2）**西南区域**——这一辽阔、干燥和温暖的区域包括**亚利桑那州**、**新墨西哥州**、**俄克拉荷马州**和**德克萨斯州**。它遍布养牛场、棉花农场以及油井和矿场。由于气候温暖，它拥有许多增长最快的城市。16世纪时西班牙人即定居在此，所以有些人至今还讲西班牙语（美国第二种最普遍使用的语言），但是在整个区域英语仍然是最通用的。菲尼克斯和达拉斯是该地区的两个大城市。

（3）**落基山地区域**——属于这一区域的有**科罗拉多州**、**爱达荷州**、**蒙大拿州**、**内华达州**、**犹他州**和**怀俄明州**。它不仅包含了落基山脉和其他山脉，还有沙漠和平原。矿产业对该区域一直很重要，同时它拥有农场、养牛场和旅游业，主要城市包括丹佛、盐湖城、拉斯维加斯。

---

① 你也会遇到对我们的地理区域做出的其他划分，但是这里列出的7个区域得到了最清晰的界定。

（4）中西部区域——属于美国中部的这一广阔区域的有**伊利诺伊州**、**印第安纳州**、**艾奥瓦州**、**堪萨斯州**、**密歇根州**、**明尼苏达州**、**密苏里州**、**内布拉斯加州**、**北达科他州**、**俄亥俄州**、**南达科他州**和**威斯康星州**。该区域相对平坦，拥有肥沃的土地，盛产玉米、小麦和牲畜。它的两个大城市芝加哥和圣路易斯连接着水道。

（5）南部区域——属于这一区域的有**亚拉巴马州**、**阿肯色州**、**特拉华州**、**佛罗里达州**、**佐治亚州**、**肯塔基州**、**路易斯安那州**、**马里兰州**、**密西西比州**、**北卡罗来纳州**、**南卡罗来纳州**、**田纳西州**、**弗吉尼亚州**和**西弗吉尼亚州**。它有着起伏的丘陵和山地以及濒临大西洋和墨西哥湾的平原。在20世纪50年代以前，这里主要是个农业地区，盛产温暖气候作物，如棉花、甘蔗、烟叶和稻米。此后，该地区的工业和旅游业经历了迅速的增长。在这一区域土生土长的人被叫作南方佬，其中一些人讲话时带有一种明显缓慢和圆润的南方口音。在17和18世纪，黑皮肤的非洲人作为奴隶被带到了该地区的种植园。因此，今天有大量的非裔美国人住在这里。**梅森—狄克森线**是宾夕法尼亚州与马里兰州之间有名的分界线，在19世纪时象征着北方和南方之间的地缘政治的分野。当时，奴隶制是南北方之间一个引起争执的问题，为此它们在1861—1865年期间发生了内战。①你可能注意到，南方人对他们的地区具有一种特别强烈的忠诚感，为自己的历史、传统和文化感到骄傲。南方区域的主要城市有华盛顿D.C.、亚特兰大和迈阿密。

（6）大西洋中部区域——属于这一区域的有**新泽西州**、**纽约州**和**宾夕法尼亚州**。它是美国人口最为密集的地区，包括了非裔、拉丁裔和亚裔等一些大的族群。该地区拥有适于国际贸易的优良海港，以及许多工厂、大片农场和森林，在其西部还发现了丰富的煤矿。主要城市有纽约市（美国最大城市）、费拉德尔菲亚和匹茨堡。

（7）新英格兰区域——属于这一区域的是**康涅狄格州**、**缅因州**、**马萨诸塞州**、**新罕布什尔州**、**罗得岛州**和**佛蒙特州**。这一位于美国东北部的狭小区域充满多石丘陵，有着美丽的村庄、海岸线和廊桥，以其自然风光和在秋天会转为鲜亮金色与红色的树木而闻名。它遍布着与美国的建立有关的历史古迹。**新英格兰人**（住在这一地区的人）为其可以追溯到17世纪的历史传统而骄傲，当时英国移民就定居在此地。他们讲话时也有独特的口音，来自这一地区的肯尼迪总统就是如此。新英格兰区域是美国最早的工业地区，至今它的轻工业仍然很重要。主要城市是波士顿。

---

①　见关于历史的D章。

其他区域

除了以上7个地理区域的划分以外，你还会听到我们的其他一些提法：

- **圣经地带**——这是指包括所有南方各州的整个地区，在这里各个宗教群体都是圣经的信徒。

- **迪克西（Dixie）**——这是指美国的南部和东部地区，包括了在内战期间加入了南部邦联的各州。[①]

- **波希特地带（the Borscht Belt）**——这是指纽约州的北部，传统上许多犹太人家庭在这里度过他们的暑假。

- **中部美国或美国心脏**——这是指中西部各州。

- **硅谷**——这是指北加利福尼亚州靠近圣弗朗西斯科的一个地方，只有32千米长。它是重要的计算机制造、软件和其他高技术行业的总部所在地。

- **西部山区**——这是指在东北边的落基山脉与西边的内华达山脉和喀斯喀特山脉之间的各州，包括怀俄明、蒙大拿、爱达荷、犹他、科罗拉多、内华达、新墨西哥和亚利桑那。

- **西南沙漠**——这是指西部和南部的干燥地区，包括亚利桑那、新墨西哥、加利福尼亚州的一小部分、犹他、科罗拉多和德克萨斯。

- **烟囱地带（Smoke Stack Belt）**——这是指东北部的高度工业化地区，从宾夕法尼亚的匹茨堡（钢铁制造）经过俄亥俄州印第安纳（化学制品）、伊利诺伊，再往北到密歇根的底特律（美国的汽车制造之都）。[②]它也被称为铁锈地带（the Rust Belt），因为从20世纪70年代开始这一以往处于支配地位的工业化地区变得以废弃工厂、失业和全面衰败而闻名。部分原因在于进口的外国产品更加便宜以及当地工业向美国其他地区的转移。随着新的轻工业的发展，该地区的一些城市现在处于恢复过程之中。

- **阳光地带**——这是指美国迅速增长的南部地区，主要包括佛罗里达、德克萨

---

① 见关于历史的D章。

② 19世纪时马车制造集中于底特律，因此汽车制造也从这里起步。这一身份后来变得如此根深蒂固，以致"底特律"可以被用来泛指美国的整个汽车工业，而不一定专指这个密歇根城市。

斯、亚利桑那、南加利福尼亚州,并向北一直扩展到东海岸的弗吉尼亚。它的发展动力来自于20世纪70年代的石油繁荣、航天和防务承包商开设的工厂、不断扩展的旅游行业(特别是佛罗里达和南加利福尼亚州)。

- **大平原地区**——这一地区从落基山脉以东扩展到了密西西比河以西的低地,从北边的达科他延伸到南边的北德克萨斯。该地区人口稀疏、地势较高、气候干旱,但是具有适于农场和牧场的草地。

- **大草原地区**——这是指在大平原以东的较为湿润的地区,为北美所特有的被草覆盖但却无树的平原。它从西俄亥俄开始,经过印第安纳、伊利诺伊和艾奥瓦,向北进入加拿大。由于具有适宜的气候、肥沃的土壤以及盛产小麦和玉米,它有时也被称为世界的面包篮子。①

美国最大的州和城市

如果来到美国,你很可能最后落脚在我们最大的州或城市之一。或者说,如果有美国人访问你的国家,他们也很可能来自这样的地方。你或许听到我们使用一些城市的昵称:波士顿——**豆城**(Bean Town)、芝加哥——**风之城**(Windy City)、底特律——**汽车城**(Motor City,或Motown)、拉斯维加斯——**罪恶之城**(Sin City)、新奥尔良——**快活之都**(Big Easy)、纽约市——**大苹果城**(Big Apple)、明尼阿波利斯—圣保罗——**双子城**(Twin Cities)、洛杉矶——**天使之城**(City of Angels)。

以下是我们最大的州和市:

最大的州

2012年排名	州	2012年人口	1950年排名
01	加利福尼亚	3720万	02
02	德克萨斯	2510万	06
03	纽约	1940万	01
04	佛罗里达	1880万	20
05	伊利诺伊	1280万	04
06	宾夕法尼亚	1270万	03
07	俄亥俄	1150万	05
08	密歇根	990万	07
09	佐治亚	970万	13
10	北卡罗来纳	950万	10

---

① 美国占了世界所有玉米出口的50%,黄豆出口的40%,小麦出口的30%。

最大的城市

2012年排名	城市	2012年人口	1950年人口
01	纽约市	820万	780万
02	洛杉矶	380万	190万
03	芝加哥	280万	360万
04	休斯敦	210万	50万
05	费拉德尔菲亚	150万	210万
06	菲尼克斯	150万	10万
07	圣安东尼奥	130万	40万
08	圣迭戈	130万	30万
09	达拉斯	120万	40万
10	圣何塞	90万	180万

气　候

　　看待美国的另一种方式是依据它的气候带。我们的一些早期移民定居在与其家乡有着相似气候的地区。例如，斯堪的纳维亚人定居在明尼苏达和其他寒冷的北方州，爱尔兰人定居在崎岖的马萨诸塞和东部沿海地区，而德国人定居在宾夕法尼亚的富裕农业地区和中西部。这些地区的文化依然是那些早期美国定居者的反映。今天，我们的气候仍然有可能影响一些移民关于在何处上学或工作的选择。

　　美国通常被分为4个广泛的气候区：干燥的西部、潮湿的东部、较冷的北部、较暖的南部。就像中国的西北地区一样，我们干燥的西部也出现了加速东移的趋势。

　　西海岸的俄勒冈州和华盛顿州的西边是大陆美国最潮湿的地区之一。在夏季，东部和南部的州要比相对舒适的西部州潮湿得多。虽然美国没有像一些国家那样经历过季风，但在夏季会有从墨西哥海湾一直冲过东海岸的飓风，以及发生在中西部各州的龙卷风。美国的太平洋沿岸和落基山地的各州没有遭受过这种**大自然**的毁灭性力量，但是却因地震而闻名。每年在加利福尼亚州会发生大约50万次可检测到的地震，不过其中只有很少的可以为人实际上所感到。

　　提示：美国最有名的地震在1906年发生于加利福尼亚州的圣弗朗西斯科。这一
　　　　 地震夷平了城市，造成了成千上万人的死亡。当你与美国朋友讨论一些
　　　　 毁灭性的事件时，你可以说："这就像1906年圣弗朗西斯科大地震那样使
　　　　 我感到沮丧。"

国家公园

1872年，美国成了第一个划出特定区域以保护其美丽景色、野生生物、历史或自然风貌的国家。今天，我们拥有376处受到保护的国家公园、历史遗迹、风景小道和墓地。其他国家也规定了同样的受保护区域，日本大约为80处，中国则超过了100处。

美国人喜欢这些地方。如果适宜的话，可在你的谈话或写作中提及它们。大量保护区的设置反映了它们在美国文化中的重要性。我们的铸币厂甚至一年发行5种硬币以纪念各个保护地。①争取去访问一些保护地。需要更多的信息可登录国家公园系统的网站。②旅行社也会帮你计划这样的旅行。一些公园需要你提前预约。以下只是列举了一些我们最喜欢的去处，你可能听美国人提起过它们。

（1）布莱斯峡谷国家公园（Bryce Canyon National Park，犹他州）——这是一处连绵峡谷，到处都是被侵蚀的、呈铁锈红的明亮石头，看起来像是由柱子和令人兴奋的城堡塔楼构成的丛林。

（2）卡尔斯巴德洞窟国家公园（Carlsbad Caverns National Park，新墨西哥州）——这是世界上最大的著名洞窟，由长达50万年的滴水所创造。该公园有着83处单独的溶洞，包括达到30层楼高的全国最大的石灰岩洞。其形态都是不可思议的，颜色则为可爱的粉红色、米黄色以及棕色。它们使我想起了位于斯洛文尼亚的世界著名洞穴，由河流切割而成。

（3）火山口湖国家公园（Crater Lake National Park，俄勒冈州）——这一美国最深并且极为美丽的蓝色湖泊，是在7700年前火山崩塌后形成的清晰蓝宝石。其周围是山脉、火山峰和长青的森林。

（4）死亡谷国家公园（Death Valley National Park，加利福尼亚州）——这是一片巨大的、不宜居住的、色彩微妙的沙漠，四周为高山所环绕。它是西半球的最低点（海平面以下86米，即282英尺），保有最高全年气温的世界纪录。你可能听到有些人说某个地方"是像死亡谷一样贫瘠和荒凉"。

（5）埃弗格莱兹国家公园（即大沼泽地国家公园，Everglades National Park，佛罗

---

① 见：www.parkquarters.com。

② 见：www.nps.gov。

里达州）——这是位于佛罗里达南部的一处繁茂的亚热带地区，有着湖泊、鸟类和动物。它也是世界上唯一的短吻鳄和普通鳄鱼并肩存在的地方。

（6）冰河国家公园（Glacier National Park，蒙大拿州）——它有着一些最为美丽的落基山脉的景色，包括许多冰河和湖泊。其面积为360万平方千米（即140万平方英里）。

（7）大峡谷国家公园（Grand Canyon National Park，亚利桑那州）——这是一个由科罗拉多河刻出的峡谷，深1.6千米、宽6.5—29千米、长350千米。由于它是如此巨大、如此华美，与许多首次参观者已经看到的东西都不相同，以致他们不敢相信面前的景色。尝试漂流、徒步旅行或者兴奋地骑两天的骡子（先下到谷底再回来），都是很流行的玩法。你可以说：“我对你的爱像大峡谷一样巨大。”

（8）拉什莫尔山国家纪念碑（Mount Rushmore National Memorial，南达科他州）——这里一处遥远的山坡上刻着华盛顿、杰斐逊、西奥多·罗斯福和林肯等四位美国总统的半身像。下边的乡村小屋提供了广泛追忆的美景。经典的悬疑片《西北偏北》（*North by Northwest*，1959，或译为《谍影疑云》）就是以这个有名的地方为背景的。我们喜欢猜测谁是下一个其名字应被刻在山边的总统。多数人选择里根或富兰克林·罗斯福。

（9）自由女神像国家纪念碑（Statue of Liberty National Monument，纽约市）——自由女神像是我们有名的自由和民主的标志，也是对那些乘船来到美国的人的欢迎。这是法国人民1886年所送的礼物。游客只要坐一会儿船就会被带到位于纽约港中央的女神像脚下。然后他们可以沿女神像内部的楼梯攀登到顶部，在那里可以俯瞰雄伟的纽约地平线以及繁忙的港口。

（10）华盛顿纪念碑（Washington Monument，华盛顿D.C.）——它是用来表示对美国首任总统华盛顿的敬意。这一细长的纪念碑是世界最高的石头结构，其内部的楼梯可以将你带到顶部。华盛顿纪念碑前面的是林肯纪念堂，后面是美国国会大厦。在夜里当3处建筑的灯光都打开时，整个地区的景色非常漂亮。春天的时候，日本人民于1912年所送的樱花树会在这一地区竞相开放。

（11）黄石国家公园（Yellowstone National Park，怀俄明州）——这是世界上首个国家公园，世界上1万处喷泉和温泉大多数都集聚于它的边界之内。作为世界上最大的喷泉，老忠实喷泉（Old Faithful）有规律地喷出45米高的水柱。黄石公园也是一个山地原野，对各种野生动物开放的避难所，包括灰熊、麋鹿、美洲野牛、驼鹿和狼。它也是一个受欢迎的野营地，会有过分友好的熊向游客寻求食物。

（12）优胜美地国家公园（Yosemite National Park，加利福尼亚州）——我们喜欢这个公园的山、冰河冲出的峡谷以及巨大的美洲杉（世界上最大的生物）。一棵被称为雪曼将军树的名树是世界上最古老的生物，有5000年的历史。它高达84米（274英尺），巨大底部的直径为11米（37英尺）。

（13）锡安国家公园（Zion National Park，犹他州）——这是一处多色彩的峡谷，位于一片有着壮观的悬崖、山谷和原野的沙漠的中央。它有着世界最大的天然拱门，即科罗布拱门（Kolob Arch），其跨度达到94.5米（310英尺）。附近的拱门国家公园（Arches National Park）收集了2000多座自然砂岩拱门，是世界上最多的。

颇有威望的《国家地理》①杂志（*National Geographic*）评出了美国10个最好的公园，其排名是：

①红杉和国王峡谷国家公园（Sequoia & Kings Canyon National Parks，加利福尼亚州）②

②葛底斯堡国家军事公园（Gettysburg National Military Park，宾夕法尼亚州）③

③奔河（Alagnak Wild River，阿拉斯加州）④

④圣达菲国家历史小道（Santa Fe National Historic Trail，科罗拉多州到奥克拉荷马州）⑤

⑤自由女神像国家纪念碑（Statue of Liberty National Monument，纽约市）⑥

⑥蓝岭山行车通道（Blue Ridge Parkway，北卡罗来纳州和弗吉尼亚州）⑦

⑦新奥尔良爵士乐历史公园（New Orleans Jazz Historical Park，路易斯安那州）⑧

⑧优胜美地国家公园（Yosemite National Park，加利福尼亚州）⑨

---

① 见：www.nationalgeographic.com。

② 见：www.nps.gov/seki/index.htm。

③ 见：www.nps.gov/gett/index.htm。

④ 见：www.nps.gov/alag/index.htm

⑤ 见：www.nps.gov/safe/index.htm。

⑥ 见：www.nps.gov/stli/index.htm。

⑦ 见：www.nps.gov/blri/index.htm。

⑧ 见：www.nps.gov/jazz/index.htm。

⑨ 见：www.nps.gov/yose/index.htm。

⑨夏威夷火山国家公园（Hawaii Volcanoes National Park，夏威夷州）①
⑩大峡谷国家公园（Grand Canyon National Park，亚利桑那州）②

问答游戏

你想与一个美国人进行关于美国地理的问答游戏吗？以下是一些有关美国及其地理的有趣问题。一张美国地图有助于你理解游戏中提及的那些地区。

①地理学上，美国有多少个最小的州可以同时被置入最大的州阿拉斯加的版图？**答案**：21个。

②与其他的州相比，哪两个州同更多的州接壤？**答案**：田纳西州和密苏里州，它们分别和8个州接壤。

③叫出有着最高海拔的州府的名字。**答案**：属于落基山脉的新墨西哥州的首府圣达菲，海拔6998英尺（2133米）。

④哪个城市是大陆美国最南方的首府？**答案**：德克萨斯州的奥斯丁。

⑤哪个州仅仅与一个州接壤？**答案**：新英格兰的缅因州。

⑥哪个湖泊是美国最深的？**答案**：位于太平洋沿岸的俄勒冈州的火山口湖（Crater Lake），深度为1932英尺（589米）。

⑦哪个湖泊是美国最高的？**答案**：位于西部的怀俄明州的黄石湖（Yellowstone Lake），海平面以上7735英尺（2538米）。

⑧哪个州首先允许妇女进行选举和有了首位女性州长（1925年）？**答案**：西部的怀俄明州，它也是美国人口最少的州。

⑨哪个州是在最初的13州之后首先得到承认的？**答案**：佛蒙特。

⑩在美国哪个州是唯一面对两个大洋的州？**答案**：阿拉斯加，同时面对北冰洋和太平洋。

⑪美国的哪座山是世界上最高的山？**答案**：如果算上整个的山，那是夏威夷的莫纳克亚山（Mauna Kea），其高度为3.348万英尺（10.2千米），但是它只有1.3796万英尺（4.2千米）是在海平面以上。

---

① 见：www.nps.gov/havo/index.htm。

② 见：www.nps.gov/grca/index.htm。

⑫哪个峡谷在美国最深？答案：位于西部爱达荷州的地狱谷（Hells Canyon），深度为7900英尺（2408米）。

⑬哪个州没有一块广告牌？答案：新英格兰的佛蒙特州。这是州的权利和独立性的另一实例。

在了解美国的地理背景之后，现在我们就可以探索各种历史的强大力量如何结合起来影响了美国及其人民的文化发展。或许像许多其他国家一样，你的国家也为美国的发展做出了贡献。

D 历 史

过去是知识的源泉,而未来是希望的源泉。对过去的热爱意味着对未来的信任。
——斯蒂芬·安布罗斯(Stephen Ambrose),历史学家和作者

与有着数千年历史的其他国家相比,美国是个新来者(new kid on the block),只有500年的历史。当我在海外旅行看到其历史是美国的两三倍的建筑时,我又想到了我们是多么年轻。由于没有朝代或者统治的国王作为参照,我们的时代经常是按照它们所在的世纪或者发生的重要事件(如战争)加以识别的。让我们分别探索一下过去500年中的每个世纪,讨论一下历史如何塑造了美国、美国人民和美国文化。对这些时代的了解将有助于你更好认识今天的美国文化和美国人民。

16世纪——探索

大约1.1万年以前,在冰河期的冰川消退以后,来自亚洲的狩猎者越过连接阿拉斯加的陆桥进入了北美。15世纪的时候,欧洲人试图发现一条通向被称为远东的亚洲的海上捷径,以往他们通过陆路商队在这里换取香料、丝绸和其他宝贵商品。1492年,**克里斯多弗·哥伦布**从西班牙向西航行,寻找一条此种海上航线,但是却阴差阳错地发现了美洲。他登上了现在的佛罗里达州的南部,却以为自己到达了远东。当欧洲国家扬帆驶向**新世界**的时候,西方的历史开始了一个新时代。我们在10月有一个叫作**哥伦布日**的国家节日。①学校告诉孩子们说:"1492年,哥伦布航行在

---

① 见关于节日和传统的Q章。

蓝色的海洋。"

在16世纪,西班牙人(在较小的程度上还有葡萄牙人)进入并且定居在墨西哥以及中、南美洲的很大一部分地区。因此,西班牙语今天仍然是我们的南部邻国所讲的主要语言。西班牙人也进入了后来成为美国的这块领土的南部,寻求类似他们在更南部的地方发现的财富。1565年,他们在佛罗里达建立了圣奥古斯丁,这是美国境内的第一个永久性的定居地,至今还是一个有趣的旅游景点。法国人的兴趣主要集中在加拿大,而英国人探索的足迹则到了其南边现在被称为美国的这块地方。当他们在此地区安顿下来时所携带的各自文化,依然构成了今天美国文化的一部分。

17世纪——定居

从17世纪初开始,英国的国王向其商人授予特许状,允许他们在美洲建立殖民地。这些商人征募了愿意跟他们一起通过海路越过大西洋的人,然后就成了这些名义上国王的臣民的实际控制者。在17世纪和18世纪的上半叶,沿着从新罕布什尔到佐治亚的东部海岸线,一系列小的定居点被建立起来。它们最终结合成为13个较大的**殖民地**,这些殖民地后来成了美国最初的13个州。

1607年,大约100个英国人在弗吉尼亚建立了詹姆斯敦(Jamestown),这是英国在美国的第一个定居点。他们被叫作殖民主义者,因为他们为英国建立了一个殖民地。

> 提示:靠近詹姆斯敦的威廉斯堡殖民地(Colonial Williamsburg)位于华盛顿D.C.的南面,开车只要一个半小时。它是一个极佳的旅游景点。在这个传自当时但经过翻修的村庄里,你可以回到那些早期的日子,看到当时人们怎样生活。手艺人还用和400年前同样的方法制作一些物品。[1]

从这里进一步往北,1620年,由于反对官方教会(英国国教)而受到英国迫害的**清教徒**建立了新英格兰殖民地。**普里茅斯之岩**是马萨诸塞海边的一块有名石头,上面刻着"1620"的字样。它所在的位置被认为是**清教徒**(最初的定居者)首先踏上后来被称为美国的这块土地的地方。尽管历史学家们并不同意此种说法,但它仍然是一

---

[1]　见:www.history.org。

个很受欢迎的旅游景点。①正是在这块殖民地上产生了一个定在每年11月的国家节日,即感恩节。它首先在那些早期的日子里得到庆祝。当时的殖民地居民因为能够在土著印第安人的帮助下而生存下来向其表示感谢。

当17世纪初烟草农场在詹姆斯敦变得兴旺起来的时候,新的农场和定居点也沿着东海岸的南北方向扩展开来。最初,由于疾病、缺粮和一些印第安人的攻击,移民的生活非常困难。但是,最终他们发展了农场和商业,修建了道路、教堂和学校,一些人还学会了和印第安人和平相处。

1626年,一个荷兰殖民主义者以24美元和一些珠子从印第安人手中买下了曼哈顿岛,纽约市开始形成。1634年,在本国受到迫害的英国罗马天主教徒在马里兰安顿下来,该地也因烟草植物而兴旺起来。1643年,来自瑞典的殖民主义者在宾夕法尼亚建立了一个小型的定居点;而在弗吉尼亚和佛罗里达之间的土地则吸引了英国的定居者。在南卡罗来纳地区,富有的土地拥有者建立了稻米和烟草种植园,从非洲引进了黑人为之工作。康涅狄格和罗得岛在20年间先后成为殖民地,紧随其后新罕布什尔也在1680年建立了殖民地。

这些殖民主义者主要是因为宗教和经济原因来到美国。他们中的许多人很难在欧洲获得经济和社会地位的提升。在美国,情况正好相反。一个人通过努力工作就可以取得成功,因为这里土地充裕,人们也没有被锁定在某个社会阶级,有机会开创新的商业和贸易活动。他们也可以自由发展自己的政治和社会信仰,其中许多与本国的并不相同。这就造就了民主形式的政府、个人的自由以及对努力工作的奖励。今天,所有这些依然是我们社会的基础。

在17世纪末直到进入18世纪后相当长一段时间,殖民主义者继续建立定居点。当生活在自己经常并不喜欢并加以漠视(我们至今仍然擅长于此)的英国统治之下的时候,他们不断增强的独立要求导致了18世纪与英国的最终决裂。

18世纪——独立

即使大多数的殖民主义者是英国血统,他们对英国的统治也越来越感到不满,希望在自己如何被治理的问题上获得更多的发言权。但是,与殖民主义者的愿望相

---

① 见:www.visit-plymouth.com/plymouthrock.htm。

反,英国反而对从它那里进口的茶之类的产品征税。作为对这种所谓的不负责任的"无代表权的征税"(taxation without Representation)的抗议,1773年,殖民主义者在波士顿港口登上了一艘英国船,将上面装载的英国茶扔到了水中。这一事件就以波士顿茶党而闻名。①到了这个时候,大多数认为自己是美洲人而非英国臣民的殖民主义者渴望独立。与我们的反叛性格不同,过了84年以后,1857年,印度才发生了反对英国的第一次大起义。

1776年7月4日,通过采纳书面的《独立宣言》,由13个最初的殖民地组成的大陆会议宣布脱离英国而独立,组成了美利坚合众国。这13个殖民地于是就变成了州。《独立宣言》由弗吉尼亚的托马斯·杰斐逊(后来成为美国第三任总统)所写。一开始就提出了这样的思想:人人生而平等,具有生命权、自由权和追求幸福的权利。因此,殖民地有必要组成脱离英国的新政府,以保护这些权利。美国人记住了这一文件有名的开头语。胡志明于1945年宣布越南脱离法国而独立时也是如此,从我们的《独立宣言》中借用了同样的开头语,宣称人民具有不可剥夺的生存权、自由权和追求幸福的权利。在美国宣布独立44年以后,墨西哥才从西班牙获得独立;91年以后加拿大才从英国获得独立。

在大陆会议签署了《独立宣言》的时候,**自由之钟**被敲响。它至今仍然展览于宾夕法尼亚的费拉德尔菲亚。历史书告诉我们,因为敲的时间太长、敲得太重,钟出现了裂痕。对我们来说,它依然是自由的象征。现在,**7月4日**这一《独立宣言》签署的日子已经成了全国的节日,人们用烟花、野餐、挥动国旗、钟声和游行加以庆祝。②

1777年,美国的第一面国旗得到了采用。我们的学童都知道,它由**贝琪·罗斯**(**Betsy Ross**)所缝制,上面有13颗星星和13条红白相间的横条,代表13个最初的州。今天的国旗有代表所有州的50颗星星,但是仍然只有13条红白横条,以显示对最初13个殖民地的尊重。

因为我们宣布独立这一叛逆性行为,英国军队入侵了美国,**革命战争**也随之发生。弗吉尼亚的**乔治·华盛顿**是我们的又小又穷并且缺乏组织的军队的首任总司令,就是这支军队抵御和打败了当时世界最强的国家英国。他后来成为我们的第一任总统,被称为**国父**。

---

① 对美国人来说,向国际贸易征税至今仍然是一个引起激烈争论的政治问题。

② 见关于节日和传统的Q章。

革命战争结束于1783年，实现了暂时的和平。就在这一经历着急剧的社会和政治动荡的时期，六年以后，开始了法国革命。英国是一个惨败的输家。美英两国在1812年又进入了战争，我们再次获胜。

在革命战争之后，13个州仍然只是被松散地联系在一起，分别有着自己的宪法。直到1787年《**美国宪法**》才被制定。它成了这个国家的基本法，将各州结合成为一个统一国家。这一以"我们人民"开始的宪法由美国历史上的著名领袖所写，包括**华盛顿、詹姆斯·麦迪逊、亚历山大·汉密尔顿**。他们与**杰斐逊、本杰明·富兰克林和约翰·亚当斯**一起，被称为美国的**建国之父们**。你会看到许多以他们命名的城市、大学、学校、机构和企业。

除了其他的内容，宪法还规定我们的政府体系是：各州按照人口在众议院中有着自己的代表（以满足较大的州的要求），在参院中有着同样数量的代表（以满足较小的州的要求）。法学家们指出，宪法很少得到修订，因为人民允许法院对它做出解释。

还有两个问题需要特别注意：

（1）**宪法修正案**——1791年，《权利法案》成了宪法的前十条修正案。它限制了美国联邦政府的权力，加强了个人的权利。这是在法国国民制宪会议通过了人权和公民权宣言两年以后的事。《权利法案》的平等、代表和个人自由的概念被永远铭刻在我们国民性格的基石上。

> 提示：最初的《独立宣言》《美国宪法》和《权利法案》都展示在华盛顿D.C.的国家
>   档案馆大楼之中。①电影《国家宝藏》（*National Treasure*，2004）就是虚构的
>   关于盗窃《独立宣言》的故事。

《权利法案》和随后的其他17条宪法修正案直至今天都在界定我们的日常生活和文化方面具有深刻的影响。它们甚至影响到美国对一些剥夺了其人民的类似于我们享有的那些权利的国家的反应。在讨论美国出现的麻烦问题时，媒体经常提到各种修正案。它们的主题以及通过的先后次序对美国的变化中的历史提供了一个有趣的简单说明。以下是一些具有历史意义的修正案以及通过的日期，可以使读者深入了解

---

① 见：www.archieves.gov。

我们文化的演变。

- **第一修正案(1791年)**——保证言论自由、出版自由、结社和集会自由,以及公民按照自己的喜好信仰的权利,而所有这一切都受到了英国人的压制。今天,我们的媒体和报纸进行调查的自由正是立足于这一修正案。①

提示:新纳粹活动似乎是个全球性现象,在美国也出现了许多攻击和骚扰有着不同政治和宗教观点的人的小团体。与美国不同,一些欧洲和拉丁美洲国家具有禁止表达亲纳粹、种族主义、反犹主义或者反同性恋观点的法律,许多与纳粹有关的标志在欧洲国家也遭到禁止。我们也有三K党这样的仇恨团体,它鼓吹极端的白人至上主义、白人种族主义以及反移民主义。但是,鉴于我们的第一修正案所赋予的权利,这样的政治组织具有很大的表达自己观点的空间。当大多数美国人反对他们主张的观点时(what they stand for),他们也相信,这些团体表达自己观点的权利比消除其声音更为重要。(这里又是一个表达自由的问题。)

- **第二修正案(1791年)**——保护拥有枪支的个人自由。这是英国不允许殖民主义者拥有的权利。今天许多人希望实行更严格的枪支管制,而另外一些人则声称那会违宪。
- **第四修正案(1791年)**——禁止警察和政府像当年英国人随意进行的那样搜查别人的住宅或扣押其财产,除非具有合理的原因,即他们犯下了某种罪行。
- **第十三修正案(1865年)**——奴隶制和强制性的劳役是非法的。从1861到1864年我们就此问题打了一场内战。
- **第十四修正案(1868年)**——任何在美国出生或归化的人都是公民,包括非法移民的子女。今天这在美国是一个引起激烈争论的话题,因为每年都有50万非法移民来到美国,其中一些人又生出了立即成为美国公民的孩子。
- **第十五修正案(1870年)**——无论是州政府还是联邦政府都不能因为种族的原因或者曾经是奴隶的原因阻止有关人员投票。这一修正案在此后的10年中得到了简短的执行,但是一直到20世纪60年代民权运动开始以后才又付诸实施。

---

① 见关于媒体的P章。

- **第十七修正案（1913年）**——每州的选民将选举两人进入美国参议院。以前这一权力属于州立法机构。
- **第十八修正案（1919年）**——被称为禁酒令，禁止出售酒精饮料。1933年它由第二十一修正案所废除。
- **第十九修正案（1920年）**——在抗议了50年之后，妇女最终获得了投票的权利。（在内战结束之后的一些年中，黑人具有了这种权利，但那仅仅是部分的投票权）。
- **第二十一修正案（1933年）**——对酒精饮料的禁止被取消，但是各州被赋予了管理酒精饮料的权力。一些南方州在此后的20年中继续禁酒。美国知道自己无法就道德问题立法，所以在禁止大麻和毒品之类的物品的问题上，这又一次成为一个争议话题。
- **第二十四修正案（1966年）**——任何人不得因未付人头税的原因而被禁止投票。南方曾利用有关人头税的策略阻止非裔美国人投票。注意，这一修正案是在因内战黑人获得了理论上的自由和平等100年以后才得以通过。就像我说过的，我们是善于忽略一些事情的，只要我们想那么做。

（2）集中的权力——华盛顿在1789年成为美国的第一任总统，1793年又再次当选。在他就职的时候，美国的政府形式属于一种从未在任何地方存在过的新概念，有点像今天正在出现的欧盟。因为人们熟悉的是那个时候的王国，所以认为华盛顿应被完全当作国王对待。但是，他本人更有远见，为我们后来所有的总统奠定了基础，即美国总统应被视为普通人，只是被委以了领导国家的责任。随着美国在地理上和文化上的扩大，我们另外的两位建国之父亚当斯和杰斐逊遵循了华盛顿树立的榜样。

在18世纪余下的时间里，全国也慢慢适应了年轻的政府以及集中于联邦政府手中的权力不断增加的新概念。与我们的独立精神完全一致的是，也有人反对这样的激进概念。宾夕法尼亚农民就拒绝为他们生产的威士忌支付联邦税，1794年带头发起了有名的威士忌造反运动。由联邦政府对商品征收的这一新的税种确立了它在各州的境内征税和执行联邦法律的权威，构成了我们今天的政府的基础。

纽约市和费拉德尔菲亚最初曾短暂地起到联邦政府所在地的首都的作用。南方各州本就怀疑北方的意图，对这种存在于北方首都城市的新的集中权力感到担忧。1790年，北方和南方州围绕首都的新的位置的争论以南方各州支持下述计划而告结束:联邦承接州的债务,作为回报南方同意将国家首都安排在华盛顿D.C.(District of Columbia)。所以如此命名是为了纪念我们的首任总统华盛顿和探索者哥伦布。新的首都位于南北地缘政治边界以南90千米处,这条边界既是宾夕法尼亚州和马里兰的分界线,也是北方和南方的分界线。

此种开始于两个世纪之前的妥协制度依然是我们立法过程的一个不可或缺的部分。政党和总统很难得到自己想要的所有东西。于是,他们就进行交易和妥协,以便至少获得本身所追求的立法的一部分。许多美国人希望,他们只是做对国家有利的事情,而将政治和党的路线放到一边。但是,我们知道,这是绝无可能的。那种迁就与交换乃是美国方式的一部分。

学龄儿童都知道这一时期出现的另一位英雄边疆居民丹尼尔·布恩(Daniel Boone)。他通过阿巴拉契亚山地的崎岖荒野向西旅行,在1769年首先到达了尚未被人探索的地区,即后来的肯塔基州。30年以后,他又带领定居者进入了中西部现在被称为密苏里州的地方。直到19世纪的很长一段时间中,这里的城市圣路易斯都是越过密西西比河向广袤的、未经探索的西部大量移民的出发点(jumping off point)。

提示:如果你正在进行一项开拓性的事业,在谈话中可以提及布恩:"我感到就像丹尼尔·布恩冒险走进阿巴拉契亚的荒原一样。"

19世纪——扩张

19世纪是以富于幻想的杰斐逊作为总统而开始的。他相信,美国应当是一个小农的国家,由小农们直接负责自己的事务,而联邦政府很少加以干预。这是一种今天仍然存在于美国的政策。那时,密西西比河以西只有很少的定居地。于是,1803年,他花了1500万美元从法国购买了一片幅员广阔的土地,其位置是从密西西比河向西直到落基山脉,从墨西哥湾向北直到加拿大。这一后来被称为**路易斯安那购买案**的交易使美国领土的面积一夜之间扩大了一倍。

提示:杰斐逊并未从国会获得购买路易斯安那的授权。他只知道那是一件应做的正确事情。有人说,这依然是一种美国的习惯:"做我们知道是正确的事情。"有时候这包括在与其他国家打交道或处置问题时单边地自行其是。

1804年，杰斐逊派遣**刘易斯和克拉克探险**队探索这片新的土地，以找到一条可以借之进入太平洋的适于航行的水路，从而对贸易起到刺激作用。这两位探险者确定，由于崎岖的地势，不存在一条这样的水路。

到了19世纪40年代，美国的**开拓者们**通过步行、骑马和有篷的牛车逐渐到达了**美国极西地带**。为了进行这一从东海岸到西海岸的旅行以寻求梦想，需要花费6个月的时间。这样就出现了一个颇为流行的口号：**年轻人，到西部去吧**（Go west young man）！它由东部一家报纸所创造，象征着政府长期以来怀有在西部建立定居地的愿望。这与中国在2000年发起的西部开发运动相似，其目的是帮助相对落后的西部和中部地区赶上比较富裕的东部地区。

> 提示：关于旧西部的热播电影包括《断箭》（*Broken Arrow*，1950）、《日正当中》（*High Noon*，1952）、《锦绣大地》（*The Big Country*，1958）、《西部开拓史》（*How the West Was Won*，1962）。关于文学的J章讨论了作家赞恩·格雷（Zane Grey），关于艺术的L章讨论了弗雷德里克·雷明顿（Frederic Remington），他们俩都怀有对旧西部的热爱。

美国人早期显示出来的不安分、喜好冒险的精神不断地将我们的边界推向更远的西部。这种精神也继续鼓励我们探索空间、医学、海洋和科学的新领域的努力。

随着我们的边界的西移，美国原住民（印第安人）也不断被推向西部。哥伦布登上新世界时，估计现在被称为美国的这一地区大约有900万印第安人。到1900年，由于战争、疾病和从故土的逐出，他们的人口仅为25万人。对大多数人来说，这是美国历史上悲惨的一章。现在情况发生了变化。1972年，出于对原住民的文化和传统的尊重，斯坦福大学放弃了"印第安人"这一称呼。今天，250万美国原住民正在重申对他们的部落土地、政府、经济和文化的控制。许多部落在他们的土地上开设了娱乐场，最大的一个是在威斯康星的密尔沃基。①

> 提示：《与狼共舞》（*Dances with Wolf*，1990）是一部关于这一时期美国原住民的影片，获得了奥斯卡奖。它从原住民的角度描述了历史。其他有关影片还

---

① 见：www.paysbig.com。

包括:《最后的莫希干人》(*The Last of Mohicans*, 1992)、《杰罗尼莫：一个美国英雄》(*Geronimo: An American Hero*, 1993)。

在进行了持续的边界战争之后,1846年美国与墨西哥最后签署了一项条约,将自己从德克萨斯到俄勒冈的领土进一步向西推移。1853年,美国从墨西哥购买了沿着两国边界的一小条土地。到了那个时候,我们的领土涵盖了今天大陆美国所有的版图。

南方利润丰厚的大型种植园(农场)需要奴隶耕种植物。到19世纪初,所有北方州都已经宣布奴隶制非法化,但是南方州的经济依赖于奴隶制。1821年,在美国有着12个“自由”(反奴隶制)州,12个允许实行奴隶制的州。以几代人以前的“威士忌造反”作为象征,联邦政府的权威依然处于攻击之下,并未得到清晰的界定。我们在概念上是美利坚合众国,但是事实上并非这样。

在19世纪后半叶,美国经历了内战及战后的恢复与发展。

(1)内战——1861年,11个南方州退出了美国,坚持联邦政府无权在奴隶制等某些事情上控制各州。(又是独立的问题。)北方坚持南方无权脱离,合众国必须不惜一切代价得到保存。这一时期的美国总统是来自中西部的伊利诺伊州的亚伯拉罕·林肯。由于他的正直和公正,林肯被称为诚实的亚伯。

1861年,内战在北方和南方之间爆发。南方各州组成了邦联,有着自己的旗帜。北方叫作联盟,继续使用美国国旗。这一战争夺取的美国人的生命(80万人)要多于美国历史上的其他任何战争,使得南方的许多地方沦为废墟。

内战也在北方和南方人民之间造成了恶感,这种感情部分地延续到了20世纪很长的一段时间,或许直到今天仍然可以在南方被感觉到。这里洋溢着南方的骄傲,邦联旗帜继续飘扬(法院已经对此提出了挑战)。①

尤利塞斯·格兰特(Ulysses S. Grant)统帅了北方的军队,后来成了美国的总统。南方是由罗伯特·李(Robert E. Lee)所领导。他是一位来自弗吉尼亚的美国军官,实际上反对奴隶制和他所在的州从联盟的撤出。尽管如此,最终他感到自己的州正在

---

① 2015年7月9日美国南卡罗来纳州州长正式签署一项已由州参议院和众议院先后通过的法案,移除在州议会外悬挂的南方邦联旗帜,将其交给州立博物馆保存。该州是美国南方最后一个把邦联旗从议会大厦顶部撤下的州。——译者

捍卫华盛顿为之奋斗的自主、自由和法制原则。

在宾夕法尼亚州的葛底斯堡内战墓地的落成典礼上，林肯做了有名的两分钟的演讲。他说，我们的政府是"民有、民治、民享"。①

1863 年，林肯颁布了著名的《解放宣言》，宣布奴隶制在美国非法化。这是在沙皇亚历山大二世消灭了农奴制两年以后，加拿大未经暴力从英国统治下获得自由四年以前。许多人认为林肯和华盛顿是我们历史上的两位最重要的总统，类似印度人看待甘地和尼赫鲁那样。

历史学家们认为，内战最终将各州结合在一起组成了有着强大的联邦领导的合众国，正如我们今天这样。他们比喻说，就像铁匠捶打钢材使之更为结实一样，这场内战也是一种强力捶打。

> 提示：我们有许多关于内战的经典电影，包括对战争中的非裔美国士兵作了令人激动的叙述的《光荣战役》（*Glory*，1989）。其他的还有《飘》（*Gone with the Wind*，1939）、《红色英勇勋章》（*The Red Badge of Courage*，1951）、《谢南多厄河谷》（*Shenandoah*，1965）、《葛底斯堡》（*Gettysburg*，1993）、《冷山》（*Cold Mountain*，2003）。

（2）行进中的美国——在 19 世纪余下的时间里，美国的工业经历了迅速的增长。机器代替了人力，轮船和火车将人和货物运往各地。1890 年的调查首次显示，美国工厂的产值超出了农场。到 1913 年时，世界工业产量的 1/3 多出自美国。

一如既往，为了保护**小企业**，联邦政府采取行动以防止它们遭到大企业的毁灭。1890 年，强行拆散阻碍自由贸易的大企业的**谢尔曼反托拉斯法**获得通过。今天的联邦政府仍然被委以保护小企业的责任，虽然一些人相信，要不是政治和特殊利益集团的影响，政府可以做得更好一些。

我们的文化也变得更有特色，普通美国人的生活方式正在发生重要转变。人们希望制止政府的腐败、减少贫困和改善穷人的生活状况。今天这些问题同样还在被提及。

工作、学校和闲暇活动迅速地从主要是农业性质转变到工业和技术时代的开

---

① 全文见附录 1。

始。妇女的选举权继续是个问题。与联邦政府有关的一项法律得到确立,它规定联邦政府工作岗位的取得应基于个人表现而非政治倾向。随着城市变得越来越大、商业变得越来越繁荣,新的就业机会也涌现出来。1886年,一个代表工人的工会首次被组织起来,其中许多是移民。

这一时期开始的对于平等、和谐和人权的追求仍然是今天的一项重要目标,我们继续为之而奋斗。

但是,到19世纪末的时候,政府和人民面临着某种新的形势,即在日益缩小的世界中美国的作用不断扩大。这是一种美国至今还在发挥的作用。

20世纪——冲突和改革

20世纪美国的第一位总统是**西奥多·罗斯福**。他被一些人视为首位真正使用其职务的权力进行治理、改善和保护公共利益的总统。特殊利益集团控制了以前的一些总统,但是未能控制他。西奥多·罗斯福为今天的总统奠定了基础。1904年,他开始大规模建造中、南美洲之间的**巴拿马运河**,船只由此可以进入太平洋或大西洋。这是一项法国人曾经为之努力但是未能成功的事业。**西奥多·罗斯福**拆散了大型的控制性企业。他也建立了国家公园,保护了野生生物和地貌,是第一位在一次针对雇主的罢工中援助工人的总统。他还确立了管理食品和药物的纯洁性的法案。毛绒玩具"泰迪熊"就是以他的昵称(Teddy)命名的。

西奥多·罗斯福也成了国际关系的政治家。他因为自己的格言而广为人知:说话轻柔但携带一根大棒(**speak softly but carry a big stick**)。当时美国成了世界事务中的一位调停者。他因为通过谈判帮助缔结了结束1904—1905年的日俄战争的和约而获得诺贝尔和平奖。在帮助解决这一冲突的过程中,他的外交是礼貌(说话轻柔)和力量显示(大棒)的结合。之后的其他总统对国际关系也采用了他的这种方法。

1914年,欧洲国家之间的问题导致了**第一次世界大战**的爆发。但是,美国一直保持中立,直到1917年德国击沉了我们的非武装船之后才改变了立场。1918年,此次大战结束。不久,美国经济出现了迅速增长,为喧闹躁动的20世纪20年代做好了准备。美国反对在凡尔赛和约中强加给德国的严厉解决方案,包括苛刻的领土割让和要到1988年才能完全付清的货币赔偿。美国知道,这些条款最终会成为导致德国再次走向战争的一个因素。1939年它果然这么做了。

此后美国经历了若干重要的时期。

（1）喧闹躁动的20年代——20世纪20年代引入了美国今天享有的现代社会。随着繁荣经济同时出现的还有新的生活方式、新的态度和叫作**喧闹躁动的20年代**的快节奏社会。①人们从农场进入了工厂，商业繁荣，就业状况良好。他们购买了新奇物件，如洗衣机、电话、汽车。在20年代，妇女最终获得了选举权。

由于担心酒精导致罪恶、贫困和暴力的增加，加上新教徒指责酒精就是邪恶的公开呐喊，1920年国会通过了禁止出售酒精饮料的宪法修正案。这一时期被称为**禁酒**时期。

> 提示：在禁酒时期，美国的一些城市被罪犯所控制。有关这一时期芝加哥一个有
> 名的黑手党成员的经典电影是《阿尔·卡彭》（*Al Capone*）。在今天进行的
> 一些调查中，芝加哥仍然在市政府的腐败方面名列第一。

这一时期对美国的立法过程和美国人集体心理的构成提供了有趣的深入揭示。虽然酒精消费在禁酒初期下降了，此后它又出现了增长。人民不喜欢被告诉要做什么和不要做什么，这是一种今天继续存在的特征。结果，因为不加节制和非法的生产，酒精的消费变得更加危险；有组织的犯罪增加了，法院和监狱系统在重压之下不堪承受；公共官员的腐败猖獗蔓延。并且，禁酒消除了一条重要的税收来源，极大增加了政府的执行费用。在认识到他们不可能就道德问题进行立法、也不可能控制公众对于酒精饮料的要求之后，国会在1933年再次宣布酒精销售合法化。这正应了一句中国谚语："法不责众。"

关于大麻的管理我们今天也面临着某种类似的情况。尽管联邦法律规定它是非法的，加利福尼亚（在各州中经常处于变化的前列）等一些州却允许它被卖于医药的用途。在这一问题上联邦法律与州的法律的最终斗争结果还有待观察。

（2）萧条年代——在迅速增长和喧闹躁动的20世纪20年代之后，美国突然陷入了30年代的经济困难，即我们所说的**大萧条**。它开始于**1929年股票市场的崩溃**。在20年代，猛涨的股票市场中发生了疯狂的投机。人们借了钱或花光他们的积蓄购买价格不断上涨到前所未有高度的股票。随着股票市场在**1929年10月**的崩溃，此种不加

---

① 见J章F.斯科特·菲茨杰拉德关于这一时期的著作。

节制的行为突然终止了。这迫使银行削减了对企业的贷款，企业反过来又削减了生产。千百万人丧失了他们的工作和购买力，企业则苦于人们不去购买它们的产品。这是一种恶性循环。成千上万的银行失败破产。人民则丧失了终身的积蓄。无数的美国家庭失去了自己的住房，陷入了饥饿。以前的高级管理人员为挣钱只好到大街上卖苹果。

30年代，在大萧条的低谷，中西部经历了可怕的旱灾。在那一广大地区，特别是在南边平原地带，70万家农场被关闭。这一事件以及这一时期被称为**干旱尘暴**（the Dust Bowl）。其影响是加剧和延长了萧条。

> 提示：约翰·斯坦贝克因为1939年的小说《愤怒的葡萄》（*The Grapes of Wrath*）赢得了普利策奖。①在这一小说中，他通过一个家庭由于干旱尘暴的巨大灾难从俄克拉荷马的离去证明了一场全国性的悲剧。该书的直率风格震惊了全国，揭示了大萧条时期被剥削的大众的真实处境。在改变法律使之有利于贫困的劳动阶级方面，这部小说起到了促进作用。同名电影也被认为是一部经典片。

美国人面临着他们以往从未遇到的困难。美国梦迅速消退了。美国处于严峻状态之中。最终美国政府从此经历获得了教训，制定了联邦法律和规定以控制导致萧条的疯狂金融投机。它引进了一个今天继续存在的新概念：联邦政府要在管理和控制国家经济方面发挥重要作用。②

1932年，许诺要结束萧条的**富兰克林·罗斯福**（被称作FDR）当选为总统，其**新政**承允实施新的改革和新的恢复步骤。他推行了可以提供就业机会的公共工程项目，包括在内华达建造了至今还是一个壮观的旅游景点的**胡佛水坝**。③罗斯福还向农民和制造企业提供帮助，加紧了对银行和股票市场的管理，构建了向劳动者提供退休资助的**社会保障体系**（Social Security System）。这一体系今天仍然在运转之中，虽然研究表明它的资金不足。最重要的是，**富兰克林·罗斯福**赋予了美国人民对未来的希

---

① 见关于文学的J章。

② 但是，政府未能管理我们的金融机构70年以后进行的新的投机冒险，因而在2008年出现了世界性的萧条。我们依然正在学习过程之中，但愿能从过去的经历进行再学习。

③ 见：www.usbr.gov/le/hooverdam。

望。他至今仍是美国最得人心的总统之一，因为他带领美国走出了萧条，并经历了
1941年开始的第二次世界大战。

（3）**战争年代**——1939年，第二次世界大战在欧洲拉开帷幕。起初美国并不愿意
进入战争，直到1941年夏威夷遭到攻击以后才改变了立场。当**富兰克林·罗斯福**在战
争快要结束于任上去世的时候，副总统杜鲁门接替了他的职位。杜鲁门知道，如果
使用常规战法最终结束战争，随着对日本的进攻，数百万乃至上千万日本人将会死
于非命。为此，他做出了对日本投掷两枚原子弹的决定，在1945年结束了战争。历史
学家说，如果进攻日本本土，至少会使900万日本人失去生命。作为一种可悲的替代，
两枚原子弹造成了几十万人的伤亡。

> 提示：在位于美国投下一枚原子弹的现场的长崎博物馆，一位导游告诉我们旅
> 　　　游团，美国投掷原子弹是为了证明花费10亿美元开发这一武器的正当性。
> 　　　作为一个第二次世界大战历史的研究者，我努力纠正这位导游的说法，但
> 　　　是她拒绝接受，因为是上面指示她这么介绍的。美国的《信息自由法》
> 　　　（*Freedom Information Act*）允许完全或部分公开以前由政府控制的保密
> 　　　信息和文件。所以，来自二战时期的档案现在是公开的记录，其中没有任
> 　　　何东西可以支持上述导游的观点。另外，我们当时为原子弹花了20亿而非
> 　　　10亿美元。如我所说，我们需要面对事实，这样有关其他国家和民族的神
> 　　　话才不会世代相传。

在二战结束的时候，美国进入了历史上最伟大的经济扩张时期，这为今天美国
的生活方式奠定了基础。新的住宅区在郊区大量涌现，为数百万回家士兵和他们新
的家庭提供了住房。新的工业行业，如电子、塑料、药物和喷气式发动机，也蓬勃兴
起。随着电视机、汽车和其他家用电器在各家变得普及化，这一繁荣一直维持到50
年代。

战争结束以后，**马歇尔计划**被付诸实施，以重建为战争蹂躏的欧洲、消除关税
壁垒、促进工业现代化和实现欧洲的再次繁荣。曾是我们敌人的那些国家也包括
在内。这是美国的原谅与忘记文化的又一实例。在日本，我们采取了同样的步骤，
天皇制被允许继续保留，这样就为日本利用美国的援助和知识成为工业大国铺平
了道路。

提示:《黄金时代》(*The Best Years of Our Lives*, 1946)是一部有关在二战结束后
　　　退伍军人的坎坷生活的经典电影。汤姆·汉克斯(Tom Hanks)主演的影片
　　　《拯救大兵瑞恩》(*Saving Private Ryan*, 1998)写了一个参加战争的学校教
　　　师,获得了奥斯卡奖。

在战争结束之后就业机会大量存在,但是并非所有人都参与了这一繁荣。还是
有着许多贫困的白人和黑人。黑人仍然遭到歧视,尽管在100年前的内战已经保证了
他们的平等地位。

(4)人权时代——1955年,一个浸礼会牧师**马丁·路德·金**开始组织反对种族歧
视的示威,从而揭开了我们的**人权运动**的篇章。它主张所有少数群体都享有平等的
权利,而不仅仅是黑人。在金的一个最感人的演讲中,他说:"我的梦想是,我的4个
孩子有一天将会生活在这样一个国度中:对他们的评判将不会依据其肤色,而是依
据其内在品质。"这些话今天仍然得到引用。

当这一运动发展到70年代时,一些示威就像金所提倡的那样是和平的,而发生
在大城市里的另外一些示威则导致了暴力。许多白人与黑人一起进行游行,以抗议
黑人遭到的不平等待遇。(这又是平等的问题。)现在,每年的1月,我们有一个被称
为马丁·路德·金日的国定节日。① 2011年,在首都还为他树立了纪念碑。开始于金
的争取人权的努力今天仍在继续。

提示:《马尔科姆·艾克斯》(*Malcolm X*, 1992)是一部讲述被杀害的人权领袖的
　　　生平的电影。

在20世纪60年代末和70年代,**妇女权利**的问题再次被提上议程,作为一位美国
的女权主义者、记者和社会及政治积极分子,**格洛丽亚·斯坦尼恩**(Gloria Steinem)被
公认为美国**妇女解放运动**的领袖之一。她们为平等权利、公正待遇、生育权、对妇女
身体的控制权以及基本尊重而奋斗。她们也将自己的支持扩大到了同性恋群体和少
数族群,不仅是美国的,还有全世界的。不过,认为妇女有资格在企业、政治和运动

---

① 参看关于节日和传统的Q章。

等领域与男子享有同样权利及好处的信念至今尚未完全实现。调查显示，今天一些妇女的薪酬要比从事同样工作的男子低大约25%。实现平等的行程还在继续。

20世纪，希望在美国促进人权的公民建立了许多组织。**全国有色人种促进协会（NAACP）**①旨在消除种族歧视，而**全国妇女组织（NOW）**②的目标是为所有的妇女实现平等。后者在2004年组织了向华盛顿D.C.的进军，获得了数百万的支持者。她们表达了对在美国受到侵蚀的堕胎权的拥护。这一行程今天也在继续。

好像我们总是通过某种努力来抗议或者支持美国存在的问题，如马萨诸塞州的波士顿茶党、妇女向华盛顿的进军、2011年发生在纽约的占领华尔街的静坐。后一运动扩展到了全世界。这就是美国方式。

（5）尼克松时期——1972年，**理查德·尼克松**成了在职期间访问中国的首位总统。美国人对他与毛泽东主席的会见感到很高兴，因为这表明两个国家的领导人可以放下分歧进行谈判。我曾经与中国人谈过此事，他们表示也同样为尼克松的访问所感动。在这一历史性的会面之后，我们两国之间的乒乓球比赛开始了。③始终带有幽默感的美国媒体将这称为**乒乓外交**。美国和中国最终在1979年建立了外交关系，当时我们的在职总统是卡特。不过，到我们两个国家关系变得更加紧密以致实现更加充分的正常化，那还再需要25年的时间。

1974年，尼克松成为我们第一位辞职的总统，因为公众和国会认为他阻碍了司法。这证明，在美国没有一个人凌驾于法律之上，甚至总统也不例外。一代美国人亲眼看到了美国的宪法和法律体系的坚定运作。导致尼克松垮台的事件后来以**水门丑闻**而闻名，因为在1972年的总统选举中他的助选人员非法进入了水门大厦民主党全国委员会办公室。事发后尼克松力图掩盖这些助选人员进行的活动，它虽然情节不重但却明显违法。

　　提示：电影《尼克松》（*Nixon*，1995）是关于美国的第37位总统垮台的故事，引人
　　　　　入胜。《总统班底》（*All the President's Men*，1976）是一个报纸记者如何揭

---

① 见：www.naacp.org。

② 见：www.now.org。

③ 此处有误。"乒乓外交"起于1971年3—4月在日本名古屋举行的第31届世界乒乓球锦标赛，即在尼克松访华之前。——译者

露了尼克松的违法行为的真实故事,也作为一本书而出版)。它们所讲的故事再次证明了我们的出版自由的重要性。①另一部电影《佛罗斯特对话尼克松》(*Frost/Nixon*, 2008)将在1977年对离职的尼克松的真实采访以电影形式表现出来。此外还有几十本书是关于他垮台的。我仍然记得在对尼克松调查期间看到的喷涂在墙上的一幅标语,上面写的是"弹劾这个混蛋"。它表明美国人民对撒谎的总统怀有多么强烈的厌恶情绪。它也反映了本书通篇反复提及的美国人民的信条:"诚为上策。"

(6)冷战的结束——第二次世界大战结束以后不久就开始了**冷战**,当时前苏联控制了东欧国家。在冷战年代,美苏关系对立紧张,许多人认为这会导致第三次世界大战。共产主义被视为美国那些上学的孩子的敌人。他们定期进行在前苏联发动核攻击的情况下如何躲在课桌底下的演习。在1962年的**古巴导弹危机**期间,世界已经十分接近核战争。当时前苏联在离美国大陆90英里远的古巴部署了核弹头。美国对这个岛屿实施了海上封锁。肯尼迪总统解决了这一危机,当时他同意撤除部署在土耳其的以前苏联为目标的导弹,作为回报前苏联撤出部署在古巴的导弹。整个世界为此松了一口气。

在20世纪的整个70年代,部分地是因为美国对巴基斯坦的武装,美国和印度的关系也处于对抗状态。作为抵消苏联在该地区影响的一种手段,80年代里根政府重新审视了美国对印度的政策,决定扩大与它在经济和科学领域的合作。但是,80年代末,美国与印度又在一系列问题上出现了分歧,包括印度未能改善对知识产权的法律保护、向美国服务业开放市场以及放松对外国投资的管控。这些也是今天美国力图要与中国加以解决的问题。

1987年,里根和前苏联领导人**戈尔巴乔夫**签署了一项重要条约,规定两国要销毁许多核导弹。1989年,前苏联在东欧国家的统治终告结束,东欧人民重新获得了自由,分割了德国的柏林墙被拆毁,这象征着紧张关系的缓和。德国人始终记得里根在柏林墙边讲的话:"**拆掉这堵墙吧,戈尔巴乔夫先生。**"东德和西德在1990年重新实现了统一,经过46年以后德国人首次可以在他们的国家自由走动,最终可以和亲人生活在一起。美国人再次松了一口气,知道与以前敌人的紧张关系正在消失,以及被压

①　这在有关媒体的P章会加以讨论。

迫的人民现在可以享受从我们建国以来就具有的自由。①

> 提示:美国人为我们的传统而骄傲。有些人意识到了一个由贫穷(ragtag)移民组
> 成的国家要变成今天这个样子必然承受的苦难。你可以随意地与我们讨
> 论美国历史的任何方面,包括我们进行的战争。对于我们卷入的这些战
> 争,特别是越南战争和伊拉克战争,你会听到不同的看法。在进行这方面
> 的谈话时,你要尽力使用本章中讨论到的重要的具有历史意义的人名、日
> 期和地名。美国人并不指望来自其他国家的朋友知道这些事情,但是如果
> 他们了解一些美国的历史,这会给我们留下深刻的印象。如果你就这些问
> 题提出了一些否定性的意见,大多数美国人不会感到不悦的,甚至可能同
> 意你的观点,尽管有些人缺乏这方面的知识。

新的千年

2001年,两架被劫持的喷气式客机对美国实施了最为严重的恐怖主义袭击,撞向**世界贸易大厦**。第三架被劫持的飞机飞向了五角大楼,第四架在宾夕法尼亚的农村地区坠毁了。3000多人在邪恶的**9月11日的袭击**中失去了生命。这导致了"9·11"这个词的出现。我们从来没有想到在美国会发生这样的事情。美国式的天真消逝了。我们立即开始追逐那些要对这一袭击负责的人。

在新千年的最初10年中,先后发生了下述的重大事件:

(1)阿富汗战争——沙特阿拉伯的恐怖主义分子**奥萨马·本·拉登**被怀疑是恐怖主义袭击的幕后操纵者。于是,在阿富汗的塔利班政府未能将他交出时,2001年10月美国和英国对它发动了空袭,开始了**阿富汗战争**。在美英联军和阿富汗反对派的部队进行了空袭和地面打击之后,曾经残暴地统治了阿富汗的塔利班政权在12月即陷入崩溃。但是,对本·拉登和基地恐怖主义组织其他成员的搜寻仍在继续。许多美国人相信本·拉登越过阿富汗边界在巴基斯坦获得了住所和保护。2011年,他最终被发现并为袭击了他的藏匿之地的美国部队所击毙。

① 在就美国人对最近的总统的态度所做的调查中,里根总统依然是第一位的,这部分地是由于他对前苏联人所做的努力。克林顿总统是第二位,小布什和尼克松则垫底。

（2）**伊拉克战争**——这一**战争**开始于2003年，因为美国政府声称它拥有**大规模杀伤性武器**。事后进行的调查得出的结论是，伊拉克已经在1991年结束了它的核生化武器的项目，在美国领导了对伊拉克的入侵之时它并无这方面的积极计划。一些美国官员也指责伊拉克总统**萨达姆·侯赛因**庇护和支持了基地组织，但是，始终未能发现两者之间具有联系的证据。2003年萨达姆·侯赛因被美国军队抓获，2006年被伊拉克政府处死，理由是他在残暴统治的24年中非人道地对待人民。2011年，所有的美国军队撤出了伊拉克。此后不久，在伊拉克全境爆发了新的宗派暴力的浪潮，引起了人们对在伊拉克的主要派别间出现全面内战的担心，特别是在逊尼派和什叶派之间。这又向那些一贯反对伊拉克战争的美国人提供了燃料。我们有这么一个说法：一报还一报（what goes around comes around）。

（3）**大萧条**——新千年的第三件大事是2007年12月开始的大萧条，它影响了整个世界达数年之久。我们的政客和银行过去一直进行游说，要求撤销对银行和投资行业的管控，即在20世纪30年代期间由于当时的大萧条而制定的法律。1999年，它们如愿以偿，并滥用这个机会进行新的投机性投资。银行和抵押放款公司开始向任何人提供买房贷款，无论他们的收入或信用指数如何。到了2008年秋天住房价格急剧下跌时，越来越多的人的欠款超出了其住房所值，由于违约不还贷款从而丧失房屋赎回权的事件迅速上升。

随着住房价格的下跌，银行面临严重的资本和流动性问题。储户纷纷从银行取出他们的存款，而银行在破产以前竭力想找到新的兼并者。这种状况又因虚假地评定抵押物的企业以及卷入新的投机性冒险的保险公司的弄虚作假而加剧。2008年的大萧条所造成的损害是20世纪30年代以来最严重的。美国人至少丧失了800万份工作，失去了13万亿美元的财富。数百家银行关门倒闭。标准普尔指数下跌了57%，45个房主中就有一个未能履行偿还贷款的责任。美国的萧条在全世界造成了连锁反应，有些国家的情况比我们自己发生的还要糟。许多人因此想到了这一说法：**如果美国打喷嚏，全世界都会感冒。**美国人民感到奇怪：为什么我们没有从20世纪30年代的充满疯狂贪婪和投机的大萧条中吸取到教训？这又印证了上面刚提到的说法：一报还一报。

移民历史

美国移民的历史也是美利坚合众国本身的历史。在20世纪60年代之前，大多数进入美国的移民都是来自于欧洲。1965年，美国在移民问题上迈出了一大步，通过了《移民改革法案》，这一法案消除了许多阻止外国人、特别是亚洲人进入美国的障碍。在美国作为一个国家变得成熟时，我们开始意识到移民对于自己国家的发展的重要性。美国有一个说法：我们变聪明了（We wised up）。

从20世纪70年代以来，美国合法移民的主要来源国是墨西哥（20%）、菲律宾（7%）、中国（4%）、印度（4%）、韩国（4%）和越南（4%）。对他们中的大多数人来说，美国的经济和教育机会始终是最大的吸引力。对于其他一些人来说，吸引力则是个人的自由。

非法移民现在是美国政治中的一个主要问题。2/3的美国人表示，他们同情非法移民，美国需要发展出一个解决已经进来的大量非法移民问题的计划，而非只是把他们踢出国门。

自由女神像是通过纽约港进入美国的1200万移民共同看到的景象。作为法国人民在1886年给予美国人民以表示友谊的礼物，它是自由和民主的普遍标志。这一女神像底座刻着有名的铭文："将你那些疲惫贫穷、拥挤一团但又向往自由呼吸的人给我吧，将在你的富饶彼岸遭到悲惨拒绝的人给我吧。将这些无家可归、多灾多难的人送给我吧。我高举灯盏伫立金门！"。①

1848年在加利福尼亚发现了金矿的时候，开始出现了大批的亚洲移民。到1864年的时候，已有2万中国人住在加利福尼亚。由于在偏僻的西部缺少工人，中央太平洋铁路公司在1865年又输入了大约1万名中国劳工建造穿越加利福尼亚崎岖的雪乐山地的铁路。他们的薪酬要比美国工人低得多，遭受了种族歧视，就像当时美国其他的少数族群经历的一样。这些中国人克服了困难，带着尊严和骄傲完成了他们的任务。他们为机械化时代开始以前美国最大的民用工程项目所做出的贡献，以及他们为非欧裔外国人得到更大程度的接受所做出的贡献，在今天依然得到了承认。

当这一铁路的建设于1869年在犹他州的**海角点**（Promontory Point）被完成时，美

---

① 见：www.nps.gov/stli/index.htm。

国最终有了跨越大陆的铁路。许多中国人就移往加利福尼亚中部建立农场或到旧金山寻求工作,在这些地方他们继续经历严重的歧视。在旧金山他们建立了中国城,以便能在一个对他们施加了各种经济限制的社会中生存下去。这一社会感到,"外来者"夺走了自己的工作,因此不应该被允许获得自己的地产。今天,美国的工作被转移到海外;随着工作的失去,一些美国人反而买不起房子了。

20世纪初,日裔美国人构成了亚洲移民中的最大群体。他们主要在加利福尼亚、俄勒冈、华盛顿等西部州从事农业。后来,1924年的《移民法》实际上禁止所有亚洲人进入美国。1941年,可耻的**珍珠港**袭击爆发,将美国拖入了第二次世界大战。之后,太平洋沿岸的11万日裔居民就被视为安全威胁,美国政府将其撤退到内地的拘禁营。在美国的鼓动之下,秘鲁将1771名日裔秘鲁人送到美国。在整个战争期间,他们也都被扣留在拘禁营。战争结束之后,秘鲁拒绝让这些被拘禁者回去。

由于为这种对待亚洲人的严酷政策感到悲哀,**安瑟·亚当斯**(Ansel Adams)在1943年访问了靠近加利福尼亚雪乐山地的实为拘禁营的**曼札纳安置中心**,拍下了那里的人如何"通过建立……一个具有活力的社区克服了挫折感和绝望感"。①

　　提示:我有一个日裔美籍朋友,她生在美国,战争期间作为一个小孩子住在曼札纳安置中心。就像那里所有的其他"美国人"一样,她遭受了侮辱,没有被看成一个美国人。鉴于我们对少数族群和移民采取的保护性态度,今天大多数美国人都很难想象美国会如此对待这些族群的人,包括仅仅因为其族群背景而排除中国人和迁移日本人。有些美国人将这视为一种国家的耻辱,希望作为一个国家我们已经从过去的错误中学到了教训。其他一些人可能没有意识到当时居然发生了这样的事情。还有一些人也许不知道,他们对最近的移民的态度就像其他国家出现的歧视和破坏人权的行为一样,而对此我们现在是极为厌恶的。如我所说,为了防止这些种族主义的、歧视性的行动再次发生,我们必须更好地进行相互学习。

自第二次世界大战以来,在美国安家的难民要多于任何其他国家,仅1980年以后到达的就超过了200万。2006年,在接受最多的重新定居难民的10个国家中,美国

---

　　① 　关于艺术的L章将讨论一个将其艺术集中于这一集中营的日裔美籍艺术家。

承担的是其他9个国家的总和的两倍多。

毫无疑问，文化差异说明了这种不同。例如，按照联合国的统计，1999年日本接受了9个重新定居的难民，而美国接受了85010人。在整个历史上，除了上述提及的那几个时期，美国总是被看成一个对外国人开放的国家。而今天的日本仍然被视为一个封闭的社会，很像1616—1853年那样。当时日本人对外国船只关闭了所有的港口，只有一些荷兰商人和中国商人例外。为此，美国希望日本同意开放某些港口，以便美国和其他国家的船只可以与这个神秘的岛国开始进行贸易和添加燃料。

1854年，美国海军准将佩里（Perry）将一封美国总统的信件交给了日本领导人，要求日本开放港口。最初遭到了这位领导人的拒绝，于是佩里将他的4艘战舰停泊在东京湾。当时的日本人与世界是如此隔绝，以致他们认为这些军舰是"喷出烟雾的巨龙"，并因舰上枪炮的数量和大小而感到震惊。在经过数周的谈判之后，佩里接受了一份与日本达成的条约。它打破了将日本与其余世界分隔开来的壁垒。反过来，日本将利用从佩里准将那里学到的**枪炮外交**迫使朝鲜开放其港口进行贸易。

有些人批评今天的美国继续使用枪炮外交。另一方面，一些积极分子又声称，日本的移民法破坏了人权，应当加以改革。他们说，一些日本人不愿与不同于自己的文化和民族发生联系，有的夜总会带有写着"外国人不准入内"的标志。他们还说，如果没有一个日本人做担保，外国人在申请公寓房的时候经常会遭到拒绝；一些日本人在火车上不愿坐在外国人的身边，就像在美国或其他国家可能会对某些外国人或少数族群成员所做的那样。至少，这些是我们国家通常对日本持有的文化观念。但是，我发现，在日本旅行与在其他国家没有什么差别，即只要遵循它的习俗和礼节即可。确实，神话和观念是难以改变的。

以下是给你布置的作业：如果你想测验一下自己关于美国历史的常识，附录10会提供你一份关于我们历史和政府的试卷。这也是我们政府用来测试美国公民身份申请者的考卷。

以有关美国历史以及它如何塑造了我们的社会和文化的广阔视野作为基础，接下来将讨论我们的法律制度。它也具有相同的影响。

E 法 律

在美国产生的任何政治问题,几乎都会或早或迟地演变成司法问题。

——亚历克斯·德·托克维尔(Alexis De Tocqueville)

19世纪的法国社会哲学家①

　　美国生活的一项基本原则是我们对"法治"的承诺,即对许多旨在维持秩序和稳定的法律规章和条例的承诺。你已经知道,我们生活在一个理论上法律面前所有公民都是平等的国家。这些法律是由人民选举的官员所制定,由法院加以执行。

　　理解美国基本的法律体系将有助于深刻地观察美国的文化和生活方式。即使我们可能尊重美国的法律体系,我们有时也以一种真正的美国方式批评我们的法院、法官和他们的裁决。有时公众的声音会变得强烈起来,发挥出它的影响,改变了国家在一系列问题上的法律,比如酒精的合法化、妇女权利和堕胎问题等。

　　美国法律体系的基本原则之一是正当法律程序。它要求政府对待人民必须公正。这一概念可以追溯到1215年英格兰的大宪章(Magna Carta),它就像我们今天的宪法一样规定了基本法。这种正当程序包含了在有的国家依然缺乏的下述原则:

- 法律必须公正和无私地加以执行。
- 人民必须被告知对他们的指控,以及必须被给予接受公平聆讯的机会。
- 提出指控的人不应被允许充当这一案件的法官。

● 刑法必须措辞清楚以便能够为公众所理解。

这里有几个问题需要加以注意:

(1)**法律体系的差异**——包括美国、澳大利亚、印度和菲律宾和新加坡在内,大多数英语国家都采用习惯法体系,这一法律体系起源于中世纪的英格兰,主要建立在法院以前所做裁决的基础上。但是,大陆法体系主要是建立在成文法(法令)的基础上。在法国、意大利、西班牙和大多数拉丁美洲国家,成文法而非法院提供了对一切法律问题的最后回答。

文化塑造了美国的法律,在某些方面它肯定与你的国家的法律有所差异。例如,欧洲和美国的隐私法明显不同,因为欧洲人对他们的公司社团保持了一种最为深刻的怀疑,而美国人则对政府侵入我们隐私的问题更要关注得多。因此,我们强调的是提供公正的审判,这使得审判本身所具的对抗性要强于一些欧洲国家。

与美国不同,在法国和德国的体系中,没有律师代表、被告或检方。审判由一位法官进行,其工作是查明发生的真相,为此拥有完全的权力。欧洲体系相信国家做的总是对的。在美国的法律体系中,由本国公民组成的陪审团参与审判。当欧洲体系首先旨在惩罚有罪者的时候,美国的体系则是为了保护个人的权利。(又是个人权利问题。)

由于强调个人权利,我们的法律体系已经发展成为其他人难以理解的东西。最近曾对5个欧洲国家的180个公司律师进行了调查,结果表明,在发生重大争执的情况下,美国是使他们感到最为担心的司法管辖权力,比中国和俄罗斯还糟糕。这一调查说,美国的法律体虽然不像大多数国家那么腐败,但是"充满了缺乏经验或者缺乏信息的律师可能会轻易落入的陷阱"。这些陷阱包括在刑事案件中将公司与个人一样作为目标以及美国检察官特别具有攻击性。美国检察官总是想将美国法律用于海外则是另一个因数。

(2)**美国法院的独立**——作为政府中的一个平等部门,美国的司法机构(理论上)不受行政部门和立法部门的控制,所以它能够无私地裁定案件。最高法院的判决经常凸显了这种明显的分权特征。2004年小布什总统遭受的一个重大挫折是,最高法院裁决,那些在"反恐战争"中被抓以及关押在美国在古巴的基地或美国领土上的囚犯,有权在美国的联邦法院体系中对拘留他们的做法提出挑战,而这是违背总统的行政部门的意愿的。

提示：我们感到骄傲的是，与有些国家不同，美国法院保护所有个人权利，即使这些人是国家的潜在敌人或非法移民。它体现了这种个人权利是如何牢固地根植于美国的特性之中。或许，这有助于外国人理解为什么美国会卷入（poke our noses）对其他国家破坏人权行为的反对。在此问题上美国走得很远。

但是，民意调查表明，已经导致美国人对总统和国会失去信任的同样力量现在似乎也影响到我们看待最高法院的方式。① 在最近的一次民意调查中，有2/3的人说，比起行政部门和立法部门来，他们更信任司法部门。然而，对于最高法院的工作只有不到一半的人表示赞同，而1/3的人相信它是过于自由主义了，1/5的人则认为它是太保守了。（又是一个舆论多样性的问题。）

（3）文化差异——美国是一个高度法律化的社会，在此社会中我们的许多行动主要建立在法治上面，因此我们的法院充满了诉讼案件。相反，历史上中国人将对法律的依靠视为在关系或说理都不管用时才被迫进入的道德荒漠。中国的一条谚语是：打官司是"捡了芝麻丢了西瓜"。

就法律事务与美国人或其他西方社会的人打交道时，在此经商的外国人必须注意到这种文化差异。例如，在美国，**契约就是契约**，这意味法律将执行一份你已签署的书面协议，除非其中涉及欺诈。事实上，我们的法院也经常执行双方达成的口头协议。一些韩裔美国人告诉我说，在韩国，即使他们已经签署了一份租借零售场所的合同，它也不是约束性的，条款可以经常改动。这是一种他们在美国签署的合同从来不会发生的问题。所以，一些美国商务人士在与亚洲企业家签署合同时非常谨慎，因为知道他们以后可能反悔以及要求更加有利的条款。②

一位华裔美籍朋友没有及时更新对她的汽车的保险，这是违法的。在卷入一起交通事故时，她的驾照被吊销6个月。由于不同的文化背景，这位朋友错误估计了法律在美国的严肃性，没有想到及时更新车险是个很重要的问题。这使我想起了土耳其的伊斯坦布尔，汽车就堂而皇之地停在"不许停车"的警告牌的前面。在美国，它

---

① 在关于美国人想些什么的R章中会进一步讨论这一问题。

② 在关于商业习俗的U章，我们会讨论这些问题。

们会被罚款和拖走。如果你对我们的有关法律不够清楚,可以向有关的美国政府机构或美国人进行询问。

> 提示:有关法庭的经典电影包括《十二怒汉》(*12 Angry Men*, 1957)、《控方证人》(*Witness for the Prosecution*, 1957)、《向上帝挑战》(*Inherit the Wind*, 1960)和《杀死一只知更鸟》(*To Kill a Mockingbird*, 1962)。

你应知道的法律词汇

- **法学**(jurisprudence)是有关法律、法律研究和法律问题的完整主题。
- **法规**(statute)是由立法机构颁布的法律,如某个州关于增加它的销售税率的决定。
- **诉讼**(litigation)是通过法律手段解决一个问题的过程。由于我们具有大量的法律案件,美国被界定为一个**诉讼社会**。**诉讼当事人**(litigant)就是卷入诉讼的人。
- **原告**(plaintiff)就是向法院起诉的人或方面。**被告**(defendant)就是因某事被控的人或方面。
- **法官**(judge)是法庭中负责审理的人,有时在没有使用陪审团的情况下还为法庭判决案件。
- **陪审团**(jury)由从公众中挑选出来的人士组成,最多可达12人,负责决定审判的结果(而非法官)。
- **传唤**(subpoena)是被要求出现在法庭作为目击者作证的命令。
- **判决**(judgment)是法庭的裁决,法庭程序的结果。
- **判刑**(sentence)是法官对被告施加的惩罚,如在监狱中监禁的年数。
- **轻罪**(misdemeanor)是被告犯下的较小的罪行,最多会招致一年徒刑和(或)2000美元罚款的惩罚。
- **重罪**(felony)是一种刑事犯罪,被告可以被判处一年以上的监禁。
- **可处死刑的重罪**(capital felony)是一种可处以死刑的刑事犯罪,也被称为**极刑惩罚**。

提示：通常关于美国人的一个错误概念是，我们喜欢死刑，就像我们喜欢棒球和苹果馅饼一样。其实，今天这是一个在美国引起激烈争论的话题。当60%的人赞成死刑的时候，对它的使用在各州是不相同的，就像许多其他的事情一样。从1990年以来，施加死刑的34个州处死了大约350个罪犯。有些国家不愿向美国引渡（extradite）在此犯下罪行的罪犯，因为它们反对死刑。在执行死刑的数量方面美国在世界上排列第五位。中国第一，接下来是沙特阿拉伯、伊朗和伊拉克。

美国的各种法院

你可能已经看到，美国拥有一种三级法院体系：合众国（联邦）的、州的和地方的。

（1）联邦法院——这些法院同时处理涉及宪法或联邦法的刑事和民事案件。这在全国的司法案件中只占1%。联邦法院体系也有3个层次的法院：地区法院、上诉法院和最高法院。案件首先从地区法院开始，可能再到上诉法院以寻求一个不同的结果。

最高层次的联邦法院是**最高法院**，它通常仅仅选择考虑那些具有重要宪法意义的案件。如果在联邦上诉法院或者在最高的州法院败诉，也可以上诉到最高法院，反过来最高法院则可以拒绝受理。最高法院对涉及两个州或者其他国家的代表的案件也具有管辖权。在最高法院中有9位法官，他们由总统提名并得到国会的批准。与最高法院的25名法官只能任职到65岁的退休年龄的印度不同，在美国他们可以终生任职。

美国的自由主义总统任命自由主义法官，保守主义总统任命保守主义法官。美国的媒体和公众喜欢就法官的左或右的倾向以及对于国家的意义发表自己的看法。保守主义者（右翼）相信，最高法院应当仅仅使用宪法的具体措辞和其起草者的最初意图解释这一文件。自由主义者（左翼势力）相信，最高法院在宪法的解释方面应当是开明的，懂得宪法的起草者希望这一文件能适应变化的国家需要。

提示：这一问题影响了2004年的总统大选投票，因为公众知道几位法官将在此后的4年中退休，总统可以任命更加同情其观点的人担任最高法院的法官。例如，赞成堕胎权的自由主义选民因此便投票反对小布什总统的再次当选，希望阻止更多的信奉他的观点的保守主义法官进入最高法院（take the bench）。

（2）州和地方法院——州有着与联邦3个层次相似的体系。我们有一个有名的说法"法庭上见"。它表明每年要由这些法院考虑的案件的绝对数量极为庞大（2500万件）。9个美国人中会有一个在其一生中直接卷入某种法律诉讼。因此，我们的州和地方法院面临着许多问题，包括：在审判开始前的长期耽搁、审判进程的缓慢、富人和穷人在进入司法程序方面机会的不平等，最后一点违背了我们基本的文化本能。①

法庭的替代

法院诉讼可能是既耗时又费钱的。因为我们的法院负载了过多的案件，在一项最后的裁定达成以前，诉讼可能拖延了数年之久。外国人应当意识到，假如他们在美国陷入了一场官司，还有几个可以替代法院诉讼的做法。

一种已经变得流行起来的解决争执的方法是**仲裁**。如果争执双方都同意将他们的案件交与约束性的仲裁（即裁定是不可更改的），那么大多数的仲裁程序可以在不到6个月的时间里完成。在这种仲裁中，一个相对非正式的听证会将在仲裁人的地方办公室进行，他有时候是位已经处于法院体系之外退休法官。然后，一项裁定会被宣布。如果你去看医生，可能会被要求签署一份文件，表明你认可任何权利要求将通过仲裁获得解决。

另一个替代办法是**调解**。这是一个陷入僵持的双方考虑由他们都接受的第三方提出的建议的过程。不像仲裁，他们并没有受到约束，即一定要接受调解人推荐的解决方案。做出决定的权力还是处在争执双方的手中。雇员冲突经常使用调解加以解决。

---

① 后面还会讲到免费的法律代表的问题。

法律援助

对那些需要法律服务的人,我们有不同的提供援助的方法。

(1)吉迪恩裁决——美国人总是关心那些需要帮助的人。无论他们是一个个体还是国家。由于我们对个人权利的看重,一个人也能够在美国掀起一场社会变革。从20世纪60年代初以来,法院的决定和立法确保了对那些因为太穷而雇不起律师的刑事被告的法律帮助,而这一变化又源于一个叫吉迪恩(Gideon)的人的努力。他的案件被称为吉迪恩裁决,很有名。下面是1963年美国的司法部长罗伯特·肯尼迪(肯尼迪总统的弟弟)就此案件所说的一段话:

"在佛罗里达监狱里有一个叫作拉伦斯·厄尔·吉迪恩(Clarence Earl Gideon)的并不引人注意的犯人,如果他没有坐下来用铅笔和纸给最高法院写信,如果每天都会收到一捆又一捆邮件的最高法院没有努力从他的粗糙诉状中寻找可取之处,美国这架庞大的法律机器就会不受阻碍地继续运作。

"但是吉迪恩确实写了那封信。最高法院确实调查了他的案子。他在一个能干的辩护律师的帮助下接受了重审并被认定无罪,在为一种他并未犯下的罪行被囚禁了两年以后从监狱里获得了释放,美国法律史的整个过程也因此得到了改变。"

> 提示:同名的书和电影《吉迪恩的号角》(*Gideon's Trumpet*, 1980)叙述了一个关于吉迪恩和最高法院1963年的裁决的真实故事。(吉迪恩这个名字来自于一个处于弱势的圣经人物。)

(2)便宜的法律选择——公立的和私立的法律援助机构向美国的穷人和慈善组织免费提供了私人法律案件方面的帮助。我们把这种免费的法律服务称为"pro bono",一个意思为公益事业的拉丁单词。一些私人的法律事务所也以一种典型的美国方式鼓励其律师每年利用一定比例的时间去做志愿者,帮助穷人和缺乏法律服务的人,而费用由单位承担。[①]一些占有沿街办公室的组织低价提供表格和一般的援助,以帮助你实施一项法律行动而不必支付聘请律师的费用。网上的法律机构也会供给表格

---

① 见:www.probono.net。

和指导,①其服务范围从公司注册、立遗嘱到离婚。法律行动工作坊是那种通常为一种专门的法律服务收取较低的固定费用的机构。②

（3）小额诉讼法庭——对于那些想廉价地解决法律问题而不用聘请律师的个人来说,可以从我们的小额诉讼法庭（small claims courts）获得援助。我有一个移民美国不过一年的朋友,为报名一个戏剧班签署了一份英语书写的合同。她并不理解合同的内容但还是签署了,因为戏剧学校告诉她,如果不喜欢的话可以取回所交的钱。这位朋友交了1500美元,还欠3000美元。在上了一次课后,她问了我一些有关这个学校和这个班的问题。我很吃惊。

我告诉她立即去要回已经交掉的钱,并取消那份合同,因为他们索取的费用太高了(rip-off)。我为他们欺骗一个外国人感到很愤怒。她照我的话去做了,但是学校向她索要尚未支付的3000美元,因为合同上规定在第一个月结束时就该交付这笔钱。她担心自己可能要么必须聘请律师,要么必须付清剩余学费。我帮她在一个小额诉讼法庭安排了一次听证,费用只有25美元。一位法官听取了双方的观点。由于我的戏剧表演背景我做了证,我也充当了她的英语翻译。然后法官做出了裁决,命令学校退回她已交的钱,包括诉讼费,并且取消了尚欠余额。

> 提示:很不幸,在美国总是有一些试图欺骗他人的家伙,特别是欺骗新来移民那样的缺乏信息的人。他们不了解我们的语言和习俗。如果你必须签署一份你并不理解的合同,那就把它带回家去,找到可以为你翻译的人。如果你被告知必须当场签署而不能带回去审查,你就走开,因为这或许就是个索要高价的骗局。合法的单位不会这么做。

小额诉讼法庭并不允许使用律师,所以包括你在内的任何人都可以通过它提出通常不到1万美元的索赔要求,并在几周内就会得到审理。这种法庭的工作人员会回答你提出的有关管理方面的问题,提供表格,帮助你立案。大多数州都有一个网站,从中你可以了解它的小额诉讼法庭。③

---

① 见:www.legalzoom.com。

② 见:www.lawencino.com。

③ 如东海岸的弗吉尼亚的网站:www.courts.state.va.us。

外国人的法律地位

当你在一个国家旅行或居住时,你就受到它法律的约束,处于它的司法管辖之下。你的祖国所授予的权利不一定能在外国保护你。就像我们前面已经讨论的,你对自己祖国的法律的文化解释可能会消极地影响到你对美国法律的解释。作为一个非公民,如果你符合了美国公民和移民局确立的某些标准,[①]还可能面临被驱逐出境的额外处罚。

一对1984年就作为移民在加利福尼亚州定居的日本夫妇决心在商业领域取得成功。他们从未入籍美国,但是开了3家很受欢迎的寿司餐馆,经济状况颇好。但是他们故意报低了1991年的经商收入,为此国税局(IRS)对他们征收了24.5万美元的税款和罚款。这对夫妇承认有罪,付清了此笔款项。然而,10年以后,当时的美国移民和归化局(INS)决定将他们驱逐出境。这一案件在2012年走到了最高法院。它以6:3的投票结果裁定,移民和归化局是在其权力范围内行事。驱逐出境曾被限制到谋杀犯、**大毒枭**,但是近些年来已经被扩大化使用。这一裁决向合法移民,特别是小企业主送出了一个不祥的警告,他们是否能诚实履行纳税义务的问题可能吸引了国税局的注意。(又是一个诚实的问题。)

所以,如果你在美国不是公民而又犯下了罪行,就要准备面对后果。你会像其他任何人一样被同等对待。如果你被指控犯下了严重罪行,应坚持要求通知你的国家在当地的大使馆或领事馆。还应要求告知你的家庭,解释当地的法律程序以及让你与一位律师进行接触。注意下面要讨论的米兰达规则(Miranda Rule)。如果你请不起律师,法院会为你提供一位,这是靠了上面讲到的吉迪恩裁决。你的祖国的大使馆或领事馆会帮助你,虽然或许不会花钱为你聘请律师,但会向你提供法律咨询,提交保释金,或者为你的释放做出安排。所以,当你和我们在一起时请尽可能尊重我们的法律,包括不要在写有"不准停车"的警告牌前泊车。

---

① 见:www.uscis.gov。

法律职业

　　美国主修法律的学生通常必须先有一个4年的本科文凭，任何专业均可。然后就可以到我们220所大学的法学院学习公法或私法，为期3年。这与那些采用大陆法的国家不同，如在日本和西欧，学生还在本科阶段就学习法律，然后到一个法律研究机构接受某个专门的法律领域的训练。今天，美国的女性几乎获得了50%的法学文凭，1972年时只有7%。一项研究对我们5个顶级法学院做了这样的排名：耶鲁、哈佛、斯坦福、哥伦比亚和芝加哥大学。①克林顿总统和他的妻子希拉里·克林顿都是在耶鲁学的法律，奥巴马总统上的是哈佛法学院。

　　就像由国家管理律师的印度和其他国家一样，我们每个州也都有自己的bar，即一大批获得允许在本州从业的律师。bar这个词最初是指在法庭中将观众与诉讼当事人隔开的栏杆。律师在bar前面代表他们的客户，是bar的成员。各州会向通过了州的律师资格考试的法学院毕业生发给执照。如果律师以一种非职业的方式行事，就会被剥夺律师资格，失去从业执照。

　　虽然美国的大多数大学都提供政治学文凭，法律这一职业仍然经常成为希望担任公职的人的垫脚石（stepping stone）。我们的总统有2/3都担任过律师，国会、州的立法机构和行政机构从法律界吸收的人要多于任何其他一种行业。

改变了美国的裁决

　　一些近期做出的判决具有深远的意义，可使我们进一步深入了解美国的法律体系如何影响了美国人的日常生活。媒体经常提及它们。你的美国朋友可能也会这样。如果熟悉这些判决，那就证明你对美国的了解是相当渊博了（in the know）。

　　（1）米兰达规则（Miranda Rule）——最高法院确定，在执法者进行逮捕时，按照宪法必须发出米兰达警告。这来自于1966年米兰达诉亚利桑那州（Miranda v. Arizona）的案件。在一个人被羁押时，询问之前必须先向他（她）宣读某种版本的米兰达权利，如：

　　"你有权利保持沉默。如果你放弃保持沉默的权利，你说的任何话都可以并将被

---

　　①　见：www.Top-law-schools.com。

用来在法庭上指控你。你有权获得一位律师的帮助。如果你希望得到一位律师而又负担不起,在警察询问以前将会为你指定一位律师。"

有时你会在美国的警察与盗贼(cops and robbers)的电影或电视剧中看到米兰达警告的再次展现。

(2)罗伊诉威德案(Roe v. Wade)——1973年,最高法院裁定,一个妇女可以合法地进行堕胎(终结尚未出生的胎儿的生命)。罗伊住在禁止堕胎的德克萨斯州。最高法院认为,堕胎的权利是属于美国宪法所保护的隐私权。结果,所有州的法律都因为最高法院的这一裁决受到影响。对于许多美国人来说,这一问题依然具有最为重要的意义。一些反对堕胎的团体仍然力图推翻这一裁决,而其他人则捍卫这一裁决。

你会听到**生命权**(right to life)和维护**生命**(pro-life)这样的术语,它们是指尚未出生的孩子也有生命权。美国成年人中的50%赞同保护胎儿的生命权。但是,另一方面,许多人又支持妇女的**选择权**,支持**堕胎合法化**,认为这是妇女的个人决定,相信政府的干涉是对她们的隐私权的侵犯。成年美国人中的41%赞同堕胎合法化。但是,在拥有研究生文凭的人中,这一数字上升到了58%;在不信仰宗教的人中,它更是上升到了68%。

有些美国人已经改变了所属的政党,因为他们不同意原来参加的政党在堕胎问题上的立场。理论上,民主党支持选择权,而共和党支持生命权。一些反堕胎者聚集在向公众提供流产服务的诊所的外面进行抗议。有的反堕胎主义者甚至对这些诊所使用炸弹和杀害其工作人员,以便迫使其他人遵从他们的信仰。一个叫作**计划生育**的组织则支持妇女的选择和提供咨询。①

奥巴马政府希望继续向那些进行堕胎或提供堕胎信息的国际团体提供资助,后一任务是它们就计划生育和人口控制开展咨询服务计划的一部分。但是,管着钱包(purse strings)的众议院外交事务委员会投票否决(shoot down)了白宫的要求。

提示:你可能已经知道,堕胎对有的人可能是个非常敏感的话题,这部分是因为他们的宗教信仰。即使有人提起这个话题,你或许最好还是避免对之加以讨论,除非他们是你的亲密朋友。在此问题上某些外国人由于自身的文化可能更加实际和超脱,他们或许无法理解一些美国人是多么情绪化。例

① 见:www.plannedparenthood.org。

如,在实行计划生育政策时期,中国一位妇女非常坦率地(matter of factor)告诉我,她如果意外怀孕必然实施流产。这位妇女已经有了一个国家允许的孩子,她知道如果再生一个会失去在政府部门的工作。

(3)平权行动(Affirmative Action)——这是指旨在向那些过去遭到歧视的人增加所提供的机会以**创造平等**(level the playing field)的法院裁决、法律和政策。具体对象包括某些社会群体,如妇女以及非裔美国人、亚裔美国人、残障人士、老兵等少数群体,涉及领域则有就业、教育、经商、政府机构等。一些组织使用数值配额来保证这些弱势群体可以根据预先确定的比例获得他们的机会。另一方面,有些项目则试图通过撤除障碍以便所有的人可以平等竞争。在美国,对于这两种消除**歧视**的方法的公正性都存在广泛的分歧。

在1995年的一项裁决中,最高法院裁定,一个要求根据人的族裔实施优先权的联邦项目是不合宪的,除非它是为了弥补过去的错误。1996年,加利福尼亚州选民赞同了一项建议:在公开招聘、签订合同以及教育方面,禁止使用族裔或性别考虑。但是,在平权行动已经被废除的地方,为克服其后果,一些大学通过实施其他的录取政策确保生源的多样性。在美国,作为少数群体的外国学生,即使通常在班上的排名很高,成绩很好,他们也会受到平权行动的影响,至于这种影响是积极的还是消极的,则取决于他们进入的学校。

(4)隔离(segregation)——这是指依照习俗或法律将不同群体的人分开。它可能建立在差别的基础上,如族裔、宗教、文化、性别或财富的不同,也可能发生在住房、教育、就业和公共设施等领域。在支配性群体的成员限制了力量较弱的群体的机会时,这种隔离几乎总是涉及某种形式的歧视。外国人和大多数美国人都很难理解隔离和歧视怎么能够依然存在于美国,因为从第一天开始(since day one)我们社会的基本假设就是人的平等。不过,我们正在慢慢改变这种状况。

直到20世纪50年代和60年代,我们的法院在裁定隔离非法化方面才变得积极起来;而且,直到20世纪60年代,肯尼迪总统和约翰逊总统才采用了反对隔离和歧视的法律。

在1954年的布朗诉教育委员会案(Brown v. Board of Education)中,后来又在1969年,最高法院否决了公立学校中的隔离。1957年发生了一个臭名昭著的事件:在**阿肯色州的小石城**,黑人学生需要依靠联邦军队的护送才能进入白人学校。这一事件点燃了现代的人权运动。

> 提示：在今天的美国，当种族歧视正在走向衰弱的时候，它仍然是一个热门话
> 题。有些人反对平权行动计划以及用校车运送贫困社区的学生到更为富
> 裕的学校去的做法。另一些人感到，为了给予弱势少数族裔一个平等的
> 机会，这些措施是必要的。如果你提出了这个题目，美国人会和你展开讨
> 论。你如何处理这个话题会影响到他们对你的看法。我的建议是，你让他
> 们提出自己的观点而你保留自己的看法，除非他们要求你发表自己的意
> 见。在谈及一个开创性的事件时，如果美国人使用了"小石城中学"这个
> 术语，你将知道那是一个很严重的问题。

（5）教育法修正案第九条（Title IX）——1972年，一项叫作教育法修正案第九条
的标志性立法获得了通过。它禁止学校中的性别歧视，无论是在学业方面还是体育
运动方面都是如此。没有遵守这一修正案的学校就不能获得联邦资金，这是华盛顿
为迫使各州遵守联邦法律通常采用的一种手段。

在推动这一法案获得通过的过程中起到领导作用的是日裔的帕齐·明克（Patsy
Mink），第一位非白人女性国会议员。新的法律发挥了效力。今天参与体育活动的女
性要远多于教育法修正案第九条通过以前成长起来的人。

> 提示：我的女儿在20世纪70年代末上中学时，没有一个女孩子的水球队，所以她
> 通过选拔成了男孩子水球队的一员。这是在那个学校的任何男队中曾经
> 出现的第一个女孩子，或许在我们城市和州也是这样。在教育法修正案
> 第九条通过以前，不允许女孩子的队伍参加激烈的运动。今天，按照第九
> 条，只要女孩子有足够的兴趣，她们有非常好的机会组成自己的队伍。

教育法修正案第九条通过后，在成长起来的年轻人中，超过半数参加了中学的
体育活动，而在之前只有1/3。并且，有更多的女性得到了运动奖学金，从而接受高等
教育的机会也增加了。如果没有第九条，这些都是不可能的。在中学参与体育活动的
女孩子的数量增加了9倍，而参与大学体育运动的女学生的数量则增加了450%。

虽然体育运动造成了有关教育法修正案第九条的大多数争议，它在教育和学术

方面的收获也是值得注意的。在第九条公布之前，许多学校拒绝接受女生或者施加了严格的限制。今天，女生占了医学院和法学院申请者的一半，在第九条通过之前只有10%多一点；博士学位的45%被授予了女生，在第九条通过之前只有25%。

有名的法庭判例

我们的媒体似乎总是在报道俘获了公众注意力的法庭审判。其中一些可能会在你与美国人的谈话中被提到。如果你熟悉它们的话，在这种情况下就可以加入讨论。

（1）斯科普斯审判案（Scopes Trial）——1925年发生于田纳西州。它暴露了在美国教育和宗教之间的微妙边界，以及鉴于我们的多样性一些州在变革方面是多么迟缓。约翰·斯科普斯是一名中学生物老师，被控破坏了田纳西州的一项法律，即禁止在公立学校中讲授**进化论**，因为它与《圣经》中上帝以自己的形象创造了人的说法是矛盾的。这一审判被叫作**猴子审判**，在整个世界都受到了关注。斯科普斯被宣告有罪，并要交付罚款。但是州最高法院最后以技术原因推翻了这一裁决。直到1967年，上述法律**仍然有效**。我们有些州、有些人在变革方面可能是相当迟缓的。仅仅最近，德克萨斯州还宣布提及我们伟大的第三位总统杰斐逊的教科书为非法，因为他以一种非传统方式认可了宗教，并且与一个黑人奴隶有染。

> 提示：《向上帝挑战》（*Inherit the Wind*, 1960）是一部关于斯科普斯审判的获奖电影。

（2）辛普森审判（O. J. Simpson Trial）——或许近年来最有名的案子是**辛普森**审判，它被称为"世纪之审"，因为这个案子比任何其他的刑事案件都受到更多的媒体报道。辛普森以前是一个杰出的美式足球运动员和明星，被控在1994年6月杀害了他漂亮的前妻及其朋友。这一允许电视台在法庭拍摄的审判持续了9个月。虽然最后陪审团于1995年10月宣告辛普森无罪，但民意调查表明大多数公众认为他是有罪的。当他再次在民事（非刑事）指控中受审时，被认定有罪。

> 提示：美国人喜欢用俗语通过一种幽默方式说明自己观点。如果某件事情显然是真的而我们想强调这一点，就可能讽刺性地说："辛普森有罪吗？"再如，你知道在去度假以前完成你的工作是多么重要。因此，当你的主管

问:"在离开之前你能够完成所有的工作吗？"你可以回答:"辛普森有罪吗？"或者回答:"教皇是天主教徒？"以此表明你当然会完成你的工作。

（3）玛莎·斯图尔特审判（Martha Stewart Trial）——对一个可以深入看到某公司运作情况的个人来说,利用这种独特的知识在股票市场上获利的做法是违法的。（这又是一个公平竞争的问题。）如果有人还是那么做了,我们将之称为**内幕交易**。斯图尔特是一个富有的电视明星,也是一个10亿美元的营销公司的负责人。她的朋友是一个正等待政府批准以开始在市场上出售一种新药的公司的头头。就在政府准备宣布这种药将不会获得批准以及该公司股票的价格将会因此大幅下跌的前几天,她的朋友建议她卖掉拥有的这家公司的股票。

因为在法庭上就提前获得信息一事撒谎,斯图尔特被判有罪。如果她主动认罪,那样只要交付一笔小额罚款即可。可是令许多人不解的是,她居然选择了走上法庭。结果她输掉了官司,必须辞掉营销公司的首席执行官职务和电视上扮演的角色,在监狱服刑。而且,在出狱后的5年中她还不得担任上市公司的执行官。在那些犯错的人**偿还了对社会的欠债**以后,美国人对他们经常会采取**原谅和忘记**的态度。斯图尔特已经服完了刑期,现在又是一位电视明星了。

（4）迈克尔·杰克逊审判（Michael Jackson Trial）——他在2009年去世时才50岁,当时他正准备进行一次回归之旅以恢复他的超级明星的地位。两年以后,进行了高调的六周审判。其间,杰克逊的粉丝们每天都举着宣称自己对他的热爱的标语等在法院的外边。负责给杰克逊注射一种危险和受到控制的药物的医生被裁定犯下了过失杀人罪,从而导致了被媒体称为**流行音乐之王**的这位歌手的死去。

（5）罗杰·克莱门斯的审判（Roger Clemens Trial）——这一审判主要针对的是体育比赛中使用非法药物问题而不是克莱门斯个人。美国政府在2007年发表了一份报告,揭露了在美国职业棒球大联盟的比赛中广泛使用类固醇和人类生长激素的问题,[①]并提及了克莱门斯的名字。他当时44岁,以前是全联盟最好的投手之一。此后,克莱门斯即开始接受调查。最初他被控犯有一项阻碍国会罪、三项做虚假陈述罪、两项伪证罪,这些都与其在2008年对众院一委员会作证否认使用非法药物有关。2012年他再次受审时被认定是无辜的。在最后的分析中,陪审团实际是更相信克莱门斯

---

① 见关于体育的M章。

而非一个对他做出不利证明的证人。不过,尽管法院做出了这样的裁决,人们还是广泛相信,克莱门斯在他运动生涯的最后几年使用了某种形式的类固醇药物。结果他的名声失去了光泽。

克莱门斯获释之前不久,另一个棒球全明星选手巴里·邦兹(Barry Bonds)在经受了两次审判以后才受到一个很轻的处罚(slap on the hand)。这些审判耗时7年进行起诉,花了纳税人数百万美元,但收效甚微。他被判妨碍司法罪,因为误导了一个调查运动精英使用提高成绩的药物的大陪审团。对邦兹的惩罚是30天的居家监禁,但他仍然对此项指控提起了上诉。

有名的自行车运动员**兰斯·阿姆斯特朗**(Lance Armstrong)曾遭到多个大陆对他进行的调查,这一持续两年的调查最后以没有对其提出指控而告结束。不过,美国的反兴奋剂机构在2012年对阿姆斯特朗做出了正式的控告,从而有可能剥夺他在7次环法锦标赛这一有名赛事中获得的冠军头衔。阿姆斯特朗一直否认曾使用过任何兴奋剂。①

克莱门斯裁定打击了政府从法律上追踪那些被控非法使用药物的运动员的企图。有人说,这一案例更多的是要满足那些华盛顿政客自身通过政治迫害(a witch hunt)欺世盗名的欲望,却很少涉及任何真正的证据。他们还认为,这或许标志着政府插手体育运动和类固醇药物的努力的结束。

另外一些人则说,这些对精英运动员的审判必须继续下去,因为它们涉及美国特有的主张公平竞争和创造公平竞争环境的核心价值。

接下来我们将探索宗教对我们的文化和信仰的强大影响,这可以追溯到400年前我们的祖先登陆北美之时。

---

① 国际自行车总会随后不久宣布剥夺阿姆斯特朗7个环法自行车赛冠军头衔、追回300多万美元的奖金,并且终身禁赛。而阿姆斯特朗本人则在接受一次专访时承认,他曾经服用过违禁药物。——译者

F　测　量

尺有所短，寸有所长。

——中国谚语

外国人会为美国的疯狂的测量单位感到困惑不解，就像他们难以理解我们的疯狂语言和许多其他东西一样。在你首次访问美国的时候。你不得不把我们测量的方法与你自己国家的做法加以比较。

你或许知道，对于有些事情美国人可能是很顽固的。我们测量的方法就是一个很好的例子。在19世纪40年代一些国家就开始接受公制，到了1900年的时候，世界上大多数商业先进的国家都已经加以采用，只有美国、印度和英国成了主要的抵抗者。但是，在20世纪50年代和60年代，印度和英国也开始转向公制。

即使有着政府和商界的推动，美国从未充分地转变到公制。今天，我们往往使用两者的结合（mixed bag）。我们的汽油还是以加仑计价、蔬菜是还是以磅计价。不过，我们这么做不是为了捉弄外国人。

由于政府和商界的推动，20世纪50年代起药剂师用公制单位配药。1975年，国会通过了一项法律，确立了向公制自愿转换的政策。1988年国会又修正了这一法律，将公制称为美国的贸易和商业优先采用的衡量体系。到了21世纪初，美国已经有越来越多的科学和工程工作用公制单位计算。另外，美国主要的工业企业也将它们制造的设备转向公制。但是，被包装的消费品仍然同时采用公制和英寸—磅这两种单位标注。（这里又有一个弥漫于我们社会的个人主义问题，我们都喜欢做出自己的选择。）

也就是说，虽然有着这些推动，大多数情况下公众仍然需要同英寸—磅体系打交道。由此你会得出什么结论呢？在某些事情上，或许最好是继续推动美国人而不是强迫他们。我们与其他的民族是否不一样？据说，当时大权在握的希特勒也从德国人民那里学到了同样的教训，当时他试图在新造的高速公路上设置速度限制，但是却无力做到这一点。

本章将帮助你理解我们的测量单位，以及如何与你或许习惯使用的测量单位进行迅速的转换。也可以找到有关的网站进行精确的换算。[①]

> 提示：一开始不要为精确的转换操心，只要对我们的关键的测量单位获得一个总的感觉就可以了，如一英里有多长，一磅有多重，一加仑是多少汽油。然后，把这些单位与你们的千米、公斤和公升做个大致的比较。如果你需要做一精确的换算，请参考我在下面提供表格和公式。

重　量

我们用盎司和磅计算重量。1磅是16盎司。美国的吨（短吨）有2000磅。（可能又要让你感到迷惑了，英国的"长吨"相当于2240磅）。邮局是按照盎司和磅计算邮资的，我们市场上用来称蔬菜的秤也是用盎司和磅做单位。汽车和大象是以吨做单位。

提示：我们也使用吨来表示许多其他东西，如形容某人在拉斯维加斯的赌场赢了好多的钱，就说"a ton of money"。

（1）磅（lb）转换成公斤（kg）

lb	1	2	3	10	100	150	200	250
kg	0.5	0.9	1.14	4.50	45.4	68	90.70	113.4

（2）盎司（oz）转换成克（g）

oz	1	2	3	4	5	6	7	8	9
g	28.3	56.7	85.0	113.4	141.7	170.1	198.4	226.8	255.1

（3）重量和质量的换算

你知道的	乘以	得到
盎司（oz）	28.350	克
磅（lb）	0.4536	公斤
短吨（t）	0.9072	公吨
克（g）	0.03527	盎司
公斤（kg）	2.205	磅
公吨（t）	1.102	短吨

----

① 见：www.calculateme.com。

容　积

我们厨房使用的大多数量杯都有两个刻度：杯和盎司。干燥食品用**杯量**，而液体用**盎司**量。在厨房里，3**茶匙**（teaspoons）相当于1**汤匙**（tablespoon），16汤匙相当于1杯或8液盎司。我们也用**品脱**（pints）、**夸脱**（quarts）和**加仑**（gallons）。美国有一个起源于旧时英格兰酒馆的说法"Mind your Ps and Qs"，就是提醒酒鬼们记住他们喝了多少品脱和夸脱的麦芽酒。

（1）容量等值

1杯（c）	8 液盎司（fl.oz）
1品脱（pt）	2杯（c）
1夸脱（qt）	4杯（c）
1加仑（gal）	4夸脱（qt）

包装的冰淇淋是以品脱、夸脱和加仑出售的。有些罐装苏打水前面贴着标签"12 fl.oz（355ml）"。装水的瓶子可能写着"1.5公升（50.7fl.oz）"or"1.5公升（1.58qt）"。我们的汽油是以加仑出售的。我们以每加仑可以行走的英里数（miles per gallon，mpg）衡量一部汽车的汽油消费率（超过25mpg就被认为是理想的）。

提示：在将外国每公升汽油的价格转换成美国人熟悉的每加仑汽油时，我使用的概算法是，将每公升的汽油价格先乘以4再减掉10%。无论怎么算，汽油都是很贵的。

（2）液盎司（fl.oz）转换成公升（liter）

fl.oz	1	2	5	10	20	25	30	35
liter	0.03	0.06	0.15	0.30	0.59	0.74	0.89	1.04

（3）品脱（pt）转换成公升（liter）

pt	1	2	3	4	5
liter	0.57	1.14	1.70	2.27	2.84

（4）美国加仑（gal）转换成公升（liter）

gal	1	2	3	4	5
liter	3.79	7.57	11.36	15.14	18.93

（5）容积和容量（液体）的换算

你知道的	乘以	得到
液盎司	29.57	毫升
杯（c）	0.2366	公升
品脱（pt）	0.4732	公升
夸脱（qt）	0.9464	公升
加仑（gal）	3.785	公升
毫升（ml）	0.03381	液盎司
公升（1）	4.227	杯（美国）
公升	2.113	品脱（美国）
公升	1.057	夸脱（美国）
公升	0.2642	加仑（美国）

长　度

1英尺是12英寸，1码是3英尺或者36英寸，1英里是1760码或者5280英尺。在1英寸内，我们使用分数，如1/2、1/4、1/8和1/16。写英寸的时候要用后双引号表示，英尺用后单引号表示。2英尺6英寸就写成2'6"。小数点也可以被使用，如6英寸半写成6.5"，6又1/4英尺写成6.25'。

在体育竞赛项目中，我们同时使用公制和码这两种量度，如400米赛跑和100码冲刺。我们的美式足球球场有10码线。衣服的腰部、腿部和脖子处都是以英寸计算。学生的书包里有一把11英寸长的尺子。木工在工作中使用卷尺。你会听到人们说："如果我给他一英寸，他就会要一英尺。"这意思是说，一些人总是会比你给他们的要得更多。

就是为了好玩，我们这里再说一些有关等值量度的事。1931—1972年间，纽约的帝国大厦是世界最高的建筑，为1472英尺（448米）。从加利福尼亚州圣弗朗西斯科到纽约市的驾驶距离是2930英里（4726千米）。美国妇女的平均身高是5'3.7"（162厘米），平均体重是152磅（69千克）。美国男性的平均身高是5'9.1"（180.1厘米），重180磅（81.6千克）。中国的长城跨越5个省，达4162英里（6700千米）。

（1）英寸（in）转换成厘米（cm）

in	1	2	3	4	5	10	16	20	24
cm	2.5	5.1	7.6	10.22	12.7	25.4	40.6	50.8	61.0

（2）英尺（ft）转换成米（m）

ft	1	2	3	4	5	6	8	10
m	0.30	0.61	0.91	1.22	1.52	1.83	2.44	3.05

（3）长度和距离的转换

你知道的	乘以	得到
英寸（in）	2.54	厘米
英尺（ft）	30.48	厘米
码（yd）	0.9144	米
杆（rd）	5.029	米
法定英里（mi）	1.609	千米
呼（海洋深度）	1.829	米
海里	1.852	千米
毫米（mm）	0.03937	英寸
厘米（cm）	0.3937	英寸
米（m）	1.094	码
千米（km）	0.6213	英里

表面或面积

　　美国人口调查局根据每平方英里的人口数来确定一个城市的人口密度。铺设地砖的承包商在向客户报价以前先要计算工程的总的平方英尺。农场、宅地和公园的大小是按照英亩来衡量的。顺便说一下，英亩最初是个英国的计量单位，是指牛一天的耕地面积，最终固定在4840平方码。它可以是任何形状的，只要面积是4.356万平方英尺。所以，如果是正方形，1英亩面积的每条边大约为209英尺。

面积的转换

你知道的	乘以	得到
平方英寸（sq in）	6.452	平方厘米
平方英尺（sq ft）	929.0	平方厘米
平方码（sq yd）	0.8361	平方米
平方英里（sq mi）	2.590	平方千米
英亩（acres）	0.4047	公顷
平方厘米（sq cm）	0.1550	平方英寸
平方米（sq m）	10.76	平方英尺
平方千米（sq km）	0.3861	平方英里
公顷（ha）	2.471	英亩

　　阿拉斯加是美国最大的州，面积为65.6425万平方英里，罗德岛则是最小的州，面积只有1545平方英里。华盛顿D.C.有68平方英里（176平方千米），而中国的北京的

面积是6487平方英里（16800平方千米）。美国的人口密度是每平方英里76人，而南美是73人，欧洲为134人，亚洲为203人。

温 度

大多数外国人习惯使用摄氏温度计（Celsius），其零点是水的冰点。在海平面上，水在100℃时沸腾。人类的正常体温大约35℃。

美国人仍然使用华氏体系（Fahrenheit），在这一体系中，水在32℉时结冰，212℉时沸腾，人体的正常体温是98.6℉。美国历史上有记录可查的最高气温是134℉，1913年出现于加利福尼亚州的死亡谷；48个州的最低气温是–69.7℉，1954年出现于蒙大拿州美国大陆落基山脉分水岭。我们办公楼的气温通常设定为令人舒适的72℉。

> 提示：如果某人说"我的血沸腾了"，那意味他们对某件事情感到极端愤怒。你可能要离他远一点或者改变话题。

（1）华氏转换成摄氏

℉	25	30	35	40	50	65	75	85	100
℃	–4	–1	2	4	10	16	24	20	38

（2）温度的转换

你知道的	乘以	得到
华氏（℉）	5/9（减去32以后）	摄氏
摄氏（℃）	9/5（然后加上32）	华氏

> 提示：我用来粗略估计华氏温度的迅速转换方法是，将摄氏温度乘以2再加27。例如，25℃相当于25×2+27=77℉。要从华氏转换为摄氏，就是将华氏温度先减去27再除以2。例如，77℉相当于（77–27）/2=25℃。

货 币

与我们的英寸和磅相比，你或许需要对美国的货币获得更为准确一点的理解。但是，这并不困难，因为我们的货币可以说都是公制的，是十进位的体系（顺便说一下，这是在公元前100年由印度发展起来的），1美元相当于100美分，就像印度的卢比分为100派士一样。

1美元（dollar，有时被叫作buck）写成 $1.00。1美分（cent）也被称为1 **便士**（penny），写成1 ¢ 或$0.01。一些**严格控制**自己开支的美国人可能会告诉你："**省下一个便士就是挣了一个便士。**"这是美国政治家本杰明·富兰克林还在18世纪就说过的话。

2美元85美分写成 $2.85。有时候我们去除了小数点后面的两个"0"，就写美元数目，如以 $2代替$2.00。写美元数的时候，每隔三位数用一个逗号，如$1,000.00。

在用现金结算的时候，绝大多数情况下1美元及以上的数目都会使用纸币，尽管我们有着谁都不喜欢的1美元的硬币，而1美元以下的数目则用硬币。因为美国总是在不断变化，你也可能最后会得到一张（枚）2美元的纸币或硬币。它们在几年以前就被放弃不用了，因为我们都不喜欢。是的，尽管这种2美元的纸币或硬币仍然有效，但是如果你把其中的一种付给某个店主时，他可能会因为感到奇怪而多看你一眼。

（1）硬币——从便士开始，我们的硬币的一侧都印有总统的头像。

硬币	头像	价值 ¢	价值$	颜色
便士（Penny）	林肯	1美分	0.01美元	铜
五分镍币（Nickel）	杰斐逊	5美分	0.05美元	银
一角（Dime）	罗斯福	10美分	0.10美元	银
夸特（Quarter）	华盛顿或州	25美分	0.25美元	银
半美元（Half Dollar）	肯尼迪	50 美分	0.50美元	银

提示：你可以问你的美国朋友，为什么只有便士上的总统头像是朝右的？答案是，这一硬币的设计最初所用的雕塑印模是朝右的。再问他们，有多少种用硬币组成1美元的方法？答案是293种。

我们喜欢用硬币帮我们做出决定，有着头像的硬币正面被叫作头，反面被叫作尾。如果需要做一个选择，例如决定谁买饮料，你可以将硬币抛起并在硬币还在空中的时候叫头或尾。如果在硬币落地之后，你叫的那一面是朝上，你就赢了扔硬币的游戏，另一个人必须为饮料付钱。当有人讨论一个论点的两个方面时，你也可能听到过硬币的反面这一说法，如："我想要买一部新车，但是硬币的反面是，我的房子需要装修了。"

提示：作为我们的疯狂语言的一个例子是mint 的多种含义。我们可以说：硬币是在美国的造币厂（the U.S. Mint）铸造的（minted）。我们也可以说某种东西是处于崭新的（mint）的状态。我们有一种绿色的芳香植物叫薄荷（又是mint），它被用于凉茶和风味食品中。我们还有一种用巧克力和来自薄荷植物的调味品制成的糖果（after-dinner-mints），在餐后食用。

（2）纸币——我们的纸币最经常的是以1美元、5美元、10美元、20美元、50美元和100美元的面值流通，你可能偶尔看到过一张2美元的纸币。所有纸币的面值都清楚地标注在正反两面的底部和4个角上。我们有些纸币是最近重新设计的，使得伪造变得更为困难。它们的色彩更加鲜艳一点。所以，新的和旧的纸币你可能都看到了，它们都是有效的。

因为我们的纸币都是使用了许多绿色印出来的，所以美元有时被称为绿背钞票（greenback）。

实际上大多数的美国纸币都是保存在境外，因为美元在国际商品市场（如黄金和石油）被用作标准的货币单位。我们的游历甚广的纸币寿命很短，平均只有20个月。

我们每种面值的纸币在正面都有一个有名的美国政治家的头像。因此，你可能听到有人把100美元的纸币称为本杰明，这名字是从那位说省下一个便士就是挣了一个便士的本杰明·富兰克林而来。[①]出现在我们1美元纸币上的爱国主义格言E Pluribus Unum 是拉丁文"合众为一"的意思，这是指最初的13个殖民地团结起来组成了一个国家。以下是我们的各种纸币：

面值	正面肖像	背面说明
1美元	华盛顿	美国国徽
2美元	杰斐逊	独立宣言
5美元	林肯	林肯纪念堂
10美元	亚历山大·汉密尔顿	美国财政部大楼
20美元	杰克逊	白宫
50美元	格兰特	美国国会大厦
100美元	本杰明·富兰克林	独立大厅

---

① 请注意在1美元纸币上华盛顿的肖像，我们在关于艺术的L章会讨论它的画家。

提示：我在欧洲时碰到了一对因公在美国生活过的德国夫妇。就像对所有遇见的外国人所做的那样，我问他们对于美国是否有什么不理解之处，或者希望了解得更多的地方。在他们列出的8个问题中，第二个是关于1美元背后的金字塔和眼睛。他们问："这代表什么？"答案应该是：眼睛被置于一座尚未完成的、有着13级台阶的金字塔的上边，这代表最初的13个州以及尚在雏形的国家的未来发展，金字塔的最低一级显示了用罗马数字标注的1776年。合在一起的含义是，眼睛，或者说上帝，支持美国的繁荣。美国人是天生多疑的，所以有些人会告诉你这些符号与某些神秘的政治或宗教意义联系在一起，就像我的德国朋友听说的。别人听了只能是一头雾水（won't have a clue）。

许多的网站会准确地将你本国货币的价值转换成美元，或者反过来。①但是与许多其商人接受美元的国家不同，美国人不接受外国货币。所以，在你到达美国之前或之后，在机场或银行兑换好你的货币。

我在旅行时总是使用一个方便的概算法（rule of thumb）进行迅速的转换。你也可以这么做。例如，最近我把中国的人民币元的数额除以6就得出了美元的数额，或者将美元数额乘以6就大致得出了人民币元的数额。

既然你已经理解了美国的传统如何帮助塑造了美国和美国人的行为，接下来我们就可以探索美国今天的文化了。我们可以探索一切东西，从日常生活到习俗和礼仪、美国人心里所想的、教育、文学、电影以及大量的其他方面，甚至包括我们如何看待外国人以及外国人如何看待我们。

_____

① 见：www.xe.com/ucc。

第二部分

美国的文化

文化是一个名称，代表了人民感兴趣的东西、他们的思想、他们的模式、他们读的书、他们所听的演讲、他们的席间漫谈、他们的街谈巷论、他们的争论、他们的历史感和科学训练、他们欣赏的价值、他们赞颂的生活质量。所有的群体都有一种文化。这是他们的文明的气候。

　　——沃尔特·李普曼(Walter Lippmann,1889—1974)，美国的新闻工作者

G 习俗和礼仪

文化是头脑和精神的扩展。

　　　　——贾瓦哈拉尔·尼赫鲁（Jawaharlal Nehru），印度民族主义者、政治家

　　文化是指不同国家的人民习得、创造和分享的有关行为和思考的一般模式。规定了每个国家的文化的因素很多，习俗、礼仪、信念、行为规范、食品、宗教、语言、艺术、服装、生活方式、政治和经济制度只是其中一些。本书所讲的都是关于美国的文化。

　　到目前为止，你已经知道了美国的历史、政治结构和其他因素如何促进了美国文化的形成。以下的各章将讨论其他因素，如我们的文学、服装和电影。了解我们的文化将有助于你更好地理解美国人，加强你与我们的个人关系。

　　一个国际咨询公司最近对跨国企业在并购和联合方面遭受的挫折进行了调查。结果发现，文化差异是导致失败的重大因素。因此，为了这些以及许多其他的原因，最为符合我们利益的做法是，更多地学习我们与之交往的其他国家的文化，无论这种交往是出于个人的还是企业的需要。①

　　弗朗西斯·培根（Francis Bacon，英国哲学家和作者，1561—1626）曾说："人们通常按照他们的爱好倾向进行思考，按照他们习得的和固有的观点表达主张，但是通常却是按照习俗而采取行动。"

　　本章将向你介绍美国一些被称为习俗的信念和行为规则，它们构成了我们文化的一部分。习俗是那些我们过去拥有并极为可能在未来继续拥有的行为。诸如传统、价值、做事方式、习惯、理想、普遍的实践以及礼仪等因素都会对其产生影响。为

---

　　① 有关商业的习俗将在U章加以讨论。

了有助于你的理解，书中将美国与其他国家做了比较。你会注意到，我们国家正在学会适应越来越多样化的人口，所以我们也必须学习改变我们的方式以适应他们，在商业世界尤其如此。

我们的文化和习俗根植于建立在古希腊、古罗马和基督教基础上的传统西方思想。荷马在公元前800年所写的两篇史诗《伊利亚特》和《奥德赛》以及其他的希腊作品与神话在确定西方文化方面具有核心作用。

文化和习俗从一个国家扩散到另一个国家。我们的奠基移民将它们从欧洲带到了北美的海岸。所以讲英语的国家通常都有类似的习俗，但是相互之间也存在着重要的差别。例如，虽然印度的政治民主制度与美国的颇为相像，但是在日常生活中它很少主张美国习俗所代表的平等。

我们的不同习俗影响到我们的日常信念。一个非正式的民意调查向亚洲人和美国人提出了这样的问题："你和你的妈妈、配偶和孩子同在一条开始下沉的船上。如果可以挽救其中一个，你会救谁？"60%的美国人回答会挽救配偶，而另外的40%说会救孩子。典型的西方推理是："我的配偶是我的生活搭档，我还可以再生孩子。"但是，亚洲人以及最近归化的亚裔美国人几乎100%地回答会救母亲。其理由是："我的母亲赋予了我生命，我的生命归功于她。我可以再结婚，我可以再有孩子，但是无法用他人取代母亲，或者说，我无法回报母亲的生育之恩。"

习俗在一个国家之中也会不同。马克·吐温（1835—1910）是美国有名的幽默作家。[1]他曾经说过："波士顿的人会问：'他知道多少？'纽约的人会问：'他值多少？'费拉德尔菲亚的人会问：'他的父母是谁？'"从马克·吐温的评论可以看到，我们的习俗确实存在地区和地方的差异，例如：

- **南方人**往往不那么强调时间，过着一种更为悠闲的生活。
- 与佛罗里达、德克萨斯、亚利桑那、加利福尼亚等迅速发展的南方地区的居民相比，北方人可能更为传统和保守。
- **中西部的人**（也叫心脏地带的人，heartlanders）更为务实（down to earth）和不那么看重地位、诚实、愿意帮助邻居、以合理判断闻名。事实上，当我坐在海外的机场观察着周围的人群的时候，通常我可以识别出这些来自美国中西部的人，因为他们服装简单、态度友好、举止放松。与认真的欧洲人以及严肃的日

---

① 将在关于美国文学的J章加以讨论。

本人相比,这些美国人显得很突出。当你在美国生活了一段时间以后,你也能认出他们来。

- 住在热带岛屿上的**夏威夷人**的生活更加放松,是室外型的。
- **新英格兰人**更加看重家庭历史和地位,并且也像中西部人,一般很守时。

在美国,通常被认为的地区差异至少包含了以上一些。你的国家或许也有这种地区差别。我们可以对北欧人和南欧人的特点做出归纳。在中国,与较为保守的南方人相比,北方人的性格通常被认为更加豪爽和热情。

尽管如此,下面要讲到的美国的习俗在全国范围内都是相当一致的。

外国习俗与美国习俗的比较

习俗是在各个国家习得的,因国家的不同而变化。这样,美国人和外国人的许多习俗就出现了差异,此种差异又会影响到相互的关系以及如何解释对方的行动。

(1)个人主义——按照一项研究,在强调有序的社会的重要性方面,亚洲人的比例达到了70%,而美国人只有11%。与之截然不同的是,在强调个人自由和个人权利的重要性方面,美国人的比例达到了80%,而亚洲人只有30%。

在美国对个人的强调可以由俄勒冈大学的一项研究进一步得到解释。在这项研究中,学生被要求列出他们感到自己失败或取胜的情境。美国学生更多集中在他们个别地获胜的方法上,而亚洲学生则在他们所属的群体取得成功的时候才认为自己取胜了。

(2)姿态——我们在路上、机场、饭店、商场等地方都会对人微笑,认为这是一种友好的姿态。但是,在其他文化中,微笑可能被视为无礼的或代表着尴尬。(你还记得我们有关德国沃尔玛商场的讨论吗?那里后来制止了微笑这一做法。)美国人并不知道,诸如耸肩和搔额这样一些普通的姿态会被来自另一个国家的人所误解。对美国人来说这些都是极为普通的表示坦率的姿态,却被日本人认为显示了自律的缺乏。

(3)贫穷者——美国人认为,自己生活于一个开放的社会之中,在这里贫穷者也有各种机会;如果他们没有利用那些机会,在某种意义上就不配得到政府的援助。当然,鉴于当前的经济气候,这种看法也在变化之中。与之不同的是,欧洲人相信自己生活于一个为阶级所约束的社会之中,在这里地位乃是取决于出身和其他的因素。因此,60%的美国人认为贫穷者是懒惰的,而持有同样观点的欧洲人只有26%。

此外，只有29%的美国人相信穷人陷入了贫困而无法自拔，持有同样观点的欧洲人则达到了60%。事实上，穷人走出贫困的概率在美欧两个大陆是大致相等的。

（4）社会行为——当问题涉及得当的社会行为时，通常美国人比来自于其他文化的人显得更为放松。我们使用法文单词faux pas（失礼）来界定在社交场合犯下的错误。一些外国人可能会因为稍微违反了文化礼仪而感到尴尬。例如，在访问韩国时，美国总统克林顿就使得东道主官员感到难堪，使得翻译感到困惑，使得一些晚宴客人陷入迷茫。由于他的失礼，宴会被耽搁了一会儿。那么，克林顿究竟犯了什么错？他将翻译置于自己和韩国总统的中间。在韩国，任何人站在两位国家元首之间都可能是一种冒犯行为。在美国，我们则更为实际，较少形式主义，认为克林顿的做法可以方便两位总统之间的交流。正如你已经知道的，对美国人来说，实用性有时更为重要（take a front row seat）。

一些国家对得当的社会礼仪更加重视得多的另一原因可能与它们的语言有关。例如，在日本人说到"妻子"（wife）的时候，根据社会地位和听者的差异，有着六种不同的表述方法。如果用错了，那在社会上是不可接受的。我们的语言在许多方面就没有这么细微的差别。

我的劝告是，跟美国人在一起时，你就不要像在你自己的国家那样过多地担心在社交礼仪方面出错。我们并不那么看重这种事情，在错误发生时可以用一种幽默感加以对待，或许就像克林顿所做的那样。

（5）与欧洲的差异——尽管欧洲是我们的根之所在，欧洲和北美的习俗之间仍然存在差别，有时甚至是巨大的。

- **美国梦**——当美国梦强调不惜代价促进经济增长时，欧洲梦更看重可持续的以及确保环境安全的发展。

- **收益**——欧洲人更喜欢那种能保证每个人可以得到同样结果的社会收益。美国人更欣赏那种所有人的收益都能够不断上升的制度，即使有些人获得更多，有些人获得较少。

- **礼节**——与欧洲相比，北美的不拘礼节似乎更加突出，所以美国人的穿着和行为更加随意。

- **问候**——欧洲有着一种有关问候的秩序和结构，据此年幼者问候年长者，男子问候女子，孩子问候成人。在北美，类似的规则已经削减到并不存在的地步。

- **幸福**——美国人通过依靠自己完成目标实现幸福；在欧洲，完善和有意义的生活要求许多群体的合作和处理好各种关系。

- **历史**——欧洲拥有悠久的历史和传统,而美国是相对年轻的国家,总的来说不重视历史。
- **个体性**——美国梦是个人的,欧洲梦则是公共的。
- **宗教**——美国梦在某种程度上是和宗教联系在一起的,而对一些人来说欧洲梦则是世俗的。
- **安全**——长期以来,承担风险是有利于美国人的。数千年来,欧洲经历了分裂和动荡,因而可能赞同稳定、安全和可预见性。
- **国家**——欧洲人珍惜"安全—国家"这一对收益,即国家保证了安全,安全促进了国家,而美国人将自由和独立放在首位,与政府则保持一定距离。
- **工作**——美国人信奉职业道德,而欧洲人则努力获得更多的乐趣和闲暇。

其他国家的人如何看待美国人

文化人类学者认为,因为相互之间有着不同的习俗,来自其他国家的人有时如此描述美国人:

- **美国人总是处于要把事情做好的忙碌当中。**——我们倾向于用业绩和成就作为衡量一个人的价值的尺度。美国人成就越大,就越是感到受到尊重。为此我们不想浪费机会。但是,许多文化相信,越慢越好,建立和维持关系比以牺牲这些关系为代价将事情做好更重要。我们经常说,"**趁太阳好的时候抓紧晒草**""**现在就是最佳时机**""**早起的鸟儿有虫吃**"。
- **美国人坚持一视同仁。**——这种态度来自于我们的历史,即作为一个自由国家的国民,美国人一开始就具有倾向于社会平等和没有等级的制度的深刻本能。美国谚语"**不对他人做你希望他们不对你做的事**",就反映了这种对平等的信念。
- **美国人总是心里怎么想嘴上就怎么说。**——我们看重果断自信,在表达自己的思想和感情时坦率和直接。美国人相信,诚实很重要,直率是进行交流以及做好事情的最为有效的方式。外国人会经常听到我们说,"**实话实说**""**说出你的心里话**""**说出的是真心话**"。直率通常比旁敲侧击(beat around the bush)更受珍惜。在一些亚洲国家,做出否定的表示有时被认为是不礼貌的,所以不是说"不",而是回答"或许""让我想一下"或者"再说吧",而把具体问题的处理留到以后。日本人认为,"伸出的钉子会被敲碎",[①]这表明相似比相异更重要。与之不同的是,我们说,**"吱吱作响的轮子会得到润滑油"**[②]。我在洛杉矶曾经遇到一个来自埃塞俄比亚的出租车司机,记得我问他:"美国最好的事情是什么?"他的回答是"人民的诚实和直率"。

- **美国人总是希望改变事物。**——我们相信,事物总是越来越好,进步是不可避免的。因为美国是个相对年轻的国家,我们的文化往往是积极的。许多美国人认为,发起变革是"好"事,抵制变革是"坏"事。我们说,**"绝不要将今天可以做的事情拖到明天"**。

- **美国人不太尊重长者。**——美国人相信,人们会因为其行动赢得尊重与敬意,这与年龄无关。一个人仅仅达到了某种年纪或者具有了某种职位并不表明他有多大的成就,也没有使他处于更高的层次。这与许多其他文化不同。

- **美国人总是认为事物会变得越来越好,所以是乐观主义的。**——因为我们拥有的丰富资源以及往昔取得的成功,美国人总是具有一种乐观主义文化。我们相信自己控制着自己的命运,而不是为命运、政府或皇帝所左右。许多美国人认为,只要足够努力地工作,任何人都能实现美国梦,使得情况变好的唯一障碍是不够努力。这一点甚至延伸到了运动和商业等领域。我们说,**"每一朵云彩都有着银色的衬里"**。其含义是,即使事情看起来是糟糕的,这种糟糕也只是掩盖了将会到来的美好事情。

- **美国人试图控制世界。**——我们是十分独立的;与一些文化相反,美国人首先将自己视为一个个体,然后才是群体或国家的成员。所以,我们的行为反映了这种随着最初的欧洲移民一起登陆的根本信念,他们来到北美就是为了寻求个人的提升,以及所有人遵守同样规则的公平竞争环境的创造。由于这一原因,我们习惯于重视个人被对待的方法,在看到个人的权利无论是在本国还是其他国家遭到干预的时候,就会像几个世纪以来一直所做的那样大声疾呼。

---

① 这和我们所说的出头的椽子先烂掉是一个意思。——译者
② 这和我们所说的会哭的孩子有奶吃是一个意思。——译者

提示：不幸的是，外国人及其媒体将美国人的这一行为视为支配的欲望，而实际
　　　上它只是一种对地球人类同胞的关切。请相信我：普通美国人最不想做
　　　的事情就是支配其他国家。我们国内有大量的需要解决的问题（take care
　　　of business）。在一次对美国人进行的民调中提出的问题是："如果一家麦
　　　当劳餐厅将要在另一个国家开张，你感觉如何？"过半的人都对向他国出
　　　口美国文化持否定态度。关于最近在埃及、巴林、约旦、沙特阿拉伯、叙利
　　　亚和也门发生的动乱，绝大多数被调查的美国人都认为，美国不应当采取
　　　立场。另一方面，他们对那些国家的人民表示了关切，觉得美国应当单独
　　　地做出一些努力来帮助他们。

影响的因素

为什么美国人的习俗和信念与世界上许多地方的人如此不同？许多因素影响到
它们发展起来的方式，包括早期移民来到北美并发现大量空间的时代。与他们在欧
洲已经习惯的颇为拥挤的生存条件不同，在这里早期移民有着广袤的土地可以安顿
下来，这也有助于形成我们的习俗，例如：

- **自立**——早期移民的农场和定居点都非常分散，迫使其居民必须依靠自己，
  这是今天的美国人的一个非常强烈的特点。
- **帮助邻居**——农场和定居点的分散也在早期移民身上注入了一种帮助邻居
  的必要。此种习俗今天仍然得到延续，无论是帮助隔壁的邻居还是伸手援助
  （give a helping hand）其他国家。美国人是慷慨的，这是从相互帮助中习得的
  特质。
- **个人主义**——因为这种生活在遥远空间的原因，我们学会了个人主义。与之
  不同，亚洲和其他一些地区的国家的人们认同那些向他们提供保护的群体，
  并为此向这些群体提供忠诚和服从。不过，美国人在必要时也能够为共同事
  业而努力，与此同时依然保持着我们的个人主义。
- **密度**——鉴于拥有广袤的空间，许多美国人今天依然生活在与其邻居保持相
  当距离的私人住宅之中。美国梦就包括了给予我们空间的自有住宅。大约
  66%的美国人和英国人拥有自己的住宅，而德国人是39%。访问其他国家的

美国人会为之感到惊奇的一个现象就是独立住宅、栅栏以及草地的普遍缺乏,以及公寓楼的大量存在。美国的大城市也有密集的居住区,但是我们的市郊充满保护了隐私和提供了自由活动场所(elbow room)的独立住宅。可以做个比较:拥有1.26亿人口的日本在地理面积上相当于美国西部的蒙大拿州,而后者只有不到100万的居民。英国的人口密度是欧洲最高的,每平方千米为395人,是我们的12倍。

提示:上网查找并听歌曲《不要用栅栏将我围起来》(*Don't Fence Me in*)。它的歌词生动体现了美国西部开放空间的精神:"啊,给我土地,许多土地,在布满星星的天空之下,不要用栅栏将我围起来……"(Oh,give me land,lots of land,under starry skies above,don't fence me in...)

- **我们的假想圆(imaginary circle)**——这种开放空间的概念也影响到我们驾车、工作、站立、行走、谈话和放松的方式。外国人要理解美国人在其周围具有一个大约一臂之长的个人的假想圆。这点很重要。习惯于拥挤状况的外国人通常拥有一个较小的假想圆。你必须小心谨慎,不要以任何方式侵入这种假想圆,包括行动、噪声和气味。在讨论美国人的某些习俗以及试图理解为什么我们如此行事的时候,请记住这一点。

提示:如果你注意到一个美国人在你面前后退一两步,这可能表明你太靠近他(她)了,而并非是他们不喜欢你。一次,我在所任教的一所亚洲大学校园的自助餐厅里排着队,一个学生插到了我前面。一开始我以为这是一种很不文明的做法,但是后来我意识到,他是假定我没有在排队,因为我在前面留下了一米的空间。

- **说话范围**——我们狭小的假想圆也可能为言语所侵入,所以你必须注意,在办公室和餐馆这样的公共场所,说话声音不要太响。出于文化习惯,美国的一些移民以母语和朋友交谈时声音很响(并且很快),或许比他们用英语与美国人交谈时的声音还要响。一次我在一个亚洲国家驻美国的领事馆办事时,听到两个亚洲人在大厅的远侧高声地讨论一张签证申请表,这令人分心和烦恼。还有一次我在一家美国餐馆用餐时，我前面的3张餐桌都为一群移民所占，他们一共12个人。本来桌子是由过道隔开的，但是一个人自始至终高声地与另外两张桌子的人讲话。这在他们国家是种习以为常的做法，但是在美国被看成一种很粗鲁的行为。

提示：我必须诚实坦率。某些出自亚洲文化的人是以一种语速很快、音调很高的刺耳鼻音讲话，对美国人的耳朵来说这是最令人不快的。在他们高声地与一群同胞讲话时，情况甚至更为糟糕。所以，如果这时一个美国人对你投以目光要你将声音放轻（cool it）时，请不要感到惊奇，因为你侵入了他们的假想圈。我们对那些在我们身边用手机高声讲话的人也是这么做的。

- **社会等级**——在美国开拓边疆的时期，头衔没有任何意义，生存才是重要的。即使现在，当问题涉及我们的祖先在400年前就丢在欧洲的头衔和社会等级的时候，大多数美国人都是并不看重的。与有些文化不同，美国的父母力图平等地对待家庭的所有孩子。有些文化赋予富人以特殊的地位。我们也这么做，但是程度没有那么严重。甚至我们的雇主和雇员的关系也是比较随便的。在一架飞往东京的美国民航班机上，一个日本雇员拒绝了可免费升级到公务舱的机会，因为他的老板坐的是公务舱。在美国的文化中对上司的尊重就不会达到这种程度。我们确实很难理解或者接受将人们按照权力和财富划分的正式等级制度。今天这依然不是美国方式，就像在开拓边疆时期它不是美国方式一样。

以此文化差异作为广阔背景，接下来我们要讨论3个适用于日常生活的一般礼仪问题，你在这里或者在自己的国家与美国人相处时可能都会碰到这些问题：

* 你遇见他们时应如何表示问候？
* 在一个社交聚会场合，你的举止怎样才合乎礼仪？
* 你应如何与他们当面或在电话中进行交谈？

问候的习俗

如果你理解美国人彼此如何握手与称呼,以及在相互打招呼时说些什么,你在对他们表示问候时就会显得更加自在从容。

还记得带儿子到一所大学接受招生官员的面试时在其办公室看到的一句格言:"你绝不会有第二次机会创造一个良好的第一印象。"与一些其他文化不同,美国人在会见他人时总是力图留下一个非常美好的第一印象。

> 提示:我发现,在被介绍给美国人时,除了来自中东或伊斯兰国家的妇女外,女性移民往往能比男性移民传达一种更为温暖的感觉。男子似乎更为保守或者更加硬性,这可能与他们在本国获得的尊重和阳刚之气有关。不幸的是,大多数美国人并不知道这些习俗,可能将他们的态度错误地解释为不够友好。

（1）介绍他人——如果你正在和某个人说话时另一个人走过来与你打招呼,很重要的是,你要将原来的交谈者介绍给新来的人,即使你已经不记得他(她)的名字。让我们假设玛丽走过来时你正在与约翰讲话。这时,你应该首先问候玛丽,随之把她介绍给约翰:"玛丽,我想把你介绍给我的朋友约翰。"如果你刚刚遇到约翰,已经不记得他的名字,可以对他说:"这是我的朋友玛丽。"这时他或许会对玛丽说:"我的名字是约翰。很高兴见到你。"或者,你也可以再询问一下约翰的名字,对他说:"对不起,我忘掉了你的名字。"然后再把他介绍给玛丽。

（2）握手——因为你握手的方式可以充分说明你是怎样一个人,所以我在我的美国文化课上会教学生(包括妇女)应当如何握手以及藉此形成一种有趣积极的形象。在美国,如果一个妇女主动握手,这就表明她是一个现代自信的人。重要的是记住,通过握手你要显示出对会见对方的兴趣。可是一些外国人不是这样,他们握手似乎只是为了应付一种形式。以下关于握手的一些技巧将有助于你创造良好的形象:

- **谁主动?**——与一些人可能根据社会地位等待对方主动握手的国家不同,在美国任何人都可以主动握手。也与男性等待女性发起握手的瑞典不同(就像美国过去那样),现在美国的男性也可以首先向女性伸出手去。

- **前倾**——我们经常身体前倾抓住对方的一只手，这清楚显示了对会见的兴趣。如果你嘴里含着香烟或牙签，先把它们扔掉。
- **触摸**——除了握手以外，我们通常在首次见面时不触摸对方。但是你在了解了这个人(无论是男性还是女性)以后，就可以这么做。一些美国的男性在一旦发展了密切关系以后喜欢拥抱，尽管同有些文化相比这种做法比较罕见。与欧洲、地中海、中东和拉丁美洲不同，美国的男性很少亲吻面颊，但是女性经常这么做。
- **紧握**——握手时，两个人的右手在腰的高度以及隔开一个手臂的距离紧扣在一起，而拇指基部合在一起。如果拇指基部还没有接触，你就结束了握手，这被看成一种轻握。紧握时把你的手稍微举起和放下几次。但是不要握得太紧，也不要握得太长。这个过程不应该超过2—3秒钟。在中国等一些国家，轻握是习惯性的；但是，在美国这表明你对会见对方不感兴趣以及你缺乏自信。

提示：一次，让我试镜一个电影角色的亚洲导演在见面时给了我一个轻握，我立即感到被拒绝了，以为他对这次见面不感兴趣，直到我想起他的握手方式在他的国家是习惯性的。如果你在一个与美国人谈生意的场合这么做，那就可能扼杀了一个你正在寻求的机会。

- **眼神接触**——在你握手时，一定要与对方进行眼神接触，表示非常明确和强烈的问候(不要含混不清)以及做出微笑。上述的电影导演并未这么做，从而增加了我的担心。当你在与一个人握手时不要与另外一个人讲话。你的所有注意力应当集中于同你握手的人。
- **坐着的人**——一个坐着的男士应当起身同一个站着的人握手。一位坐着的女士应当站起来吗？以往的回答是否定的，但是今天情况已经发生了变化。在一个非公务的环境中，她可以自己选择怎么做。但是，在如今妇女也希望自己与男性被同等对待的公务环境中，她应当起身。

（3）问候时的姓名和称谓——我们的姓名、称谓以及使用它们的方式可能与你的国家并不相同。

- **姓名组成**——西方人的姓名通常依次由三部分构成，即名字(given name或first name，如John)，中间名(middle name，如David)和姓氏(last name或surname，如

Jones)。有时你要填的某种表格先问你的姓氏,再问你的名字。所以,如果你看到一个姓名,其第一部分后面跟了一个逗号,那意味着是将姓氏放在了最前面,如"Jones,John D."。对习惯于首先使用他们的姓氏的亚洲人以及匈牙利人(我到当地旅行时才努力搞懂的)来说,在美国一定要将其名字和姓氏颠倒过来。否则的话,有些人会使用你的姓氏称呼你,以为这是你的名字,而把你的名字当成你的姓。这点也适用于你的名片。

- **常用姓名**——在美国男性最常用的名字是James(詹姆斯),女性是Mary(玛丽)。最普通的姓氏是Smith(史密斯)。一些名字用于非正式场合时被缩短了。所以,你可以以不同名字称呼对方,如James变成了Jim(吉姆)、Robert(罗伯特)变成了Bob(鲍勃)、Rob(罗布)或Robby(罗比)、William(威廉)变成了Bill(比尔)、Richard(理查德)变成了Rick(里克)或Dick(迪克)。我们的一些姓氏暗示了其族裔。如Mc或者O'这样的前缀代表了爱尔兰人的姓氏,Mac代表了苏格兰人的姓氏。以"son"结尾的姓氏可能是瑞典人的,如Johnson(约翰逊);以"sen"结尾的可能是丹麦人的,如Jensen(詹森),亚美尼亚人的姓氏的结尾可能是"ian"或"yan"。

- **与长辈取同样的名字**——你也可能在一个人的姓名后面看到罗马数字,这是表明此人与父亲或祖父有着同样的名字,如John D. Jones Ⅱ(读成second)表明此人与父亲同名,John D. Jones Ⅲ(读成third)表明此人与祖父同名。有时你还可以看到以"Jr."(读成junior)表示儿子,以"Sr."(读成senior)表示父亲。通常这种做法不适用于女儿和母亲。当你在交谈中称呼这些人时,难得使用这些罗马数字或"Jr.""Sr.",就叫 Mr. Jones即可。但是,在写信时要使用其完整姓名。

- **昵称或绰号(nickname)**——美国人也使用昵称,所以在非正式场合你可能遇到某些被称为Shorty(矮个子)、Lefty(左撇子)、Doc(医生)或Junior(年轻人)的人。但是在正式的通信中必须使用他们的正式名字。

- **选取一个美国名字**——许多亚裔美国人和其他外国人都选取了一个美国名字,以便美国人容易记住和发音。如果你决定这么做,或许你可以在我们拥有的5200个名字中选取一个与你原来的发音相近的。我的中国朋友邴莉(Lee Bing)就是这么做的。她选了"Leigh"(莉)作为自己的名字(Lee在美国被看成男性)。一些亚裔美国人也使用连字号将自己的两个字的名字或两个字的姓氏连接在一起,以表明它们的正确使用方式,如Song-Lee Dang(党松丽)。你也许会听到"Tom,Dick,and Harry"的说法,这意味着所有的人,例如:"They allow every Tom,Dick,and Harry into the night club."(任何人都可以进这家夜总会)

(4)根据称谓、头衔称呼一些人——有四种称谓可以放在姓氏之前:

Miss(小姐,用于单身妇女)

Mrs.(太太,用于已婚妇女)

Mr.(先生,用于成年男性)

Ms.[①](女士,用于不知道其婚姻状况的妇女,或者有时用于称呼职业女性)

- **介绍**——某人可能带着称谓被正式介绍给你,如:"Peter,this is Mr. Jones."(彼得,这是琼斯先生。)如果这样,你也要这样称呼他:"Hello Mr. Jones,I am Peter Smith."(你好,琼斯先生。我是彼得·史密斯。)在将孩子介绍给成人时,孩子也应该使用正式称谓称呼对方,如Mrs.或Mr.,除非被告知使用名字即可。

- **职务**——称呼大学教授使用Mr. 或Professor,称呼医生用Dr.。只有在称呼政府高级官员如市长或州长时才使用他们的官方头衔,如Mayor Jones(琼斯市长)。

- **成人**——成人可以以Mr.或Mrs.这样的称谓称呼一位比自己年长得多的人,以显示尊重。但是,与一些国家不同,我们不对年纪较大的家庭成员使用正式的称谓。

- **企业**——在企业环境中,你可能会带着称谓称呼你们单位的一个地位更高、年龄更大的人,如Mr.,但是不要像在某些国家那样使用他们的职务头衔,如Manager Jones(琼斯经理)或Director Jones(琼斯主任)。

- **名字**——在韩国和其他一些社会中,以名字称呼任何人通常都被认为是失礼的,对成人或自己的长辈尤其如此。但是,美国人通常使用名字较为非正式地介绍他们自己或其他人,如"Hi,I'm John Jones. Call me John."(你好,我是约翰·琼斯。叫我约翰即可。)在这种情况下,除非你认为有必要显示更大的尊重(如上面所讲的与一位高年资者讲话),一般情况下你都可以以名字称呼他:"Hi,John,I'm Peter Smith."(你好,约翰。我是彼得·史密斯。)但是,如果你更愿意使用某人的姓氏称呼他,就像在你自己的国家所习惯的那样,这也是可以的。不过,如果对方要求你使用他们的名字相称,或许你最好还是照做不误。

---

① Ms.产生于20世纪90年代,当时妇女认为她们也应有一个与Mr.相似并不表明婚姻状况的称谓。

- **不认识的人**——在写信给一个不认识的人时，你可以称其为"Dear Sir"（亲爱的先生）或"Dear Ms."（亲爱的女士），但是更好的解决办法是弄清这个人的姓名，或者使用一个中性的称呼，如亲爱的客户、亲爱的同事或亲爱的朋友。记住，我们劳动力队伍中的一半都是女性。

（5）**问候初次见面的人**。在你问候某人时，应当怎么说？这取决于你是被介绍给一个初次见面的人，还是你遇见了本来就认识的人。无论是在哪种情况下，就像握手一样，你都必须使对方觉得，你对见到他（她）感到由衷的喜悦。与某些国家的习俗不同，在美国显示热情并非是无礼的表示，而是受到期待和尊重的。

下述是在你被介绍给某个初次见面的人时可以使用的问候语，或者是一个美国人被介绍给你时他可能说的话：

- **How are you?或者 How do you do?（你好！）**——这两句或许是我们最常用的问候语。尽管它们看起来是问题，实际上并非如此。典型的反应可以是："Fine，thank you. How are you？"（很好，谢谢。你好。）而不要说你有胃痛或其他的问题。在更为随便的情况下，为了促进会面的气氛，你可以说："I'm just fine！I won $5 million dollars in the lottery this morning."（我很好。今天早上我中了 500 万美元的彩票。）这就提供了一种热情的欢迎，给了你们两个当时可以谈论的话题。我们把这样开启谈话的人称为"破冰者"（ice breaker）。（美国人口中的"How are you？"可能相当于中国人的"你吃过了吗？"或者"你去哪儿了？"）

- **Nice to meet you.（很高兴见到你。）**——在使用这句话作为回应时，要是你能根据礼节的需要在后面加上对方的名字或姓氏，那就是令人愉快的修饰了。例如："Nice to meet you, John."在你问候对方时重复其姓名，也有助于你记住它。语法上，这句话应该是以 It is 开始，但是不加这两个词就显得不那么正式，作为问候语是可以的。在互致问候时对方在意的不是你的英语语法，而是你的热情和真诚。

- **It's a pleasure to meet you.（见到你很荣幸。）**——在见到某人是一件使你感到很高兴的事情时才做出这一回应，要不然你似乎就不够真诚。偶尔你也可以听到这句话的简单形式："My pleasure."

- **Hi 或 Hello.（你好！）**——它们可以用于任何时候，但是在非正式的情况下更恰当一些。当用这两个说法时你一定要保持微笑，与对方进行眼神接触，可能的话也加上对方的名字或姓氏。如果不是这样,你就会显得很草率(curt),在做这样的简单问候时并无真正的兴趣。

(6)问候你认识的人——在大街上或者在办公楼等场合,当你遇到你本已认识或者你只是想打一下招呼的人时,以下是你可以使用的问候语。你对他们的熟悉程度将决定你说什么以及是否停下来与其交谈。在表示你的问候之后,作为一种礼貌,应当等待对方的回应,而不要立即转而谈论其他事情或者走开。因为美国人的友好,如果某个你不认识的人用以下的某句话对你表示问候,你不要感到吃惊。

- **Hi 或 Hello.**——在你无意停下来与对方交谈的情况下,可以使用它。这只是当你经过对方身边时打一下招呼的问候语。再次提醒,一定要做出眼神交流和微笑或点头。

- **How are you?**——无论你是否停下来聊天都可以使用它。你无须停下来等候回答,因为这实际上不是一个问题。

- **How is...?(……怎么样?)**——空白之处由你填充。如果你知道一些对方的工作、家庭或者其他个人情况,你可以问及它们,如:"How is the family?"(家里怎么样?)或者"How's the job?"(工作怎么样?)或者"How was your vacation?"(假期过得怎么样?)或者"How's that new car?"(你的新车怎么样?)你无须先说"How are you?"然后再问这类问题,因为你的问题只是问候语。与一些国家不同,在美国问一些个人的问题并不会被认为是失礼的,只要你知道你问的事情他们是乐于谈论的。然后你可能需要做一点短暂停顿以等待回答。

- **Good to see you.(见到你真好。)**——这是一句热情和简短的问候语,说的时候态度要真诚。

- **How's it going?(怎么样?)**——这是一句很不正式的问候语,通常用于年轻人之间。它也像"how are you?"一样,是个问题,但并不期待回答。因为它具有的俚语味道,或许你应当避免使用。除非是见到亲密的朋友,也不要说"Hey, Dude"(嗨,老兄),因为这被认为是下层社会的语言。"dude"原意是玩冲浪和滑板的人,但是后来被用以指称和你有着相似地位的年轻人。

- **Hey there.(嗨!)**——这越来越多地用于亲密朋友间以及电影中。

- **Long time no see.(好久未见。)**——虽然语法上是不正确的,这句话被非正式地用于招呼一个许久未见的人,或者在你不久前刚刚见过他(她)的时候用作一个玩笑。顺便说一下,在这种不合语法的范畴中,我个人喜好的有三种讲法：一是代替good morning的"Morning"，二是代替good evening的"evening"，三是代替How do you do的"Howdy"。说这些话的时候要伴之以点头或微笑。

在离开一个亲密朋友的时候，我们有的人使用的一句逗趣押韵的话是"See you later alligator"（再见了，小鳄鱼），对方对此的回应是"After while crocodile"（待会儿见，鳄鱼）。

社交聚会礼仪

20世纪英国小说家W.萨默塞特·毛姆（W. Somerset Maugham）曾就得体的社交行为提出过一项指导原则："在一个宴会上，我们应当吃得很聪明但是不要吃得太好，谈得很好但是不要谈得太聪明。"换言之，要讲究礼貌和礼仪。礼仪可以被界定为行为规则，而礼貌则是指如何对待别人。

既然你已经知道美国人如何问候别人，我们现在就假定你已经受到邀请，将参加一场由一个美国人在美国或在你的国家主办的社交聚会（或许是在某个人的家里进行）。主客之间的关系可能不像你依据在自己国家的经验预料得那么正式。首先应当提出的是下述需要注意的一般事项：

- **鞋**——在许多国家，包括亚洲、北欧和中东，客人在进入主人家的房间之前可能会脱掉鞋子。我们则并非如此。但是，如果你希望访问你们家的美国人这么做，那就可以告诉他们。美国人会尊重你的文化，而且会觉得那很有趣。
- **外套**——你的主人会帮你脱掉外套并把它挂起来，或者放在一张床上，就像如果你是主人也会那么做一样。
- **称赞**——作为在俄罗斯这样一些国家以及亚洲的习俗的一部分，如果你过分赞赏主人家里的某些东西，他可能会感到必须将它们作为礼物送给你。美国人没有这样的习俗，所以你只管随意地赞赏它们。
- **抽烟**——绝不要在美国人的家里点燃香烟。应当请教你的主人在哪里可以抽烟，最大的可能是你会因此被带到室外。
- **汽车**——把你的车停在街上的某个地方，不要停在你主人家的车道上。
- **电话**——除非事先得到同意，不要使用主人家的电话。如果使用你自己的手机，也应当到另外一个房间或室外进行。

接下来是你应当了解的社交习俗，包括接受邀请、准时赴约和给主人送上一份礼物。

（1）**邀请**——如果你收到一份参加聚会的书面邀请，可能会在信上看到RSVP纸样，这是法语中"请回复"的意思。它表明，你必须让主人知道是否会前往参加。如果你对此根本不做回应，那是失礼的。如果你不对这一邀请做出答复而仍然出席，那也是失礼的。有时候邀请信上说"只有不能应邀才请作答"（regrets only），这意味着你只有在不能参加的情况下才需要答复主人。

与一些文化不同，真实地告诉主人你不能出席并不失礼。但是，在你拒绝时应当注意礼貌，并就此做出一点简短的解释。我知道有的外国人在拒绝一份邀请时就是直白地说"我不能参加"。这就给人留下一种你不想去的印象。如果你就是不想参加，可以说："很抱歉，我无法前往。"如果日程上有冲突，你可以很简短地告诉主人实情，或者只是说："很抱歉，那天我时间上有冲突。"

有时，有人可能对你发出了口头邀请，比如说："这个周末让我们来次聚会。"或者说："下周欢迎到我家来。"如果你打算接受邀请，一定要事先确定具体时间，或者至少在去以前先打个电话，因为他们很可能已经忘记了自己曾经发出过这一非正式的邀请。

（2）**时间**——如果你接受了邀请，尽量不要在早于规定时间10分钟以前到达。在规定时间10分钟以后再到达也会被认为是失礼的。在菲律宾，客人越是重要，他（她）就会越是晚到。在美国，我们通常不会这样，尽管有人喜欢郑重其事地进场。如果你受邀参加一个家庭招待会（open house），主人会给你一个时间范围，如晚上7—10点。在这期间的任何时候，你都可以到达或离开。虽然有些主人不要求对参加他们家庭招待会的邀请做出回应，如果你能这么做他们是会很高兴的。不要在规定的时间范围以外到达或离开。

（3）**给主人的礼物**——在有些文化中，当访问某个人的时候总是要带上礼物。例如，在俄罗斯，一个主人可能为客人烹制或购买他们通常不会为自己准备的美味佳肴。如果在做了这样的努力以后客人却空手而来，甚至没有带上一束花，主人或许会感到不快。

美国人的送礼礼仪没有那么刻板。美国人也会事先为聚会准备食品，但是我们是否会向主人送上一份礼品则取决于社交活动的性质。例如，一个朋友要请你和其他一些人参加在他家举行的晚宴，你可以带上一瓶葡萄酒，或一个装着水果的礼品篮，或一盒糖果，或一小盆植物或一小束鲜花。

　　如果主人带你们到饭店去吃饭,礼物就是不必要的,一句"谢谢你"便足够了。如果是一大批办公室同事在上司家中聚会,送上一件小礼物是个很得体的姿态。如果你的朋友是为了你举行聚会(因为你刚刚有了孩子,或者你得到了晋升等),你肯定需要带上一份礼物。此外,无论在什么情况下,你事后为对你的主人表示感谢寄上一封短信或打上一个电话,都是颇为得体的做法,肯定会留下最好的印象。

　　如果你不能确定送什么礼物,那就送什么都可以。礼品应当是适度的。昂贵的礼品可能会使你的主人感到不自在,或许还会使得他(她)必须在将来也还你一份价格不菲的礼物。不要送个人用品,如香水或化妆品。对大多数人来说,你给予礼品的体贴比礼品本身更重要。亚洲人喜欢用两只手把礼物捧给主人。在美国没有这样的习俗。所以,如果某个美国人用一只手给你礼物,用另一只手给你拥抱,你不要为此感到不爽。

　　主人经常直到客人都离开以后才会打开礼物,以避免一种客人比较礼品的状况。那会使得那些带了比较便宜的礼品或根本没有带礼品的人感到难堪。但是,如果你认为立即打开自己所带的礼品是适宜的,因为那是大家可以分享的糖果或食品,你就可以建议主人这么做。如果你送的是葡萄酒或鲜花,而主人又正在忙碌着,你可以询问主人是否能帮着将鲜花插到花瓶里或者为客人打开葡萄酒瓶。

　　作为中国人的文化的一部分,他们可能在客气地谢绝3次以后才接受别人的礼品。我们没有这样的习俗。所以,如果一个美国人送你一样礼品,请立刻接受它。否则,他们会认为你确实不喜欢或者不懂礼貌。还有,在日本等国家,包装礼品有着复杂的规则,至少美国人会有这种感觉。例如在中国,白色和蓝色是专门用于哀痛场合的,[①]而红色具有好运的特殊含义。在有些国家中黑色意味着死亡。

　　但是,在美国我们对于礼品包装纸的颜色没有那么讲究,虽然我们会把一些颜色用于特殊的节日,[②]如绿色和红色用于圣诞节,彩色用于复活节,红色用于情人节,被用于葬礼上所穿服装的黑色其实在任何时候都可以代表高雅。

　　　提示:这也是一种很好的做法:不对礼品加以包装而只是附上一张小小的礼品卡,对鲜花、糖果或葡萄酒之类的礼品尤其如此。

---

　　① 　原文如此。——译者

　　② 　见关于节日和传统的**Q**章。

（4）用餐的差别：有关我们餐桌礼仪的一般规则会在"食品和用餐"那一章加以讨论。为了能在美国人的家里或者在他们于饭店举行的宴会上更自在地用餐，外国人需要了解那些广泛的文化差异。但是，这里的诀窍是，你要感到放松，不要担心在用餐时会犯社交错误。

在用餐之后，通常大家都会转移到另一个房间继续活动，或者在饭桌边再坐上一会儿。如果你愿意，也可以提议帮助主人清理饭桌或者到厨房里进行扫尾工作。最好不要打算在吃饭以后就立即离开，但是如果你确实必须这么做（如为了回去带孩子、工作等），可以在准备离开时扼要地解释一下，并为此说声抱歉。一个体贴的主人会把你送到门口。

谈话习俗

在诸如宴会、鸡尾酒会这样的社交场合，当与邀请你的主人或其他客人谈话时，不要担心破坏了你并不知道的社交习俗。很可能就像在你的国家一样，人们不会根据你在修养方面的表现对你加以判断。与一些其他的文化不同，在美国违反了一种习俗并非那么严重的事情。例如，在日本人家里的用餐和款待被视为正式得多，一些美国人在离开的时候习惯于对主人说："失礼了，不好意思。"这就是说，如果我在社交礼仪方面犯了什么错误，请原谅。如果你在美国总是担心犯了什么愚蠢的错误（boo-boo），那就会束缚了你的言行。务实的美国人更希望你在他们家里度过了愉快的时光。

成见是我们对其他人普遍怀有而又并非一定建立在事实上的观点。例如，通常的成见之一是我们把亚洲人（特别是日本人）说成无法预测的（inscrutable），即神秘的和令人费解的。美国人在与他人交谈时喜欢看到他们的反应。所以，假如你过于拘谨而不是放开的，这可能就等于送出了一个信号：你对我们不感兴趣，不喜欢我们，感到我们很乏味。请避免加强那些有可能是你们文化一部分的消极成见。当然，我们美国人也应该这样。为此，要注意以下各点：

（1）闲聊——闲聊讨论的是天气或体育比赛这样的内容，同消灭世界贫困这样的重大话题相比它们显然属于简单的主题。在社交场合美国人喜欢这样的闲聊，而避免讨论那些争论性的、可能无法引起所有在场人的兴趣的问题。他们也避免讨论严格属于个人范畴的话题，除非你是一个很要好的朋友。与一些外国人不同，美国人对在谈话中出现长时间的停顿（lulls）会感到很不自在，因此，他们会提出闲聊话题以使谈话继续进行下去。

（2）话题——你的东道主可能会引导在其家里进行的谈话的方向。有些人喜欢讨论政治，其他人则不喜欢，所以他（她）可以把谈话引进或带出政治的范畴。与其他一些国家不同，你问别人在工作中做些什么并不会被认为是失礼的，这会构成一个很好的话题。相反，你不要打听别人的工资、婚姻或约会状况与年龄，而这在其他文化中也许是可以的。美国人喜欢谈论美国的地理位置，或许这是因为他们曾经在好几个州住过或度假。我们也喜欢分享关于自己家庭的故事。与在俄罗斯这样一些文化中将就自己的父母开开玩笑视为低俗趣味不同，我们有时会满带感情地这么谈到他们。

> 提示：为了保险起见，请避免谈论涉及少数群体、族群和宗教的笑话。最好也不要谈论黄段子（off-color jokes），除非你是和亲密的朋友在一起。

（3）问题——美国人好奇心很强，喜欢提出问题，并且我们认为，通过提出涉及其他人的问题以显示对他们的兴趣是种礼貌的做法。所以，由于你的外国人背景，如果你在东道主的家中成为注意的中心，切勿感到惊奇。你会发现，一些美国人会对你们的习俗、生活方式和你在国内的生活具有强烈兴趣（我知道我就会这样）。如果你感到某个问题是非常个人性质的，便告诉他们。就一个人提出许多的问题，在你的国家可能会被看成一种无礼的做法，在美国却并非如此。反过来，你也可以向美国人提出同样的问题。

> 提示：我在纽约有一个其父母是移民的朋友，从小她就受到了不要向其他人提出任何问题的培养。因此，成年以后，其谈话技巧仍然相当有限。她是一个例外，但是你仍然可以遇到类似的人，因为这种行为特点，他们似乎对你没有显示出任何兴趣。对在此种文化中培养出来的韩国人来说，这点尤其重要。

（4）真相——我们喜欢线性地进行思考和谈话，即在确信理解了上一个话题以后便移向下一个。所以，我们讨论真相、事实和证据，还可能试图从你那里发掘更多的信息。这并不是针对你个人，如此问你也不会像在你的国家那样被看成失礼的。我们中西部的密苏里州拥有的绰号就是"Show me"（让我看）。其含义是，告诉我真相，对我讲清楚，让我看结果，或告诉我为什么会这样。

（5）放松——参加社交活动时，在离开餐桌后可以放松自己，包括伸直四肢。美国人可能喜欢在起居室和阳台以一种比平时你所习惯的更为放松的坐姿与你交谈。这并不代表他们不尊重你。但是，假如你的东道主在放松时把他的脚搁在咖啡桌上，你不应当那么做。

（6）抱怨——在社交场合抱怨可能是种过分的做法，导致别人对你产生错误的印象。在交谈中应当诚实，但是不要像一些外国人（和美国人）那样，对你生活中的一些问题显得过于消极。但是，假如你认为东道主或另一位客人可以对你遇到的某个并不那么严重的问题提出建议，你可以征求他们的看法。美国人喜欢表达自己的意见，对别人提供帮助，这又是一个你可能发现与自己的国家不同的地方。但是，你还是应该保留那些严肃的问题，以后单独请教你亲密的朋友。

（7）孩子——主人的孩子可能出席在他们家举行的聚会。这或许与你的国家的做法正好相反。你也会发现，一些美国孩子更加有主见和健谈。这并非一种不尊重别人的表示。美国的父母喜欢将他们的孩子带入不同的社会环境之中，将这视为一种学习的经验。但是，请不要将你的孩子带去，除非他们也受到了邀请或者你得到了允许。如果他们和你一起去，有人摸摸他们的头或捏捏他们的脸，不要感到惊奇。对美国人来说，这是一种喜欢的表示，我们没有意识到在你的国家这可能是一种冒犯的行为。

电话交谈的礼仪

我们也有一些普遍适用的关于电话交谈的礼仪规则，它们与面对面交谈的礼仪一样重要。同时，我们有时在通过电话理解外国人方面会感到一些困难。因此，特提供下述有益的小窍门以改善外国人的电话交流技巧。此外，多数电话号码簿的前面几页也包含了有用的信息，如求助热线、当地地图、政府机构的电话号码等。

提示：请记住，在上午9：00以前和晚上9：00以后，不要往别人家里打电话，除非你被要求这么做或者出现了紧急情况。

（1）电话号码——同许多国家一样,美国的基本电话号码由7个数字组成,如 123-4567。前面3个数字通常代表了城市中的某个部分。此外,我们还有其他的数字。

● 区号——除了7个数字以外,我们还用另外3个数字代表一个更大的区域,即区号(Area Code),如(639)1234-567。如果你在美国想给与你所在的地方有着不同区号的区域打电话,你必须先拨"1",然后区号,然后7个数字的基本号码。[1]如果你是想在同一个区号之内打电话,即本地电话(local call),除了少数例外,你直接拨7个数字的基本号码即可。一些小的州可能只有一两个区号,而大的城市就会有多个区号,如纽约市包含了6个区号。[2]

● **客户服务电话**—— 一些公司使用客户服务区号,如(800)(866)(877)或(888)。它们是免费的(在欧洲则可能同价收费)。但是,如果你拨打那些营利性的区号,如那些以7 和9开头的区号,则必须非常小心,因为你可能被收取高达每分钟5—10美元的费用。有些使用(809)区号的也可能是会收取过高费用的欺诈电话。

● **国际长途电话**——在美国打国际长途电话,要先拨011,再依次拨国家代码、城市代码和电话号码。在国家代码中省去任何开头的0字。[3]其他国家的代码和城市代码列表,可以在美国的电话号码簿或有关网站中找到。[4]

● **电话号码查询服务**——如果你需要某个人的电话号码但是没有电话簿可供寻找,你可以上网或者使用电话号码查询服务。要查询当地(在你的区号之内)的电话号码,你拨打555-1212或者直接拨打411即可。要查询长途(在你的区号之外)电话号码,先拨打1,然后区号,再555-1212。要想找到以免费的800开头的公司电话号码,拨打1-800-555-1212。

● **紧急电话**——我们有一个紧急电话系统,即911。它一年要接2.4亿个电话。这就像瑞典的112、波兰的997 和德国的112一样。通过拨打911报告发生的紧急事件,要求医务人员、警察或消防部门的帮助。

---

[1] 现在一般已经无须拨"1"了。——译者

[2] 在查找区号时可以参考以下网站:www.whitepages.com/area-codes。

[3] 如从美国往中国上海打国际长途,先拨011,然后再拨86(86前面不要加00),再拨上海的区号21(21前面不要加0),最后拨8个数字的基本电话号码。——译者

[4] 见www.conuntrycallingcodes.com.

（2）**电话问候**——当电话铃声响起时，我们拿起话机只要说"Hello"（你好）即可。就像在其他国家所做的那样。只有无知的人才会说"Yes？"。在圣诞节之类的节日，我们可以说"Merry Christmas"（圣诞快乐）等。当说hello的时候，重要的是应用升调，并拉长【ou】这个音。这就像是提出一个问题一样，听起来会是友好的，并邀请对方做出回应。降调听起来会是无趣的，缺乏吸引力的。

以下是一些礼貌地接听电话的不同方式：

- 如果接听的是生意方面的电话，可以回答："ABC Widgets, this is Shirley, how may I help you?"（这是ABC装饰物公司，我是雪莉，你有什么事需要帮助吗？）
- 如果打电话者要找你，你是认识他（她）的，可以回答："Hi, John, how are you?"（约翰，你好。）
- 如果打电话者要找你，而你又不认识他（她），可以回答："This is he(she)."（这就是我。）
- 如果打电话者要找的人不在，你可以说："He is not here. May I take a message？"（他不在这里。我可以给你带个口信吗？）
- 如果打电话的人问："May I talk to Susan？"（我可以同苏珊讲话吗？）你可以回答："Yes, you may."（是的，可以。）或者回答："Certainly, I'll get her."（当然了，我去叫她。）
- 如果打电话的人问："Is Susan there？"（苏珊在吗？）你可以回答："Yes, she is. One moment please."（是的，她在。请等一下。）或者回答："Who is calling please？"（请问，你是谁？）如果你只是回答"yes"，然后就放下电话去找苏珊，这是无礼的做法。在美国人听来，这种处置电话的方式是生硬的、粗暴的。
- 当你给某人打电话而接听的是另一个人时，礼貌的做法是首先介绍自己的身份。你可以说："This Peter Bennett. Is John there？"（我是彼得·贝内特。约翰在吗？）如果你认识这位接电话的人，就可以称呼其名字，如："Hi, Mary, this is Peter, is John there？"（玛丽，你好，我是彼得，约翰在吗？）
- 如果是你接听的电话而对方要找的人也在时，你应在做了适当的问候以后就轻轻地放下话机并去找人。不要大声叫唤，也不要将话机重重地放在硬的平面上，以致打电话的人可能听到。这里又有一个前面讲到的假想圆的问题。
- 如果给一个正在上班的朋友打电话，你应当先问对方是否可以抽空谈一小会儿（have a minute to talk）。同样，如果在你正忙于工作的时候有朋友打电话来，可以告诉对方等你有空时将给其回电。

（3）推销电话——商家经常会往别人家里打电话推销产品，特别是在晚上。大多数人会感到这种**电话销售**很讨厌。也许你在一个晚上要接3个甚至更多的这种电话。直到现在本书都是告诉你在打电话时要讲礼貌。但是，对于这种销售电话你可以比较唐突一些。不要感到你有义务将这些推销言辞都听完，那可能需要5分钟的时间。如果你还没有很快地知道推销的是什么，可以打断对方的介绍并要求澄清。如果你根本不感兴趣，就这么告诉对方（I'm not interested）并把话机挂上。他们会使用一切手段让你因为不想过于粗暴而尽力听下去。在接听这些推销电话时，也要注意绝不泄露你的信用卡号码、地址或其他个人信息。

> 提示：2008年，联邦政府发展了 National Do Not Call Registry（全国谢绝来电登记）计划。你可以将你的电话号码列入其中以表明你不想接听销售电话。许多电话营销人员会无视这一计划。但是，你可以通过有关网站进行投诉。①

（4）使用手机的礼仪——因为手机是较新的技术发明，它的使用礼仪尚未很好地得到确定，我们在使用手机的时候就需要更加注意礼貌。当你在他人周围使用手机时，声音要低。请记住：我们前面说过，美国人拥有手臂长度的个人范围。不要让你的声音侵入这个假想圆。

> 提示：在排队时，我经常听到后面或附近有人高声用手机讲话。我对此很反感，会转过身去以不赞同的眼神看他们一眼。有时在饭店里也会遇到这种情况。在你使用手机时，如果有人带着不快的神态看了你，那就表明你没有遵守关于假想圆的规则。如果你一定需要在公共场合使用手机，那就走到一个安静的角落或到外面去打。

我有一个移民美国的朋友，她会在与我交谈的过程中花5—10分钟的时间与一个打她手机的人进行聊天。大多数美国人会认为这是无礼的。如果你正在和一个朋友在一起时你的手机响了而你又必须回答，就应该先对这位朋友说声"Excuse me"

---

① 见：www.donotcall.gov。

（请原谅），然后再接电话，告诉来电话的人你稍后会打过去。如果你确实需要同这个人讲话，在说了对不起之后，就走到另外一个地方去讲，并且要尽可能简短。当你在开会或在剧场或其他周围有人的公共场合时，最好把你的手机关掉。

（5）提高声音和放慢语速——由于担心自己使用的英语词汇、措辞和语法有问题，外国人习惯轻声轻气地和美国人讲话，甚至在电话中也是如此。其实，如果你有口音，声音再低就使得人家格外难以听懂你的意思。不要害怕提高声音。如果我看到一个外国人用母语打电话时声音很响，几乎是叫喊，会觉得颇为可笑。但是，在几分钟后当他与一个美国人在电话里交谈时，声音又轻了许多。倘若你是在打一个业务电话，这种低音量可能表明你缺乏自信，从而会使对方对你或者你的业务产生错误印象。此外，放慢语速也会提高你的交谈质量。

> 提示：如果你正在通过电话与之交谈的美国人不断地要你重复所讲内容，这就
> 表明你应当提高声音、放慢语速和清晰发音。这些是讲好英语的三个要素。

饮酒和吸烟的习俗

你可能很快就知道，许多美国人具有很强的健康意识，在饮酒和吸烟问题上尤其如此。外国人必须注意：在社交场合，不能将他们的抽烟和饮酒习俗强加于美国人。当然，美国人也应同样如此。

（1）吸烟——主要是由于对健康的危害，在美国吸烟已很少能为社交场合所接受。所以外国人必须搞清在哪些地方才可以点燃香烟。与一些国家不同，在大多数封闭场所都是禁烟的，如客机、公共汽车、火车、政府和公共建筑、体育馆、剧场、机场，甚至饭店。它们有些提供了可以吸烟的专门区域。

在他人的家里、办公室或轿车内不要点燃香烟，除非他们首先这么做了。向他人的方向喷烟，或者让你的烟雾飘向他人，都是不礼貌的。在谈话时，不要将香烟叼在嘴上，或者挥动香烟。

> 提示：如果在你吸烟时你周围有人轻轻咳了一下，这可能表示他们不喜欢你吸
> 烟。他们甚至可以不用看着你就表明这种态度。你应该接受这一暗示，走
> 开或者掐掉香烟。得体的做法是在离开或者灭掉香烟以前做个简单的道

歉,如"I'm sorry"(抱歉),或者迅速看他们一眼,并伴以点头或微笑。

(2)饮酒——在中国、韩国、日本这样一些国家,饮酒是建立和发展个人、业务和政治关系的不可或缺的手段。在中国,有时这是合乎礼仪的做法:客人拒绝饮酒(用餐、礼物或帮忙),而主人则殷勤地坚持,直到客人表示同意。可不要指望美国人这么做。有些韩国人在饮酒方面往往是很豪爽的,并且强烈期待其他人也能学样(follow suit)。也不要指望美国人这么做。

美国人对饮酒的看法不尽相同。有人在他们的家里或所主办的聚会上提供酒饮料,有人则不提供。我们拒绝饮酒是因为不想饮酒。一些人认为饮酒在宗教上是邪恶的。另外一些人则认为饮酒是不利于健康的。还有一些人只不过是不喜欢酒的味道。

有的人属于匿名戒酒互助社(Alcoholics Anonymous,AA)这一酗酒者可以寻求帮助的组织。①该组织发现,当有些人竭力迫使酗酒者饮酒时,他们很难在这样的社会环境中实现戒酒。请不要试图将你们的饮酒习俗强加于他们。

如果一个美国人要了一份软饮料而你要了一份酒精饮料,这没有一点问题,反过来也一样。大多数美国人不会根据你是否饮酒或者饮了几杯酒对你加以评判。记住,在美国我们总是做我们自己的事。(这里又是一个独立性的问题。)

在美国对醉酒驾驶者会实施很严厉的处罚。在有些节假日,如**元旦除夕**,**一些警察部门**会在繁忙街道上设置路障对驾驶者的清醒程度进行测试。如果警察因为任何原因拦下了你,并且怀疑你是处于酒精或毒品的影响之下,就可能要测试你的清醒程度。要是你果然有问题,就会把你送入监狱。酒醉驾驶(Driving under Influence,DUI)是一种很严重的罪行,你可能因此被没收驾证。所以,在那种情况下你应当请一位清醒的朋友送你回家,或者雇一辆出租车。

名为反醉驾母亲协会(Mothers Against Drunk Driving,MADD)的组织致力于反对醉驾和加强对酒醉驾驶的惩罚。②1980年,德克萨斯州的一位母亲在其年龄仅为13岁的女儿死于一个醉驾司机之手以后,建立了该组织。这又是一个在美国个人导致变革的实例。此后,酒精造成的交通死亡事故减少了**50%**,3.83万人的生命得到了拯救。随着世界上的母亲越来越关心和保护自己的孩子,其他5个国家也成立了反醉

---

① 见:www.alcohollics-anonymous.org。

② 见:www.madd.org。

驾母亲协会。

驾车的习俗

在讨论驾车这一话题时,你需要知道美国的有关习俗和法律。因为汽车在我们的生活中具有重要作用,平均每户都拥有两辆车。比较之下,欧洲人均汽车保有量要少30%,每辆车的行驶里程数则要低35%。我可以证明,他们的替代性的交通系统确实要好于我们,所以不像我们那么热爱汽车。

(1)**可能的文化差异**——如果要在美国开车,你需要知道以下一些有关驾车的习俗和法律,其中一些可能与你的国家并不一样。

- **事故**——如果你陷入了一起损失大致超过750美元或者有人受伤的事故,而你又在警察到达或者将你的名字留给事故另一方以前自行离开,那是非常严重的破坏法律的行为。如果你撞上了里面没人的空车,应该把你的姓名和电话留在它的挡风玻璃上,以便其车主可以和你联系。你还应该记下这部车的牌照号,以便万一这起事故还涉及你的保险公司。顺便说一下,南方的密西西比州每10万人口中因汽车事故导致的死亡率在全美是最高的。

- **酒精和枪支**——在有些州,汽车里带着打开的酒精饮料或枪支是犯法的。

- **使用手机**——如果有人在驾车过程中用手机交谈或者发短信,他们发生碰撞的可能性会是平时的4倍。从奥地利到津巴布韦的许多国家,驾车的时候使用手机都是非法的。美国在施加这类限制方面行动迟缓,结果各个管辖部门和州有着不同的法律。

- **驾照**——如果你的驾照是外国的而上面的语言又非英语,那最好你拥有一本国际驾照,以备万一在开车时被警察拦住。如果你是美国的居民,要想开车就必须申请美国驾照。①无证驾驶会受到法律的惩罚。每个州都有车管局(Department of Motor Vehicles,DMV),它会对你进行书面的和实际的驾驶考试,以确定你是否是一个安全的驾驶者。如果你通过了考试,就会获得一张驾照,上面有你的照片。驾照也可以用作个人身份证明,如兑现支票,或者在进入夜总会、赌场以及购买香烟、酒精饮料时显示年龄。

---

① 以下网站规定了居民的含义:www.irs.gov/publications/p519/ch01.html。

- **闪大灯**——白天,如果一辆迎面而来的汽车几次交替闪亮它的大灯,这是一个礼貌信号,表明你已接近警察(cop)正在寻找超速者的地段。(它又是一个帮助你的邻居的例证。)如果这种闪大灯发生在夜晚,可能表示你没有打开大灯,或者你应当关闭打开的远光灯。如果你后面的车闪大灯,或许是因为你开得太慢而它想超车,所以你可以移往右面的车道。

- **保险**——法律规定,你必须为你的汽车购买保险。如果你准备在美国租车,离家之前你就必须弄清楚自己的车险是否涵盖所租车辆发生的事故。它或许并不涵盖,但是你可以在这里租车的时候为之购买保险。

- **有关泊车的法律**——与有些国家不同,美国强制实施驾车和泊车的法律。在伊斯坦布尔和敖德萨时,我对这些法律未能得到严格执行的状况感到吃惊,因为汽车就停在"不准停车"的标志之前,或者分两排停在繁忙的大街上,甚至停在忙碌的十字路口中间。如果你在美国试图这样做,你的车会被拖走,要将它取回就要付出不菲的罚款。

- **行人**——在有些国家的拥挤街道上,汽车因其体积处于支配地位,其次是自行车,最后才是行人。我把这叫作丛林法则。在美国情况正好相反,行人第一,驾车者必须为他们停车,而不是反过来。汽车撞伤行人是项严重罪行。未对无论是在标出的人行过道之中还是之外穿越马路的人让路,也会得到一张罚单(ticket)。

- **临时关闭**——如果你在开车的时候听广播,可能会听到"Sig Alert"这个术语。这是对一起导致一条或多条车道关闭的交通事故或意外事件发出的警告(heads up),你可能需要绕道而行。

- **烟雾检测**——由于对环境安全的关注,以加利福尼亚为首的一些州要求每年对汽车进行烟雾检查,以确保它没有污染空气。汽车牌照每年都会到期。如果你没有进行和通过烟雾测试,你就不能得到新的牌照。驾驶牌照(或者车险)过期的汽车,如果被警察拦下就会导致罚款。

(2)保险杠上的标贴——如你正在学到的,美国人喜欢表达自己的兴趣以及拿自己开涮。为此我们有许多不同的途径。有些州允许车主定制有着独特话语的车牌,如"I LOVE U"(我爱你)。我们也使用印字T恤或保险杠上的标贴声称、宣布、认可或抗议某种观点,或者就是逗趣。

保险杠上的标贴就是贴在后保险杠上传达某种信息的小标记(宽长大约分别为

10厘米和20厘米)。它们在总统选举期间经常可以被看到,以推销驾车者所赞同的候选人;或者被用来表明驾车者参观过某个国家公园、上过某个大学或者喜欢某个运动队。

你可能看到过的其他保险杠标贴还包括(从我喜欢的开始):"Be nice to America or we'll bring democracy to your country"(善待美国,否则我们会把民主传播到你们的国家)、"World peace begins with me"(世界和平从我开始)、"Make love, not war"(要做爱不要战争)、"I hate bumper stickers"(我恨保险杠上的车贴)、"My child was elected student of the month at〔school name〕"(我的孩子是某校的本月之星)、"Never forget 9/11"(永远不忘911)、"The #1 cause of divorce is marriage"(离婚的首要原因是婚姻)、"Save Gasoline. Drive a camel"(节省汽油,驾驶骆驼)、"Why do I have to take an English class? I am never going to England"(为什么我要上英语课?我从来不准备去英格兰)、"A clean desk is a sign of a cluttered drawer"(书桌的整洁表明了抽屉的杂乱)、"I love cats"(我喜欢猫咪)、"I love New York City"(我爱纽约市)。

保护环境的习俗

虽然我们的政府在京都等世界性的环境会议上对环境保护的兴趣可能并不明显,大多数美国人却非常关注这一问题。1/5的美国人声称他们是环保运动的积极参与者,而2/5的人则同情这一运动虽然并不积极参与。3/5的美国人认为这一运动利大于弊,而1/3美国人持有与此相反的观点。这再一次显示了你在美国期待看到的观点多样性,但是总的来说我们仍然倾向于对环境的保护。

1963年,美国作家瑞切尔·卡逊(Rachael Carson)写了一本重要的书,题为《**寂静的春天**》(*Silent Spring*)。它使人们注意到我们是如何糟蹋环境,而这反过来又影响到人类健康、空气、海洋、湖泊、土壤、河流和美国的野生生物。在随后的岁月中,美国人对于我们居住的世界遭受的各种威胁已经变得非常关注,从杀虫剂的使用、食品中人工成分的添加、吸烟的危害,到资源的枯竭和环境的污染。

你可能听到了那些帮助保护和改善我们的环境的志愿者组织,如**塞拉俱乐部**(Sierra Club)[①]。他们的努力激励了政府采取措施应对人们对各种环境问题的担忧,

---

① 见:www.sierraclub.org。

如清洁水的缺乏、全球人口的增加、国家森林遭受的砍伐、应为之承担责任的贸易、城市的扩张、全球变暖和自然原野的减少。另一个组织是国际性的**绿色和平**（Greenpeace）[1]。它揭露了破坏环境的罪犯，对政府和公司未能捍卫环境的做法提出了挑战。这些又是在美国人民如何导致变革的实例。

作为我们关注环境的一个例子，有时你会沿高速公路看到标志牌，上面注明在该地段捡拾垃圾的志愿者组织的名称。或者你会看到有人每天早晨都会在社区周围捡拾垃圾，尽管市政部门可能会按周或按月进行这一工作。许多人反对在我们的城市中竖立广告牌。在中国经常可见到那种悬挂在建筑物正面的巨幅广告，它们在美国是不可使用的，因为我们认为这些巨幅广告是侵扰性的。沿着靠近洛杉矶的38英里长的海滩，不可以吸烟，因为大量的烟蒂会污染海滩。

所以，一些和你交谈的美国人似乎过分地关注这些问题，或者你碰到了在你的国家会得到不同处置的环境问题，不要感到惊奇。外国商人在向美国销售产品时也须意识到我们保护环境的习俗，

（1）涂鸦和垃圾——就像我所见到的厄瓜多尔以及许多其他国家一样，美国在大街上也有垃圾（litter）和涂鸦（graffit）问题。但是，当我访问哥斯达黎加和阿拉伯联合酋长国时，我对这两种现象的缺乏感到惊奇，想知道其原因是什么。当你身处美国时，这是一个要遵守的好规则·在任何地方都不要乱丢杂物和喷涂颜料（tag）。你可能因此被处以500美元甚至更高的罚款。

（2）回收利用——美国的一些城市实施资源回收利用计划，即将垃圾分成不同类型，如玻璃、金属和纸制品，以便它们能得到循环使用。这就减少了处置垃圾所需要的土地，也节约了我们宝贵的自然资源。在公共场所，你可能会看到为此目的所设的垃圾箱，上面有着注明循环利用的标识。在丢弃废物的时候请支持该计划。你周围的美国人会注意到这一点。

你也会看到在包装纸上自豪地写着 "Made from recycling material"（由再循环材料制造）的产品。带有"Organic"（有机的）字样的食品标签则表明，该产品没有受到合成杀虫剂、食品添加剂和化肥的影响。"Green"（绿色）这个词也经常被印于标签之上，以表明已经做出努力以减少现代人类生活对自然世界的冲击。外国商人如果想在美国销售他们的产品，应当注意这样的标签。

---

[1]　见：www.greenpeace.org。

饲养宠物的习俗

在中国人们相信猫会带来好运。日本人把鸟和蟋蟀当作宠物。在阿拉伯国家,狗被认为是不干净的。意大利人很少养狗,但是发现猫很可爱和适于做朋友。加拿大北方的因纽特人饲养熊崽、狐狸、鸟和小海豹。在非洲,动物很少被当作宠物。英国的半数家庭养有宠物,通常是猫和鸟。整个世界的情况也大致如此。

在美国,我们热爱宠物,视它们为家庭成员,特别是猫和狗。在我们的家里,你会看到宠物的相框紧挨着孩子和伴侣的相框。外国人可能会对我们和宠物之间的亲密程度感到惊奇。可能你不知道,20年来拉布拉多猎犬一直是我们最喜爱的狗。

或许最好不要讨论我们视为宠物的动物在你的国家受到了如何不同的对待。例如。75%的韩国人喜欢吃狗肉,仅首尔就有500家餐馆提供这一食品。对于一些美国人来说,这可能令他们感到不安。

如果你受邀到一个美国人家里做客而又能与动物愉快相处,那就不妨大大地将他们的宠物(和孩子)赞扬一番。如果你与动物在一起感到不自在,也可以告诉你的主人,以便他们可以将其移到另外一个地方。如果你在一个办公室看到一张宠物的照片,可以肯定这是一个受到欢迎的交谈话题。

美国具有保护动物的法律。一些组织也帮助保护动物,如美国防虐待动物协会(American Society of Prevention of Cruelty to Animals, ASPCA)。如果你穿了一件皮毛外套而引起一些美国人皱眉,你不要为此感到奇怪,因为我们中的许多人认为,不应当为了时髦而杀害动物。美国公众也要求更好对待实验动物,所以你可能看到在某种产品的包装材料上印着"no animal testing"(不做动物实验)或"cruelty free"(不做残忍动物实验)。你也可能看到在肉和家禽的包装材料上印着"free range"(自由放养),以表明这些动物没有被关在笼子里,可以获得天然饲料。外国的商人也应该注意到这一点。

行走的习俗

如果身在美国,"靠右"是一条要记住的重要座右铭。与一些国家不同,我们是沿道路的右侧驾车。在人行道上我们是形成纵列在右侧行走。上下楼梯和进出门口我们也是靠着右侧。如果一位男士与一位女士一起行走，习惯上也是男士走在妇女的右侧，或者最靠近马路的一侧。

> 提示：在路上我们经常遇到走在错误一侧的外国人。要游客和移民改变他们的习惯并不是一件容易的事情，但是他们应当努力去做。如果你发现自己走在错误一侧而与对面来人碰在了一起，就应该说声"I'm sorry"（很抱歉）或者"excuse me"（请原谅），同时移到右侧去。当我在国外走到错误一侧时，也是这么做的。

与行走相联系的还有其他一些好的习惯。在美国人们经常会说"excuse me"（请原谅），即使我们只是稍微碰到或妨碍了人家，以及要在拥有路权的某人前面穿过。一些外国人会对这种做法感到惊奇。对于美国人，说"excuse me"（请原谅）显示了文化和身份。偶尔我们会遇到还没有学会这么说的外国人。在他们撞到或阻碍了人家时只是继续前行而不做任何道歉。这会让我们感到很不高兴。这里又有一个假想圆的问题。

以下是另外一些易为外国人（以及美国人）所犯而又被视为粗鲁的行为：

- 一些十多岁的外裔女孩手挽手走在人行道上，而不让别人走过。或者一群人站着聊天，阻塞了人行道。
- 从一个拥挤房间退出时，我礼貌地让我旁边的人先走。有时候一些外国人会从后面挤过来，插到我或者我让之先行的人的前面。
- 当我正在排队时，有的外国人直接从我面前穿过，甚至踩到了我的脚趾，却不说一声"excuse me"。如果你确实需要从一排人中穿过，打个手势并说："Excuse me, may I get through?"（请原谅，我可以穿过吗？）或者就是简单地说："May I?"（我可以穿过吗？）
- 在电梯里面的人还没有完全退出之前，就粗暴地挤了进去。

我能理解，对那些来自拥挤城市的外国人来说，上述行为产生于文化差异。但是，大多数美国人并不这么认为。不幸的是，在目击了诸如此类行为的美国人的心目中，对整个外国人产生了不好的印象。

迷　信

迷信通常被视为非理性的信念和实践，意味着相信一种无法看到和未知的力量，而这种力量又可以受到客体和礼仪的影响。所有人在迷信面前都不是无懈可击的，比较一下各种迷信是很有趣的事情。好多个世纪以前，数字9在中国就具有特殊的含义，因为它是最高的个位数。我在北京访问过一个公园，那里还有着皇帝建造其庙宇时所用的一组组的九层台阶和九个环。因为数字8在中国象征财富，上海漂亮的金茂大厦就是88层高，其观光平台让我感到震撼。在多数（即使不是所有的）文化中，某些数字和颜色都会具有特殊含义。

一些美国企业经过一番艰苦努力才掌握了外国的迷信和习俗。拉斯维加斯有家壮观的MGM旅馆和赌场，新开张时曾以在入口通道处张着大嘴的金色狮子为特色，经此顾客进入赌场。几年以后，MGM认识到，亚洲人认为这是不吉利的，因为它表明狮子正吞噬着赌客。因此，该赌场又花费巨资建造了新的入口。

> 提示：几年以前，我们的两大连锁药店进行了合并。但是，后来发现，新的名称OSCO在一些文化中是令人不悦的。于是，它又改名，并且重制了药店的标记。美国越来越多的企业现在正谨慎评估它们的产品目录，以确保最初似乎是无辜的名称不会冒犯少数群体。我们正在逐步地学习其他文化的习俗。如果你在美国发现了某种文化上的错误，你就知道这是因为无知而造成的。

因为在美国很少有人会认真地看待迷信，你或许无须关注它们。但是，也有人可能会改变自己的行为以适应某种迷信。无论如何，它们确实很好玩。如果你遇到了一种状况从而可以逗趣地提及下述某种迷信，这可能会给一个美国人留下深刻印象：

- **数字7、11**——赌客们发现7和11这两个数字是吉利的，因为在掷骰子的赌博中他们可能成为赢家。
- **生日蜡烛**——如果你能一口气吹灭你的生日蛋糕上的所有蜡烛，你许的愿就会得到实现。
- **黑猫**——如果一只黑猫从你前面的路上穿过，它会带来厄运。

- **打碎一面镜子**——这将引起7年的厄运。
- **喷泉中的硬币**——如果在许愿时将一枚硬币投入喷泉之中，你的愿望就会得到实现。《喷泉里的三枚硬币》(*Three Coins in the Fountain*)就是一部建立在这一迷信的基础上而以意大利做背景的影片，很卖座。
- **交叉手指**——在期许某件事情发生或不会发生时将食指和拇指交叉，这会带来好运。
- **四片叶子的三叶草**——如果你能找到带四片叶子的三叶草，这会带来好运。
- **马蹄铁**——将马蹄铁挂在门上方的墙上，就能带来好运。
- **数字13**——因为数字13被视为不吉利的，一些大楼就没有第十三层。13日又是星期五，也被说成不吉利的。
- **露天楼梯**——不要在露天楼梯下面行走，这会带来厄运。
- **兔子后腿**——如果一个人带着兔子后腿，这会带来幸运。
- **人行道裂缝**——我们有个说法："如果你踩在裂缝上，你妈妈的背就会被折断。"
- **星星**——在看到一颗流星时所许的愿会成为现实（与认为流星是不吉预兆的日本不同）。孩子们喜欢这首诗（许多成人也是如此）："星星明，星星亮，今晚我见到了第一颗星。但愿我可以，但愿我能够，让今晚的愿望成真。"(Star light, star bright, first star I see tonight, I wish I may, I wish I might, ave the wish I wish tonight.)
- **伞**——如果你在室内打开了伞，这将给你带来厄运。
- **天气**——这是另一首诗："夜里天空红，水手兴冲冲；早晨天空红，水手要紧张。"（Red sky at night, Sailor's delight. Red sky at morning, Sailor's take warning.）

致谢的习俗

一声"Thank you"（谢谢你）会在美国人心目中留下美好的印象，无论它是出自你的口，还是出自你的笔，甚至只是以颔首微笑所表示。如果有人交给你一样东西，如商店收据、零钱，请说声谢谢。如果你拿了就走，我们认为这是很失礼的。如果你和另外一个人同时准备进入一扇门，人家让你先行，或许还说声"after you"（你先请），你要表示谢意。如果在你前面的一个人先出门然后将门拉住让你出去，你也该轻声地说声谢谢。如果某人因为你为其所做事情对你表示感谢，请回应一句

"you're welcome"（不客气）或"my pleasure"（很荣幸）。如果你不对人家提供的这些细小帮忙表示感谢,或者在别人感谢你时不以某种方式(甚至就是点头或微笑)做出回应,对美国人来说那就违背了礼仪。按照我的经验,一些外国人需要注意这一问题。

（1）写致谢信（卡）

美国的上层人士喜欢寄送也期待收到致谢信或致谢卡。它们是对某种体贴的行为、态度或礼物表示感谢之意。通常,致谢信应当在收到对方的礼物或看到对方的姿态后的一周内寄出。你在信中手写的谢词应当简短、诚恳以及个性化。

在下述情况下常常送出致谢信(卡)：

● 东道主为你举行了聚会。

● 收到了寄来或当面给予的礼物。

● 受到了老板或上司的款待。

● 住院期间收到了礼物。

● 在人家家里住了一个或多个夜晚。

伴随着你送给某人的信或礼物。在一家花铺准备为你送出赠给某人的鲜花时,会问你要在与花放在一起的卡上写些什么。你可以对受到的帮助表示感谢。①

在下述情况下无须送出致谢信(卡),但是如果你这么做了,那会被视为一个友好的姿态：

● 应邀参加了一个宴会。

● 在接到并打开生日卡后,已经向送卡的人当面表示了感谢。

● 一个朋友为你提供了特别的帮助,如照看小孩或者在你生病时为你做饭。

● 作为商务合作的一部分,一个销售代表亲自款待了你。

● 在接受了求职面试以后,最好能在24小时之内送出致谢信(卡)。尽管这不是必需的,但它肯定是个聪明的做法。②

如果你是在商务合作的背景下写致谢信,应当在你公司的信笺上打字,除非对方是作为个人为你提供了帮助。如果是为一个社交活动写致谢信(卡),应当用黑色和深蓝的水笔手写。

如果你为收到一份礼物写致谢信(卡),在其中应当具体提及这一礼物,并就此

---

① 有许多的网站可以用来订花或礼品,如：www.1800flowers.com。

② 在关于谋求一份工作的W章中会对求职习俗做出更多介绍。

做出简短的个性化评论，如："谢谢你赠送的花束。黄色玫瑰是我的最爱。"

我们的文具店和兼开药房的杂货店有许多不同类型的致谢卡，你可以单张地或者成盒地（其中有8—12张）购买。

> 提示：永久性的致谢卡是定制的，正面刻有（而不是印着）你的姓名的缩写。虽然这种卡比较贵，但是它能使你在对方心目中形成一种非常优雅的、高贵的印象。①

另外一种表示感谢的方法是使用互联网的电子邮件，即电子卡，或者通过脸书（facebook）这样的社交网络。许多网站都有可以供你使用的电子邮件贺卡。②

与纸质的致谢卡相比，这些电子卡不那么正式（以及不那么专业），应该仅仅用于他人对你帮了个小忙的场合，你不会为之使用纸质的致谢卡以及贴上邮票。

（2）寄送你的致谢卡

在信封上写地址时，要将你自己的完整地址写在信封正面的左上角或者后面的口盖上。这被称为退回地址，以备万一邮局需要将信退回给你时使用。收件人的地址要写在信封正面的中间和靠右的地方。

每个州都有两个字母的缩写，例如NC代表北卡罗来纳州（North Carolina）。③

美国的地址都有一个由5个数字组成的邮政编码（ZIP code）。就像电话的区域代码一样，邮政编码代表了一个特定的地理位置。较小数字的编码开始于新英格兰地区，而较大数字的编码结束于西北部的太平洋沿岸。有时你在邮政编码的后面会看到一个破折号和另外四个数字，如28409—1234，用来表明更详细的地理位置。如果你没有使用邮政编码或者公寓/套房/办公室的号码，④这可能使得你的邮件无法投递或推迟送达。

> 提示：如果你想就ZIP的含义考一下美国人，很少有人会知道正确答案。ZIP代表分区改进系统（Zoning Improvement System）。

---

① 以下是一个提供永久性致谢卡的公司的网站：www.crane.com/home。

② 见：www.americangreetings.com（收费）和 www.123greetings.com（免费）。

③ 附件10提供了各州缩写列表。

④ 可以使用下述网站查询邮政编码和州的缩写：www.usps.com。

H 教 育

学而不思则罔，思而不学则殆。

——孔子，中国哲学家（公元前6—前5世纪）

对那些将要进入美国学校或只是想更多了解美国教育体制的人来说，本章提供了重要信息。

在各州之间，甚至在一州的各个城市之内，我们的教育体制都是不一样的。搬迁到美国的家庭可以向未来的雇主和同事了解当地学区的信息，这样有助于发现最好的校区，从而在该地区寻找住房。他们也可以向有关学区办公室打听课程的重点、学校的资源、其咨询服务和大学申请服务、课外活动情况。除非在有大量非英语人口聚居的地区，公立学校一般并不提供作为第二语言的英语课程。

对伴随在美国工作、学习或担任外交官的父母的国际学生来说，他们通常上的是公立小学和中学，可以像美国学生一样免交学费。学生的签证类型建立在父母的签证类型基础之上，[①]但是，自己来到美国上学的国际学生需要单独的学生签证，并应当了解本章所讨论的学校申请过程。

（1）识字——作为美国教育体制的一种反映，97%的美国人是识字的，即能读会写。与之不同，挪威和芬兰在这方面的比例是100%，中国是82%，印度是65%。

就像其他许多事情一样，美国的识字率因为地区的不同以及同一地区内学校质量的不同而变化。识字率最高的5个城市具有的主要是欧美文化背景；排名较低的

---

① 关于学生签证类型可从下述网站得到解释：www.travel.state.gov/visa/temp/types/types_1268.html。

城市一般拥有大量移民。印度裔的美国人在美国所有的族群中是教育水平最高的。尽管我们的学校系统在吸收移民进入美国的识字文化方面发挥了重要作用，但学校之间还是存在着差别，有些做得很好，有些就做得不够好。

（2）**政府的介入**——在大学层次之下，美国提供的是免费教育，费用由我们的税收支付。州政府控制了学校系统，但是它们得到了联邦政府的一些帮助，这种帮助的目的是监督和改善我们的学校。德国和不少其他国家也使用了同样的方法。美国的许多州设计了标准化的考试，以衡量学生在阅读、数学、写作和科学方面的能力。没有通过的学生不得升到更高年级或者毕业。有些人认为，这样的考试对移民和文化上缺乏足够教育的学生是不公正的。每个州也都有自己的公立大学系统。我们还有许多私立的低级别的学校、学院、大学和职业学校，其中一些与宗教组织有着关联。

（3）**接受教育的权利**——美国人的基本态度是，**高等教育**（中学以后）是种特权而非权利。所以，尽管多数大学提供以学业成绩为基础的奖学金和以需要为基础的助学金，恰当的做法是，大学生要通过打工和贷款承担部分的教育费用，此种做法典型地体现了一个很流行的说法：你收获的乃是你播下的。换言之，如果你想收获教育的回报，就必须为得到教育而尽你所能。这一态度与欧洲的许多国家不同，但是它在我们这里似乎发挥了相当好的作用，因为美国人口的6%正在读大学，而英国和法国是3%。

（4）**公共教育的失败**——我们承认，美国学校的教育成就落后于许多国家。媒体上每天都在谈论这一问题，但是为纠正此事所做的工作并不很多。经济合作和发展组织（OECD）的一份材料显示，在世界范围内，我们15岁的学生在科学方面的表现排名第17位，在数学方面的表现排名第25位。在发达国家中，只有新西兰、西班牙、土耳其和墨西哥在完成中学教育的比率比我们低。一项对美国55所大学学生的研究发现，1/3的学生不能指出我们的宪法是确立权力划分的文件，40%的学生不能正确地将内战置于半个世纪的时间范畴之中。[①]

尽管如此，许多美国人都受到了中学以上的教育，在这方面仅次于加拿大，远远领先于大多数欧洲国家。我们的学院和大学系统得到了尊重，处于世界上最受欢迎的学校当中。我们认为有问题的是公立小学和中学。你可能也是这么认为的。

我们很难理解，为什么美国的教育体制在一些方面远胜于别的国家，在其他方

---

① 希望你在读了关于美国历史的**D**章以后，能记住这两点。

面又是失败的?这就使得我们不易解决正在面临的问题。我们的教育者说,美国学生成绩下降的责任不仅在于我们的公立学校,而且与功能失调的家庭以及越来越轻视教育的文化有关。相比之下,部分是由于在教育方面取得的成就,韩国在经济上充满了活力。它的中学生的毕业比例是96%,在世界上是最高的。美国的比例从2007年的69%上升到了现在的75%。

(5)美国人的看法——美国人如何看待我们的教育体制? 下面是经过大量调查得到的结果以及我们的看法。

- **优先次序**——我们的立法应当最先考虑改善我们学校的问题。
- **地位**——公立学校是在各自社区中最重要的公立机构,应比教会和医院有更高的地位。
- **教师质量**——我们将教师质量列为改善学生学习状况的最重要因素。其次是平衡提供给富有学校和贫困学校的经费。
- **学术成就**——美国的家长希望他们的孩子在社交方面和学业方面都取得成功,但是,与一些亚洲国家不同,许多人怀疑拥有出色学术成就的价值。
- **性教育**——9/10的受调查者支持对高中生进行性教育,包括有关艾滋病的信息。
- **宗教教育**——7/10的受调查者认为,在课堂上应该使用《圣经》。
- **事业的成功**——只有1/10的教师认为学业水平是取得事业成功的最重要因素。相反,他们认为开发内在动力和懂得如何在社会上与人相处才是最重要的。这种态度与那些将学业水平置于最优先位置的国家显然是不一致的。
- **运动等等**——大约2/3的受调查者说,我们的大学过多地强调体育,教授不应该被授予终身工作,大学不应录取平均绩点(GPA)和考试分数不及其他申请者的少数族裔的学生。这一态度解释了为什么许多美国人认为在美国有必要就平权行动(affirmative action)进行立法,这一行动促进了对少数族裔和移民的例外录取。
- **文凭**——只有一半的受调查者说,学院和大学文凭是必不可少的,但是在属于亚裔美国人的受调查者中,这种观点占了4/5。

初等学校的基本原则

美国被称为**初等学校**的有**小学**（elementary school，1—6年级）和**中学**（secondary school，7—12）。它们中的75%都是提供免费教育的**公立学校**。①其余的都是由宗教或私人机构开办的**私立学校**，通常是要收费的。

美国的城市有着按照地理位置划分的**学区**，它依据小学生和中学生的居住地确定他们可上的公立学校。这与德国等一些国家不同，在那里家长可以做出决定。

一些私立学校和少数公立学校要求学生穿校服。不像每个学年从4月开始的日本和南半球的一些国家，美国的学年通常是从9月到次年6月，随后是暑假。有些城市有交错的全年教育，而学生假期是按月循环的，通常的上学时间是周一到周五的上午9:00和下午3:00之间。

与那些小学每班可能接近60人规模的国家不同，我们力图在可能的情况下将每班的人数控制在30人以下。有些父母选择在家里教育他们的孩子。这叫作家庭自学（home study）。为此，家长必须得到有关部门允许和资格认证，并且接受其指导。

以下将进一步介绍有关美国基础学校的术语和事实：

- **私立学校**——私立学校（private school）并不附属于政府，要花钱才能在那里上学。较为知名的的私立**寄宿学校**（boarding school）允许学生住校。**教区学校**（parochial school）是由宗教团体开办的私立学校。在美国，它们是仅有的被法律允许讲授宗教信仰的学校，因为我们国家实行的是教会和国家分离的制度。在读公立学校的家长中，60%的人都说，如果付得起钱的话会送自己的子女去私立学校，因为他们相信，私立学校在他们最为关注的那些方面做得更为出色，包括更可靠的学校安全、更高的标准、更好的秩序和更小的班级。
- **预备学校**——为学生上大学做准备的中学称为**预备学校**（preparatory或prep schools）。它们是私立的，比公立学校在学业要求上更为严格，因此更为权威。一流大学可能更容易录取预备学校的毕业生，因为他们的教育成就更为突出。一所好的预备学校每年可能要收1.2万美元以上的学费。美国的预备学校

---

① 在英国，"public"是指某些私立学校。

之最是纽约市的三一学校(Trinity School)，[①]那里教师与学生的比例是1:6，每年的学费高达3.5万美元，尽管它也对来自低收入家庭的合格学生提供财政援助。

- **负责当局**——小学和中学的校长被称为principal。在有些私立学校中，校长也可能被叫作headmaster。学区通常有一个负责领导区域内所有学校的**督察**(superintendent)，以及一个由当选人士组成、负责监控该学区教育的**教育委员会**(board of education)。作为美国广泛的制约与平衡体系的一部分，从市政府到联邦政府都有官员负责监督学校系统，他们既可能是选出的，也可能是任命的。

- **教师**——在有些国家，教师得到了与医生和其他专业人士相同的尊重。以前，美国也是如此，但是现在发生了变化。初等学校约有1/3的新教师在不到3年的时间内就离开了这一职业，一半人在5年之内就离开了。我们的学校难以吸引教师，他们可以将自己的技能运用于私人公司，因而收入要高得多。美国高达70万人的师资短缺导致我们的学校管理者到印度招聘教师。他们也许本来一年挣2400美元，但是来到美国以后每年收入可能达到4万美元以上。

- **特许学校**——你可能听到过**特许学校**(charter school)这个术语，它们是公费的小学或中学，但是又不受其他公立学校实行的规则、条例和法令的约束。它们正在领导着我们公立学校的改革，在概念上类似于新西兰、英国、智利和加拿大的独立学校。我们的**磁石学校**(magnet school)吸引了来自规定学区之外的学生，以便可以通过提供具有特色的课程或教学方法实现多样化。纽约市的表演艺术高中(Performing Arts High School)就是一所著名的磁石学校，向学生提供戏剧、音乐和舞蹈方面的特殊技能。

- **弱势儿童**——一些学区具有校车接送项目(school busing program)，通过这一项目住在学区中比较贫困地区的学生(包括移民)可以搭乘校车到那些经济上、文化上和教育上更为先进的学校上学。有关的校区办公室可以向你提供这方面的情况说明。

---

① 见：www.trinityschoolnyc.org。

提示:电影《为人师表》(*Stand and Deliver*, 1988)是一个有关来自玻利维亚的移民教师的真实故事。他通过激励相互斗争的学生在高等数学和科学方面取得优异成绩改造了洛杉矶一所棘手的高中。一开始,他对那种缺乏抱负、帮派活动盛行、管理层冷漠无情的学校文化感到沮丧,这种文化是大城市内城贫民区学校的典型特征。但是,他逐步地修订了学校的数学课程,使得以前被认为无法教好的学生通过了大学先修课程(advanced-placement)微积分的考试,从而有资格选修大学水平的课程。该学校通过大学先修课程微积分考试的学生要多于4所学校以外的所有美国公立学校。他粉碎了我们这个时代的最危险的文化神话之一,即无法期待内城贫民区的学生(包括移民)在教育最高层次上取得成功。

学校的划分

在美国,按照教育层次,存在着从幼儿园到大学的8种不同类型的学校。

(1)托儿所(nursery school)——托儿所招收的通常是3—4岁的儿童,是否参加是有选择性的。我们也将这类学校称为学前班(preschools)。孩子们在其中学习一起工作和玩耍,为进入上一层次的学校即幼儿园做准备。美国人大约有1/3的儿童上过托儿所。大多数托儿所都是私立的,规模很小,要收费。上班的母亲也可以将它们当作孩子的日托中心。一些公司也在单位里为那些是幼儿父母的职工提供日托中心。移民应当向未来的雇主问清这一点,并把它作为薪水的一部分加以考虑。

(2)幼儿园(kindergarten)——幼儿园是为5—6岁的儿童开设的为期一年的学校,通常每天学习半天时间,为小学一年级做准备。对于许多孩子来说,这是他们最初经历的正式教育。大多数的幼儿园都是位于公立小学之内并由其加以管理。[①]如果你看到K-12这个术语,它就是指从幼儿园直到第12年的各个年级。

(3)小学(elementary school)——elementary是基础的意思。小学拥有从一年级开始的6—7个年级,教授6—12岁或6—14岁的孩子学习基础科目,如读、写、算术。小

---

① "kindergarten"是一个从德文引入的词汇,kinder意味着孩子,garten意味着花园;因此,对幼儿来说它拥有像花园一样的愉快气氛。

学也被称为primary schools，grammar schools和grade schools，你可以随意挑一个说法。

（4）初级中学（junior high school）——初中提供2年或者3年的教育，通常是小学以后的7—9年级。它们使学生初步了解那些高中课程安排以及作业。学生选择他们自己要学习的一些科目，轮流到不同的教室上课，向讲授各个科目的不同老师学习。

（5）中学（middle schools）。在20世纪60年代，有些社区以中学取代了初中系统。你也会听到有人将我们的中学和初中都叫作intermediate schools。这些学校通常由孩子走向成熟的6—8年级或7—8年级组成。然后他们在9年级进入高中。一些教育者相信，这一系统将会使得孩子们以自己的速度更好前进，以及从教师那里得到更个性化的帮助。

（6）高级中学（high school）——我们的高中也叫secondary schools。①在学生进入大学、职业学校（vocational schools）或者在结束第12年级学习获得毕业文凭（diploma）并开始工作以前，高中为他们提供最后几个年级的教育。在那些有着3年初中的社区，高中由10—12年级组成；在那些有着中学的社区，高中则由9—12年级组成。中学的职业项目为那些不准备上大学的学生提供了工作技能培训，如木工、汽车修理。

所有高中都有必修课程，但是学生也可以自选其他课程，如音乐、外语、戏剧。只有60%的高中毕业生会继续进入大学，这是一些美国人的另一个担心所在。

许多高中都为他们毕业的学生在离校很长一段时间以后（如5年、10年、25年或50年）举行班级重聚活动。这经常有助于团结整个社区以及为毕业生在企业界的成功提供联络机会（这是我们很擅长的事情）。

美国高中有着可能与你的国家不同的一些程序和活动。

- **第二次机会**——就同我们的文化一样，我们的教育体制会向个人提供第二次和第三次取得成功的机会。对于那些在毕业以前就退出高中、但是后来又想恢复学业的人来说，希望是存在的。他们可以重新学习，经过考试获得一份高中学历文凭（High School Equivalency Diploma，HSED）。我们的大学和雇主将它们与正常的高中文凭同等看待。考试可以在网上进行。②

- **学业成就测试**——在毕业以前，高中学生要参加学业成就测试（Scholastic Achievement Test，SAT），按照考试成绩对学生的学业成就进行分等。大学则

---

① 我在新西兰总算搞清楚，那里的secondary school 经常被叫作college，招收9—13岁的孩子。

② 见：www.ehow/how_6401381_ged-test-online.html。

据此预测学生在大学中的表现。满分是2400，平均分是1500。但是，要想成为美国顶尖大学的新生，平均分数需要在2100以上。好的SAT分数自然很重要，但是我们的大学也会考虑其他因素。例如，在颇有名望的加利福尼亚大学伯克利分校，学生的SAT平均分数是很高的，但是也曾有400个分数较低的学生被录取，因为他们在其他方面有独特的优势。高分数也可以导致奖学金的获得。

- **辅导**——美国有为高中生提供辅导的私人商业机构，如全国连锁的西尔万学习中心（Sylvan Learning Center）。[1]一些高中生课后也在一些私人商业机构补课，学习如何在SAT考试中取得高分。[2]

- **课外活动**——在德国，一些学校严格地集中于学业，缺乏社会活动。与此不同，在美国，大多数学校提供课外活动，相信这会有助于全面人才的培养。它们包括体育运动、舞蹈、音乐、戏剧、俱乐部活动、优等生联谊会和办校刊。高中通常每年大约有5次舞会，学生可以带约会对象参加。

- **年鉴**——高中生可能也搞学校年鉴，一种许多外国人对此感到陌生。它们几乎是每个美国人的生活和回忆的一部分。这种年鉴在学年结束前的一两周出版，包括各个学生和教师的照片，以及这一年活动的总结。学生迫切地等待它们，会在相互的年鉴上签字，并写一些评论。大多数人终身收藏着这些年鉴。有时我们的媒体会显示某位名人在高中时候的年鉴照片。

- **竞争**——正如你知道的，美国鼓励竞争。我们的高中在美式足球、篮球、棒球、水球等运动项目上展开竞争。有些运动员可以在大学里继续进行他们的项目，甚至获得可使他们免费上大学的运动员奖学金。有些高中生凭借他们在高中的优异成绩和SAT测试的分数得到进入大学的学业奖学金。全国每年都进行拼字比赛（spelling bees），16岁以下的学生为成为美国最好的拼字者而展开竞争。学术碗（scholastic bowls）也是一种竞争，一个学校组成包括5—6个学生的队伍，通过回答学术问题与其他高中展开争夺。

- **与欧洲的比较**——下述是美国和欧洲的高级中学之间存在的一些普遍差异：
  - ***体育馆**——美国学校的设施要比欧洲大得多，因为欧洲的学校没有体育馆

---

[1] 见：www.tutoring.sylvanlearning.com。

[2] 见：www.Klasstutoring.com和www.CollegeBoard.com。

（gymnasiums）和附属的运动场①。

* **运动**——美国人热爱运动②,运动成为高中生活的不可或缺的一部分。欧洲的高中则缺乏运动队。

* **储物柜**——欧洲学校没有那种沿着美国学校的走廊置放的储物柜(locker)。它们的学生可能整天都在同一个教室上课,在教师轮换时有3—4分钟的休息时间。

* **泊车**——欧洲学校缺乏美国高中拥有的停车场。那里公共交通便捷,学生可以搭乘公共汽车、火车、有轨电车或骑自行车去学校。在多数欧洲国家,可以合法驾车的年龄是18岁,而美国是16岁,所以欧洲很少有学生像美国学生一样拥有驾照和汽车。

* **上课时间**——在法国,一些学校的上课时间要比美国长很多:上午是8:00到12:00,下午是2:00到6:00。周三与周六一样都是上半天课。美国学校的上课时间比较短,周六则没有课。

* **教师**——在美国的外国学生说,美国的教师与学生的关系似乎更好一些,因为我们的教师还要照看学生的课外活动,同时了解学生在教室内外的情况。

提示:关于高中生活的经典影片包括《黑板丛林》(*Blackboard Jungle*, 1955),《早餐俱乐部》(*The Breakfast Club*, 1985)和《教练卡特》(*Coach Carter*, 2005)。

（7）社区学院(community colleges)——社区学院也被称为初级学院(junior colleges)和城市学院(city colleges)。它们中的大多数提供高中之后的两年学习项目。其中一些提供比较广泛的项目,所开设课程类似于四年制的学院或大学在前面两年所教的内容。还有一些则为不能继续接受大学四年制教育的学生提供专门的职业培训。

美国大约拥有1500所社区学院,其中2/3是公立的。平均每年的学杂费为3000美元,通常比四年制的大学要少得多。③不过,州外学生要付的学费与当地居民是

---

①　欧洲国家用"gymnasiums"这个词称呼美国的middle 或者secondary schools。在美国它指的是一种开展体育教育和运动的体育设施,被缩短为"gym"。

②　参看关于运动的M章。

③　如要了解位于西南部亚利桑那州的一个典型社区学院的信息,以及不同范畴的学费,可访问网站:www.gc.maricopa.edu。

不一样的。另外,估量一般费用要根据所修学分的多少,全日制学生每学期修12—15学分。

你会发现位于中西部的艾奥瓦州的一个典型社区学院的网站很有趣,它为外国学生的入学要求提供了有益的指导。①

社区学院授予的学位称为准文学学位(Associate Degree in Art,AA)或准科学学位(Associate Degree in Science,AS)。在高中时分数较低的学生可以先上1—2年的社区学院,以提高他们的成绩(或改善他们的英语),然后再以更好的成绩申请并进入自己选择的四年制大学。一些初级学院保证那些在它们那里达到了一流水平的学生可以被顶尖的州立大学所录取。

社区学院的在校学生总数通常要少于大学,班级规模有时候也较小。大多数社区学院并不提供学生宿舍。许多社区学院为希望改善英语语言技能的外国学生开设极好的英语课,这种课程被称为ESL,代表English as A Second Language(作为第二语言的英语)。

> 提示:社区学院对于想在美国学习的外国人来说是种非常好的选择。我有一些
> 外裔朋友就在晚上或周末到这些学院上英语语言课。他们并非为了文凭,
> 而是力图改善自己的语言技能。任何人都可以参加,无论他们是想在白天
> 还是晚上,是利用部分时间还是所有时间学习。我强烈地向移民推荐社区
> 学院。

(8)学院和大学(colleges和universities)——在最高层次上,我们拥有大约4800所大学和学院。②它们提供了外国人可以加以选择的900多个学习领域。我们使用"college"这个词同时指称这两种**高等学府**。③它们中的45%是公立的。其中有些设有国际学生顾问,以帮助外国学生充分利用它们的教育。

与我们的公立小、中学只有较低排名的情况不同,许多美国的大学在世界上享有很高声誉。按照一个广泛使用的全球排名,在世界的20所顶尖大学中,美国拥有17

---

① 见:www.highline.edu。

② 我们只在必要时严格区分"学院"和"大学",一般就不作这一区分。——译者

③ 按照中文习惯,我们以"大学"而非"学院"统指college和university。——译者

所。因为在全球范围内对美国式的高等教育的需求的增加,我们的一些大学正在海外建立校园,其中包括纽约大学和耶鲁大学。

当前,美国的大学聘用了世界上70%的诺贝尔奖得主,发表的科学和工程类的文章在世界上占了30%,被最经常引用的文章则占了44%。10年以前,我们大学的欧洲毕业生有50%留在了美国,今天这一数字上升到了75%。除了其他的因素以外,这也表明他们能够在这里找到工作。

学院和大学的差别是什么?首先,学院要比大学小得多。一个大学可能由不同的专门从事某个具体领域研究的"colleges"组成,如college of nursing(护理学院)等。我们有时也将这种学院称为大学中的"schools",如business school(商学院)、dental school(牙科学院)等。因此,一个学院可能是大学中的一个专业,也可能是一个独立的、较小的、专攻某个狭窄的知识领域的学府。

文科学院(liberal arts college)是仅仅教授文科科目的独立学院[①],如艺术、历史、音乐、文学等。我们也有师范学院和农学院。大多数的独立学院并不像大学那样提供硕士和博士项目。

> 提示:由于我们使用"college"这个词兼指学院和大学,如果有人说"Are you going to college"或者"Where did you go to college",他的意思是任何高等学府,既包括大学,也包括学院。你也可能听到"old college try"这个说法,用来表示将做出最大努力以实现成功。例如:"We might not make the dead line,but we'll give it the old college try."(我们可能不会规定最后期限,但是会为此做出最大努力以保证最终取得成功。)

这些高等学府向来自高中或社区学院的学生提供在各种领域进行深入学习的机会。与一些有着三年制文凭的国家不同。美国的学院和大学拥有的是在文科或科学领域提供学士学位的四年制项目,包括BS(科学学士),BA(文学学士)。它们中的一些还提供获得硕士学位MS、MA、MBA(科学硕士、文学硕士、工商管理硕士)等或博士学位Ph.D.(哲学博士)的项目,前者要求学生再学习两年,后者要求学生在硕士

[①] 现在liberal arts college通常被译为文理学院,因为除了传统的文科科目外,它们还教授数学、物理、化学、生物等理科科目。——译者

的基础上再学习4年（即高中毕业以后总共学习10年）。医学院的毕业生被授予MD学位(医学博士)，牙科学院的毕业生被授予DDS学位(牙科博士)，他们会把有着自己姓名的文凭挂在办公室的墙上。

接下来我们讨论一下美国大学的各个方面，从它们的运作到申请录取、获得财政援助，再到或许与你的国家并不一样的校园文化。

大学的基本原则

是否能被美国的学院和大学所接受取决于表现，而不是像印度等一些国家那样，社会地位可能被视为录取的标准。我们大多数的大学和学院既允许男生也允许女生(占学生总数的60%)就读，虽然极少数(a handful of)的文理学院只接受女生或男生。此类学校会在它们的学校简介中指明这一点。哈佛的录取率是6%，而申请耶鲁的人每年达到2.7万人，录取的新生是1350人。

校园是学校所在之处，其中有教室、行政楼、图书馆、实验室、体育馆、运动场以及一些学生居住的宿舍。其他学生可能住在自己的家里，也可能住在校外的公寓或出租房。

上课是在约有15—30个学生的教室里进行，但是一位教师也可能会在一个可以容纳数百名学生的教室里讲授必修的导论课程或核心课程。一个学生通常每周要花大约15—20个小时(一天大约3—4小时)上课，此外还要进实验室，其余的时间则可以被自由地用于学习、娱乐或打工。

> 提示：以大学作为背景的经典电影有《动物之家》(*Animal House*, 1978)、《心灵捕手》(*Good Will Hunting*, 1998)和《美丽心灵》(*A Beautiful Mind*, 2001)。

(1)主修(major)——大多数学校要求学生在前两年中学习广泛的规定课程，帮助他们获得扎实的教育背景。后面两年则用在**主修**专门领域。今天首选主修领域是商务(22%)。

美国的人口普查数字表明，一个没有上过大学的高中毕业生一生只挣120万美元，而一个有着本科文凭的人将挣210万美元。数字也显示，大学毕业生的起薪几乎是没有上过大学的高中毕业生的两倍。以下是近年来在各个专业有着学士文凭的毕业生的每年平均起薪排列：

①化学工程6.4902万美元

②计算计工程6.1738万美元

③计算机科学6.1407万美元

④电子工程6.0125万美元

⑤工程学5.9254万美元

⑥信息科学5.2089万美元

⑦土木工程5.2048万美元

⑧金融4.9940万美元

⑨经济学4.9829万美元

⑩会计4.8993万美元

（2）学校官员——大学的校长被称为president或chancellor。大学中各个学院的院长叫作dean或者director。教师被统称为faculty。他们被安排到各个具体的系（department），如英语系、数学系、历史系。每个系的系主任叫作chairman，通常由高资历教授担任，其他有着足够资历的教师也可以出任此职。

（3）学生——大学的学生是由攻读硕士或博士学位的研究生（graduates）和攻读学士学位的本科生（undergraduates）组成。根据完成的课程的数量，本科生分别处在下述4个群体之中，每个群体都有着自己的名称。这些同样的称呼也被用于高中九年级到十二年级的学生。

- 第一年——Freshman
- 第二年——Sophomore
- 第三年——Junior
- 第四年——Senior①

许多学生要通过工作来完成大学学业，所以并不是所有学生都能按时修足所有的学分（每学期大约15学分）。有人还可能休学一年，在此期间去工作或旅游。所以一个全日制学生完成4年文凭的平均时间是4.7年，兼职学生平均还再需要5个月的时间。

在学年开始的秋季，学生会举行一次选举，这与市或州的选举很相像。他们将选

---

① juniors和seniors均为高年级学生（upperclassmen）。

出学校学生会的主席、班级学生会的主席，以及其他学生团体的领导。这些学生干部要安排学生活动，在有关学校的事务方面代表学生。（这又是一个代表制的例子。）

> 提示：如你正在了解的，在美国的文化中，代表制和公民代表制是非常重要的。为此，我们在学校中也鼓励这么做，以便我们的群体会由一个我们自己的人所代表。我在六年级的时候是个班干部。那时我才12岁，我们已经在选代表了！

（4）学年——美国学校的学年使用以下两种时间制度：

- **学期制（semester）**——这是最常见的制度，它将学年分为两个学期，每个学期都是大约16周。第一个学期通常在9月间开始，第二个学期在1月间开始。许多学校还有一个6—8周的夏季学期，学生可以选择是否参加。
- **季度制（quarter）**——一年分成4个为期10—12周的季度，我们将其称为秋季、冬季、春季和夏季。许多人并不参加夏季的课程，而是选择去做实习生（interns）以促进自己的技能，或者打工以资助自己的上学费用。

（5）**课程总表（curriculum）**——学院或大学开设的所有课程都被列入学校的课程总表。每个学校又会在新学年开始以前公布一份课程目录，概述下一学年将会开设的课程。它规定注册每门课程的要求以及学分（credits）。每门课程的完成都会使学生获得相应的学分，这通常相当于每周的课时数。一周上两个小时的课程通常给予成功通过的学生两个学分，以此类推。课程目录也规定毕业一共需要多少学分。①

每门课程都被给予一个数字，这是它的身份，也表明了学生要修该门课程必须达到的年级水平。例如，一些学校指定100和200系列的课程为一年级生、二年级生所开设。300和400系列的课程则主要为三年级生和四年级生开设，注册这些课程的前提可能是要先完成某些100和200的课程。

提示："101"（读为one-o-one，而非one-hundred and one）通常是给予必修基础课程的普通编号，如"English 101"。在你与美国人谈论某些与学校并无关系的基础性的东西时，你经常会听到他们提到"101"这个说法。例如，假如一位经理正在讨论应如何对待客户，他可能会说："客户关系学101要求，电话顾客被搁置的时间绝不应该超

---

① 你可以要求你感兴趣的大学将其课程目录寄给你。大多数学校在网上也有课程介绍。

过两分钟。"

（6）作弊——这是一个来自其他文化的学生时常遇到麻烦的问题。除非教授另有说法，学生都应独立地完成工作。与其他人一起学习是可以的，但是所交的作业应当由个人自己完成。逐字地引用一份材料（或者甚至只是它的一部分）而没有适当地注明来源被认为是一种作弊。

有些学生从网上下载了文章，将其作为自己的作业交给教师。由于这些文章很流行，一些教授可能立即发现了真相。现在有网站供教师核实这些借来（偷来）的文章。Cliffs Notes是个臭名昭著的网站[①]，被学生用于抄袭而非帮助学习。教师们都知道这一点。

所有的作弊行为都是导致未能通过某门课程或者甚至被学校开除的理由。几年以前，我们的颇有声望的空军学院曾经发生过一起丑闻，一些学员获得了（get their hands on）一份即将开考的试卷，结果都遭到开除的处罚。（这又是一个诚实的问题。）

（7）成绩——最后的课程成绩是以学生的考试、测验和作业的分数为基础的。如果课程要求朗诵、讨论或提问，积极参与这些活动也会改善你的成绩。教授及其助教越是了解你和你的工作，他们越能更好地评估你的进步。

> 提示：你可能听到过这样一些词语：brown nose（马屁精）、teacher's pet（教师的宠儿）、apple polisher（讨好求宠之人）。它们都是被用来指称那些做出额外的特殊努力（如经常参加班级讨论）与教师建立良好关系以便得到优秀成绩的人。这些都是贬义性的说法。但是只要符合伦理，你可以做一切必须做的以争取好的成绩，不要理睬那些可能不像你那么有明确目标的人的嘲笑。

在美国你会听到GPA（grade point average，平均绩点）这个术语。与一些使用数字体系的国家不同，字母被用来报告你的最后课程成绩。A是最高的，然后是B、C、D，而F则代表不及格。有时候"+"（plus）和"-"（minus）被用来对成绩作进一步的评定。要计算你的GPA，先将A算为4分，B算为3分，C算为2分，D算为1分；接下来将这个分数乘被评定的课程的每周学时数，如5、4、3、2。这样就可以算出下述例子中的GPA：

---

① 见：www.cliftsnotes.com。

课程：英语语法——5小时　　成绩：A=5×4=20分

课程：英语演说——3小时　　成绩：B=3×3=9分

课程：美国历史——4小时　　成绩：C=4×2=8分
　　　　　　　　　　　————　　　　　　　　　　————
　　　　　　　　　　　12小时　　　　　　　　　　37分

37÷12=3.08　　　GPA=B

美国的大学在评估录取申请者的可能性时，使用他们在高中时的GPA。在2004年，享有声望的加利福尼亚大学就像其他的学校系统一样将GPA的要求从2.8提高到3.1，以便进一步缩短要从其中进行挑选的高中生候选者名单，这一名单正变得越来越长。

（8）费用——学费（tuition）是你注册一门或多门课程时所需的费用。食宿费（Room and board）是指你在校吃住的开支。大学费用差别很大，每年平均增加5%。大多数大学的课程目录都列出了其学生的平均生活费用、学费和其他杂费。中西部学校和小城市的学校可能便宜一些。以下是一个全日制学生平均每年要付的学费：

- 公立四年制大学中的本州居民——8000美元。
- 公立四年制大学中的外州学生——1.25万美元。
- 非赢利性的私立四年制大学学生——2.85万美元。

（9）社会团体——一些大学和学院有着被称为**兄弟会**（fraternities）的男性社会团体和**姐妹会**（sororities）的女性社会团体。这些团体可以被追溯到19世纪初，其名称来自于拉丁文，分别意味着兄弟和姐妹。①

这些团体挑选自己的成员，并遵守学校的规定（大部分时候）。每个学年每个组织的成员或许不到100人，而友谊的建立则可能是终生的。许多这样的社会团体都是全国性组织在各个校园里的分会。它们的名称由希腊字母代表，如α（alpha，阿尔法）、β（beta，贝塔）等。团体成员会在通常都位于校园附近的**分会会所**集会，有些学生就住在会所之中。研究表明，参与这种以希腊字母命名的社会团体的归属感大幅提高了其成员总的学习成就、志愿精神、公民责任感和参与学生组织的积极性。

许多以希腊字母命名的社会团体秉承典型的美国方式，也将参与慈善事业作为

---

① 在欧洲的一些国家，学生组织被称为corporations；在瑞典、芬兰和苏格兰则被称为 nations，它们都有社团和同乡会的意思。

自己目标的一个组成部分，它们超越了自己的团体去帮助其他人。当然，在校园的各个会所之间也有竞争，包括争取最好的GPA，募集基金和开展体育赛事。

（10）体育赛事——无论是对于学生、社区，还是对于学校的毕业生，学校之间的体育赛事都是重要的活动。大多数参与职业比赛的运动员都是来自于学院和大学。最流行的体育赛事包括秋天的美式足球、冬天的篮球，普及程度稍差一些的有春天的棒球和田径。其他的体育赛事有游泳、网球、高尔夫和排球。泰格·伍兹在转为职业选手之前为加利福尼亚州的斯坦福大学打高尔夫。英式足球（soccer）在美国不像在世界的多数地方那么重要。不过，女生也有竞争性的英式足球比赛。

校友（alumni）是已经从学校毕业的人。他们可能继续到现场或从电视上观看自己的队的比赛。大学的运动队在比赛中还有学生拉拉队员，他们鼓励观众为自己学校的队伍喝彩加油。我们一些名人就曾经担任过**拉拉队员**，如麦当娜、阿诺德·施瓦辛格、梅丽尔·斯特里普（Meryl Streep）、迈克尔·道格拉斯（Michael Douglas）、艾森豪威尔、里根。德克萨斯是世界的拉拉队员之都，曾发起了许多竞赛。（这里又是一个有争议的问题。）

大学排名

与一些外国人可能认为的不同，哈佛大学并非美国唯一的优秀大学。许多其他学院和大学也有上佳名声。附件2、3、4总结了一份2015年度全国性杂志对美国顶尖大学排名的研究结果。你也可以使用其网站研究它们以及许多并未列出的其他学校。负责管理大学入学考试的普林斯顿评论（Princeton Review）也为美国的学院和大学提供了在60种以上的不同范畴内的排名[①]，例如：

- **拥有最好的学校聚会**——德克萨斯大学奥斯汀分校
- **拥有最好的校园生活**——罗德岛的布朗大学
- **拥有最美丽的校园**——在洛杉矶之外俯瞰太平洋的佩珀代因大学（Pepperdine University）
- **拥有最好的教师队伍**——佛蒙特州的明德学院（Middlebury College）
- **最难进入**——麻省理工学院，接下来是普林斯顿、哈佛、布朗和耶鲁大学

---

① 见：www.princetonreview.com。

- **拥有最多样化的学生——**芝加哥的德保罗大学（DePaul University）

每年福布斯杂志会对600多所学校进行排名，但不是按照它们的名声而是根据那些对学生最为重要的因素：教学质量、职业前景、毕业率，以及与下面要讨论到的财政补助有关的低水平债务①。以下是它最近做出的10个顶尖学校的排名以及所在的州：

①威廉姆斯学院,马萨诸塞州

②普林斯顿大学,新泽西州

③美国军事学院(西点军校),纽约州

④阿默斯特学院(Amherst College),马萨诸塞州

⑤斯坦福大学,加利福尼亚州

⑥哈佛大学,马萨诸塞州

⑦哈弗福德学院(Haverford College),宾夕法尼亚州

⑧芝加哥大学,伊利诺伊州

⑨麻省理工学院,马萨诸塞州

⑩美国空军学院,科罗拉多州

大学的申请

每年大约50万国际学生来美国的各级学校学习。从2007年以来,这一数字已经上升了22%。小布什总统说:"我们鼓励国际学生加入我们的教育体系。作为国际教育项目和交流的一部分,与来自不同国家的人形成善意友好的关系,这种关系将会发展成为国家间的充满活力的互惠伙伴关系。"

你可以使用各种网站更多地了解有关在美国学习的信息。例如,

- 美国教育部网站是极好的官方信息来源。②
- 美国国务院网站对签证的获得、助学金以及许多其他问题作了解释。③它的附属教育机构存在于世界的各大城市,包括在美国的大使馆和领事馆之内。如果美国大学的代表计划访问你的国家,它也会提供相关信息。

---

① 见：www.forbes.com。

② 见：www.ed.gov/NLE/USNEI/us/study-us.html。

③ 见：www.edication.usa.gov。

● 美国政府还有一个有趣的网站,提供大量关于美国以及如何在此取得教育机
　会的信息。①另有一个关于申请过程和资助的信息的网站。②

来到美国的国际学生的主要原住国是印度,紧随其后的(close on its heels)是中
国、韩国、日本和加拿大。另一方面,美国学生海外学习的主要目标地是英国、意大
利和西班牙。

(1)签证——对那些想在美国学习并旅游的年轻人来说,最大的可能性是获得
学生签证或加入文化交流项目。被美国一个得到认可的教育项目接受的学生可以得
到学生签证(J类签证)③。这类签证并不自动允许就业,但是允许许多边学习边工作
的安排。你所在国家的美国大使馆或领事馆是可以完全和准确地获得关于签证的信
息的最好地方。另一个好的信息来源是美国国务院的网站。④

(2)申请——许多网站就在美国如何选择要上的大学或学院提出了建议。大多
数大学提供了在网上对其校园进行虚拟观光的机会,这对无法亲自访问的学生来说
是一个很好的信息来源。每所大学或学院都有自己的申请过程。你要接触你所选择
的学校才能获知它的录取要求。你可以向其索取课程简介和申请材料,其中一些可
以在网上查到。

总的来说,各所大学都要求你完成了高中的所有课程,虽然可能有些例外。大多
数学校会要求在高中已经修过了某些基础课程。其他一些学校会规定你的成绩不能
低于某种水平,否则不予考虑。

一些学校在挑选新生以前可能会实施入学考试。你会被要求提供一份成绩单
(transcript),这是一份经过证明的文件,将列出你在高中或其他学院完成的所有课
程以及每门课程的成绩。

国际学生的录取程序可能与美国学生不尽相同,在所要求的测试和财政申报方
面会有差异。一个例子是哈佛大学在其网站总结的录取要求。⑤

美国的学院和大学欢迎你进行询问并帮助你办理入学申请。在将一些录取规则

---

① 见:www.USA.gov。

② 见:www.collegeboard.com。

③ 原书此处介绍有误。学生签证有两种类型:F-1签证签发给参加学术学习的学生,M-1签证
签发给参加非学术学习的学生,例如职业培训。——译者

④ 见:www.state.gov。

⑤ 见:www.admissions.college.harvard.edu。

应用到外国学生时，有的学校的做法是灵活的。一旦学生被录取，学校会继续提供帮助以确保他们能充分利用获得的学习机会。

下面是在申请时应当注意的另外一些窍门。

- **学校位置**——如果你不知道从哪里下手寻找要上的学校，那么就从查询你感兴趣的地方的学校开始，如果你知道一个城市的名称，你可以打开那个城市（或州）的网站，查找它拥有的学院和大学，然后连接到这些学校的网站。也要考虑你习惯的和喜欢的气候。美国北方的州在冬天寒冷多雪，而南方的州在夏天则可能炎热潮湿。还要考虑到多样性。你在西部会发现更多的亚洲人，因为那里与亚洲更为靠近；出于同样的原因，或许你在东部会发现更多的欧洲人，在南部发现更多的拉丁美洲人。在中西部小规模的学校上学可能要比到大城市便宜。确定一项研究领域也可能会决定对学校地理位置的选择，例如，海洋生物学要求到一个沿海的州，采矿工程要求到落基山脉所属的州，农业要求到中西部的州，等等。有时一所不大有名的大学却可能在某个专门学科有着很高威望。

- **英语考试**——为到美国的大学上学，通常，你必须掌握流利的英语。所以，在申请之前一些学生必须参加英语语言学习项目。如果英语不是你的母语，你需要考托福（Test of English as a Foreign Language，TOEL）。这一测试可以在你自己的国家或美国的某个教育考试机构进行。一些网站提供了考试的场所和窍门。①

- **研究生考试**——研究生学习要求单独的考试，如法学院入学考试（Law School Admission Test，LSAT）或医学院入学考试（Medical College Admission Test，MCAT）。在计算申请的截止时间里，要将进行这种考试的时间考虑在内。美国学校在接到你的考试分数之前不会处理你的入学申请。通常需要6—8周的时间你的分数才能被报告给学校。

- **最后期限**——尽早开始寻找学校，因为它们都有申请的最后期限，即在新学年开始之前的6—12个月不等。这表明，如果新学年像通常的那样从9月开始，你应该在前一年的9月或10月就着手英语考试。

---

① 见：www.toefFl.org。

大学的财政资助

由于每个大学生到毕业时平均会欠下2.8万美元的债务，许多人都寻求财政资助。可以询问学校是否能够向你提供这种资助。大约2/3的美国本科生和30%的留美国际学生从学校接受了某种形式的财政资助，合算下来大约每人9100美元。有的网站对寻求财政资助的国际学生会很有用。①在那些得到资助的学生中，几乎有一半人获得了平均为3600美元的补助金（grants），即无须偿还的钱，从而有效减少了付给学校的费用。

（1）奖学金（scholarship）——可供申请的还有大量的奖学金，包括专门给予国际学生的奖学金。这些奖学金可能根据各种不同的标准授给，如优异的成绩、兴趣、技能或者甚至你的专业。有些大学的外国毕业生为本国同胞设立了奖学金。你所选择的学校会有一个办公室就获得此类奖学金一事提供建议和帮助。

（2）贷款（loans）——一些大学提供贷款，即最终必须由学生偿还的钱。低利贷款也是由联邦政府赞助。私人贷款则往往有较高的手续费和利率，而且不能像许多联邦借贷项目那样得到取消或免还的机会。所以，一个很有财政效益的做法应当是，只有在竭力尝试了所有联邦借贷（以及补助金和奖学金）的选择方案以后，才考虑向私人公司借贷。要更多地了解有关联邦贷款的问题以及外国人是否可以申请，可以在网上进行查询。②若要向政府借钱，学生必须提交联邦政府助学金免费申请表（Free Application for Federal Student Aid，FAFSA）。要尽快着手此事，因为贷款是按照先申请先处理的原则提供给合格学生的。③

> 提示：我在读研究生时兼有奖学金和大学贷款。没有这些资助，我无法上美国的最好和最贵的学校之一。直到现在，就像许多其他校友所做的那样，我会给学校的奖学金基金捐款以帮助需要财政支持的在读学生，这样他们也就可以同我当年一样地受益。但愿这些学生在毕业以后也会同样这么做。

---

① 见：www.iefa.org。

② 见：www.FederalStudentAid.ed.gov。

③ 见：www.fafsa.ed.gov。

我们将这称为"让爱传递下去"（pay it forward），即为后面一个人做件好事，反过来他（她）在获得了必要的能力以后又将为再后面一个人这么做。

（3）掠夺性的私人贷款——我们有个词语"轻轻地走"（tread lightly），意味着要谨慎处理。掠夺性的私人贷款基本上是不受控制的，有着过高的（sky-high）各种利率。它们收取的利息每年可以高达20%（4倍于联邦利率）。你可能此后一辈子都在忙于偿还这样的贷款。大多数举借这种风险更大的私人贷款的人都是赢利性的大学（由私人公司所办、旨在赚钱的教育机构）的学生。在这种学校中，42%的学生都借了私人贷款。德瑞大学（DeVry University）、菲尼克斯大学（Phoenix University）就是其中的两所。

如果你正在考虑私人学生贷款，重要的是要知道你正在和谁打交道，借贷的条件是什么。可以对这一放贷者做一番网上研究看看是否有其他人与之发生了纠纷。还可以查看博客和评论网站。[1]美国教育部网站提供了下述窍门以帮助你识别可能存在问题的私人学生贷款[2]。

- 一些私人放贷者使用某种名称和印章造成一种他们隶属于联邦政府的印象。如果你收到了一份学生贷款邀请，那肯定不会来自于教育部。
- 不要让一些刺激措施分散了你在评估借贷的关键条款是否合理时的注意力，这些措施包括礼品卡、信用卡和抽奖。
- 除非你知道是在同谁打交道，不要泄露个人信息。私人学生贷款的放贷者通常会向你索取学生账号或者社会保险号，声称他们需要据此帮助确定你的贷款资格。由于这些放贷者可能滥用这些信息，因此，很关键的一点是，只有在你信任并与之打交道的借贷者以后，才能提供个人信息。
- 与你所在的州检察长、当地的消费者保护机构和商业改善局进行联系，[3]以核实某个特定的私人借贷者的以往记录（track record）。

（4）慷慨的大学——《普林斯顿评论》就613所大学的财政援助进行了排名。[4]它考虑的因素是：与需要者的数字相比，多少学生得到了援助？学生的财政需求在多

---

① 见：www.Yelp.com。

② 见：www.ed.gov。

③ 见：www.naag.org、www.consuneraction.gov和www.bbb.org。

④ 见：www.princetonreview.com。

大程度上得到了满足？学生对于自己得到的援助的满意度如何？该《评论》建议，在你因为一个学校在其简介中的高额标价（sticker price）就删掉它以前，先要搞清有关该校提供财政援助情况的最新信息。有时候，最昂贵的大学在提供补助金和其他财政援助方面也是最慷慨的。它将下述10所学校列为美国最慷慨的大学（按照字母顺序排列）：

- 卡尔顿学院（Carleton College，明尼苏达州）
- 克莱蒙特·麦肯纳学院（Claremont McKenna College，加利福尼亚州）
- 哥伦比亚大学（Columbia University，纽约州）
- 富兰克林·瓦特欧林工程学院（Franklin W. Olin College of Engineering，马萨诸塞州）
- 波莫纳学院（Pomona College，加利福尼亚州）
- 普林斯顿大学 (Princeton University，新泽西州）
- 斯沃斯莫尔学院（Swarthmore College，宾夕法尼亚州）
- 托马斯·阿奎那斯学院（Thomas Aquinas College，加利福尼亚州）
- 瓦萨学院（Vassar College，纽约州）
- 耶鲁大学（Yale University，康涅狄格州）

免费的大学

瑞典、德国、委内瑞拉等一些国家为它们的学生提供免费的大学。这在美国是很罕见的。但是，就像此外的一切事情一样，也有例外：

- **艾丽丝·劳埃德学院（Alice Lloyd College）**——四年制文理学院，提供关于领导力的教育。[1]
- **巴克利学院（Barclay College）**——授予各种牧师和基督教教育的学位。[2]
- **伯利亚学院（Berea College）**——为有着优秀学业成就的文理学生提供免费手提电脑以及校园工作。[3]

---

[1]　见：www.alc.edu。

[2]　见：www.barclaycollege.edu。

[3]　见：www.berea.edu。

- **纽约城市大学教师学院**(**City University of New York Teacher Academy**)——招收在数学和科学方面具有天赋而又立志成为这些领域的教师的学生。①

- **欧扎克斯学院**(**College of the Ozarks**)——长老会的文理学院。②

- **柯柏高等科学艺术联盟学院**(**Cooper Union For the Advancement of Science and Art**)——美国的唯一一所私立的、提供全额奖学金的大学,专门致力于使学生为成为建筑、艺术和工程方面的专业人才而做好准备。③

- **柯蒂斯音乐学院**(**Curtis Institute of Music**)——世界上最好的音乐学校之一,招收音乐方面有天赋的学生。④

- **美国军事学院**(**United States Military Academies**)——它们包括西点美国军事学院(the U.S. Military Academy at West Point)、美国空军学院(U.S. Air Force Academy)、美国海军学院(U.S. Naval Academy)、美国海岸警卫队学院(U.S. Coast Guard Academy)、美国商船学院(U.S. Merchant Marine Academy)。作为进入这些免费大学的交换条件是,学员在毕业以后要在军队和(或)后备役中服务5—9年。⑤

- **人民大学**(**University of the People**)——新的网上大学,致力于全球高等教育的提升和民主化,由联合国支持。⑥

- **纽约城市大学威廉·E.麦考利荣誉学院**(**William E. Macaulay Honors College at city University of New York**)——文理学生可以得到一台计算机、研究基金和实习职位。⑦

- **韦伯学院**(**Webb Institute**)——学生将完成在造船学和海洋工程方面的双主修。⑧

---

① 见:www.york.cuny.edu/centers-institutes/teacher-academy。

② 见:www.cofo.edu。

③ 见:www.cooper.edu。

④ 见:www.Curtis.edu。

⑤ 见:www.usma.edu、www.usafas.edu、www.usna.edu、www.cga.edu和www.usmma.edu。

⑥ 见:www.uopeople.org。

⑦ 见:www.webb-institute.edu。

⑧ 见:www.webb-institute.edu。

美国大学中的外国学生

为了使留学生在美国的经历更有价值,由外国学生构成的组织会提供信息和社会活动。请联系大学有关部门以获得这些组织的名单，或者查找某个组织的网站，让他们来帮助解决你的问题。例如，加利福尼亚大学洛杉矶分校的国际学生协会（International Students Association, ISA）就是一个提供指导和帮助的组织。这些组织还会发起社会活动,以帮助许多学生驱散这样一种想法:文化差异往往会导致有着不同文化和族群背景的学生相互隔离。

除了学生组织以外,大学的管理部门也会对本校的外国学生提供帮助。它们可能会举办时间从一天到一周不等的新生报到活动，也会有自己的网站或出版物,借此讨论美国的文化和习俗,并提供会使外国学生在美国的生活和学习变得更为容易的信息,涉及周围地区等话题。有些学校甚至还开班专向以英语为第二语言的学生讲授美国俚语。

（1）文化差异——一旦入校以后,许多国际学生就会为他们本国的学校和美国的学校之间的文化差异感到吃惊。最近一批到南加利福尼亚的一所大学学习美国法律的律师就发现了这种课堂文化的差异。一位来自东京的律师对美国课堂不拘礼节的气氛和师生之间的密切互动表示诧异。他说,在日本是教授讲课、学生听课,但是在这里他们互相交流观点,教授喜欢对学生进行提问。他第一次被叫到时颇为紧张,在教授继续追问时感到了慌乱。该律师说,对一个东亚人来说,在文化上这是一件很不舒服的事情。

在课堂上还有一位来自英国的律师。他认为,美国的教授是非常容易接近的,会不厌其烦地去帮助学生。一位教师说,法律专业的学生要学会理解这一点:教师关于法学教育的观点并非是唯一的,还存在许多从不同道路接近世界的其他体系。另一位日本律师说,他对美国学生在教室里随意提问的做法很不习惯。因为自身的文化压抑,他难得提出问题。如果他要提出一个问题,那必须是一个很有价值的问题,而不会无理地占用其他学生的时间。

（2）记忆——由于我们的取向是注重课堂讨论和分析,美国人不像许多外国人——特别是东亚人——那么强调死记硬背,亚洲的一些教育体制不是教学生如何应用知识,而是要他们学会记忆、通过考试、进入名牌大学并最终获得一份好的工作。在踏入美国的学校以后,外国学生首先会感受到这种不同的取向,并以一种与他们在母国已经习惯的不同方式参与考试。学生们将懂得,无论是回答试题还是写文章,如果他们能够表达自己的观点,将可能得到更好的成绩。当然,这种观点应该为能够站得住脚的理由支撑。

> 提示:我在读研究生时遇到过一个典型例子体现了这种不同取向的教师。在开学的第一天,他就告诉我们,他会是一个点灯人(lamplighter)而非注水人(bucket filler)。换言之,他强调的是让我们去思考、分析、得出自己结论并加以清楚表述,而不是给我们无止无休的笔记去记忆。我喜欢他的课。

(3)黑板——一些外国学生指望教师将上课的重点都写在黑板上,感到必须抄下黑板上所写的一切。他们发现,如果只是听教师讲,很难记笔记。这些学生应该练习在黑板上经常没有什么信息的情况下迅速总结教师讲课的要点。

> 提示:为了缓解记笔记的压力,外国学生要与班上的美国学生成为好朋友,请求查看和比较他们的课堂笔记。这样,就可以学到一些好的技巧。一些学校还会开办学习技能讲座,帮助国际学生发展这些技巧。一些专门从事学习辅导的公司也会开设有关学习技能的课程,如楷博教育(Kaplan)。[①]

(4)课堂参与——在美国,你不会像一些外国学生所担心的那样因为对教师表示质疑而被视为捣乱者。某些文化,如亚洲的文化,训练学生多听少说,要轻声讲话,在穿戴和行为上要稳重。为此,在美国教室里他们不愿举手向老师提出问题,或提出自己的思想和观点。外国人可能也害怕在美国学生面前使用英语。这些国际学生担心,由于自己需要很长时间才能说清观点,同学和老师可能会认为他们浪费了时间。情况很可能并非如此。

> 提示:教师总是告诉我说:"不存在愚蠢的问题。"我的建议是,要一步一步地克服这种恐惧心理。一开始可以在课堂上提出一个简单问题,然后逐渐地进

---

① 见:www.kaplan.com。

行评论。还可以与教师在课后进行交谈。这也有助于建立一种更加个人化的关系。既可以在教室里谈,也可以于教师规定的答疑时间到其办公室去谈。这样信心就逐步积累起来。我们把这个过程叫作像婴儿一样走路(take baby steps),即一小步一小步往前走。

(5)回答问题——如果在美国有某个人——或许是教师——问:"你理解了吗?"(Do you understand?)一些外国人可能错误地将此解释为:"你听见我所说的了吗?"(Did you hear me?)因此会回答"是",即使他们并没有理解。或者,一些并不理解却回答"是"的外国人是出于对他们文化的礼貌规则的尊重,因为他们相信提问者希望听到这样的回答。基于同样的原因,如果有人问:"你有问题吗?"一些即使有问题的人也会回答"没有",因为他们要尽力表现出礼貌,或者由于在其自身文化中如果他们不是那么完美就是丢脸的。在我们的文化中更重要的是坦率。逐渐地,在认识到我们向外国人提出问题时并没有有文化上的弦外之音之后,他们会发展出诚实地回答问题的信心。请记住我们的话:实话实说。

为国际学生开设的文化课程

美国的许多大学或学院会有一两天的情况介绍活动,帮助它们的外国学生适应美国的生活。有些学校会使用网站做这件事情。位于洛杉矶的南加利福尼亚大学(University of Southern Califirnia, USC)还开了一门关于美国文化的系列课程,专门帮助国际学生学习"疯狂的"美国食品、困难的美国成语以及困扰他们的美国习俗。[1]

因为在美国所有大学中南加利福尼亚大学有着最大的外国学生群体(7500人,其中印度人最多,中国人次之),它就提供了这门免费的、无学分的美国文化课程。在2009年的试验基础上,该课程一共上12周,每周一次,每次两小时。这门课程是如此成功,以致下一年就在滚动的基础上扩展到5个班。

校方说,为了取得学术上的成功,外国学生必须在文化上和社会上适应新的环境。所以,学校部分目标是缓解国际学生的孤立感。一些国际学生表示,沉重的学业负担、浓重的口音、羞怯和文化困惑已经成了他们的陷阱。

本书讨论的许多话题也是南加利福尼亚大学这门关于美国文化课程的主题。例

---

[1]　见:www.usc.edu。

如，它的教师会教棒球课以及我们常用的源于这一运动的谚语：① Set up to the plate（进入你的岗位）、Knock it out of the park（做出优异工作），Cover all the bases（彻底做好准备）、Don't drop the ball（坚持完成任务）。这些谚语也出现在另一流行的运动项目美式足球比赛之中。

许多其他话题也在南加利福尼亚大学的这一课程中得到了讨论：

- 什么是车尾野餐会（tailgate parties）？②
- 你应给谁圣诞卡？③
- 叫某人"沙发土豆"（couch potato）是种侮辱吗？这是指花费太多的时间坐着或躺着、通常指在观看电视的人。我说，如果他们是你的亲密朋友而你又想帮他们改变不好习惯（shape them up），或者你想善意地和他们开开玩笑，那么为什么不能这么叫呢？
- 在什么样的紧急情况下你应当给警察打电话？（如果你感到处于危险之中。）

这门课还探索了洛杉矶的公共交通和市区的地标性建筑，如迪士尼音乐厅。④它也组织了实地考察旅行，如：

- 加利福尼亚非美博物馆（the California African American Museum），⑤在这里国际学生懂得了美国的黑人和奴隶在历史上是如何被对待的。⑥
- 世界有名的格蒂艺术博物馆（Getty art museum）。⑦
- 可以直接开车取货的汉堡包连锁店（In-n-Out Burger），⑧一个许多南加利福尼亚学生喜欢的店。

国际学生也参与万圣节、感恩节、圣诞节的活动，⑨尝试有关的食品。

他们也学习俚语，如：

---

① 见本书关于体育的M章。
② 见有关食物和用餐的N章。
③ 见关于节日和传统的Q章。
④ 见关于艺术的L章。
⑤ 见：www.caamuseum.org。
⑥ 见关于历史的D章。
⑦ 见：www.getty.edu和关于艺术的L章。
⑧ 见：www.in-n-out.com。
⑨ 见关于节日和传统的Q章。

- Bent out of shape（气坏了,大发雷霆）

- Beat around the bush（旁敲侧击）

- Grab a bite（随便吃点什么）

为了通过实际练习以更好理解美国的这些俚语,教师问班上的学生谁是美国的 head honcho（西班牙语,指负责的人）,学生回答是"奥巴马"。

扩大学生的社会经历、帮助他们接触自身文化以外新认识的人,是南加利福尼亚大学有关美国文化课程的另一目标,也是本书讨论的另一原则。[1]对于许多学生来说,要想在学校里突破他们本民族的圈子并不容易,因为他们的群体很庞大,而且集中于工程专业,印度学生和中国学生尤其如此。所以,这一课程的老师鼓励学生参加在他们自己圈子之外的校园俱乐部和志愿者活动。

一个来自中国的研究生表示,由于参加了这一课程的学习,她感到自己能够更自在地与美国人进行互动了。她还说,这一课程提供了与美国同学交谈的话题,更重要的是,教会了她表达自己的意见。最后一点正是我们的大学和本书的目标之一。

可汗学院的帮助

可汗学院（The Khan Academy）是美国的一个以互联网为基础的、非营利性的独特组织。[2]通过向所有地方的所有人提供学习机会,它改善了教育。因其选择的广泛主题,它能够成为外国人的一个强大的学习工具。无论你是一个学生、教师、在家自学者、中学校长,还是一个经过20年以后重新回到教室的人,这都没有关系。它提供的材料和资源是完全免费的。美国和整个世界的许多学校都使用这一项目,以便它们的学生可以按照自己的步伐进行学习,教师则能够有更多的时间进行个别指导。附带要提一下,微软的比尔·盖茨资助了这一组织。

通过连接到网络的任何电脑,学生可以进入可汗学院的广泛的视频图书馆,进行练习和接受对他们的进步的评估。其图书馆提供了3000段视频,涵盖了从幼儿园到12年级的数学以及科学（包括生物、化学和物理）,甚至探讨了金融和历史。每段视频都是易于理解的一部分内容,大约10分钟长。这种逐步深入的课程由一个使用魔笔的教师的声音加以指导,犹如视频就是一位使用黑板在教室里上课的教师。

---

[1]　见关于关系的 I 章。

[2]　见：www.kahnacademy.com。

I 关 系

有一个词使我们免除了生命中所有重负和痛苦。这个词就是爱。

——索福克勒斯(Sophocles)，古希腊的剧作家

外国人有时无法想象美国人如何形成和维持友谊,因为我们对友谊和友谊意味着什么有着不同的文化定义。例如,一位在美国学习的日本学生带着来访的妹妹到百货公司去,一位店员微笑地欢迎他们说:"嗨! 你们今天好吗?"来访的妹妹为此感到吃惊,她问姐姐:"你认识这位店员?"在登陆美国的第一天,另一位外国学生也对为何每个人都对她那么友好和礼貌感到困惑。美国和一些外国的社会差异甚至扩大到了婚姻这样的问题上。对任何印度人来说, 婚姻实际上都被视为不可缺少的,标志着向成人的转变。美国人对婚姻的社会态度是, 有人要它, 有人不要它。

很难对美国人的社会关系和习俗提供一种精确的指导,因为具体情境会有很大的不同。由于我们只是在做自己认为正确的事情, 外国人可能无法准确界定(pinpoint)我们的习俗,并找到一种舒适的方式来适应我们的做法。所以,如果一个美国人没有满足你在自己国家会对朋友怀有的期待,不要假定他(她)不喜欢或者不尊重你。否则的话,你就可能不必要地切断了一段友谊,失去了这一友谊本可提供的东西。相反,你应该将问题归结到(chalk it up)文化和社会差别,继续致力于友谊的维护。

外国人很有必要去努力理解(get a handle on)美国人如何看待关系,这样你就能够扩大和我们的友谊。以下是一些你应该记住的有关美国人的社会因素,这些因素可以帮助你更好地理解我们友谊的形成和维持过程。

- **亲切友善**——在有些文化中,除非你得到了适当的介绍否则很难和别人交上朋友,要得到别人的接受可能需要一个很长的时间。所以,许多外国人对于自

己能立即得到美国人的接受感到惊奇和喜悦,美国人可能更愿意就广泛的主题与你展开讨论(open),而不像在某些文化中成长起来的人那样最初总是显得比较保守。

- **随意性**——与一些外国文化不同,美国人在他们一生中可能搬家7—10次,频繁变换就读学校和工作,参加各种各样的志愿者组织,改变爱好兴趣。因此,我们学会了迅速结交朋友。但是,这种随意性的友谊可能并不具有一些外国人所期待的深刻性。它们很容易结成,也很容易解体。所以,你可能感到,美国人的友谊是表面化的、缺乏真诚。

- **坦率**——在应对问题和冲突时,或者在讨论其他社会可能仅仅与直系家庭成员分享的话题时,美国人喜欢采取坦率的态度。要面子的概念在美国不像在亚洲等许多其他文化中那么重要。我们主张实话实说。尽管如此,在我们的讨论中, 也还是存在着某些被有的美国人视为私密因而应当谨慎涉及的领域,如个人的财务、年龄、宗教信仰、性行为和政治观点等。

- **卫生**——大多数美国人很强调个人卫生习惯,而这也能够影响人际关系。因为我们对身体的气味很敏感,就使用形形色色的化妆品,如沐浴液、香水、除臭剂和漱口水,并且通常每天都会洗澡和换衣服。在按照美国的标准其他人似乎不讲卫生时,我们就会感到不快(turned off)。我们也对那些有着令人烦恼的习惯的外国人做出否定性的反应, 如在喉咙里很响地吸痰然后再吐出来,或者在公共场所挖鼻子。

- **不拘礼节**——只要不侵犯到其他人的权利,美国人在个人表达方面比较灵活。这种不拘礼节反映在不同年龄和地位的人之间的随意关系。因此,与一些文化相反,美国人通常用名字相互称呼,即使我们只是刚刚被介绍认识。

- **匆忙**——在美国的生活一开始似乎显得很匆忙。通常我们对时间是很敏感的,所以守时对许多人来说很重要,即使朋友之间也是如此。这种对时间的关注也可能使得我们在遇到耽搁迟到的现象时显得不耐烦和唐突。

- **独立**——美国人力图做到自治和自立。我们更多地将自己视为个体而非国家、社区和家庭的一员,不喜欢依赖于其他人或其他人依赖于我们,朋友也包括在内。外国人对此必须加以注意,不要将我们的这种态度和信念视为以自我为中心或者不友好的。

- **隐私**——一个美国谚语说:"朋友像琴弦,不能拧太紧。"因为我们珍惜隐私和独立，所以宁愿自己去做一些事情而非寻求帮助。美国人可能感到，如果我们要求太多的帮助，就利用了他人的隐私。结果，美国人往往也期待其他人不要利用我们的隐私。

- **朋友和亲戚**——在印度这样一些国家中，朋友和亲戚可以突然来访（pop in），主人会中断一切（drop everything），高兴地与他们待在一起。在美国，似乎颇为友好的邻居也可能从不登门访问。如果他们要登门访问，因为大家都很忙，就需要预先正式约定。所以，外国人或许会对美国人这种一心专注于工作的态度感到不爽。但是，一旦进入美国的职场以后，新来者经常最终会对朋友和亲戚采取同样的做法。

- **男女同性恋关系**——按照最近的一份调查，美国成年人中的3.5%将自己视为女同性恋者、男同性恋者、变性人或两性人，而其中两性人稍微多一些。50%的美国人相信，同性婚姻应当被法律承认有效，具有同传统婚姻一样的权利。48%的人则说，这种婚姻应是不合法的。在另一项调查中，只有1/3的人赞同修改美国宪法以使同性伴侣的婚姻不合法，而3/5的人主张各州应当就同性婚姻问题制定自己的法律。（这又是一个州的权力的问题。）同时，超过2/3的人赞同允许公开自己的男同性恋者和女同性恋者身份的人在军队服役。由于奥巴马政府抛弃了掩盖秘密的"不问不说"的旧规则，这一主张已经得到了实现。奥巴马政府还宣布，对于那些将同性行为视为犯罪并虐待同性恋者、两性人或变性人的国家，对于无视任何对他们实施的迫害的国家，美国将采取反对的立场。（这里又有个人权利的问题。）

因为这些和许多其他的文化差异，外国人不应像对待其本国人一样判断美国人的社会行为。否则，他们就会失去友谊。他们个人也不应实行美国人的做法，只要接受便可。错过建立更紧密关系的机会的经常是美国人。

在理解了上述有关美国人如何对待友谊的背景之后，接下来就可以讨论我们的友谊怎样才能浪漫地从约会发展为订婚直至结婚。这或许是一个你或你的美国朋友将遇到的过程。

约会和求婚

就像你可以预料到的，在美国人的关系中，存在着发生各种各样的恋情的可能性。其模式都不是固定的,而且它正在经历着迅速的变革,以致在各个世代、地区和伴侣之间都有着不同的含义。

美国的约会与其他一些国家不同。比如,在印度,与异性的自由结合是受到限制的,西方意义上的约会基本上是受教育的城市精英间的事情。在法国,一开始约会就带有更多的承诺。我们则可以同时约会许多人,直到与其中一人确定了情侣关系。有的美国妇女抱怨说,与美国男士不同,她们的法国男友在没有约会的日子里依然是遥远的,难得听到其消息。我的中国学生说,如果一个女孩让某个男孩知道自己对他感兴趣,这是很不合适的,我听了之后颇为吃惊。

以下是一些你会听到美国人使用的关于约会的词语:

- **Boyfriend和Girlfriend(男朋友和女朋友)**——从谈情说爱的角度分析,在美国,当你声称某人是你的男朋友或女朋友时,你或许是在表示自己没有与其他人进行约会。但是,与美国不同,在其他的文化中这一术语可能并不意味那么严肃的关系。如果没有涉及恋情,我们将自己与之约会的人称为"male friend"(男性朋友)或"female friend"(女性朋友)。

- **Dating(约会)**——这是一对男女在一起度过一段时间以便促进相互了解的过程,通常会是到餐厅这样的公共场所,有些人也把这叫作going out(外出)。

- **Hanging Out(出去)**——以一种与恋情无关的随意或放松的方式一起度过一段时间。

- **Hooking Up(交往)**——这个术语主要取代了dating,但是又有一个重要差别,它有性的含义。

- **Lover(恋人)**——这意味你和他(她)发生了性的关系,无论你们的关系是否具有严肃性和情感依恋。由于上学期间在时间和金钱方面存在的压力,美国大学里一个新出现的趋势是使用这种方便的"恋人"关系,它没有那种与承诺性关系联系在一起的感情和财政上的要求。

- **Seeing someone(在恋爱之中)**——你已经与某人约会了一段时间,你们的关系正在变得正式起来。

- **Significant other(重要的人)**——你与之保有长期性关系的人,如配偶或恋人。它的一个更为通俗的说法是main squeeze。

- **Steady(关系固定的情侣)**——这是说你稳定地只与一个人约会,而不再有其他人。你可以将这个人称为你的"steady"或者说你们正在"going steady"(成为关系稳定的情侣)。

（1）**开始约会**——在伊朗，10多岁的男女青少年是被隔开的，约会是违法的，直到到了结婚年龄才可以。在日本和韩国，大多数高中生是不约会或者不出去参加聚会的，因此他们一般要在进入大学以后才开始约会。在中南美洲，年轻人要到15岁才被允许约会。但是，在美国，我们的年轻人大约在15~16岁的时候就开始约会，先是通过参加男女混合的集体活动，以后就带着一个异性伙伴参加。只有当自己的孩子仅仅约会同一个人、在小小年纪就变得认真起来时，父母才会表示反对。不过，夏威夷一个19岁的导游说，她的妈妈禁止她进行约会。

（2）**邀请某人外出**——邀请某人外出意味着请求约会。男性往往比女性更多地发出参加舞会、看电影和开展其他活动的邀请。但是，与我们30年前的社会习俗相反，如果一位女士要求一位男士外出，这也是可以接受的。大多数男士不会认为这么做的女士过于自信武断，这与某些文化不同。如果男性邀请，通常他会支付约会产生的费用。如果女士邀请，男士可能也会这么做，除非她主动提出付账，或者每人支付自己的费用，即我们所谓的AA制（Dutch treat）。这一安排经常为财力有限的大学生使用，或者为要强调自己独立的女子建议。

（3）**约会中的平等**——许多约会的美国人喜欢在他们的关系中维持平等性。在日本和韩国，男士发起约会并为此支付费用；在俄罗斯，女士从不会想到付账。美国则不同。在究竟去哪里、谁开车、谁付账等问题上，男女双方分担权利和责任。（这又是一个你在本书中经常听到的平等问题！）如果你正在与一个美国人约会，一定要记住平等这个词。对你们的约会，你可以随意表示疑问或提出建议和意见，无论你是男士还是女士。你会因此受到尊重。

（4）**公开表示亲昵**——在大部分西方世界，如欧洲、澳大利亚、新西兰、加拿大和美国，我们都可以看到人们在大庭广众之中牵手、拥抱和接吻。但是，在南非，任何在16岁以下的人参与公开示爱都是违法的；在印度，这是一种刑事犯罪；在巴基斯坦，这么做的一对男女伙伴会遭到逮捕；在韩国，此种行为也是不适当和不可接受的。要注意的是，即使在美国，一个偶然的拥抱或亲吻面颊并非就是对更加亲昵的行为的邀请。这可能仅仅是一种友谊的表示。在一对男女伙伴彼此都已经变得很认真以后，他们可能在走路的时候牵着手，或在公开场合进行唇吻。不像在你的母国，这没有什么大不了的（no big deal），除非是玩过火了。

提示：在一次我和其他大约20位演员参加舞台剧排练的时候，一对年轻的男、女
　　　演员经常当着众人的面频繁地做出非常亲昵的动作。它使我们都感到不
　　　舒服，分散了我们的注意力。这种在公开场合做出的性暗示行为是不合适
　　　的，在工作场所尤其如此，虽然我们所认为的暗示可能与其他文化的标准
　　　并不一样。所以，请注意（tune in to）我们与异性在一起时是如何保持行为
　　　得体的。

（5）只是做你自己想做的（just be you）——在约会时外国人只需是怎么样就怎
么样，而不要去考虑和一个美国人在一起时应当如何行事。这是我们在表演学校中
学习在观众面前表演时教师所教的首要原则之一。如果演员总是猜想导演要演员怎
么做，就不能最好展示出我们本可以展示的最好一面。你有什么意见和想法坦率地
表达出来。不要总是说你以为你的约会对象喜欢听的东西。如果因为语言差异，你没
有理解对方所说的某些内容，就讲出来并要求澄清，不要因此感到难堪（在有些文化
中这很普遍）。简而言之，只是做你自己想做的。

（6）约会的安全——因为新来到美国的人难以在一种陌生文化中读出微妙的身
体和口头的暗示，有关的顾问建议，对约会感兴趣的外国人最初应坚持集体约会或
两对男女一起约会（double-dating）的形式。那样他们就可以新认识一些人，并可以
从信任的朋友那里得到建议。在学校、教堂和社区的约会是比较安全的，因为那是集
体活动并（或）有成人的监督。愉快的初次约会有可能是一次咖啡约会或者某种公共
活动，时间上不要晚于下午3点左右。这会使得女士能在一个安全环境中更多地了解
她的约会对象，更自在地与其相处。以下是有关顾问就如何使得约会更为安全提出
的另外一些建议：

- **感觉糟糕**——如果你对约会感到不舒服，就把礼貌放在一边，直接回家。如果
  你没有开车，就叫出租车或者让朋友来接你。
- **饮酒**——与有些国家不同，对美国人来说，饮酒不是一种必需的礼仪。但是，
  我们的一些大学生确实有着这样的问题：由于有生以来首次喝多了酒精饮
  料，有可能做出与平时不同的行为。[1]

---

[1] 参看关于习俗和礼仪的G章。

- **驾车**——在第一次约会时自己开车到目的地去。这样就能随时离开。

- **麻醉药**——很不幸的是,在美国和其他国家都发生过利用约会进行强奸的事情,即将麻醉药投入约会对象的饮料使其失去知觉从而施暴。因此,绝不要让一杯饮料超出你的视线。如果你去洗手间,或者将饮料随身带着,或者回来时再点一杯饮料。有的女子点了原装的罐头或瓶装的软饮料或水,并亲自打开它们。

- **网上约会**——对于通过互联网安排的约会要小心谨慎。我们经常听到有关这类最终陷入麻烦的约会的故事。有些约会网站在其广告中说得天花乱坠,但是实际上只是要你的钱。可以问问朋友是否有通过某个特定网站取得成功的经验,或者查找互联网博客上对它们的评论。

- **背景核实**——一些网络公司可以对个人做背景调查,[①]包括当前地址、电话号码、地址变动历史、破产记录、民事判决、财产扣押、犯罪背景记录等。

- **金钱**——如果一个约会对象要向你借钱,或者使用你的信用卡,不要与之纠缠,设法迅速脱身。

- **个人信息**——不要告诉初次约会对象你的住址、工作单位,或者电话号码,直到你在此后的约会中对他(她)有了更好的了解。也不要对一个初次约会对象泄露你的社保号码,或让他(她)看到你的驾驶证以及有你地址的账单。

- **告诉某个人**——在赴约之前,告诉你的室友或朋友你会和谁在一起,去哪里以及何时回来。

(7)**职场约会**——一份调查表明,大约60%的上班族都曾尝试(take a shot at)某种职场恋情,这是一个引起一些雇主担心的问题。有617家公司就一份关于它们对职场约会的政策的调查做出了答复。其中,72%的表示并没有一项书面政策;14%的说他们的职场有一项非书面的但是很好理解的规范;13%的声称确实没有一项政策。一位人事顾问说,如果一位雇员的行动造成了工作群体的分化,使它丧失了效率,或者如果一位雇员正在做可能使公司感到难堪的事情,他(她)的工作就会处于危险之中。这位人事顾问补充说:"如果你在单位正在发展某种关系,而这种关系可能引起别人的嫉妒或怨恨,或者被认为会分散单位的注意力或对他(她)造成潜在的威胁,你最好结束那种关系,或者以绝对的谨慎处置这种关系。波音公司和惠普公司的某

---

① 见:www.ussearch.com。

些头头没有做到这一点,结果他们被解雇(canned)了。

　　另一方面(on the opposite side of the coin),也有大量例子表明,许多成功夫妇的恋情就是开始和繁盛于在同一公司工作期间。比尔·盖茨和梅琳达·盖茨(Melinda Gates)相识于梅琳达从1987年开始在微软工作期间。他们在1994年结婚。奥巴马总统曾作为一个实习生为他未来的妻子米歇尔(Michelle)工作,她当时是芝加哥一家律师事务所的合伙人。他们在1992年结婚。

　　我的建议是,在工作的所有方面,你都应当是职业性的。

　　(8)餐桌约会——美国人在约会时喜欢去餐厅。关于食品和用餐的O章会讨论用餐礼仪,但是你还应该知道一些基本的餐桌约会原则。要坦率告诉约会对象你喜欢吃什么。比萨饼约会可能就是你所要的全部,而不必穿戴整齐地(doll up)到另外一个什么地方去吃正餐。在一家好的美国餐厅,领餐员会护送男士和女士到一张餐桌边,为女士拉开一把椅子请其就座。因为这不是有些文化中的礼仪,有的女士会坐到另外的位置上而不是打算请她坐的位置。如果领餐员没有拉开椅子,她的约会对象应该去做。

　　可随意地问你的约会对象推荐吃什么。男士应该首先问约会对象想喝点什么,然后为其点好饮料。与一些指望每个人都要喝酒的外国习俗不同,如果你的约会对象喝酒精饮料而你却不,这没有问题,或者反过来也一样。

　　(9)男性行为——在约会时,男性应当如何做才能行为得体?按照有关顾问所说,以下是一些对美国的女性具有吸引力的绅士行为:

- 信心——美国的女士喜欢自信的男士,但是在自信和某些文化中的男性所显示的傲慢、狂妄与支配感之间有一条清楚的界限。自信是一种态度,表明"我将尽力做好这件事情"。

- 门——在上车或下车时,一些男士会走到乘客的这一边,为女士打开门。这一做法现在不像过去那么重要,但是仍然是一种高雅的姿态。与有的文化不同,在美国男士要礼貌地让女士先进门,然后自己再进去。这是一位绅士的标志。

- 平等——女士喜欢受到尊重和平等的对待。在做出约会的决定时,要把她当作一位伙伴。

- 感情——女士喜欢愿意谈论自己的感情并对她们的感情衷心感兴趣的男士。

- 鲜花——如果一位男士接一位女士去约会,你应当给她一小束鲜花。这是她很在乎和关心的。

- **父母**——如果你会见女士的父母或室友,要保持礼貌与和蔼。即使这种会见是很简短的,他们会在事后讨论到你,并做出对你的判断。①

- **时间**——要守时。是的,你可能必须等待女士做好赴约的准备,但是你仍然会因守时而得分。

美国的《花花公子》杂志登载过一篇文章,②讨论男士为提升他们在女士心目中的形象可做的一些事情。对自己的约会对象,男士应当:

- **帮助她**——做个绅士,包括愿意为她开门,帮助她穿上或脱下外套,为她拉开椅子。这些表明你是一个她可以依赖和指望的懂事(in the know)男士。

- **可靠**——信守承诺,做个可靠的人。要出现在你说过你会出现的时间和地点。要做你说你会做的事。不要做出你无法兑现的承诺,不要吹牛。

- **分享**——愿意显示一些关于自己的个人信息。无须暴露任何事情,但是不要使你的约会对象产生你在保守秘密的想法。

- **侍应生**——对服务人员(侍应生、店员等)要耐心,因为你的约会对象将会注意你是如何对待这些人的。据我的观察,一些外国人在这方面是有所欠缺的,这又是一个文化问题。与欢迎你的服务人员要作眼神交流。你对待他们的态度反过来会影响他们为你提供的服务。

(10)**女性行为**——在约会时,女士应当如何做才能行为得体?最近的一份杂志调查列举了女士最吸引男性的那些方面。个性(社交场合具有吸引力的品质)居于首位,接下来是漂亮、幽默感、微笑、智力,最后是腿部(对的,是腿部,你要当心)。

男士欣赏坦率地表明自己的意见和感情的女士,但是她们不能过于强势。一些外国人有着一种文化习惯,即可以从容不迫地表明他们不要什么,但却难以说清他们确实要什么。这会使得别人发狂,他们会咕哝说:"你饶了我吧(give me a break)!"要学会说你想要的。专家们还提出了以下的建议,其中一些可能与你自己国家的习俗不同:

- **男朋友**——不要与他讨论你过去或现在的男朋友。

- **给他打电话**——如果你曾经给一位男士打电话邀请他外出而遭到拒绝,就告诉他如果将来想见面可以给你打电话。然后不要再给他打电话了。

---

① 复习在关于习俗和礼仪的 G 章中所介绍的谈话技巧。

② 见:www.playboy.com。

- 门——如果你要一位男士给你开门，就停在门口给他一个开门的机会。如果你并不在乎这一问题，就走在前面自己开门。他会因此赞赏你的坦率。

- **服饰**——在约会时不要穿得过于朴素，也不要过于讲究。一些外国女士不知道怎么为约会选择正确的服饰。如果你不能确定在这种场合穿什么合适，可以问问与你约会的男士。如果他计划打领带，你也应该打扮起来（dress up）。 [①]

- **鲜花**——一位接你出去约会的男士可能给你带来了鲜花。在你们俩将花插在你的花瓶中的时候，要对他表示礼貌。但是，如果是你去接他，就不要指望花或礼品了。是的，我们确实有着双重标准，但是在我们的平等文化中这种情况并不多见。

- **他的过去**——不要打听约会对象的私事，如过去的女朋友、工资的多少等。另一方面，要通过询问非私事性质的问题，显示出对他的某种兴趣。不要让谈话都是关于你的内容。

- **化妆**——与约会对象在一起时，不要老是对着镜子看你的妆容和发型，否则就是送出了一个信息：这些事情比他更重要，以及你缺乏自信。

- **气味**——只使用少量的香水或完全不用，因为美国人对气味很敏感。

- **运动**——有些家伙喜欢谈论运动。所以，你要特别注意关于运动的N章。问问他喜欢的运动队和运动员是谁以及为什么喜欢他们。你可以告诉他一些有关你自己国家的运动的事情。但是，如果你不喜欢运动，就坦率地这么告诉他，没问题。

- **账单**——如果是你邀请他出来的，在要结账的时候就提出由你来埋单。他可能拒绝你的提议，由他来付账，你可以给他这个选择，或者你们干脆各付各的。

- **时间**——要守时。

- **步行**——让你的约会对象走在人行道靠马路的一侧。

在约会结束的时候，就是否希望再和他见面做出某种表示。你可以说："今天过得非常愉快，让我们一定再次见面。"或者，你可以就另一次见面提出具体建议，如："今天很高兴。明天晚上有一场关于过去完成进行时的英语语法讲座，大约4个小时，你愿意与我一起去吗？"换而言之，你的约会对象希望知道约会大门已经对他关上还是继续开着。如果你不想再和他进行约会，就对他带你出来礼貌地表示感谢，但

[①] 有关着装和外表的O章将讨论不同场合的穿着问题。

是不要说更多的话。大多数小伙子会理解你的信息的。

> 提示:就像女士喜欢自信的男士一样,大多数美国男性也喜欢自信的女性。如果
> 一位女士因为羞却而不能很好地表达自己的意见,就像一些外国人似乎
> 表现出的那样,她就无法打动大多数美国男士。另一方面,如果她显得是
> 控制型和支配型的,也无法做到这一点。你要努力在两者之间取得很好的
> 平衡。

(11)异族约会——美国一位有名的既失明又失聪的教育家海伦·凯勒(Helen Keller)曾经说过:"教育的最高结果是宽容。"在接受异族婚姻方面,美国正在接近于一致。在过去的一个世纪中,异族婚姻从非法演变成为一个道德上受到限制的**禁忌**(taboo),再发展为不同寻常的现象。随着时间一年一年地消逝,它也就变得不那么罕见了。例如,现在有86%的人赞同白人和黑人的婚姻结合,1958年这一数字是4%。

皮尤研究中心的一项研究发现,2010年,美国登记的婚姻有15%属于异族之间的结合,其中包括白人和拉美裔人的(43%)、白人和亚洲人的(14%)、白人和黑人的(10%)。1980年时这一数字是3.2%。在1967年最高法院禁止了建立在族裔基础上的婚姻限制以后,族群关系得到了改善。少数族群的人、年轻成年人、受过高等教育的人以及生活在西部和东北部的人更有可能认为,异族通婚是社会的一个积极变化。就像前面几十年一样,拉美裔人和亚洲人依然最有可能与不同族群的人结婚。

> 提示:关于异族爱情的经典电影包括音乐片《南太平洋》(South Pacific,1958)和
> 《猜猜谁来吃晚餐》(Guess Who's Coming to Dinner,1967)。《黑崖喋血记》
> (Bad Day at Black Rock,1955)讲述了一个小镇对日本裔美国人的偏见。

在我被问到外国人约会美国人的问题时,我的回答总是这样的:"不要担心。做你自己和为你的身份感到骄傲事情。为你的传统感到骄傲事情。做你想做的,而不是做你认为其他人觉得你应该做的。"作为一个民族,我们对其他人正在变得越来越包容。但是你仍然会发现一些并非如此的人。我认为这是他们的问题而不是你的问题。

提示:我有一个极好的美国黑人朋友,他与一位瑞典裔的白人女士结了婚并有
　　　两个漂亮女儿。他告诉我,他们在大街上听到了来自那些不赞成黑人与
　　　白人结合的陌生白人的消极评论,或者感到了这些人的消极目光。我对
　　　此感到很震惊。他还告诉我,最近在路易斯安那的新奥尔良时,一个白人
　　　售货员无视他的请求去伺候白人顾客。这也使我感到惊讶。如果你是一个美
　　　国大学的留学生,或者生活在一个比较大的城市中,你的环境或许会是比
　　　较自由的,不会经历那种在家庭中发展起来并被世代传递的种族偏执。

　　族群认同和宗教都是在家庭单位中发展起来的个人信仰,要改变它们可能需要
数代人的努力。我有一位第一代韩裔美国人朋友,他不允许19岁的儿子与非韩裔女
孩约会。但是我也有其他的亚裔美国人朋友,他们与异族约会和结婚。如你正在学
到的,在美国我们**各人做自己的事情**,有时候会越出家庭传统的范围。如果你和有
着不同宗教或族裔背景的人在一起感到不自在,最好不要接受与他们的约会,以免
将对方(或你)推到一个难受的位置。另一方面,你也可能通过这样的约会扩大了你
的视野(broaden your horizons)。

提示:一个朋友告诉我他喜欢与美国的亚裔女性约会,但是她们应该是移民,而
　　　非在这里出生和成长的。我听后感到很吃惊。据他说,移民亚裔女性之所
　　　以更吸引人,是因为她们尚未形成一般美国女士具有的锋利一面,行为更
　　　加女性化,没有会对她们个性产生消极影响的态度问题。这又是一个我
　　　们的文化如何影响我们的变化的例子。

　　圣弗朗西斯科的一个亚裔美国人记者研究了亚洲人和美国人的约会关系,以及
为什么一些亚裔美国女子宁可约会白人或者干脆不约会的原因。这种社会现象可能
也与亚裔文化有关。

- 亚裔美国男子太老派,太大男子主义,太矮。
- 亚裔美国男子被认为不善表达、缺乏浪漫、缺少感情,以及只对金钱和物质的
  东西感兴趣。
- 日裔美国男子往往隐藏自己感情,从而疏远了自己和妻子、孩子的关系。

- 传统上亚裔男性在家庭扮演权威角色,这使得一些亚裔美国女性寻求与其他种族群背景的人发展关系。

- 由于亚裔美国女性往往比男性更快地受到了新的文化的影响,她们就有更大动力去适应,以获得更多的权利和自由。亚裔男子则缺乏这样的动力,因为他们在自己的文化中已经获得很大的尊重。

（12）约会和性——如果你和约会对象已经**成为关系相当稳定的情侣**,即专门约会一个人,那么对方就可能从你那里期待某些东西。有关顾问说,你和你的伙伴需要清晰地理解:对于稳定的情侣关系的期待是什么？它的边界在哪里？你要准备表达你的观点。这也适用于在你们的关系中性的作用。当然,无论你们是否已经成为稳定的情侣,性行为都有可能发生,但是在有了"稳定的"伙伴以后,它就变得更加可能。

研究表明,美国75%的年轻人到了19岁时已经有了性交行为。但是,近年来,学生组织和青少年组织正在提倡在结婚以前避免性行为的道德准则。除了宗教和各个家庭的价值外,今天在美国没有关于性的既定规则,这与20世纪60年代以前不同,那时婚前性行为在文化上是遭到反对的。有关顾问认为,如果你和你的伙伴都感到你们的关系已经处于准备从事任何性活动的阶段,你们应首先就此问题展开一些讨论,这将有助于你们了解在减少身体、感情和健康的风险方面可供选用的选择方案。

> 提示:有关顾问说,你需要坦诚对待你自己以及你的信念,还有你的伙伴以及他的信念。不要因为你觉得这是"总归要做的事情"或者这是美国的习俗而被迫发生性关系。艾滋病和其他性传播的疾病是美国人的一大担心。此外,并不需要的怀孕正在上升。如果你选择发生性行为,该顾问建议通过使用避孕套和常识保证安全。避孕套在大多数药房和超市有售。如果你的伙伴拒绝尊重你的担心,你应当避开这一关系。对男性的警告是:一些女性会谎称她们用了避孕药 (on the pill),因此可以不用避孕套。她们将通过这种手段实现怀孕,从而迫使男子与其结婚和在经济上予以照顾。

如果在美国有人违背你的意愿强迫你做爱,那就是犯下了严重的罪行,你应当报告警察。在世界的许多地方,婚姻被解释为授予男性可以无条件地对妻子实行性接触的权利,以及必要时可以通过武力强迫实施这种接触的权利。因此,许多女性同意做爱，即使她们并不想这样。例如，在菲律宾的西维沙雅地区，有2/5接受调查的已婚女子都说，她们不敢拒绝丈夫的性提议，因为这经常会招致丈夫的殴打。**在美国，女性，无论结婚与否，不管是出于什么原因都可以拒绝性行为，她的愿望必须得到尊重。如果为此遭到殴打，她应当报告警察。这是一项严重的罪行。外国人如果被发现犯下了这种罪行，可能遭到驱逐。**

　　提示：密西根大学的网站讨论了许多与性有关的健康问题。[①]你只要点击Safe Sex，
　　就会了解性传播的疾病和实现性安全的窍门。

（13）同居——当性别不同的两个未婚人士生活在一起，我们就称之为同居（co-habitation，living together，或者俗称的shacking-up）。在今天的美国，大约2/3的人选择在结婚（或分手）以前先与情侣居住在一起，而在20世纪50年代，只有10%的人这么做。在英格兰这一数字是70%，在丹麦和瑞典是90%。尽管在多元化的美国这一做法已经变得流行起来，还是要注意，有人知道你在与人同居后可能会用负面的目光看待你，或许你的雇主也是这样。

选取了这种生活方式的情侣所做的解释是，它经济节约，可以使双方更好地相互了解。然而，耶鲁大学的一项研究的结论是，曾经同居的女性婚后分居和离婚的可能性要比没有同居的高出80%。另一项研究发现，那些完全不愿结婚的男子的一个重要理由是，同居可以使他们享受与一位女子一起生活的好处而又不用承担责任。你可能听到反映了这种想法的一个谚语：在你可以得到免费牛奶的时候，为什么还去买一头母牛呢？

订　婚

在一对情侣已经约会了一段时间并得出希望最终结婚的结论时，他们可能首先订婚（engage）。订婚到结婚要经过一段时间，一般是6个月到1年，但是这并不是固定的。订婚之后要很久再结婚的做法已经变得相当普通，特别是如果这对情侣很年轻，正力图完成学业或为婚礼存钱的话。当这一对情侣订婚了，就是每一方都保证把约

---

①　见：www.uofmhealth.org/health-library。

会限制在彼此之间。如果你或你的美国朋友可能订婚,有些事情你是应当知道的。

(1)**求婚**——通常男方会问女方是否愿意嫁给自己,我们把这称为求婚(proposal)。传统的做法是,他将单膝跪地,打开戒指盒,然后求婚。一种比较非正式的情况是,一对伴侣可能讨论结婚的事,结果双方仅仅同意先订婚。以前,男方先要问女方的父亲是否同意他们的婚姻。如果后者反对,订婚就无法进行。今天,大多数情侣是首先订婚然后才将此事告诉父母。在有些家庭结构中,即使遭到父母的反对子女可能还是要结婚。这与某些更加正式的程序完全不同。例如,在菲律宾,新郎和他的家庭可能要访问新娘的家庭,以取得对方的允许并讨论婚礼的计划。

偶尔,媒体会报道说,一位男士在一场体育比赛开始以前当着成千上万人的面求婚。其他的"浪漫"求婚也可能发生在女方的工作单位,她的所有同事都成了见证者。人人都可看到的大的室外广告牌和飞机拉着的横幅也被用于求婚。在求婚这件事上,美国人的创造性是没有止境的。所以,如果你经历了一幕在你的国家可能会被视为怪异的求婚场景,请不要感到吃惊。

一旦订了婚,男方就被称为未婚夫(fiancé),女方被称为未婚妻(fiancée)。他们的发音是一样的,尽管拼写不同。(是的,这又是我们的"疯狂"英语从法语借来的两个单词。)

(2)**选择戒指**——通常一对情侣要为未来新娘选择两枚戒指——订婚戒指(engagement ring)和结婚戒指(weding ring),为新郎选择一枚结婚戒指。就像美国的所有事情一样,在结婚戒指的问题上,我们也喜欢做出自己的抉择。女士和男士都可以选择不戴婚戒。根据经济状况,一对情侣可以决定放弃订婚戒指,只要在结婚的时候有一枚结婚戒指即可。订婚戒指可以在订婚被宣布以前由情侣一起挑选,也可以由男方挑选,如果他想使未婚妻感到惊喜的话。通常,结婚戒指可能是简单的扁平戒指,而给女方的订婚戒指则可能带有钻石,时下的平均价格大约3500美元。

(3)**结婚之前的晚会**——在有些文化中会举行订婚仪式,如日本的接纳(yunio)仪式,借此订婚得到了正式的确定,双方象征性地交换礼物。在美国,我们就不那么正式,但是有些订婚的情侣可能通过一个订婚晚会(engagement party)加以庆祝,在晚会上双方的家庭和朋友相互进行介绍。至于谁举办晚会并无一定规则。它可以是非正式的,如后院里的烧烤野餐。它也可以在宴会厅正式举行。在订婚晚会上,客人不一定要送礼物,但是如果送了那是一个很友好姿态。

结婚之前,新娘的闺蜜通常会举行一个新娘送礼会(bridal shower),送她许多礼物。一般来说,这种送礼会只有女士能够参加,但是有时新郎及其朋友也会受到邀请。它会有一个主题(theme),据此可以根据某种特别需要选择礼品,如厨房礼品、浴室礼品、美食礼品或个人礼品。

新郎的男性朋友也可能在其新婚前夕为他举行一个单身汉舞会(bachelor party),女士将不会受到邀请。

> 提示:*汤姆·汉克斯*(Tom Hanks)*年轻时候主演的喜剧电影*《单身汉舞会》(*Bachelor Party*, 1984)*讲的就是这样一个聚会。它探索了不忠于未婚妻的诱惑。*《宿醉》(*The Hangover*, 2009)*是一个类似的电影,写新郎的朋友们在拉斯维加斯为他举办的单身汉舞会。经典的浪漫电影还有*《一夜风流》(*It Happened One Night*, 1934),*《金玉盟》(*An Affair to Remember*, 1957),*《当哈里遇上萨莉》(*When Harry Met Sally*, 1989),*《西雅图不眠夜》(*Sleepless in Seattle*, 1993)。*

婚　礼

你的美国朋友可能邀请你出席或参与他(她)的婚礼仪式。以下内容会使你对仪式以及或许你可能要扮演的角色获得必要的理解(heads up)。

婚姻开始于一个将未婚夫妇结合在一起的、称为婚礼(wedding)的正式仪式。在有的文化中,婚姻涉及财产从父母向结婚子女或者从一方父母向另一方父母的正式转让。在美国不存在这种被叫作嫁妆(dowry)的财产的正式交换,婚姻被认为建立在爱而非财富或财产的基础上。1961年印度已经宣布嫁妆是非法的,但是新娘仍然会被期待带着黄金进入婚姻,这也是一种形式的嫁妆。在有些国家中,婚姻是由父母安排的,被视为两个家庭的结合。在美国,它更多的是一对情侣的结合。

婚礼可以只是由未婚夫妇本身出席,也可以有数百位客人出席。经常是婚礼的昂贵价格限制了出席者的规模。一旦婚礼的日子确定之后,新娘或她的家庭就会向两家选择的客人发出婚礼请柬(wedding invitations)。

中国和越南的未婚夫妇可能要查皇历以决定哪天是结婚的黄道吉日。在乌克兰的敖德萨,我在周五看到大量的婚礼,我知道这会给新婚夫妇更长的蜜月期。在美国,强调实用性的优良传统仍然占据支配地位,因此选择婚礼的日子还是从方便出发。每年的6月是最流行的结婚月，因为学生刚刚毕业，或者在他们的大学学习与工作之间正好有一段间隙，此外这个时候整个美国的天气都是很宜人的。

与亚洲、穆斯林以及其他的国家不同，美国大多数的女性采用她们丈夫的姓。今天，不这么做的女性不到8%。20世纪90年代这一数字是23%，当时经历了20年的美国妇女人权运动正是达到了高潮（full swing）。有的女性也选择在原来的姓（maiden name）和"新"的姓之间加一连字符号。

（1）婚礼的类型——我们的婚礼仪式既有非正式的，也有正式的；既有宗教的，也有世俗的。宗教仪式在传统的宗教场所进行，由神职人员主持。我们的每种宗教都有着颇具特色的婚礼习俗和仪式。另一方面，有些情侣宁要世俗婚礼仪式，这种仪式会在商业结婚教堂或招待大厅、家里、法院或政府办公室举行，由法官或政府办事人员主持。它可以比较简单，开销不像更为正式的婚礼那么大。

正式的婚礼已经变得很昂贵，平均达到2.6万美元。这包括牧师、教堂或大厅、食品、邀请、结婚礼服等各项费用。与婚礼招待的费用通常由新郎支付的中国和中东国家不同，在美国往往是新娘的家庭负责婚礼的主要开支，除非新婚夫妇年纪较大，可以依靠自己。但是，我们的新郎要支付牧师或主持婚礼的人员的费用，以及为将要参加结婚仪式的双方父母和其他出席者举行的**结婚预演晚宴**（rehearsal dinner）的费用。有些新婚夫妇和他们的父母可能选择平摊费用的做法或做出其他的安排。你可能正在形成这样一种印象：就像来北美奠基的移民先辈一样，我们愿意讨论如何把事情做好而不只是依靠传统。

如果一对未婚夫妇决定不举行正式的婚礼，他们也可以采取出走（elope）的办法，即选择离开当地，通常通过一种世俗仪式结婚。许多人为此去西部赌城**内华达州的拉斯维加斯**。它也被称为世界婚礼之都（the Wedding Capital of the World），拥有每年可以举办12万场婚礼的100个婚礼教堂，其中一些收取的费用是从100美元开始。甚至像摇滚明星**埃维斯·普里斯利**（Elvis Presley）、**歌手及演员法兰克·辛纳屈**（Frank Sinatra）这样一些名人都是在那里结的婚。

（2）传统的结婚仪式——在一场传统的结婚仪式上，**新娘**的父亲从房间或者教堂的后面护送她经过坐着的宾客，走向前面等着的牧师或官员，新郎也站在那里。这时音乐会奏起。新娘（bride）通常身着白色。鉴于购买婚纱所需的不菲费用，有些新娘也会采取租用的办法。新郎（groom）和伴郎则穿着可能也是租来的燕尾服。与新郎一起站着的是拿着新娘婚戒的首席伴郎（the best man）与拿着新郎婚戒的首席伴娘(matron of honor)。其他的出席者经常包括捧花的伴娘(bridesmaids),以及引座员(ushers)或伴郎(groomsmen)。后者是新郎的朋友,在婚礼开始以前负责把客人带到他们的座位上。在基督教的仪式中,新娘的朋友和亲戚传统上坐在左边,新郎的则坐在右边。在犹太教的仪式中正好相反。

在新娘面对她的准丈夫站着准备交换誓言时,**仪式**正式开始。在有的情况下,准夫妇事先为婚礼写好他们自己的誓言,但是传统上牧师会问新娘和新郎,是否他们愿意无论好或坏、富足或贫穷、健康或疾病都会爱对方、尊重对方、珍惜对方,直到死亡将彼此分开。他们对此的回答是"我会的"(I do)。①

(3)**结婚宴会**——在结婚仪式之后,习惯上会举行婚宴(wedding reception),朋友和家人聚集在一起吃喝、跳舞以及向新娘和新郎祝酒。有时,他们会和父母站成一排,向每位进入宴会厅的客人表示欢迎和感谢。

有时候宴会会采用自助餐的方式,有时候则采用坐下来并有人提供服务的方式。在宴会要结束的时候,新婚夫妇会将婚礼蛋糕切开,然后与客人分享。蛋糕的顶上是新娘和新郎的人形,它们将成为新婚夫妇的纪念品。那些参加宴会的人可以在一本新婚夫妇将终身保存的来宾簿(guest book)上签名。

宴会参加者可以带上礼物,在宴会期间将它们放到指定区域。但是更合乎礼节的做法是在婚礼以前送给新婚夫妇。许多新人喜欢使用零售商提供的新娘登记单(bridal registry)服务,它说明了新娘最希望收到的礼物。现在日本也采用了这种方便的办法。

在宴会上,美国新娘可以将她的花束向后投给一群单身女子。据说,抓住了这一花束的女子会是下一个要结婚的人。新郎将新娘的吊袜带从大腿上取下来,将它抛向一群等候的单身男子。抓住它的被认为就是下一个要结婚的男士。有时候首席伴郎和其他的出席者会用一些东西秘密装饰新郎的汽车,如写着"刚刚结婚"之类的话的纸条以及被绑在后保险杠上的罐头、旧鞋之类的东西,以宣布新婚夫妇的婚姻。另一个传统是当新人在仪式结束后退场时将稻米抛向他们。

(4)**蜜月**——办完婚礼之后,新婚夫妇经常离开朋友和家庭出门度假。这可能持续几天乃至几周,要视他们的财力和时间而定。有的父母可能作为礼物送新人一个

---

① 直到20世纪70年代,在向新娘提出这一问题时,"珍惜"(cherish)这一词才取代了原来的"服从"(obey)。它反映了在20世纪的最后30年美国在与女性有关的文化方面取得的进展。

蜜月旅行。美国人最喜欢的度蜜月的场所有夏威夷、加勒比海和墨西哥。纽约州的**尼亚加拉大瀑布**是一个传统的蜜月目的地，在那里每分钟有3160吨的水飞流而下（关于这一瀑布的一个有名电影是《尼亚加拉》(*Niagara*)，由**玛丽莲·梦露**(Marilyn Monroe)主演。美国的一些旅馆就有专为新婚夫妇设计的浪漫的蜜月套间(honeymoon suites)，但是并非只有他们才能使用。

> 提示：我们有一个说法："蜜月结束了"(The honeymoon is over)。在将它应用到非蜜月情况时，是表明事情回到了正常状态。例如，在我们的新总统就职之后，在白宫和国会之间总是会有一段的友好关系，每一方都誓言要和另一方很好配合，将政治丢在旁边而做最有利于国家的事情。但是，经过了几个月，当府院之间的摩擦发展起来、政治姿态又重新恢复时，"蜜月结束了"，事情又重归正常。

离 婚

美国的离婚率在世界上占到第五位，每1000人中会出现3.4件离婚。这等于每两桩婚姻中大约有一件要以离婚结束。由于男性的不忠和对妻子的虐待，俄罗斯现在是世界上离婚率最高的国家，每1000人中会出现5对离婚。这就是一些俄罗斯妇女宁可与外国男子发生关系以及使用互联网进行约会的原因。

调查显示，40%的美国人相信，有效交流的缺乏较多地造成了婚姻或者男女关系的终结。金钱问题是第二个决定性因素，接下来是亲戚或姻亲的干预(14%)、性问题(12%)、以前的关系(9%)和孩子的问题(7%)。

康奈尔大学的一项有趣的研究为健康的婚姻开出了一个处方。他们访问了1200个美国人，其中大多数都在70岁以上，经历了婚姻的各种起伏。以下是他们的一些结论：

- 要与一个很像你的人结婚。在核心价值方面的相似性尤其是幸福婚姻的关键。（外国的传统价值可能会对那些有着不同文化的人之间的婚姻造成问题。）
- 要与你对之有着深厚友谊和爱情的人结婚。
- 不要记分。不要采取认为婚姻必须总是50%对50%错的那种态度，因为你得到的不可能正好是你所投入的。
- 相互多聊聊。长期的夫妻是彼此倾心交谈的人，所聊的是对他们有价值的内容。

- 不要对你的配偶承担义务,要对婚姻本身承担义务。

但是,离婚还是会发生,其程序因国家不同而出现差异。在有的国家,如马耳他和菲律宾,离婚是不允许的,婚姻通过宣告无效而解散。在印度,家庭安排的婚姻仍然属于突出的现象,离婚被认为是不可接受的,所以双方会做出一致的努力解决关系问题,或者便依然处于令人烦恼的婚姻之中。但是,在一半的婚姻是以离婚而告结束的美国,我们并不像50年前那样把离婚视为耻辱,只有在天主教等一些宗教中除外。

如果事情进入法庭审判,离婚可能需要一年或更长时间。由于配偶赡养费、孩子的监护和赡养、财产的分配、债务的分摊等问题,法律过程可能变得很复杂。就像美国的其他问题一样,我们的法院宁可让有关各方通过谈判解决问题而不是将自己的决定强加于他们。所以,美国离婚事件的95%是无争议的,因为双方能够达成协议而无须在法庭上**一决雌雄**(fight it out)。

美国有9个州实行夫妻共有财产原则:亚利桑那、加利福尼亚、爱达荷、路易斯安那、内华达、新墨西哥、德克萨斯、华盛顿和威斯康星。在这些州中,无论是丈夫还是妻子在婚姻期间获得的财产离婚时都要加以平分。离婚率最低的州是马萨诸塞,大都会地区离婚率最低的是纽约市。

在美国离婚率最高的是我们的"世界婚礼之都",即内华达的拉斯维加斯,因为来自全国的夫妇都利用它进行闪电离婚(quickie divorce)。在那里,内华达的居民在短至1—2周的时间中便能实现离婚,而非居民可以通过内华达的短期居住条例在6周加1天的时间中确立居住权(其他州要6个月到1年的时间)。根据全国律师的每小时收费价格,在美国离婚最贵的城市是洛杉矶,其次是纽约,再后是圣弗朗西斯科和迈阿密。

在与你的美国朋友谈话时,名人离婚的题目可能会出现。鉴于我们的50%的离婚率。似乎在名人结婚不久,我们就会听到他们正在办理离婚的消息。有个网站追踪了这些名人分手的故事。[1]

---

① 见:www.whosdatedwho.com。

J 文 学

书店是说明人们还在思考的仅有证据之一。

——杰瑞·宋飞（Jerry Seinfeld），喜剧演员

20世纪有名的作家C.S.路易斯（C.S. Lewis）说："文学强化了现实，而不仅仅是叙述现实。文学丰富了日常生活需要和提供的能力；就此而言，它浇灌了我们生活已经变成的沙漠。"理解我们的文学对你有关美国及其人民的看法可以起到同样的作用。

本章将就那些受到历代人欢迎的主要美国作家及其著作展开讨论。其中一些作品在我们的中学和大学里就是必读的。它们为我们的小说、戏剧和诗歌提供了一个很好的交流话题。你可以选择阅读这里提及的某些著作，看一些以它们为基础的电影，或者只是熟悉一下那些作家的姓名和书名。无论你的选择是什么，如果你在谈话时提及这些作家及其著作，那会给你的美国朋友留下深刻印象。但是，你会发现，并非所有美国人都对此很熟悉。

在我们讨论这些作家和著作时，会提到几个颇有威望的奖项。从1901年开始，诺贝尔奖成了首个奖励在文学方面取得的成就的年度国际大奖，就像奖励在物理学、化学、医学与维护和平方面取得的成就一样。直到1930年，辛克来·刘易斯（Sinclair Lewis）才成为第一个赢得诺贝尔文学奖的美国人。

1917年，一家纽约报纸的发行人约瑟夫·普利策（Joseph Pulitzer）通过向纽约市哥伦比亚大学的捐赠建立了普利策奖。每年的普利策奖授予美国作家所写的书和其

他一些范畴的成果。①唯一得到过普利策文学奖的总统是写了《当仁不让》(*Profiles in Courage*)的肯尼迪。附录6收录了部分赢得普利策奖的小说作家以及他们的著作。如果你在谈话中使用了这些作家的姓名,一些美国人会做出响应。

在外国人阅读这些美国作家的著作时,可能会想起自己国家的作家的名字,在我们的生活中发现了更多的相似性。例如,中国伟大作家鲁迅(1881—1936)的小说反映了他的人民的悲哀、斗争和痛苦。美国作家**福克纳**(Faulkner)、**海明威**(Hemingway)、**霍桑**(Hawthorne)、**梅尔维尔**(Melville)和**斯坦贝克**(Steinbeck)也探索了同样的主题。文学揭示了人类的基本斗争在整个世界范围里是极其的相同。

历史的视角

美国的文学反映了各个世纪以来我们文化的变化。其早期文学在很大程度上使人们想到了被置于**新世界**(西半球)背景下的欧洲风格。然后,在19世纪,随着美国文化的改变,我们的文学也发生了变化。

(1)19世纪——1836年,前牧师**拉尔夫·瓦尔多·爱默生**(Ralph Waldo Emerson,1803—1882)发表了一部题为《自然》(*Nature*)的惊人非小说著作。在这部书中他声称,通过研究和响应自然世界,有可能去除有组织的宗教并实现崇高的精神状态。**亨利·大卫·梭罗**(Henry David Thoreau. 1817—1862)是一位不守传统的人,其激进的作品表现了一种在美国人的个性中根深蒂固的个人主义趋向,这是一种你在本书中已经了解到的现象。在该世纪,随着我们的文学取得的进展,美国也正在发现它的文化身份。

(2)20世纪——20世纪初,当美国在社会方面、经济方面和国际上持续发展的时候,美国小说家的队伍也不断扩大,包括了来自上层社会和底层社会的人士。除了小说以外,该世纪的20年代还是戏剧的丰收时期。直到**尤金·奥尼尔**(Eugene O'Neill,1888—1953)写出了他的剧本之前,美国还没有一位重要的戏剧家。另一位具有突出独创性的美国剧作家是田纳西·威廉姆斯(Tennessee Williams,1911—1983)。他在富有诗意然而却令人感动的剧本中表达了自己的南方传统,写的经常是陷入艰难境地的敏感女性。这些剧本今天仍在上演,其中一些已经变成了走红电影,包括《欲望号街车》(*A Streetcar Named Desire*)、《热铁皮屋顶上的猫》(*Cat on a Hot Tin Roof*)、《春

---

① 见:www.pulitzer.org。

浓满楼情痴狂》(*Sweet Bird of Youth*)、《灵欲思凡》(*The Night of the Iguana*)和《洋娃娃》(*Baby Doll*)。

(3)今天——第二次世界大战之后,美国的主流社会变得可以接受黑人作家的各种声音,乃至最终出现了由其他少数群体成员所写的小说。当前许多处于聚光灯下的人也写书。比尔·克林顿和希拉里·克林顿都讲述了他们的故事。美国反情报机构的前首脑叙述了"9·11"以前小布什政府如何忽视了他发出的有关恐怖主义袭击的警告。这些和盘道出(tell all)的畅销书有很多很多,其中许多都是名人所写。

今天其作品在美国得到广泛阅读的作者包括约翰·格里森姆(John Grisham)、约翰·欧文(John Irving)、斯科特·图罗(Scott Turow)、诺拉·罗伯茨(Nora Roberts)、丹尼尔·斯蒂尔(Danielle Steele)、史蒂芬·金(Stephen King)、丹·布朗(Dan Brown)、苏·格拉夫顿(Sue Grafton)和托尼·莫里森(Toni Morrison)。但是,我们在下面将要讨论的霍桑、斯坦贝克等经典作家所写的书仍然吸引了许多的读者。

杰出的美国作家

中国有一句老话是:"书中自有黄金屋。"[1]与这一明智的评论一致,以下是按照时间顺序选择的美国经典作家以及他们的黄金著作,这些著作涵盖了广泛的美国历史、文化和写作风格。其中许多都是在我们大学英语文学课上必读的。[2]

(1)纳撒尼尔·霍桑(Nathaniel Hawthorne,1804—1864)

霍桑因为他的小说**《猩红字母》**(*The Scarlet Letter*)而获得国际名声,该书被认为是美国文学的杰作。在探查人性的黑暗一面时,他将许多故事都置于**清教徒**的**新英格兰**这一昏暗背景之中,那正是他的前辈生活的世界。霍桑相信,罪恶(就像《猩红字母》中的通奸行为)导致罪人的孤立和更多痛苦,直到他们或者摧毁了自己或者寻求原谅并重新加入群体。

纳撒尼尔·霍桑曾说:"快乐就像是一只蝴蝶。被追捕的时候,它总是超越我们的掌控。但是,如果你平静地坐下来,它可能会落在你的身上。"

---

① 原著作者对"书中自有黄金屋"的理解显然不够准确。——译者

② 其中一些著作可以从网上下载电子版本或订购印刷本,网站有www.Amazon.com 等。

（2）亨利·沃兹沃思·朗费罗（Henry Wadsworth Longfellow，1807—1882）

朗费罗是19世纪出版作品最多的美国诗人。他的许多诗歌至今依然属于美国文学中最为人们所熟悉的作品，包括《**伊万杰琳**》（*Evangeline*）和《**迈尔斯·斯坦迪什的求婚**》（*The Courtship of Miles Standish*）。广受欢迎的短诗有《**乡村铁匠**》（*The Village Blacksmith*）和《**金星的残骸**》（*The Wreck of the Hesperus*）。发表于1855年的《**海华沙之歌**》（*The Song of Hiawatha*）捕捉了他在美洲印第安人身上看到的人道和高贵。①

《**保罗·里维尔的夜奔**》（*Paul Revere Ride*）叙述了里维尔在18世纪70年代美国革命期间于其新英格兰村庄疾驰的故事，为的是向邻居发出英国军队即将到来的警告。②一些成年人可能仍然记得在他们刚上学不久学到的这些介绍性的诗句：

"听，我的孩子们，你们将听到

在1775年的4月18日

保罗·里维尔在半夜的疾驰声；

现在几乎没有一个人还活着……"

（3）埃德加·爱伦·坡（Edgar Allan Poe，1809—1849）

或许坡是我们的第一位创作了大胆的新小说和诗歌的作家。他探索了以前从未得到讨论的人的心理层次，将小说的边界推向了神秘和幻想。坡的故事包括衰败的城堡、禁锢的激情，以及负罪感深重并且精神错乱的罪犯。他的短篇小说《**莫尔格街凶杀案**》（*The Murders in the Rue Morgue*，1841）被认为是首篇现代侦探故事。《**乌鸦**》（*The Raven*，1845）是坡的最有名的诗作。

埃德加·爱伦·坡曾说："诗歌是以词汇对美进行的节奏性创作。"

（4）赫尔曼·麦尔维尔（Herman Melville，1819—1891）

麦尔韦尔因1851年的《**白鲸**》（*Moby-Dick*）成为知名作家。但是，他的许多其他作品也是结合了事实、虚构、冒险精神和象征主义的文学创作。《白鲸》写了一条可能为麦尔韦尔时代的水手都知道的凶猛的白色鲸鱼。捕鲸船的船长在早先与这头鲸鱼的搏斗中失去了一条腿，依然决心要捕获它。《白鲸》是一篇象征主义的故事，鲸鱼代表了宇宙中的神秘的和复杂的力量，船长象征着人类面对自己的极限进行的英勇斗争。1956年《白鲸》被拍成了电影。

---

①　这首诗可以从下述网站上读到：www.theotherpages.org/poems/hiawatha.html。

②　全诗可以在以下网站读到：poetry.eserver.org/paul-revere.html。

赫尔曼·麦尔维尔曾说："生活就是归家的航行。"

（5）路易莎·梅·奥尔科特（Louis May Alcott, 1832—1888）

奥尔科特主要是因为她的小说《小妇人》（*Little Woman*, 1868）而成名。它讲述了在新英格兰地区的一个镇上成长起来的四姐妹的故事，内战期间她们生活贫困以及缺乏父爱，但是显示了勇气、幽默和机智。其中两个姐妹坠入了爱河，而女主角走向了写作的道路。这本书在美国的女孩子中非常流行，在一些中学被列为必读作品。1994年它被拍成了同名电影。

路易莎·梅·奥尔科特曾说："生活就是我的大学，但愿我能够成功毕业并赢得某些荣誉。"

（6）马克·吐温（Mark Twain, 1835—1910）

马克·吐温改变了美国人对于文学的期待，他作品中的人物像真人一样讲话，听起来就是地道的美国人。他使用地区性的俚语和口音。作为公认的美国文学史上最伟大的幽默作家，马克·吐温说："幽默是伟大的，具有治愈性的作用。只要它一出现，我们所有的愤怒和怨恨就会消失，取而代之的是欢愉的精神。"在对生活采取了幽默态度的同时，马克·吐温写到了种族主义、阶级冲突和贫困。他的有关密西西比河的故事在要了解19世纪中期生活的现代读者中尤其受到欢迎。

《汤姆·索亚历险记》（*The Dventure of Tom Sawyer*）是孩子们和成年人都喜欢阅读的经典小说，发表于1870年。这一小说讲述了1861年爆发内战前美国一个小镇的生活。书中的主角汤姆是一个调皮但却善良的男孩，住在密西西比河流域的密苏里。他和他的朋友哈克·费恩碰巧目击了一桩谋杀案，汤姆后来揭发了真正的凶手。①

《哈克·费恩历险记》（*Adventure of Huckleberry Finn*）被认为是吐温的最伟大作品，作为《汤姆·索亚历险记》的续集而发表。一个不能适应环境（misfit）的少年与一个年轻的逃亡奴隶一起乘着木筏沿密西西比河漂流而下。汤姆·索亚再次出现，他的古怪滑稽的动作提供了我们熟悉的吐温式的幽默。在发表之初这是一本引起争论的小说，至今一些人还是因为费恩的粗俗的方式和语言不喜欢它。②

马克·吐温曾说："人类具有一样真正有效的武器，那就是笑声。"

---

①　可以在以下网站免费读到这本小说：www.online-literature.com/twain/tomsawyer/。

②　可以在以下网站免费阅读这本书：etext.virginia.edu/twain/huckfinn.html。马克·吐温童年之家博物馆的网站是：www.marktwainmuseum.org。

（7）辛克来·刘易斯（Sinclair Lewis，1885—1951）

刘易斯的小说因为攻击了他在美国社会中看到的弱点而获得国际名声。1930年，他成为第一个赢得诺贝尔文学奖的美国作家。《**主要街道**》（*Main Street*，1920）一发表就引起了轰动，使他立即成名。这本书对一个典型美国小镇的枯燥与文化的缺乏、其居民的狭隘和自满进行了深刻的讽刺。它的描写十分细致，显示了小说主角在唤醒和改善她的小镇方面所做的无效努力。

《**巴比特**》（*Babbitt*，1922）集中体现了刘易斯对一个典型的小镇生意人的看法。这部作品的中心人物是一个中年的、中产的房地产经纪人，小说叙述了他为摆脱一种"地位稳固的美国公民"的封闭生活所做的徒劳努力。在使美国人意识到他们的国民生活和文化的局限性方面，《主要街道》和《巴比特》所做的可能要多于任何其他的两部文学著作。

辛克来·刘易斯曾说："理智上我知道美国不比任何其他国家更好一些，感情上我知道它比所有其他国家都好。"

（8）F. 斯考特·菲茨杰拉德（F. Scott Fitzgerald，1896—1940）

第一次世界大战以后，菲茨杰拉德的故事和小说抓住了20世纪20年代美国人的焦躁不安、渴望享乐、不顾一切的心态，正是如此心态最终驱使我们的社会进入了30年代的大萧条。菲茨杰拉德是美国爵士乐时代的主要作家，这一繁荣炫耀的年代也被称为喧闹躁动的20年代。菲茨杰拉德既是其所叙述的上层社会生活的主要参与者，又是观察者。这种在他自己著作中得到反映的生活是享乐与悲剧的可悲典型，既表现了年轻人的爱情、财富和成功，又刻画了他们的放纵和失败。在他活着的时候，大多数读者认为他的故事是道德衰败的记录甚至颂扬。后来的读者认识到，菲茨杰拉德的著作有着更为深刻的道德主题。

《**了不起的盖茨比**》（*The Great Gatsby*，1925）是菲茨杰拉德的杰作，也是赋予他在文学领域重要地位的三部连续小说中的第一部。这是一部深刻的道德小说，集中描写了在酒精被非法化的禁酒时代的一个有钱的私酒商，即酒精走私者（bootlegger）。它对菲茨杰拉德在20年代富有的美国社会看到的道德空虚提出了批评。他的第二部小说《**夜色温柔**》（*Tender Is the Night*，1934）叙述了身在欧洲的一些富有魅力的美国人表现出的普遍颓废。这两部小说都被拍成了电影。

F. 斯考特·菲茨杰拉德曾说："赐我一位英雄，我来给你写一部悲剧。"

提示:在与美国人讨论的时候,你可以把一种富有和(或)纵欲的状况说成是"直接出自于F. 斯考特·菲茨杰拉德"。

(9)威廉·福克纳(William Faulkner, 1897—1962)

福克纳表达了一系列的人道关怀,显示了过去——特别是美国南方拥有奴隶的时代——如何在当前坚持存在下去。南方的传统、历史、社会和道德生活是他喜欢的主题。福克纳将奴隶制和种族主义视为萦绕于南方历史的严重罪孽。他的大多数小说都具有严肃的,甚至悲惨的色调。但是,几乎在所有这些著作中,悲剧和喜剧都是掺和在一起的。福克纳受到了马克·吐温的幽默的影响。除了在1949年获得了诺贝尔文学奖以外,他在1955年还因为《寓言》(A Fable)获得了普利策奖,在1963年又因为《掠夺者》(Reivers)获得了普利策奖。《寓言》的背景被置于第一次世界大战法国的战壕中,所写的是一支法国兵团的兵变。《掠夺者》所写的是一个男孩在从密西西比到孟菲斯的旅行中经历的好笑的冒险故事。福克纳的作品不易阅读,只有那些英语流畅的人才应该尝试。

威廉·福克纳曾说:"要永远拥有梦想,并眺望比自己能力所及更为高远的目标。不要因总想超越你的同辈人或前辈而烦恼。努力比自己做得更好即可。"

(10)欧内斯特·海明威(Ernest Hemingway, 1899—1961)

作为一位第一次世界大战中的救护车司机,海明威亲眼见到了暴力和死亡。无谓的屠杀使他相信,模糊的、抽象的语言是空洞和误导的。他从自己的著作中删去了不必要的词语,简化了句子结构,集中在具体的事物和行动上。你已经知道美国人可能是直率和诚实的。海明威著作的风格反映了我们个性中的这种倾向。他也发展了一种男子汉气质,即以勇气和重压下的优雅从容面对暴力和毁灭,很像我们国家的奠基者所做的那样。作为20世纪最有名气和最有影响的美国作家之一,海明威在1954年获得了诺贝尔文学奖。

海明威最有名的小说是他的两部早期作品,《太阳照常升起》(The Sun Also Rises, 1926)和《永别了,武器》(A Farewell to Arms, 1929)。《太阳照常升起》刻画了一群因为第一次世界大战而感到失望的美国人。以第一次世界大战中的意大利作为背景的《永别了,武器》是一个悲惨的爱情故事。在《老人与海》(The Old Man and the Sea, 1952)中,海明威复活了他的关于勇敢地接受命运的的男子汉的主题。书中的主角是一个老渔民。他在经过了漫长和激烈的斗争以后捕获了一条巨大的马林鱼,而这条马林鱼又被一群鲨鱼吃掉。因为这一小说他被授予普利策奖。这3部小说都被拍成了电影,就像他的大多数其他作品一样。

欧内斯特·海明威曾说:"没有一个朋友像一本书那么忠诚。"

提示:海明威的带有明显散文味道的短篇小说提供了进入美国文学殿堂的便捷入门。

(11)约翰·斯坦贝克(John Steinbeck,1902—1968)

斯坦贝克最为人知的作品同情地探索了穷人的斗争。他的最有名的小说**《愤怒的葡萄》**(*The Grapes of Wrath*,1939)赢得了1940年的普利策奖。该书讲述了一个贫困的俄克拉荷马农村家庭的故事。在20世纪30年代大萧条期间,为了寻找较好的生活,这个家庭搬迁到了加利福尼亚。斯坦贝克显示了一个家庭的斗争如何反映了整个国家当时经受的困难。他们知道,穷人只有一起努力才能生存下去。斯坦贝克将他的许多小说的背景都置于他的出生地北加利福尼亚或其周围。

《人鼠之间》(*Of Mice and Men*,1937)是一短篇小说,斯坦贝克后来将它改编成广受欢迎的剧本。这是有关一个体格强壮但智力滞后的农场工人与其最好的朋友及保护者的悲剧故事。斯坦贝克最为雄心勃勃的小说是**《伊甸园以东》**(*East of Eden*,1952),它追踪描述了从19世纪60年代到第一次世界大战(1914—1918)期间一个加利福尼亚家庭的三代人。**《罐头厂街》**(*Cannery Row*,1945)探索了大萧条期间住在一条专事将鱼装入罐头的街上的人。在他的非小说作品**《携犬查理的旅行》**(*Travels with Charley*)中,斯坦贝克叙述了一次带着他的宠物长卷毛狗查理驾车横越美国的经历。它描画了一幅关于20世纪60年代的多彩美国的图景。1962年,因为"他成功地将同情的幽默与敏锐的社会感知结合在一起的现实主义和富有想象力的作品",斯坦贝克赢得了诺贝尔文学奖。

斯坦贝克的14部著作已经被改编成了电影和戏剧,在这些著作中变化乃是主旋律。斯坦贝克博物馆位于北加利福尼亚的萨利纳斯市。[①]

约翰·斯坦贝克曾说:"人都会改变,改变的到来就像拂晓吹皱了帘子的微风,就

---

① 见:www.steinbeck.org。

像藏在草中的野花散发出暗香。"

其他的著名作家

除了上面讨论过的那些杰出的作家，以下的作家也因为他们的著作而闻名，其中一些更是受到公众的宠爱。

- 亚瑟·米勒（Arthur Miller, 1915—2005）——首屈一指的美国剧作家，因其在《推销员之死》（*Death of a Salesman*）中所写的直率对话而著名。他个人的言论也充满了坦率。他说："我为美国文化结交的朋友要多于国务院。我树立的敌人肯定也要少于它，但是这并不是很困难的事。"

- 卡尔·桑德堡（Carl Sandburg, 1878—1967）——他写作的两个主要主题是：美国历史的意义以及他对普通美国男子的热情。他关于林肯总统——一个深刻地影响了美国历史的普通美国男子——的著作是经典性的。

- 苏斯博士（Dr. Seuss, 1904—1991）——幽默的少儿读物的作家和插画家，成功地将令人愉快的废话、幽默的插画和社会评论结合在一起。广为知晓的著作包括《格林奇如何偷走圣诞节》（*How the Grinch Stole Christmas*, 1957）和《戴帽子的猫》（*The Cat in the Hat*）。它们都被改变成了无论孩子还是成人都很享受的电影。

- 哈里特·比彻·斯托（Harriet Beecher Stowe, 1811—1896）——她的《汤姆叔叔的小屋》（*Uncle Tom's Cabin*, 1851）讲述了奴隶制的恶行和弊端。它是首先探讨这一问题的小说之一。

- J.D.塞林格（J.D. Salinger, 1919—2010）——塞林格唯一的小说《麦田里的守望者》（*The Catcher in the Rye*, 1951）探索了20世纪50年代中学生和大学生的理智和感情的斗争，他们疏远了父辈的肤浅的物质主义世界。这一小说经常是在中学或大学的基础英语课上的指定读物。

- 玛格丽特·米切尔（Margaret Mitchell, 1900—1949）——她的《飘》（*Gone with the Wind*, 1936）写了内战期间南方的浪漫故事，赢得了1937年普利策小说奖。

- 罗伯特·弗罗斯特（Robert Frost, 1874—1963）——作为一位与新英格兰联系在一起的田园诗人，弗罗斯特的诗歌在讨论我们每个人都怀有的疑惑和不确定感时超越了地区的界限。他的作品4次赢得了普利策诗歌奖。

- 斯蒂芬·克莱恩(Stephen Crane, 1871—1900)——他的《红色英勇勋章》(*The Red Badge of Courage*, 1894)讲述了内战期间一个年轻士兵在惊骇和迷茫中挣扎的故事。

- 赞恩·格雷(Zane Grey, 1872—1939)——他就西部荒原写了50篇小说,包括《最后的平原居民》(*The Last of the Plainsmen*, 1908)和《紫艾灌丛中的骑士们》(*Riders of the Purple Sage*, 1912)。它们讲述了牛仔和英雄们克服旧西部的挑战的故事。

最畅销小说

根据所销售图书的数量,以下是历来最为畅销的小说,其中每一本都在世界上销售了1000万册以上,并且有许多都被拍成了电影。

- 《1984》和《动物农场》(*Animal Farm*),乔治·奥威尔(George Orwell)著——在《1984》中,伦敦被描述为一个恐怖的城市。在那里,政府总是监视着居民,警察实际上可以读透他们的内心。《动物农场》是对俄罗斯革命的讽刺。当其中的动物都努力将农场改造成为一个民主社会时,它却又重新陷入了极权主义统治。

- 《第二十二条军规》(*Catch-22*),约瑟夫·海勒(Joseph Heller)著——它对第二次世界大战末期的战争机器的荒谬性和无效性进行了可笑但却深刻的审视。这也是一个扩大到了生活本身的隐喻。

- 《小墓地》(*God's Little Acre*),厄斯金·考德威尔(Erskine Caldwell)著——它反映了大萧条对南方渴望变富的穷人的社会和经济影响。

- 《大白鲨》(*Jaws*),彼得·本奇利著(Peter Benchley)——这是一部惊险小说,描写了杀死一条威胁一个海边社区的巨大白鲨的斗争。

- 《海鸥乔纳森·利文斯顿》(*Jonathan Livingston Seagull*),理查德·巴赫(Richard Bach)著——在这一部小说中,飞翔是关于一只寻求更高生活目标的海鸥的故事的隐喻。

- 《培东广场》(*Peyton Place*),①格雷斯·梅塔琉斯(Grace Metalious)著——它揭示了20世纪50年代新英格兰地区的一个受人尊敬的小镇的阴暗面、秘密和

---

① 又译成《冷暖人间》。——译者

丑闻。

- 《江湖男女》(*The Carpetbaggers*)，哈罗德·罗宾斯(Harold Robbins)著——它描写了就像我们可以从一系列人的生活可以看出的20世纪初的景象，其中包括前枪战高手、好莱坞女演员、电影公司的经理以及众所周知的有着金子般的心的妓女。

- 《驱魔人》(*The Exorcist*)，威廉·布拉提(William Blatty)著——它描写了一个从小孩身上祛除古老和邪恶的恶魔的故事。

- 《教父》(*The Godfather*)，马里奥·普佐(Mario Puzo)著——它揭示了20世纪40年代的有组织犯罪和一个黑手党家族，这一家族为他们的罪恶生活聚集在一起和撕裂。

- 《荆棘鸟》(*The Thorn Birds*)，考琳·麦卡洛(Colleen McCullough)著——这是一个罗密欧和朱丽叶式的爱情故事，只是被置于第二次世界大战前后澳大利亚内地的背景之中。

- 《杀死一只知更鸟》(*To Kill a Mockingbird*)，哈泼·李(Harper Lee)著——这一故事描写了大萧条时期的南方，包括种族、阶级、正义、成长痛苦，以及一个捍卫自己信念的宽容的人。

外裔的美国作家

爱尔兰的小说家詹姆斯·乔伊斯(James Joyce)为改变美国书籍审查法律做出了贡献。他的小说《尤利西斯》(*Ulysses*)1922年在国外出版，但在美国却遭到禁止。1933年，美国一家主要的出版公司试图进口这本书，从而成了一件重要诉讼案件的中心。最终《尤利西斯》获胜，永久性地改变了美国的审查法律。

就像为我们的整个美国文化做出贡献一样，外裔美国人也促进了我们的文学。美国文学的这种全球化在塑造我们看待自己的生活方式方面发挥了作用，反过来它在塑造美国人和美国文学被国外看待的方式方面也产生了影响。

诺贝尔文学奖反映了影响到我们的文学的文化变革。从1930年到1962年，赢得该奖项的美国人包括辛克来·刘易斯、尤金·阿内尔(Eugene O'Neill)、赛珍珠(Pearl Buck)、T.S.艾略特(T.S. Eliot)、威廉·福克纳、欧内斯特·海明威和约翰·斯坦贝克(都是本土出生的)。但是，除了托尼·莫里森(Toni Morrison)，从1962年到2000年的获奖名单上没有本土出生的美国人了。相反,它上面只有那些因为归化、长期居住或者在美国取得的重要成就从而在一定意义上可以被视为"美国人"的作家。这种文学变化的另一指标来自国会图书馆,20世纪90年代在那里任命的6位美国桂冠诗人中就有2位生于国外。①

以下是为我们的文学做出贡献的外国人中的很小一部分:

- 切斯瓦夫·米沃什(Czeslaw Milosz)——他被广泛视为20世纪最伟大的诗人之一。这位波兰诗人和散文作家在1960年移民到美国。他的作品在此之前遭到了波兰政府的禁止。1980年,米沃什被授予诺贝尔文学奖。他的《禁锢的头脑》(*The Captive Mind*)被说成是对在专制政权下知识分子行为的最出色的研究之一。

- 伊萨克·巴什维斯·辛格(Issac Bashevis Singer)——他是波兰出生的小说家、短篇故事作家以及随笔作家,在1935年来到美国,1978年赢得了诺贝尔文学奖。辛格的主要题材是各个不同历史时期(主要是在大屠杀以前)波兰人的生活。他的最有名的著作包括《莫斯卡特家族》(*The Family Moskat*)和《财产》(*The Estate*)。

- 索尔·贝洛 (Sault Bellow)——他是有着俄罗斯—犹太人血统但出生于加拿大的美国作家。贝洛被授予普利策奖、诺贝尔文学奖和美国国家艺术奖章。他是唯一一位3次赢得美国国家图书奖的作家。作为公认的20世纪最伟大的作者之一,贝洛具有巨大的文学影响。他的最有名著作包括《奥吉·马奇历险记》(*The Adventures of Augie March*)、《赫索格》(*Herzog*)、《赛姆勒先生的行星》(*Mr. Sammler's Planet*)和《把握今天》(*Seize the Day*)。

- 亚历山大·索尔仁尼琴(Alexander Solzhenitsyn)——他出生于俄罗斯,通过《古拉格群岛》(*The Gulag Archipelago*)和《伊凡·德尼索维奇的一天》(*One Day in the Life of Ivan Denisovich*)这两本最有名的著作使世界知道了苏联的强制劳动营制度。因此,索尔仁尼琴在1970年被授予了诺贝尔文学奖。在被监禁了几年以后,1974年他因遭受苏联的放逐而住到美国。1994年,他又回到了俄罗斯。

- 谭恩美(Amy Tan)——她在1989年因为第一本书《喜福会》(*The Joy Luck Club*)

①　桂冠诗人是由政府任命并经常被期待为国事活动或其他政府活动撰写诗歌。许多国家都任命桂冠诗人。在英国,这是从查理二世的时候起(17世纪)君主的官方诗人就拥有的头衔。

被授予美国国家图书奖。①这本书讨论了在美国的不同代际的亚洲人的态度，而从1949年圣弗朗西斯科的4个中国家庭开始。这位第一代的华裔美国人使用自己的智慧和敏感性探索了母女之间有时痛苦但却深刻的联系。她的著作已经被翻译成了35种语言，并改编成了电影。

● **张纯如(Iris Chang)**——作为从中国移民到美国的两位大学教授的女儿，她成了一本最畅销书的作者、人权活动家和所有外裔美国学生的楷模。《南京大屠杀:被遗忘的二战浩劫》(*The Rape of Nanking，The Forgotten Holocaust of World War II*)记录了1937年日本军队对古老中国城市南京的入侵。在数周的时间中，被有组织地强奸、折磨和杀害的中国平民和士兵达到30多万人，超出了广岛和长崎因原子弹爆炸死亡人数的总和。通过对幸存者的广泛访谈以及使用新发现的文献，张纯如可靠地写出了这一恐怖事件的历史。该书也谈到了一小群勇敢地留在南京的美国人和欧洲人，他们尽力保护那些未能摆脱迅速推进的日本军队的幸存中国居民。

在听到父母亲讲述了祖父母在暴行开始时才侥幸逃脱的经历后，张纯如迫使自己写了这本书。在好几周的时间里，她的书都列在权威的《纽约时报》的畅销书目录之中。②她说:"我揭示这些罪行是为了提醒大家警惕在我们所有人身上都存在的作恶潜力。太平洋战争不是某种悲剧性缺陷，而是一种人性普遍状态的显示。"可悲的是，2004年，她在36岁的时候饮弹自尽。③

---

① 见:www.nationalbook.org。

② 从1942年以来，《纽约时报》的畅销书目录被普遍认为是最令人信服的，每个星期天发表在该报关于书籍评论的插页之中和网上。它所列出的销售数代表了在零售中已经实际卖出的册数，而不是由出版商提供的可能夸大了的批发数字。见:www.nytimes.com/pages/books/bestseller。

③ 该书可以通过不同网站购得，包括从Amazon.com买到纸质版、音频和电子版。见www.amazon.to/NankingHolocaust。

K 电 影

"你知道你的问题是什么，那就是你看的电影还不够多——我们生活中的所有谜团都可以在电影中得到回答。"

——演员史蒂夫·马丁（Steve Martin）的电影台词

电影（films）是美国人生活中不可或缺的部分。它们具有娱乐、教育、提供信息、启迪和挑战我们的生活方式的功能。所以，看电影将会向外国人额外提供深入了解美国的文化和生活方式的机会。

电影也被称为movies、motion pictures、flicks、movie pictures、cinema和screen，是20世纪最具影响的艺术形式。有些历史学家说，美国对于艺术世界的主要贡献就是我们的电影。自20世纪初首批粗糙的视频盒子问世后，我们就爱上了电影。现在每年付费入场观看电影的观众接近了10亿，票房收入超过了100亿美元。家庭视频和数字化视频光盘（DVD）的销售则超出了剧场门票销售。

在美国，电影既在只有一个屏幕的剧场放映，也在具有多至30个屏幕的综合剧场中放映。在我们的第一家汽车电影院于1933年开张时，我们将对汽车的热爱和对电影的热爱结合了起来。到1958年时，我们有了4000家室外剧场，但是此后它们逐步减少到370家。

电影反映了我们实际上是如何讲话的，这就使得它们成为改善与美国人的交流的良好工具，既方便，又具有娱乐性。我们的许多说法都产生于电影，后来就成了日常闲话（patter）的一部分：如："Are you talkin' to me?"（你在跟我说话吗？）"Go ahead, make my day."（来吧，让我开心开心。）"Houston, we have a problem."（休斯顿，我们遇到麻烦了。）"I'll be b-a-c-k."（我会回一来一的。）"That's all folks."（就这样了，伙计们。）"Life is like a box of chocolates—you never know what you're gonna get."（生活就像一盒巧克力，你永远不知道你会得到什么。）

外国人同样喜爱美国电影。在整个欧洲，电影院所放的影片平均有60%到80%是好莱坞制片厂系统的产品，而大多数欧洲产的影片在我们最大城市中也只能获得有限的观众。但是，在美国放映的亚洲影片则比较多，特别是那些来自香港和印度的影片，其中一些已经赢得了声望很高的奖项。①

美国电影（和电视剧）的全球发行有助于塑造世界关于美国的观念，无论它是否准确。因此，许多人感到美国是一个快节奏生活的国家，包括快捷的汽车、快餐、快节拍的音乐、心急的快女、快速解除的关系、快枪手和快速花钱。他们错误地假定，这些狭隘和片面的影视片界定了我们的文化，就像美国人通过观看法国电影假定所有已婚法国男人在身边都有一两个情妇一样。

因为南加利福尼亚洛杉矶市的**好莱坞**地区是电影行业的代名词，我们就把美国的电影制作行业称为"好莱坞"，正像**底特律**是我们汽车工业的简写，**麦迪逊大道**（纽约市的一条街道，有着美国最大的广告公司）是我们的广告行业的简写。好莱坞的参观者可以游览摄影棚、看到竖在好莱坞山顶的高达15米的**好莱坞标志**。这一标志反映了美国人的天赋。最初在1923年作为当地一家地产开发商的广告牌而竖起时，上面写的是"HOLLEYWOODLAND"（好莱坞庄园）。1945年，在好莱坞成为世界电影之都后，其余的都成了历史，广告牌上的最后四个字母也就被去掉了。

好莱坞因它的星光大道（Hollywood Walk of Fame）而闻名，那里有着嵌入人行道的2400块镶铜星板，对过去和现在的娱乐之星们表示了敬意。每当一个名人获得星板时，都会为他（她）举行一个公开的仪式，格鲁曼公司在好莱坞的中国剧院（Chinese Theatre）以其院子里的明星脚印和手印而世界闻名，它们可以被追溯到1927年。环城影城（Universal Studio）引导着对其各种设施的旅游。

在第一次世界大战之后，电影制作者们被吸引到了气候温和、景色多样的南加利福尼亚，在所谓的**好莱坞黄金时代**，即20世纪的30年代和40年代，好莱坞的制片厂十分多产。40年代末，好莱坞发生了变化。当时，联邦反托拉斯行动禁止制片厂既制作电影又拥有放映电影的剧场，从而消除了对这一行业的垄断性的控制。（这又是

① 你知道印度每年产1000部电影而我们只产500部吗？你知道哪部电影在2008年获得了奥斯卡奖？

一个公平的问题。）

美国喜欢对富有成就者进行奖励。学院奖每年由电影行业数千成员通过投票决定得主。在这之前首先要为包括最佳影片、最佳演员、最佳导演、最佳剧作家的24个不同范畴提出5名(部)或更少的潜在领受者,最后颁奖盛事在3月间通过电视向全世界150个国家的数百万观众进行直播。一座叫作奥斯卡的塑像被授予每位获胜者。①

我们很关注自己的孩子在电影院里会看到什么。为了帮助父母们决定应让自己的孩子看些什么影片,大多数影片都接受了分级制度。这一由电影制片人和剧场拥有者发起的制度是自愿的。在可能的情况下,美国人宁可由行业来实行自我管理,而不是由政府加以管理。级别的划分从"G"开始直到"NC-17"。前者意味任何人都可以看,后者意味17岁或以下的人都不能看。父母们要求对我们的视频、计算机游戏、电视节目实施相同的分级。

公众最喜欢的21部美国影片

前面关于文学的那一章向你介绍了许多人心目中的经典小说。我们也有经典影片。美国有好多人知道并且在谈话中使用这些影片名称及其主演的姓名。观看经典影片可以使你对美国生活和文化获得进一步的深入了解。它们经常在电视上放映,也可以通过购买(租借)DVD或者在网上观看。②

1998年,为纪念美国电影的第一个百年,美国电影学院(the American Film Institute,AFI)组织了选择历来最伟大的100部美国影片的活动③。来自美国电影界的1500多位领军人物进行了挑选。以下是他们选出的前20部影片,其中许多都已经赢得过奥斯卡奖,经受了时间的考验。

(1)《公民凯恩》(*Citizen Kane*,1941)——主演和导演奥森·威尔斯(Orson Welles)

排在第一名的这部影片以创新的叙事、摄影和声道而闻名。它讲述了一个出版商徒劳获取权力的故事,大致以美国报业巨头威廉·鲁道夫·赫斯特(William Randolph Hearst)的经历为基础。这部影片获得了9项奥斯卡奖的提名,赢得了最佳原创剧本奖。

---

①　所以学院奖又被称为奥斯卡金像奖或奥斯卡奖。附录8提供了以往赢得奥斯卡奖的最佳影片的目录。

②　如:www.netflix.com。

③　见:www.afi.com。

（2）《卡萨布兰卡》（*Casablanca*，1942）——主演亨弗莱·鲍嘉（Humphrey Bogart）和英格丽·褒曼（Ingrid Bergman）

鲍嘉扮演法属摩洛哥的一家美国夜总会的老板,在第二次世界大战当中他牺牲了伟大的爱情而参加了反纳粹的斗争。此后他和另一个男人为了同一个女人的爱而竞争。①影片中的一首歌《时光流逝》（*As Times Goes By*）被选为美国电影学院历年最佳影片歌曲的第二名。这部影片赢得了3项奥斯卡奖:最佳影片、最佳导演和最佳编剧。

鲍嘉最有名的台词是在向褒曼敬酒时说的:"Here's looking at you,kid."（就看你的了,宝贝。）现在它有时被用于美国男子对女士的敬酒。

（3）《教父》（*The Godfather*，1972）——主演马龙·白兰度（Marion Brando）和艾尔·帕西诺（Al Pacino）

白兰度扮演的角色是纽约一个犯罪家族中富有同情心的首领。这一史诗故事以一部同名小说为基础,追溯了10年期间一个严密的黑手党家族的历史。它是对美国的权力、暴力、荣誉、责任、腐败、正义和罪恶的深入研究。该影片赢得了3项奥斯卡奖:最佳影片、最佳男演员（白兰度）和最佳剧本。

帕西诺的有名台词是:"I'll make him an offer he can't refuse."（我给他开出一个他无法拒绝的条件。）

（4）《飘》（*Gonc with the Wind*，1939）——主演克拉克·盖博（Clark Gable）、费雯·丽（Vivien Leigh）

小说家玛格丽特·米切尔（Margaret Mitchell）关于旧时南方的不朽故事在屏幕上又被重新讲述,而以费雯·丽出演郝思嘉（Scarlett O'Hara）。在内战的岁月里,她努力寻求爱情,此后则试图为她自己和她的家庭在所钟爱的种植园里找到栖身之所。燃烧的亚特兰大使得屏幕具有一种刺激的力量。该影片获得了13项提名,获得了8项奥斯卡奖,包括最佳影片、最佳导演、最佳女演员（费雯·丽）、最佳编剧。

盖博离开郝思嘉时所说的有名台词是:"Frankly my dear I don't give a damn."（坦白说,亲爱的,我一点也不在乎。）

（5）《阿拉伯的劳伦斯》（*Lawrence of Arabia*，1962）——主演彼得·奥图尔（Peter O'Toole）

这一影片重述了第一次世界大战期间一位叛逆的、热爱沙漠的英国军官帮助阿

---

① 此处对《卡萨布兰卡》内容的介绍不够准确。——译者

拉伯人反对土耳其(德国的一个盟国)的事迹。它获得了10项奥斯卡奖提名,获得了7项,包括最佳导演、最佳影片和最佳音乐。

（6）《绿野仙踪》(*The Wizard of Oz*, 1939)——主演朱迪·加兰(Judy Garland)

多萝西(Dorothy)被一阵旋风从她在堪萨斯的尽是黑白颜色的家刮到了奥兹国(Land of Oz)。然后她走到了黄砖路(Yellow Brick Road),得到了正准备去找巫师的稻草人、铁皮人和胆怯的狮子的帮助。你可以听到美国人用"Land of Oz"叙述一个不真实的、具有魔力的地方,用"Yellow Brick Road"叙述通向一个人所希望和梦想的乐土的道路。该影片获得了6项奥斯卡奖提名,赢得了最佳歌曲和最佳原创音乐。

《绿野仙踪》的"飞越彩虹"(*Over the Rainbow*)被选为美国电影学院历年最佳影片歌曲的第一名。这首歌反映了今天我们怀有的位于彩虹深处的美国梦,也通过下列歌词表明了17世纪乘船来到美国的那些人的梦想:

> 在彩虹深处某个地方
> 道路高耸,
> 有着一块土地
> 我曾经在摇篮曲中听到说起。
> 在彩虹深处某个地方
> 天空湛蓝。
> 你敢于怀有的梦想
> 肯定可以实现。

朱迪·加兰对她的狗(Toto)所说的有名台词是:"I don't think we're in Kansans anymore."(我想我们不会再回到堪萨斯了。)这句话被美国人用来开玩笑地表示在位置或思想上的一种变化,或者表示他们已不再处于安静和舒适的环境中了。

（7）《毕业生》(*The Graduate*, 1967)——主演达斯汀·霍夫曼(Dustin Hoffman)

这部影片抓住了20世纪60年代后期美国文化的精神。刚从大学毕业的达斯汀·霍夫曼在当时变化了的社会和性价值方面变得孤立起来。作为一个天真和迷茫的青年,他被腐败的老一辈利用、误导、引诱(真正的意义上和比喻的意义上)以及出卖。这部影片的歌曲"罗宾逊太太"(*Mrs. Robinson*)被选为美国电影学院历年最佳影片歌曲的第七名。它获得了7项奥斯卡奖提名,赢得了最佳导演奖。

达斯汀·霍夫曼的有名台词是："Mrs. Robinson, you're trying to seduce me…aren't you?"（罗宾逊太太,你正在试图诱惑我……不是吗？）就像你知道的,回答是yes。

（8）《码头风云》（*On the Waterfront*, 1954）——主演马龙·白兰度（Marlon Brando）

白兰度扮演了一个努力奋斗的英雄。他曾经是三流拳击手,20世纪50年代成为在纽约市的码头上反抗其兄弟和腐败的装卸工。他与一位勇敢的牧师以及一位可爱的女士联起手来寻求改革并向暴徒们发起挑战。这部影片赢得了8项奥斯卡奖,包括最佳影片和最佳演员(白兰度)。

白兰度的著名台词是："I coulda been a contender."（我本来可以奋力拼搏一回的。）就是说,如果他生活中的一些事情有所不同的话。他本可以是个冠军斗士。现在也用它来表达这样的意思:要不是发生了某种情况,我们是可能取得成功的。

（9）《辛德勒的名单》（*Schindler's List*, 1993）——导演斯蒂芬·斯皮尔伯格（Steven Spielberg）,主演连姆·尼森（Liam Neeson）

尼森扮演一位有所虚构但确真有其人的德国工业家。他在第二次世界大战中从死亡集中营里拯救了数百名犹太人,其方法是让他们在自己的工厂里做工。这部影片真实地重现了纳粹占领的波兰所陷入的可怕时期:犹太人先是被夺走了生意和住房,然后被置于贫民窟（ghettos）和劳动营之中,最后又被重新安置在集中营里,并将在那里被处死。《辛德勒的名单》赢得了7项奥斯卡奖,包括最佳影片和最佳导演(斯皮尔伯格首次获得这一奖项)。

（10）《雨中曲》（*Singin' in the Rain*, 1952）——主演吉恩·凯利（Gene Kelly）

这一音乐剧被置于1927年的好莱坞,当时电影制片厂正从制作无声影片转变为有声影片。凯利又唱又跳还在雨水中溅起了水花。它有许多愉快的歌曲和舞蹈。《雨中曲》被选为美国电影学院历年最佳电影歌曲的第三名。这一影片得到了两项奥斯卡奖提名,但是最终功亏一篑。

（11）《生活多美好》（*It's a Wonderful Life*, 1946）——主演詹姆斯·斯图尔特（James Stewart）

该圣诞节经典影片将斯图尔特描写成为一个具有自杀倾向却得到救赎的人,这是因为他人的友谊以及自己认识到每个人的生命都会触动许多其他人。虽然在刚刚上映的时候它并未带来商业上的成功,到了20世纪60年代,却由于在圣诞节期间电视的反复播放而成为一部经典影片。《生活多美好》获得了5项奥斯卡奖提名,但是没有一项胜出。

斯图尔特扮演的人物认识到:"一个人的生命触动如此之多的其他人,他的失去会留下一个可怕的大洞。"

(12)《日落大道》(*Sunset Boulevard*,1950)——主演格洛丽亚·斯旺森(Gloria Swanson)、威廉·霍尔登(William Holden)

斯旺森扮演一个隐遁的前无声影片明星,她杀死了一个本是自己男友的剧作家。这一黑白影片揭露了新好莱坞以及制片厂制度的腐败影响,刻画了在有声影片出现好多年以后旧好莱坞传统的衰弱。它获得了11项奥斯卡奖提名,赢得了3项。

霍尔登主演了80部影片,而最引为骄傲的角色是一个致力于保护非洲野生生物的保护主义者。他的努力后来扩大到了全世界,通过自己的基金灌输了对自然界的生物的尊重。①

斯旺森的著名台词是:"I am ready for my close-up,Mr. De Mille."(我已经准备好拍摄我的特写镜头了,德·米尔先生。)德·米尔是一位著名的影片导演。

(13)《桂河大桥》(*The Bridge on the River Kwai*,1957)——主演威廉·霍尔登(William Holden)、亚历克·吉尼斯(Alec Guinness)

这一影片大致建立在第二次世界大战中发生的一个真实事件的基础上。从1942年到1943年,盟国的战俘被命令在泰国丛林中修建两座桂河大桥,以便帮助日本人将物资和部队从曼谷运送到仰光。吉尼斯扮演的角色是个刚硬的英国军官,拒绝屈服于日本战俘营的折磨。霍尔登扮演的是个美国人。他逃离了战俘营,然后又回来炸掉了一座在吉尼斯率领下由战俘们建造的桂河大桥。

故事的主题是战争的无用和疯狂,以及在一个英国人和一个日本大佐之间的斗争。这两个军官是两种不同文化的标志,而这两种文化实际上又有着许多共同点:骄傲、献身、对他们的军事法典和规则的服从。该影片赢得了7项奥斯卡奖,包括最佳影片和最佳男演员(吉尼斯)。

吉尼斯的有名台词是:"有一天战争将会结束。我希望在未来年代里使用这座大桥的人将记住它是如何建成的,由谁建成的。不是一帮奴隶,而是英国士兵……甚至是被关押的英国士兵。"

提示:我曾经走过这座现在对旅游者开放的大桥。对于那些可能也想跨越它的

———————————

① 见:www.whwf.org/history.htm。

人来说,从曼谷开车需要3个小时的时间。在建设这座桥梁的过程中,大约1.3万名战俘失去了生命,而被埋在铁路沿线。据估计,这一地区有10万名平民也死于这一工程。他们主要是被强行征募的劳工,就像战俘一样也遭受了饥饿和日本士兵的残酷虐待。

（14）《热情如火》（*Some Like it Hot*,1959）——主演杰克·莱蒙（Jack Lemmon）和玛丽莲·梦露（Marilyn Monroe）

这一喜剧是对20世纪30年代盗匪片的聪明模仿。性感演员玛丽莲·梦露与两个男性竞争者组成了一个团队,后者穿着女性服装以逃避追击的匪盗。该影片获得了6项奥斯卡奖的提名,赢得了一项。梦露依然是具有传奇色彩的银屏偶像,虽然她已经在1962年去世,被葬于洛杉矶的西林纪念公园。在那里旅游者可以参观世界著名明星的墓地。

（15）《星球大战》（*Star Wars*,1977）——导演乔治·卢卡斯（George Lucas）,主演哈里森·福特（Harrison Ford）

这一里程碑式的科幻影片是关于天行者卢克（Luke Skywalker）的故事。他着手一项营救一位公主的冒险行动,结果从邪恶帝国手中拯救了银河系。作为历来最受欢迎和取得成功的科幻冒险影片之一,它帮助复活了这一影片范畴。导演卢卡斯借鉴了黑泽明的手法和日本剑术高手的故事。该影片获得了10项奥斯卡奖提名,赢得了6项,其中多数都是技术性的。

《星球大战》使得这句话变得流行起来:"May the force be with you."（愿力量与你同在。）

（16）《彗星美人》（*All about Eve*,1950）——主演贝蒂·戴维斯（Bette Davis）

这部影片与20世纪50年代纽约的百老汇剧场的世界有关,讲述了女演员为了寻求成功而无所顾忌和不顾感情的故事。它获得14项奥斯卡奖的提名——多于奥斯卡历史上任何其他的影片,直到47年以后的《泰坦尼克号》（*Titanic*,1997）与其持平。最终该剧赢得6项奥斯卡奖,包括最佳影片。

戴维斯的有名台词是:"Fasten your seat belts;it's going to be a bumpy night."（系紧你的安全带,这将是一个颠簸的夜晚。）

（17）《非洲女皇》（*The African Queen*,1951）——主演亨弗莱·鲍嘉（Humphrey Bogart）、凯瑟琳·赫本（Katharine Hepburn）

这是一个以第一次世界大战爆发时非洲的一条未知河流为背景的爱情故事。

赫本扮演的大龄单身女子和鲍嘉扮演的醉酒船长最初相互对立。但是,在沿着充满许多危险的河流航行的过程中,他们克服了困难和分歧,发展了爱情和相互尊重。除了摧毁了敌手德国人的一艘军舰外,他们也消除了各种横亘在彼此之间的心理障碍。《非洲女皇》经常被教育工作者用来帮助孩子理解一定历史背景下的人类关系以及大自然造成的困难。该影片获得了4项奥斯卡奖提名,赢得了最佳男演员奖(鲍嘉)。

赫本扮演的人物对船长说:"Nature, Mr. Allnutt, is what we are put into this world to rise above."(奥纳特先生,自然正是我们来到这个世界上需要超越的。)

(18)《惊魂记》(*Psycho*, 1960)——导演阿尔弗雷德·希区柯克(Alfred Hitchcock),主演安东尼·柏金斯(Anthony Perkins)

在我们所有现代恐怖悬疑影片当中,安东尼·柏金斯的复杂的心理惊悚片或许是最有名的。利(Leigh)带着偷来的钱逃跑了,但错误地住进了由柏金斯扮演的角色和他的妈妈开办的贝兹汽车旅馆(Bates Motel)。这个影片令人最为难忘的是在淋浴间的谋杀场景。它开辟了一个有着逼真的、可怕的杀害镜头的低级惊悚片时代,而这正是希区柯克努力加以避免的,他将许多东西留给了想象。《惊魂记》获得了4项奥斯卡奖提名,但未能赢得一项。"贝兹汽车旅馆"这个词语和它的著名的淋浴室场景至今仍然在一些人的心里注入了恐惧。好莱坞的环城影城的主题公园有着一个贝兹汽车旅馆。①

(19)《唐人街》(*Chinatown*, 1974),主演杰克·尼科尔森(Jack Nicholson)、菲·唐纳薇(Faye Dunaway)

这部影片的剧本部分建立在真实的洛杉矶土地丑闻的基础上。尼科尔森扮演一个20世纪30年代洛杉矶的私家侦探。他在调查唐纳薇的丈夫之死的时候,不慎陷入了用水权和土地交易之争。这部影片将神秘、风流韵事、悬疑和侦探等各种要素结合在一起。它获得了11项奥斯卡奖提名,但是仅仅赢得一项。

(20)《飞越疯人院》(*One Flew Over the Chckoo's Nest*, 1975),主演杰克·尼科尔森

该影片以一个精神病院作为背景。尼科尔森扮演的是一个与当局作对的离经叛道的聪明家伙。这么做的时候,此位捣乱者就为被践踏的同院病人注入了新的生命,赋予了他们目标和自尊。20世纪70年代美国的反主流文化为《飞越疯人院》这样的影片

_____

① 见:www.universalstudioshollywood.com。

做好了准备，它一方面将反抗压迫性的官僚体制的斗争戏剧化，另一方面又坚持了公众的权利。它获得了11项奥斯卡奖提名，是在《一夜风流》(*It Happened One Night*，1934)之后首部赢得所有主要奖项(最佳影片、最佳导演、最佳剧本、最佳男演员、最佳女演员)的影片。

> 提示：尽管《窈窕淑女》(*My Fair Lady*)排在第91位，我还是将它列在我要介绍的影片之中，因为我经常将这部影片的录像送给试图改善英语文辞的外国朋友。这是一部令人愉快的影片，写的是一个试图学会像女王那样讲英语的贫穷女孩。我也推荐你看看这部影片。

(21)《窈窕淑女》(*My Fair Lady*，1964)——主演雷克斯·哈里逊(Rex Harrison)、奥黛丽·赫本(Audrey Hepburn)

这部浪漫的音乐喜剧是1964年排名前五位的影片之一，有着聪明的歌词、美妙的曲调、豪华的布景和服装。哈里逊扮演的亨利·希金斯(Henry Higgins)和人打赌说，他可以将下层社会的伊莉莎·杜利特尔(Eliza Doolittle，赫本饰)加以改造，使之成为由萧伯纳的戏剧《卖花女》(*Pygmalion*)改编而来的音乐剧中的高雅女士。《窈窕淑女》光荣地获得了12项奥斯卡奖提名。赢得了其中的8项。包括最佳影片、最佳男演员(哈里逊)、最佳导演。[①]

就像好莱坞的其他那些向不幸者伸出援助之手的明星一样，在其生命的最后几年，奥黛丽·赫本作为联合国儿童基金会的亲善大使致力于帮助全世界的孩子。

哈里逊的著名台词是："Why can't a woman be more like a man?"(为什么女人就不能比男人更像男人？)

公众喜爱的其他电影演员和影片

(1)我们最喜爱的演员——每年哈里斯民调都会对美国成年人进行调查已决定公众喜欢的电影明星，其中一些你可能已经听到我们谈及。美国的顶尖明星可能拍一部影片就挣2000万美元。按照他们在最新的影片中取得的成功，排名每年都会发

---

① 这部影片可以从不同网站买到，包括：www.amazon.to/FairLady/Study。

生变化,但是有的人年复一年始终是公众特别喜爱的演员。以下是2012年美国最受欢迎的10位演员的排名。

①约翰尼·德普(Johnny Depp)

②丹泽尔·华盛顿(Denzel Washington)

③克林特·伊斯特伍德(Clint Eastwood)

④汤姆·汉克斯(Tom Hanks)

⑤约翰·韦恩(John Wayne)[①]

⑥乔治·克鲁尼(George Clooney)

⑦桑德拉·布洛克(Sandra Bullock)

⑧哈里森·福特(Harrison Ford)

⑨威尔·史密斯(Will Smith)

⑩亚当·桑德勒(Adam Sandler)

(2)我们的最富启发性和最浪漫的影片——按照美国电影学院所说,一个由1500位电影艺术家、评论家和历史学家组成的评审团将下述10部经典电影评为历来最富启发性的影片和最伟大的爱情故事片:

最富启发性的影片:

①《生活多美好》(*It's a Wonderful life*, 1946)

②《杀死一只知更鸟》(*To Kill a Mockingbird*, 1962)

③《辛德勒的名单》(*Schindler's List*, 1993)

④《洛奇》(*Rocky*, 1976)

⑤《史密斯先生到华盛顿》(*Mr. Smith Goes to Washington*, 1939)

⑥《外星人》(*E.T. the Extra-Terrestrial*, 1982)

⑦《愤怒的葡萄》(*The Grapes of Wrath*, 1940)

⑧《告别昨日》(*Breaking Away*, 1979)

⑨《第34街的奇迹》(*Miracle on 34th Street*, 1947)

⑩《拯救大兵瑞恩》(*Saving Private Ryan*, 1998)

最伟大的爱情故事:

①《卡萨布兰卡》(*Casablanca*, 1942)

---

① 去世于1979年,主要出演西部牛仔的韦恩至今仍然属于他那一代最受欢迎的演员,这从他的影片不断地在家庭视频重新播放得到证明。见:www.johnwayne.com。

②《飘》(*Gone with the Wind*, 1939)

③《西区故事》(*West Side Story*, 1961)

④《罗马假日》(*Roman Holiday*, 1953)

⑤《风流韵事》(*An Affair in Remember*, 1957)

⑥《往日情怀》(*The Way We Were*, 1973)

⑦《日瓦戈医生》(*Doctor Zhivago*, 1965)

⑧《生活多美好》(*It's a Wonderful Life*, 1946)

⑨《爱情故事》(*Love Story*, 1970)

⑩《城市之光》(*City Lights*, 1931)

(3)我们的取得最佳票房销售的影片——以下是到2012年为止在世界上取得前十位的票房收入的影片。它表明我们最好的影片并不一定就能吸引最多的观众。

①《阿凡达》(*Avatar*, 2009),27.82亿美元

②《泰坦尼克号》(*Titanic*, 1997),18.43亿美元

③《哈利·波特与死亡圣器》(*Harry Potter and Deathly Hallows-Part 2*, 2011),13.28亿美元

④《变形金刚:月黑之时》(*Transformers: Dark of the Moon*, 2011),11.23亿美元

⑤《指环王:王者归来》(*The Lord of the Rings: The Return of the King*, 2003),11.19亿美元

⑥《加勒比海盗:亡灵宝藏》(*Pirates of the Caribbean: Dead Man's Chest*, 2006),10.66亿美元

⑦《玩具总动员3》(*Toy Story 3*, 2010),10.63亿美元

⑧《加勒比海盗:惊涛怪浪》(*Pirates of the Caribbean: On Stranger Tides*, 2011),10.39亿美元

⑨《爱丽丝奇境记》(*Alice in Wonderland*, 2010),10.24亿美元

⑩《黑暗骑士》(*The Dark Knight*, 2008),10.01亿美元

外国人对美国电影行业的贡献

就像在美国文化的其他方面一样,外国人也影响了我们的戏剧艺术。美国电影行业实际上是由非美国人发明和长期维持的,其中大部分是欧洲人。在早期电影制

片厂的大牌老板、导演和演员中,有一些就是在欧洲出生的,他们拍出了一些最受欢迎的美国影片。在20世纪30—40年代好莱坞的黄金时代中,许多外国出生的演员都扮演了主要角色。

今天好莱坞继续经历着国际化。事实上,在2008年20项表演性和支持性的奥斯卡奖提名中,9项为外国出生的电影之星赢得。其中所有4项最佳演员的桂冠都为非美国人所摘得,包括英国的蒂尔达·斯文顿(Tilda Swinton)、英国/爱尔兰的丹尼尔·戴—刘易斯(Daniel Day-lewis)、法国的玛莉·柯提拉(Marion Cottilard)、西班牙的哈维尔·巴登(Javier Barden)。这是1965年以来首次出现的情况。

你可能会听到美国人讨论我们的外国出生的演员和他们的影片。以下只是移居美国的成功人士的少量例子;

- **阿拉伯**——英国演员和阿拉伯裔美国人F.莫瑞·亚伯拉罕(F. Murray Abraham)因《莫扎特传》(*Amadeus*)赢得了1984年最佳男演员奥斯卡奖。

- **亚洲**——詹姆斯·繁田(James Shigeta)提高了亚裔美国男子的形象。关南施(Nancy Kwan)在《苏丝·黄的世界》(*The World of Suzie Wong*)中的表演使得这位欧亚混血美女成了20世纪60年代亚洲美女的象征。李小龙(Bruce Lee)因他的功夫影片广为人知,在这些电影中一位亚洲英雄显示了武德和情感的力量。

- **澳大利亚**——澳裔著名演员有凯特·布兰切特(Cate Blanchett)、罗素·克劳(Russel Crowe)、妮可·基德曼(Nicole Kidman)、希斯·莱杰(Heath Ledger)。

- **奥地利**——阿诺德·施瓦辛格(Arnold Schwarzenegger)搁置了他的演艺生涯而成为2003—2010年的加利福尼亚的州长。

- **加拿大**——玛丽·毕克馥(Mary Pickford)赢得了奥斯卡最佳女演员奖,并与人合建了联美电影制片公司(United Artists)。杰克·华纳(Jack Warner)建立了华纳兄弟电影公司(Warner Brothers)。其他著名的加拿大演员包括沃尔特·裴金(Walter Pidgeon)、马克·塞内特(Mack Sennett)、瑙玛·希拉(Norma Shearer,奥斯卡最佳女主角)、菲伊·雷(Fay Wray)、瑞秋·麦克亚当斯(Rachel McAdams)、玛丽·杜丝勒(Marie Dressler,奥斯卡最佳女主角)。在整个奥斯卡奖的范畴中,有数百名加拿大人被提名,包括在2007年被提名为最佳男主角的瑞恩·高斯林(Ryan Gosling)。

- **法国**——莫里斯·切瓦力亚(Maurice Chevalier)在1958年获得了奥斯卡特别奖,以表彰他在半个多世纪中为娱乐世界做出的贡献。

- **德国**——马克西米利安·谢尔（Maximilian Schell）1958年在好莱坞初次登台，1962年凭着在《纽伦堡审判》（*Judgment at Nureberg*）的表演赢得了奥斯卡最佳男主角奖。玛莲娜·迪特里茜（Marlene Dietrich）是个在1933年成为美国公民的德裔女演员和歌手。1999年，美国电影学院任命她为历来最伟大的女星中的第九名。

- **意大利**——马切洛·马斯楚安尼（Marcello Mastroianni）3次获得了奥斯卡奖提名。安娜·马格纳尼（Anna Magnani）、索非娅·罗兰（Sophia Loren）和吉娜·罗洛布里吉达（Gina Lollobrigida）也都深受影迷喜爱。

- **墨西哥**——安东尼·奎恩（Anthony Quinn）1915年生于墨西哥，随全家乘坐运煤车来到美国，并最终落脚在洛杉矶，在那里给人擦过鞋和卖过报纸。后来，他从事演艺事业，并最终赢得了两项奥斯卡奖。

- **西班牙**——西班牙裔的著名演员有安东尼奥·班德拉斯（Antonio Banderas）和佩内洛普·克鲁兹（Penelope Cruz）。后者是西班牙首位赢得奥斯卡奖的女演员（2009）。

- **英国**——凯特·温斯莱特（Kate Winslet）因在《生死朗读》（*The Reader*）中的出色表演赢得奥斯卡最佳女主角奖（2008）。奥斯卡奖赢得者安东尼·霍普金斯（Anthony Hopkins）在跟随英国影星们来到美国之后最终获得了美国公民的资格，就像两次捧得奥斯卡奖的迈克尔·凯恩（Michael Caine）和彼得·乌斯蒂诺夫（Peter Ustinov）一样。

这种外国的影响也扩大到了电影行业的其他领域，包括导演。黑泽明（Akira Kurosawa, 1910—1998）是世界上最伟大的导演之一。许多当今最好的制片人都声称其作品受到了他的重大影响。在《罗生门》（*Rashomon*）中，黑泽明向西方的观众介绍了日本的电影。他的29部影片经常是改编西方的经典，使之适应日本的背景和观念。1989年，他因为毕生的作品获得了奥斯卡奖。

L 艺 术

任何一位伟大的艺术家都不是按照事物的真实面貌看待它们。

如果这么做了,他就不再是位艺术家了。

——奥斯卡·王尔德(Oscar Wilder),爱尔兰诗人和戏剧家(1854—1900)

就像我们的文学和电影一样,美国的艺术反映了我们的以独立思考、现实主义和坚持真理为特征的文化。这一章将帮你了解一些美国最有名的艺术家和他们的作品。如果你能够说出他们的深孚众望的姓名或者做出简单的评论,如"这正是出自**诺曼·洛克威尔**(Norman Rockwell)之手",或"它使我想起了**温斯洛·霍姆**(Winslow Homer)的《微风轻扬》(*Breezing Up*)",会立即从一个熟悉这些艺术家的美国人那里获得尊重。他们也会很高兴地看到,你知道我们的文化并不像一些外国人认为的那样,仅仅限于我们的有名影片和知名演员。

我们的艺术无所不在,它存在于我们的广告、办公室、住房和媒体之中。一些高速公路和办公楼的墙上挂着艺术家的画作,有时是得到了授权,有时则没有。成年人和孩子们在我们的海滩上建造着创造性的沙雕。艺术的文身对一些人也很具吸引力。计算机平面设计是一个迅速扩大的艺术领域。我们有成千上万的博物馆,包括位于纽约市的世界闻名的大都会艺术博物馆和在华盛顿D.C.的国家艺术馆。①

鉴于我们延续数个世纪之久的不受拘束和追求个性的文化,美国的艺术家们今天往往不愿用学派、风格或单一的方法来限制自己。他们坚持**走自己的路**,虽然在几个世纪中我们经过了不同的艺术阶段。

---

① 其网站分别是:**www.metmuseum.org**和**www.nga.gov**。

印第安人是美国最早的居民，在数千年以前就创造了艺术。他们的作品被画出来、刻出来、织出来、绣出来或者造出来，用于日常生活以及各种仪式，美国人今天还戴着由美国各个部落生产的银质和绿松石的印第安珠宝，你也会看到一些住房是以这种西南风格装饰的。

16世纪后期，在弗吉尼亚的英国定居点中，由欧洲移民带来的水彩画艺术描绘了动物、植物和印第安人。在17世纪后半期，肖像画受到欢迎；接着，在18世纪，船头的三维雕饰和木质的生意人塑像也变得流行起来，如站在烟店入口处的印第安人。我们将这一时期的古董称为美国文物（Americana）的一部分。今天一些人收集这些古董，而另外一些人则用此种风格装饰他们的住房。

19世纪，在欧洲艺术的影响之下，我们的艺术家描绘了重要事件中的美国英雄，以及对那些公众不熟悉的景色作了视觉表达。这有点像今天电视或以前书籍所做的一样。

直到第二次世界大战（1939—1945），与欧洲提供的最好艺术相比，美国的艺术还是被认为是很土气的。但是，到了20世纪50年代，美国（特别是纽约市）以其被称为抽象表现主义的运动开始领先，这种抽象表现主义同样具有一种以对自由表达的信念为特征的观念。作为典型的美国人，这些艺术家不愿为常规主题和风格所局限。

杰出的美国艺术家

以下是经过挑选的经典的美国艺术家以及他们的作品，按照姓氏字母排列。就像他们在其中成长起来的文化一样，在这些艺术家中主旋律是突破既定的风格和走自己路的愿望。

（1）约翰·詹姆斯·奥杜邦（John James Audubon，1785—1851）

奥杜邦是以对美国野生生物的现实主义描绘而闻名的博物学者和艺术家。作为美国最早的野生生物艺术家之一，奥杜邦在18岁时就开始为美国的鸟类作画和进行研究了。其声名主要建立在他的第一本巨著《美国鸟类》（*Birds of America*，1838）上。这是一本画集，有着435张与实物一样大小的当地鸟类的图画，手工着色。与其他的博物学家相配合，他后来又出版了几卷将精美的插图和对美国鸟类的行为及特点的叙述结合起来的画集。

奥杜邦深入到野外收集样本，然后在他的工作室对之进行研究。他的作品既有着高质量的科学插画特有的清晰和对细节的注重,又有着美术特有的高质量线条。

我们为纪念他建立了**全国奥杜邦协会**。其使命是为了人类保护和恢复自然生态,而重点在于鸟类与其他的野生生物以及它们的栖息地。

（2）温斯洛·霍默（Winslow Homer,1836—1910）

霍默被认为是19世纪美国最伟大的艺术家之一,也是现实主义最杰出的阐述者,自然和当代生活的忠实和准确的描绘者。他的名声来自于有关海洋的激动人心的画作。他笔下的渔民和船长是所有追随大海的人士的粗犷品质的象征,也是典型的美国人,因为我们有着漫长的海岸线,人们在这里工作,玩耍和捕鱼。

霍默的视野将美国的艺术带出了19世纪中期的浪漫主义,这种浪漫主义重视感性而轻视理性,重视感觉而轻视智能。他将美国艺术带到了现实主义的顶峰,光、阴影和布局在他的画像中起到了富有表现力的作用。作为一个画家,他几乎完全是自学成才的。以个人的观察作为基础,一方面,霍默的画作揭示了其他艺术家未曾记录的美国人的生活;另一方面,直到生命最后一刻,他的画作都表现了大自然的致命性和力量。

（3）罗伊·利希滕斯坦（Roy Lichtenstein,1923—1997）

利希滕斯坦是位画家、雕塑家和图形艺术家,最为有名的是他的大型画作以及为连环画、报纸和广告所做的版画。与美国同行艺术家安迪·沃荷（Andy Warhol）一起,利希滕斯坦成为了20世纪60年代美国波普艺术（Pop Art）运动的中心人物,这一运动赞美通俗的和商业化的形象。①

利希滕斯坦曾说:波普艺术"涉及那些在我看来是美国文化特有的最厚颜无耻、最具威胁性的东西,我们痛恨的东西,但是它们也对我们产生了强大的影响"。

（4）乔治亚·欧姬芙（Georgia O'Keeffe,1887—1986）

作为美国最知名的女画家之一,在20世纪20年代和30年代,欧姬芙是纽约艺术活动的一个富有影响力的成员。她创作了一批十分独特的作品,在发展美国的现代风格方面起到了至关重要的作用。她的作品题材广泛,从研究自然和描绘高贵的花朵到惊人地刻画了西南部新墨西哥的沙漠。她画了沙漠里的石头和鲜花、被太阳烤白的牛的头盖骨、由17—18世纪西班牙天主教传教士留下的十字架,以及陈旧的土

---

① 见:www.lichtensteinfoundation.org。

砖教堂。在新墨西哥州首府圣菲有着乔治亚·欧姬芙博物馆。①

乔治亚·欧姬芙曾说:"以任何艺术创造一个人自己的世界,都是需要勇气的。"

（5）杰克逊·波洛克（Jackson Pollock,1912—1956）

抽象是完全没有可辨认的主题的艺术的同义词。波洛克这位大师发展了一种应用花哨的彩色涂料的技术,即以一种循环模式将它倒在或滴在铺于地板上的巨大的帆布上,以散发物质能量。通过这种方式,他制作了复杂交错的涂料网络。他的迅速以及似乎冲动的做法变成了抽象表现主义的标志,这种抽象表现主义强调艺术家随性发挥。

1956年,波洛克因其革命性的绘画技术被《时代》（Time）杂志戏称为"滴头杰克"（Jack the Dripper）,这种技术将数代的美国艺术家从学院式的桎梏中解放了出来。他的风格反映了其自身的躁郁的个性。他在1948年制作的第五号画（Number 5,1948）到2006年时卖了1.4亿美元,这在当时是为一幅画曾经付出的最高价格。一部题为《波洛克》（Pollock,2000）的美国影片探索了他的动荡的人生。

波洛克曾说:"任何一位优秀的画家都画出了他的真相。"

提示:如果某些事情使你感到困惑,你可以说:"这像杰克逊·波洛克的画一样令人迷惑不解。"

（6）弗雷德里克·雷明顿（Frederic Remington,1861—1909）

雷明顿是位19世纪的画家,以他描绘的旧西部（18世纪后半期的西部）的生动场景而闻名。他的画将这一边疆地区描绘成了充满阳刚之气的粗犷存在。作为一个东海岸的年轻人,他去了西部,做过牛仔、羊群放牧者、淘金者。他仔细观察周边的土地并且进行了素描速写,坚持完美无缺的现实主义。就像由美国作家赞恩·格雷（Zane Grey）所写的关于老西部的书一样,雷明顿画中的主角也都是边疆地区的普通人。弗雷德里克·雷明顿艺术博物馆位于纽约州北部的奥格登斯堡。②

（7）诺曼·洛克威尔（Norman Rockwell,1894—1978）

在1916—1963年间,洛克威尔发表在《星期六晚邮报》（Saturday Evening Post）上的321幅插图封面使他获得了比历史上其他任何一位艺术家都要多的读者。洛克威尔喜欢的主题是小镇生活特有的日常活动,以及反映了简单的20世纪生活的爱国主

---

① 见:www.okeeffemuseum.org。

② 见:www.fredericremington.org。

义内容。读者经常看到的是童子军、母亲、孩子、祖父母。他们经常是诙谐有趣的。由于洛克威尔在创作的时候对细节给予了高度的注意,他的画常常很像照片。他经常说:"我就像我喜欢的那样描绘生活。"

诺曼·洛克威尔博物馆位于马萨诸塞州的斯托克布里奇,在这里他度过了生命的最后25年。①

> 提示:假如你想对美国朋友就一个有着实实在在(down to earth)的居民的漂亮
> 小镇发表评论,就可以说:"这真是一幅洛克威尔的画。"他的艺术是许多
> 茶几书籍(coffee-table books)的主题。你可能会在一个美国人(包括我自
> 己)的起居室的咖啡桌上看到这种精心设计的超大号的书籍。

(8)吉尔伯特·斯图亚特(Gilbert Stuart,1755—1828)

斯图亚特是殖民地时期美国一位受到英国同行影响的最有名的肖像画家,因为他为当时政府中几乎每一位杰出人士都画过肖像。他在1795年为华盛顿总统所做的著名画像,挂在我们的学校和政府办公室,还印在一美元的纸币上。斯图亚特的钱总是不够用,其古怪行为广为人知,有的人将此归结到他的天才。他被葬在波士顿的一个没有标志的坟墓之中。

(9)安迪·沃荷(Andy Warhol,1928—1987)

沃荷是美国一位画家、出版商、电影导演和制片人。以他的取自于大众或通俗文化的图像艺术品作为基础,他成了波普艺术运动的一位领袖。他的作品和思想既反映也帮助塑造了美国的大众传媒和通俗文化。他的最重要的发明之一是将绢布制版的放大的摄影影像用于帆布和(或)画纸。

沃荷迅速和廉价地制作一系列的影像,并以一种与他的创造性天资相般配的潇洒将它们售予公众。汤罐头、美元纸币、可口可乐瓶等普通的物品,以及名人和政治家的各种脸面,都成了20世纪70年代艺术爱好者们热烈追求的目标。他画于1963年的《八个猫王》(Eight Elvises)在被卖出的最昂贵的画作中排第五位(1亿美元,2008年)。

在某人无论因为什么原因突然变得大名贯耳(pop into the headlines)的时候,我们可以引用一句沃荷所讲的话:"在未来每个人都可以成名15分钟。"

---

① 见:www.nrm.org。

（10）詹姆斯·惠斯勒（James Whistler，1834—1903）

惠斯勒是19世纪末美国最有影响的画家之一。他吸收了日本的艺术风格，进行了技术创新，支持现代艺术。对于那些希望突破规定的学院派风格的人来说，他是一种催化剂。而在美国的艺术、文学和文化界，从学院派的桎梏中解脱出来乃是一个经常的主题。

惠斯勒被誉为影响了欧洲艺术的第一位美国现代主义者。他的艺术风格既谨慎又微妙，与其咄咄逼人的个性正好相反。

惠斯勒所做的《画家母亲的肖像》（*Portrait of the Painter's Mother*）或许是美国名气最大的画作。我们动情地将之称为《惠斯勒的母亲》。它的平面的形式，单一的色调和不对称的布局都是惠斯勒所特有的风格。

惠斯勒曾说："颜料不应被过度使用，它应当像是在一块玻璃的表面上吹过的微风。"

（11）格兰特·伍德（Grant Wood，1891—1942）

伍德生于艾奥瓦州的一个小农场，其家庭笃信宗教。他关于小镇人物和肥沃中西部的风景的画作反映了自己的成长。受到佛兰德和日耳曼艺术家的启发，1928年他到巴黎接受了训练，并访问了德国。不久，他就开始创作易于理解和有着朴实的中西部魅力的画作。

伍德的《美国的哥特式》（*American Gothic*）是我们另一幅最有名的画作。它以幽默超越了大多数艺术的严肃性，这种幽默来自于伍德的布局：一个典型的美国农民和他的女儿在一起，背景则是欧洲哥特式的窗户。

伍德曾经说："在制作这些画作的时候……我心里有着一些我希望向美国的相当广泛的观众传达的东西——一幅富有和平艺术的国家的图画；这是一个舒适的可爱的国家，为了它的保存任何牺牲都是绝对值得的。"

（12）安德鲁·怀斯（Andrew Wyeth，1917—2009）

怀斯是他的时代最受欢迎的画家之一。他以关于宾夕法尼亚农村和缅因州（在这里他有着一栋避暑别墅）的画作而闻名，这些作品描写了当地的人和风景，是现实主义以及思索性的。他的画作显示了有着裸露窗户和破裂天花板的老式建筑，以及在荒凉海滩上被丢弃的小船，使观众想起了早期美国的生活。

怀斯以托马斯·伊肯斯（Thomas Eakins）和温斯洛·霍默的传统进行创作，这两位是19世纪末的美国现实主义画家。他用蛋彩作画，这是一种由蛋黄制成的媒介，可以使他表现细节，并赋予他的画作以一种光滑精美的表层。

怀斯曾说："我更喜欢冬季和秋季，这时你可以感觉到景色的骨架——它的孤独，以及冬季的死亡的感受。一些东西等在下面，整个故事尚未展开。"

其他的艺术成就取得者

（1）安塞尔·亚当斯（Ansel Adams，1902—1984）——摄影在美国艺术史上具有重要作用，许多美国人知晓亚当斯的姓名是通过他为西部拍摄的富于激情的照片。他对保存西部荒野地区的兴趣使他成为保护运动的积极参与者。①

（2）弗兰克·劳埃德·赖特（Frank Lloyd Wright，1867—1959）——他被认为是20世纪建筑界最伟大的人物之一。当着20世纪初大多数美国建筑师都在从欧洲寻求灵感时，赖特发现日本的设计和艺术更能给人以启迪。他的设计的独特性、他的建筑的环境以及他对材料的创造性使用都是他的特有标志。赖特设计的住宅和建筑都是国家艺术纪念碑；其中最有名的是"落水"山庄（Falling Water house）。②

（3）弗兰克·盖里（Frank Gehry，1929）——加拿大出生的盖里从1947年以后就住在洛杉矶。他相信"建筑是艺术"，今天所以出名是因为他的大胆的创造，包括在洛杉矶市区的迪斯尼音乐厅，在西班牙毕尔巴鄂（Bilboa）的古根海姆博物馆。由于他的激进设计，一些人称盖里为"铁丝网围栏和波纹金属壁板的使徒"（the apostle of chain-link fencing and corrugated metal siding）。③

我最喜欢的博物馆

美国具有大约1.8万家博物馆和1.4万家艺术画廊。其中有些在世界上并无名气，但是这并不削弱它们的吸引力。许多博物馆和画廊充满了艺术瑰宝，有助于驱散某些外国人怀有的一种错误见解，即美国文化上是贫瘠的。外国人经常要我列出我最喜欢的博物馆和画廊，以下就是我的推荐：

---

① 见：www.anseladams.com。

② 见：www.franklloydwright.org。

③ 见：www.foga.com。

- 盖蒂别墅（Getty Villa）——至今仍是我的最爱。这一使人感到震撼的博物馆俯瞰洛杉矶附近的太平洋。它是模仿意大利维苏威火山附近的赫库兰尼姆的一处古老别墅而建造的，充满了各种文物。进入是免费的，但需要预订。它也是一处可爱的午餐场所。①

- 西部遗迹博物馆（Autry Museum of Western Heritage）——位于洛杉矶的这一跨义化的艺术中心致力于探索和分享美国西部不同人群的故事、经验和观念，包括牛仔和印第安人。②

- 国家艺术馆（National Gallery of Art）——这一位于华盛顿 D.C. 的国家艺术博物馆根据国会的联合决议建立于 1937 年，建设基金和其中大量艺术藏品是由银行家安德鲁·W. 梅隆（Andrew W. Mellon）所捐献。③

- 菲尼克斯艺术博物馆（Phoenix Art Museum）——这是美国西南部最大的艺术博物馆，以它收集的 1.7 万件艺术作品为特色，包括弗雷德里克·雷明顿、乔治亚·欧姬芙、阿尔伯特·比尔施塔特（Albert Bierstadt）等人的作品。④

- 大都会艺术博物馆（Metropolitan Museum of Art）——这一极受欢迎的博物馆位于纽约市，其历史可以追溯到 1866 年的法国巴黎。当时在那里的一批美国人同意建立一个全国性的机构和艺术画廊，以便"将艺术和艺术教育带给美国人民"⑤。

- 亨廷顿花园、图书馆和博物馆（Huntington Gardens, Library and Museum）——这一世界著名的艺术和文化中心就在洛杉矶的外部。它有四处艺术画廊和一处图书馆，其中大量收藏了珍本书和历史手稿，如古登堡版《圣经》（Gutenberg Bible）、乔叟（Chaucer）的《坎特伯雷故事集》（The Canterbury Tales）。它收藏的属于无价之宝的艺术作品包括盖恩斯伯勒（Gainsborough）的《忧郁男孩》（Blue Boy），以及雷诺兹（Reynolds）、萨金特（Sargent）、卡萨特（Cassatt）和霍珀（Hopper）等人的画作。⑥

---

① 见：www.getty.edu/visit/。

② 见：www.theautry.org。

③ 见：www.nga.gov。

④ 见：www.phxart.org。

⑤ 见：www.metmuseum.org。

⑥ 见：www.huntington.org。

为美国艺术做出贡献的外国人

不幸的是，传统的美国艺术史往往忽略或极度轻视少数族群和移民的贡献。实际上，许多19世纪末的美国艺术家都受到了外国风格和审美观的强烈影响。纵观几个世纪的历史，以绘画、摄影、雕塑、建筑、园林、家具、工艺品和其他媒介的形式，外裔美国人已经创造了各种各样的艺术品。所有这些都为我们的文化做出了贡献。他们的作品被展示在美国（和世界）的许多负有盛名的博物馆之中。以下只是其中的一些。

（1）印度——在28岁的时候巴萨尔（Natvar Bhavsar，1934—　）来到美国学习。他的作品成了许多著名博物馆的永久性收藏品，如波士顿美术馆（Boston Fine Arts Museum）、纽约的大都会艺术博物馆和惠特尼美国艺术博物馆（Whitney Museum of American Art）。

（2）中国——林璎（Maya Lin，1959—　）是一个当代的华裔美国人建筑天才。当她才21岁并且只是耶鲁大学建筑学院的本科生时，就在一次全国性竞赛中因为设计了最初具有争议、但是现在饱受赞扬的**越战老兵纪念碑**而被选中，该纪念碑后来建在华盛顿D.C.地区。

这是20世纪后期在美国建造的最受赞扬的公共纪念碑之一。它有两堵精抛光的黑色花岗岩墙，长达150米（493英尺），上面刻着因为越南战争（1964—1973）而牺牲或者失踪的5.8万美国男女军人的姓名。

该纪念碑将注意力不仅集中在它的自身，而且也改变了人们对周围地区的观念。它穿过地面是比喻感情上的伤痕，人名墙描述了在那个动荡时期无论是军人还是平民遭受的痛苦，激起了访问者的自然的感情。他们在墙上寻找亲人的姓名时可以看到自己被反射在墙上的脸。经常可以发现有人将他们的朋友、亲戚和战友的名字拓印到纸上，或者在墙边放上鲜花和照片。林璎也设计了亚拉巴马州首府蒙哥马利的人权纪念碑。

（3）中国——贝聿铭（Leoh Ming Pei，1917—　）在1934年离开了中国到麻省理工学院和哈佛设计研究生院学习建筑。他设计了50多个项目，将大胆的几何和高技术构思融入许多建筑之中，如纽约的杰维会展中心、巴黎的罗浮宫金字塔、克利夫兰的摇滚名人堂，因而赢得了许多奖项和媒体的注意。1982年，美国建筑学院的院长们推选贝聿铭为重大的非住宅结构的最佳设计师。作为一个永远的完美主义者，他说：“医生可以埋葬他们的错误，而建筑师必须与他们的错误一起生活。”

（4）日本——小泉罗杰（Roger Shimomura，1939—　）是第三代日裔美国人，他创作的画和舞台表演作品将日本形象和美国通俗文化讽刺性地结合在一起。在第二次世界大战期间（1939—1945），他和他的家庭都被送到了拘禁营。小泉的许多作品都根据祖母的日记探索了那段被拘禁经历在日裔美国人的感情和心理上造成的痛苦。最近，他对种族主义和跨文化关系这一严肃主题采取了比较轻松的态度。

小泉说：“有太多的人模糊了日本人、韩国人、中国人、越南人和其他亚洲人的差别。”他的作品嘲弄了那些错误的概念。在他的画作中，砖墙和屏风代表了经常在美国分割了族群和文化的专制障碍。他也将人们的注意力吸引到不同文化互相重叠的方式上，有时这些方式颇为滑稽。

作为世界上颇有声望同时也是最大的博物馆和研究综合体（有9个博物馆和9个研究中心），位于华盛顿D.C.的史密森尼学会（Smithsonian Institution）现在也正收集小泉个人的文件。①

（5）罗马尼亚——索尔·斯坦伯格（Saul Steinberg，1914—1999）是一位漫画家，其作品在1941年开始出现在《纽约人》（New Yorker）杂志上。②实际上，一年以前他才来到美国。在其一生中，斯坦伯格的画都是这本有名杂志的特色。从20世纪40年代以来，他的作品也在博物馆和画廊展出。

通过应用带有讽刺色彩的幽默以及描绘各种各样的美国情景，斯坦伯格将漫画提高到美术的高度。

他为《纽约人》所画的最有名的封面之一是一个巨大的曼哈顿岛和哈德逊河西边的微小世界，从而表现了纽约人短浅的世界观。在一些外国人看来，这也正是作为一个整体的美国在与处理与其余世界的关系时所显示的近视观念。

---

① 见：www.si.edu。

② 见：www.newyorker.com。

M 体 育

运动是人类的玩具部。

——霍华德·科赛尔（Howard Cosell），体育播音员

即使美国经常被说成世界上最多样化的国家，运动依然是使我们团结在一起的黏合剂，无论种族、性别、年龄、出生国家或宗教有什么差异。

对美国人来说，运动是颇为重要的事情（big deal）。这章将帮助你熟悉我们一些流行的运动项目。由于享有更多的闲暇时光以及更充分地意识到运动和娱乐活动对健康的益处，我们便更多地参与其中。我们也喜欢在现场和通过电视观看比赛，有着我们所支持的中学、大学和职业运动队以及运动员。你可能会受到邀请与我们一起去观看一场比赛或参与一项运动。鉴于美国人具有的竞争性，一些公司甚至拥有由雇员组成的运动队，在各种运动项目中相互比赛。

随着运动的流行，各种与运动有关的词汇和术语得以产生，并为我们所使用。知道这些词汇和术语以及著名运动员和运动队的姓名，将增强你对我们消遣娱乐活动的理解。

总的来说，运动在美国是一项大的产业。为获得顶级职业运动员对其产品的认可，制造商们不惜付出数以百万计甚至更多的美元。2009年，泰格·伍兹（Tiger Woods，即老虎·伍兹）的比赛奖金高达1000万美元，而从所支持的赞助商那里挣得的更要比这一数字多出十倍。我们中的有些人甚至穿着带有我们喜欢的运动队和运动员名字的运动服。

美国参加有组织的青少年运动项目的孩子达到3000万人，其中一些早在6岁的时候就开始。例如，1939年在美国建立的少年篮球联盟（Little League Basketball）今天在世界上具有属于7000支队伍的300万孩子，涉及加拿大、墨西哥、亚太地区、日本、欧洲、中东、非洲、拉丁美洲和加勒比海地区。

在美国，许多（不幸的是并非所有）职业和大学运动员为我们的孩子树立了积极的行为榜样。如果他们未能做到这一点，我们不是很喜欢。我们相信，竞争性的运动锤炼了性格和自信，教会了团队合作，鼓励了体育道德和公平竞赛精神，这些品质都将会延续到成年人的生活当中。（又是竞争和公平的问题。）

> 提示：有的家长感到，在运动中，一些孩子学会的不是公平竞赛和团队合作，而是取胜乃唯一要紧的事情。所以，他们和教练力图淡化比赛的胜负方面，而是使得比赛更具乐趣、减少竞争。偶尔，媒体也会报道一个观战的家长被赶出了赛场，因为他显示了侵略性的行为和对赛场官员的不尊；或者一个教练被从一支运动队除名，因为他信奉的是不惜一切代价取胜的哲学。

我们每天的报纸都有综合的运动专栏。我们也有专门报道运动的有线电视频道，如ESPN。它宣称自己是报道比赛的世界领袖。[①]《体育画报》（Sports Illustrated）是美国许多流行运动杂志之一。[②]

（1）管理——如你可能预料到的，在美国，我们不同的运动项目都是实行自我管理，所以政府是不介入的，全国大学体育协会（the National Collegiate Athletic Association，NCAA）管理业余运动（大学），而我们的职业运动都有它们自己的管理机构。但是，政府也可以间接地介入一些事情，如界定非法地提高运动成绩的药物、大学运动员进入职业队的资格标准。有时候美国人希望政府能够管得更多一些。一个例子是，在美国职业拳击被许多人视为腐败和失控的。有时候拳击运动员为比赛发起者利用，上当吃亏（come out of the short end），只得到很小一部分收入。

> 提示：有关拳击的经典电影是《洛奇》（Rocky，1976）、《愤怒的公牛》（Raging Bull，1980）、描写穆罕穆德·阿里的故事的《阿里》（Ali，2001）以及赢得奥斯卡奖的《百万宝贝》（Million Dollar Baby，2004）。

（2）最流行的运动——我们15项最流行的休闲体育活动是游泳、步行、打保龄

---

① 见：www.espn.go.com。

② 见：www.si.com。

球、骑自行车、举重、钓鱼、野营、跑步机练习、打台球、打篮球、拉升锻炼、徒步旅行、慢跑和打高尔夫。[1]除了这些，我们还有数十个其他的休闲体育项目，如跳伞、悬挂滑翔、蹦极跳、滑雪和滑水、网球。我们的体育用品商店堆满了（packed to the rafters）支持各种体育活动的装备。

按照流行程度排名，在吸引观众排名前十观赏性运动项目中，排名第一的是职业美式足球，[2]接下来是职业棒球、大学美式足球、职业篮球、赛车、职业冰球、中学美式足球，职业英式足球排第十位。我们通过到现场或在电视机前观看、收听广播或者阅读有关新闻关注着这些运动。

（3）国歌——假如到现场观看，你将注意到，在比赛开始以前观众会起立唱起我们的国歌《星条旗永不落》（*Star Spangled Banner*）。他们有时由一个观众或有名的歌唱家指挥。这首歌写于1814年，最后一行是"在这自由国家，勇士的家园"（O'er the land of the free and the home of the brave）。[3]在奥林匹克运动会上，当授与美国运动员金牌时，这首歌也会被演奏。[4]

（4）平等——正如你可以预料到的，美国的文化影响到我们的运动队如何竞争。平等原则又一次发挥了影响，就像自我们建国以来它已在我们生活中的许多其他方面起到了作用一样。我们采取措施为竞争的队伍创造一个公平竞争的环境。例如，在我们较大城市的棒球队可以吸纳更多的资金，因而也就有钱聘用最好的运动员。为了抵消这种状况的影响，职业棒球会对那些工资单超出一定水平的球队征税，再把它重新分配给较小的球队。职业美式足球和职业篮球队也有类似的工资上限。并且，职业美式足球队还必须为每个教练职位至少面试一个少数族裔的申请者。

因为许多美国人（57%的男子和35%的女子）参加有组织的运动，你的美国朋友或许会对我们三项最流行的观赏性运动中的一项或多项感兴趣，它们是下面要讨论的棒球、美式足球和篮球。对于这些项目的基本了解会促进你们的谈话和关系，甚至在你被带到比赛现场或者陷入激情时能够促进你的理解。（高尔夫也将被加以讨论，因为它既是流行的，今天又被广泛用于业务招待。）

---

①　原著在这里少说了1项，只有14项。——译者

②　美国人的足球（football）乃是我们所说的橄榄球，而将我们所说的足球称为"soccer"。为了加以区别。我们在翻译时分别称为"美式足球"和"英式足球"。——译者

③　原著说美国国歌的最后一行是"——自由的家园"（...and the home of the free），有误。——译者

④　见：kids.niehs.nih.gov/lyrics/spangle.htm。

棒　球

"无论谁想了解美国人的心灵和思想，他最好熟悉棒球，包括比赛的规则和实践。"

这句由一位文化历史学家写于1954年的话依然是对美国人和棒球的深刻评论。棒球被称为美国人最爱的消遣。球迷们喜欢坐在棒球场边，边吃热狗边喝啤酒，希望抓住一个朝他们方向打来的纪念球。我们喜欢大声对自己支持的队表示鼓励。年轻人还希望有一天能够在同一球场上进行比赛，就像他们的英雄正在做着的那样。观赏一次比赛是逃脱日常生活压力的好方法。有名的演员亨弗莱·鲍嘉说："棒球场的热狗比丽兹豪华旅馆的牛排好吃。"

一半的美国人都是棒球迷。并且，尽管这一运动起源于美国，它受到的欢迎已经扩大到了其他国家，特别是加勒比海国家和日本。1992年，棒球被奥林匹克运动会接纳，但是在20年后又被放弃了。就像世界各地都玩英式足球一样，我们会在美国各地的球场、公园、空地和农田玩棒球。我们为孩子、中学生、大学和职业球队建立了各种棒球联盟。

除了年轻运动员开始他们职业生涯的那些小联盟以外，我们从东海岸到西海岸以及在加拿大还有30支职业棒球大联盟（Major League Baseball，MLB）的球队，它们在每年的4月到9月将打162场比赛。这些球队分属全国联盟和美国联盟，每个联盟的胜利者将在10月初有名的世界职业棒球系列赛（World Series）中会面。纽约扬基队赢得了大多数冠军头衔（27次）。[①]事实上，我们有一个叫作《该死的扬基佬》（*Damn Yankees!*）的流行音乐舞台剧和一部同名影片。全世界224个国家的1亿人在电视上观看了最近的世界职业棒球系列赛，仅韩国和日本的观众就达4700万人。大联盟运动员的平均薪水大约是每年330万美元。顶尖运动员可以高到每年2500万美元。

在纽约州中部的棒球名人堂包含3万多件物品，代表了这一项目从开始到现在的所有方方面面。对于那些被选入名人堂的极少数运动员来说，这是一种荣誉。[②]

---

① 见：www.yankees.com。

② 见：www.baseballhaoooffame.org。

提示：在职业生涯中彼得·罗斯（Pete Rose）实现了最多的安打，但是被禁止选入名人堂，因为他在担任经理时非法地就自己队的比赛赌球。大概有三分之二的球迷认为，他应该是够资格的，这符合我们的忘记和原谅的原则。但是，它并不充分地符合我们认为诚为上策的信念。你可以随意地问问自己的美国朋友如何看待这一有争论的问题。

第一位在大联盟中比赛的非裔美国人是**杰基·罗宾森**（Jackie Robinson，1919—1972），布鲁克林道奇队（现在是洛杉矶道奇队）的杰出运动员。他为外国人在内的其他少数族群的运动员参加大联盟的比赛开创了先例（opened the door）。**贝比·鲁斯**（Babe Ruth）是在20世纪20年代参加比赛的，至今仍是我们历来最有名的运动员。

提示：受欢迎的棒球电影包括：罗伯特·雷德福（Robert Redford）主演的《天生好手》（*The Natural*，1984）；凯文·科斯特纳（Kevin Costner）主演的《百万金臂》（*Bull Durham*，1988）；凯文·科斯特纳主演（扮演一个大学棒球运动员）的《梦幻之地》（*Field of Dreams*，1989）；汤姆·汉克斯（Tom Hanks）主演的《红粉同盟》（*A League of Their Own*，1992），它写的是第二次世界大战期间的女子棒球队，当时男运动员都去参加战争了。

棒球是我们文化的反映，反之亦然，其中包括个人自由。从19世纪到1976年，棒球运动员终生隶属于一个队。只要球队想留住一个运动员，它可以一年一年续订合同。1969年，一个运动员被交易到了另一个队，而他拒绝报到，因为他不想为那个队打球。这个运动员向美国最高法院提出上诉，但是输掉了官司。然后，1975年，两个运动员认为自己是在没有合同的情况下参加了比赛，理由是，如果没有经过他们签字，球队是不能续订合同的。一个仲裁者接受了此种说法，这两个运动员被宣布为自由球员（可以自由地与其他球队进行谈判），从而掌握了自己的未来。运动员工会和球队老板们于是就支配自由选择权的新规则达成了协议，球队和运动员都需遵守。这是又一个"我们人民"如何在美国带来了变革的例子。

（1）球队——下表提供了我们大联盟球队所在地区和名称。如果你和美国人见面并且知道其所在城市，可以提及该城市的球队。很可能他们是这一球队的球迷。

每个队都有自己的网站。

美国联盟所属球队

东部分区	中部分区	西部分区
巴尔的摩金莺	芝加哥白袜	阿纳海姆天使
波士顿红袜	克利夫兰印第安人	奥克兰运动家
纽约扬基	底特律老虎队	西雅图水手
坦帕湾魔鬼鱼	堪萨斯城皇家	德克萨斯游骑兵
多伦多蓝鸟	明尼苏达双城	

全国联盟所属球队

东部分区	中部分区	西部分区
亚特兰大勇士	芝加哥小熊	亚利桑那响尾蛇
佛罗里达马林鱼	辛辛那提红人	科罗拉多落基山
华盛顿D.C.国民	休斯敦太空人	洛杉矶道奇
纽约大都会	密尔沃基酿酒人	圣迪戈教士
费城人	匹茨堡海盗	圣弗朗西斯科巨人
	圣路易斯红雀	

（2）**比赛**——有名的科学家阿尔伯特·爱因斯坦说过："你教我棒球,我教你相对论……不……你学相对论将快于我学棒球。"实际上,一旦你掌握了棒球的基本要素（get the hang of it）,它并没有那么复杂,即使各支球队要执行许多使得比赛有趣好玩的战略。

比赛的目标是比对手取得更多**跑垒得分**。这很简单,对吗?当着跑垒手绕过了所有3个**垒**并触到**本垒板**的时候,跑垒就得分了。在一共**9局**比赛中的每一局,两个队都要送**击球手**到本垒板,**其任务是用木制球棒击**打对方的**投手**向蹲在本垒板后面的接球手掷出的球。

击球手力图通过两个办法上垒:或者是安全地击出对方投手掷出的球,即这球没有被对方球队接住,或者通过**保送**,即对方打击手4次都把球投掷到好球区以外。一旦上垒,该运动员必须被上场击球的队友推进到本垒板后才算完成跑垒得分。在每一局中,一队最少有3个击球手将走上本垒板。当已经造成3个**出局**时,这个队就完成了该局的上半场,接下来轮到对方的队员上场击打。作为北美唯一没有时间限制的主要团队运动,棒球比赛经常持续2—3小时,球迷们会多次走到小吃摊买些吃的喝的。

棒球中最令人激动的一幕是全垒打,它发生于球被打过护栏飞出球场时。我们所说的swing for the fences就是来自这种努力。如果在全垒打被击出的时候,垒上有3个跑垒者(垒都"装满"了),这就叫**大满贯**,3个跑垒都得分了。2011年扬基队成为大联盟历史上一场比赛击出3个大满贯的第一支队伍。1974年退休的汉克·阿伦(Hank Aaron)创立了职业生涯中击出755个全垒打的记录,至今无人能够打破。2001年贝瑞·邦兹(Barry Bonds)击出了73个全垒打,树立一个新的单赛季记录;但是,许多人相信他因为服用了类固醇才取得这一成就,所以该记录失去了光泽。

总之,学习棒球并不那么困难,从这些基础的了解开始,你的知识会不断增加。

(3)日常术语——就像许多其他运动术语一样,在我们的日常谈话中棒球术语也会被用于棒球以外的其他环境。在你与一个美国人谈话或者观看一场真正的棒球比赛时,理解这些棒球术语或者甚至使用它们对你将会是有益的。

- 全垒打(home run)和大满贯(grand slam)意味着一种非常特殊的成功。例如:"在我写下一个百万美元的销售订单时,我就是击出了一个全垒打。"

- 棒球比赛中使用的球叫作硬式球(hardball),相对于在相似的垒球比赛中使用的软式球。硬式球这一词汇可以被用来表示在谈判中变得强硬或坚定。

- 弧线球(curveball)是由投手掷出的曲线球,因而不易被击中。它被用来表示一种没有估计到的事态转折。例如,在日常生活中,当你准备签署一份合同时,你的对手却提出了从未讨论过的某种要求。你可以说"他掷给我一个弧线球",或者说"这个球意外地来自于左外野"。左外野是棒球场的3个外场之一,远离本垒板。

- 三振出局(three strikes and you're out)可以表示这样一种意思:在你被另外的某个人替换以前,允许你为了完成某件事情尝试3次。"我出局了"(I strike out)是指你没有完成你正试图完成的任务,就像击球手3次挥棍击球但都没有打中因而未能上垒。

- 棒球裁判大声叫喊"让我们玩球吧"(let's play ball)从而宣布比赛的开始。你也可以通过说这句话让其他人着手行动,如立即开会。

- 棒球运动员都有一个击球率(batting average),以百分比表明他们成功击球的情况;平均300或以上就是很优异的成绩。击球率1000(batting 1000)表明了在各种形势下的百分之百成功。一个能通过10个销售电话获得10笔交易的销售员就是"击球率1000"。

- 快球(fast ball)是投手最为用力地向击球手投掷出去的球,其球速有时超过了每小时185千米。如果你向某个人掷出一个快球(throw a fast ball),你就是做出最大努力要在他那里赢得某件东西或实现某项目标。在法庭审理中,一个律师可以给予有力的快球(或硬球)讯问。

- 全明星比赛(All Star Game)一年进行一次,由球迷选出的最好运动员参加。如果你特别成功地做了某件事情,你可以为你的全明星表现(all-star performance)表扬自己。

(4)外裔棒球运动员——在开始了2011赛季的846名大联盟棒球运动员中,28%的人生于美国之外。他们来自于14个国家,其中绝大多数是拉丁美洲国家。预计在几年之中他们的比例将接近50%,这也正是今天在小联盟中打棒球的外国出生的运动员的比例。来自于多米尼加共和国的运动员最多,86人;委内瑞拉次之,62人;波多黎各第三,20人。你可能听到过这些外裔棒球运动员的名字:

- 费尔南多·瓦伦佐拉(Fernando Valenzuela)生于墨西哥的一个小镇。他是主要的投手,在1980—1990年为洛杉矶道奇队打球的这段时间最为有名,激发了20世纪80年代早期被称为"费尔南多热"的疯狂。他成为在同一赛季既赢得年度新秀奖(Rookie of the Year)又获得象征年度最佳投手的赛扬奖(Cy Young Award)的唯一运动员。
- 1973年,罗伯托·克莱门特(Roberto Clemente)在去世以后成了被选入棒球名人堂的第一位拉美运动员。从1955年到1972年,他在大联盟所属球队打球,1966年赢得全国联盟最有价值球员奖(Most Valuable Plyer Award,MVP)。1972年他在去尼加拉瓜向地震受害者提供援助物资的途中死于空难事故。
- 野茂英雄(Hideo Nomo)是第一位参加大联盟球队的亚洲出生的运动员。在经历了日本的职业比赛之后,1995年他与洛杉矶道奇队签署了一份合同。这也导致其他亚洲运动员追随其脚步来美国打球。许多日本人通过赴美旅游以观看他的比赛,日本电视台则播放他作为投手参加的比赛。
- 佐佐木主浩(Kauhiro Sasaki)是个投手,2001年在西雅图水手队创立了一项纪录,2000年获得联盟的年度新秀奖,2001年经球迷推选参加了全明星赛。
- 朴赞浩(Chan Ho Park)是第一位在大联盟中打球的韩国运动员。2001年,他在洛杉矶道奇队担任投手,也被选入了全明星赛。
- 西雅图水手队的铃木一郎(Ichiro Suzuki)是第一位与大联盟球队签署合同的非投手日本运动员。2004年,30岁铃木以262次安打打破了大联盟历史上长达

84年的记录，成为在大联盟历史上第一位在最初四个赛季每年能获得200次安打的运动员。

- 松井秀喜（Hideki Matsui）是日本棒球的一位英雄，2003年参加了纽约扬基队，以他强大的击球技能帮助该队赢得了2009年世界职业棒球系列赛，被选为该系列比赛的最有价值球员。

美式足球

在大多数国家，"足球"（football）是美国人称为英式足球（soccer）的东西。在美国，足球就是美式足球，而不是英式足球。英式足球是圆的，美式足球使用的是椭圆形的球。美式足球比赛有些像英式足球，即只有把球打进对方的球门才能得分。但是，它最像英式橄榄球（rugby）。美式足球因1991年欧洲美式足球联盟的建立得到了发展，但是，由于招致的财政损失，该联盟在2007年终止了存在，这也是英式足球在欧洲具有的普及性的反映。

大约60%的成年美国人宣称会经常关注职业美式足球，45%的成年美国人会经常关注大学美式足球。到处都可以看到玩美式足球的青少年，从空的球场到公园、家里院子、草地、沥青地和土路。

就像棒球一样，针对各个年龄段的青少年都组织了美式足球联盟。大学和中学均有相互竞争的美式足球队。在半场休息的时候，其学校的行进乐队会提供丰富多彩的表演。尽管棒球是美国最受欢迎的体育消遣活动，美式足球却是美国学校之间排名第一的竞争运动。在较小的镇，特别是在德克萨斯州，中学美式足球队的成就可能是整个社区关注的焦点。学校和职业球队在秋季的大约3个月中会每周比赛一次。

职业美式足球队参加全国美式足球联盟（National Football League，NFL）组织的联赛。如同棒球，NFL也有全国性联合会和美国联合会两部分。①每年2月初，两个联合会的冠军之间会进行总是非常红火的超级碗（Super Bowl）比赛，以决定谁是最好的队伍。这是世界上观看人数最多的运动赛事之一，在美国就有三分之一的人会因此坐在他们的电视机前。超级碗星期日现在被看成一个非正式的节日，保有美国第

① 见：www.nfl.com。

二个最大的单日食品消费(特别是送到家里的比萨饼)记录,仅次于感恩节。

> 提示:关于美式足球的流行电影包括:《布赖恩之歌》(*Brian's Song*,1970)、《最长的一码》(*The Longest Yard*,1974)、《达拉斯猛龙》(*North Dallas Forty*,1979)、汤姆·克鲁斯(Tom Cruise)主演的《甜心先生》(*Jerry Maguire*,1996)。桑德拉·布洛克(Sandra Bullock)因为主演《弱点》(*The Blind Side*,2009)而获得了奥斯卡最佳女主角奖。它写了一个富有(well-to-do)家庭指导和保护(take under their wing)了一个无家可归的十来岁的黑人孩子的真实故事,这个孩子后来成了NFL的运动明星。即使你不是美式足球迷也能欣赏这些电影,它们将帮助你理解运动在美国人的生活中是多么重要。

(1)球队——下表提供了全国美式足球联盟所属的31支球队的名称和分区。如果你计划见一个美国人,知道他住在哪里,可以核查一下此表,记住离他家最近的球队的名称,这支队很可能是他特别喜欢的。球迷对待自己的球队是很认真的,所以如果你问起他们球队的近况,有的人会因为其战况不佳而骂脏话。另一些人则可能显得很高兴(light up)。

美国美式足球联合会所属球队

东部分区	中部分区	西部分区
布法罗比尔	巴尔的摩乌鸦	丹佛野马
印第安纳波利斯小马	辛辛那提孟加拉虎	堪萨斯城酋长
迈阿密海豚	克利夫兰布朗	奥克兰突袭者
新英格兰爱国者	杰克逊维尔美洲虎	圣迭戈闪电
纽约喷气机	匹茨堡钢人	西雅图海鹰
	田纳西巨神	

全国美式足球联合会所属球队

东部分区	中部分区	西部分区
亚利桑那红雀	芝加哥熊	亚特兰大猎鹰
达拉斯牛仔	底特律狮子	卡罗来纳黑豹
纽约巨人	绿湾包装工	新奥尔良圣徒
费城老鹰	明尼苏达维京人	圣路易斯公羊
华盛顿红人	坦帕湾海盗	圣弗朗西斯科49人

提示：这些队名可以反映出他们所在地区的文化。圣弗朗西斯科49人的名字来自于1849年那一地区的淘金者。明尼苏达维京人反映了斯堪的纳维亚在那一地区的影响。达拉斯牛仔表示了对在该地区骑在马背上放牛的牛仔的敬意。匹斯堡钢人反映了当地的炼钢的历史。

　　使用各队的网站就可以更多地了解它们。数年来，全国美式足球联盟还努力在洛杉矶重建一支球队。它原有球队在1994年被老板迁到了中西部城市圣路易斯。

　　（2）比赛——著名的美式足球教练文斯·隆尔巴迪（Vince Lombardi）分析了美式足球和美国文化的相似性："美式足球就像我们的生活——它要求坚持不懈、自我否定、努力工作、牺牲奉献和尊重权威。"

　　简单地说，以下就是进行比赛的做法：一块矩形的天然草地或人工草皮被标上十根白色的十码线（10-yard lines）。比赛分为四节进行，每节为15分钟比赛时间。两个队力图针对对方得分，最常用的做法是把球推送过对方的球门线（goal line），这叫达阵（touchdown），得6分。或者把球踢到对方的H型的球门柱之间，得3分。防御方的球员力图抱住并摔倒进攻方的带球者，阻止对方打出一个达阵。由于经常出现的猛烈的身体接触以及富有侵略性的比赛方法，运动员们都带着保护性的装备。到比赛结束时得分多的队取胜。

　　（3）日常术语——在日常谈话中我们会使用美式足球的行话（jargon）。

- 在你取得达阵得分（touchdown）时，你就是成功地完成了你正在为之努力的某件事情，就像为你的公司做成了一笔大单销售。

- 如果球是在一码线（the ball is on the 1 yard line），进攻的球队就非常接近于打出一个达阵了。你可以说："五年来我们一直在开发这一新技术，现在我们是在把它推向市场之前的一码线上了。"

- 球门线位置（goal-line stance）表示防御方正严密地守护着它的球门线，以防止对方打出一个达阵。如果你是在竭力地保卫着遭到其他人的言语攻击的立场，你可能就是在球门线的位置上了。

- 当一方的球掉了下来而为另一方获得时，就发生了漏球（fumble）。你可以说："由于我忽视了对竞争者的价格的研究，我漏球了，他们获得了合同。"

- 如果一个运动员作掩护奔跑（run interference），他就是在一个持球队友的前面奔跑，以便引开对方，防止对方抱住并摔倒自己的队友。与此相像的是，一个经理可以告诉其下属："带球快走，我会为你作掩护奔跑。"这句话的意思是，经理将力图消除障碍以便某项目可以继续推进，不会为其他人中断。

（4）外裔美式足球运动员——虽然人数不多，一些外国出生的美国人还是慢慢适应了职业美式足球。他们现在大约有100人，几乎是10年前数字的两倍。仅萨摩亚平均每年就提供大约30个运动员。此外还有：

- **乌克兰**——伊戈尔·奥尔先斯基（Igor Olshansky）在7岁的时候随其家庭移民到美国，是被一支全国美式足球联盟的（NFL）球队选中的首位来自前苏联的运动员。

- **斯堪的纳维亚**——来自丹麦的摩顿·安德森（Morten Anderson）是历来最佳的开球员。来自瑞典的奥韦·乔纳森（Ove Johansson）是NFL历史上最长距离的射门得分记录的保持者（69码）。

- **德国**——来自德国的运动员包括：伊凡·朱尔科维奇（Ivan Jurkovic）、霍斯特·默尔曼（Horst Muhlmann）和塞巴斯蒂安·沃尔默（Sebastian Vollmer）。

- **荷兰**——哈拉尔德·哈泽尔巴赫（Harald Haselbach）在NFL打了6年球，是一次超级碗比赛中的先发球员。

- **越南**——生于越南的阮德胜（Dat Nguyen）在德州农工大学打球时为该校树立了一项抱住并摔倒对方球员的记录，后来为达拉斯牛仔队打球。

- **菲律宾**——1962年，一个菲律宾移民的儿子罗曼·加布里埃尔（Roman Gabriel）成了首个作为NFL四分卫（进攻领袖）开球的亚裔美国人。1969年，他被推举为NFL的最有价值球员。

篮 球

对外国人来说，这项运动似乎是最容易学习的，因为它仅仅涉及将一个充气的圆球扔进悬浮的篮筐而得分。外国人也享受这项运动员会不停地活动和频繁地进球的运动，你可以看到许多车库装着篮圈的房子，父母亲与孩子在那里一起进行比赛。我们的运动场、公园和学校也都有篮球场。

大约40%的美国人是篮球迷。我们的中学和大学都有分开比赛的男子和女子篮球队。在每年的3月，会举行全国性的大学锦标赛以决定64支参赛队中哪一支是最好的男子队。或许你会遇到来自赢得奖杯的球队所在州的人：2010年北卡罗来纳的杜克大学,2011年康涅狄格大学,2012年肯塔基大学。加利福尼亚大学洛杉矶分校赢得的次数最多,达到11次。

男子职业联盟叫作**全国篮球协会**(National Basketball Association,NBA)。[①]大多数NBA运动员都曾在大学里打球。NBA季后赛在每年的5—6月间进行。**洛杉矶湖人队**在2009年赢得了冠军,2010年又第16次问鼎。达拉斯小牛队在2011年获得冠军。**波士顿凯尔特人队**登上冠军宝座的次数最多,达到17次。一场比赛得分最多的个人记录是100分,由**威尔特·张伯伦**(Wilt Chamberlain)在1962年创造。NBA的平均薪水是530万美元。女子全国篮球协会(Women's National Basketball Association,WNBA)是相对的新来者,由12支队组成,每年在NBA休假的6—9月进行比赛。

虽然篮球运动在1891年开始于美国,现在却在213个国家和地区得到了承认和推广。许多美国人在欧洲的职业队打球,反过来也一样。1990年在东京进行了两场NBA比赛,这是美国有组织的职业运动首次在美国之外进行常规赛。从那时以来,NBA球队又有6次在日本开始了赛季的比赛。中国人喜欢篮球运动就像鸭子戏水一样(ducks to water)自然,在同胞姚明成为NBA明星以后他们更是将篮球变成了最流行的运动,有姚明参加的比赛会在中国的电视上播出。

NBA遵循我们其他职业运动也具有的传统。每个赛季结束时,将选出一名NBA最有价值球员(MVP)。他们也推举自己的最优秀运动员——无论是男子还是女子——进入设在马萨诸塞州的斯普林菲尔德的名人堂,以肯定他们在已经结束的职业生涯期间取得的成就。[②]

提示:关于篮球的走红电影包括《球场雄心》(*Hoosiers*,1986)、《单挑》(*He Got Game*,1998)、《卡特教练》(*Coach Carter*,2005)和《光荣之路》(*Glory Road*,2006)。

(1)球队——很可能你遇到的一个美国人对某一支NBA球队怀有浓厚兴趣。我们的多数大城市和加拿大都有一支球队。为了能以此绝佳话题开始一场谈话,你有必要知道哪支NBA球队属于你的新朋友的家乡。以下是29支球队的名称以及分区安排。各队都有提供了更多信息的网站,你在与一个美国篮球迷的讨论中可能会用到

---

① 见:www.nba.com。

② 见:www.hoophall.com。

它们。

NBA球队——东部联盟
大西洋赛区

波士顿凯尔特人	迈阿密热浪
新泽西网	纽约尼克斯
奥兰多魔术	费城76人
华盛顿奇才	

中部赛区

亚特兰大老鹰	新奥尔良大黄蜂
芝加哥公牛	克利夫兰骑士
底特律活塞	印第安纳步行者
密尔沃基雄鹿	多伦多猛龙(加拿大)

NBA球队——西部联盟
中西部赛区

达拉斯小牛	丹佛掘金
休斯敦火箭	明尼苏达森林狼
圣安东尼奥马刺	犹他爵士
孟菲斯灰熊	

太平洋赛区

金州勇士	洛杉矶快船
洛杉矶湖人	菲尼克斯太阳
波特兰开拓者	萨克门托国王
西雅图超音速	

提示:就像我们其他的职业队球,一些NBA球队的名称也反映了它们所在地区的文化。波士顿凯尔特人:爱尔兰血统;费城76人:1776年的美国历史;底特律活塞:美国的汽车之都;圣安东尼奥马刺:牛仔传统;丹佛掘金:落基山脉的开采金矿的历史;菲尼克斯太阳:温暖的气候;西雅图超音速:飞机制造中心;波特兰开拓者:通过俄勒冈的广阔森林向西推进的早期定居者。新奥尔良以它的爵士音乐闻名,犹他爵士的名称就是来自于迁到犹他州的新奥尔良爵士队。洛杉矶湖人的名称来自于明尼阿波利斯湖人队,该队从以万湖之地闻名的中西部州迁到了西部。

(2)比赛——篮球场是矩形的,两端都有或者固定在墙上或者从天花板悬下的垂直的篮板,篮筐牢固地装在篮板上。当一个运动员使球经过网筐落下时,他的队就得分。

一支球队任何时候在场上只能有五名队员。得到球的队尽力将球推进到由对方保护的篮筐,实现投篮得分(2分或3分)。为此,持球队员可以将它传给队友进行投篮,也可以自己向篮筐奔跑时运球并投篮。在一个队将球打进以后,就轮到另一个队从端线发球,并尽力将球推进到球场另一端投篮得分。

(3)日常术语——你可能会听到我们在日常生活中使用篮球术语。

- 当一个球员高高跳起将球重重地塞进18英寸的篮圈从而几乎不会投偏时,就出现了扣篮(slam dunk)。要是你做的某件事情极有可能成功,如为你的公司完成一笔大单销售,你或许会满怀信心地说:"老板,这会是一个扣篮。"

- Have a prayer就是从很远距离投篮并侥幸打进篮筐。假如你在做一件很少或没有成功可能的事情,你可以说:"我会试试看(give it a shot),但是我想我们不会有侥幸成功的机会(have a prayer)。"

- 热狗(hot dog)也可以被用来指称一个以极不寻常的方式投篮的运动员,以致有人认为他是以此花哨的玩法进行炫耀或者使对手难堪。(我们的热狗是一种美式三明治,上面也堆着许多花哨、吸引人的调味品。)一支为了表演而非比赛的逗趣的热狗式篮球队是哈林花式篮球队。你甚至可能有一个可以被称为热狗的浮躁的同事或朋友。

- 如果进攻一方在对手能够形成其防御态势以前就将球迅速带到前场,这就叫快攻(fast break)。你可以说:"让我们在竞争对手都不知道怎么死的(what hit them)以前发动一次快攻。"

提示:体育界的人士发表的最令人感动的演说之一来自北卡罗来纳州立大学的篮球教练吉姆·瓦尔瓦诺(Jim Valvano)。1983年,他带领被低估的队伍赢得了全美大学体育协会(NCAA)的男子篮球冠军。1992年,他被诊断患了骨癌。次年,在为授予他一项勇气和人道主义奖而举行的宴会上,瓦尔瓦诺因为说了这样的话而为人们所牢记:"不要放弃,永远不要放弃。(Don't give up. Don't ever give up)."这也是他灌输给不被看好的(underdog)球队的一种精神,用来与癌症进行搏斗的格言。在发表这一著名演说两个月以后,他离开了人世。你可能会听到一个赞美瓦尔瓦诺的美国人使用这些鼓励性的话,甚至是在运动界以外。

（4）外裔的篮球运动员——1989年欧洲球员第一次为NBA球队选拔（drafted）,2000年第一位亚洲运动员登上了我们的海岸。今天,巴西、日本、德国、法国和西班牙都是属于那些支持NBA发展国际球员的技能以及帮助这一联盟的国家。现在NBA的运动员中大约有四分之一都是外国出生的。2010年,NBA有着来自35个国家的83位运动员,包括法国10人、塞尔维亚6人、西班牙5人、斯洛文尼亚5人、阿根廷5人,澳大利亚4人、英国4人、意大利3人、中国2人,此外还有一些其他国家的。这些数字每年都会发生变化,因为运动员有来有走,球队都力图将最好的球员放到场上。

以下是在NBA有着出色表现的外国出生的球员的例子:

- **阿根廷**——马努·吉诺比利（Manu Ginobili）挣得了3枚NBA冠军戒指,在圣安东尼奥马刺队两次被选为全明星球员。
- **比利时**——托尼·帕克（Tony Parker）生于比利时、长于法国,其母亲是一位荷兰模特。在2003—2007年期间,他帮助圣安东尼奥马刺队3次夺得NBA冠军,3次被选为全明星球员。
- **中国**——2000年被达拉斯小牛队选中的时候,王治郅成为在NBA打球的第一位亚洲人。2002年,中国的球星姚明加入了休斯敦火箭队;在最初的七个赛季,他每年都被选为NBA全明星球员。他也因为开朗的性格出现在商业广告之中,并以其幽默感而一举成名。不断的（nagging）受伤迫使他在2011年退役。
- **德国**——德克·诺维茨基（Dirk Nowitzki）是为达拉斯小牛队打球的全能型篮球运动员,被视为NBA最好的球员之一。2007年,他成为接受了联盟的最有价值球员称号（MVP）的第一位欧洲出生的运动员。2011年,他领导他的队登上了冠军宝座,被推选为总决赛的最有价值球员。
- **西班牙**——保罗·加索尔（Paul Gasol）是2002年NBA的最佳新秀,在2009年和2010年帮助洛杉矶湖人队赢得了冠军。

高尔夫

高尔夫被称为"绅士的比赛",因为运动员置身于美丽的风景之中,并特别注意自己的礼仪和举止的文雅。在过去,主要是经济上处于上层地位的人士才玩高尔夫,今天它为每个人所喜欢,包括妇女和孩子。

　　这一运动发端于苏格兰,被赋予了"专为男士、女士禁入"(Gentlemen Only Ladies Forbidden)的规定,于是GOLF这个词就进入了英语。美国有3000万高尔夫球手,所以很有可能你会遇到一位玩这项运动的美国人。如果你就他(她)的比赛开始交谈,便能很快交上朋友。商界人士常到高尔夫球场以一种非正式的、放松的方式讨论生意。美国那些具有比较温暖的气候的州以它们全年都可使用的高尔夫球场而闻名,特别是佛罗里达、加利福尼亚、亚利桑那和夏威夷。

　　大多数城市都有每个人都可以在那里打球的公共高尔夫球场。这种球场平均大概每天收费35—40美元。私人俱乐部只允许其会员使用球场。靠近洛杉矶的鹈鹕山度假村(The Resort at Pelican Hill)是美国排名第一的高尔夫度假胜地。①《高尔夫文摘》(Golf Digest)和《高尔夫杂志》(Golf Magazine)是我们的两本最受欢迎的高尔夫杂志。②

　　中学和大学都有相互比赛的高尔夫球队,我们每年均要举办业余锦标赛以决定谁是最佳高尔夫球手。韩裔美国人朴芷垠(Grace Park)赢得了1998年的女子业余锦标赛的冠军,并继续开始职业生涯,获得了550万美元的奖金。泰格·伍兹也曾是一个大学冠军。

　　美国职业高尔夫球协会(The Professional Golfers' Association of America,PGA)指导它属下的几百个男性成员的职业比赛。他们巡回全国参加重要的PGA锦标赛。③女子职业高尔夫球协会(LPGA)属下有大约300个锦标赛球员做着同样的事情。④来自其他国家的运动员在这两种重要的竞标赛中都曾多次取胜。

　　(1)比赛——高尔夫是一个或多个球员(通常四人一组)进行的户外比赛,他们每一个人都用特别设计的球杆在称为course或者links的高尔夫球场上击打一个小的硬球。标准的球场大约是5900—6400米(6500—7000码)长。比赛的目的是使用尽可能少的击打将球打进所有18个洞。

　　各个洞的相互距离是不一样的,在90—550米(100—600码)之间不等。每个洞的一端都有一个叫作球座(tee)的发球区,⑤在另一端有一个埋在地里的杯(cup,也叫

---

　　①　见:www.pelicanhill.com。

　　②　见:www.golfdigest.com,www.golfmagazine.com。

　　③　见:www.pga.com。

　　④　见:www.lgpa.com。

　　⑤　这里所说的"洞"实际是指两个洞之间的场地。——译者

洞），它为插在竿上的旗帜所标识，球必须打进杯里才能完成这个洞的比赛。包围着杯的是叫作果岭（green）的剪短的草地。

高尔夫球场长得足以让运动员进行步行锻炼，如果他们不想使用电动高尔夫车四处走动的话。就像在美国的其他活动中一样，礼仪是高尔夫的一个重要部分。由于它采取的是荣誉制度（honor system），没有人进行检查，作弊是严格禁止的。

标准杆数（par）是期待一个专业高尔夫球员为完成一个特定洞的比赛恰当击打的杆数。par-5是个长洞，而par-3是个需要击打的杆数较少的短洞。完成所有洞的比赛的击球总杆数（par for the course）通常是大约72杆。如果你的得分低于公布的球场标准杆数，你的成绩就很好。业余高尔夫球手可能平均需要90—100杆。

在很难得的情况下，一个运动员只要一次击打就把球从发球台打进了杯，即完成了一杆进洞（a hole in one）。以低于标准杆数1杆的成绩完成了某个洞的比赛叫小鸟球（birdie），低于标准杆数2杆的成绩（如只要3杆就将球打进了标准杆数为5杆的洞）叫老鹰球（eagle）。高出标准杆数1杆叫柏忌（bogey），就像双柏忌（double bogey）一样，这是一个业余高尔夫球手很熟悉的术语。

（2）日常术语——在高尔夫球场以外你可能也会听到下述的高尔夫术语：

- 在高尔夫之外的场合使用标准杆数（par）表示一种常态。例如，某个感到身体不太舒服的人可能说："我感到没有达到标准杆数（up to par）。"

- 一杆进洞（a hole-in-one，也称为ace）用来表示某件可能性很低（a long shot）但却成功了的事情。一个推销员会说："在作商品宣传时我一杆进洞，他们立即给了我一份大额订单。"

- 近穴击球（a chip shot）是短距离的容易进行的击打。如果某件事情是很容易办到的，你可以说："这一销售会是近穴击球。"

- 因为高尔夫球场只有18个洞，第19个洞（19th hole）就是指提供饮料和食品的俱乐部会所。如果你给一个据你所知是高尔夫球手的人打电话谈生意，你可以问他是否愿意在下班后访问第19个洞。他会知道你是指到什么地方喝点东西，但不一定是在高尔夫球场。

- 球座（tee）是一个卡在地上的小的桩子，高尔夫球被放在上面，以便球手用球杆对之击打从而开始下一个洞的比赛。你可以使用这个词告诉其他人需要为做某件事情做好准备，例如在一个商务会议开始时你说："让我们把球放到球座上（tee up），开始吧。"

- 水障碍（water hazard）是高尔夫球场中的水塘、湖泊、河流或沟渠，沙坑障碍（sand trap）是挖空然后填了沙子的地方，如果高尔夫球落在它们里面，比赛就会变得更困难。一个玩高尔夫球的经理可能对他的项目团队成员说："在将更多的钱投进这个项目以前，让我们先识别出所有的水障碍和沙坑障碍。"

在美国主要的锦标赛中，冠军最多可以挣得100万美元，而亚军和季军可以赢得冠军奖金的一半。观众可以观看这些比赛，多数美国职业高尔夫球协会（PGA）的赛事会被电视转播。在美国有许多为人们所熟悉的锦标赛胜利者。或许在他们当中最有名的是杰克·尼克劳斯（Jack Nicklaus）和阿诺德·帕尔默（Arnold Palmer）。帕尔默是20世纪50—60年代最有名的高尔夫球运动员，尼克劳斯则是70—80年代最有名的。泰格·伍兹是尼克劳斯戴了那么多年的王冠的继承者。

提示：我们关于高尔夫的有名电影包括：《疯狂高尔夫》（*Caddyshack*，1980）、《锡杯》（*Tin Cup*，1996）、《球场古惑仔》（*Happy Gilmore*，1996）和《重返荣耀》（*The Legend of Bagger Vance*，2000）。

（3）外裔的高尔夫运动员——在美国，高尔夫也深受移民的喜欢。在我们最好的职业运动员中，有一些就是外裔的。最近的四届美国公开赛的冠军都是在美国以外出生的，他们反映了高尔夫的全球新秩序。

十年以前，在美国女子职业高尔夫球协会（LPGA）的巡回赛中，出现了一位韩国女子。现在，总共有11位韩裔女子。而在6位最高奖金赢得者中，她们占了3位。只有澳大利亚和英国可以自夸有更多的国际运动员。非移民运动员在奖金表上高居榜首的最近一次是1993年。

泰格·伍兹是唯一能在同一年（2001）取得美国职业高尔夫球协会（PGA）四项主要锦标赛冠军的人。通过公开接受他母亲的泰国血统，伍兹激励了亚裔美国人和美国其他少数族群。

提示：如你所知道的，美国是多元化的，我们信奉宽容的做法。由于环绕伍兹的那些背叛婚姻的丑闻以及他对公众的致歉，55%的美国人认为这些道歉是真诚的，愿意给予原谅。这比觉得伍兹是不真诚的以及无意加以原谅的人要多。四分之一的人说原谅不是他们可以给予的。30%的人说伍兹的妻子应当原谅他，同样比例的人认为她不应当给予原谅。伍兹和他的妻子最终在2010年离婚。

- **日本**——丸山茂树（Shigeki Maruyama）在2000年参加了PGA的巡回赛。他在2001年的胜利使得自己成了第一个在美国大陆赢得一次PGA巡回赛的日本运动员。

- **韩国**——崔京周（Kyoung-Ju Choi）是第一位赢得PGA巡回赛的韩国运动员。2002年，他的收入首次超过了200万美元。在职业生涯的后期，有一次崔京周赢得了81万美元的奖金，他将其中10%捐给了韩国国内的穷人及位于德克萨斯州休斯敦的一所其家庭常去的基督教教堂。当朴世莉（Se Ri Pak）在1998年加入LPGA时，乃是唯一的韩国运动员。10年以后，她是LPGA巡回赛的45个韩国运动员中的一个。她还是赢得美国女子公开赛的最年轻的球手。

- **墨西哥**——南茜·洛佩兹（Nancy Lopez）在开始职业生涯的第一年（1977年）即赢得了5项锦标赛的桂冠，打破了所有男子和女子新人的成绩记录。1987年她受到推选进入了名人堂。

- **瑞典**——安妮卡·索伦斯坦（Annika Sorenstam）被评为LPGA历史上最成功的高尔夫球手之一。2003年，她成了自1945年以来第一个参与男子PGA巡回赛的女子运动员。

- **中国台湾地区**——2011年，曾雅妮（Yani Tseng）成了有史以来赢得五大锦标赛的最年轻运动员（女子和男子都包括在内），在女子高尔夫球手中排位第一。

球迷的最爱

虽然美国人强烈地同情（pull for）输家（underdogs），我们也热爱不断取胜的赢家。在和美国朋友交谈时，提及下述人的姓名可能会引起积极的反应。按照2011年哈里斯民意调查，美国人认为他们是球迷的最爱。

- **运动员**——最受欢迎的5名男子运动员
  ①德瑞克·基特（Derek Jeter），棒球
  ②培顿·曼宁（Peyton Manning），美式足球
  ③科比·布莱恩特（Kobe Bryant），篮球

④迈克尔·乔丹（Michael Jordan），篮球

⑤泰格·伍兹（Tiger Woods），高尔夫[①]

- **全国美式足球联盟（NFL）属下足球队**——德克萨斯州达拉斯牛仔队和威斯康星州的绿湾包装工队难分高低。牛仔队被称为美国的队伍。
- **大学美式足球队**——中西部印第安纳州天主教会学校圣母大学的"战斗的爱尔兰人"。
- **大学篮球队**——北卡罗来纳大学。
- **棒球队**——纽约扬基队。

其他外裔的运动界名人

越来越多的移民运动员正参与美国其他的运动项目，并且也取得了成功。在我们城市里的职业运动队中，那些出生于外国的运动员为具有同样血统的美国孩子树立了榜样。

- **花样滑冰**——关颖珊（Michelle Kwan）是获得奥运会铜牌的花样滑冰运动员，她在冰上和下了冰场后表现出来的优雅气质和美丽得到了所有美国人赞扬。1992年，克里斯蒂·山口（Krisiti Yamaguchi）赢得了奥运会的金牌，现在将教人滑冰当作自己的职业，鼓励穷人的孩子追求他们的梦想。
- **体操**——美国的体操运动员莫西尼·巴德瓦杰（Mohini Bhardwaj）是首位印度裔美国奥运会金牌获得者（雅典，2004）。周婉仪（Amy Chow）是美国有史以来第一支获得奥运会女子团体冠军的队伍的成员（1996）。
- **冰球**——1991年时，吉姆·帕克（Jim Pack）是第一个在全美冰球联盟打球的韩国人，也是第一个其球队赢得冠军的韩国人。加拿大出生的职业冰球运动员韦恩·格雷茨基（Wayne Gretzky）在为洛杉矶打球期间表现极为突出。
- **奥运会**——在2004年雅典奥运会上，有27位出生于外国的运动员代表美国参加了比赛，而到了2008年的北京奥运会，这一数字上升到33位，包括4位中国出生的乒乓球运动员，1位来自英国的皮划艇运动员，俄罗斯出生的体操世界

---

①　这是在伍兹因对婚姻不忠而名誉扫地之前所作的调查。其丑闻粉碎了他的形象并导致了他的离婚。

冠军娜斯佳·柳金(Nastia Liukin)和7位田径运动员。

- **赛车驾驶**——马里奥·安德烈蒂(Mario Andretti)被许多人认为是历来最伟大的赛车手。小时候还在意大利,他就对赛车驾驶产生了激情,在移民美国以后,这种激情很快促使其变成了职业赛车手。
- **英式足球**——2007年,洛杉矶银河队在一笔价值达到2.5亿美元的交易中签下了英国超级巨星大卫·贝克汉姆(David Beckham)。这是在美国职业英式足球大联盟历史上数额最大的合同。
- **网球**——玛蒂娜·纳芙拉蒂洛娃(Martina Navratilova)生于捷克斯洛伐克。1975年即在她18岁的时候,因为要求美国给予政治避难并获得了临时居住权,被捷克斯洛伐克政府剥夺了公民资格。当时,美政府告诉纳芙拉蒂洛娃,她正在变得过于美国化,应当回到学校上学,将打网球作为次要的任务。1981年,她成了美国公民;2008年她的捷克公民资格得到恢复。纳芙拉蒂洛娃被称为20世纪最佳女子网球运动员。在不打网球以后,她参与了各种慈善事业,保护动物权利,帮助贫困儿童,维护同性恋权利。

纳芙拉蒂洛娃在许多敏感的政治问题上也敢于大声直言,其中包括反对迫使她逃脱祖国捷克斯洛伐克的前东欧集团的权力结构。她还告诉一份德国报纸:"找从非正义制度脱逃的一个最荒谬的结果是,我将一种镇压自由舆论的制度换成了另外一种。美国的共和党人操纵舆论,把有争论的问题隐藏到桌子底下。这是令人沮丧的。在美国许多决定仅仅是建立在它们能带来多少金钱的基础上,而无视健康、道德或环境将因此受到多大的损害。"许多美国人会同意纳芙拉蒂洛娃的看法。

N 食物和用餐

从一个家伙吃软心豆粒糖的样子，你可以对其性格了解很多。

——罗纳德·里根（Ronald Reagan，1981—1989），美国总统

我总是被外国人问到的一个有关美国的问题，涉及我们的"疯狂"饮食和用餐礼仪。了解我们的差异，包括本章中提到的菜肴词语，会增添你的乐趣，也可能影响与你一起就餐的美国人对你的看法。

和美国其他的所有东西一样，因为从移民文化借来的烹饪方法加上北美大陆及美国本地特有的食材，我们的食品风格和烹饪方法（cuisine）也是多种多样的。

由于现在双职工的家庭比以前任何时候都多，为帮助应付繁忙的日程安排，美国人更经常在外吃饭并依靠买来的现成食品。据估计我们在吃的方面的开销有一半花在饭店和带回家吃的外卖（takeout food）上。熟食店（delicateessens）提供顾客可以带回去或堂吃的现成食品。我们许多的大型食品店现在用熟食和用餐区来满足这种日益增长的需求。

> 提示：你在我们的大城市中应该不难发现提供你的家乡饭菜的餐馆或者民族食
> 品店。可以通过电话簿（商店目录）或互联网查询。但是，你最喜欢的菜可
> 能在这儿作过调整以迎合美国人爱好。你可能很难找到在你本国可以吃
> 到的一些美食，或者是因为它们涉及濒临灭绝的物种，或者是因为它们对
> 我们基本上没有吸引力。

（1）文化差异——美国人和外国人在就餐、食物、甚至食品店（我们也叫作grocery

stores和super market）方面都存在着许多文化差异。以下是些例子：

- **面包**——一对德国夫妇问我，"你们为什么那么爱好松糕（muffin）？"我们对面包更加喜欢。我的回答是："要是我知道就好了。我猜这就是我们的习惯。"（尽管我们也喜欢面包。）

- **烹饪**——我们通常将准备食品视为一门手艺。这不像某些文化把烹饪看成艺术，准备食品得更为细致，吃饭也带有仪式性。

- **食物的选择**——美国人对外国人吃的东西感到吃惊，而外国人对美国人不吃的东西感到吃惊。例如，在中国南方，据说除了桌子以外所有四条腿的东西都可以吃，以及除了飞机以外所有两个翅膀的东西都可以吃。

- **健康**——有些文化很早就认识到食物的医疗价值。美国人在更注意身材和节食的同时也逐渐接受这些健康观念。健康的沙拉吧（salad bar）现在很普及，很多饭店甚至快餐店都提供低能量或低脂肪的食品。麦当劳现在给每样食品都标明卡路里量。但只有一些饭店提供有机食品，以及不含人工色素、调味品、化学原料的食品。

- **时间**——欧洲有些饭店直到晚上7点半才开始供应晚餐；在美国有的下午5点就开始了。我们有这样的讲法："早睡早起使人健康、富有和聪明。（Early to bed，early to ride，makes a man healthy，wealthy，and wise.）"　我还很快发现，欧洲和南美的部分单位在午餐时间甚至会关门几小时，这样的事情在节奏很快（on-the-go）的美国绝不可能发生。

- **午餐**——美国人上班时可能跳过午餐或在办公桌边吃点零食。我的欧洲朋友觉得这很奇怪，因为他们很少不吃午餐。

- **市场**——一些国家在人口聚集地区的大型中心户外市场有几百家小摊，提供顾客各种食品，一应俱全，应有尽有。譬如在卡萨布兰卡和巴塞罗那就是如此，给我留下了极其深刻的印象。但在美国的外国人，通常会在我们叫作超市的各个食品店购买这些东西。

- **评级**——在我们的一些城市，饭店必须在橱窗中张贴评审等级来显示政府最近检查的结果；"A"级是最高的。不能达到最低标准的饭店必须关门，纠正问题后再重新接受审查。

- **速度**——在智利和欧洲的大多数国家，饭店的服务是很悠闲的，他们往往比我们更加强调放松，这也延伸到仔细品尝每道菜和享受长时间的谈话。与之不同,有些美国人喜欢招待员提供快速服务。

- **香料**——对某些国家的人来说,我们的食品太清淡;而对另外一些人来说,它又太辣。我们的烹饪缺少味道和香料,对印度裔美国人来说,这或许是他们遭遇到的最困难的调整之一。但是我的丹麦朋友不喜欢我们辛辣的墨西哥菜。

- **车尾聚会**——你可能受邀参加车尾聚会(tailgate party)。在举行体育比赛、摇滚乐会或类似活动时,美国人会在停车场的汽车车尾或周围进行这种社交活动。它包括喝饮料和吃烧烤食品。即使所开车的后挡板不能翻下来当餐桌的人也可参加。

- **外卖**——美国人趋向快餐和边走边吃。我们的一些快餐店有写着"外卖"(take out)的标牌。所以当在世界其他地方看到"快取"(quick take)和"带走"(take with)的标牌时,我会感到好笑。

- **小费**——在美国,小费是在服务员首次通过机器拉信用卡之后但在我们签单之前加上去的。在南美我看到了相反的做法:服务员需要提前知道顾客准备给予的小费。

- **餐具**——一对挪威的夫妇问我,"你们为什么用刀切食物,然后放下刀,将另一只手拿着的叉子转到这个手上再咬食物,而欧洲人不这样做?"我告诉他们这又是一个欧美文化的差异。(后面会对此加以解释。)

- **素食**——我们吃素的人数在增长。这是为了环境,健康或信仰而做的选择。尽管只有很少的素食餐馆,许多餐馆都会在菜单上提供这种菜肴来迎合素食(vegi)者。

- **小贩**——美国人对在外国城市中大量的在人行道上烧卖食物的小贩感到诧异。我对曼谷小摊上传来的各种独特的味道有着很深的印象。这种销售食物的形式在美国是不允许的,因为我们的城市都颁布了规定熟食在何处供应和如何供应的食品安全制度。我们确实有流动餐车,但是它们获得了专门执照并受到卫生官员的监督。

(2)*传统食物*——传统美国食品被定义为肉类和土豆,显示了几百年前我们最早的移民从英国和德国带来的相当简单的基本食谱。以下是美国人世代所吃的三餐食品,也是你和我们一起就餐时可能被款待的食品。

- **早餐**——一顿丰盛的早餐有鸡蛋、薄饼(pancake)、华夫饼(waffle)、或法国吐司(French toast),以及熏猪肉(bacon)或香肠(sausage)和炸土豆饼(hash brown potato）。也有人喜欢清淡一点的早餐,如吐司(toast)、糕饼(pastry),或加了牛奶和水果的谷类食物(cereal)。橘子汁和咖啡是最受偏爱的饮料。

- **午餐**——汉堡或热狗,或夹了肉、香肠片、奶酪和花生酱的三明治。我们把蛋黄酱(mayonnaise)和金枪鱼(tuna)或鸡丁拌在一起做鸡或金枪鱼色拉三明治(chicken or tuna salad sandwich),尽管我的丹麦朋友觉得它们并不太像"色拉"。

- **晚餐**——肉和土豆加上生菜沙拉(lettuce salad)、蔬菜和卷状或片状的面包。晚餐最受欢迎的肉类包括牛肉末或牛排、鸡、火腿和火鸡。鱼、贝类以及比萨饼(pizza)和意大利面(spaghetti)之类的食品也作为主菜。我们也吃羊肉、猪肉和其他肉类,但没有那么频繁。

(3)**最受欢迎的菜**——近日的一项研究识别了美国人最喜欢吃的10样菜肴。在美期间你很有可能会尝到至少其中一样或多样。

- **苹果馅饼(apple pie)**——这是和美国密切相关的一道菜,在我们著名的谚语"母亲,苹果馅饼和棒球"(都是简单基本的美国生活方式的标志)中被提到。它在欧洲也很受欢迎。

- **烧烤(barbecue)**——烤排骨或其他肉类是已普及全国的地方食品。

- **辣味牛肉末(chili)**——评比最好吃的辣味牛肉末的比赛(叫作chili cook-offs)就像其中的辣豆一样比比皆是。

- **巧克力片饼干(chocolate chip cookie)**——一项世界范围的调查说:"10个人中有9个喜欢巧克力,剩下的一个在撒谎。"

- **炸鸡(fried chicken)**——在各种食谱和饭店菜单中有无数不同的花样。

- **汉堡或干酪汉堡(hamburger或cheeseburger)**——据估计一个美国人每周要消耗三个。

- **果冻(Jello-O)**——Jell-O牌子的甜点有一百年以上的历史,但果冻类食品可以追溯到文艺复兴时期。

- **奶酪通心面(macaroni and cheese)**——细管状的意大利面条加上融化了的奶酪。这也是孩子们的最爱。

- **薄煎饼(pancake)**——圆形盘子大小的面饼配上枫树糖浆和黄油。这是最受欢迎的早餐。

- **比萨饼 (pizza)**——平均一个美国人一年吃十个比萨饼,占所有饭店订单的13%。美国人经常对我们和意大利的比萨饼的差异感到诧异,后者皮薄而且上面的馅也少。

日常食物用语

碟(dish)是你用来吃食物的盘子,但也可以指你正在吃的特定的食品——"我要份鸡肉(chicken dish)"。碗(bowl)用来盛不适合装在碟子里的食物——"我想要一碗鸡肉面条汤"。主菜(entree)是一餐所吃的主要一道菜,像在汤和(或)色拉以后上的鸡肉。配菜(side order)指通常不和正餐一起上的一小份食品——"我想要份水果配菜"。

你可能会听到我们在日常会话中使用食物和烹饪的术语,有的和表面意思并不相同。

- 思考的食粮(food for thought)不是指食物,而是引起某人思考的某件事物。例如:"当我老板给了我20%的加薪时,它成了我思考的食粮,因为我已经计划离开公司。"
- 单面煎蛋(sunny side up)指上面不煎的荷包蛋,这样蛋黄可以继续又软又黄。你也可以用其来形容一个人高兴和丰富多彩的性格。
- 如果你说杯子是半满的(the glass is half-full),你是个乐观主义者;如果你认为它是半空的,你就是个推测它很快会空掉的悲观主义者。
- 面包师的一打(Baker's dozen)指13个,而不是12个。有些糕点店买12个额外免费赠送1个。
- 妈妈告诉她的孩子们,一日一苹果,医生远离我(an apple a day keeps the doctor away)。
- 当一个人有麻烦时就说他在焖炖之中(in a stew)。这并不是说他在一碗有菜有肉的酱汤里漂浮。
- 咀嚼肥肉(chew the fat)指闲坐着聊无关紧要的事。
- 上层表皮(upper crust)所指不是馅饼皮的上层,而是上层社会的人士或昂贵的东西,如漂亮的珠宝店。
- 水牛翅膀(buffalo wings)是涂了辣酱的烤鸡翅。我们的"水牛"(buffalo)是印第安人豢养的一种很大的像牛似的动物,但它并无翅膀,所以你不要上了这个笑话的当。
- A square meal是指一顿美餐,包括食物的均衡和健康的搭配,而并不是说食物呆板地放在正方形碟子中。

● 如果什么东西像椒盐卷饼一样弯曲（twisted like a pretzel），例如影片或书的情节，就表明它有许多的迂回曲折。

● 如果许多人挤在很小的空间，你可以说他们被包装得像沙丁鱼一样（packed in like sardines），即如同小鱼被塞满在小罐头中。

● 如果有东西看上去有诈，如一项商业提案，你可以说它闻上去有鱼的腥味（smell fishy）。

● 如果有人说，我饿得能吃下一头熊（I'm so hungry I could eat a bear），意指他们实在是饿了。（抱歉，你不可能在我们的菜单上看到熊。）

● 如果你盘子里放的食物超出了你的能力范围，你可以说我的眼睛比胃大（my eyes were bigger than my stomach）。此话也可以被用于这样一种情况：你因为当时形势非常吸引人而犯了草率判断的错误。

南美导游从我们这里学到了不少知识。例如，美国人所称的墙洞饭店（hole-in-the-wall restaurant）就是偏僻的（off the beaten path）淳朴小餐馆，就像他带我们去吃午餐的那家；把午饭包起来以后再吃叫作将它装在棕色纸袋里（brown-bagging it）。他为我们对结婚发出警告的调侃（tongue-in-cheek）成语"最危险的食物是结婚蛋糕（The most dangerous food to eat is the wedding cake）"而发笑。

美国地方美食

可能就像你的国家一样，美国的不同地区也提供特色食物。它们都受到在那里定居的移民的族裔和当地食材的影响。尽管有些特色食物在其他地方也能看到，许多人认为它们的味道并不尽相同。以下五种是你在美国可能有机会品尝或听到你朋友说起的独特的地方美食。

（1）新英格兰风格烹饪——新英格兰以英国移民引进的美食以及当地大西洋渔船队捕获的冷水海鲜而闻名。扬基烧锅（Yankee pot roast）、波士顿烤豆（Boston baked beans）、新英格兰蛤蜊杂烩（New England clam chowder）和缅因龙虾（Maine lobster）都是特色美食，被新英格兰人称作世界之最。

（2）南方烹饪——东南各州的美食叫作南方烹饪或家常烹饪。它以农场式的量多以及深炸食物、浓味调料酱和甜点心作为特色。南方人喜爱加了很多香料或者在卤汁中浸过并在热炭上慢慢烤出来的BBQ（barbeque的缩写）烤肉。

（3）新奥尔良卡真（Cajun）烹饪——这座城市坐落在密西西比河口，深受西班牙和法国定居者及非洲移民的影响。包括秋葵汤、海鲜和米饭的特色食品也受到这些文化的熏陶，并加上了非洲和加勒比海地区印第安人的香料，就像那儿的音乐也更加活跃（spiced up）一样。

（4）西南和德克萨斯—墨西哥烹饪——印第安人、早期西班牙定居者以及我们的墨西哥邻居影响了西南部各州的烹饪。这种食品包括了各种用当地食材、墨西哥香料、肉类和辣椒准备的菜肴。它以萨尔萨辣酱（salsa）、烤干酪玉米片（nacho），煎玉米卷（taco）和面卷饼（burrito）而出名。因为当地有许多养牛场，德克萨斯的牛排是家喻户晓的。

（5）加州烹饪——加州因温暖的气候全年都有新鲜水果、蔬菜和充足的海鲜。多元化的族群影响了它的食品，但加州人发展了利用新鲜原料加上自己独特的香料和装饰菜的健康食品。它的量通常要小于其他地区。在加利福尼亚饭店里几乎可以看到各种不同族群风格的食品的搭配。加州的葡萄酒是全世界最好的之一，占了美国产量的90%，是世界第四大葡萄酒生产者。

出门用餐

当美国人说"让我们在外面吃（let's eat out）"，他们的意思是出门到饭店去吃。饭店从很正式的到非正式的，从以家庭为导向的到快餐式的。小餐馆（cafe）和咖啡店（coffee shop）指没有"饭店"那么正式的场所。以下是有关较好的堂吃餐馆（而非快餐店）的选择以及如何在其中用餐的提示：

（1）穿着——便装通常适合于所有的饭店，[①]只有最贵的饭店除外。位于市中心、商业区或私人俱乐部的饭店往往会要求更正式的着装。它们可能会要求男士穿西装或运动外套加领带。倘若你没有这些衣服，它们有时可以借你一件。如果你不能确定，可以先打电话了解一下。如果有人邀请你外吃，最好就合适的着装要求询问他们的意见。

（2）选择饭店——当地人（在当地工作或居住的人）是饭店信息的很好来源。我

---

① 请参阅关于着装和外表的O章。

在曼谷待了3天，找不到提供适合我的特别要求的美国食品的餐厅。我最后询问了一位当地人,他给我介绍了一家很好的餐厅。当然,你在美国街上闲逛时也可以通过贴在饭店橱窗或靠近门口的菜单来指导你的挑选。如果饭店提供外国菜肴,他们可能以此起名,例如安第斯秘鲁饭店。

（3）预约——要到好的饭店尽早预约。旅游区的许多饭店不接受预约,你可能要等上10到45分钟才有位子。有时我为了不排队就早些去吃(下午5—6点前)。

（4）抽烟和喝酒——大多数饭店一般不许抽烟,所有的电梯、公共建筑、医院、公共汽车、火车和飞机现在都禁烟。法律禁止21岁以下未成年人购买、拥有或者饮酒。即使父母同行,酒吧和夜总会也不允许21岁以下者进入。但供应含酒精饮料的饭店会让儿童进去吃饭,只是不会给他们上此类饮料。

（5）点菜——当你走向你的餐桌时,小心地看看周围的人在吃什么。这会给你一些要点什么菜肴的提示,也会让你知道餐量的大小。有些饭店会提供当天的"特别菜"(specials),有时价格比较优惠。它们会被公布在大门里面的布告板上,你的服务员也会口述这些信息。你也可以询问服务员什么是店里最受欢迎的菜肴或拿手菜。或者你可以请求东道主进行推荐。菜单(menu)罗列着所供应的各种菜肴及它们的价格。如果菜单上没有价格,你就是坐在一家其顾客对价格无所谓的非常高档的饭店。

（6）更好的服务——你对服务员越好,你受的招待也越好。如果你花了很长时间等待位子，这并不是你的服务员的过错。有些外国人以对服务员态度冷淡而出名,这可能是因为在他们的文化中服务人员受到了轻视。如果美国人注意到了你的这种态度,会对你产生不好的印象。对他们要热情些并有眼神交流,你就会得到更好的服务。如果你欣赏他们优质的服务,就告诉他们并在付账时据此给予小费。是的,有时候因为服务不好我留很少甚至不给小费。这在你的国家大概也是如此。

（7）买单——在某些国家,因为只付自己的被认为不礼貌,一个人就会承担所有费用(pick up the tab),支付饭店的账单。如果我们在美国和朋友一起用餐且没有明确的东道主时,就经常各付各的,这叫作"个人自己掏钱的聚餐(Dutch treat)"。有时候各对夫妇把他们的信用卡给服务员让他平分账单。大多数饭店甚至麦当劳都收信用卡。我们也用"check"(支票)这个词来指账单。

（8）小费——在中国等文化中是不给小费的,但在美国的堂吃饭店是需要付给小费的。如果得到好的服务,按惯例小费应当相当于你账单的15%—20%。不像欧洲和许多其他国家,大多数美国饭店的账单不自动包括小费。但如果有个大的聚会,有的饭店会在账单上加上15%—20%的小费并在菜单或你的账单上注明此事。

餐桌礼仪

我们的餐桌礼仪随着时间而变化。一个19世纪40年代的礼仪作家建议道："女士们可以用台布擦嘴但不能用它擤鼻涕。"如今这两个做法都被视为不雅举止。

在正式的用餐场合，例如在一家一流饭店吃正餐，尽量使用这节谈到的用餐礼仪。我们在快餐店或与家人在家用餐时就没那么正式。但是你学到的一些有关正式用餐的好的礼仪也适用于朋友之间的非正式聚餐。

在吃饭时，尽力自如些，以便有个愉快的用餐经历。其他客人们不会注意看你是否用对了刀叉。他们知道你的风俗和我们不一样。但如果你能掌握我们用餐礼仪中的几项，你可能会感到更舒服些。

为了讨论的方便，让我们假设你是在一个很好的饭店（或在东道主的家中）和其他客人一起用餐。以下是你应该知道的礼节：

> 提示：根据你和谁在一起用餐，我们的餐桌礼仪可以分为三级，即正式、一般和非正式。我得承认，我并没有按照所有好的礼仪去做，特别是在和好朋友一起用餐或在快餐店时。但是，你要知道，越是按照我们的礼仪去做，就越是会给人留下积极的印象。日久天长你也会注意到你的朋友的用餐方式，发现哪些礼仪对他（她）是最为重要的。

（1）餐具摆设——在正式宴会上，服务员会在整个用餐过程中按下列顺序给你送上各道菜肴：开胃菜（可能共用的慢慢品尝的小量食物）、汤、色拉、主菜、最后的甜点。在你用完一道菜后，服务员便把盘子有时甚至刀叉拿走，并端上下一道菜。如果你是来自多个主菜一起送上的中国，做好在这里是一道一道菜端上的准备。

正式场合的用餐器具（utensils），也叫银器（silverware，因为最初是用银子做的）或餐具（cutlery），是你用来操作食物的小工具，有些是专为某道菜准备的。它们包括不同形状和大小的刀、叉及勺。在正式用餐时，你的餐具会在你上桌前按规定的样式摆好。如果你习惯用筷子，使用这些餐具可能会让你一开始有些不知所措。

提示:我在亚洲国家时,如果东道主使用筷子我也会那么去做。这会产生我尊重
他们的文化并愿意学习的印象。在美国,除非是到提供筷子的亚洲饭店,
你可能也想通过使用我们的餐具造成同样的印象。

以下是最多的15件全套餐具的摆法。[①]在某些情况下,茶勺(9),甜点叉(4)和甜
点勺(8)可能会摆在盘子上方而不是像图中那样放在旁边。在非正式用餐时,咖啡
杯和托碟(15)会预先或在最后上甜点时放到桌上。注意这是在一个正式的场合。在
非正式饭店或咖啡店里,你前面可能只有一副刀叉。

1—餐巾　　2—吃色拉的叉　　3—吃主餐的叉　　4—吃甜点的叉
5　放面包和黄油的碟及涂黄油的刀　　6—吃正餐的碟　　7—吃正餐的刀
8—吃甜点的勺　　9—喝茶的勺　　10—喝汤的勺　　11—吃开胃菜的叉
12—水　　13—红葡萄酒　　14—白葡萄酒　　15—咖啡杯和托碟

桌上的餐具表明会上几道菜。它们按使用的顺序排列。所以,每上一道新菜,你
拿起离盘子最远的那件餐具。也就是说,随着就餐的进行和各道菜的送上,你由外向
里使用这些餐具。

(2)酒——就餐前,你的东道主可能会问你是否喝些饮料。有些文化喜欢测试外
国人喝酒的能力。这在美国是不被接受的。如果你不喝酒精饮料,不要像在你自己国
家那样感到为难。你可以选择不含酒精的饮料代之,或礼貌地拒绝任何饮料。如果东
道主在忙着做其他事而让你自己倒饮料,这并不失礼,他是想让你感到宾至如归。[②]

(3)座位——不像某些文化中年龄最大的人坐在桌子顶端,在我们国家东道主
通常坐在一头而他的配偶则在另一头。当客人走向桌子就座时,东道主可能会为每
一位客人指定位置,通常是男—女—男的交叉顺序。如果人很多或场合更正式,可能

---

①　见:www.recipehut.com。

②　参阅有关习俗和礼仪的G章中关于酒的讨论。

会使用名牌。无论怎样,你应站在你的椅子背后直到东道主让坐下或他自己开始就座。不像有些文化,我们在男女老幼中并没有谁可以先坐下的顺序。男士应当为身边的女士拉开座位并在其坐下时帮忙把椅子往里推。她应该轻声说谢谢。

(4)仪式——在家庭或正式宴会开始之前可能会有祈祷(赐福)。这也叫作餐前祷告(saying grace),几乎一半的美国家庭在饭前都会这样做。祈祷时,我们闭眼低头,有时还相互拉手。如果宴会上供应葡萄酒,有时东道主会首先致祝酒词(toast),向客人表示良好祝愿,然后大家碰杯。客人也可以随便发言祝酒。宴会结束之际也可能会有祝词。所以,当你的东道主说"让我们干杯(make a toast)",他并不是建议你烘烤面包使之变得更脆一些(toast的另一含义)。

(5)餐巾——当你就坐时,把餐巾从你面前置放餐具的地方取出,打开并盖在膝上。有些东道主使用餐巾环,在这种情况下你把餐巾从环中取出而把环放到一边。某些有创意的饭店会把餐巾放在空的酒杯中,或把它折成花哨的形状放在吃正餐的碟子上。如果服务员展开餐巾放在你的膝上别感到吃惊。有些亚洲人把餐巾从桌沿垂放下来,我们不这样做。如果你餐间需要离桌,把餐巾放在椅子上然后把椅子推入桌下。吃完饭后离桌时,把餐巾散放在盘子边示意你已经吃好。

(6)左/右——你的饮料应该放在你盘子的右上方,而分盛面包和沙拉之类的食品的盘子则在左上方。你需要知道此规则以免误拿别人的饮料或食品。即使我们偶尔也会犯错,用了原本应该是为旁边的人准备的盘子。当发生这种情况时,大多数美国人会边调换盘子边开个玩笑。

> 提示:为了遵守这样的安排,想一下食品这一单词("food")的开头和结尾字母,
> F(代表食品food)在左,D(代表饮料drink)在右。

(7)点菜——如果菜单上有你不确定的东西,只管询问你的服务员或东道主。我的有些外国朋友请我为他们点餐。这很容易,因为他们中的多数人都喜欢鱼和蔬菜,但我经常鼓励他们试试不同的食品。我的亚洲朋友发现,比起从小就吃的白米饭来他们更喜欢我们的糙米饭,这让我暗暗发笑。所以,要进行试验。你可能会因你的意外发现而惊喜。如果你不喜欢辣的食品,一定要问一下服务员你感兴趣的菜肴是否是"辣"的(spicy)。有时我们会以"hot"这个词来形容很辣的食品。但是假如你使用此词,你的服务员可能会认为你指的是食品温度而不是辣味。

（8）葡萄酒——如果你点葡萄酒，你可以请东道主或服务员进行推荐。白葡萄酒适合鱼、鸡和蔬菜；红葡萄酒适合红肉和味重的菜肴。你可以按杯点或像有的东道主那样按瓶点。如果某人为全桌点了整瓶葡萄酒，他（她）会要服务员倒一点在自己的杯子里尝一下。他们会轻轻地闻、抿、在舌头上转、然后才咽下去。除非它尝上去像醋，我们会点头说"棒极了"（excellent）或"很好"（very good）之类的话。在其他文化中没有首先征得别人的同意而直接给其斟上饮料是有礼貌的举止。但是，在美国，总是先问别人是否想要某种食品或葡萄酒并得到肯定答复后再给予他们。

（9）姿势——要坐直，并且不要臂和肘放在桌子上。你空着的手应该搁在膝盖上。如果你习惯使用筷子，你可能养成了朝食物下倾的习惯。在美国则应该把餐具拿到你的嘴边。用勺子喝汤时可以稍微前倾一点。

（10）食物的选择——我们不像某些文化习惯的那样用放了大盘菜的转盘来取菜。美国人的风格是像在家用餐一样把菜盘放在桌子上。我们选择要吃的菜，把它盛到自己的盘子里后再传给旁边的人。如果你被问到是否想吃桌子上的某个菜，不想吃的话可以说"不要了，谢谢"，尽管取一小点到你的盘子里试试看显得更有礼貌。

（11）餐具的选择——如果你对餐具的使用没有把握，可以观察你的东道主和周围的人的做法。轻轻地使用，别在碰到盘子时弄出响声。用过某样餐具后，绝不要把它放回原处，而是放在盘子边缘。别把勺留在杯子里，放在杯子下的托碟上。任何没有用过的餐具按原样留在桌上。别玩弄你的餐具（在和朋友非正式的聚餐中我觉得谈话无趣时有时会做这样的事）。

（12）吃食物——你不必吃你不想尝试的食物。这与新加坡等某些文化不同，在那些地方礼貌的做法是要试着吃东道主提供的所有菜肴，以显示你尊重他对食品的选择。有一次在中国参加宴会时，因为不想尝试我们在美国不喜欢吃的某些动物部位（如鱼眼）而引起不悦，这让我觉得很不舒服。我们认为，这样的态度比原来别人不去尝试不熟悉食品的做法还要无礼。还有，如果你不喜欢吃过的某样东西，你不必吃完也无须解释原因。

（13）传递食物——别伸手去够桌子上不在你面前的东西。而应请最靠近它的人传递一下。如果有人要盐，把盐和胡椒粉都递过去。在有些亚洲文化中，东道主可能会用自己的筷子给你夹菜。但是，在我们这里，被传递的食盘上都应有公用勺子或叉子，我们可以用它们来取想吃的菜。别用你自己的餐具将菜移到你的盘子里，这被认为不卫生。然后，把菜传给你右边的人，把取菜的勺子或叉子留在食盘里。我们不像中国人那样使用双手来显示尊重,所以单手传菜也可以。如果别人递给你食品或饮料,轻声说"谢谢"。还有,别像有些亚洲人那样以手指弹桌子以示感谢,我们可能认为你由于紧张或不舒适而想离开。

（14）汤——用汤匙在离开你的方向上舀汤是礼貌的举止。别像有些文化所习惯的那样发出吮吸声。喝完后把勺子放在摆汤碗的盘子上。不要向热的汤或食物吹气。等它凉了后再喝或从汤碗的表面撇一些喝。不要为了方便舀汤而把碗拿起来或使之倾斜,尽管我得承认在家没有人看到的时候我也这样做。

（15）刀——当你必须切食品时,轻轻握着刀并用食指和大拇指的压力来切,同时用另一只手握叉来稳住你要切的东西。只切你准备放入嘴里的那一小块。当你切了块食物后,把刀放在盘子上（刀刃必须朝内）,并把叉子换到原来拿刀的手上来吃。欧洲人不像我们这样换手,有些美国人认为如此的吃法太生猛。我在家吃饭也不换手,但如果受邀去白宫赴宴我会这样做的。

> 提示:我在这章的开头曾提到就美国人在餐桌上用刀方式提出疑问的挪威夫妇。还记得我们前面讨论的假想圆吗？优雅的餐桌礼仪可能会为两样东西所破坏:噪音和过猛的吃法,二者都与刀有关。用刀撞击盘子是种很粗鲁的做法。同样,用餐全程总是一手拿着刀另一手拿着叉显得很生猛。我父亲曾告诉我们这些孩子:"别胡乱地把食物往嘴里塞！"意思是要从容不迫,并不时地把刀放下。不要很急地把叉子送到嘴里。他还说,"你们不是动物。"

（16）面包和黄油——当黄油在盛器中被传来传去时,切下一块（大概一勺）并把它放在你用来吃面包和黄油的盘子的边缘。不要直接从盘子里将黄油舀到你的面包片或小圆面包上。在将黄油放在你盘子边后,撕下一小块面包并把黄油只涂在你接下来要吃的那一口。在吃的时候把你的黄油刀置于放面包和黄油的碟子上（出于和以上相同的原因）,刀刃朝内。记住黄油刀是小的圆头刀,大一点的刀是切食物的。

（17）一口一口地咬——如果你习惯用叉子或筷子夹（叉）起一大块食物来咬好几口,这是必须改变的习惯。只能夹（叉）起能放进你嘴巴大小的一块。不要像使用筷子时那样把脸靠近盘子。我们不把食物留在叉子上连续咬。把嘴闭上咀嚼完后再去取准备吃的下一块食物并继续你的谈话。不要把长面条吸进你的嘴中。用刀叉把它们切开或把它们在叉子上绕成小小的一团使其容易入嘴。

（18）给鱼剔骨——在亚洲给鱼剔骨被认为是不祥的举止。在美国不一样，你可能要自己给鱼剔骨。但是，你的东道主和服务员或许会问你是否要他们把鱼骨和肉分开。他们也会帮你处置龙虾。你可以自己选择怎么做。我一般会让服务员做这件事（do the honors），以免显得笨拙。

（19）手指——我经常被问到的一个关于美国文化的问题是："用餐中什么时候可以用手指？"用刀具或一小片面包来帮助你把盘子里的小块食物推上叉子，而不是用手指。你可以用手指拿起以下食物：洋蓟、玉米棒、排骨、螃蟹、蛤蜊和在半边壳上的牡蛎、鸡翅膀和骨头、三明治、某些水果、芹菜和小甜饼。如果吃不准，看其他的用餐者怎么做。餐前小吃（hors-d'oeuvres）是鸡尾酒会上适于用手指取食的小吃。尽管一般会用牙签去取，我们还是经常用自己的手指拿起像小胡萝卜之类的小东西。

（20）社交——努力和你两边以及对面的人作点交谈乃是礼貌的举止。在大型的宴会上和你周围的人交谈，但不要向桌子边隔得较远的人叫喊。当然，在嘴里塞满食物时也不要讲话。

（21）吃的速度——在某些文化中，吃得快并弄出声音是对主人的食物的认可。在美国，它是坏习惯。当和他人一起用餐时，每个人应该同时开始和大致同时结束。如果你是吃得快的人，尽量控制好节奏。如果你比别人早吃完很长时间或看上去吃相很猛，其他人可能会觉得不舒服。如果你已经吃完了一道菜，有礼貌地等其他人吃完再开始动下一道菜，即使服务员已把它放在你的面前。

（22）要避免的事——以我们的标准，有些文化在吃的习惯方面过于生猛。与某些文化不同，在美国打饱嗝不是用来对膳食表达满意的方式。不要用公用的杯子在桌上传来传去让每个人喝，这被认为不卫生。我的有些外国朋友认为我吃得太少，并坚持要我吃些他们的食物。在美国千万别这样做。消耗的食物的数量并不必然等同于食品的质量或赏识度，对那些节食的人来说尤其如此。因为健康的考虑不要在桌上吸烟。当今，客人会到室外去抽烟。

（23）咖啡/茶/水——如果提供咖啡或茶，它们通常会和放在托碟的茶匙一起送来，你可以以此搅拌糖和奶油。用完后，把茶匙放回托碟上。为了保证卫生，用糖罐中的勺子而不是你托盘中的茶匙来向你的杯中加糖。然后再用你自己的茶匙来搅拌。如果桌上有茶壶而壶嘴又对着你，请别介意，因为美国人不知道在某些文化中这被认为是不祥的。在喝饮料或咀嚼其中的冰块时别发出噪音。不像一些国家，我们的公共饮用水是安全的，所以你可以选择喝它而不用点瓶装水。

（24）甜点——吃甜点的叉、勺或者会在你刚坐下时就已经放在你的盘子上面，或者会在上甜点或水果时拿来。等每个人都吃完主菜后大家再大致同时开始吃甜点，这是礼貌的行为。

（25）个人时间——我们不像某些文化在上各道菜之间和饭局结束时提供牙签，所以别在桌上使用你自己的牙签。有些饭店在门边账台上有一个小牙签筒。使用卫生间剔牙或补妆。如果你在高档饭店，可能会发现卫生间里有服务员，如果他提供了服务你可以给予小费。

（26）饭后——在中国等一些亚洲国家，将盘子中的食物都吃光表示客人没有被供给足够的食物，而这又可能被看成一种侮辱；相反，盘子中的菜肴没有被碰过也是一种冒犯。中国东道主在五个人的桌子上点了够十个人吃的菜并不罕见。如果在吃完后桌上没有剩菜他（她）会感到丢脸。我们没有这样的习俗，所以吃你想吃的，不需要担心因为你吃的东西而冒犯任何人。吃完后不要把盘子推开，把它留在原处。也别把盘子叠起来。一般表示你吃完的方式是把你的刀叉斜角放在盘子上，柄置于盘子的边缘，叉子尖往下，刀刃往里朝着盘子中央。意大利等一些国家认为把剩菜带回家是一种粗鲁的举止而不会这样做。美国与之不同。我们的餐馆会提供将剩菜打包的容器。如果选择这样做，我们会向服务员要一个打包袋（doggie bag）。

全国性的快餐连锁店

一个符合美国典型的企业精神的现象是，当一个饭店在公众中变得流行（catch on）时，它有时会迅速扩展至全国甚至全球。许多这样衍生出来的饭店是由个体业主拥有并经营的，但是会受到母公司的监督。我们将这为特许经营（franchising）。[1]

那些不把自己卖给连锁企业的店，像法式、德式、中东式、泰式、韩式等餐馆很可能是个人拥有及经营的，他们也许是移民或第一代美国人。

以下是我们最喜爱的从零开始（start from scratch）的连锁店中的几家。

（1）受到最高评价的连锁店——查格餐馆调查（Zagat）将以下餐馆命名为最好的全国性快餐店[2]，其食品价格低廉而且能快速准备和提供。你可以登录它们的网站获

---

[1]　关于特许经营机会的信息参看如何拥有一个企业的V章。

[2]　见：www.zagat.com。

得其店址和菜单。

- **早饭最好——**IHOP(国际薄饼店)[1]
- **最受欢迎的连锁店——**Wendy's(温蒂汉堡)[2]
- **最受欢迎的快餐店——**Panera Bread Co(帕尼罗面包),它在最健康菜单评比中也是排名第一[3]
- **最受欢迎的提供全面服务的饭店——**Outback Steakhouse(澳美客牛排馆)[4]
- **硬件设施最好——**Cracker Barrel(CB乡村店)[5]
- **鸡最好吃——**Chick-fil-A(福来鸡)[6]
- **法式薯条最好吃——**McDonald's(麦当劳)[7]
- **汉堡和奶酪汉堡最好吃——**Wendy's(温蒂汉堡)[8]
- **对孩子最友好——**McDonald's(麦当劳)[9]

(2)比萨连锁店——棒约翰(Papa John's pizza)已连续九年获得顾客的最高评价。我们还有其他的比萨连锁店,包括Domino's(达美乐),Little Caesar's(小凯撒),Pizza Hut(必胜客),Round Table(容德宝)和Shakey's(喜客)。

(3)墨西哥连锁店——全国性墨西哥快餐连锁店的三家是Taco Bell(塔可钟)、Chipotle(小辣椒干)和Del Taco(墨式卷饼)。[10]

(4)亚洲菜连锁店——是的,我们甚至有全国性的亚洲菜连锁店。

- **Benihana(红花)——**设在日本花园中的高档亚洲餐馆,厨师在你桌上切食物并就地烧烤。[11]

---

[1] 见:www.ihop.com。

[2] 见:www.wendys.com。

[3] 见:www.panerabreadco.com。

[4] 见:www.outback.com。

[5] 见:www.crackerbarrel.com。

[6] 见:www.chick-fil-a.com。

[7] 见:www.mcdonald.com。

[8] 见:www.wendys.com。

[9] 见:www.mcdonald.com。

[10] 见:www.tacobell.com、www.chipotle.com 和www.deltaco.com。

[11] 见:www.benihana.com。

- **P.F. Chang's（华馆）**——在美国、波多黎各、墨西哥经营着200家高档和提供全面服务的餐馆。[①]
- **Panda Express（熊猫快餐）**——扩展中的中式快餐连锁店。[②]
- **Yoshinoya（吉野家）**——受欢迎的日本快餐连锁店，在美国有上百家，在全世界有上千家。[③]

（5）**全面服务的饭店**——全面服务的连锁饭店提供有很多菜肴选择的菜单及各式餐桌服务。它们包括Applebee's（苹果蜂）、Chili's（红辣椒）、Denny's（丹尼斯）、Red Lobster（红龙虾）、Ruby Tuesday（红色星期二）和在全世界分布着1000多家分店的TGI Friday（谢天谢地星期五）。

一份持续18个月的研究报告称，美国顶级连锁饭店所卖的主菜中有96%超过了美国农业部所推荐的每日卡路里、盐、脂肪及饱和脂肪的摄入量。令人吃惊的是，这些家庭式的饭店所卖的主菜超过了快餐店。

（6）**外国人不喜欢的美国食品**——外国人经常说，他们对美国饭店的菜量之大、免费的饮料续杯和每天要吃三顿热餐感到吃惊。以下是有些外国人也觉得奇怪的美国食品的例子：

- 加工过的美国奶酪
- 熏肉加鸡蛋
- 浇上肉汁的不发酵面包
- 玉米棒
- 粗玉米粉粥
- 热狗
- 棉花软糖
- 蛋黄酱
- 青花菜意大利面
- 花生酱（和果酱三明治）

---

① 见：www.pfchangs.com。

② 见：www.pandaexpress.com。这也是另一个外国人如何在美国取得成功的例子。1973年，一个中国移民家庭在加利福尼亚建立了他们的首家快餐店。今天，熊猫快餐已经成了美国最大的快餐连锁店，在38个州有1300家加盟店。

③ 见：www.yoshinoyaamerica.com。

- 南瓜馅饼
- 根汁饮料(无醇饮料)
- 色拉调料
- 软海绵面包
- 甘薯

(7)外国人带回家的食品——以下是访美的外国人可能带回家或替朋友捎带的食品的例子。有意思的是,其中许多都是外国人批评美国人所消耗的垃圾食品。

- Al 牛排酱
- 瓶装混合香料
- 盒装蛋糕混合配料
- 加利福尼亚开心果
- Cheez-Its牌的奶酪和Goldfish牌饼干
- 玉米粉圆饼
- Cracker Jack牌的玉米花生糖
- Cracklin'牌的燕麦麸
- Hershey牌的巧克力糖浆和薯片
- 枫树糖浆花生酱
- Reese's牌的花生巧克力杯
- 孩子们的酸糖果
- 撒糖霜的麦片

O　着装和外表

如果除去衣服,人类还能在多大程度上维持他们的相对等级?
这是个有趣的问题。

——亨利·戴维·梭罗(Henry David Thoreau),19世纪作家

这一章会让你了解一些我们着装的常识。如你可以预料到的,就像任何其他东西一样,美国的时装也是各式各样的。你不用纠结和美国人穿得一样,但你可能会选择采纳一些有关的提示和技巧,特别是如果你要跟美国人做生意以及来美生活或学习的话。它们也会帮助你评价在你个人努力的过程中遇到的其他人,甚至有助于你决定我们的哪些风格是你愿意适应或宁可避免的。

大城市居民的着装可能比小社区的更讲究和时尚。业余时间许多美国人偏爱牛仔裤、T恤衫和运动鞋,有时再加上自己选择的棒球帽。美国人的便装受到我们对健身和健康的兴趣的影响,转化为简单舒适的衣料和式样。根据旅游杂志的年度调查,阿拉斯加州的安克雷奇是"全美着装最糟的城市",那里的着装规范倾向于实用而不是时尚,并且流行趋势要传到这一地方需要更长的时间。接下来是犹他州的盐湖城、马里兰州的巴尔的摩、佛罗里达州的奥兰多、德克萨斯州的圣安东尼奥和达拉斯/沃思堡。

你可能注意到,东海岸的人着装通常没有西海岸的人那么休闲。寒冷的北部各州的居民穿得更厚实。在我们的海滩地区,特别是加利福尼亚、夏威夷和佛罗里达,除了最正式的场合以外,短露的衣服都是可以接受的。在西南部和西部农村,特别是在德克萨斯和亚利桑那州,你会看到西部式样(牛仔)的帽子、靴子和银色的大皮带搭扣。从德克萨斯州出来的小布什总统,有时在外国报纸的卡通中被描绘成穿着

全套牛仔装。不过，尽管美国人的着装体现了各式各样的风格，我们确实还是有着一些普遍的标准。

（1）文化差异——一些外国人和美国人穿着不同，而另一些则相似。我认为西班牙马德里是世界上穿着最好的城市之一，与巴黎、米兰和纽约齐名。我在上海的一个现代购物中心注意到商店门口有着世界闻名的时装品牌，和我们美国的一样。当我观察购物者时，我注意到他们穿的西式服装经常比在典型的美国购物中心看到的还要时髦。在印度，特别是它的北部，男士的西式服装几乎完全取代了传统服装。但是，在美国，我们偶尔会看到印度裔美国人还穿着本土服装，妇女更是这样。

与美国人相比，俄罗斯人会在更多的场合注意穿戴打扮。即使悠闲地散步，一个俄罗斯妇女也可能会穿高跟鞋和漂亮的裙子。她们这样解释，"人只活一次。我想显得最好看，并有最好的感觉。"在美国，或许你在诸如纽约这样的拥挤城市中也会看到如此的情形，但更可能的是，人们在休闲走路时经常会穿着针织套衫、牛仔裤或运动服装。

印度尼西亚的宗教事务部长最近因提议将穿超短裙定为色情罪而引起了轩然大波，这样的事在崇尚个人自由的美国绝不可能发生。对于我们自己或外国人应当怎样着装没有规定。如你所料想的那样，每天在单位、家里或玩的时候是否应当穿民族服装完全属于个人决定。我们几乎什么都见过。但是如果你和美国人交往，可以考虑做些改变而使自己感到更舒服或在生意及其他场合建立起更佳的形象。我的一些生于外国的美国朋友保持了部分的民族着装式样但也同时吸收了美国的西式风格。这是很好的混合。

> 提示：一个古老的谚语说："聪明的人自己拿主意，无知的人跟着公众舆论"。你可能会看到美国女孩穿着露出她们臀部或腹部的紧臀裤（hip huggger）或低腰裤（low rise）。有些穿着露出她们肚子或部分胸部的短外套。这些服装似乎流行，但并不意味着你也必须穿。如果你对某些时尚感到不舒服，就别那样穿。你不会被认为是落伍了，因为许多美国妇女也避免它们。

（2）每日用语——你会在我们的日常语言中听到和时尚有关的用语。

- 系紧你的皮带（cinch up your belt）意思是你必须对前面更为困难的时光做好准备，例如公司必须减少开销。

- 白领（white collar）是管理人，蓝领（blue collar）是用他（她）的双手工作。
- 卷起你的袖子（roll up your sleeves）意味你即将开始一项艰巨的体力活，如粉刷你的房子或提交一份商业计划。
- 深口袋（deep pockets）是指有很多钱的人。
- 当你在另外一个人面前突然立正时，你鞋后跟发出咔嗒声（click your heels）。
- 晾衣架（clothes horse）是穿得很好以及有很多衣服可选择的人。
- 如果你穿着华丽的或正式的服装并给人留下美好印象，我们可以说你打扮得像娃娃一样漂亮（all dolled up），打扮得漂亮到极点（dressed to the nines），打扮得像云杉一样整齐（spruced up），打扮得漂亮整洁（spiffed up），穿着迷死人（dressed to kill）。

（3）购买服装——有些移民对美国人及其文化感到畏惧。正因为如此，他们往往会去由讲相同语言的人经营的商店购物。这样，本民族的口味和穿着的错误从他们群体的一个成员传到另一个成员。这些只是当某人试图吸收我们的时尚但并不完全理解（get it）的时候发生的错误，或者是从其他同样也不了解的人那儿得到的错误指点。在美国我经常看到移民经营的商店前挂着语法不对的招牌，我知道这种招牌是由移民经营的美国企业所制作的。

对那些为了生意、就学甚至社交想适应我们文化的人来说，应考虑去我们主流的服装店购买服装，并接受关于最新潮流的好建议。以下是更多的购物提示。

- **委托寄售**——因为时尚使衣服迅速过时而许多美国人又很节俭，人们开始把他们不要的衣服拿到寄售商店（consignment）去卖。如果卖掉了，这些商店可从卖价提成。女士们为可以在这些寄售店低价买到昂贵的名牌服饰而感到惊喜，例如花100美元就能购得新的时候要卖1000美元的著名品牌裙①。美中不足的是你可能找不到当前最流行的颜色或款式。
- **时尚**——来得快去得也快的流行式样叫时尚（fad）。美国容易受到这些频繁变化的影响。我拥有在过去20年中流行和淘汰至少四个轮回的领带。以后你会学到怎样适应这些变化。
- **营业时间**——购物中心的营业时间在工作日一般是从早上10∶00到晚上9∶00，周末是从早上10∶00到晚上6∶00。在主要商业区的民族商店，营业时间可能会更

---

①　这些寄售店可在电话簿的黄页（商业）或在互联网上查到。

长一些。退换商品的规定因店而异,所以一定要保存好发票并在允许的期限中退货,一般是30天。

- **形象**——用杂志上的图片或店里模特儿身上的衣服作为样板来选择服装。如果模特儿的衣服上没有背泰迪熊背包或戴着华丽亮眼的金色皮带,你也别加上。注意用来与服装相配的鞋子。如果你不能确定哪种样式的鞋最为合适,可向营业员讨教,或者拿上你新买的衣服到卖鞋的部门进行搭配。

- **混穿式**——流行的混穿式允许你将不同的服装结合起来穿,混合搭配衣物,从而扩大了你的行头。像盖璞(Gap)和里美特(The Limited)这样的连锁店有适合大多数年龄段的混穿式衣服[1]。尽管那里的衣服可能比移民所开的小型商店要贵一些,它们会让你在买服装时对式样和颜色更具信心。

- **价格**——我们的大型百货店和购物中心所卖的衣服和其他商品一般不可以讨价还价。在室内或室外的集市你有时能和个体商贩杀价,但你不能像在购物中心和连锁店买衣服时那么确信它们合乎时尚潮流,也无法得到有关的专门知识。

- **营业员**——在我们较好的商店中,营业员可能具有很多信息,并帮助你组合适于我们文化的服装。有的甚至能帮你装配整个衣橱,即帮你挑选可以混合搭配出个同套装的各式衣服。我们的某些高档百货商场甚至有购物咨询员专门向你提供帮助。

(4)设计师——美国拥有著名的时装设计师,在我们的商店里可以发现他们的品牌衣服(lables)。以下是被许多移民和世界各地的购物者所偏爱的一些:

- **卡尔文·克莱恩(Calvin Klein)**是以时髦的便装而出名[2]。

- **唐娜·凯伦(Donna Karan)**是主要为女企业家制造服装。她也设计一种称为DKNY(纽约)的流行但不那么昂贵的品牌系列。你可能会在我们穿的牛仔裤和衬衫上看到这些大写字母[3]。

- **拉尔夫·劳伦(Ralph Lauren)**有马球(Polo)和拉尔夫·劳伦品牌,其在设计中重视传统的质量、简洁和耐穿。为了好玩,不妨看看他的那些受到美国影响的带

---

① 见:www.gap.com和www.thelimited.com。

② 见:www.calvinkleininc.com。

③ 见:www, dkny.com。

红、白、蓝色旗帜和其他美国特色的服装①。

- **丽资·克莱本（Liz Claiborne）**提供工作和休闲的服装。简洁的轮廓和点状色彩是她设计的特点②。

不同族群可能更会被某些设计师所吸引。当亚裔美国人在调查中被要求指出亚洲妇女最喜欢的时装品牌时，卡尔文·克莱恩（Calvin Klein）排首位，接下来是唐娜·凯伦（DKNY）、安普里奥·阿玛尼（Emporio Armani）、香奈儿（Chanel）、范思哲（Versace），普拉达（Prada）和碧碧（Bebe）。它们都是受欢迎的美国高级品牌。

关于外国人着装的提示

由于我们文化的多元性，美国人通常接受穿戴不同的外国人。但是，对于刚刚来到美国或缺乏信息的少数族群的成员来说，那些吸取了我们的服装风格但生于外国的美国人却是他们着装的最严厉批评者。如果其中某个人自作主张地对你的穿着进行指点，请别感到惊讶。

（1）**对外国出生的妇女的调查**——在调查中，当外国出生的妇女要求列出他们在美国看到的妇女同胞在着装方面最易出现的四项失误时，以下是她们的回答（从最严重的开始）。这些也是一般的美国女性容易出现的问题。如果你对穿着缺乏把握，可询问营业员，他（她）会提出自己的意见。

①衣服颜色不适合她们的肤色或容貌。

②衣服式样不适合她们身材的比例和（或）个子。

③穿的衣服与当时场合不合适。

④穿明显过时的衣服。你可以参考时尚杂志（见本章服装杂志部分）及登陆有关当前和预测未来流行趋势的网站。③

（2）**常见的穿衣失误**——除了上述着装的问题外，时尚咨询师说，以下是缺乏信息的外国人在美国最常犯的"错误"，至少就美国的标准来说是这样。

- **休闲鞋**——平底的人字拖鞋（便宜的丁字形的凉鞋）和单薄的居家式的鞋子

---

① 见：www.RalphLauren.com。

② 见：www.lizclaiborneinc.com。

③ 见：www.trendstop.com。

只有在最非正式的场合才能穿。家用的拖鞋决不应该穿出家门。

- **便宜的衣服**——便宜、单薄和裁剪粗糙的衣服会让一个人被看成社会下层或非专业的人士。刚来的移民往往会去移民经营的商店买衣服，那里可能比较便宜。

- **孩子般的选择**——成人不应佩戴孩子般的头饰和马尾辫的夹子，以及带有引人注目的缎带、小金属片和珠子的条形发夹。就衣服来说，那些有卡通图像、泰迪熊、小狗、小猫和一些花式图样的可能很好玩，但最好只有15岁以下的孩子才穿。

- **抄袭别人**——不是所有美国人都能正确使用语法。我们着装的方式也是如此。提出问题，使用你自己的判断，在答应做自己觉得并不舒服的事情以前先进行调查。拿不准时，选择保守的式样和颜色。

- **毛皮**——有些美国人反对穿以动物毛皮制造的外套。如果你穿了，他们可能会很反感。

- **发式**——选择少数族群社区中的美容店可能会导致不适当的发型建议。在该区域外找一家老店，其造型师会了解美国的最新式样。

- **仿冒品**——当心对著名设计的廉价模仿。仿冒品的便宜制作会表明你在用假货装富。还有，要注意：复制或购买这些假冒的设计乃是非法的，它们都享有版权保护。

- **化妆**——在大型百货店化妆柜台的美容师会向你免费提供"造型大转变"。重要的是要和他们就你化妆中喜欢和不喜欢的事项进行沟通。然后美容师为你选择最好的颜色和产品并教你如何使用。有礼貌的做法是至少买一些他们向你展示的产品。这些在药店中可能会便宜些，[①]但有关你的形象的专业指导是值得投资的。当用完此产品后，如果愿意的话你可能会在其他地方发现颇为相似但比较便宜的牌子。

- **搭配花样**——在搭配花样和颜色时要小心。不要给花裙配上带圆点花样的衬衫。也要注意颜色，例如不要给深蓝色的长裤子配上在我们看来显得格格不入的彩色外装。

- **亮晶晶的日间服装**——有些移民在白天穿着带有装饰片和金色饰物的闪光

---

① 美国的一些大型便利店兼卖药品以及一般的百货和食品，如CVS。——译者

发亮的衣服。这是过时的日间打扮,但在参加讲究衣着的晚间活动时是可以接受的。有一次在我主办的晚会上,一位韩裔美国人朋友穿了亮晶晶的韩服,她漂亮得成为派对的焦点人物(hit of the party)。

- **袜子**——别在穿凉鞋或露趾鞋时着袜子或尼龙长袜。尼龙长袜或紧身裤要远远高于膝盖,这样它们的顶端就不会露出。男士穿运动鞋时应着运动袜,穿时装鞋时则着礼服短袜。当今在大多数场合女士都好像喜欢光着腿。

- **穿什么**——根据你会出现在哪儿而着装。如果吃不准,询问具有强烈时尚感的人。我曾带朋友去过他们选择的穿戴并不恰当的地方。有一次和一个演员朋友去看舞台剧,在这种场合美国人往往穿得正式一点而他却身着牛仔裤和旅游鞋。尽管无可否认有些美国人也是这么做的,休闲的穿着依然不是很合适。现在当我邀请移民朋友时总是对他们解释一下着装规范。

着装风格

美国人的着装风格可以被分成四种一般的样式:随意着装、休闲着装、职业着装和正装。具体环境将决定那种风格的衣服是适合的。以下是一些供你考虑的提示。

(1)随意服装(grungy dress)——这是指宽松的、非常随便的衣服,通常包括T恤、短裤、背心(无袖的体恤)、运动装、超大的宽松裤、滑板服装和凉鞋。穿这种类型的衣服应该局限于住家附近、海滩或登山,尽管你可能会在电影院和当地的市场看到如此穿戴的人,特别是在天气温暖的时候。别在更适合高级休闲装的地方穿随意衣服,譬如好的餐馆。许多学校提供禁止随意衣服的着装规范(见下面)。休闲工作日也不要穿随意服装,除非你肯定它是可以被接受的。

(2)休闲装(casual dress)——这种衣服适合于男士不必打领带的非正式场合,有着不同的层次,从逛街的休闲服到上班的休闲服。例如,牛仔裤和T恤衫是非常不正式的休闲服,而牛仔裤配上有领衬衫和运动上衣可以算高级休闲服。就我的观察,在着休闲装方面美国的移民没有什么问题。要说有的话,就是有些人往往穿得过分讲究。这没有错,但在某些场合,如果穿得更舒服些就会感到更加自在。我们的学校有定义休闲装的具体着装规范。

- **中学服装**——许多初中和高中给他们的学生规定了最低的着装标准,希望以此来避免随意服装和帮派行为。一般来说,这样的规范可以被用作休闲装的指南。以下是德克萨斯州的一个学校系统使用的典型着装和梳理规范。

"所有的学生应该穿合身的、盖住肩膀和腹部的衣服；过大的或过紧的衣服（例如氨纶服装）是不被允许的。学生不可以穿超短裤、骑自行车的短裤或迷你裙。学生应该梳洗整洁。过多的首饰、装饰性的隐形眼镜、牙帽和任何其他被认为会引起分心的东西都是严格禁止的。带有与酒精、毒品、性、暴力有关的信息或粗俗话语的衣服是被禁止的。还有，平底人字拖鞋、无后跟的鞋子和家用拖鞋也是不允许的。"

- **大学服装**——休闲装在大学里也占主流，虽然因为文化差异有些外国学生可能没有美国学生穿得那么休闲。一个在美国上学的韩国大学生如此评论这些差异：

  * 韩国人在学校穿更为正式的服装。美国学生上学时穿得休闲，但周末和韩国学生一样也会精心打扮。

  * 许多韩国女性在公众场合化着妆，甚至在会见教授时也是如此。美国人则更为放松。

  * 在韩国，学生如果像美国人一样穿着家用的宽松运动裤去上课会被认为是不礼貌。和休闲的美国不同，韩国教授不喜欢学生夏天穿凉鞋。

  * 与因为其文化而有点保守的韩国学生相比，美国学生往往对别人如何看待自己不甚在意。

- **休闲服装店**——从小的个体店到大的连锁店，许多美国商店都卖休闲服。在我们的大型购物中心可以找到很多休闲服装，包括制造商通过自己的商店直接把他们的产品折价卖给公众的厂家直销购物中心（factory outlet malls）。"天涯海角"（Lands End）是一家很受欢迎的休闲服零售商，还有盖璞（Gap），阿贝克隆比和费奇（Abercrombie & Fitch），里昂比恩（LL Bean），埃迪·鲍尔（Eddie Bauer），"香蕉共和国"（Banana Republic）和"老海军"（Old Navy）。①它们的网站上展示着当今最新的式样。有些也邮寄季节性目录给顾客。只要登记就可以收到这些目录，作为休闲服装快速学习指南使用。我们的一些昂贵的高端设计所也提供休闲服，但没有必要仅仅为了显得时髦而付其高价。

---

① 见：www.landsend.com、www.gap.com、www.abercrombie.com、www.llbean.com、www.eddiebauer.com、www.banarepubic.com和www.oldnavy.com。

（3）**职业装**（business dress）——你的衣服传递着很多有关你的智慧、能力和创造性的信息。衣服可能使人分心；你应当让别人注意到你而不是你的衣服。合适的职业装因业界而异。有些行业如新开办的网络公司允许他们的雇员穿舒适的非正式服装。有些甚至允许雇员穿随意的服装。其他的行业，如银行、金融和大城市中的公司要求专业性的职场着装。成功的公司经营者有时指点年轻的雇员现在就要为他们追求的职位着装和梳理；这会帮助他们攀爬公司的阶梯（corporate ladder）。

女性的职业装是指保守颜色（黑、藏青、灰和米黄色）的套装或合体的连衣裙配上低跟鞋和简单的首饰。对男性来说，职业装系指有着相似的保守颜色的保守西装（裤子要配外套上装，而不是配运动上装），加上长袖衬衣，领带和皮鞋。一件打着领带的白色礼服衬衫代表着专业化；一件有色衬衫暗示着比较非正式化。

如果你访问一家美国公司讨论商业事宜，穿着得体会为你和你的公司建立专业形象。如果你在商业拜访时通常穿着西装，而所访问的一家公司的雇员却总是穿着休闲服，你就继续穿着你的西装。不要感到你必须按照他们的标准来着装；依据你自己的标准。当你出席非正式的商业会议而觉得脱去上衣和（或）解开领带更为舒适时，那你就这么做，即使其他人还是穿着上衣和打着领带。决定要由你自己来做。考虑周到的对方甚至可能会如此建议你，而当对方访问你的办公室时你也应该如此办事。

- **职业装的提示**——无论你在何处工作，咨询顾问说以下提示会增强你的专业形象。

- * **配饰**——使你的配件跟得上潮流，包括眼镜、手表、公文包和首饰。如果你在职业服装的细节上发生错误，人们可能认为你在工作的细节方面也会出现疏忽。

- * **一致**——不要每过几个月就改变头发颜色。不要在大多数的时候穿西服而在其他时候穿牛仔裤。

- * **第一印象**——这主要是建立在外表上。人们雇佣和提升与他们自己相似的人，而着装是其中的因素之一。

- * **梳理**——梳理上的失误会造成坏的印象，包括又脏又长的指甲和头发，或过长的眉毛、体味、发皱的衣服、衣服和牙齿上的食渍、没有擦亮的皮鞋、不合身的衣服、没刮过的胡子、不相配的服装颜色，以及和礼服鞋一起穿的不相配或休闲的裤子。

* **观望**——以你成功的同事和老板的穿着作为指南。看看商业杂志里那些领军人物的照片,学习他们的穿戴。注意他们的鞋的颜色、头发长度和式样以及全套行头的组合等事项。

● **职业休闲装**——自20世纪90年代起,有些企业选择每周中的一天(通常是周五)允许雇员休闲着装。据估计,我们现在有多达50%的公司实行了企业休闲着装政策,而几年以前是33%。这一政策意在创造一种放松的工作环境,在这种环境中个性化得到认可,技能和才智比衣装更被看重。职业休闲装是指不必系领带。有些男士可能会选择运动外套或运动衫。对当今女士来说,则通常是指连衣裙、衬衫和宽松上衣,或者休闲裤和宽松上衣,加上舒适的低跟或平跟鞋。

　　男士在休闲着装的日子可以穿用斜纹布(chinos)、褐色棉布(suntans)或卡其布(khaki)制成的轻便的棉质裤子,再加上长袖衬衫,保准错不了。流行的斜纹布的颜色有米色,卡其布有灰色、绿色和米色。它们实际上和什么搭配都显得很好看。因为斜纹布的裤子显得更为轻松,可以把它们和不系鞋带的平跟船鞋(loafers)而不是更正式的礼服鞋或帆布胶底运动鞋一起穿。

● **职业装商店**——大多数的百货店都提供职业服装,包括鞋子。其中有些专门设有职业着装部门,那儿的咨询师能够帮助选择符合你的办公室风格的职业服装。为此,他们需要知道你的雇主的着装政策。如果你是新进公司的,可询问你的同事。我们最有名的高档职业男装和女装连锁店之一是布克兄弟(Brook Brothers),[①]其分店遍及世界各地,从智利到纽约市的高档街派克大道(Park Avenue)再到阿拉伯联合酋长国我都看到过。

(4)**正装**(formal dress)——如果一项活动要求正装,给你的邀请函会用以下的特别术语之一加以说明。(如果女士出席这些更为正式的场合,一点点闪光的穿戴便适用于其中任何一种,有时仅仅一个晚用珠包即可。)

● **黑领结**(black tie)——男士穿无尾晚礼服。妇女穿鸡尾酒会(短)裙、长裙或华丽的晚宴两件套。

● **正式职业装**(business formal)——对男士来说这和半正式职业装无异。但对女士来说,则要穿裁剪更讲究的套装或裙子;不要太性感,但仍为盛装。

● **鸡尾酒会服饰**(cocktail attire)——女士穿短而雅致的裙子,男士穿深色西装。

---

① 见:www.brooksbrothers.com。

小的黑裙是首要的鸡尾酒会装,适合于大多数的特别场合。

- **日间半正式装(daytime semi-formal)**——男士穿西装(但不一定是深色),女士穿合适的短裙或华丽的套装。

- **晚间半正式装(evening semi-formal)**——也叫作五点以后(after five)半正式装,不要求无尾礼服或长裙。男士穿深色西装,女士穿较短的鸡尾酒会裙子就可以。

没有无尾礼服的可以租,用电话簿或互联网查"无尾礼服和正装"即可找到出租的商店。参加正式的婚礼仪式经常穿这样的服饰。一家全国性的无尾礼服租借公司会为如何正确选择提供建议。[1]

服装杂志

我们有很多杂志为读者提供有关美国时装和美容的建议、趋势与最新风格。它们中的多数也有网站。以下是一些颇受欢迎的时装杂志:

- 《时尚》(*Cosmopolitan*)——世界上销售量最大的年轻女性的杂志,针对性感的青年市场。[2]

- 《世界时装之苑》(*ELLE*)——吸引成熟和见多识广的女性的国际时装杂志,涉及衣服式样和美容。[3]

- 《时尚先生》(*Esquire*)——吸引对新潮流和时事有兴趣的男性。[4]

- 《魅力》(*Glamour*)——为了那些对潮流、美容、就业机会、形象的建立及个人问题有兴趣的年轻女性[5]。

- 《绅士季刊》(*GQ*, *Gentlemen's Quarterly*)——男性时尚新闻的最高权威。[6]如果你着装很好,可能有人会说,"你看上去刚刚从《绅士季刊》中走出来"。

---

[1] 见:ww.jimsformalwear.com。

[2] 见:www.cosmomag.com。

[3] 见:www.elle.com。

[4] 见:www.esquire.com。

[5] 见:www.glamour.com。

[6] 见:www.gq.com。

- 《时尚芭莎》（*Harper's Bazzar*）——满足寻求最佳职业的高档女性的各种兴趣。①
- 《美丽佳人》（*Marie Claire*）——成熟女性的每月指南。②
- 《男士健康》（*Men's Health*）——涉及健身、潮流、梳洗和健康问题的男性杂志。③
- 《十七岁》（*Seventeen*）——全世界现代青少年女性中最流行的杂志，包括那些可能正在找第一份工作的青少年女性。④
- 《服饰与美容》（*Vogue*）——世界闻名的时尚杂志，涉及女性潮流、风格和美容的最新时髦式样。⑤ 2008年的电影《九月刊》（*The September Issue*）提供了对该杂志主编的生活的稀有一瞥。

衣服尺寸

衣服和鞋的尺寸在世界各地是用不同单位测量的。例如，美国鞋子的8号，相当于英国的7.5号和欧洲大陆的40号。我们的多数商店迎合美国的尺寸，这可能会给一些外国人造成麻烦。譬如，几乎一半的亚裔美国妇女穿6号或以下的尺寸，而60%的美国妇女穿14号或以上的尺寸。因此，有些商店可能没有很多小尺码的鞋可供选择。有些商店现在有专为小个女士开设的"娇小型"（Petite）部。

美国的衣服尺寸有三种表达方式。

- 一些衣服，像男士的外套，用数值（例如"44"）来显示它相对于其他数值的大小。
- 其他物品，像男士衬衫，用英寸表达领子和袖子的长度，例如"16（领子尺寸）×35（袖子长度）"。
- 其他衣服尺寸仅仅用一般性术语加以表达，如XS（超小号）、S（小号）、M（中号）、L（大号）和XL（超大号）。

我们的商店允许试衣服，大多数商店允许退货。如果衣服处于良好状况并有发票，在购买的30天内可以退货或换货。有些商店不允许退折价或贱价抛售的商品。

以下一般性的换算会帮助你了解美国的尺寸。它们在不同生产商或者甚至在同

---

① 见：www.harperbazar.com。

② 见：www.marieclaire.com。

③ 见：www.menshealth.com。

④ 见：www.seventeen.com。

⑤ 见：www.vogue.com。

一生产商的不同设计之间都有差异。这些图表所列的只是近似值。为了保证合身,买之前一定要先在商店的个人试衣室里试穿一下。

男式上衣

美国尺寸	36	38	40	42	44	46	48
亚洲尺寸	46	48	50	52	54	56	58
欧洲尺寸	46	48	50	52	54	56	58
英国尺寸	36	38	40	42	44	46	48

男式衬衫

美国尺寸	14	14½	15	15½	16	16½	17(英寸)
亚洲尺寸	36	37	38	39	40	41	42
欧洲尺寸	36	37	38	39	41	42	43
英国尺寸	14	14½	15	15½	16	16½	17

男士裤子

美国尺寸	30	32	34	36	38	40(英寸)
亚洲尺寸	46	48	50	52	54	56
国际(厘米)	76	81	86	91½	96½	101½

鞋的尺寸

美国尺寸	6	6½	7	7½	8	8½	9	9½
亚洲(厘米)	23	23	23½	24	24	24½	25	25½
欧洲尺寸	37½	38	38½	39	39½	40	41	42
英国尺寸	5½	6	6½	7	7½	8	8½	9

女式裙子、西装和上衣尺寸

美国尺寸	2	4	6	8	10	12	14	16	18
亚洲尺寸	32	34	36	38	40	42	44	46	48
欧洲尺寸	32	34	36	38	40	42	44	46	48
英国尺寸	4	6	8	10	12	14	16	18	20

女式宽松上衣、运动衫和衬衫尺寸

美国尺寸	24	26	28	30	32	34	36	38	40	42	44
亚洲尺寸	32	34	36	38	40	42	44	46	48	50	52
欧洲尺寸	40	42	44	46	48	50	52	54	56	58	60
英国尺寸	34	36	38	40	42	44	46	48	50	52	54

美国裙子的量度(按照尺码)

美国尺码	2	4—6	8—10	12—14	16
其他尺寸	XS(34)	S(36)	M(38)	L(40)	XXL(42)
身体胸部	32"	34"	36"	38"	40"
身体腰部	24"	26"	28"	30"	32"
身体臀部	34"	36"	38"	40"	42"

外裔设计师

就像在许多其他领域一样，国际人才赋予美国的服装业以灵感并取得了成功。在我们最大的服装公司中，有许多是移民创建的，包括纽巴伦鞋子（New Balance Shoes，英国）、新纪元制帽（New Era Caps，德国），李维·史特劳斯公司（Levi Strauss & Co.，德国）、盖斯（Guess，摩洛哥）和哥伦比亚运动服（Columbia Sportswear，德国）。

第一夫人（我们上一任总统的妻子）米歇尔·奥巴马，以穿美国受欢迎的连锁店里所卖的简单且相对不贵的衣服而出名，有一次因和其丈夫出国访问时未穿这样的国内品牌而遭到批评。作为替代，她穿了在外国出生的美国设计师以及一些新近涌现的外国设计师设计的衣服，前者如吴季刚（Jason Wu，中国台湾）和伊莎贝尔·托莱多（Isobel Toledo，古巴），后者有阿瑟丁·阿拉亚（Azzedine Alaia，突尼斯—法国）和渡边淳弥（Junya Watanabe，日本）。在和法国第一夫人卡拉·布鲁尼会见时，奥巴马夫人选择了泰国出生、11岁时移民美国的塔库恩·帕尼克歌尔（Thakoon Panchigul）设计的外套和裙子。像我们所说的，"你不能每时每刻取悦所有的人"（You can't please all of the people all of the time），即使就我们所穿的衣服来说也是如此。

以下是一些在美国取得成功但生于外国的美国设计师和服装制造商的例子：

- **比利时**——黛安·冯芙丝汀宝（Diane Von Furstenberg）生于比利时的布鲁塞尔，1969年移居纽约市。她的生意开始于卖编织裙，后扩展到香水、家具和化妆品。在一次《悟性》（Savvy）杂志的年度调查中，她的公司被评为"女性经营的美国十家顶尖企业"之一。[1]

- **中国**——时尚设计师王薇薇（Vera Wang）是我们欢迎的一份时尚杂志历来最年轻的时尚编辑和设计师。她现在拥有自己的豪华服饰企业。她设计的婚礼服和晚礼服享誉全球。名人经常穿着她设计的服装出席明星荟萃的奥斯卡颁奖典礼。[2]

- **德国**——李维·史特劳斯（Levi Strauss）生于德国，18岁时乘船来到美国。1873年，他获得了一项用铜铆钉来加固牛仔工作裤口袋的专利。此后，李维·史特

---

① 见：www.df.com。

② 见：www.verawang.com。

劳斯公司开始制造著名的李维斯牌(Levi's)蓝牛仔裤。今天此公司雇用1.05万人,在世界各地的销售额达到40亿美元。①

- 印度——纳迪姆·罕(Nadeem Khan)最初跟随为皇家设计的父亲和祖父学习服装设计。他在青少年时到美国做学徒并在2003年推出了最初的设计系列。他的名人客户包括歌手、女演员和公主。纳迪姆·罕的作品摆在萨克斯第五大道(Saks Fifth Avenue)、波道夫·古德曼(Bergdorf Goodman)、内曼·马库斯(Neiman Marcus)和其他的高档美国商店中。②

- 意大利——多纳泰拉·范思哲(Donatello Versace)生于意大利,后来接管了在佛罗里达州迈阿密过世的哥哥詹尼·范思哲(Gianni Versace)的设计所,并以同样的激情追随他的步伐。多纳泰拉·范思哲因她性感但优雅的设计而闻名。③

- 中国台湾——朱钦骐(David Chu)在20世纪60年代末来美,并听从了就读的大学的指导老师的建议而最终从事服装设计。他在1983年建立了诺帝卡(Nautica)时装公司,该公司现在的全球销售额超过10亿美元。朱钦骐的许多设计反映了美国的色彩和标志。

---

① 见:www.levi.com。

② 见:www.naeemkhan.com。

③ 见:www.versace.com。

P　媒　体

电视是个发明，允许你在起居室里接受不在你家的人所提供的娱乐享受。

——大卫·弗罗斯特（David Frost），英国电视人

美国人想获得有关自己的国家和世界的信息。我们的媒体帮助提供这样的服务。通过亲身体验我们的媒体，你可以深入了解美国。但是，让我们面对现实吧。全世界的媒体源影响到我们所有人如何互相看待和互相理解。其中一些做得很好，还有一些则些做得不太好。在美国和国外都是如此。

我们用"新闻界"（press）这个词来泛指印刷媒体，如报纸和杂志。"媒体"（media）则是含义更广的词，包括报纸、杂志、电视、电台和互联网。但是，随着媒体整合了自己的报纸和其他非印刷媒体，而多数报纸现在有网络版，我们可以把这两个词互换使用。因此，现在"media"（媒体）被用来指机构，"press"（新闻）被用来指媒体最为重要的报道内容。

在一项世界范围的调查中，美国人给我们的新闻媒体打分较低，只有65%的人说它是正面的影响因素，而越南人、菲律宾人和中国人给他们的媒体打了更高的分数。三分之二的美国人相信，我们的新闻媒体在报道政治和社会问题时是带有偏见的；过一半的人认为，我们的新闻故事充满了错误的信息。而且，四分之三的美国人相信，我们的电视和电影对青少年犯罪负有很大的责任。不过，十分之七的美国人认为，电台在提供多样性节目方面做得不错。但是，无论人们怎么想，言论和新闻自由为我们国家的民主和人民的知情权做出了贡献。

（1）言论自由——言论自由权是我们媒体的基石，也是我们民主传统的一个关键部分。根据美国宪法的第1修正案，我们有权说出自己的意见和发表我们的想法。

所以，当尼克松总统1971年试图通过法院阻止《纽约时报》和《华盛顿邮报》发表**"五角大楼文件"**①时，最高法院裁决，按照宪法，无论是总统还是法院都无法限制这一权利。

与此同时，几年以前，在俄罗斯的总统选举中，克里姆林宫清洗了"莫斯科回声"电台的管理层。该电台被视为是该国屈指可数的言论自由的坚定支持者之一。在美国，我们的媒体既不是政府所有的，也不受其控制，所以充满了自由言论，我们期待许多媒体源能告诉我们事实，至少能从中发现事实。

（2）**新闻界**——我们宪法的起草者相信，具有丰富信息的人民是我们的自由的最有力的守护者。当今，**新闻界**（我们媒体的记者）通过唤起人民对官员的不端行为及破坏个人权利行为的注意，起着监察政府和商界的作用。我们的媒体很出色地执行着监督的功能，或许要好于你在自己的母国所看到的。

肯尼迪总统（1961—1963）说过："如果缺少了新闻界每天对你进行折磨的特性，那会带来极大的损失。即使我们从来不喜欢他们所写的，即使我们希望他们并未写过那些东西，即使我们不同意他们所写的，不容置疑，在一个自由的社会中，如果没有一个非常活跃的新闻界，我们根本无法开展工作。"

大多数美国人同意，健康的辩论保持着我们民主的繁荣。相反，许多人认为，与美国新闻界相比，欧洲新闻界在意见多元化方面差了一些。例如，伊拉克战争开始之际，它在美国是一个引起激烈争论的话题，各方观点存在着严重分歧，而欧洲的报纸则大多持有相同的意见，分歧很小。②

我们的新闻界是否很好地做着没有偏见的工作？在20世纪70年代，资深电视播音员沃尔特·克朗凯特（Walter Cronkite）在民意测验中被评为"美国最可信的人"。在那个年代，我们中有70%之多的人信任新闻界。今天的我们大多持怀疑态度，只有45%的人说他们有些相信媒体全面地、准确地和公平地报道了新闻。两个人中就有一个认为媒体太自由，而15%的人认为媒体太保守。

你可能会听到我们讲过的失职报道中最出名的一例。它发生于1948年总统选举中，有些报纸错误地贸然报道杜威击败了杜鲁门。

---

①　这是一份秘密政府报告，详述了不得人心的越南战争的消极含义。

②　与此有关的更多内容参阅S章外国人如何看待美国。

提示：当某人明显讲错了，我们仍然在讽刺性的谈话中开玩笑似的使用"杜威击败了杜鲁门"（Dewey Defeats Truman）这样的话。例如，如果某人说他们会赢得下一期彩票，你可以说："当然，杜威还击败了杜鲁门。"

（3）新闻界的报道——我们的新闻搜集系统不同于那些媒体从官方政府部门获取新闻的一些国家。我们提供报道和分析文章的机构是私人拥有的。更重要的是，我们的各个媒体都做自己的调查报道，并试图抢先获得内部的、暴露性的独家新闻（scoop）。因此，我们的官员和政府受到了高度的监督。这又是我们文化中竞争性的方面。

由于我们的不断变化而且更加自由的文化，美国人目睹了在新闻界报道什么和我们如何看待这些信息的问题上出现的一个根本性改变。直到20世纪60年代，记者实质上与政客、名人和其他公众人物串通一气，使公众不知道他们的个人弱点。这也包括我们的总统。在20世纪三四十年代，富兰克林·罗斯福的残疾身体无人提及，他也从没有和拐杖一起被拍过照。60年代，新闻界同样无视肯尼迪总统和许多妇女的越轨行为，认为那是私事。这和90年代克林顿总统的私生活被曝光迥然不同。

所以，美国人今天激烈辩论的问题之一与名人的隐私有关，即当一个人一旦成为公众人物后，他（她）的生活中的所有方面是否应该继续不得侵入。有些人认为，新闻界的窥视阻挠了有能力的人进入政界和担当公职。而有些人认为，大众有知情权，特别是那些相信私生活体现了性格而这反过来又会影响公共政策的人更是如此。不过，如果走过了头，没有责任的自由既可能是有益的也可能是有害的。

（4）有倾向性的报道——当美国和外国的人民相互误解的时候，新闻界经常负有责任。美国人会告诉你，我们的媒体偏向这个或那个方向。即使一对夫妻都可能会对他们每天所读报纸的偏向性产生分歧。在阅读外国报纸关于美国的报道时，我也注意到了这种明显的偏见。

一个很好的例子是，当美国总统小布什拒绝签署会减少影响我们大气层的温室气体的京都协议时，一些外国报纸没有报道他的合理的顾虑，如一些国家可以得到豁免。相反，它们仅仅报道说，美国对环境问题不感兴趣。不幸的是，他们没有告诉读者，美国具有一些世界上最严格的环境标准。例如，许多国外产的汽车因我们严格的空气污染标准而在美国不能上市。我们在水、发电厂、工厂和矿山的污染方面也有一些世界上最严格的标准,我们的科学家认真对待全球变暖问题。

　　另一方面,美国媒体的一般印象是,中国和其他快速发展的经济体在污染和环境问题上态度很马虎。我知道中国所做的要比我们新闻界所报道的多得多,亲眼看见了2007年他们关闭了生产数百万吨铁、水泥、钢和碳化钙的老式生产设施。中国外交部一位官员曾说道,气候变化是中美战略经济对话议事日程上的非常重要的内容之一。有很多事我们可以一起做。我不认为我们的新闻界故意歪曲中国的努力;它仅仅对事实真相缺乏了解,或许这是因为中国的政治过程不像我们那样开放。我们的新闻界也可能在报道中犯了疏忽大意的错误,从而影响了我们正确看待中国、其人民和政府。

　　在来到美国之前,我的一位在国外出生的美国朋友曾在报纸上读到,美国有着各种不同肤色的人种。但是,她在这里住了多年却从未看到过蓝种人,于是终于向一个陌生人打听这些人究竟住在哪里。她是其母国误导性的媒体报道的受害者。

　　因为这些原因,我警告我的学生:在对美国做出结论之前要小心对待,就像我们对他们国家也应该做的那样。我们有一句适当的谚语,即读到的东西不要都相信(Don't believe everything you read)。我还要加上一句:我们都应从正确的视角看待事物,分析信息的来源,从多个信息渠道得到真正的事实,在将对他国和其人民的判断加以传递之前必须不断学习。

　　(5)公司的影响——广告客户的利益对媒体报道(编辑方针)有多大影响?这在美国是一个经常引起争论的话题。例如,如果某种汽车的制造商是一家报纸或电视台的广告客户之一,它是否会传播对这种汽车耐撞性的负面报道?美国人也担心一家公司通过控制我们媒体的利益而拥有了对公众意见的影响力。第二次世界大战结束之际,5家报纸中有4家是为当地所有的。到了20世纪90年代,5家报纸中有4家是被外部的公司所控制,而这个数字还在增加。在20世纪90年代我们有1600家日报,其中只有15家报纸的总裁对其大部分的发行量负责。当今,6家公司占了我们杂志业的主要部分,其中一些最大的公司更是为外国人所拥有,且被抓到用了不正当的(shady)报道手法。所以,我们对是否能从今天的媒体获得客观的报道存有质疑。我们必须在是否得到了真相的问题上保持警惕(stay on our toes)。

　　提示:《公民凯恩》(Citizen Kane,1941)被许多人视为有史以来最流行的电影之一,即是大致根据一家美国报纸发行商的真实发迹故事而创作的。①其他关于媒体的流行电影包括《电视网络》(*Network*,1976)、《总统班底》(*All the President's Men*,1976)、《没有恶意》(*Absence of Malice*,1981)、《富贵浮云》(*Broadcast News*,1987)。

(6)移民媒体—— 研究显示,在美国的移民中,相当比例的人更喜欢他们自己的媒体而非我们的英语媒体。例如,亚裔美国人的媒体覆盖了加利福尼亚75%亚洲人口。这意味着他们或许从移民的报道中得到新闻,而且可能并未将这样的新闻和其他离源头更近因而可信度更高的信息加以比较。

第二代亚裔美国人反映,自己父母的英语技能并没有实质性的提高,这部分要归因于他们和英语媒体、朋友及商家的脱离。有12种中文方言的圣弗朗西斯科湾区的亚洲人更闭塞,因为不像说西班牙语的拉丁裔美国人只有一种语言。我孤立的亚美尼亚裔的美国朋友同样如此,他们从亚美尼亚电视、新闻界、朋友和学校中得到大多数的信息。

提示:我告诉我的学生和外国朋友,要通过每天读一份美国的报纸来尝试获取看待美国发生的事情的不同视角, 即使只阅读一篇文章或浏览首页也好。这会帮助他们了解美国的热门话题,以及提高他们的英语和对话技巧。不幸的是,很多人因为阅读英语有困难只看本族群的报纸。这是种恶性循环。

报　纸

你有时会听到我们称报纸为第四等级(Fourth Estate)。这是因为在早期的英国,新闻界排在国王、议会上院所代表的贵族阶层和议会下院所代表的新兴阶层之后,成为政治生活中不可或缺的角色。与其他一些国家不同,美国政府既不拥有也不控制我们的报纸。大多数报纸是每日(主要在早上)或每周发行。在许多的大学,由开始加入新闻界的学生充当记者和编辑,也出版一份日报,以便他们的同学了解当地

---

① 　参看关于电影的K章中的讨论。

或校园中发生的事情。绝大多数国家有他们的全国性报纸,例如英国有12家。我们有5家报纸在全国作有限的发行,包括《纽约时报》和《今日美国》。

(1)**报纸的作用**——在美国十个成年人中几乎有六个每天会读一份报纸,但读者人数在下滑。只有28%的人表示对我们的报纸有相当的信任。在看到报纸的时候,我们已经从电视、电台或互联网上得知了新闻故事。但是,我们依赖报纸来提供更详尽的背景信息和解释说明。所以,我们的报纸通过这种深度分析来帮助塑造美国人的态度和舆论。例如,《华盛顿邮报》在20世纪70年代对水门丑闻的调查导致了尼克松总统的辞职,①为此该报因为调查报道获得了普利策奖。

除了报道新闻,可能像你母国的报纸一样,我们的报纸也向读者提供从漫画到体育的许多其他内容。一位20世纪的州长和最高法院法官厄尔·华伦(Earl Warren)说过:"我总是先看记录了人们成就的体育版。首页只有人类的失败。"他讲得有道理,是不是?

(2)**编辑的观点**——你会注意到,我们大型日报的社论版(editorial page)刊登着报纸编辑对形形色色的主题的看法,包括对政府的看法。这一页界定了报纸的编辑政策(editorial policy)。读者们知道这一页是观点,而不是事实。如果他们是消息灵通和认真的读者,也会注意到报纸对新闻故事的报道同样带有编辑的观点。我们的有些报纸带有倾向民主党或共和党议题的名声,或在报道和社论中有微秒的自由主义或保守主义的偏见。针对媒体的这种偏见,20世纪末的《华盛顿邮报》执行主编本·布拉德利(Ben Bradlee)说:"让新闻见鬼去吧。我对新闻不再感兴趣。我对事业感兴趣。我们不刊载事实。我们没有假装刊载事实……"我们的开国之父们不是持有相同的态度吗?当时他们的事业是把我们从英国人手下解放出来,给我们以自由。报纸的专栏版(和编辑版相反)刊载包括学者、主妇和名人的读者寄给报纸的意见。《纽约时报》的专栏版就是这方面的一个例子。②

(3)**小报**—— 一则日本谚语说:"如果你相信所有读到的东西,那最好还是别读。"

---

①　在20世纪70年代尼克松寻求连任的竞选活动中,他的一些竞选工作人员破门进入水门办公大楼(Watergate Office Building)查找对手的信息。《华盛顿邮报》揭露了尼克松对此事蓄意的掩盖,导致了迫使他辞职(第一个这样做的总统)的弹劾听证会。一部涉及这一事件的优秀电影是《总统班底》(*All the President's Men*,1976),由达斯汀·霍夫曼和罗伯特·雷德福饰演揭露出掩盖丑闻的报纸调查记者。

②　见:www.newyorktimes.com。

除了我们正常大小的报纸之外，我们还有开本上小一些因而被称为"小报"（tabloid）的报纸。小报新闻（tabloid journalism）指的是在轰动性标题下报道名人丑闻、犯罪、八卦和奇闻逸事的报纸。我们的超市出售这些带有抓人眼球的标题的全国性小报，例如《全国询问报》（*National Enquirer*）刊载不会出现在正常报纸的故事。[①]甚至我的移民美国的朋友也喜爱这些出版物，因为他们挖出了名人的丑闻（uncover the dirt）。不要根据这些小报来判断美国文化！不要相信你读到的所有东西！

> 提示：以小报的版式印刷的报纸并不意味着它们都是八卦垃圾（gossip rag）。有些小报大小的报纸也是正规的，如《纽约每日新闻》（*New York Daily News*），《芝加哥太阳时报》（*Chicago Sun-Times*），《波士顿先驱报》（*Boston Herald*）。许多好的小型地方报纸也是采用这种版式的。

（4）国际性的报纸——某些美国报纸有着国际需求，可能是因为一些人希望了解我们对新闻事件的观点（slant）。《今日美国》（*USA Today*）是在弗吉尼亚州排版，[②]然后通过卫星传送到服务于欧洲和亚洲的印刷厂。《华尔街日报》（*Wall Street Journal*）发布欧洲版和亚洲版。[③]《国际先驱论坛报》（*International Herald Tribune*）由《纽约时报》公司拥有，[④]是一家通过卫星在世界38个点印刷和160多个国家销售的全球性报纸。

> 提示：在国外的美国游客爱读《国际先驱论坛报》。我在旅行时靠它来跟上体育比赛的结果。如果你想在你的国家给美国访问者一个惊喜，那就给他们准备一份论坛报，让其得知美国国内正在发生的事情。国外一些大型的宾馆也在大厅商店里卖这种报纸。

（5）报纸的排名——纽约市哥伦比亚大学富有威望的新闻学院曾做了一项民意

---

① 见：www.nationalenquirer.com。

② 见：www.usatoday.com。

③ 见：www.wallstreetjournal.com。

④ 见：www.global.nytimes.com/?iht。

测验,以确定我们最好的报纸。判断是建立在写作和报道质量、正直、准确、公平、远见、创新和对其社区的影响力等因素之上,如你正在了解的,理论上这些因素也都是美国文化的基础。

美国顶级报纸排名

排名	报纸名称	城市/州	流通量
1	纽约时报 The New York Times	纽约市,纽约州	160万
2	华盛顿邮报 The Washington Post	华盛顿D.C.	110万
3	华尔街日报 Wall Street Journal	纽约市,纽约州	170万
4	洛杉矶时报 Los Angeles Times	洛杉矶市,加利福尼亚州	140万
5	达拉斯晨报 The Dallas Morning News	达拉斯市,德克萨斯州	80万
6	芝加哥论坛报 Chicago Tribune	芝加哥市,伊利诺伊州	100万
7	波士顿环球报 The Boston Globe	波士顿市,马萨诸塞州	80万
8	今日美国 USA Today	阿灵顿市,弗吉尼亚州	210万

提示:如果在和美国人谈话时使用这些报纸的名称或提到其中的一篇文章,这可能会使你留下好的印象。如果想得到有关美国的客观观点,可以用这些报纸上所读到的来比较你在电视上看到的或在其他报纸上读到的。但是,你会看到,即使《华盛顿邮报》和《华盛顿时报》是同一城市的两份报纸,它们在同样的问题上也可能有不同的观点。

(6)族群性的报纸——近年来,美国的几十家英文报纸因为新媒体(**互联网**)的出现而关闭了。与此同时,族群性的报纸在有着大量少数族群人口的城市中却增加了发行量。例如越南裔美国人办的超市现在提供60多家可供选择的报纸,西班牙文、中文和俄语报纸在吸引着越来越多的读者。在过去的十年中,亚裔美国人的印刷媒体已经增加了300%,达到了600多种出版物,其中100种是用英语为亚裔美国人所写。仅仅是纽约市就有用36种语言出版200家杂志和报纸。在另一极端,许多针对西欧移民的老杂志正在失去读者,他们转向了我们主流的英文媒体。这也表明西欧移民加快吸收美国的文化和语言的步伐。

族群性的美国媒体并不总是与我们的主流媒体报道同样的新闻,因为它们的焦点是其母国的消息。如果这是其读者或观众唯一的新闻来源,会进一步妨碍他们吸收美国文化或了解美国。另一方面,我们的主流媒体不可能大量提供有关这些读者的母国所发生的事情的信息。所以,我建议移民朋友尽力在这两者之间实现愉快的平衡。

当公司拥有美国的86%的英语报纸时,许多族群性的出版物则是家庭所有的。也有例外,如中国台湾和香港的媒体公司拥有纽约的主要中文报纸,而《韩国中央日报》(*The Korea Central Daily News*)是韩国一份报纸的美国版。

有个网站提供了美国和世界上大多数国家的2万家报纸和其他新闻源的链接。①

杂　志

我们有1.1万多家覆盖几乎所有内容的杂志,其名字和主题各种各样,从《网球》(*Tennis*)、《古董》(*Antiques*)、《活动房屋生活》(*Trailer Life*)到《铁路模型》(*Model Railroading*)。那些被称为期刊(journal)的最学术性的杂志是由研究机构所支撑,包括《国家地理》(*National Geographic*)、《史密森尼》(*The Smithsonian*)、《自然》(*The Nature*)、《科学美国人》(*Scientific American*)。②在美国族群性的杂志没有族群性的报纸那么普及。但是研究显示,阅读一份时尚杂志的亚裔美国人要比一般美国人多70%,这可能是因为他们想吸收美国文化。

(1)新闻杂志——新闻杂志是深入了解从商业到政治的各种故事的极佳载体。我们的三家领头周刊会提供有关美国正在发生的事情的深度报道,即《时代》(*Time*)周刊、《新闻周刊》(*Newsweek*)和《美国新闻和世界报道》(*U.S. News and World Report*)。③《时代》周刊和《新闻周刊》是中左的(有点自由主义),而《美国新闻和世界报道》倾

---

① 见:www.kidon.com/media-link/us_ethnic.php。

② 见:www.nationalgeographic.com、www.smithsonianmag.com、http://www.magazine.nature.org和www.scientificamerican.com。

③ 见:www.time.com、www.newsweek.com和www.usnews.com。

向中右的(有点保守主义)。

创于1923年的《时代》杂志是首家每周对国内和国际发展提供深度分析的杂志。它是世界上发行量最大的新闻周刊,有2500万读者,其中2000万在美国。《时代亚洲》(Time Asia)是我们在整个东亚和东南亚发行的数量第一的新闻和商业杂志。

(2)带来文化变化的杂志——《花花公子》(Playboy)1953年出版的第一期反映了美国性文化出现的汹涌变化。①通过性感的电影明星玛丽莲·梦露(Marilyn Monroe)身着泳衣的封面,引起了轰动。这份杂志也设置了新的出版标准,到了1969年它将裸女的照片和一些我们最好的作者所写的理性文章一起刊登。类似的杂志也因此出现。《花花公子》至今仍是我们最畅销的男性杂志,在美国每月大约卖出150万本。犹他州等一些州禁止向16岁以下男孩出售这一杂志。

作为说明美国文化和他国如何不同的另一例子,即使现在《花花公子》在亚洲许多地方(除了中国香港)也是禁卖的,包括新加坡、印度、中国大陆、缅甸、马来西亚、泰国和文莱。因为日本不允许露出模特的性器官,所以《花花公子》为该国单独出一个版本。它在大多数伊斯兰国家(除了黎巴嫩和土耳其)也是遭禁的,包括伊朗、沙特阿拉伯和巴基斯坦。

(3)国际读者——就像报纸一样,我们的杂志也满足国际读者的需要。《新闻周刊》和其他几家杂志发行特别的国际版以适应不同的地区。《时代》周刊每周都把杂志完整地从纽约传送到中国香港和新加坡。我们女性杂志中的两家,《时尚》(Cosmopolitan)和《服饰与美容》(Vogue)多年来都有国际追随者。这些杂志能够从远处为外国人提供深入观察美国的极好机会。

(4)发行量——像其他国家的出版物一样,一家杂志在美国的影响力也是建立在它的发行量的基础上。按照读者人数的排名,以下是美国十份读者最多的杂志,它们能够加深你对我们文化的了解。

①《美好家园》(Better Homes & Gardens)——以食品、家居、园艺为特色。②

②读者文摘(Reader's Digest)——来自其他杂志并加以浓缩的文章。③

③《国家地理》(National Geographic)——关于其他国家、世界问题和环境的信息

———————

① 见:www.playboy.com。

② 见:www.bhg.com。

③ 见:www.rd.com。

与地图。①

④《家政》（*Good Housekeeping*）——关于家具、食品、美容和健康的信息。②

⑤《健康之友》（*Woman's Day*）——关于健康、健身、工艺、烹调、关系、美容的指点。③

⑥《家庭天地》（*Family Circle*）——有关时尚、美容、家庭生活和家居装饰。④

⑦《人物》（*People*）——关于名人和有趣的普通人的内幕新闻。⑤

⑧《时代》（*Time*）周刊——每周对美国和世界事件的深入报道和分析。⑥

⑨《妇女家庭杂志》（*Ladies Home Journal*）——关于社会问题、食品和营养、健康和健身。⑦

⑩《体育画报》（*Sports Illustrated*）——刊登各种运动项目和运动员的照片以及深入报道。⑧

> 提示：提防推销订阅免费的、预付的和特别的杂志的电话。冲动的购买可能会让你有好几年给并不想要或在别处可以比较便宜地获得的杂志支付月费。在有些州，一旦你口头同意订阅，在法律上就有责任付账。向推销人员提出问题。如果得不到他们愿意以书面形式做出的回答，就考虑在其他地方订阅。小心挨家挨户推销的人做出的煽情恳请。例如，征集杂志订阅的"学生"请求说，你的交易会帮他（她）得到大学奖学金或其他报酬。这些推销人员有许多并非学生，而且订费可能更贵。不要被他们吓到或愚弄。

电 台

商业电台由私人公司所有并从广告中获利。公共电台（如公共广播公司，PBS）

---

① 见：www.nationalgeographic.com。

② 见：www.goodhousekeeping.com。

③ 见：www.womansday.com。

④ 见：www.familycircile.com。

⑤ 见：www.people.com。

⑥ 见：www.time.com。

⑦ 见：www.lhj.com。

⑧ 见：www.si.com。

则接受捐助而一般没有商业广告。①他们提供所吸引的人群可能相对狭窄的智力型节目,像世界事务、诗歌、艺术和文学。许多大学有面向其学生并由他们任职的电台,周边社区的公众也可以收听。

我们的1.4万家电台几乎平均分配于调幅(AM)和调频(FM)的波段。调幅广播主要由谈话类节目构成,包括观众来电、滚动新闻、宗教和体育报道。大多数职业大联盟的运动队都在当地的调幅台中播放它们的比赛,就像我们的族群性电台一样。

大多数调频台提供音乐节目,如摇滚、乡村、说唱、古典和其他吸引特定观众群的音乐形式。我们音乐节目的主持被称作"磁盘操作员"(disk jockeys或DJs),这种叫法可以追溯到电台早期播放唱片(磁盘)的时候。

(1)电台呼号——与其他国家一样,我们的电台和电视台采用三个或四个字母的呼号(call letters),例如WJR或KVST。这些相当于澳大利亚使用的AX和俄罗斯使用的R。呼号由W开头的电台坐落在密西西比河以东,而那些由K开头的坐落在密西西比河以西。小时候我会在晚间听广播,因为无线电信号传送得更远。当一个远方的电台宣布它的呼号和城市位置时,我就变得很兴奋。

(2)卫星电台——每月付少量的费用,听众就可以收听几十种由太空卫星向美国任何地区的特别收音机发送的、没有静电干扰和广告的无线电节目。这对我们西部各州的空旷偏远地区尤其有用, 因为在那些地方或者收不到调幅与调频信号,或者虽然能够收到但信号很弱。天狼星卫星广播(SiriusXM)是一家提供从音乐到体育到各种新闻的140个不同频道的经营商。②

(3)族群性电台——我们在少数族群人口较多的地方有着族群性电台。例如,在美国1330个讲西班牙语的电台中,洛杉矶地区占了21个。此外,它还有7个讲亚洲语言的电台。这些族群性电台拥有巨大的听众群,可以帮助他们适应日常生活。③

(4)电台嘉宾热线节目——正如你可能已经意识到的,美国人喜欢发表意见。我们流行的电台嘉宾热线节目(talk radio)开始于20世纪70年代的75个电台。由于它们受到了欢迎,我们现在有1400多个这样的电台。每一个都以一位主持人、名人或某方面的专家、甚至政府官员为特色,并允许观众打电话进来在广播中提出问题或发表

---

① 见:www.pbs.org。

② 见:www.sirius.com。

③ 一个可以用来搜索美国族群性电台的网站是:www.radio-locator.com。

意见。这是我们擅长做的事。

有些嘉宾热线节目可在全国听到,但大多数是为当地制作的。可能你会注意到,大多数的主持人在政治和社会观点上右倾(保守主义),且他们在全国拥有最大的听众群,尽管你可能听说我们的媒体属于左倾(自由主义)。你的美国朋友可能会提到以下几位或更多的全国知名的主持人。

● 霍华德·斯特恩(Howard Stern)——他因攻击性的语言和主题而被称作语出惊人的主播(shock jock),多年来曾为滥用公共无线电波而屡次遭到付款。电影《纽约鸟王》(Private Parts, 1997)是这个广播异类、电视人和作者的自传体故事。①

● 勒殊·林堡(Rush Limbaugh)——公开支持共和党政府而对民主党持批判态度。②

● 比尔·奥莱利(Bill O'Reilly)——对政府管理的失职和无能坦率直言。③

● 劳拉博士(Dr. Laura)——就人际关系和道德困境给打电话进来的听众提供指点。④

> 提示:假如你想在和美国人的谈话中发表一种看法,你可以提到这些全国性的媒体名人。例如,如果某人正在批评我们民主党人总统,你可以说,"你一定是个勒殊·林堡迷"。或者当某人在指责华盛顿的无能管理时,你可以说,"听上去你想让比尔·奥莱利来收拾这混乱局面"。倘若某人在你面前承认了情感上的问题,你可以说,"我想知道劳拉博士会对你讲些什么"。或者如果某人的奇怪行为让你感到震惊,你可以说,"你是不是霍华德·斯特恩听多了?"你或许会从你的美国同事处得到一个微笑和点头称是。

(5)网络电台——当今我们许多电台也在无线电波之外的互联网上传播着他们的信号。你可以从你的电脑上找到它们。⑤你不妨通过点击以下两个受欢迎的电台来试验你对英语的理解力:纽约的 WABC 和洛杉矶的 KABC。你还能在美国收听族群性的电台,欣赏我们的流行音乐,或了解新闻。我们也有供网络专用而不通过无线电波

---

① 见:www.howardstern.com。

② 高世楫:《"中国模式"需要进行多维度讨论》,载《中国发展观察》,2011 年 9 月号。

③ 见:www.foxnes.com/oreilly。

④ 见:www.drlaura.com。

⑤ 见:www.live-radio.net/info.shmt。先点击美国,然后在美国地图上点击州,就会得到可以与你电脑连接的电台的列表。

播出的电台。①

电 视

　　我们有1200家商业电视台和370家公共电视台,覆盖了美国99%的家庭。更加广阔和更加多元化的欧盟有6500家电视台。就像我们的报纸一样,只有27%的人表示相当信任电视。

　　与一些国家不同,美国的电台和电视台不是由政府机构拥有并经营。但是它们使用的频道是受到了国家许可证的限制。我们的政府禁止电视上播放香烟广告,但不控制每小时用作广告的分钟数。政府在管理电视中的有限作用与那些严格地规定节目内容的国家形成对比。例如,欧盟立法限制商业广告时间为每小时12分钟。中国对此也有控制。在美国,它是自定的,但是大约相当于18分钟。这是一个我们主张行业应该尽可能实行自我调控而非由政府加以管理的好例子,证实政府越小越好。

　　提示:当前美国的一个热点话题是,在言论自由的美国,政府应该在多大的程度上控制电波中所讲的和所播放的内容。因为不断增长的暴力、道德低下的语言和性的暗示,有些人希望政府施加更为严格的标准;而另一些人则说,如果这么做,政府就会破坏我们的言论自由。这个争论可以使人洞悉美国人和他们的政府试图如何处理和解决分歧。在美国,对于探讨的问题总是有着两种观点。很多时候公众的疾呼引起了媒体的调查,转而能够导致政府的调查和行动。

　　我的一个移民朋友来美后主要通过观看电视学习英语。她很喜欢我们的卡通片,因为其语言简单。简言之,就像我们一样,你可以从电视中学到很多有关美国的知识。但是,请记住:它有时描述的可能并非真正的美国,那些受外国人喜爱的电视连续剧尤其如此。

　　电视对我们生活的影响不容置疑。在20世纪70年代的越南战争期间,每天电视新闻里都有反战的报道。这场战争在其他非新闻类节目中也引起广泛的争论。每晚

————————
　　① 见:www.Pandora.com。

电视里都播放了装着死去士兵的尸袋被运回来而搬下飞机的镜头,这对人们形成反对这一不得人心的战争的立场具有强大的推动力。

在美国所有商业电视台中,大约有四分之三是四家主要的全国性联播网的附属台:**美国广播公司**(ABC),**哥伦比亚广播公司**(CBS),**全国广播公司**(NBC)和**福克斯广播公司**(FOX)。这些联播网播出的内容一部分是由它们自己创作的,一部分是从独立的制作者处购得的。甚至我们的电影制片厂也为电视制作节目。另外,我们有几百家全国性的有线电视频道,有些在海外可以看到。

每年都会由一些机构颁发电视奖。最有名的奖项是表彰过去一年取得的成就的艾美奖(Emmys)。①就像电影的奥斯卡奖和舞台剧的托尼奖(Tony Awards)一样,一座小雕像会被颁给电视的各个范畴的获奖者。

> 提示:对于参观纽约和洛杉矶的游客来说,参加我们电视节目的录制是一项广受欢迎的免费活动。他们有可能当面看到喜爱的名人。②

(1)**海外的兴趣**——外国对美国娱乐业的兴趣是相当明显的,甚至对我们的电视节目的兴趣也是如此。在许多国家,特别是欧洲,我们的节目曾经被降位至午夜播放,但是现在在黄金时段播出。在对美国有着负面观点的中东,由于我们的电视节目的播出,人们也对美国政府和美国人民的差别有了了解。

我在新西兰的火车上曾遇到一位优雅的女士,从她那里得知,在其心目中所有美国人都是喧噪的,因为美国脱口秀节目中的人都声音很大而且有时很傲慢。我向她保证,他们不代表绝大多数美国人。就像我们的小报想通过报道不寻常的事情来吸引注意力和增加读者量一样,我们的脱口秀类的节目也用这种喧噪的行为来提高收视率。

自1992年起,几乎有30个美国有线频道在拉丁美洲开播,包括在美国都取得了成功的全国广播公司频道(NBC)、电影频道(Cinemax)、发现频道(Discovery)、娱乐体育节目电视网频道(ESPN)、福克斯频道(FOX)、家庭影院频道(HBO)、音乐电视频道(MTV)和卡通网频道(Cartoon Network)。有一天晚上,我在智利切换电视频道

---

① 见:www.emmys.tv。

② 以下网站提供票务信息:www.studioaudiences.com。票子应当很早加以预定。

（channel surfing）时对看到如此之多的美国频道感到诧异。它们很好地向观众展示了美国文化和语言甚至脱口秀节目的一个截面。

（2）政治中的电视——政客可以在选举中购买商业广告时间。这和许多国家截然不同。例如，电视政治广告在法国受到了严格限制，在挪威是被严禁的。在选举期间，我们的政客和其他候选人在电视上展开辩论，这能够转而影响我们的政治观点。在周日早上，你可能会看到一个政府官员在电视上接受采访者的详尽询问。

你或许听说过1960年我们的两位总统候选人肯尼迪和尼克松进行的首场电视直播的辩论。有些人说，电视呈现出了肯尼迪的年轻魅力，使其当选。有趣的是，在此50年之后，绅士派的英国才第一次电视直播了两位首相候选人之间的辩论。[1]

（3）节目的种类——你可能会听到美国人上班时在饮水机（at the water cooler）边谈论昨晚的一档电视节目。[2]你或许会被美国人邀请去他们家一起收看其最喜爱的电视节目，包括《美国偶像》（*American Idol*），一个以英国的偶像系列节目为基础的真人电视歌唱比赛。它是我们收视率最高的电视系列节目，也是唯一的连续八年蝉联首位的电视节目。美国的电视节目还包括：

- **令人激动的戏剧片**——关于侦探、医生、律师和警察。
- **纪实片**——非虚构节目，大多数是教育性的，例如国家地理（National Geographic）的节目。
- **游戏节目**——《幸运之轮》和《危险边缘》多年来一直深受欢迎。
- **轻松的戏剧片**——也叫作情景喜剧。
- **电影**——电影院播放过的老电影的重播，但也有一些是专为电视制作的。
- **新闻**——每天的当地、全国和国际新闻。客观的英国广播公司（BBC）是有些人的最爱。
- **真人秀**——真实的人而非演员参加和比赛，例如《美国偶像》。
- **肥皂剧**——每天的系列戏剧，起初是由推销肥皂的广告商赞助的。
- **谈话类**——一个对人进行采访的主持。莱诺（Leno）和莱特曼（Letterman）是一些人深夜的最爱。

---

① 也是英国在第二次世界大战开始之际说，即使有机会也不会刺杀希特勒，因为这不符合运动员品格；但在希特勒无情的轰炸导致伦敦人大量死亡后，此种态度就很快改变了。

② 过去上班的人会在饮水机旁接水时说些八卦的事情或闲聊。现今可能是在咖啡机旁，但你还是会听到人们使用饮水机这个词。

● **体育事件**——许多运动队向当地的观众直播他们的比赛。有些比赛如美式足球"超级碗"大赛和世界职业棒球系列赛则是向全世界直播的。

> 提示:职业美式足球比赛,正如在关于体育的M章中提到的,在美国人中十分流行。所以,了解并和你的美国朋友讨论此项运动对你是有益处的。这些比赛的高电视收视率反映了它们流行的程度,特别当两支最好球队最终在2月进行"超级碗"比赛时更是如此。

(4)族群性电视——我们有很多的族群性电视台。因为广告收入的增长,上述那些有线和卫星公司将许多其他地方的节目重新发送到美国,其中包括阿拉伯联合酋长国、俄罗斯、波兰、希腊、以色列、意大利、越南、中国、韩国。族群性的美国电视台现在正合力为这里的追随者创建其自己的电视网络。例如有62家电视台的环球电视网(Univision)是我们最大的用西班牙语播出的公司。流行的美国电视节目在这些族群性电视台和海外用英语播出。它们的观众跟着电视屏幕底部本族语言的字幕进行观看,这给他们提供了又一个复习英语口语的好方式。

互联网

数字式技术使更多的人能够以比往昔任何时候都更快的速度参与到社会变革之中,并创造出这种变革发生的新方式。互联网(Internet)已成为美国重要的媒体源,有三分之二的美国人使用它,平均每月在家上网32个小时,上班上网时间则是这一数字的三倍。我们占了世界网络总用量的百分之14%,而亚洲是43%,欧洲是24%。我们是唯一没有用国家性政策来推动高速网络使用的大国。但像许多其他事情一样,政府正在就此展开研究(it's in the hopper)。与美国的其他媒体相同,网络(Net,即Internet)也对我们的生活产生了深刻的影响。在2010年,美国人首次说,如果必须二选一,他们宁愿浏览网络而不是看电视。而且大多数用互联网的美国人认为,它是比电视和报纸更为重要的信息来源。但是,应该注意的是,互联网的数据没有我们其他的媒体那么可靠,与主流报纸和杂志相比更是如此。

我们是否在一样好东西上花费的时间太多了?美国许多18—29岁的年轻人承认,自己花费了太多的时间使用互联网(59%)、手机或智能电话(58%)以及脸谱

（Facebook）之类的社交网站（48%）。

（1）文化差异——在美国和其他国家之间电子邮件（E-mail）的风格存在差异。对有些欧洲人来说，电子邮件已取代了商业信件。对美国人来说，它已经开始取代电话。欧洲人认为，美国人的电子邮件不正式而且是聊天式的，经常以友好的"hi（嗨）"开头及"bye（再见）"结尾。而且它可能带着笑脸或意指拥抱和亲吻的"xoxo（亲亲抱抱）"。有些人说我们的电子邮件散漫却直接、恭敬却傲慢。换句话讲，美国人的电子邮件（Amerimail）就是体现了美国的风格。

另一方面，美国人可能说欧洲人的电子邮件（Euromail）生硬和冷漠，经常以正式的"Dear Mr. X（亲爱的某先生）"开头及唐突的"Sincerely（真诚地）"结尾，全篇都是商业化式的。而且，与马不停蹄（on-the-go）的美国人总是即时做出回答不同，可能要等上几天甚至几个星期才会得到欧洲人的答复。欧洲人的电子邮件也缺乏对抗性，难得会具备美国人的电子邮件在意见不一时所特有的直率。换句话讲，欧洲人的电子邮件就像欧洲人自己。

提示：如果我们想给对方留下好的印象，应该注意到这些差异。同时，我们不应该把这种差异普遍化，因为美国人也使用电子邮件作为严肃的商业信函，而有些欧洲人也开始懂得美国人更为放松的风格。

（2）访客最多的网站——尽管它们经常变化，以下是当前访客最多的美国网站排名。为了更深入地了解美国人在做什么（up to），你可能想要探索它们。

①谷歌（Google.com）——搜索网站、网络新闻和图像。

②脸谱（Facebook.com）——通过社交网络连接他人。

③雅虎（Yahoo.com）——从高级搜索引擎到免费电子邮件的多面性资源。

④视频网站（YouTube.com）——上传、标记并和全世界分享视频。

⑤亚马逊（Amazon.com）——美国最大的网络零售商，提供一应俱全（from soup to nuts）的各种商品，包括庞大的书籍目录（印刷版和电子版）。

⑥维基百科（Wikipedia）——在线合作性的百科全书。

⑦推特（Twitter）——关于各种主题的即刻更新的信息来源。

⑧博客网站（Blogspot）——为分享文字、照片、视频、想法的网络博客发布工具。

⑨克雷格列表（Craigslist.org）——以免费在线分类广告为特色的集中网络。

⑩微软网络服务（MSN.com）——微软网络和内容的提供者。

（3）网络贺卡——美国人每年要送出70亿张印制的贺卡，其中的一半是为了节日。我们现在有可以通过互联网发送电子邮件贺卡的网站，①关于你可能想到的任何场合都有电子贺卡。根据场合的不同，有些是幽默的而有些则是严肃的。但是，电子贺卡没有通过邮局寄送的贺卡那么正式，所以只有在不需要更正式贺卡的情形下才使用它们。②

媒体中的外裔美国人

外裔美国人在我们的媒体中一直有着显著的表现。以下是其中的几位。

- **加拿大**——彼得·詹宁斯（Peter Jennings）于2003年成为美国公民，是一个为人们所喜爱的加拿大裔美国媒体人和记者。从1983年直至2005年由于抽烟而得肺癌早逝前，他都是美国广播公司（ABC）"今晚世界新闻"栏目的深受欢迎的主播。

- **德国**——作为一个来自纳粹德国的难民，马克西·弗兰克尔（Max Frankel）小时候刚到美国时不会讲英语。他为《纽约时报》工作了50年，从大学通讯员升至记者再成为1986—1994年的执行主编。他因为对尼克松总统1972年的中国之行的报道赢得了普利策奖。

- **亚洲**——凌志慧（Lisa Ling）为一个受欢迎的全国性晨间电视节目工作了数年，同时也做其他的全国性电视播报。许多亚洲人，特别是女性，是受大众喜爱的地方性电视新闻主播，在圣弗朗西斯科和洛杉矶地区尤其如此。宗毓华（Connie Chung）是在美国电视网络新闻中成名的屈指可数的女性中的一员。安·克莉（Ann Curry）也做过在全国播出的电视节目。影片制作人和电视主管史蒂文·赵（Stephen Chao）是福克斯电视和福克斯新闻的总裁。

- **印度**——作家和媒体人法里德·扎卡瑞亚（Fareed Zakaria）生长在印度，专门研究国际关系。他为《华盛顿邮报》《新闻周刊》和《时代》杂志定期撰写专栏。他也是美国广播公司（ABC）的新闻分析员。他写的书《自由的未来》（*The Future*

---

① 见：www.123greetings.com（免费）和www.americangreetings.com（收费）。

② 见：参阅关于习俗和礼仪的G章。

of Freedom）曾是《纽约时报》所列的畅销书。

　　亚尼·卡普（Sanjay Gupta）博士是美国有线电视新闻网络（CNN）的资深医学通讯员。他也是其他电视新闻节目的常客。1997—1998年他担任了第一夫人希拉里·克林顿的顾问。

Q　节日和传统

圣诞节不是一个时间，也不是一个季节，而是一种心境。

珍惜和平与友善，充满仁慈，就是具有真正的圣诞精神。

——卡尔文·柯立芝，美国总统（1923—1929）

我们的节日和每年的活动以及与之相关的习俗反映了美国的文化多元性。尽管节日（holiday）这个词字面上的意思是"圣日"（holy day），大多数的美国节日并不是宗教性的。了解我们特殊的日子不仅会提供对美国人的国民性格和传统的深刻认识，也让你在有机会时更充分地参与这些特殊日子的活动。我们有些节日可能和你祖国的相似，如独立日。

有些国家使用"节日"这个词来称呼我们所说的"假日"（vacation）。对我们来说，节日是举行带有宗教的、国家的或文化的重要意义的仪式的一天，经常为庆祝活动所伴随。"假日"指的是消遣的旅游以及离开工作或家里的旅行。

> 提示：如果你在我们节日前的一两周和美国人通话，可以祝他们节日快乐。过了
> 节后，你也可以问他们节日过得如何。这会很好地反映你对我们文化的
> 了解和兴趣。

在1971年，我们许多的联邦节日正式被移到了距其最近的星期一，因为三天的周末能给我们更多的时间庆祝和休息，这与其他国家相似。但是，不像有些国家，美国并没有决定我们的企业、学校、商店和办公室是否必须休息或照常开放的统一规定。

你会发现,我们的政府机关、银行和学校在下面会讨论到的联邦节日一般是休息的。实际上,我们的学校和一些企业在其他的主要节日也会休息而许多商店却照常营业。

我们的节日和庆祝活动分为五大类:联邦节日、全国性庆祝活动、宗教性庆祝活动、有趣的庆祝活动和族裔性庆祝活动。

联邦节日

联邦政府正式宣布了每年的十个节日。在这些日子,学校、银行和政府机构是休息的,企业和商店却并非都是如此。(这里又有我们喜欢自己进行选择的个性化的问题。)

(1)元旦(New Year's Day,1月1日)——元旦这个节日是1月1日,但美国人在12月31日晚的新年除夕(New Year's Eve)就开始庆祝了。例如,纽约人自1907年起便聚集在时代广场进行庆祝。在那里,午夜前的一分钟,一个亮球缓缓从坐落在一幢高楼的旗杆自上往下徐徐降落。在球降落的过程中,挤在广场上的75万人齐声倒计时。当它到底后,在鼓掌声、叫喊声、喇叭嘟嘟声和亲吻中,新年的数字亮起,五彩纸屑像雨一样落向人群。

在元旦,有些美国人许下在新的一年改善生活的诺言。他们甚至会写下新年决心(New Year's resolution)。(有玩笑说,无论决心是什么,它们中的大多数到2月份就被违背或遗忘了。)一些人走访朋友、亲属、邻居。许多人去现场或通过电视观看在加利福尼亚的帕萨迪纳市(Pasadena)举行的玫瑰花车大游行和玫瑰杯美式足球赛。[1]在其他暖和的地区,也有受欢迎的大学美式足球比赛,其名字代表着各州的特色:佛罗里达州的橘子杯,德克萨斯州的棉花杯,路易斯安那州的砂糖杯。[2]

(2)马丁·路德·金日(Martin Luther King Day,1月的第三个星期一)——1957年,金博士在美国开始了民权运动。其后的数年间,他组织了反对歧视性地对待非裔美国人的抗议活动,要求其追随者们和平地进行示威。

---

[1] 在这一独特的游行中,所有彩车的表面必须被鲜花和植物类材料所覆盖。许多人在游行前一周左右就自愿帮助装饰彩车。

[2] 关于体育的M章有对这项流行运动的详述。

1963年8月，25万黑人和白人聚集于华盛顿D.C.，在国会大厦前举行游行以支持保证每个美国人拥有平等权利的法案的通过。金博士走在"向华盛顿进军"的游行队伍的前列。在林肯纪念堂的台阶上，金博士发表了题为《我有一个梦想》(I Have a Dream)的著名演讲。他演讲中的这些词句会长久地被记住："我的梦想是，我的四个孩子有一天将会生活在这样一个国度中：对他们的评判将不会依据其肤色，而是依据其内在品质。"

一年以后，国会通过了1964年《民权法案》，保证所有美国人在住房、公共设施、选举和公立学校方面享有平等权利。同年金博士为他在此运动中的领袖作用获得了诺贝尔和平奖。1968年他在田纳西州孟菲斯领导工人罢工时遇刺身亡。全世界为失去一位如此热爱和平的人而惋惜。这个节日直到1986年才开始加以纪念。学校、银行和政府机关会休息，但大多数的商家照常营业。

(3)总统日(Presidents' Day，2月的第三个星期一)——我们曾经庆祝2月12日林肯和2月22日华盛顿的生日。华盛顿是我们第一个总统，林肯在南北战争期间保持了美利坚合众国的完整并解放了奴隶。1971年总统日被宣布为一个单一的联邦公众节日，以向所有的美国总统表示敬意。但是，多数人还是把这一天与华盛顿和林肯相联系。大部分企业会照常工作，百货商店则会宣传总统日大促销。

(4)阵亡将士纪念日(Memorial Day，5月的最后一个星期一)——这一天，各城市举行游行和仪式，以对战争中或为我们国家服役时逝去的男女军人们表示敬意。家庭和个人也会缅怀去世的亲人。教堂仪式、墓地凭吊、墓碑献花或仅仅的默哀都被用来尊严和庄重地纪念这一天。

在阵亡将士纪念日，美国的总统会在华盛顿D.C.附近的阿灵顿国家公墓的无名战士墓(Tomb of the Unknown Soldier)前献花。①在墓地上放着代表和平、胜利和英勇的三尊希腊塑像。墓碑背面刻着："在尊敬的荣耀之中这里休息着只有上帝才认识的美国军人。"我们的这一悼念活动和许多其他国家无异，包括阿根廷布宜诺斯艾利斯的大都会教堂、澳大利亚堪培拉的战争纪念馆、奥地利维也纳的英雄广场。

这一天也标志着学年的即将结束和夏天的开始。它也给美国人一个三天的长周末去海滩和山里度假或在家放松。某些家庭可能对住房或车库做"每年的春季大扫

---

①　见：www.arlingtoncemetery.org。肯尼迪总统和他的妻子杰奎琳以及26万逝去的服役人员和他们的家属埋葬于此。

除"。从1911年以来,印第安纳波利斯500英里汽车赛在印第安纳州举行并通过电视向184个国家的2.55亿个家庭进行实况直播。[①]大多数的企业在这一天休息,但商家有阵亡将士纪念日大促销,许多人选购如汽车和电视这样的大件昂贵商品(big ticket items)。

(5)独立日(Independence Day,7月4日)——就像中国的国庆日、俄罗斯的6月12日、印度的8月15日、墨西哥的9月16日、阿根廷的7月9日和众多其他国家的相似庆典一样,美国人在7月4日举行庆祝活动。这一天标志着我们国家的诞生,更具体地说,它是1776年完成独立宣言的起草而宣布13个原来的殖民地从英国脱离的日子。我们的独立战争拖至1783年才最后结束,从那时起独立日成为正式的节日。

独立宣言中为大多数美国人所知晓的部分是:"我们认为下面这些真理是不言而喻的:人人生而平等,造物者赋予他们若干不可剥夺的权利,其中包括生命权、自由权和追求幸福的权利。"

这是我们一年中最为欢乐的节日之一,得到了热烈庆祝。多彩的焰火表演在被我们简称为第4日(The Fourth)的这一天很流行。有一些城市禁止公众使用危险的焰火,而由它们提供公共表演。我们在游行中挥舞旗帜,看电影和棒球赛,并在野餐时吃土豆沙拉、西瓜和苹果馅饼。政府机关、学校和大多数企业都是休息的。

(6)劳动节(Labor Day,9月的第一个星期一)——在19世纪80年代,12小时的工作日、低报酬和恶劣的工作条件在美国(和世界的其他地方)是很普遍的。城市里的劳动者计划以独立日和感恩节之间的9月第一天作为一个节日,以突出工人的困难。1894年国会投票通过了将这一天定为联邦节日的议案。

今天某些城市通过游行和社区野餐庆祝劳动节。许多谋求公职的政客在这一节日举行集会,开始他们的政治竞选活动,希望于11月能够当选。大多数美国人把劳动节视作夏季的结束,所以我们的海滩、营地和其他受欢迎的度假胜地挤满了享受夏季最后一个三天长周末的人们。在偏冷的地区,度假胜地于劳动节之后就关闭了,要直到来年的春季才重新开放。许多暑期休息的学校在劳动节后再次开学。

　　提示:劳动节之后,由于旅游业需求的下滑,有些航空公司和旅游区的许多旅馆
　　　　开始减价。具体减价情况依地点而定。

---

①　见:www.indy500.com。

（7）哥伦布日（Columbus Day，10月的第二个星期一）——在15世纪，许多探险者航海到遥远的地方去寻找财富。欧洲的香料商人原来通过航海绕过非洲顶端或长途陆地跋涉才能到达亚洲，这时也着手寻找更近的路线。克里斯多弗·哥伦布努力使西班牙的伊莎贝拉女皇相信了他的说法：直接往西航行更容易发现印度和亚洲的宝藏。1492年8月，他带着90个人分乘三艘船开始向西航行。10月12日，他们到达了我们现在的佛罗里达州以南的加勒比海地区，这样就发现了所谓的新世界（the New World）。①

纽约的意大利人于1866年第一次庆祝了此发现，1937年10月12日被宣布为哥伦布日。纽约市会举行广受欢迎的游行来纪念它，在一些学校孩子们则会再现这一事件。不过，大多数企业照常工作，百货店还有哥伦布日促销。②

> 提示：如你正在学到的，美国人总是关心他人的福祉，不管是本国的还是外国的。1992年举行了纪念哥伦布发现新世界500周年的庆祝活动。在此之后不久，有些人开始抗议这个节日，反对在新世界被发现之后当地土著人遭到的野蛮处置。除了盗走他们的财富之外，西班牙人还奴役和杀害土著人，并带进了新的疾病，因而摧毁了当地四分之三的部落。由于公众的如此关注，这个节日的重要性已大大地缩水。

如果你想测试你的美国朋友（或许他们不知道答案），还应该知道这一事实：美洲是以两次航海到达此地的阿美利哥·韦斯普奇（Amerigo Vespucci）命名的。他不是其同时代的第一个登上新世界的欧洲人，但可能是第一个意识到他帮助探索的土地是独立的大陆的人，而不像哥伦布和其他人那样起初以为它仅仅是亚洲的一部分。

（8）退伍军人节（Veterans Day，11月11日）——第一次世界大战结束于1918年11月11日的11时，当时德国和协约国在停火（休战）协议上签了字。1938年，国会投票决定，将该休战日（Armistice Day）作为一个联邦节日。1954年其名字被改为退伍军人节（老兵节），以纪念所有参加美国战争的老兵。

---

①　历史学家声称中国的郑和比哥伦布早72年发现了美洲，但大多数美国人都没有听说过他。

②　美国的自由企业认可节日赚钱的做法，而一般大众也并不反对如此的商业化。你注意到这一点了吗？我们有一句谚语：省下一个便士就是挣了一个便士（A penny saved is a penny earned）。

在这个节日，除了像在5月的阵亡将士纪念日一样向阵亡的美国人和曾在我们军队里服役的退伍军人（vets）致敬外，我们也想到了正在服现役的军人和世界和平，希望战争将不是解决世界争端的必要手段。从上午11时开始，有些城市会举行游行，并由当地中学生的行进乐队演奏由美国作曲家约翰·菲利浦·苏萨（John Philip Sousa）谱写的脍炙人口的进行曲。①旁观者挥舞着小旗。孩子们则坐在父母的肩头观看这有声有色的表演。有些美国人静默一小会来铭记那些服役的老兵。

有些退伍军人通过出售手工制作的纸罂粟花为残疾的老兵、他们的遗孀和孤儿募捐。在比利时的法兰德战场的罂粟花地进行了一场血腥的战役以后，这种鲜红的野花便成为第一次世界大战的标志。我在新西兰的澳新军团日（ANZAC Day）也看到过这一场景，人们向在第一次世界大战中阵亡的军人致敬。

20世纪70年代不得人心的越南战争改变了这个节日形式，导致了军事游行和仪式的减少。但是，伊拉克和阿富汗战争使其作为对现役军人的祝福和阵亡军人的悼念重新受到了重视。有些人聚集在华盛顿D.C.刻有死于越南战争的5.8万个美国人名字的黑色磨光花岗岩的越战纪念碑前。家人和朋友看着他们的所爱的人的名字而哭泣，然后把他们的思绪转向和平及未来争端的避免。②

在这里可以讨论一下美国在复杂的世界战争中的位置。③美国人留给外国人的最强烈印象之一似乎是我们喜爱战争。不，美国人痛恨战争。因为老兵节不是对战争的庆祝而是对那些服役的军人的致意，我们避免在游行中大量展示军事装备，不像俄罗斯等一些国家那样炫耀坦克和庞大的火箭。

在建国后的最初160年，美国不相信大规模武装力量。事实上，常备军是遭到禁止的。美国人不把战争看作一种职业，而是正常生活的紧急中断。一旦一场战争结束了，绝大多数的武装力量就会被解散，武器被废弃。第二次世界大战开始前两年，美国武装力量的规模在世界上排名第17位，只有1个作战师，而德国有200个，日本有100个。

在20世纪，美国人慢慢地从磨难中懂得，防止战争不仅要依靠强力的防御，而且要通过在战争开始之前就介入有关争端。在第一次世界大战爆发之初，美国虽然和

---

① 访问以下网站可收听苏萨的生气勃勃和振奋人心的进行曲：www.dws.org/sousa/works.htm。

② 关于艺术的L章讨论了这一纪念碑和设计它的年轻亚裔美国女士。

③ 以下几段作者就美国对外政策的演变所作的叙述和辩解带有明显的局限性，请读者注意分析判断。——译者

参战的欧洲国家结盟，但同时推行坚定的孤立主义政策，希望不要卷入他国的战争。这一战争爆发三年以后，由于自己的和友邦的非武装船只一再被德国击沉，美国除了出兵以外别无选择。不到一年战争就结束了。同样的事在第二次世界大战时又发生了，当时美国虽然与交战国结盟，但是感到它不应该卷入战争，直至发生了三个重大事件：我们在夏威夷遭到袭击，希特勒征服了大半个欧洲，中国及其他亚洲国家被围困。我们终于知道，孤立主义不再可行，必须做出一切努力来避免战争。这些教训至今仍然是适用的，并使我们想到了西奥多·罗斯福总统的"说话轻柔但携带一根大棒"的政策。在两场世界大战之前这一政策被抛弃了。

由于这些教训，当人们被剥夺了成为我们社会基石的生命权、自由权和追求幸福的权利时，我们经常大声说出自己的看法。不幸的是，这造成了美国人想做世界警察的印象，尽管事实上美国人只是想避免战争和防止人类的苦难。我们也奇怪为什么其他国家不参与进来（pick up the ball）帮助我们进行这种努力。附带说一句，出于对战争的反感，我们的陆军部（War Department）的名字在1947年被改名为国防部（Department of Defense），其办公地点位于华盛顿的五角大楼（Pentagon）。

今天，我们的军事—工业复合体对我们以及其他国家的经济和就业做出了重要贡献。也是第二次世界大战期间同盟国军队的领袖的艾森豪威尔总统，在1961年退休之际，曾就军事—工业复合体即防务承包商与武装力量之间令人生畏的结合向全国发出过可怕的警告。他认为军队和国防工业的得势会威胁到民主，使文官失去对军事—工业复合体的控制。到目前为止他的预测被证明是错误的。

世界上国防预算最大的十个国家的总值为1.1万亿美元，美国在其中占了7000亿美元。但是，如果将国防预算和每个国家的经济相比较，沙特阿拉伯以在国防上花了国内生产总值（GDP）的10%而居十国之首，是美国的4.6%的两倍多。

（9）感恩节（Thanksgiving Day，11月的最后一个星期四）——1620年，100名英国清教徒乘船穿越大西洋到达北美。他们成为今天的马萨诸塞州的最早定居者。由于到得太晚，许多庄稼都无法种植。在缺乏新鲜食物的情况下，其中一半人死于疾病。第二年春天，易洛魁印第安人教他们打猎、捕鱼，并在这并不熟悉的土地上和气候中种植玉米及其他庄稼。1621年的秋天，他们收获了玉米、大麦、豆子和南瓜等庄稼，其中多数都是这些欧洲人不熟悉的。在以后的若干年间，许多最初的定居者就用感谢盛宴来庆祝秋天的丰收。在漫长和血腥的南北战争结束之际，林肯总统要求所有的美国人把11月的最后一个星期四留出来作为普遍感恩的一天。

我们中的一些人为了这个节日装饰住家、学校和商家。火鸡、玉米、南瓜和蔓越橘果酱是最初的感恩节的象征。现在所有的这些象征物都可以在节日装饰和贺卡上看到。有一年我在泰国曼谷的宾馆里享用了感恩节晚餐。这顿用许多传统的感恩节食品准备的自助餐令我非常愉快。美国的许多饭店全年提供类似的菜肴（plate）。

感恩节的另一传统活动是纽约市的梅西百货感恩节游行（Macy's Thanksgiving Parade）。巨大的氢气气球似的物体沿着游行路线在空中漂浮，而不是像大多数游行中出现的那种在地上滚动的机动"彩车"。此游行始于20世纪20年代，当时很多梅西百货店的雇员是第一代移民。他们以新的美国传统为傲，渴望庆祝美国节日。全国各地的人通过电视观看这一游行。《飞机，火车和汽车》（*Planes, Trains and Automobiles*，1987）是一部有关试图回家过感恩节的男子克服一系列不幸事件的幽默电影。

> 提示：像你已经了解的，美国人喜欢揭示真相并对那些值得尊重的人表示敬意。在20世纪80年代，美国人开始重新审查我们早年的历史，就像他们在之后的90年代对哥伦布日和它的含义所做的那样。4万多人在1988年的感恩节之夜聚集于纽约，承认印第安人在350年以前第一个感恩活动中的重要性。他们当中有来自全国各地代表着部落的土著美国人以及移民至新世界的清教徒的后裔。直到那个时候，许多人还以为是清教徒准备了整个感恩宴席并将它送给印第安人。事实上，宴席是为了感谢印第安人教清教徒如何烹制这些食物而安排的。没有印第安人，最先的定居者根本活不下来。你和你的孩子可能想读的一本书是朱尔·塞尔博（Jule Selbo）和劳拉·彼得斯（Laura Peters）写的《清教徒女孩》（*Pilgrim Girl*）。

（10）圣诞节（Christmas）（12月25日）——圣诞节是一个庆祝耶稣基督（Jesus Christ）出生的宗教性节日。①在美国它仍然是一个赠予和接受礼物并思考神的赐福的节日。

在感恩节不久之后开始，我们中的许多人——包括很多非基督教徒——就开始从邻近的商贩为家里购买圣诞树（一种常绿的树）并用电子灯和彩色挂件加以装饰。这个时候的一个熟悉景象就是一棵圣诞树被绑在车顶上运往某个人家的起居室。每

---

①　此书在amzn.to/PilgrimGirl可以找到，它的电子版在www.ebookad.com上也有。

年白宫会点亮一棵通常从新英格兰用卡车运来的巨大的圣诞树而被媒体广泛报道。同样有名的是安置在纽约市洛克菲勒广场上的巨大圣诞树。

我们把包好的礼物放在树下直到它们在圣诞节早上被打开。有些人把电子灯串挂在他们的房外或窗上。许多商店和学校也为圣诞节进行装饰。有些城市的繁忙街道旁还有彩灯和饰物，这是一种我在新加坡同样经历过的欢愉景象，但让我吃惊的是，信奉基督教的墨西哥和南美并未如此。我们的一些电台在圣诞节前的一个月左右就播放圣诞音乐。

年幼的孩子相信圣诞老人（Santa Claus）住在北极，并有被称作小精灵的帮手来制作玩具和包装礼物。在12月24日的圣诞夜（Christmas Eve），圣诞老人把装满礼物的雪橇套在八头驯鹿的身上。驯鹿拖着他和雪橇穿越天空，把礼物分发给全世界的好孩子。在上床睡觉之前，孩子们给圣诞老人备下饼干和牛奶，而圣诞老人把给孩子的礼物留在圣诞树下和挂在壁炉架上的长袜中。

在圣诞夜，有些孩子也听他们的父母读《圣诞前夜》（*The Night Before Christmas*），一首写于1828年的突出圣诞夜的兴奋心情的诗。它是这么开头的："这是圣诞节的前夜，整座房子里没有一个生灵在喧闹，即使老鼠也是静悄悄。"[1]

在1897年，一个名叫弗吉尼亚的八岁小女孩给纽约市的一份报纸写了封信，询问是否真的有圣诞老人。该报纸刊登了给她的答复，其中说："是的，弗吉尼亚，确实有一位圣诞老人。"这篇著名文章成了我们圣诞节传说的一部分。它吸引了每一个人，希望无论年龄大小我们的灵魂里永远保留着圣诞节的欢乐。[2]

圣诞节要向亲近的朋友和亲戚赠送礼物，但是也有人还给那些为我们服务了一年的人送上象征性的礼物，如报纸递送员、游泳池清洁工、美发师等等。我们寄圣诞卡或更通用的节日卡给朋友、亲属和同事来表达节日情感。它们有些是宗教性的；其他的则是世俗的，甚至幽默的。由于我们社会的流动性，这是我们和远方的朋友保持联系的一种方式。寄卡之外，有些人还会附上一份简报式的材料，告诉朋友们自己在过去一年的经历。

---

① 以下网站有《圣诞前夜》的全诗：www.christmas-tree.com/stories/nightbeforechristmas.html。或者，你可以买来带有漂亮插图的书进行阅读或送给你的孩子：http://amzn.to/NiteBXm。

② 该报给弗吉尼亚的答复见附录9。

　　提示：许多不是基督徒的人也参加圣诞节的庆祝，其中包括我的一些赠送"节日
　　　　快乐"卡及礼物的移民朋友。这成为他们参与娱乐和感染喜庆节日气氛的很
　　　　好方式。

　　圣诞节也是人们要克服自己的失落或痛苦感情的时候，这种感情可能产生于生活中的某些不圆满、没有得到满足的需求、不完整的家庭或者遭受的某种损失。媒体所展现的欢乐图像或许只是突出了一些人所怀的失落感或痛苦感，提醒他们在节日期间每个人都应该是快乐的。心理顾问说，治疗"节日忧郁（holiday blues）"的最好疗法之一是和关心我们的人在一起。所以，许多人都盼望在这个喜庆的节日回家。

　　提示：感恩节和圣诞节是我们的机场、火车站、汽车站和商店一年中最忙的时
　　　　候。如果你打算这时在美国旅行，尽早买票并作好排长队的打算。也要准
　　　　备为你的票子付出更高的价格。

　　圣诞节的餐桌很像感恩节大餐。在圣诞节的聚会上，成人喝蛋酒（eggnog），一种由奶油、牛奶、糖、打碎的蛋和白兰地或朗姆酒制成的饮料。在气候较冷的地方，准备了充足的蛋酒、热苹果汁或热可可，以供给走家串户为邻居们唱圣诞颂歌的人（carolers）。红白条子相间的拐杖糖是圣诞节的标志。除了被吃掉之外，它们有时也会出现在饭桌上，挂在圣诞树上及绑在礼品的装饰蝴蝶结上。

　　互相赠送礼物是圣诞节的传统。但是，近年来有些人抱怨圣诞节太过于商业化了。他们认为，圣诞节的起源已经被遗忘，而纪念耶稣基督的出生才应该是庆祝的中心。你有时会看到圣诞节被写成"Xmas"。这种缩写之法可能会冒犯那些认为圣诞节是一个圣日而非世俗节日的人。这又体现了美国意见的多元性。

　　尽管我们在一年当中都给那些不幸的人以捐助，沉湎于圣诞精神的美国人还会在圣诞节期间做出特别的努力来支持那些给无家可归的人提供庇护所和食物的组织。影星和其他名人加入公众的队伍，在圣诞日到避难所为成百上千名的无家可归的人分发食物。

　　可能和你的母国相似，救世军（Salvation Army，遍布124个国家）等慈善组织的成员会装扮成圣诞老人，在商店外摇铃收集捐款以便运作向穷人提供膳食的流动厨房

（soup kitchens）。我们的海军陆战队和一些城市的警察局会指导一个叫作"为小孩捐玩具"（Toys For Tots）的活动，即人们向贫困孩子、住院的孩子或孤儿捐赠新的或用过的玩具。

这种奉献强调了圣诞节真正的要旨——和不幸的人分享我们的所有。有些人奇怪我们为什么不是全年都那么有善心，包括19世纪的英国作家查尔斯·狄更斯（Charles Dickens）也说："我会在我的心底里向圣诞精神致敬，并尽力在全年都保持这种精神。"

> 提示：你能够通过观看我们有名的圣诞节电影感受到这个节日。《生活多美好》（*It's a Wonderful Life*, 1946）每个圣诞节时都会在电视中播出。①此经典影片讲述了一个意图自杀的人的故事。圣诞节时，天使让他看到，如果他从没有在世间存在过，别人的生活会是怎样的。《圣诞怪杰》（*The Grinch Who Stole Christmas*, 1966）是孩子和成人常年的最爱。其他受欢迎的影片包括反映了对圣诞节传统看法的《假日旅店》（*Holiday Inn*, 1942）和《白色圣诞》（*White Christmas*, 1954）。《小鬼当家》（*Home Alone*, 1990）是部喜剧片，写的是一个被外出度圣诞假的父母意外留在家中的孩子。《34街的奇迹》（*Miracle on 34th Street*, 1947）是关于一个自称是圣诞老人的慈祥老人的经典故事，一位律师在法庭上为他辩护说，他的确是圣诞老人。

全国性庆祝

在我们的联邦节日之外，我们还有其他特殊的日子。但是，在这些日子，学校、企业和政府机关一般不休息。

（1）地球日（Earth Day，4月）——当拓荒者于19世纪40年代在中西部的内布拉斯加定居时，他们发现没有多少树可以用来造房子或作燃料。1872年，公民们把4月10日定为种植100万棵树的日子；它就成了我们的第一个植树节（Arbor Day）。今天访问内布拉斯加的人绝不会猜到它曾经是布满灰尘的大草原。

1970年，植树节活动的宗旨发生了变化，转而强调地球环境的极端重要性并促

---

① 关于电影的K章对此影片有专门解释。

使美国大众认识到地球的自然资源正在遭受的破坏。现在这一天被称为（dubbed）地球日，其发起者希望掀起一个能改变工业的传统做法和人类的消费习惯的环境运动。此后不到三年，尼克松总统便签署了因此努力产生的主要环境法案，使之成了法律。

地球日是一个很好例子，说明人民在美国如何导致了变革。我们把它称为草根（grass roots）运动，即公众先发现问题或提供解决办法，然后政府才开始介入（有时是由于公众压力），并通过了有关法律或帮助推进变革。这和一些国家正好相反，在那些国家中，环境保护的变化传统上是来自于上层而不是公众。

（2）母亲节（Mother's Day，5月的第二个星期日）——在这一天我们试着用一种具体的方式来表示我们多么感激母亲。有些孩子将母亲的早餐端到了床上，有些孩子向母亲送上自己在学校所做的或购买的礼物。成人也给他们的母亲赠送礼物或鲜花。如果母亲过世了，这一天我们可能会到她们的坟头上献花。在母亲节这一特别的日子里，家庭成员不想让妈妈（mom）做晚饭。所以，这是我们饭店全年中最忙的一天。至今许多美国人仍然记得一首写于1915年的广受欢迎的母亲歌：

M——代表她给我的100万（Millions）件东西，

O——意味着她在变老（Old），

T——代表她为救我而留的眼泪（Tears），

H——代表她的最纯洁的心（Heart），

E——代表她闪烁着爱光的眼睛（Eyes），

R——意味着她总是正确（Right）又正确，

把它们放在一起，就拼出了母亲（MOTHER），

一个对我意味着所有一切的词。

林肯总统说过，"无论我现在怎样，还是希望以后会怎么样，都应当归功于我天使一般的母亲。"所有的母亲（愿上帝保佑她们）都喜欢给她们的孩子提出忠告。以下是一些典型的美国母亲格言：

- 穿上干净的内衣；你不知道你是否会发生事故而必须去医院。
- 别做鬼脸；否则可能会一直是这个样子。
- 把你的食物都吃完。世界上还有孩子在挨饿。
- 嘴里含着食物时别讲话。别在餐桌上唱歌。
- 如果每个人都从悬崖上跳下去你怎么办？你也照样做？

- 你耳朵后面有足够的污垢可以种土豆!
- 把门关起来! 你是生在谷仓里?
- 如果你不能为某人讲些好话,就什么也别讲。
- 别把那东西放在嘴里;你不知道它从哪里来的!
- 把垃圾拿出去,然后做你的功课。
- 别张着嘴咀嚼食物。
- 我会告诉你父亲。
- 世界各国的母亲是不是都一样?

(3)国旗日(Flag Day,6月的某个时候)——在总统选择的这一天,美国人被鼓励在他们的住房和单位外面挂上星条旗(Star and Stripes)。我们的国旗在公共建筑上飞扬,一些城市还有特别的仪式。在校的孩子很早就学到,在美国成为一个独立国家后不久,贝特西·罗斯(Betsy Ross)便设计了第一面国旗。现在的国旗有13道条纹(象征原来的13个殖民地)和50颗星星(代表50个州)。学校、企业和政府机关在这一纪念日照常开放。

在这一天有些人会重述效忠誓言(Pledge of Allegiance),即就忠诚做出的庄严许诺。它这样说:"我宣誓效忠美利坚合众国国旗和它所代表的共和国。这个国家在上帝之下,不可分割,人人享有自由和正义。"。也有些学校让它们的学生每天在上课开始之前背诵誓言。

> 提示:因为我们宪法规定了政教分离,有人说,在效忠誓言中提到上帝乃是对宪法的违背,应该删去。

(4)父亲节(Father's Day,6月的第三个星期日)——美国是为数不多的有孩子向父亲表示敬意的正式节日的国家之一。这一天子女们可能会向父亲赠送礼物,请他出去吃饭,或通过其他的方式使他感到这一天的特殊,就像5月的母亲节一样。当孩子不能去看父亲或带其出去吃饭时,他们会邮寄贺卡或礼物。有些卡是古怪的,会令打开卡的父亲发笑。有些卡也对孩子总是能在需要时可以得到爸爸(dad)的帮助而表示衷心的感谢。

一条典型的父亲式格言是:"这事和你妈妈说",或者"我会考虑一下的"。当我们想到父亲时通常会回忆起以下的事情:

- 周末在休息和看电视体育节目时喝啤酒。
- 周末修草坪。
- 倒垃圾。
- 避免和妻子出去逛街。
- 在全家长途旅游时为了避免去厕所而经常停车。
- 不情愿地清理车库。
- 避免换尿布。
- 用膝盖上下颠动孩子。
- 修理坏了的玩具和自行车。
- 上班途中在学校门口放下孩子。
- 教他十来岁的孩子开车。
- 在他十来岁的女儿第一次穿舞裙时让她确信自己的美丽。
- 教他的孩子进行体育锻炼。
- 努力工作来养家。
- 晚上用拥抱和亲吻来哄孩子入睡。
- 世界各国的父亲是不是都一样？

宗教性庆祝

（1）复活节（Easter，3月或4月的一个星期天）——基督教徒纪念耶稣在十字架上死去的那天为**耶稣受难日**（Good Friday），他复活并把永生带给人类的那天为**复活节**（Easter Sunday）。不是基督教徒的一些人将其作为春天的开始加以庆祝。

在复活节，有些孩子醒来时发现复活节兔子（Easter Bunny）给他们留下的彩色的篮子，里面装满玻璃纸草、糖果以及彩蛋。据说，中世纪从中东回来的十字军战士传播了给鸡蛋上彩的习俗。然后欧洲人开始用它们来庆祝复活节和其他暖和天气中的节日。五彩缤纷的彩蛋被父母藏起来，孩子们比赛看谁找得最多。甚至邻里和一些机构也开展寻找复活节彩蛋的活动。在白宫的草坪上每年都有为当地孩子举行的复活节鸡蛋派对，这是自1878年即开始的传统。

早在南北战争时期，纽约人就于这天拿出春装，穿着它们去教堂。当妇女在镇子里漫步的时候，她们展示着自己的新的复活节软帽（bonnets）。这导致美国形成了复活节游行的习俗。那不是真正的游行而是人们穿着他们的春天服饰四处漫步。今天，有些父母可能会在这一天让孩子穿着新的春装去教堂。

许多学校在春季给他们的学生一周休假，叫春假（spring break），通常就在复活节前后。

（2）犹太人的节日（Jewish Holidays）——当然，有很多犹太人的节日，但其中的两个特别值得一提。大多数美国人，无论是否犹太人，都知道它们。哈桑纳节（Rosh Hashanah）是犹太人的新年，在秋天庆祝。它标志着十天的祈祷、自省、悔罪期的开始，于赎罪斋戒日（the fast day of Yom Kippur）达到顶点。光明节（Chanukah）在希伯来语中意思是"献祭"，指欢快的八天庆祝，以礼物和食物来纪念公元前165年打败叙利亚的军队以及随后耶路撒冷圣殿的解放和重新献祭。有些犹太人的企业和学校在这些节日休息。

（3）伊斯兰的节日（Islamic Holidays）——穆斯林美国人有四个主要节日，但斋月（Ramadan）最为大众所熟悉。它是以祈祷、斋戒和慈善为标志的整月的祝福。穆斯林相信，在610年的斋月，伊斯兰教的圣书《古兰经》（Q'uran）的第一篇显现。在这个月快结束时，穆斯林被提醒要通过赈济穷人和向他们做祈祷的清真寺进行捐赠而分享祝福。这就像基督教徒在他们特殊节日里所做的一样。

有趣的节日

（1）情人节（Valentine's Day，2月14日）——这是你向朋友和所爱的人表示你对他们很在意的日子。它在世界各地都得到庆祝，包括意大利、英国、澳大利亚、新西兰、丹麦、墨西哥、法国、德国、奥地利、西班牙和日本。你可以给特别的人赠送糖果、花或叫作情人卡的贺卡。情人卡可能是煽情的、浪漫的、滑稽的或友好的。

作为爱的标志，携带着激情之箭的丘比特（Cupid）会出现在一些可能是心形的或画有心形图画的情人卡上。在小学里，孩子们为同学制作情人卡，并把它们放进一个邮箱似的带有装饰的大盒子里。2月14日，老师把盒子打开，把情人卡分送给每个学生。在学生读了他们的情人卡后，会举行一个提供小点心的小型派对。所有的学校、企业和政府机关在这个到处都是红色和粉色的有趣节日照常开放。

提示：在中世纪，年轻的男士和女士从一个碗里抽取名字来看谁会是自己的情人。他们然后把这些名字在袖子上戴一周。今天，如果有人对你说，"你把你的心戴在袖子上"，意思就是你明显地表现出了对另一个人的感情。

（2）四月愚人节（April Fool's Day，4月1日）——有些美国人可能会在4月1日与朋友或陌生人开些小玩笑。孩子们在愚人节通常玩的恶作剧是说你的衬衫背后搞脏了，这样你会尽力把头扭过去看身后。无论是玩什么花招，如果天真的受害者上当了，捉弄者就会叫"四月愚人"（April Fools）！这时候多数情况下大家都会笑起来，特别是被捉弄的人。学校、企业和政府机关仍然开放。

有着无限幽默天才的马克·吐温[①]说过，"让我们感激愚人。要不是他们，我们其余的人不会取得成功。"他也提醒我们："四月的第一天是我们记住一年的其他364天我们为何许人的日子。"

（3）万圣节（Halloween，10月31日）——这个节日以不同形式在北美、奥地利、比利时、中国、捷克、英国、法国和德国等地得到庆祝。在美国，10月31日晚，孩子们打扮成小海盗、怪物、公主、魔鬼和当时流行的英雄人物。他们敲邻居家的门，在门打开时喊着"不给糖果就捣蛋"（Trick or treat）。孩子们然后把包撑开来接住邻居放进去的糖果或其他好吃的东西。在较大的城市里，穿着化装服的孩子和他们的父母可能会在晚上较早的时候去大型购物中心做同样的事情。

青少年喜欢化装舞会和派对。你可能会受邀去参加一个试图咬住苹果的派对。它是一个万圣节派对的游戏，每次一个人必须从一盆水中取出苹果，但是不能用手，只能通过把脸浸入水中去咬住苹果。有时我们把干冰放进装有苹果汁的大酒杯中，使其看上去像发出水汽声的女巫酿酒，再就是我们万圣节经常吃炸面圈（donuts，当中有洞的圆面点）。

万圣节起源于和邪灵有联系的庆祝活动。正因为如此，我们用女巫、鬼怪、骷髅和黑猫的剪影和雕塑装饰房子、商店、办公场所和学校。这些符号在不给糖果就捣蛋的化装服中也很流行。黑色和橙色是传统的万圣节颜色。

南瓜这一橙色的瓜属植物也是万圣节的标志。把南瓜雕刻成南瓜灯（jack-o-lanterns）是万圣节的传统。我们把南瓜的里面镂空，刻上一个恐怖的或欢快的脸，然后在里面放上一支蜡烛。在万圣节，房子窗户边的南瓜灯是个信号，告诉化装的孩子有好

---

① 　参阅关于文学的J章。

吃的东西正等着他们。在商店里看到的南瓜灯表示它们也参与这一有趣的活动。

> 提示:几年以前我向移民美国的朋友展示怎样刻南瓜灯。他们现在每年都会自己动手去做并参加节日活动。但是,没有指导你也能做。把顶端削掉,里面镂空,在一面刻上个脸,这样你就有了南瓜灯。

族群性庆祝

(1)狂欢节(Mardi Gras,春季)——狂欢节将宗教传统和狂欢结合起来迎接春天。它和印度的果阿狂欢节以及里约热内卢的年度庆典相似。1829年,一些年轻人访问巴黎后回到路易斯安那的新奥尔良。他们保持了生气勃勃的法国传统,穿着化装服装并戴着面具,在法国区的狭窄街道上进行游行。自那以后,突出紫色和金色的春季面具游行便在新奥尔良流行起来。尽管这只是阿拉巴马、佛罗里达和路易斯安那的某些县的节日,许多美国人为了参加这一欢乐的庆祝活动会特意赶到新奥尔良去。

(2)中国新年(Chinese New Year,在1月21日到2月19日之间)——从古时候起直到现在,中国人都用喧闹的爆竹来迎接新年并卟走恶鬼。如今,在中国新年,大量人群聚集在纽约、圣弗朗西斯科和其他许多地方的中国城的狭窄街道上。一条巨大的布龙可能来回摇动,追逐红太阳球或白珍珠球,然后人们敲锣打鼓,舞者用长杆举着纸做的狮子头。店主们跑出门为之喝彩和抛钱。拉斯维加斯的赌场旅馆则以大红为主的色彩提供喜庆气氛和庆祝活动。

(3)圣帕特里克节(Saint Patrick's Day,3月17日)——每年3月17日,有着大量爱尔兰裔居民的城市都会举行游行。纽约市从1766年开始就有规模最大的游行。作为春季的标志之一的绿色是这天的颜色。人们穿着绿色的衬衫,戴着绿色的领带、头饰缎带和帽子。在这一天学校的孩子们会捏拧那些不穿绿色的同学。许多美国的酒吧甚至供应绿色啤酒。爱尔兰民间传说中的小妖精(leprechaun)是一个微笑欢乐的小精灵,也是爱尔兰人这天的标志。以下是一首大多数美国人都熟悉的爱尔兰祝福歌:

愿你前途平坦,

愿你一路顺风,

愿温暖阳光与你为伴，

愿轻柔雨露滋润你的生活，

愿上帝用他的手保护着你，

直到我们再次相遇。

（4）宽扎节（Kwanzaa）——这是非裔美国人庆祝的节日，节日从12月26日至1月1日。它不是宗教性节日，也无意取代圣诞节。一位研究黑人历史的教授于1966年创建了它，那时非裔美国人正经历着巨大的社会变革。这一节日不仅旨在对古老的非洲文化的价值表达敬意，而且是为了激励正为他们族群的进步而努力的非裔美国人。

其他日子和传统

在我们的节日和庆祝活动之外，我们还有其他包含特别意义的日子。

（1）土拨鼠日（Groundhog Day）——19世纪40年代，宾夕法尼亚的德国移民相信，可以根据对土拨鼠的观察预测未来六周的天气。土拨鼠是整个冬天都睡于地下的可爱的毛皮动物。如果它在明亮清澈的2月2日能看见自己的影子，这就表明还有6个星期的冬天。尽管很少有人把此起源于古代欧洲的民间传说当真，媒体还是每年都会在这一天搞活动。我们有一部受欢迎的幽默影片，其题目就叫《土拨鼠日》（Groundhog Day, 1993）。

（2）夏时制（Daylight Saving Time）——3月的第二个星期天，我们把时钟从标准时间向前拨一小时，这就是夏时制，而在11月的最后一个星期天再拨回来。英国和德国在第一次世界大战期间为了节省能源开始使用这个概念，但直到第二次世界大战以后才被美国广泛接受。

如今，大约70个国家采用夏时制。日本、印度和中国是仅有的不用夏时制的工业大国。因为我们的各州喜欢自己决定对它们来说什么是最好的，有几个州也不采用夏时制，包括夏威夷和亚利桑那州。我们的科学家说夏时制几乎和节省能源没什么关系，但我们还是继续做着多年来所习惯的事情，即使50%的民众说它得不偿失。

提示：为避免每年春秋季拨钟带来的混淆，请记住这句顺口溜，"往前跳—往后摔（Spring forward-fall back）"，即在春天（spring）把钟向前拨，在秋天（fall）把钟向后拨。

（3）选举日（Election Day）——每隔四年,在11月,我们将第一个周一以后的周二这一天留出来选举总统。大多数州和市也在同日进行选举。公民去当地的投票站投票。如果你是一个18岁以上的境内公民而且登记过,你可以投票。我在斯洛文尼亚时惊讶地得知,那里有工作的16岁年轻人就能投票。我们的一些投票站会给投过票的人发放徽章或粘纸,以提醒其他人也去投票。有些住家在这一天挂上了飘扬的国旗。学校、企业和政府机关照常运行。在选举日之前的数周,我们的媒体喜欢预测哪位候选人会赢得选举。但是,为了公正和不影响摇摆选民,在选举日我们的电视网自发地采取不在一个州预测任何胜利者的政策,直到所有的投票都结束为止。

你可能会听到那些不能接受失败的人被称为输不起的失败者（sore-loser）。选举人在自己支持的候选人输了选举时会使用塞满投票箱（stuffing the ballot box）的说法,意思是对方支持者恐怕用非法的选票（多于实际投票人的选票）填满了投票箱。由于我们严格地控制,这种情况其实很难发生。但是,我们总是听到在其他国家出现此种现象的消息。

不像阿根廷、厄瓜多尔、巴西、秘鲁、智利和土耳其等有强制性选举的国家,在美国选举是自愿的,这也是导致我们投票率低的因素之一。在我们2008年总统选举中,投票率是63%,而在同样有强制性选举的澳大利亚和马耳他,参与率达到了95%。

> 提示:你或许听说过2000年总统选举中佛罗里达州出现的投票争议。我们大多数州用电脑打孔卡,即选举人推动金属杆在其卡片上打个小洞以记录他们的投票。由于佛罗里达的设备有问题,许多孔都没有被干净利索地打穿。当我们遇到从佛罗里达来的人时,仍然会拿此事开玩笑。如果你也想这样做,可以对佛罗里达人说:"哎呀,你是从穿孔卡片州来的。"作为典型的美国人,他们大多数人都会对此有很强的幽默感并和你一起开玩笑。

（4）联邦收入税（Federal Income Tax）——和美国人谈及4月15日时他们中的大多数可能开始发抖、出汗和感觉疲软。联邦和州的收入税表必须在4月15日之前提交,以避免罚款。许多人在最后时刻才填表。一些邮局一直开到午夜来适应这些等到最后一分钟才做事的人（last-minute procrastinators）。[①]

---

① 税表的样式见附录5。

（5）春假（Spring Break）——初春时我们的大学和其他学校会有为期一周的休息，即春假。加拿大、中国、韩国、日本和墨西哥等其他国家也有相似的做法。在春假期间，大学生会去暖和的度假地办派对、喝酒和会见异性朋友。

传统上佛罗里达的度假区是他们的主要目的地。该州的巴拿马城以每年春天接待50万学生排在首位。其他度假地点现在包括德克萨斯、加利福尼亚、墨西哥和巴哈马群岛。墨西哥的坎昆以25万游客被视为第一国际春假地。还有一些学生则不去度假地游玩，而是组队为不幸的人提供服务。

提示：《男孩在哪里》（Where the Boys Are，1960）是一部关于即将成年的美国孩子的喜剧片，写的是四个同校的男女大学生到佛罗里达州的劳德代尔堡度春假的故事。针对青少年市场，影片突出了太阳、沙滩和罗曼史。在冬天上映后，它激发了成千上万的大学生奔往劳德代尔堡去享受一年一度的春假。这是最早探索青春期性行为和20世纪60年代美国大学生的性道德和态度的电影之一，就像我们前面所提到的《花花公子》杂志在20世纪50年代所做的那样。它也是表明电影在塑造我们的文化和习惯方面所起作用的例子。

（6）州的庆祝活动（State Celebrations）——大多数州有它们自己重要的日子和传统，其中的一些是节日。例如，犹他州将7月24日作为一个节日加以庆祝，用游行和烟火纪念最初的拓荒者于1847年7月到达。一些州庆祝加盟联邦日（Admission Day），即它们被联邦接受的日子。其他的州庆祝本州出生的总统的生日。

提示：如果你计划到一个美国城市出差，可能要先查一下此州的网站来确定你日程表中的重要一天不是该州企业会休息的节日。

R　美国人想些什么

与法国人、德国人或日本人不同，美国人不是一个民族，数千年来我们的基因一直在和类似的基因进行着混合。

美国人只是被思想团结在一起。

——白修德（Theodore White），作家

本章将对美国人民的思想、态度、信念、性格和个人价值提供一些深入分析。在美国总是会进行民意调查、民意测验和研究，以衡量整个国家的情绪，弄清在许多问题上美国人是怎么考虑的。①这些结果将帮助你更好理解美国的文化以及作为个体的我们具有的特征。

美国的故事是个变化的故事。鉴于我们的多样性，美国人总是会出现意见分歧。并且，正如你会看到的，我们的想法时常会发生改变。

最受钦佩的人

我们最钦佩的人反映了我们的核心价值和信仰。一项民意调查要求受访的美国人列出20世纪他们最为钦佩的人。结果表明，最受尊重的是那些为了人类生存状况的改善做出贡献的人。以下是根据受欢迎程度排列的十个得到我们认可的人。你在与美国人谈话的时候可以提到他们的名字。

（1）特蕾莎嬷嬷（Mother Teresa，1910—1997）是一个罗马天主教修女，1997年因

---

① 本章中引用的一些民意调查是很受尊重的科学研究，它们的来源会被注明。其他的一些调查则不那么正式，为了简洁起见，就不一一指明它们的来源了。

其为穷人所做工作获得了诺贝尔和平奖。她在印度建立了一个修道会,向贫困者提供食品,兴办医院、学校和孤儿院。她说:"将爱传播到你去过的每一个地方。让每一个来到你身边的人在离开的时候都能变得更快乐。"

(2)马丁·路德·金(Martin Luther King Jr., 1929—1968)是一位牧师,在20世纪50—60年代领导了非暴力的美国人权运动。他因此获得了1964年诺贝尔和平奖。他提醒说:"我们必须学会像兄弟一样生活在一起,否则就会像傻瓜一样共同灭亡。"

(3)约翰·肯尼迪(John F. Kennedy, 1917—1963)是美国最年轻的总统。因为他和他的妻子的魅力,肯尼迪的任期被称为卡米洛(Camelot,英国传说中一个充满喜悦的地方)。他鼓励国会通过立法宣布建立在种族基础上的歧视非法化。在就职两年后,肯尼迪遭到了暗杀。最令人印象深刻的是1961年他在就职典礼上所说的话:"所以,我的同胞们:不要问你的国家能为你做些什么,而要问你能为你的国家做些什么。"《鱼雷艇109号》(PT 109, 1963)是一部关于肯尼迪在第二次世界大战中勇敢营救水手伙伴的影片。

(4)阿尔伯特·爱因斯坦(Albert Einstein, 1879—1955)是20世纪最重要的物理学家,也是有史以来最著名的科学家之一。美国人欣赏他的幽默。他曾说:"世界上最难理解的东西就是收入税。"

(5)海伦·凯勒(Helen Keller, 1880—1968)是我们所有人的榜样,说明身体残疾是可以被克服的。她既不能听也不能看,但是通过帮助残障人士生活得更为充实获得了国际声誉。她的下述话语给了我们想象:"世界上最好和最美丽的东西不能被看到,不能被摸到⋯⋯但是可以用心感受到。"

(6)富兰克林·罗斯福(Franklin D. Roosevelt, 1882—1945)担任美国总统的时间多于12年,超出了任何其他的总统。尽管自己腿有残疾,他领导美国经历了最严重的萧条和第二次世界大战。当他在这两个非常困难的阶段领导国家时,罗斯福说:"我们唯一必须恐惧的就是恐惧本身。"。《坎波贝洛的日出》(Sunrise of Campobello, 1960)是一部关于罗斯福生平的电影。

(7)葛培理(Billy Graham, 1918—　)是一位世界闻名的福音传道者(基督教原教旨主义的传教士)。他在世界各地宣讲和平和上帝之道。葛培理的深得人心反映了那些珍惜他的基督教原则的人所具的信念。他说:"上帝给了我们两只手,一个手用来接受,另一个手用来给予。"

(8)教皇约翰·保罗二世(Pope John Paul II, 1920—2005)是1522年以来罗马天主

教会的首位非意大利人(波兰人)教皇。这位行程最多的教皇访问过60多个国家(其中多数是发展中国家),以促进和平和对他人的关心。他警告说:"家庭怎样,国家就会怎样,我们所居住的整个世界也会怎样。"

(9)埃莉诺·罗斯福(Eleanor Roosevelt, 1884—1962)为富兰克林·罗斯福的妻子,也是我们最活跃的第一夫人之一。她因为自己的人道主义工作赢得了声望,成为在政治和公共事务领域的妇女楷模。她提醒说,"我们必须面对这样一个事实:或者我们所有人将一起死去,或者我们将学会一起生活;如果要一起生活,我们就必须交谈。"

(10)温斯顿·丘吉尔(Winston Churchill, 1874—1965)是第二次世界大战期间英国的英雄首相。在其人民为维护自由而进行斗争的时候,丘吉尔给了他们希望。丘吉尔也是有名的作家和演说家。他说,"如果人类希望拥有长期和持续的物质繁荣,他们就必须相互以和平和乐于帮助的方式行事。"

在一份2011年的年度研究中,盖洛普民意调查公司要求受访的美国人列出世界上的最受钦佩的女士。美国国务卿、前总统克林顿的妻子希拉里·克林顿第16次被提名,多于任何一个其他女士被提名的次数。埃莉诺·罗斯福以13次排名第一紧随其后,接下来是英国的玛格丽特·撒切尔(Margaret Thatcher)、杰奎琳·肯尼迪(Jacqueline Kennedy)、特蕾莎嬷嬷。奥巴马总统连续4次在最受钦佩的男士中排名第一;前总统和五星将军艾森豪威尔保持着12次被提名的记录。

最突出的政府成就(1950—2000)

就像你已经知道的,美国人将我们的政府看作"民有、民治和民享"的。因此,它的成就可以被视为美国人民的成就。在21世纪开始的时候,有机构做了这样一项调查:你认为20世纪后半期美国联邦政府最伟大的50项成就是什么?虽然有人认为,我们的政府制造的问题要多于它解决的问题,但是这一调查表明,比起它实际得到的,美国联邦政府或许应当获得更多的荣誉。按照重要性,我们将下述8项列为在那一时期最突出的政府成就。(相关政府机构的网站也在脚注中列出。)

(1)第二次世界大战以后我们重建了欧洲。在战争结束以后的很长一个时期,我们提供的大量的经济援助和其他援助流向了曾经的盟国和敌国。我记得,在我还是一个小孩的时候,我的父母亲将衣服寄往这些遭到战争蹂躏的国家的救济机构,就像战后许多其他的美国家庭所做的那样。美国还建立了两个国际金融机构,即世界银行和国际货币基金组织。①它们至今仍在帮助处于困境中的国家。

（2）我们扩大了选举权。新的法律确保美国人不会因为肤色、宗教或种族的原因被剥夺选举权。选举年龄在1978年被降到了18岁,在此之前我们那些正在越南为自己的国家献出生命的年轻人却不被允许参与选举。

（3）我们促进了平等进入公共设施的权利。在涉及广泛的公共设施的问题上,以肤色、宗教或种族为基础的歧视现在都遭到了禁止。②

（4）我们减少了疾病。我们发现了应当如何在美国以及世界上防止和治疗一些疾病。20世纪50年代引起人们主要担忧的小儿麻痹症实际上已经消失。③

（5）我们减少了职场中的歧视。在应聘求职时,包括妇女、移民、少数族群在内,越来越少的人受到歧视,这种歧视是以与潜在的工作业绩无关的因素为基础的。④

（6）我们确保了食品和饮用水的安全。法律以一种比以往都更为严格的程度确保我们的食品和饮用水的安全。⑤

（7）我们加强了国家的高速公路体系。为发展一个现代的高速公路体系,1956年,国会拨款支持一个需要35年才能完成的庞大建设计划。今天,从东海岸到西海岸,我们拥有了长达7.5万公里(4.6万英里)的州际高速公路。⑥

（8）我们增加了老年美国人获得医疗保健的机会。1965年,国会通过了联邦医疗保险制度(Medicare)。这是一个医疗护理套餐。将为达到65岁的美国人支付大部分的医院和养老院的费用。⑦

21世纪政府的当务之急

我们希望从政府得到什么？ 在20世纪结束的时候,有机构向一些美国的顶级历

---

① 见:www.worldbank.org,www.imf.org。

② 见:www.justice.gov。

③ 见:www.nih,gov。

④ 见:www.justice.gov。

⑤ 见:www.epa.gov。

⑥ 见:www.dot.gov。

⑦ 见:www.medicare.gov。

史学家、政治科学家和社会学家提出，联邦政府在21世纪应最优先考虑的是哪10个问题。除了继续就上面讲到的一些成就作出努力外，以下是他们按照重要性列出的当务之急。

在美国公众看来，所有这些依然是今天应最优先考虑的问题。我们仍旧在忙于对付第二、第五、第八和第十项任务，最近新的形势又使第三和第四项突显了起来。有时候，在诸如此类的重大问题上，我们似乎是走两步、退一步。在你的国家也是这样吗？

①加强军备控制和裁军。

②增加低收入者的医疗保险。

③扩大和保护选举权。

④促进退休后的经济保障。

⑤向在职贫穷者提供帮助。

⑥改善空气质量（并列）。

⑦改善老年美国人的医疗保险（并列）

⑧改善小学和中学教育。

⑨减少职场中的歧视。

⑩促进国防现代化。

20世纪最为重要的事件

美国人如何界定他们生活中的重大事件？21世纪开始的时候，《时代》杂志对美国公众进行了一次调查，以确定哪些事件被视为20世纪最重要的事件。以下是他们列出的最为重要的10件大事，你可能曾经听我们提起过。排在第一位的完全出乎我和其他人的意料。或许那些被调查的人感到，这位"猫王"以音乐帮助人们从20世纪50年代的社会禁锢中解放了出来。你的国家是什么样的情况呢？

（1）埃尔维斯（Elvis）教美国青少年玩摇滚音乐（1954）。美国人热爱他们的音乐。据说美国的最大出口是音乐。作为第一批美国摇滚乐明星之一的"猫王"埃尔维斯·普雷斯利（Elvis Presley, 1935—1977）改变了美国的音乐文化。[1]

（2）在月球的第一次登陆（1969）。当美国宇航员尼尔·阿姆斯特朗（Nell Arm

---

[1] 见：www.elvis.com

strong)即要成为踏上月球的第一人时，他对38.5万公里（23.9万英里）以外的地球上的每一个人说："这是个人的一小步，却是人类的一大步。"他和巴兹·奥尔德林（Buzz Aldrin）在月球表面逗留了21小时，带回了46磅重的石头。这些石头被送往全世界，从而许多国家都可以对之开展科学研究和进行公开展览。

（3）甘地反对英国的斗争。他以自己的和平示威将印度从英国的控制下解放了出来。

（4）第二次世界大战（1939—1945）。比起历史上的任何其他战争来，这一战争都产生了有着更为深远意义的结果。其战场涵盖了欧洲、亚洲、北非沙漠和太平洋岛屿。据估计，7000多万人在战争中失去了生命，包括5500万平民。这些平民死于德国和日本造成的饥饿、空袭、屠杀、传染病、折磨和其他与战争有关的因素。

（5）美国人权运动。从20世纪60年代开始，各种事件和公众新的态度导致美国发生了巨大的社会变革。黑人和白人一起为权利和平等进行示威。美国印第安人、墨西哥裔美国人、妇女和其他少数群体也开始要求更加充分的权利。

（6）纳粹大屠杀（1933—1945）。这是第二次世界大战当中由希特勒和纳粹分子对犹太人进行的系统的、由国家发起的屠杀。到战争结束的时候，1500万被视为不合需要的人遭到杀害，其中包括600万犹太男子、妇女和儿童，占欧洲犹太人总数的三分之二多。

（7）微芯片的发明（1958）。两个美国发明家开发了微芯片（集成线路），它包含了今天广泛用于计算机和其他电子装备的电子线路的所有元素。

（8）互联网的建立（1969）。美国政府开始研究通过通信线路连接计算机装备的手段。这导致了今天的互联网的发展。

（9）福特T型汽车被采用（1908）。亨利·福特（Henry Ford）在1908年采用了著名的T型汽车，亲切地将之称为Tin Lizzy。他建立了第一条减少其汽车成本的生产线，从而使得它们首次能为普通家庭所负担。

（10）相对论的提出（1916）。德国出生的美国物理学家爱因斯坦的相对论解释了物质、能量、时间和空间的行为。它是现代物理学赖以建立的基础。

美国人的其他信念

应当如何界定一个美国人？但愿该书能够比较贴切地描述这一使人困惑的复杂画像。但是，与此同时，我们心里想的是什么？我们个人的信念是什么？我们对各种问题的态度是什么?我们的信念反映了政府的想法吗?反过来,政府的信念反映了我们的想法吗? 我们希望在美国看到什么样的变化? 我们确实是其余世界所描画的那样吗?

这一部分将向你提供数百个试图回答诸如此类问题的调查的结果,它们将有助于对美国人做出界定。另一方面,这些发现又反映了我们每天是如何生活的。要注意的是,下述调查是对2011—2012年间公众态度拍摄的快照。毫无疑问,在未来的岁月里,我们的态度会继续发生变化。

有些调查造成了这样的印象:美国人民并不不快乐。但是,一个受人尊重的全球调查发现,美国人列于那些最为满意于他们个人生活的国民之中。与此同时,盖洛普的一项调查得出结论,平均只有17%的美国人声称他们满足于"事件在我们整个国家运行"的方式,[①]这一年度平均数仅高于经济崩溃发生的2008年,是倒数第二低。该满意度在1986、1998和2000年曾平均高至60%。

以下反映了美国公众的信念和行为的调查结果将按字母顺序排列。它们的范围从最令我们烦恼的事情延伸到我们如何看待自己的工作。这些与你或你的国家有差别吗?

(1)烦恼(annoyance)——《消费者报告》(*Consumer Report*)杂志要求美国人根据重要性递减的顺序列出20项烦恼,[②]结果如下。请在我们的排序的右边记下你个人的排序。其中有你熟悉的吗?

①___为某事报名登记的时候暗藏的费用。

②___无人接听的电话。

③___遭到别人汽车的追尾。

④___司机使用的手机。

⑤___无法理解的账单。

⑥___狗的粪便。

⑦___不靠谱的网络服务。

⑧___维修工的迟到。

⑨___垃圾邮件。

---

① 见:www.gallup.com。

② 见:www.consumerreports.org。

⑩___缺斤少两的商品。

⑪___开车很慢的司机。

⑫___不靠谱的手机服务。

⑬___交通堵塞。

⑭___吵闹的邻居。

⑮___糟糕的航空公司服务。

⑯___电视机节目和广播节目中的大喊大叫。

⑰___付款台前的长队。

⑱___超速行驶的司机。

⑲___网络使用和银行所需的密码。

⑳___不准的天气预报。

（2）商业（business）——美国人很关注大的企业利益的影响、更多管控的必要、高管的过高薪酬以及公司丑闻。

盖洛普的一项调查表明，美国人对于三个商业术语异口同声地做出了积极反应，即"小型企业""自由企业"和"企业家"。①但是，对"大型企业"和"联邦政府"的反应，我们就出现了分歧，一半人肯定，一半人否定。对于资本主义，我们更加积极（63%）；而如你可以猜到的，对于社会主义则更为消极。以下是一些更进一步的发现：

- **企业和政府**——按照《纽约时报》的调查，美国人认为企业利益在共和党中有着太大的影响，下述行业应当由政府进一步加以管控：管理型的医疗保健、健康保险、药物和石油工业。多数人认为，它们的昂贵价格是这些行业为了改善利润人为造成的。

- **高管薪水**——几乎十分之九的人相信，大部分公司高管的薪水超出了他们应当得到的水平，他们的致富是通过损害普通劳动者的利益实现的。我们350家顶级公司的首席执行官（CEO）每年总报酬达到1100万美元，这超过了一个领取最低工资的全职劳动者的600倍。在1980年的时候，这一差距是42倍。今天一个沃尔玛或类似零售企业的劳动者的平均起点工资是每小时9美元，麦当劳是7.5美元。

- **对顾客的服务**——在被要求界定我们的许多行业在向顾客提供服务方面的

---

① 在关于商业和金融的T章中将加以讨论。

表现时,以下是被调查者做出的排名:

* 医院、计算机和食品工业排名最高。

* 现在重点放在改善汽车安全、节省汽油和增加可靠性的汽车制造工业获得了积极的评价。

* 向注册会员及其家庭提供照顾的保健组织（HMOs）在排名上正往底部下滑。它们被认为对赚钱而非照顾病人更感兴趣。

* 地产和相关的法律行业排名很糟,这是因为近年来遭到揭发的那些丑闻,它们导致了房产市场乃至整个经济的崩溃。

* 高昂的汽油价格以及对环境问题的担心使得石油工业的排名陷入了底部。烟草公司和银行也相差无几,前者是因为大量的医疗诉讼,后者则由于它们对萧条所起的恶劣作用遭到了揭发。

● **顾客的抱怨**——美国人对9种商业企业提供的服务感到特别不满。汽车零售商被排为坏中之坏。

①汽车零售商——销售的做法（对汽车以及购买或租借条款的失实陈述）。

②电视连接——误导性的取消选择。

③手机——合同问题（没有提供承诺的价格）。

④银行——账单的问题（不必要的收费、不准确的信息）。

⑤追债公司——骚扰策略。

⑥汽车修理——未能解决问题。

⑦家具店——未能给予退款。

⑧网购——未能给予退款。

⑨抵押经纪人——不能兑现承诺的利率或条件。

（3）慈善（charity）——美国人总是相信,需要时候的朋友才是真正的朋友。因此,十分之七的家庭每年都会为慈善事业做出贡献,平均大约每家1100美元。2010年,来自美国的个人、公司和基金会的慈善捐款总数估计为2910亿美元,其中公众捐了2120亿美元,公司捐了150亿美元。

● **外援**——2004年国会为援助外国拨款180亿美元,2011年拨款580亿美元。由于预算削减,2012年这一数字下跌到420亿美元。五分之三的美国人说,他们赞成美国提供这种经济援助,这也是1974年以来的最高支持率。其他人则对这一政策提出了疑问,因为调查表明,美国有15%的人无钱定期地购买食物

（在日本是4%），我们五个孩子中有一个每个月都会有部分时间要挨饿。

- **食品捐献**——在全世界向贫穷国家分发的食品援助总量中有70%来自美国人，他们为此贡献了时间和金钱。我们有许多的组织从事这一工作，包括世界宣明会（World Vision）。[①]它在100个国家帮助家庭和社区与贫穷、饥饿与不公展开斗争。

- **志愿者工作**——我们知道，如同个人一样，我们的政府也无法为帮助那些需要的人担负一切责任。所以，一些人感到有义务伸出援手。劳工部估计，6000万美国人在承担着志愿工作，平均每年花费52个小时。志愿者们当家庭教师、作课外指导、建造低收入群体负担得起的房屋、教他们学习计算机技巧、清洁公园与河流、帮助社区应对灾难。他们不仅在美国是这样，在海外同样如此。演员布拉德·皮特（Brad Pitt）用500万美元创立了"将它纠正过来"（Make It Right）基金，[②]为穷人建造了150套负担得起、绿色、可以抵挡风暴的房屋，用以帮助取代新奥尔良在2005年的卡特里娜洪灾中失去的住房。

其他人自愿帮助非营利的卫生组织和慈善机构管理为无家可归者准备的临时住房。美国有300万处于此种境遇的人，这被大多数人视为一种国家的耻辱。一些组织还运作由志愿者担任工作人员的应急避难所，向处于危机中的妇女和儿童提供照顾。我们的以宗教为基础的救援会由普通公民志愿者充当工作人员。一些学校鼓励或者要求青少年以某种方式担任志愿者，我们的男孩和女孩的童子军组织也同样是这样。

提示：2009年的电影《独奏者》（*The Soloist*）是个关于一位《洛杉矶时报》的专栏作家的真实故事。他努力帮助一个无家可归且精神上受到伤害的天才音乐家住进了庇护所。

- **健康活动**——美国人每年参加成千上万的健康活动，如每年在洛杉矶郊外举行的5公里步行（跑步）吸引了5万名参与者，提高了对乳腺癌和乳巢癌的认识，也为对它们的研究、治疗和预防筹集了资金。同样每年在洛杉矶举行的防艾滋病步行吸引了2.5万名参与者，为艾滋病的研究筹集了资金。

---

① 见：www.worldvision.org。

② 见：www.makeitright.org。

（4）孩子（children）——调查表明，许多美国人相信，帮助小孩获得人生的良好开端是他们本人以及国家的未来面对的最重要问题之一。大多数人认为，太多的年轻人缺乏基本的价值观，未能学到诚实、尊重和责任这样一些性格特征是影响孩子们的最严重的问题。（在过去的两个世纪中父母不都是一直这样说的吗？）

公众往往认为父母要为我们的孩子的行为以及所受到的必要指导负责。他们可能更指望学校、雇主和以社区为基础的组织——而不是政府——来解决孩子们面临的问题。

以下是其他的调查就我们的青少年得出的一些结论：

- **大麻**——每15个中学生中就有一个几乎每天都会吸大麻，这是30年来最高的比例，尽管饮酒、抽烟和吸可卡因的青少年继续在缓慢地减少。他们的观念是，使用大麻很少会招致伤害身体的风险。

- **婚姻**——五分之四的青少年说，他们非常可能会在某一天结婚。但是，只有五分之三的青少年期待终身只与一个人保持婚姻关系，这或许是因为他们的家庭或他们的朋友经历了离婚。

- **宗教**——几乎十分之九的11岁—18岁的年轻人相信，宗教是生活的一个重要部分。

美国的家庭要在困难的环境中完成一项艰巨的工作。外界力量——如毒品、拥挤的学校、同时工作的父母、暴力和犯罪——有时破坏了父母培育优秀子女的努力。研究揭示，对我们的青少年来说，有些问题正在得到改善，而另外一些问题则正在恶化之中。

- 9%的人在一生中曾尝试过可卡因，比1991年的6%上升了。

- 42%的人有过性关系，比1991年的54%下降了。

- 50%的人在中学毕业以前就尝试过大麻。

- 63%的人声称他们的学校是没有毒品的，比1998年的数字几乎增加了一倍。

提示：《无因的叛逆》（*Rebel without a Cause*, 1955）是一部关于叛逆年轻人的经典电影。《再见了，小鸟》（*Bye Bye Birdie*, 1963）为20世纪60年代的摇滚乐年代的美国青少年提供了一幅幽默的画像。滑稽的《跷课天才》（*Ferris Buehler's Day Off*, 1986）会给你一幅更加贴近现在的图景。在看电影时记住一点很重要：里面描述的经济和社会状况并不表示我们所有人都是这么生活的，或许只能表明我们中的一些人是如此生活的。另外我们的文化每过十年都会有些变化。

（5）犯罪和安全（crime and safety）——在犯罪率方面，美国并不领先于世界，但是我们仍然想看到刑法体系的变化、枪支的管控、当地警察的良好形象。

- 刑法——一项研究发现，大多数美国人相信，我们的刑法体系对犯罪采取了一种无效的、纯粹的惩罚性方法。作为替代，美国人希望能建立一种为其他国家所采用的体系：
  * 治本而非治标。
  * 预防应该是国家在刑法方面的最重要目标。
  * 作为一种主要的打击犯罪的工具，施加严厉刑罚的做法应当受到重新考虑。
  * 吸食毒品应被视为一个医疗问题而非罪行，通过辅导和治疗加以处理。

- 犯罪率——美国人获得的信息可能是错误的。大多数美国人继续相信，全国的犯罪问题正在恶化，就像他们在过去的十年中的多数时候所认为的那样，我交谈过的外国人也相信这一点。但是，从1994年以来，暴力犯罪率一直在下降，现在是有记录以来的最低点。如果以人均计算，在世界上最大的100个国家中，美国在谋杀方面排第24位，抢劫排第11位，犯罪总数排第8位。

- 枪支——大多数美国人认为，普通公民应当有权拥有一把手枪。他们相信这一权利在我们的宪法中得到了保证，但是"拥有武器的权利究竟意味着什么"这一问题引起了激烈的辩论。美国枪支拥有者中几乎有60%是在到了20岁生日时获得了他们的第一把枪。一半人报告说，他们在家里或在另外某个地方放着一把枪，这是从1993年以来所记录的最高比例。但是，也有一半人要求政府对枪支所有者的身份加以管控，而26%的人赞成禁止拥有手枪，这是创纪录的低比例。

  有项调查向公民提出了这样一个问题："在你看来，联邦政府应当通过一项法律规定父母必须为他们的孩子用枪犯罪一事负责吗？"三分之二的人回答是的。妇女认为，如果家里有一把枪，住在那里只会变得不那么安全，而绝大多数男子的看法正好相反。枪支实际上是联邦政府依然没有从健康和安全的考虑出发加以管控的最后消费品，因为为枪支而游说议员们的势力十分强大。游说集团（lobby）是另一个在美国引起激烈争论的话题。按照人均计算，在用枪支进行谋杀方面，美国在世界上位列第八。

- **警察**——总的来说,多数美国人对于当地的警察都有着良好的印象,在大多数方面都给了警察很高的分数:

①乐于助人和友好亲切——73%的赞同率。

②对要求帮助的电话做出迅速反应——68%的赞同率。

③没有使用过分的暴力——67%的赞同率。

④防止了犯罪——65%的赞同率。

⑤解决犯罪问题——61%的赞同率。

在20世纪60—70年代,少数群体的不满引起了社会动荡,骚乱者燃烧了大城市的部分地区,当时警察得到的评分要低得多。今天,与白人相比,黑人、拉美裔人和其他少数族群给当地警察的评分仍然较低。我们依旧读到和听到发生警察暴行的消息,他们被指责为制服一个人过度使用暴力。

就像你已经知道的,美国人喜欢表示他们的看法。1991年发生了一个有名的事件,当时洛杉矶的警察残暴殴打黑人青年罗德尼·金(Rodney King)。这一事件被一个旁观者用摄像机拍了下来,在电视上加以播放。当法庭没有认定四个警官因过度使用暴力而有罪时,黑人掀起了1992年的洛杉矶骚乱,结果发生了7000多起火灾,52人死亡,4000人受伤。在接受报纸就此骚乱所做的采访时,罗德尼·金说了一句很有名的话:"我们就不能和睦相处吗?"

(6)环境(environment)——美国人对于一系列环境问题的担忧要低于过去20年中的任何时候。36%的人说他们非常担心空气污染问题,48%的人说他们非常担心饮用水污染的问题。这两个数字都比2000年下降了20%。为了努力吸引关心环境的顾客,我们许多公司都宣传说,为支持更绿的环境,它们的产品或包装材料都是由回收物资所制成。以下是更多的事实:

- **能源开发**——十年来,美国人首次赞成将能源供应开发置于环境保护之上。但是,作为解决国家能源问题的一种手段,52%的美国人继续拥护由消费者实行更大程度的能源节约,只有36%的美国人赞成更多生产石油、天然气和煤炭。

- **环境对经济**——环境是否应该被给予优先考虑,即使这意味着遏制经济增长?在被问及这一问题时,几乎一半的人赞成将重点置于环境保护,而五分之二的人选择经济增长。这与印度的情况很相似,那里环境保护也被置于经济增长之上。

- **紧迫性**——只有25%的美国人同意,对环境的破坏是个严重和紧迫的问题,而在欧洲有70%的人对此表示了担忧。

- **个人努力**——绝大多数人报告了自己做出的努力,包括循环使用、减少家庭能源消费、采用荧光的和节能灯泡、购买对环境有利的产品,以及采用可再次使用的购物袋。

- **《京都议定书》**——大部分美国人说,他们看到过、听到过或读到过全球变暖的理论。四分之三的人相信,增加的二氧化碳和其他废气将导致全球变暖。在那些听到过旨在限制温室气体排放的《京都议定书》和《波恩协议》的人中,四分之三的人对它们表示了赞同,超过一半的人认为小布什政府拒绝接受这些协议的做法是错误的。

提示:电影《永不妥协》(*Erin Brockovich*,2000)使朱莉娅·罗伯茨(Julia Roberts)获得了奥斯卡奖。它讲了关于一个妇女的真实故事。她发现,一工业企业毒化了城市饮水供应从而危及加里福尼亚的一个社区的健康,但是该企业却试图掩盖这一事实。

(7)**感觉良好**(feeling good)——几年以前的一项世界性的调查衡量了人们对于他们所过生活的满意程度。有着最高评分的国家是加拿大(满意度为67%),美国是64%。其他受到调查的国家还包括韩国(53%)、日本(39%)、菲律宾(31%)和中国(23%)。但是亚洲人对于下一代的前景比美国人或欧洲人更为乐观。除了日本以外,来自评分较低的国家的受访者都对金钱的问题感到强烈担心。

美国人为什么感觉良好? 见以下分析:

①与家庭的关系(满意度为98%)

②住房(95%)

③整体生活质量(92%)

④社交生活(91%)

⑤健康(88%)

⑥生活标准(85%)

⑦所居住的城市(84%)

⑧社区里的人的道德和价值(77%)

⑨婚姻(66%)

⑩孩子的未来(63%)

⑪工作(60%)

⑫未来的经济保障(62%)

⑬国家的状态(55%)

⑭美国人的道德和价值(55%)

⑮国家的经济(43%)

至于如何看待未来(look down the road),53%的美国人对他们今后5年生活的期待是相当高的,可以被归到"兴旺昌盛"一档,而英国人是52%,德国人是41%。其他有关的调查结果是:

- **感到满意的州**——2010年对美国人所做的一项调查导致了各州的幸福指数的产生,它们建立在下述因素的基础上:居民对他们个人生活状态的评价、物质和精神的健康、基本生活需要的满足。排名最高的10个州中有9个是在西部和中西部,其中夏威夷排第一,接下来是犹他、蒙大拿、明尼苏达、艾奥瓦、佛蒙特、科罗拉多、阿拉斯加、北达科他和堪萨斯。在全国52个最大的大都市区域中,加利福尼亚的圣荷塞有着最高的幸福指数,紧接着的是华盛顿D.C.,内华达的拉斯维加斯排名最低。

  一个每年都要进行的全国性调查会向受访者提出这样的问题:"如果可以移居到现在所住州以外的任何一州,你会选择哪个州?"这是他们最近做出的反应:(1)加利福尼亚(2)佛罗里达(3)夏威夷(4)科罗拉多(5)北卡罗来纳(6)亚利桑那。它们正好都是一些发展最快的州,这应该不是巧合。

- **致富**——一项民意调查发现,我们中有三分之一的人期待在一生的某个时候致富,2%的人主动表示他们已经是富人。公众关于富人的定义是每年收入大约15万美元,或者有100万美元乃至更多的储蓄和投资。30岁以下的美国人中一半多期待有一天致富,但是到他们65岁的时候,只有8%的人依然怀有这个梦想。好吧,在我们年轻的时候做梦是很有趣的。世界上大概有1000万个百万富翁(包括住房在内的净资产超过100万美元),其中330万在美国,290万在欧洲,280万在中东,260万在亚太地区。

(8)健康和安全(health and safety)——认为我们国家面临的主要健康问题是癌症的人最多(达到36%),接下来是艾滋病(21%)、高昂的医疗卫生费用(19%)、肥胖症(9%)以及我们为老年人建立的医疗保险计划(Medicare)。我们也有其他的担心:

- **不相信政府**——妇女基本上拒绝了由政府在2010年发起的关于乳房X光检查的科学指导方针，再次表明我们对政府所讲的话越来越持怀疑态度。这一指导方针建议，在50岁以前不要做乳房X光检查。然而，84%的年龄在35岁—49岁之间的妇女说，无论如何，她们将继续进行这一检查。大多数人将政府的指导方针视为一种试图以她们的健康为代价而省钱的手段，因而不予理会。

- **超重**——我经常被问及的一个有关美国的问题是："为什么美国人那么胖？"我们中五分之四的人是超重的，而在1983年时只有五分之三。严重超重即患有肥胖症（obesity）的成人的比例已经从1983年时的15%上升到今天的27%，与苗条的法国人形成了鲜明对比，那里严重超重的只有3%。但是，我们的肥胖症患者的比例最近已经稳定了下来，这还是第一次。大多数人认为，公司拒绝雇用严重超重或者抽烟的人的做法是不对的；14%的人则表示，应当允许这种做法。美国再次显示出了观点的多样性。

  绝大多数成年美国人认为，饮食和营养是重要的，但是只有40%的人感到，自己已经为实现健康饮食做到了一切。他们说，不愿放弃喜欢吃的东西是未能实现健康饮食的主要原因。

提示：在谈到某人肥胖时，受过良好教育的人会用"obesity"而非"fat"这个词。西部的科罗拉多在全国有着最低的肥胖率（18%），西弗吉尼亚有着最高的肥胖率（35%）。如果你碰巧去那里旅行，会注意到这个现象。

- **锻炼**——一项最近的调查发现，五分之四的美国人将锻炼和体育活动对全面健康的重要性置于与健康饮食同等的地位。我们中间有40%的人是不活动的，而世界范围里这一比例是60%。最有可能报告自己经常锻炼的美国人是西部的居民，包括男子、老人和年轻的成年人。最可能不锻炼的人或许是太忙而无暇顾及，这反映了典型的忙忙碌碌的美国生活方式。

- **健康医疗**——大多数美国人更愿支持一种普遍的健康保险计划，而非以雇主为基础的制度。但是，假如我们对医生的选择或普通门诊的预约加以限制的话，上述支持率就下降到不足五分之二。如你已经知道的，我们喜欢自己进行选择。（这里又有独立性的问题。）

- **替代医学**——超出三分之一的成年美国人说，他们使用针灸、按摩疗法、草药、特殊饮食和大剂量维生素。其中许多做法在其他文化中是很重要的。

- **处方药**——美国人相信药价过高,正向政府反映自己的要求。美国的药品价格有可能是加拿大和墨西哥的边境城市的两倍多。所以,数百万美国人通过互联网或者利用跨越国界的旅行非法地在美国以外购买药品。这是另一个实例,说明政府在响应公众的诉求方面动作过于迟缓。

- **干细胞研究和堕胎问题**——干细胞研究这一令人激动的健康科学的新领域是美国的另一个热点话题。①小布什政府反对联邦政府对此研究进行资助,而加利福尼亚等一些州依靠自己对它进行支持。这又是一个人民在他们认为重要的问题上如何绕过华盛顿的实例。奥巴马在就职时修改了政府的立场。反堕胎主义者反对杀死胎儿,认为它在受孕的瞬间就已经是一个人了。但是,公众对堕胎的支持率正在增加,从2001年小布什时期的58%上升到了今天的70%。

- **压力水平**——在一项2010年的调查中,受访者被要求界定他们的压力水平。西部犹他州的居民排名第一,压力最大,接下来是肯塔基、西弗吉尼亚、爱达荷和马萨诸塞。(据报道犹他州人均使用色情作品的程度是最高的,这两者之间有联系吗?)夏威夷人说,他们的压力水平是最低的,排在它后面的是怀俄明、北达科他和南达科他,以及华盛顿D.C.。

- **座椅安全带**——或许过去20年中在公共卫生领域取得的最大单项成就是各州通过立法规定使用安全带。五分之四的成年人说,当坐在汽车前排时他们会系安全带,比起1983年的五分之一来这一比例是个巨大的增加。自那时以来,各州也规定使用摩托车和自行车头盔,尽管有人将此举视为政府的干涉。美国人说我们希望政府小些,但是我们又要政府促进儿童安全座椅与自行车、摩托车的头盔使用,以及减少醉驾。十分之七的人认为,为了帮助他们选择车辆,联邦政府提供有关新车安全的比较性碰撞评级一事"非常重要"。在美国,沃尔沃和德系车有着良好的安全声誉。

(9)机构(institution)——有一项调查每年都会要求美国人表达自己对各种机构的信任程度。以下是最近的排名。

---

① 根据这一段的内容,译者在标题上加了"堕胎问题"字样,并对原文的叙述层次进行了一些调整。——译者

对各种机构的信任程度

排名	机构	信任程度	排名	机构	信任程度
1	军队	75%	9	刑法体系	29%
2	小型企业	63%	10	报纸	25%
3	警察	56%	11	电视新闻	21%
4	教会/宗教	44%	12	银行	21%
5	医疗体系	41%	13	劳工组织	21%
6	最高法院	37%	14	大型企业	21%
7	总统	37%	15	保健组织	19%
8	公立学校	29%	16	国会	13%

正如你可以看到的，存在着一批我们相当不信任的机构，这或许产生于我们的一种想法，即认为事情总是可以做得更好一点。

大型企业因为广泛报道的公司丑闻、过高的薪水以及滥用权力而失去信任。相当大的一部分美国人指责大型金融机构要对2007—2010年的全球金融危机负责。五分之四的人相信，因为华尔街银行家的过高奖金，奥巴马总统将他们说成有钱有势的"肥猫"（fat cat）是对的。在千百万美国人失去他们工作的时候，这是银行家们不想听到的话。

64%的美国人对议员的诚实和道德的评价很差，这与包括国会说客、汽车销售人员在内的所有行业评价的最低纪录并列。它有助于解释国会的最低排名。当被要求就对国家的最大威胁做出一种选择时，几乎三分之二的人说是大政府，四分之一的人则认为是大型企业。比较而言，只有很少的人把大的劳工组织视为最大的威胁。

（10）国际关系（international relations）——美国人意识到自己的国家不为许多外国所喜欢或信任。在过去的十年中，①特别是在小布什总统的第一任期，美国的威望明显降低。我们对此一直很担心。当时美国有线电视新闻网（CNN）所做的一项调查表明，三分之二的人感到，小布什应当"对其他国家的观点给予更多的注意"。

我的外国学生经常问我，美国人在多大程度上了解他们的国家？我的回答是："你对美国的了解要多于我们对你的国家的了解。"这里的原因是多方面的：外国的学校开设有关美国的课程，外国的媒体会就美国发生的事情进行报道，大洋把美国与其他国家分割开来，我们在美国过着一种匆匆忙忙的生活。不幸的是，我的学生把

---

① 这是指21世纪的第一个十年。——译者

这种无知错误解释为美国人不喜欢外国人或不关心外国人。肯定不是这么回事。只不过我们的关注重点和主要兴趣有所不同。我告诉他们不要感到自己受到了侮辱，因为在一些美国的民意调查中，只有一半人可以说出美国副总统的名字。这使他们的感觉好了一些。

以下是美国人对我们与其他国家关系的一些想法：

- **阿拉伯之春**——就美国对2011年发生在巴林、约旦、沙特阿拉伯、叙利亚和也门的动乱所作的反应而言，每一次绝大部分受访者都认为美国不应采取立场。但是，在埃及和突尼斯的问题上，他们感到，因为美国对那里的人民正努力实现的民主的支持，美国应当是一支联合力量的一部分。后来发生的事实也正是如此。

- **中国**——如同你已经知道的，美国人相信公正。几年以前进行的一次盖洛普民意调查向受访的美国人提出，在对美国而言中国究竟代表了什么的问题上，哪种选项更加接近于他们的观点？受访者的回应是：不公平的竞争者，55%；巨大的潜在市场，34%。在被要求选择中国企业如何在美国夺得越来越多的生意的原因时，他们的回应是：不公平的贸易策略，54%；更好的产品或价格，32%。就像在许多其他问题上一样，我们的媒体引起了公众对这些事情的注意，激起了他们的情绪。

- **外语**——大多数美国人感到，我们的中学、大学应当要求外语。然而，只有不到10%的人学习外语，那些人中的一半又是因为我们和墨西哥邻近而学习西班牙语。

- **国际贸易**——我们对于国际贸易的观点既是热点，又是复杂的。一份研究显示，尽管美国人承认贸易有益于企业和富人，但又认为它还没有给美国劳动者带来好处，已经扩大了贫富差距。美国人还担心，贸易对环境和国际劳工标准造成了损害。受访者也相信，虽然美国的贸易实践是公正的，大多数其他国家却并非如此。为此。他们要求美国重新审视它的贸易关系，以确保每个国家都遵循同样的竞赛规则，将就业机会留在国内。

  民意调查表明，如果我们必须在美国制造的产品和价格较低的外国产品之间进行选择，54%的人会选择价格较高的美国产品，而40%的人会选择外国制造的产品。如果外国产品和美国产品是一样的价格，93%的人会购买美国制造的产品。

　　因为公众的高质量要求，在20世纪后期中国公司将康佳电视机和夏利轿车引进美国市场的努力遭到了失败，这主要是因为它们的产品不符合美国消费者要求的质量标准。

- **国际理解**——我们的媒体报道说，美国的就业机会流向了劳动力成本较低的海外一些地方。因此，三分之二的在职人士强烈认可国际问题将影响他们未来生涯的说法。大约一半的人相信，为了在一个全球经济中成功地进行竞争，了解其他国家的文化和习俗是非常重要的。但是，从我的经验来看，美国在这方面是非常欠缺的，我们的一些企业也是。

- **和平队**——美国人为我们的和平队（Peace Corps）而骄傲。①通过自愿到需要帮助的76个发展中国家生活和工作，现在有8700个美国人服务于和平事业。他们的项目包括：为社区带来清洁饮用水，进行儿童教育和艾滋病教育，传授信息技术，促进环境保护。当前有着最多的美国志愿者的国家是乌克兰，而历来总共接受了最多的志愿者的是肯尼亚。从1961年肯尼迪总统开始了和平队计划以来，志愿者已经超出20万名，帮助促进了美国人和他们提供服务的139个国家的人民之间的深入理解。

- **学生交流计划**——由于具有向其他人学习的信念，许多美国学生参与了与其他国家合作的学生交流计划。美国实地服务团（American Field Service）是最积极的组织之一。②参加的学生热爱这种经验，回国后与人分享他们在其他国家所学到的东西。有些项目也安排来自其他国家的学生到美国家庭居住。我鼓励我的孩子们参加这些项目，建议他们到海外的家庭居住。

- **我们对其他国家的看法**——在一项2012年的盖洛普调查中，受访者被问及他们对25个国家以及这些国家与美国的关系的看法。被大多数美国人作了最好评定的8个国家是：加拿大（96%）、澳大利亚（93%）、英国（90%）、德国（86%）、日本（83%）、印度（75%）、法国（75%）和以色列（71%）。得到了不那么好的评定的国家包括：墨西哥（51%，因为在美国的墨西哥非法移民问题和毒品问题）、俄罗斯（从1991年的61%跌倒了50%）、沙特阿拉伯（42%）、中国（41%）、古巴（37%）、朝鲜（13%）和最后一位的伊朗（10%）。

---

①　见：www.peacecorps.gov。

②　见：www.a6fs.org。过去一般译为美国战地服务团。——译者

(11)道德和价值(morals and values)——美国人喜欢讲真话,但是不太满意于我们不同于其他文化的集体道德价值。三分之二的人说,我们的价值是在差到一般之间,没有变得更好,或者虽是好的但是正在变糟。

- 对不道德行为的排序——最近的一次盖洛普调查显示了将下述行为视为不道德的美国人的百分比:

美国人对不道德行为的排序

排序	不道德行为	百分比	排序	不道德行为	百分比
1	婚姻不忠	91%	10	穿动物毛皮衣服	39%
2	一夫多妻	86%	11	同性恋关系	39%
3	克隆人类	84%	12	用动物作医学试验	38%
4	自杀	80%	13	未婚性行为	36%
5	色情文学	66%	14	赌博	31%
6	克隆动物	62%	15	人类胚胎用于干细胞研究	30%
7	堕胎	51%	16	死刑	28%
8	医生帮助自杀	48%	17	离婚	23%
9	婚外生子	41%			

- 婚姻不忠——在一项关于婚姻不忠的世界性研究中,美国80%的受访者认为婚姻外的关系是错误的,仅仅为菲律宾(88%)以及爱尔兰和北爱尔兰(81%)所超过。对此问题不是那么担心(uptight)的国家有西班牙(76%)、新西兰(75%)、波兰(74%)、以色列(73%)、挪威(70%)、瑞典(68%)、意大利(67%)、英国(67%)、荷兰(63%)、匈牙利(62%)、日本(58%)、斯洛文尼亚(57%)、德国(55%)、保加利亚(51%)和俄罗斯(36%)。

- 真相和诚实——90%的成年美国人表示很难要他们说谎,这一事实反映在我们常说的一句话中:诚为上策中 。为此理由,我们也喜欢被告知真相。在我们稍微歪曲一点真相(bend the truth a little)的时候,我们就使用"little white lies"不怀恶意的谎言这个讲法。

许多人说,下述故事是杜撰的,但是我们的孩子们在学校里就学到了它:当华盛顿总统还是一个幼童的时候,他砍下了一株樱桃树。在父亲问他是否做了这件事的时候,华盛顿回答说:"我不能说谎,是我砍的。"

另一位总统林肯说:"我是一个坚定相信人民的人。如果将真相告诉了他们,就可以依靠他们对付任何的国家危机。重要的一点是给予他们真正的事实。"不幸的是,我们社会中也有一些不诚实的人,他们的欺诈行为对我们其他人产生了消极作用。这些人中的许多人已经被关在监狱中度日。

- **基本价值**——美国人和东亚人（日本、泰国、中国、韩国、马来西亚、新加坡、印度尼西亚和菲律宾）被要求选择他们所认为的核心和关键的社会与个人价值。调查证明，美国人比亚洲人更加重视个人自由、自立和个人成就这样一些价值，而亚洲人更加以群体为导向，更多地显示了对有序社会的关注和对学问的尊重。

（12）**总统（presidents）**——美国人对总统的要求很高。盖洛普民意调查每个月都会向公众提出这样的问题："你对总统的工作满意吗？"如果一位总统得到了多数人的满意评价，他（或许有一天是"她"）就是幸运的。在一位新总统就职的时候，我们有很高的期待；但是，在他的任期中，情况会发生变化。从20世纪40年代罗斯福担任总统以来，克林顿是唯一一位在离职时有着更高满意度的总统。奥巴马总统就职后的第一年满意度从64%掉到了50%，典型地反映了我们总统经历的最初跌落。

- **非正式的民调**——国家公园管理局进行着一种非正式的民意调查，即要求来到拉什莫尔山（Mount Rushmore）的访问者讲出他们最喜爱的总统的名字。①自从1997年开始这一调查以来，林肯依然高居第一。按照喜好程度高低接下来的是里根、华盛顿、肯尼迪、克林顿、老布什、富兰克林·罗斯福、西奥多·罗斯福、杜鲁门和杰斐逊（林肯和杰斐逊是我最喜爱的总统）。

- **给最近的总统们打分**——锡耶纳学院（Siena College）在2010年对238个研究总统的学者进行了调查，结果小布什在43位总统中排名第39位，其对经济问题的处理、交流和妥协的能力、对外政策的成就和智力方面都只得到了很差的评定。与此同时，才完成（under his belt）了几年总统任期的奥巴马排名第15位，其想象力、交流能力以及智力都得到了很好的评定，但是在背景（家庭、教育和经验）方面得到了较低的评定。

（13）**烟草和大麻（Tobacco and Marijuana）**——成年美国人吸烟的比例已经从20世纪70年代的30%降到了今天的19%，而德国和日本均为34%，法国和英国都是27%。肯塔基州的吸烟率最高，达到28%。当芬兰有可能成为第一个完全禁止吸烟的国家时，不到20%的美国人支持吸烟完全非法化。自从盖洛普民意调查在2001年最初提出在所有公共场所禁烟的问题以来，它首次获得了大多数美国人的支持（59%），并在我们的许多城市得到执行和扩大。

---

① 参阅关于地理的C章。

- **试图戒烟**——五分之四的吸烟者知道抽烟的危害，但是仍然继续抽烟。大约44%的吸烟者在过去一年中至少曾经有一次试图改掉这个习惯。最近的调查显示，与有着更好教育和较高收入的人相比，那些在社会上和经济上处于不利地位的人往往有着更坏的卫生行为。美国的大学毕业生的抽烟比例是最低的，仅为16%。

- **烟草工业**——美国人对烟草工业的印象非常糟糕。政府要求烟盒上注明"小心：吸烟可能危害你的健康"。在美国每年有43万人因吸烟失去生命，这一数字已经接近中国的50万。许多人感到高兴的是，由于吸烟使美国招致的死亡和健康损失，在20世纪90年代，克林顿政府已经对烟草公司提出了诉讼。我们的法庭要求烟草公司向因为吸烟遭到损害的州和个人支付数十亿美元的赔偿。

  一位法官在2012年否定了一份联邦法令，该法令要求烟草公司在其产品上放上患病肺部的图像，以警告吸烟的危险。他在裁决中说，在某些情况下政府可以强迫讲话，就像命令公司在其产品上放上警告标记；但是，当强迫讲的话从提供某种信息变成鼓吹某种主张的时候，那就是违宪的了。这里又有法律公正性的问题。此种放手和不干涉的做法与新西兰形成了明显对照。在新西兰，政府鼓吹消灭吸烟现象，为此征收世界上最高的烟草税，到2016年时每包将接近15美元。而在美国每包烟的平均州税仅为1.5美元。

- **大麻**——在美国大麻的使用甚至是个引起更多争论的问题。有50%（一个创纪录的高比例）的美国人说，应当使大麻的使用合法化，政府应该像处置酒精一样对待大麻，即对它进行管理、控制、征税，只让孩子的使用非法化。16个州（其中8个在西部）已经将大麻作为医学目的的使用合法化，尽管联邦法律规定这种使用也是非法的。80%的加利福尼亚选民支持为了治病可在医生的推荐下使用大麻，但是只有一半的人支持它的普遍使用或消遣使用合法化。这又是我们疯狂的州法律与联邦规定相对立的问题，一场总是要由我们的法庭加以重新评估的拉锯战（a tug of war）。

（14）空间计划（space program）——当苏联在1957年发射了第一颗人造地球卫星的时候，美国人为被它抢先一步（beat us to the draw）而感到难堪，空间竞赛于是开始了。我们加快了自己的空间计划，自那时以来就一直在外层空间的探索与和平使用方面领导着国际社会。我们的宇航员被视为英雄。约翰·格伦（John Glenn）是第一个绕地球轨道飞行的人，后来成了一位来自俄亥俄州的参议员。就像中国的第一位宇航员杨利伟一样,格伦也向其他人(最终还包括了妇女)提供了鼓励,推动他们去追求自己的梦想以及在这一令人激动的新领域开展工作。今天,三个美国人中就有一个想到外层空间去旅行。美国国家航空航天局(National Aeronautics And Space Administration,NASA)是我们的负责空间计划的政府机构。①

- **政府支出**——在政府用于被称为最后边疆(the Last Frontier)的空间计划的费用方面,美国人的意见是分裂的。几乎一半的人认为,我们花了太多的钱,这部分是由于在收获空间探测以及所花费的数十亿美元的回报之前我们需要等待漫长时间,而那些钱可以被用在更切实际(down-to-earth)的用途上。一旦最终出现了回报,一些人会改变他们对空间计划费用的负面观点。但是,在宣传我们能从这些计划收获的大量科学成果和其他收益方面,美国政府机构的工作做得很差。

- **空间计划**——美国昂贵的空间计划的实例包括:领导了国际空间站的发展,该空间站综合利用了其他15个国家的科学资源。1990年,NASA用来自欧洲太空总署的捐助建造了哈勃太空望远镜。它依然处于运行之中,帮助解决了天文学方面长期存在的问题。我们的卡西尼号航天探测器花了7年时间终于到达并环绕土星飞行,从黑洞深处传输了大量数据供国际科学共同体进行分析。我们的火星漫游者花了7个月的时间抵达了这一隔壁的星球,然后开始探测它的表面。不过,超出5%的人以一种典型的美国方式相信,1969年的阿波罗登月是一场在电视摄影棚里精心制作的骗局。

　　提示:有关早期宇航计划的经典电影是《太空英雄》(*The Right Stuff*,1983)。

　　(15)不明飞行物(UFOs)——有一半美国人确信不明飞行物已经以某种形式访问了地球,表示会对自己在地球上遇到的外星人感兴趣。甚至更多的人认为,在其他星球上存在智能生命,他们会是友好而非敌对的。四分之三的美国人相信,在有关不明飞行物的活动方面,政府没有将它知道的所有事情都告诉公众。媒体上充满了这样的故事:政府对公众隐瞒了被发现的宇宙飞船,特别是在西南部新墨西哥州的罗斯威尔(Rosewell)城发生的事情。1947年的时候,有一个物体在那里坠毁了。罗斯威

---

① 见:www.nasa.gov。

尔不明飞行物的支持者们今天仍然声称，外星宇宙飞船和外星人身体都被发现了，但是军方从事了隐瞒工作。（这又是所谓的"别信政府的事"。）

（16）纳税（taxes）——我们有个说法："两件事情是肯定的：死亡和纳税。"三分之二的人说他们的纳税总额太高了。他们相信，一个家庭可以承受的最大税务负担应是收入的25%，这包括支付各级政府征收的所有税款。1955年美国总的征税比例是收入的28%。今天典型的美国家庭总的付税比例是收入的38%，比在吃、穿、住方面开销的总数还要多。然而，按照人均计算，美国人的纳税负担在世界上仅仅排在第27位。有时候我们不知道自己的日子是多么好过。

46%的美国人相信，他们所付的联邦收入税太高了，而47%的人认为正好，3%的人觉得太低了。这与小布什2001年就职不久后的情况截然不同。当时三分之二的人觉得联邦收入税过高。或许我们现在正在意识到战争和医疗保险的成本。对典型的中等收入纳税人来说，仅仅为了支付联邦收入税和州收入税，就必须从1月1日工作到4月19日。在1930年，这只需要30秒钟。与今天发生在法国、西班牙和德国的情况相似，在美国也有对富人增加税收的谈论，而这正是共和党人反对的主张。

以下是哈佛肯尼迪政府学院一项税收研究的结论：

- **减税**——大多数美国人认为，其他的一些事情比减税更为关键。受访者中占压倒性多数的80%的人相信，与减税相比，更加重要的是维持受到欢迎的国内项目，如教育、医疗保险、社会安全。在9个节俭的美国人中，有5个人以为，压缩联邦赤字比降低他们的纳税更为迫切。

- **改进制度**——哈佛的研究还发现，大多数美国人相信，我们复杂的联邦税收制度有许多的问题，国会应当对之加以彻底的检查。《税法》有600种表格，总共达到惊人的7.2万页。如果你自己填基本税表，平均要花44小时。许多人因此举手投降（throw their hands in the air），雇用专业人员为他们准备每年4月15日到期的申报表。①

（17）威胁（threats）——2001年9月发生的针对美国本土的"9·11恐怖主义袭击"摧毁了纽约的世贸大厦。在此事件发生一年后所作调查表明，几乎所有美国人（91%）相信恐怖主义是美国面临的"关键性"的威胁。又经过十年，在本·拉登被击毙以后，哥伦比亚广播公司（CBS）和《纽约时报》的联合调查显示，44%的美国人认为

---

① 表格样本见附录5。

美国及其盟国正在赢得反恐战争的胜利,而45%的人则以为双方都未取胜。

在2004年时81%的美国人对于美国保护其公民的能力怀有信心,现在这一数字跌到了75%。绝大多数美国人支持使用军事力量与恐怖主义展开斗争。

其他的威胁包括:

- **敌人**——61%的美国人说,伊朗的军事力量是对美国至关重要利益的关键性威胁。在威胁美国的7个国际问题中,美国人将伊朗列为第二个,仅次于国际恐怖主义(81%)。2012年,在要求受访者列出美国5个最主要的"敌人"时,美国人最经常提到的是伊朗(32%),接下来是中国(23%)、朝鲜(10%)、阿富汗(7%)、伊拉克(5%)和俄罗斯(2%)。但是,当中国一位领导人在2012年开始5天的美国之旅时,对年龄在18—29岁之间的年轻美国人的调查表明,他们中间76%的人将中国视为一个经济和(或)军事威胁。此外,62%的人相信,首要的国家安全威胁是美国的次债,之后是能源依赖和对外国的欠债,这些也是美国的媒体反复讨论(harp on)的问题。

- **移民数量**——五分之三的美国人相信,当前的移民数量对美国"至关重要的国家利益"也是一个"关键性的威胁"。事实上,与任何一个其他的对外政策问题相比,普通美国人与美国政府以及企业界领导人在移民问题上的分歧都是最为严重的。几乎三分之二的人希望看到移民数量的降低。据估计,美国人口的10%是非法移民。为支持他们的医疗、上学和其他需求,纳税人每年要耗费数十亿美元。不幸的是,这些统计经常没有扣除非法移民对我们的文化和经济所做的贡献,事实上他们中的许多人正从事美国人不愿做的低下工作,并以他们的支出扩大了课税基础。

- **穆斯林**——"在9·11事件"之后,阿拉伯裔美国人经历了一些人的语言和身体攻击,但是也从一般大众那里获得了支持和友谊。就像其他美国人一样,阿裔美国人感到因为"9·11事件"自己的生活保障和安全遭到了削弱。2010年,超过40%的美国人承认自己对穆斯林有点偏见,这一数字是承认对基督徒(18%)、犹太人(15%)和佛教徒(14%)有点偏见的人的两倍多。70%受访的美国人说,他们相信全世界的穆斯林是要和平的,但是三分之二的人认为穆斯林对其他宗教缺乏容忍性。

- **国防**——在被问到对占我们每年预算19%的军事和国防开支的看法时,美国人的意见是分裂的,36%的人说政府的这一花费大致合适,34%的人认为太多了，27%的人则相信太少了。这又是美国观点多样化的一个实例。

- **核灾难**——尽管有对在美国可能发生类似日本的核反应堆灾难的担忧，五分之三的美国人仍然相信美国的核电厂是安全的，而三分之一的人认为它们不安全。我们对增加核电厂数量的看法也是分裂的，但是这种状况与十年以前相比并未发生什么变化。

（18）选举（voting）——鉴于我们对民主和选举权的坚定立场，外国人（甚至美国人）在得知美国的投票率在世界主要民主国家中仅列第35位都感到很吃惊。在过去40年的总统选举中，只有一半多一点的合格选民投了票。这远低于英国（75%）和日本（71%）。但是，受到较好教育和收入水平较高的美国人的投票水平达到了70%—80%，而在我们的劳动大众中，只有不到40%的人投了票。

选民的冷漠部分出于他们对大选过程的不满，以及与华盛顿和国家领导人的脱离。最近的选举民调表明：

- **道德**——70%的人感到，在大选中相当经常地发生不道德的做法。
- **花钱**——94%的人相信，大选中花费了太多的钱（广告、邮寄费用、旅行、外表、工作人员等等）。
- **全国性问题与地方性问题的对立**——现在有55%的登记选民说，选举国会议员时，候选人在全国性问题而非地方性问题上的立场对他们来说更为重要，而持相反态度的登记选民只有39%。在20年前这一变化就已开始发生，美国人正在变得更加关注国家发展的方向。
- **宗教**——三分之二的人说，即使来自本党的候选人是相当符合条件的，但其宗教信仰有可能导致他们投票加以反对。半数的人对支持一个没有宗教信仰的候选人表示了保留意见。肯尼迪总统是个天主教徒，他是20世纪60年代克服这一障碍的第一人。
- **代表**——只有25%的人相信，他们在国会中的代表是最适宜于这个工作的人。并且表示自己宁可选举一个以往没有国会经验的人数几乎是更愿选举一个国会老手的人的两倍。
- **特殊利益**——87%的人认为，候选人会不顾公众的利益而去支持捐钱资助他们选举的特殊利益集团。

（19）战争（wars）——一些外国人可能以为，美国公众的观点与他们的总统是一致的。实际上，他们经常是不一致的，特别是在战争的问题上。

- 伊拉克——2003年1月,即在入侵伊拉克两个月之前:

  * 五分之四的美国人表示,如果这一行动得到联合国赞成以及由多国联盟所实施,他们即支持开战。

  * 三分之一的公众声称,即使没有联合国的赞同和盟国,他们也支持战争。

  * 三分之二的人说,美国应当继续努力,争取不用战争就能实现它在伊拉克的目标。

  * 由于后来小布什政府仓促进入了战争,许多外国人就想当然地以为美国人赞同政府这么做。实际上,只有四分之一的人赞成迅速采取军事行动。

  * 70%的人赞同奥巴马政府在2011年底从伊拉克撤出所有部队的计划,但是只有40%的人对美国军队会如期被撤出一事具有信心。2011年12月,撤军计划还是按时完成,尽管国会中一些人对此持有反对意见,担心骚乱将会再次发生。

- 阿富汗——当阿富汗在20年前为苏联军队所占领的时候,美国人向阿富汗人民提供了武器和物资供应,以便他们能赢回自己的国家。一直到恐怖主义分子对美国发动"9·11恐怖主义袭击"以前,美国人给予阿富汗贫困人民的援助要多于任何其他受援的国家。此后,美军迅速在那里进入了我们大多数人都很少知道的战争。随着战事的拖延,赞成这一战争的美国人的比例也出现了波动。2001年,赞成者为88%;2007年,56%;2011年,33%。然后,2012年,50%的人说,美国应该加快撤出它的军队;24%的人则主张,坚持2014年底撤离的时间表;还有21%的人认为,只要为完成目标所需要,美国就应该留在那里。

  　　《华盛顿邮报》和美国国家广播公司(ABC)所做的一项民意调查也表明,"美国人普遍怀疑奥巴马的这一观点,即阿富汗战争是成功的反恐战争所需要的,很少人认为在那里增加部队是个正确的举措"。但是,很多人担心,当我们决定撤离时,对妇女的暴行又会重新出现。

- **我们的军人想些什么**——在受访的参与"后9·11时期"军事行动的老兵中,三分之一的人相信,伊拉克战争和阿富汗战争是不值一打的。大多数人表示,在经过十年的战斗以后,美国应该将注意力更多地聚焦于自己的问题而非对外事务。这反映了皮尤研究中心对公众所做的一项调查的结果。①它发现,五分之三的人认为,我们应该少关注海外的问题,而把精力集中在国内的问题上。

---

① 见:www.pewresearch.org。

当媒体报道了我们士兵的自杀率的时候,这一观点更加引起了重视。①

(20)妇女的权利(women's rights)——美国妇女坚持要求并最终获得了她们的权利。由妇女进步中心进行的一项调查识别了美国妇女运动的三项最优先的目标:

①减少家庭暴力和性攻击——92%。

②同工同酬——90%。

③保持堕胎合法化——41%。

使许多人感到惊奇的是,政府最近所做的一项调查认定,对妇女的性暴力依然是美国的流行弊病。几乎五分之一的受访妇女说,他们在某个时候被强奸过或者经历过强奸未遂。四分之一的人报告说,她们曾被亲密的伴侣殴打。

在美国,一些高尔夫俱乐部仍然只对男子开放,包括一个很有名的俱乐部,即佐治亚州的奥古斯塔国家高尔夫俱乐部(Augusta National)。这种排他性的政策依然是一个引起激烈争论的话题。当大多数受访妇女不喜欢这种唯男性的政策时,70%的人相信,应当允许奥格斯塔制定它自己的规则。这反映了美国的许多争论具有的一个共同特点:尽管我们不喜欢某件事情,但是我们尊重做这件事情的人的权利。这一次是个高尔夫俱乐部。

(21)工作(work)——美国经济咨商局(The Conference Board)公布的一项调查结果表明,②美国55%的工作者对他们的工作感到不满,这也是22年来的最高比例。工作者变得牢骚满腹,因为他们并不享受工作的乐趣,他们的工资也赶不上通货膨胀,医疗保险的高昂费用则减少了他们的收入。以下是美国工作者对自己工作持有的一些其他看法。与你的国家比较怎么样?

- **辞职**——50%的美国工作者最近已经想到过辞职,20%的工作者在过去的6个月中已经申请过另一份工作。最重要的原因是对薪水的不满(47%),其次是工作负担太重(24%)、缺乏晋升机会(21%),以及对经理或管理人的不满(21%)。
- **过分关注工作**——调查也表明,超过五分之四的人相信,我们的精力过多地

---

① 在2012年的最初155天中,发生了154起美国军人自杀事件,而前一年的同一时期是130起。从历史上看,军人的自杀率要远远低于美国平民人口。但是当最初以为会是短期的伊拉克战争和阿富汗战争拖延了好几年时,这种情况开始出现了变化。比起战争的漫长,更为关键的是这一事实:相对少量的美国军队不断地被派往这两个国家进行多次战斗之旅。

② 见:www.confenrence-board.org。

聚焦于工作和挣钱,而在家庭和社区方面投入不够。他们也认为,美国的社会过于物质主义,购物和花钱太多。这两点也是通常外国人对我们持有的看法。

- **再见吧,美国梦**——只有不到一半的人相信可以依靠自己实现美国梦,几乎三分之二的人都认为美国梦现在比十年以前更难实现。在被问及原因时,四分之三的人提到了财政债务,而五分之三的人说,靠着自己挣的钱难以生活。由于背负了更多的债务,工作者的肩上也就承受了更多的压力。

- **长时间工作**——美国人工作的时间要多于任何其他的工业化国家,而日本紧随其次。美国人这么做的原因,可以追溯到早期定居者的清教徒式的职业道德,这种以宗教为基础的哲学认为,努力工作才可以带来好的生活。关于努力与长时间的工作对我们今天文化的影响,我们的意见是分裂的,33%的人认为它有着积极影响,31%的人则认为它的影响是消极的。还有三分之一的受访者说,他们推迟了享受乐趣的时间,因为如果没有做一些自己认为是有益的事情会感到很内疚。这好像与我差不多。

- **工作压力**——三分之一的人说,他们的工作很少或没有压力;43%的人表示只有不大的压力,24%的人声称非常有压力。

- **失去工作**——60%的人担心,由于雇主正将有关工作移到国外,自己、朋友或亲戚可能失去现有的职位。当公司宣布将某些工作转移到比较便宜的海外而媒体就此进行报道时,这导致或加剧了公众对本公司以及有关国家的消极态度。

- **假期时间**——日本的工作者每年享有25天的带薪假期,欧盟的最低带薪假期是20天。与许多其他国家不同,美国没有规定假期时间的联邦法。大公司的典型做法是给予两周的带薪假。但是,只有14%的美国人计划使用这一被给予的假期。在我们等级制度的最底层(the bottom of the totem pole),几乎占了总数四分之一的工作者根本就没有带薪假。

- **退休**——在美国退休年龄是65岁,欧洲大多数国家通常也是这样。但是,尚未退休的普通美国人现在期望的退休年龄是67岁,而十年之前是63岁,20世纪90年代中期是60岁。大多数人(95%)也计划在退休以后再做些事情,三分之二的人想继续学习、尝试新的东西、旅行以及发展新的爱好或兴趣。

　　有些人没有条件退休。许多已退休的人发现,他们还未为退休做好适当的安排,所以又去工作以补充自己的退休基金,甚至社会保障金。三分之二面临退休的工作者担心退休时将没有足够的钱,而58%的人担心在退休后不能维持原先的生活水准,这是一个前所未有的高比例。

美国人如何看待我们的未来

在过去半个世纪中,盖洛普调查一直问美国人,如果以10分代表国家面临的最好形势,0分代表最差,他们认为美国这时正处于哪一级阶梯。答案是从1959年6.7的高分(艾森豪威尔总统时代的末期)到1974年4.8的低分(水门危机期间和越南战争影响)。2010年初,我们又到了当中一级阶梯。受访者预测,到2015年时美国将上升到更加灿烂的5.7分。在将生活状况细分为11个具体领域时,大多数受访者回答说,在生活的各个方面情况会依然如旧或变得更好。但是,也有一个例外:道德价值状态会变糟。

美国人这一普遍积极的态度的根源是什么? 按照一位历史学家的看法,根本原因或许是我们的革命传统,以及重新开始的精神。他说:"我们来自有着腐败的教会和国家的英格兰,我们希望创造一个美好的社会。这是美国例外主义的思想。"他推理说,正是这一信念激起了我们国家的建立、向西的扩张以及坚持战胜大萧条和打赢第二次世界大战的决心。

各个调查还产生了表明我们如何看待未来20年的更多预测:

- **经济大国**——四分之三的人说,美国那时将仅仅是几个经济大国中的一个,此外还有巴西、俄罗斯、印度和中国,它们被统称为金砖国家。大多数人相信,中国将是领头的经济大国。

- **军事**——在全国性报纸《今日美国》(*USA Today*)所做的调查中,尽管有三分之二的人说美国现在军事上是处于首位的,大多数人预测20年后它将只是几个军事大国之一。

- **青年**——超过五分之三的美国人说,今天的青年将有可能比他们的父母过上更好的生活,一个美国梦的箴言。

- **力量**——《今日美国》的调查,要求受访者应界定1—2种使得他们对未来20年的美国具有最为乐观看法的力量。根据出现频率,以下是他们的回应:美国人民的力量和意志(35%)、军事和国土安全(14%)、技术和发明(6%)、政府领导(6%)和个人自由(5%)。

S 外国人如何看待美国

美国是一个小房间中的大而友好的狗。

每一次摇动尾巴，它都会打翻一把椅子。

——阿诺德·汤因比（Arnold Toynbee），英国历史学家（1852—1883）

现在你知道了美国人对许多的事情是如何思考的。但是，外国人是如何看待美国的？要深入理解美国及其人民，一个好办法是通过在美国有过实际经历的外国人的眼睛。

亚裔美国人剧作家黄哲伦（David Henry Hwang）正确地描述了他的经验和文化差异：

"我并没有清晰感到存在着一种中国的做事方式和一种美国的做事方式，以及你只能使用这种方式或者那种方式。我觉得在它们之间有着许多不同的渐变层次。你在你的生活中只能适应如此之多的东西，这样你就会有所得和有所失。问题仅仅是：对你而言什么才是最好的平衡？"

皮尤研究中心就对美国及其人民的一系列看法向24个国家的居民进行了一项调查。在14个国家中，超出50%的人对美国人具有好感。但是，外国人在美国人民和作为一个整体的美国之间进行了区分。这样美国本身只在9个国家中受到了好评。

美国人在哪里最可能受到欢迎？结果表明，美国人去的最多的正是最喜欢美国人的国家。在美国人的10个最重要的旅游目的地中，我们最受到欢迎的国家包括英国，在这里70%的居民表示对我们有着很好的印象，就像澳大利亚人一样。对美国人的评价同样高的还有加拿大（76%）、日本（65%）、法国（64%）、意大利（62%）、德国（55%）。墨西哥实际上是我们访问最多的国家，但是那里只有44%的人对我们有好感，或许这是因为我们对他们的非法移民的不当处置。在美国人最喜欢去的国家中中国位列第九（对我们有好感的人占38%），西班牙位列第十（对我们具有好感的人占41%）。

不属于前十的国家中，约旦和埃及有三分之一的人对美国人给予了肯定，阿根廷是四分之一，巴基斯坦是五分之一。最不利的评定来自土耳其，那里只有13%的人对我们表示了积极的意见。

世界如何看待美国的领导？盖洛普调查表明，随着小布什政府为奥巴马政府所接替，整个世界对美国领导层的看法已经大大改善，从2008年的34%上升到2009年的51%。今天，整个世界对德国领导层的肯定与对美国领导层的肯定持平，均为46%。在其他大国中，英国获得了第二高的评价（40%），中国为32%，俄罗斯为28%。

在20国集团（G20）①成员国所做的调查中，随着奥巴马政府的登台，赞同率也大幅增加了。但是，俄罗斯对美国有最低的赞同率，仅为20%。这并不奇怪，俄罗斯人长期以来都对西方心怀疑虑，甚至在18世纪彼得大帝力图将欧洲文化的方方面面注入他的祖国之前就是如此。

丑陋的美国人

丑陋的美国人这一词有时候被用来描述那些在国外旅行或工作的部分美国人，他们喜欢大声喧哗、狂妄、无视他们所访国家的语言和习俗。在1958年首次出版的《丑陋的美国人》（*The Ugly Americans*）成了全国最畅销书籍，因为它揭示了在某个虚构的东南亚国家中美国人的傲慢、无能和腐败。该书在1963年被拍成了电影，由马龙·白兰度主演。这对普通美国人来说是个令人吃惊的事情（eye opener），他们对亚洲知之甚少，对我们在海外如何被看待知之更少。我们中一些人至今仍然为此感到内疚。

在这本书中，一个虚构的缅甸记者这样描述美国人："因为某些原因，我在我的国家遇到的这些人与我在美国认识的不一样。当美国人来到外国时，他们身上似乎发生了一种不可思议的变化。他们在社会上将自己孤立起来。他们过着自负虚伪的

---

① 20国集团成员国包括阿根廷、澳大利亚、巴西、加拿大、中国、法国、德国、印度、印度尼西亚、越南、意大利、日本、墨西哥、俄罗斯、沙特阿拉伯、南非、韩国、土耳其、英国、美国以及由轮值的理事会主席和欧洲中央银行代表的欧盟。

生活。他们高声喧哗、招摇炫耀。或许他们是受了惊吓为了自卫,也许他们接受了不恰当的训练和出于无知才犯的错。"该小说将这一描述应用于驻外机构和其他美国政府工作人员,即经常出席大使馆的聚会和高档饭店的人。他们开着豪华汽车,无视当地人民面临的困难,却做着他们想做的事,而这通常都是引人注目的昂贵工程。

　　具有讽刺意义的是,该书中的"丑陋的美国人"是个英雄,一个外表上并不讨人喜欢的工程师,他被带到当地是为了就水坝和道路的布局向美国援助队的人提供建议。与今天的"丑陋的美国人"意义上不同,他生活在当地人民中间,学习他们的文化。他识别了当地人民的最大需要。不是水坝或道路,而仅仅是将水引到山边灌溉水稻的一种方法。美国援助队的人因为他的不同寻常的观点而对之不加理睬,于是该工程师退出了这一队伍,设计了一种以自行车为基础的水泵,此种水泵可以利用当地拥有的丰富资源加以制造。在他有了设计之后,便招募了当地一个技工改善这一设计并帮助他建立一座工厂,以建造和出售水泵。他平等对待自己的助手。最终这位工程师成了一个与"丑陋的美国人"完全相反的人。

　　在我们进行完全符合《丑陋的美国人》所预言的进程的越南战争时,它的要旨,即如何处理当地人民和共产主义的问题,在华盛顿却被遗忘了。这本书可能影响到几年以后肯尼迪总统建立和平队的决定。①参加和平队的美国志愿者与世界各地的穷人一起生活和工作,了解他们的文化和需求,以便帮助他们改善生活。

> 提示:作为一个外国文化的研究者,在国外旅行时,我对其他的美国人给予特别的注意,观察他们的行为以及从当地人那里招致的反应。是的,我们的行为可能使自己看起来像是"丑陋的美国人",如大声叫喊,不时地提出过分要求。虽然如此,根据我的经验,我碰到的大多数的美国游客都是尊重外国文化的,只不过不知道如何进行调整以显得更加尊重,在这点上很像来到美国的外国游客。

　　在其祖国的外国人以及那些生活在美国的外国人如何看待美国?我们是"丑陋的"或者更像这本名著中的英雄?或者两者兼而有之?让我们看看其他人是怎么想的,包括一个法国人,一群在美国学习的印度、巴基斯坦和孟加拉国的学生,一个英

---

　　①　参看有关美国人想些什么的R章。

国人，一个亚洲的教育工作者，信伊斯兰教的美国人，一个越南移民。然后我们再来看看一项有关在美国的移民学生的经验的研究结果。美国是多样化的、复杂的，有时甚至是疯狂的。

一个法国人

选择了在文化上走富有自己特色道路的法国杰出作家让-弗朗索瓦·何维勒（Jean-Francois Revel）说，不管我们去世界上的哪个地方，都有一种可以把整个人类团结起来的痴迷体育运动，那就是鞭答美国。具体而言，他决定对抗一代一代欧洲人和其他知识分子的根深蒂固的反美主义，特别是法国人的反美主义。

在2004年出版的《反美主义》（Anti-Americanism）一书中，何维勒表示，1970—1990年间，他住在美国并经常到各地旅游。这段时期，他和"许多各种不同的美国人"都有过交谈，他们中包括了"政治家、媒体人士、企业家、学生、大学教授、民主党人、共和党人、保守主义者、自由主义者、激进主义者，以及在各行各业遇到的人"。

将何维勒与他的文化中的芸芸众生区分开来的正是此种简单的观念，即应与美国人进行交谈，询问他们心中想些什么，而不是在美国人想些什么的问题上仅仅反映欧洲人的世俗认知。他说，多少代以来，他的大多数同胞们都"对美国人怀着过分的偏见，因而不能面对真正的、活生生的美国人或许并不符合这种偏见的可能性"。

在1970年出版的《如果没有马克思或耶稣》（Without Marx or Jesus）中，何维勒说，他"非常吃惊地发现，欧洲人就美国所说的一切都是错误的"。34年后，他的《反美主义》显示，这种状况并未发生变化。他说，确实，如果有点什么改变的话，那就是关于美国的世俗认知比起他写第一本书的时候来更加错误了。

何维勒识别了造成欧洲这种根深蒂固的错误信念的主要原因：由于第二次世界大战以后在西方世界失去了领导者的地位，欧洲便产生了嫉妒性的怨恨。他相信，无论做出什么政策选择，美国都会遭到蔑视。何维勒指出，美国在此状态面前能够做出的唯一理性反应是，在涉及对外政策时坚持自己的意见，与那些顺境中的朋友（fair-weather friends）保持一定的距离。何维勒也揭示了其他国家如何将自己最糟糕的错误归咎于美国。在美国有一个适当说法反映了这种太人性化的趋势："住在玻璃房子里的人不应当扔石头（people who live in glass houses shouldn't throw rocks）。"①

　　何维勒并对国际媒体在报道美国时的做法进行了一点批评。他说，国际媒体报道从未失去一个鞭笞美国的机会，甚至在报道本质上非政治的话题时也是如此，例如经济统计和科学发现的报道。他举了一家权威的法国经济杂志的例子。在2001年初美国的失业率攀升到5.5%时，该杂志高兴地宣布了"美国充分就业时代的终结"。然而，与此同时，法国政府正在庆幸法国的失业率降到了11%。

　　何维勒说，最近一个例子发生于英国。甚至就在这个美国最密切的盟国，英国广播公司（BBC）对美国的火星漫游车遇到的一个技术问题进行了广泛报道，但是难得提到解决了这一问题的成功努力以及漫游车正通过太空为世界的科学界发回的大量数据。他指出，这种编辑的偏见以及无数类似的其他例子典型地表明了我们所处环境的一个特点，即与抨击美国相比，平衡的、准确的新闻报道已经变成次要的了。在美国，我们还有另外一个说法："不要相信你读到的所有东西"。所以，对于你读到的或听到的有关美国的事情，都打一个问号，就像我们对你的国家也应该这么做一样。

外国的交流学生

　　美国为世界各地的学生发起了大量的时间跨度不一的交流项目，以加深我们国家与他们国家之间的文化理解。按照有些项目要求的，中学生即有机会到美国与寄宿家庭住在一起，并到一个中学上一年的课。

　　（1）青年交流和学习项目——科威特学生娜达（Nada）参与了一由美国国务院发起、主要为来自伊斯兰国家的中学生设立的项目。②她说：

　　"……来到这里使我认识到，美国不仅仅是电视中的影片或报纸上的政论文章。使我感到震惊的是，不认识你以及在生活中从来没有遇到过你的人会无条件为你打开他们的房门，把你当成他们家庭的一部分。在你生病时他们会感到担忧，当你有话想说的时候他们会认真倾听……于是你开始感觉好多了……"

---

　　①　这句话的意思实际上是说，我们要克服人类的一个共有弱点，即自己有问题不进行反省，却去怪罪于别人。——译者

　　②　见：www.yesprograms.org。

穆罕默德是个来自巴基斯坦的学生。他说：

"我认为青年交流和学习项目的主要目的开始得到了传承。我现在是一个更负责任的公民、一个可爱的儿子、一个更好的学生。我现在认识到美国与伊斯兰世界的联系的重要性。由于对美国政治文化的更好理解，我懂得了这一事实：人民治理政府，而不是政府治理人民。"

（2）南亚穆斯林学生项目——这是另一个由美国国务院发起的学生项目。2004年暑期，21个来自印度、巴基斯坦和孟加拉国的年轻穆斯林大学生来到我们这里学习美国历史。他们能够指出我们的衰弱，但是也很坦率地赞美美国人取得的成就，并希望他们自己国家建设民主的努力能够逐步成功，就像我们所做的那样。

这一项目分成了6个不同的主题周。

- 第1周——与生俱来的权利。他们探索了美国的早期历史，访问了17世纪一个简单的教堂，而这激起了关于伊斯兰与殖民时期美国的某些教派的相似性的谈话。穆斯林学生认为，基督徒和犹太教徒都是"圣书的子民"。与印度教徒和佛教徒相比，他们与穆斯林的传统要接近得多。关于美国革命的谈话则导致了将它与南亚经验的各种特点所做的比较。这些南亚青年学生可以看到，在代表制问题上，他们的国家正面临3个世纪以前美国的缔造者们遇到的同样压力。

- 第2周——人权。他们研究了美国的经验以及我们的不同群体如何被剥夺了政治参与权利，这些群体包括非裔美国人、妇女和移民。集中研究奴隶制和美国内战激起了有关南亚种姓制度的讨论，以及对导致三个南亚国家的诞生的内战的讨论。一位最近出版了关于同性恋婚姻的书籍的作者也来到一个小组，领导了有关人类性行为以及将少数群体的权利整合到多数群体的文化之中的讨论。因为有几个学员预期在回国之后要进入安排好的婚姻，对婚姻是一种权利以及就像我们这里婚姻应当与爱情有关的观点，有人表示了同情（也有人表示了反对）。

- 第3周——探测。探索一个马里兰小镇，它也正是主办了该交流项目的大学所在地。学员们看到了美国人实际上是如何生活的，这与历史书所写的大相径庭。有一段时间被用于会见该镇镇长。这位镇长给小组的女性学生留下了深刻印象，因为她勇敢地面对那些男性竞选对手，以及成功地领导了以夫妻老婆店（mom-and-pop）将沃尔玛（巨大零售商）排除在小镇之外的具有历史意义的运动。另一天,当地的国会议员花了两个小时与学生进行座谈,回答了他们能够提出的所有问题。在听了许多民主党学者的讲课后,学生们很高兴能会见一位公开表示他对美国对外政策持保留态度的共和党人。我们有一个说法是"实话实说"。

- **第4周和第5周——对外政策**。学生们获得一个机会发泄他们对美国对外政策的不满,包括伊拉克和中东问题,以及美国被认为用来对待穆斯林的那种轻蔑的方法,因为奥巴马总统声称他要关闭在古巴的关塔那摩监狱。他们利用美国的历史和传统对美国的某些政策表示了反对。值得赞扬的是,学生们不让教师和演讲的客人只是引用一些关于民主的口号,而是要看到真材实料,要求为所有的人设置一个单一的标准。他们还批评说,大多数美国人很少理解我们的对外政策如何实际上影响了住在地球另一边的人的生活。我们很难对这样的批评进行反驳。

- **第6周——旅游**。他们在纽约花费了一些时间,然后去了华盛顿D.C.。在那里,他们访问了美国民主的圣地,①在一个清真寺做了礼拜,参观了在国家美术馆举行的伊斯兰艺术展,②最后在国务院出席了一个新闻发布会。在一个于黎巴嫩饭店举行的宴会上,许多人都哭了,因为他们在美国一起经历的启迪之旅就要终结。

回顾这个暑期,一位教师说,"我从这一事实受到鼓舞:在那里有那么多的年轻人试图建设一个真正可以运作的未来……印度10亿人口中的54%都是在25岁以下,从任何一种可以想象到的观点来看,接触他们都是很有意义的。"

一个英国人

在第一次世界大战当中,阿利斯泰尔·库克(Alistair Cooke)是个英格兰的小男孩,与住在他家附近的美国佬(Yank)有过接触。③这是他就自己的经验所说的一段话:

---

① 参见关于历史的D章。

② 见:www.nga.gov。

③ Yank 这个词从美国印第安人用来指称那些来自新英格兰的人的"Yankee"衍生而来。现在它被用来指称一般的美国人,就像库克所做的那样。

"有关他们（美国军人）的每件事情都是独特和迷人的。他们所有级别的人都有统一的饭桌礼仪和统一的口音。他们用一种新世界的礼貌对待我的母亲，这使得他们像是陌生人。但是他们以平等的态度对孩子讲话，我被当作团里的一种宠物。他们的个子要高于我们的军人，脸都显得更苍白一些。我的父亲[错误地]对我解释说，这些人的肤色之所以这样，是因为那些有名的摩天大楼使得他们的脸全年晒不到太阳。但是，我相信，我们最执着地持有的关于另一个国家的先入之见可以说是和妈妈的乳汁一起吸入的。这些古老偏见的影响仍然是广泛的。"

长大后，库克于1932年来到美国，在耶鲁大学学习了一年戏剧。像所有外国人一样，他对美国及其人民感到非常好奇，所以决定开车进行一次横穿美国的旅行，以便获得有关真实美国的第一手知识。他后来回忆说："那次旅行绝对使我大开眼界。甚至就在当时，在大萧条期间，美国仍然有着巨大的能量与活力。它的景色和人民比我曾经看到的都更加扣人心弦和引人注目得多。它真正改变了我。你看，我开始学习我感到是正在上演的真正戏剧，即美国本身。"

库克后来作为一家英国报纸的驻外记者依然留在美国。1951年他开始为一家电台向英国发送"美国来信"，在这些信中他与好奇的英国人讨论了美国人的感情、习惯和生活的情趣。这一节目持续了50年。具有绅士风度的库克还在美国主持了若干文化性质的电视节目，包括一个13周的系列节目，在其中他就像对英国人介绍美国那样帮助美国人理解自己的祖国。上述经历促使他在1973年出版了一本经典性著作，即《阿利斯泰尔·库克的美国》（*Alistair Cooke's America*）。在这本书中，他描绘了推动美国运作的基本力量，对美国的民族特性提供了深入分析。这本书仍旧被放在一些美国家庭的咖啡桌上。

以下是他对美国所做的一些第一手观察。尽管是写于几十年以前，这些评论依然是中肯贴切的。

- **特性**——"当欧洲人将美国人的慷慨归结于美国拥有大量自然资源的幸运时，美国人则喜欢将之归因于美国的特性。通常这要求两者的结合。"
- **复杂**——"美国是一个苦涩的、有时又是振奋人心的复杂地方，它反复思考着这些不断出现的矛盾，如管控与放手，激进的青年和保守的中年，公民权利的无限性和总统权力的有限性。"
- **多样性**——"鉴于这个大陆[当时]有48个州政府、6种截然不同的气候、20种单独的经济，并且是各种族裔成分的混合（goolash），你就它整个国家所说的一切可能都是不真实的。"这也是我在这本书中一直强调的一点。

- **第一印象**——"我相信，无论是作为旅游者还是定居者，首次来到美国的时候，大多数人都会意识到一种新的愉快感情，即整个国家对于他们都是完美的（be their oyster）。事实上，他们就可能在一个地方安顿下来并一直住在那里。"

- **物质主义**——"每个其他的国家都嘲笑美国的物质主义，而同时又努力以各种不同方式赶上它。嫉妒与此有些关系，但是这一争论也有一个真实的基础，即美国究竟是处于上升期还是衰弱之中？"

- **自立**——"美国最古老的智慧（chestnuts）之一就是一位意大利移民在被问及'40年的美国生活教会他什么'时所说的：没有免费的午餐（There is no free lunch）。"这句话的意思就是，你必须为你想要得到的努力工作。

- **规模**——"一个外国人在美国必须努力适应的第一件事，就是这个地方的巨大规模，以及在其中运行的经常相互冲突的生活方式。"

- **传统**——"当美国的传统属于保守主义的时候，它努力保存的又确实经常是很激进的原则。"

一个亚洲教师

倪婷（Ting Ni）是带着对一个古老的谚语的理解来到美国的，这就是"与其咒骂黑暗，不如点燃一支烛炬"。她成长于中国的"文化大革命"时期，无法进入大学，因为在1966—1976年期间它们遭到了关闭。①倪婷被送到农村务农，在晚上则通过收听广播和阅读母亲寄来的书自学英文。她说："五年未能上学，使我对知识在塑造我个人成长方面的作用有了深刻的尊重。"1978年大学重新开放以后，倪婷参加了入学考试。在仅仅准备了三个月的情况下，她通过了考试，为一所大学所录取。她学习世界历史，在1984年获得了美国史的硕士学位。

倪婷之所以学习美国历史，是因为她想知道为何美国能在如此短的时间中取得如此之大的成就，而中国却不能。1987年，她获得了富布赖特奖学金来到美国，并在1996年获得了博士学位。翌年，她成了美国一所大学的教师，教书至今。

在2002年访问中国以后，倪婷为年轻中国学生对美国人的憎恶感到不安。她

---

① 作者关于"文化大革命"期间中国大学的叙述并不准确，请读者自己注意。——译者

说："中国这一代年轻人对美国怀有强烈的愤慨。这可能是危险的。我认为重要的是在中美之间架起一座桥梁。我希望为此做些事情，用我个人的经验说明两个社会的差异。这可能是一项非常具有挑战性的工作。"

倪婷在2004年回到中国教美国历史，因为她认识到在两国之间建立一种健康关系是至关重要的。她希望，通过教育下一代，使他们接触一种有关美国社会和政府的运作的更加全面的观点（这也是本书的目标之一），以避免未来在中美两国之间出现动荡和对立。或许这也是丘吉尔在说这句话时所想到的："如果你有知识，就让其他人以此点燃他们自己的蜡烛。"

对穆斯林美国人的调查

在"9·11恐怖主义袭击"发生十周年的时候，有人对信伊斯兰教的美国人进行了一项调查。其中三分之二是来自77个国家的移民。令人惊讶的是，调查表明，总的来说，我们的穆斯林群体对于自己在美国社会中的地位是满意的，对于美国的方向是乐观的，尽管在"9·11袭击"以后的岁月中存在着对反穆斯林的歧视的担心。

这一调查研究还发现，大部分来到美国的穆斯林都想采用美国的习俗和生活方式，三分之二的人说，在美国的生活要好于大多数伊斯兰国家。但是，几乎半数的人承认，2001以后在美国做一个穆斯林变得更困难了。大约四分之一的人声称，或者曾遭到怀疑，或者被起了侮辱性的名字，或者感到被机场保安单独挑了出来。与之相反，大约三分之一的人报告说，有人对他们和他们的信仰表示了支持；一半的人说，美国人通常是友好的。有趣的是，穆斯林美国人比一般的美国人更可能表达传统的美国理想。例如，四分之三的人相信，如果他们努力工作，大多数人都可以获得成功，而在整个美国人中，只有62%的人这么认为。穆斯林美国人也相信，他们中的大多数人不必放弃自己的信仰和族裔就能融入美国社会。

一个越南移民

1980年，黎草（Thao Li）从菲律宾的一个难民营来到了我们东海岸宾夕法尼亚州的费拉德尔菲亚。在这个昵称叫作博爱城（City of Brotherly Love）的地方，黎草感到它喧嚣和充满了粗鲁的人，并且难以找到工作。她说："我感到非常惊奇和失望。那里的生活与我在电影里看到的并不一样。它的房子陈旧、街道狭小,居民则相当粗鄙,喜欢按汽车喇叭。"

14年以后,黎草顺着海岸搬到了北卡罗来纳州的罗利,一个较小的城市。在这里她先是管理一家越南餐馆,现在她已拥有了这家餐馆。在那里她发现了梦想中的美国。她说:"我感到,在罗利,你会欢迎有着各种族裔背景的人。我热爱这个地方,我喜欢常青树。"

黎草是在20世纪90年代搬迁到这个南方州的成千上万的亚洲人中的一个,亚洲人已经构成了这个州第三大族群,仅次于白人和黑人。她说:"我想我们在这一地区是很受欢迎的。我感到很舒坦。这个地区正在变得越来越像加利福尼亚。在某种程度上它是不同族裔的人的混合。"

黎草认为她两个十多岁的女儿就是"美国人",虽然她设法向其注入越南文化。她说,小时候在越南,自己"必须在周末也工作以获得(come up with)购买食品的钱",而这些是她的女儿无须去做的事。黎草感到高兴的是,她的社区有一个华裔美国人友好之社,该团体办了一所周六学校,教幼儿园直到8年级的孩子学习中文、文化、绘画和武术。

黎草认为,自己在美国已经像其他亚洲人一样取得了成功,因为"在亚洲国家,我们通常都经历过艰难的时光,街头智慧对生存是不可缺少的。我们必须迅速适应环境"。例如,很少亚洲城市具有美国那种有组织的执法力量。"在这里,如果有火灾、汽车事故或者你认为在后院里出现了陌生人,就可以打911。你打了911,他们在五分钟内便会抵达。这与东方的城市不同,在那里你必须依靠自己并实行自卫。"

在美国的外国学生

一个互联网网站问华裔美国人如何看待自己在美国的经验。受访者大多都是必须适应新的环境以及经历了语言和文化关的研究生。从他们的回答也可以洞察整个外国学生群体在美国的普遍经验。

三分之二的人将下述三点称为影响他们在美国的职业发展的最大障碍,这些也是本书中都讨论到的主要话题:

①作为第二语言英语能力的不足。

②如何打入美国社交圈的知识的缺乏。

③对企业的理解和训练的缺乏。

有趣的是，尽管在这里遇到了各种问题，几乎五分之三的学生希望他们来得更早一些，三分之一的人想成为美国公民并继续留在这里。当被要求界定来到美国获得的最大收益时，如可以预料到的那样，受访者表示，头等收益是掌握英语和看到更广阔的世界。但是，接下来的收益是"不管其他人的意见而实现自我"。这一回答表明了两种文化的主要差异之一。中国的文化以群体为取向，而我们更加独立，较少追随群体思想。这些受访者还说，他们最喜欢的是我们开放的、具有文化多样性的社会。这又是文化上的差异。

在问到美国的哪些方面让他们不喜欢时，最经常的回应是"在世界事务中的自以为是和优越感"。在我向碰到的外国人问及他们所感到的美国的讨厌之处时，通常会得到相同的回应。鉴于我们在世界上的领导地位以及媒体如何报道我们的到处伸手，我能理解为什么他们会对美国产生这种负面的观念。

但是，非常坦率地说，我实在不相信普通美国人会认为他们的国家要比世界上其他国家"优越"。我想，美国人知道他们享有一些非常特别的东西，也为此非常感激，但是大多数人不会为自己的所有而沾沾自喜。我们需要思考更为重要的事情。正如历史所显示的，我们希望和其他国家分享我们的所有。并且，在我和那些已经吸收了我们的文化以及知道了真实的美国的移民进行讨论时，大多数人都最终改变了对美国的消极看法。

针对外国人所感到的我们的优越感，一个令人尊重的外国教育工作者向我表示了自己的观点。他说，在一个充满神话、误解以及具有倾向性的媒体的世界上，真理是难以发现的。自从苏联崩溃以后，美国就成了世界上唯一的超级大国。人们喜欢肆意批评（take potshots）他们所认为的最大或最好的，无论这是一个邻居、一个名人、一个公司或一个国家。如果一个较小的国家做了同样的事情，就不会有人注意。是的，美国也像大多数国家一样会在对外政策方面犯错。但是，他提醒我说，美国的公民身份，甚至在"喜欢美国人被视为政治上的错误行为"的国家也受到热烈追捧。他认为，在一定程度上，美国只是自己的成功的受害者，在一个总是需要一个射击目标的世界上，它已经成为一个受欢迎的靶子，在嫉妒的情况下尤其如此。

在仔细考虑他的观点的时候，我在有名的纽约扬基棒球队和美国球迷之间看到了一条平行线。扬基是美国最成功的球队，赢得的世界系列赛要多于任何其他俱乐部。但是，也总是有人不喜欢它，我们甚至有一个叫作《该死的杨基佬》（*Damn Yankees*）

的音乐剧。一方面，这是因为洋基队取得的成功；另一方面，是由于其老板被一些人视为喜欢大喊大叫并对球员提出苛求。并且，为了得到最好的球员以成为胜利者，他花的钱要多于任何其他球队。然而，那些憎恨扬基队的球迷承认，该队的运动员尊重其他的球队，并不炫耀他们的成就，它的老板是获胜老板的缩影，其特性也是一种他们希望在自己喜欢的球队的老板身上看到的品质。在某些方面，扬基队像美国一样是自己的成功的受害者。就像上面的教育工作者所指出的，人们在批评和赞扬成功者两方面都是很敏捷的，就看当时的风是怎么吹的（which way the wind is blowing）以及他们通过什么门户观察美国。

　　接下来我将考察遍及我们整个社会的美国企业。你将了解美国复杂的商业环境、美国企业的运作和习俗以及它们在全世界取得成功的原因。你也会获得这样的信息：如何同美国企业的人员打交道，如何像许多外国人那样开办属于你自己的企业，以及如何增加你为这里或海外的美国雇主所录用的机会。

第三部分

美国的商业

美国人民的主要事务就是经商。我们不隐瞒我们希望获得财富这一事实，但是，还有许多我们更加渴望的事情。我们期望和平和荣誉，以及是所有文明中一个非常强大的因素——博爱。

——卡尔文·柯立芝(Calvin Coolidge，1923—1929在任)，美国总统

T 商业和金融

支付工资的不是雇主;他只是掌管钱财。支付工资的是产品。

————亨利·福特(Henry Ford),工业家

在我乘坐的国际航班上,邻座的是一位来自一家美国公司的高管,负责在世界各地的几十处业务经营。我向他略微讲了一下正在考虑回去要写的《行走美国必备宝典》这本书。他显示出了兴趣,并询问我在商业这一章将讲些什么。我告诉他准备用几页写一些有关商业的介绍和术语。他便开始解释自己在为海外公司培训当地管理人员时遇到的问题,而这些问题都是由于文化差异而引起的。我认真倾听了他的谈话(ears perked up)。

他说,他希望能为海外当地管理人员找到一本书,该书应不仅能解释我们的文化以及它是如何影响商业决策的,而且还能解释我们是如何经商的。他还说,那些当地管理人员在培训之后往往又陷入原来的老套路,因为他们没有充分了解我们的文化和我们为什么会如此做生意。

他说服我把商业这一章进行扩展,以包括"宏观画面和细节",这样他把该书给当地的管理人员时,他们便能"彻底地理解它(get it once for all)"。所以,这就是本章内容的由来,其中广泛地考察了分布于我们整个社会的商业及金融系统的文化,以及它们的一般组织和运行。该高管说,这些就是他希望他的管理人员学习、理解,然后付诸实践的"东西"。

反映了同样问题的是近期对非洲所做的一项研究。它也揭示了糟糕的管理对那里的美国公司的效益造成的损害。一位管理人员告诉我说,"进入非洲新市场的最大制约之一是很难找到合格的新企业管理人员。"所以,许多次都是从其他地方雇

佣中层管理人员，因为当地的管理人员总是坐等被告知要干什么。作为许多非洲（和亚洲）国家文化的一部分,年轻人或下属只是做告诉他们要干的事情。在美国,刚好相反。

你将学习有关商业的一些术语、概念和我们是如何开展业务的,以及美国和其他国家之间的差异。如果你在这儿或海外为一家美国公司经营运作,希望你掌握这些内容。银行和金融是工业轮子的润滑剂,也将得到讨论。鉴于外国人在美国金融领域取得的成功,本章对于那些想对我们的股票、债券、房地产和其他机会进行投资的人也是很有用的。

> 提示:本章的有些内容是一般性的介绍,而其他部分则是详尽的阐述。假如你只有一时的兴趣(passing interest),可以选择跳过那些与你的需要不相干的部分。但是,对于任何一个在美国公司(无论是这儿还是海外)工作并想获得晋升(advance through the ranks)的外国人来说,该章却是重要的。它的某些部分是面向较高的管理层次,其总结的许多内容是在我们大学的商务课程所讲授的东西。但是,有些概念对于那些想在这里经营自己的企业或投资的人来说可能也是不可忽略的。

美国文化为我们的企业设定了运作框架。有关美国商业中与人有关的习俗和传统在U章加以讨论。V章是讨论在美国拥有一个企业的问题,W章侧重于如何从一个美国雇主那儿得到一份工作。

资本主义

资本主义是用来描写美国自由企业制度的一个术语。**资本**指经商所用的钱和诸如设备和建筑之类的物。在**自由企业**制度中,由企业的管理者决定将生产什么货物和提供什么服务,它们的价格是多少,和需要什么样的劳动力。

如果由政府来做出那些决定,就叫**中央计划经济**。一些国家将这两者结合起来。中国领导人认识到国有企业可能是低效率的,必须转变方式,才能在世界市场具有竞争力。现在,它对来自私营企业的税收的依赖要比以前大得多,对来自正在走下坡路的国营部分的收益的依赖则减少了。

　　美国的自由企业制度强调私有制，私营企业生产了我们大部分的货物并提供了我们大部分的服务。企业的三种基本类型是制造（生产），买卖（分配）和服务。美国的经济产出有三分之二是由个人使用，余下的三分之一是由政府和企业使用。相比之下，中国的经济产出只有一半为个人使用，而在也信奉自由企业制度的法国和德国这一数字为58%。在美国，消费者的作用是如此之大，以致我们是以消费经济为特征。

　　这种对私有制的强调部分地是因为我们相信，以私有制为特征的经济也许比牢固的政府所有制或政府控制能更有效地运行。为此，只要可能我们的政府就依靠各行业的自我调节，以取得效率。

　　美国的资本主义制度强调利润、效率、创新、股东利益和一支积极主动的员工队伍。大部分工作都是以每周五天（星期一至星期五）、每天8小时、一周工作40小时为基础。美国有最低工资法（2012年小时工资不低于7.25美元），虽然若干就业部门不包括在内。一些州甚至有更高的最低工资标准（这又是州的权利问题）。带薪假期通常是两个星期，有些企业还向雇员提供医疗保险。美国人一般在65岁退休，但是如果其养老金计划允许的话也可能提早退休，或因经济原因推迟退休。**蓝领**是指从事体力劳动或工业劳动的工作者，与从事行政工作的**白领**工作者相对应。**普通基层人员**是指工作者主体，不包括管理人员。

　　在资本主义经济中，有三个基本组成成分保持了我们企业轮子的有效运转，并决定了我们如何经营企业。

- **供需关系**主要决定了劳动、资本、商品和服务的价格。供给是被用来销售的商品或服务的可得性。需求是使用者愿意以不同价格购买的一种商品或服务的数量。一般来说，商品或服务的可得性高的时候价格下降，低的时候价格上升。理论上，这往往导致适当比例的商品和服务的生产。它是资本主义的一个基本成分。

- **利润**是企业的主要激励因素。它是获得的钱（通常是以销售的方式）和支出的钱（花费）之间的差额。大部分企业政策是建立在这一利润动力的基础之上。对许多管理者的判断也是视其经营能对企业整个利润做出多大的贡献，这是在飞机上的高管难以向孤立思考的管理人员灌输的概念。

- **竞争**存在于许多供应商企图向相同的买家销售相同种类的东西的时候。要价较低或改进了其产品质量的供应商可以从竞争者的身边夺走买家。这在促进了供应商效率;反过来,它又减少了供应商的经营成本,允许他们只索取较低的价格。这样,每个人都得益于竞争,这就是美国企业的第三块基石。

政府干预

美国有一句格言:**对通用汽车有利的也就是对美国有利的**。遵循这句格言,我们的政府为资本主义的繁荣提供了一个有益的环境。美国政府的角色也许与你们国家不同。我们用自由放任主义(laissez-faire)这个术语从广义上描述了美国政府与企业界的关系。这个术语原来是法文,意思是"让他们去做想做的事",所以它意味着在可能的情况下政府将把对企业经营的干预压缩到最低程度。

然而,在狭义上,在美国经营企业的外国人也许会对政府内外能够间接影响他们决策的大量组织感到吃惊。一个单一的联邦政府机构可能对涉及公共安全的某个行业颁发行政法规。但是,也很可能将有不止一个的机构介入。此外,非营利公共机构和游说者也许会发挥影响。

例如,一个联邦机构给美国汽车行业规定了安全准则。一些州还可能有另外的要求,像加利福尼亚州就对当地销售的汽车的尾气排放施加限制。我们的保险公司有一个测试机构,对汽车的耐撞性进行评估,它们的测试结果将影响汽车的设计。美国汽车协会(AAA)向车主提供援助服务并设法使华盛顿听到他们的声音。所以,在美国做生意,你不可能只去一个信息来源探索商机和得到答案。我们在华盛顿有许多顾问和游说者帮助企业游走于这个由政府和私人部门构成的迷津之中。

与一些国家不同,美国政府拥有的项目很少,它们往往趋向于提供至关重要的公共服务。州政府可能建筑桥梁和收费公路,维修古迹,建造娱乐设施。地方政府(市和县)可能拥有诸如水电系统这样的公用事业。有些国家,政府拥有运输和通信系统。在美国,它们由私人所有,但是由政府调控。

从经济角度来看,我们的联邦政府提供你可能遇到的三大重要服务:确保竞争、照料公共利益和维持经济。①

(1)**确保竞争**——我们的政府确保提供货物和服务的那些人或企业间存在公平竞争。在实现了这种公平时,我们就用"公平竞争环境"这个术语来表达。假如少数

---

① 从以下网站可以查看有关提供这些服务的美国政府部门和机构的信息:www.firstgov.gov。

企业因为较大的销售份额而具有太多权力时，它们就可能限制竞争者进入行业，从而束缚了竞争。当这种情况发生时，便会危及资本主义的功效，人为的定价和控制取代了自由市场的优越性。

在19世纪晚期，没有竞争的巨型垄断企业掌控了美国许多行业。美国政府在1890年通过了著名的《谢尔曼反托拉斯法》(Sherman Antitrust Act)，宣告它们为非法。该法案把大型的石油和铁路公司拆散成较小的独立公司，在这些行业中重建了自由企业。为了促进进一步的竞争，美国政府还在20世纪70年代和90年代先后探索了拆散巨大的IBM公司和微软公司的可能性。

并购在经济上可行的基础是，可以将同样的业务结合在一起，消除冗余，遣散被淘汰的人员，其结果是降低了运作成本和增加了利润。但是，政府继续对所提出的大型合并及其可能导致的行业支配地位问题进行考察，以确保竞争不会遭到扼杀。最近的这样一项裁决是政府阻止了AT&T提出的以390亿美元获得T-Mobile的申请，否则这将在无线市场"极大地削弱竞争"。

美国政府希望刺激美国的世界贸易，但是也希望通过确保所有参与者遵守相同的规则来保证竞争，以保护美国自己的企业和就业机会。例如，中国为了保护本国的汽车制造商，有时对美国车辆征收的关税使得它们在中国的零售价等于在美国的三倍。美国和其他西方国家也担心，一些外国政府(尤其是在亚洲)将不会致力于保护我们的专利权和知识产权，并努力消除仿造业务。例如，据报道，2000年在上海出售的颇受欢迎的伟哥药丸有90%是仿造的，因为中国不承认美国对这种药拥有的专利权。

提示：这是无法避免的。美国一位参议员提议立法阻止联邦政府的钱流向把就业机会送到国外的公司。他说这是对下述公司的激增做出的反应：它们为了增加利润而把就业机会送到比较廉价的海外却使更多的美国人失去工作。该参议员说，《财富》500强公司(我们最大的500家公司)中，有40%正在把工作外包给其他国家，而且这个名单还会增长。该法案要求所有为联邦政府服务的承包商把这些工作放在美国来做。美国的大部分问题总是具有两方面。如果这样，那些失去比较廉价的劳动力的企业获得的利润就会较少，政府和民众便需花更多的钱购买它们在美国制造的商品。

（2）保护公共利益——在资本主义经济中，政府力图确保社会和环境在企业决策中得到考虑。为了保护公共利益，联邦政府为银行、航空、铁路、无线电和电视广播等制定了行业准则。它也管控那些具有得到政府批准的垄断力量的行业，如公用事业和电话公司。以下是你在这儿开展业务时可能会碰到的一些管理或支持我们企业的联邦政府机构。

- **环境保护机构（EPA）**——帮助保护清洁的水和空气不会受到企业的影响。①
- **联邦贸易委员会（FTC）**——维持自由和公正竞争以及保护消费者免受不公平的对待。②
- **小企业管理局（SBA）**——以提供贷款、咨询和企业管理的信息的形式促进和保护小企业。对于那些想在这儿开创自己企业的移民来说，这是一个很大的帮助。③
- **食品和药物管理局（FDA）**——监测药品和食品的纯度和安全，包括从外国进口的食品和药物。④
- **劳工部（DOL）**——确保包括外国人拥有的公司在内的企业遵守劳动法规，以保护我们的员工。⑤

提示：你或许会发现，联邦政府对于一些美国公司的监管比你们本国通常所做的更为严密。在你首次会见你的美国生意伙伴以前努力了解这些规则；它们可能影响到你和你的业务往来。

（3）维持经济——联邦政府也在调节经济方面发挥作用。经济在好的时期和坏的时期之间的波动被称为商业周期。经济衰退发生在货物和服务的整体产出连续6个月出现下跌的时候。经济萧条就更糟了；它涉及GDP下降10%或以上。大萧条发生在20世纪30年代，那时许多美国银行和企业倒闭，数以百万的工作岗位消失，失业率达到了25%（为平时的5倍），GDP下降了33%。

---

① 见：www.epa.gov。

② 见：www.ftc.gov。

③ 将在关于如何拥有一个企业的V章对此具体加以讨论。又见：www.sba.gov。

④ 见：www.fda.gov。

⑤ 见：www.dol.gov。

由此我们得到的一个教训是：政府必须监测经济的健康状况，放弃延续了几个世纪之久并施行于大部分美国的**放手政策**，制定适当的规则和条例，以防止类似事件的再度发生。当前，我们正在重新学习许多这样的教训，希望国会制订新的规则和条例以防止2007—2010年的金融崩溃再次出现。

通货膨胀发生在经济增长时期，这时由于需求过度和供应减少而价格上升。政府的消费价格指数（CPI）是一个衡量通货膨胀的关键标准。**联邦储备银行**是政府的中央银行，①类似于欧洲中央银行。它调整利率和其他因素以刺激或抑制经济活动。**财政部**也以影响企业和个人贷款的可得性的金融措施来帮助稳定经济。②

国际差异

作为一种概述，以下我们总结了美国和其他国家之间在企业运作和环境方面存在的一些基本差异。

- **合作**——有一项调查就此问题访问了来自德国、法国、英国、意大利、波兰和西班牙的120位欧洲首席执行官，以及来自各种规模和行业的美国公司的50位经理。近95%的欧洲经理认为，国际合作是重要的。对照之下，40%的美国经理将比较紧密的关系称为不重要，只有12%的经理说泛大西洋合作至今已产生积极的结果。另一方面，由于认识到欧盟的经济重要性，我们的巨头通用电气公司把它在欧洲的总部从伦敦迁至欧盟总部的所在地布鲁塞尔。

- **竞争**——当美国相信企业间的不受阻碍的竞争时，欧盟统一了经营和政府指南的标准，使得相互竞争的公司可为获得效率和更大的综合生产力水平而进行协调。这非常适合高技术行业，也许使相互合作的欧洲人取得了对采用单干的竞争方法的美国人的优势。作为竞争的一个组成成分，美国企业用于研究和开发（R&D）的费用总共占GDP的2.5%，而欧洲花费了1.9%，具有创新意识的日本是3%。

- **决策**——人们解释事实的方式往往影响了他们如何进行企业管理。有一项研究表明，当美国的高级执行官被问及他们的企业为何存在时，大部分人回答

① 见：www.federalreserve.gov。

② 见：www.ustreas.gov。

是要"创造股东价值"。它还发现,中国私企的存在也像它们的美国同行一样是提供股东价值,但是只是为了公司顶层的人。日本企业的目的被规定为不仅只是使股东价值最大化,而且要照顾到雇员。韩国比日本或中国更类似于欧洲,但是也顾及了雇员和社会。

- **国内生产总值**——2011年,美国公司销售的货物和提供的服务共达到了15万亿美元的价值。我们将这种由一个国家生产的总量界定为它的国内生产总值(GDP)。美国和欧洲一起约占世界经济活动的50%。世界最大的140个公司中有60个是欧洲的,50个是美国的。要注意的是,虽然GDP反映了一个经济体生产的货物和提供的服务的市场价值,它并不是对一个国家的生活质量的衡量,也不是对诸如个人幸福、安全、清洁的环境和健康之类的事情的测量。

下面的表格提供了世界上GDP最高的10个国家的排名。它也显示了**金砖四国**(BRIC)的经济是如何继续扩展的。金砖四国是最近使用的一个缩略语,指巴西(Brazil)、俄罗斯(Russia)、印度(India)和中国(China),这些国家都被认为处于一个相似的新的先进经济的发展阶段。它们占世界陆地面积的四分之一以上和人口的40%多。研究显示,到2050年,它们的经济可能使当前世界最富裕国家的经济黯然失色。

2011年GDP最高的10个国家
(金砖四国为黑体)

2011年排名	国家	GDP(万亿美元)	2010年排名
	全世界	78.852	
	欧盟	15.778	
1	美国	15.064	1
2	**中华人民共和国**	8.200	2
3	**印度**	4.469	4
4	日本	4.395	3
5	德国	3.089	5
6	**俄罗斯**	2.376	6
7	**巴西**	2.309	9
8	英国	2.253	7
9	法国	2.216	8
10	意大利	1.828	10

能够解释美国GDP何以如此巨大的因素包括它的庞大的地理规模和人口、丰富的自然资源,但是也许更重要的是支持和奖励对经济做出贡献的企业的美国社会。

美国的服务经济包括了从银行业到零售业再到旅游业的各个行业,占美国经济活动的80%。据说,如果我们人口最多的州加利福尼亚是一个独立的国家,那么它将具有全球第十位的GDP,其面积相当于意大利。

人均GDP(GDP除以人口数)反映了一个国家的效率和工作者的产出。大部分欧洲国家的人均GDP都要低于美国大部分的州。这同样适用于欧洲国家的经济增长率,在近几十年中它也落后于美国。经济学家说,在最近的美国经济衰退期间,GDP的增长率为1%—2%,相当于德国等欧盟国家的繁荣状态。这不是吹嘘,不过是说明其他国家和公司要理解美国企业模式后面的驱动力的重要性。

- **税收负担**——国际经济学家把美国的经济成功归因于整体上的低税负,即税收负担约占GDP的28%。瑞典的税收负担占GDP的52%,欧盟的平均数是40%,爱尔兰是欧盟14国中最低的,为32%。一致的观点是,税收负担越高,公共部门就越大,政治决策者和公共官僚机构的权力也越大。较高的税收也会产生不去工作的刺激和限制创业的动机。正如你已知道的,美国人相信政府越小越好,这些也就是美国经济为什么成功的一个理由。①

- **劳动力**——与美国相比,欧洲人喜欢工作得少一些、挣得少一些、生活简单一些、玩乐多一些。他们的人均收入比美国少三分之一,但工作时间较少。70%的美国人相信,富人之所以富是因为他们更聪明和工作更努力,穷人之所以穷是因为他们是偷懒的人;只有40%的欧洲人同意这个观点。

  鉴于美国拥有较多大型企业,美国只有不到50%的就业机会来自于中小企业,而欧洲是70%。

  在大部分欧洲国家,你一旦受雇,只能在确有理由的情况下才会被解雇,这是几百年来的一个强大的传统。但是,在美国,除非你有合同保障,否则你会被以种族歧视或性别歧视以外的任何理由解雇。这就是我们带着个人责任感而努力工作的一个原因。

  大约一半的美国人口组成了我们的劳动力,但是受雇于我们高度机械化农业的还不到1%,不像印度60%的劳动力务农。正是我们开放的劳动力加之我们丰富的自然资源和坚定决心,才可能使美国成为一个领先的工业国。有关劳动力的事实还包括:

---

① 本章的后面部分将更多地涉及在美国的创业问题。

* 工资——我们的高管报酬丰厚，以至于一些人说过于丰厚了。在美国，典型的高收入者挣得的钱为低工资者的5倍以上，在欧洲则是3:1。美国的最低工资为平均工资的40%，而欧洲是55%。

* 失业——美国一直是世界上失业率最低的国家之一，平均约为5%—6%。一般来说，通常只有在日本才能发现更低的平均失业率，失业率较高的是印度（9%），巴西（9.5%），和波兰（15%）等国。

* 妇女——在美国的劳动力中，大约60%是妇女，相比之下，法国是48%，日本是40%。有些国家（包括印度）与美国不同，妇女就业仍然会带有负面的耻辱感。直到20世纪50年代，美国人也有这种耻辱感。那时三个妇女中只有一个加入了劳动力大军，因为许多人认为妇女的角色是在家里照料家庭。

提示：我们有许多电影是关于商业和金融的，包括《一袭灰衣万缕情》（The Man in the Gray Flannel Suit, 1956），《公寓春光》（The Apartment, 1960），《成功之路》（How to Succeed in Business Without Really Trying, 1967），《华尔街》（Wall Street, 1987），《上班女郎》（Working Girl, 1888）和《抢钱世界》（Other People's Money, 1991）。

国际贸易

美国在很大程度上依赖于同其他国家的贸易，反之这又影响了我们与那些国家的关系。加拿大购买我们大量的出口产品（22%），随后是墨西哥、中国、日本和英国。我们的大量进口来自于加拿大（19%），接下来是中国、墨西哥、日本和德国。就贸易美元的总额来说，加拿大是第1位（6000亿美元）。中国从7年前的第5位上升到今天的第2位（5000亿美元）。

自第二次世界大战以来，美国已试图减少贸易壁垒并加强世界经济体系。我们不仅把开放贸易看成是促进自己的经济利益的手段，而且也视为是在各国之间建立和平关系的一个关键。维多利亚时代的英国阿尔伯特亲王在1851年建立第一个展示制造产品的世界贸易博览会（后来被称为世博会）时，寻求的也是同样的目的。一个开放的贸易体系要求各国相互可以公正和无歧视地进入对方的市场。为此，美国给予各国进入其市场的优惠条件，只要它们以减少自己的贸易障碍作为回报。（这又是公平竞争的问题。)然而,在这方面并非一切都是令人满意的(hunky-dory),一些国家不愿采取相应的政策。于是,一些美国人想阻止它们向美国的出口。

(1)贸易赤字——还在2006年,我们仅仅出口1.4万亿美元价值的货物和服务,进口却是2.2万亿美元。这个创历史最高纪录的8000亿美元的差额使许多美国人感到忧虑。在后来的几年里这一数字有所减少,但是2011年又攀升到5600亿美元。所以,贸易赤字仍然是许多人关注的一件事情。公众希望政府密切注意我们对那些向美国的出口远远大于从美国进口的国家的贸易政策。小布什总统面临公众对于与中国的贸易出现飙升赤字一事施加的政治压力。当中国总理在2003年访问美国时,美国人是高兴的,希望中国会致力于增加从美国的进口,平衡两国间的贸易水平。然而,事情并未发生变化。与中国的贸易赤字从2004年的1620亿美元稳步增加到2011年的2950亿美元。因此,一些政客和公众要求美国制裁(crack down)中国。

(2)工作的失去——当原来在美国生产的物品现在转移到比较廉价的海外制造、然后再进口到美国时,美国人也对工作的失去感到了担心。由于在2001年至2011年间与中国的贸易赤字,美国失去了280万个工作岗位,其中190万个是在制造业。当客户呼叫服务中心转移到印度来处理美国人给美国公司的电话时,工作机会同样会失去。转让出去的工作还包括后台信息技术(IT)业务、研究、统计、医疗转录,以及辩护律师、会计、医学专家和科学家的工作。由海外的人来从事这些难做的工作,不仅做得好,而且花费的钱大幅减少。

我们的**《财富》500强公司**单单把工作外包给印度的就有二分之一至三分之二,节约了70%的潜在劳动成本。此种收益是那些把眼睛盯住纯利润这条**底线的**企业高管们难以忽视的。当媒体报道这些公司把工作外包到海外时,一些美国人对它们进行了抵制。

提示:在讨论我们与之有贸易赤字的国家或使我们失去工作的国家时,这对美国人来说可能是个敏感的话题,尤其是如果那些国家还限制了从美国的进口的话。正如你已经知道的,美国人喜欢他们生活的所有方面都是平等的。大量美国制造商在其产品包装上显著地标示"美国制造"以加强它们的形象。许多亚洲和欧洲的汽车制造商现在在美国使用当地的劳动力和材料制造车子,这就使得它们可以避开这个问题。

（3）其他的关注——美国人还认为，如果其他国家的雇主为了在国际市场上更有效地竞争而剥削工人或破坏环境，它们就不应该得到自由贸易的好处。作为对这种要求的一种反应，许多美国公司现在监视它们的海外生产设施，以保证其员工不至受到剥削。例如，苹果公司发表了一份年报，详述了为对其供应商进行监督而作的种种努力，以保证它们在法律范畴内进行运作和遵守公司有关环境标准、人权、职业健康和安全的政策。我们的一些技术协会对它们的成员也做了同样的工作。最终结果是全世界的工作条件都得到了改善。

你也许看到公众示威反对我们的零售商进口在贫穷国家制造的衣物，在那里童工被迫为了很低的工资工作很长时间。其他一些人抵制通过在动物身上进行的测试而制成的产品，所以你可能看到说明它们没有受到这种测试的标签。你也许看到我们影片结尾处的类似声明，说明在制作该影片时动物没有受到伤害。想把产品卖给美国的外国制造商们应该知道这些重要的趋势。

如果你有兴趣在美国拓展业务并且想在遇到贸易问题之前就及早做好应对的准备（head off at the pass），可以与你的美国同行随意地讨论这些贸易差异。

国际经营模式

一些外国企业采用了美国的经营模式和运作技术，在美国和其自己的国家都取得了成功。日本和中国提供了风格迥异但又都在美国实现了成功经营的两个有趣的个案。

（1）日本人的做法与中国人的做法——第二次世界大战后大约20年的时间里，日本是廉价产品的制造者，其品牌在美国很少或完全没有得到认可。在20世纪70年代和80年代，一旦日本企业掌握了发展国际品牌认知度的复杂任务，其经济就随着商业的繁荣而出现了腾飞。日本人把他们的公司、产品和文化带到了美国。但是他们经常以在日本的方式经营在美国的企业，有时就在美国的员工和产品购买者中造成了憎恨。

> 提示：1986年的影片《打工好汉》（Gung Ho）准确描写了当时在美国的日本公司由于不同的文化和企业运作而实际面对的强烈反对。这是关于一家收购了美国汽车制造企业的日本汽车公司的故事，它的日本管理者和当地工

人在工作态度上出现了尖锐的冲突。

中国就像日本曾经走过的那样正在缓慢地超越由低工资工厂生产廉价货物的阶段,在商务方面却采取了一种不同于日本的做法。2004年,作为中国最大的个人计算机(PC)制造商,联想集团宣布它正在收购美国IBM公司的个人计算机业务,后者是这一领域的开拓者。对中国人是否发展了全球竞争所需要的高端管理技术,人们还存在疑问。这个收购将使中国以外几乎无人知晓的联想成为世界上第三大的PC销售者,给它一个得到国际承认的品牌以及获得IBM的技术和管理能力的机会。许多人把这次收购看成是一个新的中国经营模式的象征:通过购买取得经济地位,而不是像日本那样因循守旧地把本国的企业安置到外国的领土上。

当中国今天继续推进对外国公司的国际收购时,随着失去工作成为当地人们最大的担忧,日本人在30年前遇到的怨恨毫无疑问地将在海外再次被激起。例如,中国五矿集团购买加拿大最大矿业公司的提议造成了紧张的辩论,因为加拿大人害怕他们的矿工会失去工作。西班牙的一个制鞋小镇的工人放火焚烧了中国人拥有的仓库,并要求西班牙政府限制鞋的进口。但是,即使出现了这些偶发事件,中国或许不会在美国引起像当年对日本怀有的那种仇视,因为它代表了全球拓展的不同方法。

- **自由市场**——中国慢慢地对外国打开自己的市场。日本对进口则有更多的限制,这是对有关公平竞争环境问题的争论火上浇油(add fuel to the fire)。
- **开放心态**——中国公司似乎对学习我们的经营技术更感兴趣,而不是像日本公司最初所做的那样强制推行自己的经营方法。
- **打开口袋**——因为口袋里拥有大量美元而激动不已的日本公司在美国购买了许多标志性建筑物,诸如纽约市的洛克菲勒中心、好莱坞的哥伦比亚影业公司,以及大量的办公大楼和大型旅馆。因为这些都是引人注目的购买,它们形成了产生强烈文化反差的重大新闻故事。这也可能是外国人在美国人进入他们国家进行购买时所会做出的相同反应。

与日本的汽车业相比,中国在美国和国际汽车市场并不成功。它便宜的吉利汽车无法通过美国的道路标准。汽车分析家说,吉利可以有两种方法在国际市场上取得进展。一种方法是用若干年的时间系统地改善它的质量,就像日本丰田和本田汽车公司在20世纪60年代和70年代所做的那样,或者走捷径,购买一个全球品牌。2010

年，吉利从美国福特汽车公司购买了广受欢迎的瑞典沃尔沃汽车公司，努力地快速拓展它的业务。汽车分析家们还说，由于文化的差异，吉利应该允许沃尔沃基本上独立运作，否则就会冒削弱瑞典公司的良好形象的险。吉利接受了他们的建议。在中国，汽车的年销售量达到了1900万辆，现已取代美国以前的排名第一的位置（年销售1300万辆汽车）。

（2）一位中国高管学到了什么——从美国企业学到了什么以及如何运用所学到的来取得自己公司的成功?中国联想集团的创始人柳传志对此提供了有趣的深入分析。联想作为一个贸易公司起始于中国香港，因为中国大陆不授予他许可证。然后，他建立了一家工厂，并于1984年把业务转移到中国大陆。作为外国公司（如美国的主要计算机制造商惠普公司）的一位分销商，柳传志发现，如果要想取得成功，管理是非学不可的。他的公司从这种国际联系中学到了如何组织销售渠道以及如何有效地推销其产品。他说，他不断地阅读外国的管理杂志和参加在美国举办的管理研讨会。

当要求解释他的公司如何使联想品牌成为中国个人计算机的最大生产者时，他说他集中于以美国经营模式为基础的三个方面：

- **上市公司**——即使他的公司部分地由政府所拥有（57%），他还是将它重组为一家**上市公司**，并向公众出售股票。他相信这将使该公司处于与外国上市公司相同的地位，并使他能够向公司员工提供优先认股权，从而最终可以极大地激励员工。此举也同时增加了公司获得资本的能力和来自股东要求成功经营的压力。此外，它也迫使公司在管理过程中更加透明，尽管这在美国是理所当然的事情，而在其他国家却并不那么常见，在亚洲尤其如此。

- **管理结构**——柳传志集中关注的第二个方面是建立一个坚实的**管理结构**。基于与西方的接触，他发展了我们经过几十年的试验和完善的传统营销、促销和物流管理技术。这是我们的商学院喜欢应用显示管理行动结果的个案研究的一个原因。

- **文化差异**——改变根深蒂固的文化习惯则更为艰难，尤其是在激励员工和灌输新的道德标准方面。柳传志感到，美国企业有一种强烈的市场意识和商业道德，加之一支忠诚的和主动积极的员工队伍。他说，中国的国有企业有薪金限制，这会抑制主管人员的责任。他努力发展一种与美国相似的文化，在这种文化中雇员更为主动，可以坦率发表意见，不必像鹦鹉学舌般重复（parrot）他们认为其主管想听的话。

柳传志提到的美国运营模式的成分、结构和原则问题在本章中就得到了讨论，而对文化和人员问题的分析则将留到下一章。

商业道德

从这本书你已知道美国人相信平等和公正。这也适用于商业。我们具有确保所有企业都在相同的准则内运作的竞争规则。一般来说，你应该看到，由于我们在其中运作的法律和文化，许多（但不是全部）美国商界人士按照我们的西方标准来看都是很诚实的。

由于各国的经营方式不同，商业道德和治理也不一样。例如，在中国，研究往往是"烟酒"的双关语，它们被用于贿赂（grease the wheels）以便于办事。办事要看前后是"钱厚"的双关语，意思是指加快办事速度需要付出报酬。或许被他们视为一种正常的经营方式的东西，却可能被我们认为是不道德的或甚至是非法的。我们用来描述上述情况的术语是贿赂以及桌子下的付款（payment under the table），暗箱操作且是违法的。

在美国，为了做成一笔交易而提供钱财或贵重礼物是犯法的，可以被处以罚款或监禁，或两者兼而有之。由于这个原因，美国人非常重视以合适的价格构建合适的交易。甚至不要暗示你将考虑给予或接受贿赂或回扣（kickback）。这会冒犯你的交易方，削弱你的职业形象，毁了你的生意。然而，如果你能够把另一桩生意与这桩生意以更有利的价格搭配起来，这将是受欢迎的，因为那是生意不是个人私利。

基于对企业主管的一个调查，根据所察觉到的来自世界最大28个经济体的公司向海外支付贿赂的可能性，透明国际（Transparency International）每年将那些国家加以排名。[1]可能性最小的是荷兰和瑞典，它们并列第一，随之是比利时、德国和日本。来自金砖四国经济体的公司由巴西领头，第14位，然后是印度第19位，中国为第27位，俄罗斯最后第28位。阿联酋、印度尼西亚和墨西哥也是属于排名最后的5个国家。美国是第10位，随之是法国、西班牙和韩国。所以，美国也不是如我们自认为的那样一尘不染（squeaky clean）。[2]

---

[1]　见：bpi.transparency.org。

[2]　顺便说一句，在我到属于前苏联的国家进行旅行时，他们仍在进行着艰苦的努力，以摆脱所继承的这种腐败遗产。

我们对一些外国商界人士的看法是，他们可能就某件事达成了协议，然后又会坚持比原先同意写下的更为有利的条件。不要这样做！我们认为这是不道德的！如果你这么做，就会失去尊重和一个生意伙伴。在美国，我们强调要照合同办事。①

美国商界人士很受与他们的产品进行竞争的仿冒品（counterfeit）的困扰。例如，一些全球企业害怕去中国，因为这要冒它们的知识产权（IP）受到侵害的风险。由于文化差异，在一些社会中，几乎没有对知识产权的理解或尊重。确实，在抄袭通常是意味着恭维和效率的社会里，很难将知识产权概念化。对他们来说，抄袭只是一种低风险、聪明的经商方法。由于在西班牙文化中对知识产权的侵害是可以接受的，苹果的影音商店就不在那里出售影片或电视剧，其他电影公司也都即将不在那里发行它们的电影。

提示：请记住创新和发明是使美国成为企业界领导者的重要因素。这些往往是由个人加以发展的想法，所以我们自然要加以保护。

美国国际贸易委员会②说，据估计，2009年，由于盗版和仿冒美国软件及其他各种拥有知识产权的产品，美国企业仅仅在中国就损失了480亿美元和210万个工作岗位。美国贸易代表办公室第7年把中国列为在防止盗版方面记录最差的国家之一。③

而且，在海外仿造的美国产品往往被受美国公司雇用制造这些产品的商家非法地作为原产品出售。我们的媒体报道说，有一个亚洲制鞋商具有为美国一家大公司制造所有运动鞋的合同，但是他们在美国公司不知道的情况下，为了自己的利润竟然在亚洲制造和出售与其产品相同的运动鞋。

遗憾的是，像这些有关一些商家的非法交易的报道会损害一个国家的人民和企业的普遍名声。日本有一个谚语："一千年的声誉可能是由一小时的行为决定的。"所以，与美国公司做生意时，要准备消除它们对知识产权的安全所怀的任何担忧。上述调查结果还有可能扼杀与那些属于制裁盗版的国家和要在美国经商的公司的生意，或扼杀与曾考虑在那些违法公司所在国家拓展业务关系的美国公司的生意。

---

① 　参见关于法律的E章。

② 　见：www.usitc.gov。

③ 　见：www.ustr.gov。

提示：在商务洽谈中，你应该做出特别努力使你的美国同行相信你和你的公司是诚实的，具有符合美国标准的诚信和信誉。要做到这点，你需要提供使用过你们的服务并可证明你们公司良好行为准则的其他公司的名字。随着海外一些国家在经济上的成熟，做到西方标准的诚实和诚信在它们的国际交易中将变得更加重要。长期的财政收入的增长将比非法的短期获利变得更为可取。

定义和术语

你在商务洽谈中可能会碰到频繁使用的商业词汇和术语。假如你有什么不理解的，请随时要求澄清。对一个词汇或术语的误解可能对你的生意产生负面影响。

- **应收账款（accounts receivable）**是指客户应给的钱。应付账款（accounts payable）是指一个公司被要求付给另一个公司的钱。
- **资产（assets）**是所拥有的任何具有货币价值的东西，诸如现金、股票、库存、建筑物，专利和设备。反义词，债务，是负有的债，像贷款。
  - * 流动资产（current assets）是可以在12个月中转换成现金的资产，像债券。
  - * 固定资产（fixed assets）是企业所拥有但并非用于出售或转换成现金的资产。包括固定装置、设备、建筑物、专利、商标等。
- **预算（budgets）**由企业用来控制它们的运作。它对一年期间的销售做出计划，然后准备各部门的经营预算。在业务运作过程中，管理人员监督财务报告，以保证预算得到满足。预算中有些项目是可变的（会发生变动，如销售额），其他一些项目则是固定的（相当恒定和可预测的，如房租和水电费）。
- **现金流动（cash flow）**是指一个企业在日常运作中现金的进入和流出。如果用于运营所付出的钱（如房租、薪金、材料等）超过了进入企业的现金，它就有一个负现金流动。在资金流动方面具有季节性波动的企业通常会从一家银行获得营运资本信用额度（working capital line of credit），以临时增加它们的现金。
- **消费者（consumer）**是使用货物和服务的人。耐用品（durable goods）被定义为打算能持续使用3年或以上的产品，如汽车和冰箱。
- **销货成本（costs of goods sold）**是指直接与生产出售的货物或服务相联系的成

本。这一般包括材料、劳动力和生产成本。一般企业成本(如广告和核算)不包括在内。

- **折旧(depreciation)**是指资产买进价的一部分,政府允许企业把它作为一种开支加以申报,以抵充它们应付的税款。例如,用3000万美元购买一幢建筑物后,该企业被允许连续30年每年为它申报100万美元的折旧。这被视作是"磨损"费用。政府允许加速折旧,以在资产使用期的较早阶段就能收回更多的成本,因此减少了应付税款。这反过来又鼓励企业投资新的建筑物、设备等。
- **经济学(economics)**是对如何生产和分配货物和服务的研究。
- **资产净值(equity)**是公司的总资产和它的债务(所欠的钱)之间的差额。它代表了公司所有权的价值。如果一家公司有1000万的资产和800万的债务,它的资产净值是200万。净资产(net worth)是另外一个术语,用来界定一个公司(或一个人)的这一价值。
- **企业(enterprise)**是称呼公司(businesses)的另一个术语,商号(firm)的说法有时也被使用。
- **财政年度(financial year)**是指财务报告所涉及的时间。如果公司报告其1月1日至12月31日的经营结果,这是指日历年。然而,大部分公司有一个12个月的财政年度,而不是日历年,如最适合其运作的4月1日至次年3月31日或任何其他时期。会计期是指财务报告所讲的时期,如月、季度或财政年度。

提示:美国公司的财政年度可能会影响你的企业与它的生意。例如,如果你企图在1月份向一家公司出售一些商品,而它的财政年度结束日是3月31日,你可能会被告知过几个月再来,因为那时经理就知道他在即将到来的财政年度的预算是什么情况。

- **收入(income和revenue)**是指进入公司的钱,如销售款,与被称作开支的流出公司的钱相对应。
- **收入税(income tax)**是指企业付给政府的一种税。在其财政年度结束以后的几个月中,要填好表格并将其交与联邦政府和州政府,显示所欠营业税款的计算结果。国会希望免除美国公司在海外挣得利润的部分税款,但不是全部。这是今天的一个热门话题,因为公司并不把资金转回美国,否则它们在东道国第一次交税之后还要在美国第二次交税。

- **投资（investment）**是个人或企业用存款来生产未来的收入。企业会对生产资料（capital goods）进行投资,如日后会产生未来收入的建筑物和设备。个人或另外的企业购买一个公司的股票也是一种投资。

- **信用证（letter of credit）**是由进口商的银行签发给出口商的一种文件。它担保出口商的货物到达时将得到付款。美国公司进口国际货物时一般都使用这种付款形式。

- **债务（liabilities）**是资产的反面。它们是企业所欠的,如贷款和欠款。
  - * 流动债务是必须在少于12个月的时间内偿还的短期债务。
  - * 长期债务具有较长的应付时间,如用来支付扩大业务所需资金的大额贷款。

  　　流动资金与流动债务的比率是表明企业的资产流动性（liquidity）即可得现金的速度的一个指标。资金对债务的比率越高,企业的资产流动性就越大。这个比率被称为流动比率（current ration）。潜在的债权人用这个比率来衡量一个公司偿还短期债务的能力。虽然可接受的比率可能因行业不同而变化,2（资金）：1（债务）的流动比率被认为是个标准。

- **跨国的（multinational）**是描述一种企业组织,它以一个国家为基础,并在许多其他国家有分支、子公司和工厂。许多美国大公司都是跨国的,这是20世纪40年代末当海外出现机会时出现的一个趋势。许多海外的跨国公司在美国也有分支。

- **经常开支（overhead）**是用于会计目的的一种费用,如保安、计算机操作、房租和核算。它们不归属于公司活动的某个单一部分。

- **价格（price）**是某样东西可以因此买进或卖出的金额。
  - * 零售价（retail price）是公众为购买某物而付给的价格。
  - * 批发价（wholesale price）是另一个企业为了把某物以零售价转售给公众而可能支付的价格。

- **利润幅度（profit margin）**是销售价格与生产一种产品(或服务)的成本间的差额。

- **估价单（pro format）**是使用假设的美元和数值来预测收入和开支的报告。通过以各种不同的财政因素来分析财政结果将有助于决策过程中的管理。例如,如果你要向一家美国公司出售一种有助于降低成本和增加销售的大件设备,该企业可能要求你帮助准备一份估价单以考察这一设备会对它产生的经济影响。估价单也许显示这样一些内容:机器的成本、预计的人员成本、生产成本、降低了的销售价以及增加的销售数量，而所有这些都会影响利润。

- **留存收益（retained earnings）**是指公司留存的而非作为红利分发给持股者的净收入部分。它们是自公司建立以来每年挣得的资本的累加。
- **贸易（trade）**是商品和服务的交换。在一个国家内的贸易称为国内贸易（domestic trade）。国家间的贸易称为国际贸易（international trade）。全球化（globalization）是一术语，说明全世界的人、企业和组织之间出现的文化联系和经济联系都在不断增加的趋势。
- **营运资本（working capital）**是指流动资产抵消流动债务后的剩余资金，被用以维持企业日常的财政营运。

企业结构

美国有三种主要的企业所有制结构：独资企业，合伙企业和股份公司。

（1）独资企业（single proprietorship）——这些企业由一个人或一对已婚夫妇拥有和经营。在美国有1700万家独资企业，其中许多是由美国移民拥有。业主做出所有的决定，接收所有利润，并且独自对所招致的债务负责。建立独资企业要求相对小额的资本和简单的法律手续。在许多情况下，业主只要向城市申请开业许可证即可。大量独资企业是小型的服务和零售企业，诸如礼品店和服装店、美容店和修理店。

> 提示：美国移民小业主也许会对美国企业须保持精确的财务纪录的要求感到吃惊。在一些国家，不开销售发票，即使开了也不逐项注明或写上日期。在美国，政府机构可能要对企业进行审计，从而确定它们是否支付了所有的税款，所以销售发票和银行账户可能受到检查，以保证所有的销售额都已如数上报。

（2）合伙企业（partnership）——如果两个或更多的合伙人签署一项法律协议，以说明每位合伙人要做的工作和贡献资本的数额，以及接收的利润百分比，一个合伙企业便得以建立。这种所有制一般用于法律、医药、房地产和小型零售机构。合伙者一般都对招致的债务负责。合伙关系的正式化通常需要通过律师进行。有时你会看到一个企业组织后面有着"LLC"这几个字母以表明它是一个有限责任公司。这是一种相对新型的企业结构,既提供了股份公司的有限责任的特点和税收效益,又提供了合伙企业在运作上的灵活性。

（3）**股份公司**（corporation）——作为我们的第三种类型的企业结构,股份公司是一种它本身的存在和它的拥有者相分离的企业所有制形式。由于这个原因,股份公司是更为持久的实体。在负责运行的人辞职、退休或死亡时,股份公司不会停止运转。如果你看到我们公司的名称后面跟着Limited（Ltd）、Incorporated（Inc.）或Corporation（Corp.）这样的词汇,就可以确定这是股份公司。

由于政府的规定,要建立和经营股份公司是比较困难的。如果股份公司负债,股东（所有者）没有责任。由于这个原因,今天有一个趋势,即医生和其他专业人员往往组成股份公司,以便在遭到起诉的情况下可以逃避个人责任。

股票证说明了该股东在一个指定的公司持有多少股份。①在小的股份公司里,业主可能是唯一的**股东**。在大公司里,可能有数百万乃至上千万的股东持有其股份。

一个股份公司的**市场价值**是通过该公司股票的市场价格乘以净发股票的总数加以计算。2012年,苹果公司具有全球最高的市场价值,达到5000亿美元。股份公司的利润将以**红利**形式分发给股东,一般是在季度的基础上分发。

一种流行的员工补偿形式被称为**优先认股权**,一般是给予高层管理人员,以激励他们努力提高该公司的股票价格。优先认股权允许这些人在将来的一定年限中以在授予优先认股权时的股价或更低价格购买公司的股票。

股份公司的资产价值界定了它的规模。大型股份公司拥有超过2.5亿美元的资产。其数量在所有美国股份公司中只占1%,但控制了它们的资产总额的80%以上。仅苹果公司在2012年初拥有的总资产就达1400亿美元。**综合性大企业**是典型的大型股份公司,它们拥有许多其他公司,其中一些也许是在不相关的行业之中。

股份公司的股东选出**董事会**,由其任命和监督**高层管理人员**。他们一般由总裁或有时所称的首席执行官（CEO）、执行副总裁和高级副总裁组成。总裁向董事会负责。一个典型的董事会可能有10个通常是来自公司外面的成员,以及若干高层管理成员。董事会的头被称作**董事长**。在连锁董事会（interlocking board directorates）中,一个董事会成员同时服务于一个竞争对手的董事会。与一些国家不同,这样的股份公司将违反我们的**反托拉斯法**,因为如果它们结合成为一个单一的公司,将伤害企业

---

① 各股份公司正在作出努力以去除纸质的股票证,转而采用电子的所有权证明。

或(和)消费者，或者违反道德行为的标准。（这里又有**公平竞争环境**的问题。）

> 提示：我们上市公司的管理官员和董事面临着他们的决定受到投资者、监管部
> 门、甚至刑事检察官的挑战的可能性正在增加。所以，很重要的一点是，如
> 果你服务于一个董事会，你要懂得你的义务和潜在责任。在美国，由于高
> 层管理人员没有受到董事会的适当监督而产生公司丑闻的诉讼案件已经
> 不断上升。许多情况下都是因为董事会成员是高层管理人员的密友因而
> 缺乏客观性。华特·迪斯尼公司在2003年经历了一次董事会改造，因为股
> 东感到董事长挑选不惜牺牲股东利益而支持他的董事会成员。为了扭转
> 这个趋势，股东要求董事会成员完全独立于管理层，以使股东的利益受到
> 保护。特拉华州最近的一项决定确定，在某些情况下，董事可能要对过度
> 补偿的决定承担责任，其理论基础是，通过这样的支付他们正在浪费资产。

股份公司一般拥有不同的部门(或科室)，它们向总裁或首席执行官进行报告并在企业中完成三项基本工作：

- 生产，包括产品和服务的计划、设计和创造。
- 营销，识别消费者需要和想要的商品和服务，并以合理的价格以及在适当的地方和时间提供给他们。
- 财务，涉及对企业内部的钱财的管理。

衡量股份公司绩效的一个标准就是每股收益。这是通过将它的纯利润除以净发股票的数量计算而得。通常要在每季度和财政年度结束时向股东和公众报告每股收益，并与之前的时期进行比较。好的收益可以使公司股票的价格上升，差的收益则会导致相反结果。

股份公司必须向他们的股东和政府提供年度报告，包括财政报告和对这一年公司运作情况的分析。在准备年度报告时，公司要进行一次独立的年度审计，即由一个会计师事务所验证报告上所列的财政数字的真实性。通过州的考核担任这一工作的个人被称为注册会计师(**CPAs**)。

与比较宽松的国际准则相比，美国的会计准则是相当严格的，因为它们是由美国证券交易委员会(**SEC**)、美国注册会计师协会和美国财务会计准则委员会建立的。你可能看到一些外国公司在报告它们在美国的季度运营结果时使用了"**US GAAP**"

字样,即美国公认会计原则(Generally Accepted Accounting Principles in the U.S.)。

就像一些小的会计事务所和个体专业人员那样,被称为四巨头的美国四个最大的公共会计事务所也提供税收和管理咨询服务。它们是:普华永道会计师事务所(全球最大的)、安永会计师事务所、德勤会计师事务所和毕马威会计事务所。[①]这些会计事务所都是国际性的,在世界各地设有分事务所。

> 提示:如果向投资大众隐瞒不好的信息或伪造数字,有关公司可能会在法庭上受到控告。这方面的一个近期例子是广为谈论的安然公司,它主要是通过抬高销售数字故意伪造财务报告。负责审计安然的大型会计师事务所安达信被下令解散,安然的公司领导则被送进监狱。此事发生后,美国的五巨头就变成了四巨头。这证明即使是"大佬"也不能不遵守法律并必须对后果承担责任。美国人公认的新涌现的欺诈企业还包括奎斯特通讯公司、泰科公司、世界通讯公司、阿德菲亚公司和南方健康公司。熟悉意大利帕玛拉特案的欧洲人把它称为欧洲的安然,这表明数十亿美元的欺诈不只是局限于美国。

小企业

大部分外国人把美国看成巨型企业的土地。但是,雇员少于500人的小型企业其实更加普遍,并对我们的经济产生了重要的影响。在美国的2600万个企业中,2200万个是小企业,其中1600万个没有雇员(由所有者经营)。妇女是900万个小企业的全部或部分所有者,为其中500万个小企业的主要所有者。以下是一些与美国的小企业有关的数字:

- 代表了所有雇主的99%多。
- 雇用了私人部门(非政府部门)员工的53%。
- 代表了近一半的自雇就业者,占美国整个劳动力的7%。
- 提供了所有新就业机会的75%。
- 代表了所有货物出口商的96%。

---

① 见:www.pwc.com、www.ey.com、www.deloitte.com和www.kpmg.com。

- 占美国全部销售额的47%。
- 做出了55%的创新贡献。
- 得到了联邦合同金额的35%。
- 占了高技术部门工作岗位的38%。

每个人都能创办小企业,但是没有成功的保证。①每年我们都有约50万家新企业开张。研究显示,在美国,亚洲人新创立的小企业比其他新开张的企业具有更长时间的生存能力,这也许是因为其业主的投入精神导致了成功。少数族裔拥有的美国企业从1982年的7%上升到了现在的近15%,其中99%为小型企业。即使政府仍以各种项目来促进小企业的增长,小业主们仍然认为如何遵守政府的规定是他们今天所面临的最重要问题。大型企业也有相同的牢骚。我们善于对烦琐程序(red tape)发出抱怨。

企业家

19世纪著名的自然主义者查尔斯·达尔文说:"能生存下来的不是最强大的物种,也不是最聪明的物种,而是最能适应变化的物种。"

美国文化的一个最强大和根本性的启示是,我们必须适应变化并不断前进。我们确实不知道如何坐着不动(sit still)而接受现状;400年前我们的早期定居者也不知道这一点。结果,我们的社会鼓励、帮助和慷慨地奖励带来所需变化和改进的那些个人和企业。

企业家(entrepreneur,另一个法文单词,意思是"承担")是组织、管理和承担企业风险的人。在美国,企业家是重要的,因为他们发起了所需的变革。我们早期来自欧洲的定居者在某种意义上就是企业家。他们力求改变的信念至今仍然存留在美国。虽然小企业主可以被视为企业家,在美国我们还是做出了进一步的区分。

企业家相对快速地创造了大量的财富,而且这样做的时候遭受了高风险。他们的计划往往是以小企业难以取得的重大创新为基础。许多次,这些创业冒险产生了新的行业。在过去的20年左右,微软、苹果(开始于它的创始人史蒂夫·乔布斯的车库)、易趣网站、联邦快递和雅虎等一些巨大的美国公司,都开始于少数人的头脑之

---

① 在V章中将讨论如何创业。

中。在其他人没有看到变革的需要时，这些人已经预见到对于他们的服务或产品的需求。

用以建立一个新企业的钱，不论其来源如何，都被称为种子基金（seed money），就像生长出植物的种子一样。美国是风险资本行业的创建者和世界领导者，欧洲也已经缓慢和渐进地采纳了这一行业。因为银行在开始时一般不会参与资助具有风险的、未经证实的冒险事业，风险资本家就往往提供私人投资，帮助新涌现的公司进行启动。反过来，他们可能获得企业的部分所有权，即被称为股权的股份所有权。

在美国所有上市公司中，有20%都是在风险资本的支持下得以启动的，今天占所有上市公司的市场价值的30%多。自1970年以来，风险资本已向这些当时刚刚启动的"小企业"提供了3400亿美元的投资。反过来，这些新公司又创造了1000多万个工作岗位，获得了1.8万亿美元的销售额。美国大约拥有900个这样的风险企业，它们帮助播下希望成为下一代巨头公司的种子。有时，富有的个人也会做相同的事。现在我们大学里的许多商学院都有企业家项目，这在25年前是根本不存在的。

会计制度

你在与你的美国同行打交道时可能遇到各种会计术语和概念，其中的一些可能与你的国家不同。**簿记**是指一个企业跟踪它的财务往来的制度。每一笔财务往来都进入三个账户中的一个：**资产**（拥有的财产），**债务**（所欠的债），或**资产净值**（所有权的价值）。所以，如果你的小企业拥有1万美元的资产和有8000美元的贷款，你的资产净值就是2000美元。

在美国，你将听到**复式簿记系统**这个术语，它是以这个数学平衡方程式为基础的：资产=债务+资产净值；或者换作另一个方程式，资产净值=资产−债务。当一笔财务往来记录过账到这三个账户中的一个时，一个抵消条目就要输入到另一个账户以保持方程式的平衡。一个条目是一笔贷款（被视作一个加号），另一个就是抵销借额（被视作一个减号）。

会计制度由会计记录（支票簿、日记账，分类账等）以及一系列的过程和程序组成。传统上，美国的会计制度由如下不同层次的成分构成：

- **会计科目表**——这只是各种账目的列表，就像总分类账的目录。账目分成五类：资产、债务、净资产或基金结余、收入和费用。

- **日记账和辅助日记账**——在详细的财务往来被加以总结和登入总分类账之前,首先将它们记入日记账。日记账按照时间顺序和财务往来类型组织信息。有四种主要日记账:

  * 现金支出日记账——按时间顺序记录开出的支票,按会计科目分类。

  * 现金收入日记账——依照时间顺序记录所有存款,按会计科目分类。

  * 普通日记账——记录所有不通过支票簿的财务往来,包括非现金往来,诸如折旧和机器磨损登记。

  * 辅助日记账——如工资日记账、应付账款日记账和应收账款日记账。

- **总分类账**——按特定账目组织和归类财务信息。来自所有日记账的汇总摘要每月都要过账到总分类账。它保持了每个账目年初至今的余额。所有来自总分类账的余额都要相符。一旦达到平衡,就可以准备财务报告了,其中包括下面要讨论的两个报告。

会计周期中的各个日常方面(记录财务往来、过账等)一般由**簿记员**或数据输入员来做。会计更多地集中于会计周期中的各种分析方面,诸如交易分析和编制财务报表。小的企业一般依靠个别人员(有时是业主或外请的会计)来履行所有这些功能。

财务报告

美国企业使用的两个最为重要的财务报告是:平衡资产表和损益表。其中的一些术语或概念也许会用于你的业务讨论中,所以了解它们对你将是很有益处的。

(1)平衡资产表——平衡资产表是一个企业在一个特定日期的财务状况的简要说明。它显示了该企业在那个日期的资产、债务和资产净值。为了进行比较,这个报告也典型地显示了前一时期的数字。如果该企业要在银行申请贷款,它也能被看作是由其填写以显示其信用价值的报告。请注意上面已经讨论的三个部分:资产、债务、资产净值。资产分为流动(少于1年)和固定的,债务也分为流动(限期少于1年)和长期的。(见下表)

平衡资产表
XYZ公司
截止期_____

资产(企业拥有的所有有价值的东西)

　　流动资产(可在12个月内转换成现金)

	本期	上期

　　　　现金(支票和储蓄账户)

　　　　小额备用现金(手头的实际现金)

　　　　应收账款(客户欠款)

　　　　存货清单(原材料,在制品或成品)

　　　　短期投资(股票,债券,定期存款)

　　固定资产(也称为工厂和设备;不是用于再出售)

　　　　土地(最初购买价)

　　　　建筑物

　　　　设备

　　　　家具

　　　　汽车

　　　　　　　　　　总资产_____

债务(公司所欠的债)

　　流动债务(要在12个月之内支付)

　　　　应付账款(欠货物和服务供应商的钱款)

　　　　应付利息(本期应计费用)

　　　　应付税款(本期应付税费)

　　长期债务(超过12个月)

　　　　应付票据(所有前述付款后的余额)

　　　　　　　　　　总负债_____

资产净值(也称净值)

　　股金总额(流动股的估值)

　　留存收益(盈利/亏损积累)

　　　　　　　　　　权益总额_____

(方程式:资产=总负债+净值)

（2）损益表——损益表（Prosfit and Loss Statement，也称为P&L）显示了一定时期内的财务运行结果。它一般是为一个月、一个季度或一个财政年度而准备的，并建立在这一时期（月、季度或财年）最后一天的结果的基础上。简单地说，利润等于收入与开支之间的差额。请注意下面的样本中计算利润的不同方法。首先是通过扣除已售货物的成本算出销售利润，即**毛利**。下一步，通过扣除销售货物的成本，计算出营业利润。接下来再扣除其他的一般非销售开支算出作为税前纯益的净利润，最后算出税后纯益。

> 提示：美国语言中的一个普通术语是底线（bottom line）。在商务洽谈中，它可能是指净利润。在非商务的使用中，它可能是指净效果应或最终结果。如果有人对你说，"告诉我底线"（give me bottom line），那就是要你跳过你一直在谈的东西，确定你的最终想法，说明你期盼的最后结果。用于表述这一意思的另外一个说法是切入正题（cut to the chase）。这就是损益表为显示纯业务结果所做的事。

损益表
XYZ公司
截止期_____

销售	1,000,000美元
（减）已售货物成本	-550,000
毛利	450,000
（减）销售和一般的管理费用	-200,000
营业利润	250,000
（减）行政官员薪水	50,000
（减）利息	10,000
（减）折旧	30,000
（减）租金	25,000
（减）其他开支	15,000
（减）营业费用总额	-130,000
税前纯益	120,000
（减）所得税	-30,000
税后纯益	90,000美元

损益表用于不同的目的，并能够按照使用者的需要作修改，如管理分析师或股

票分析师要评价一家公司的股票。损益表可以包括上面样本报告中列出的所有开支以得出税后纯益。如果损益表不包括资本成本，计算出的结果就是息税前利润（EBIT），即指扣除利息和所得税之前的所有利润，包括经营性的和非经营性的。这个净结果揭示了一个公司获取利润的经营能力。它也简化了对使用不同资本结构和税率的公司的比较。

　　提示：有大量简化了会计基础的书，包括《给非会计师写的会计学：快速而简单地学习会计基础的方法》(*Accounting for non-Accountants：The Fast and Easy Way to Learn the Basics*)，可在网上购得。①也有各种小型商务财务软件可帮助你整理账目，从而节省时间和简化日常会计事务，如QuickBooks和Peachtree。②

企业组织

　　美国的企业是以最适合它们需求的方式加以组织的。公司越大，组织也就越是正式。在你与美国公司进行联系的时候，可能需要知道一些有关其内部的组织情况，以便更好地理解它的运行方式，以及在机会出现时正确决定谁是你要与之打交道的人。

　　一个纵向组织的公司控制许多甚至所有的产品制造步骤。例如，通过拥有生产汽车所涉及的铁矿石厂、钢厂、玻璃厂和其他有关的工厂，亨利·福特垂直整合了汽车生产的各个步骤。横向组织的公司则通过提供会引起不同市场或不同地区的兴趣的不同产品，寻求扩大其产品市场。福特也通过提供引起不同市场兴趣的不同汽车品牌获得了横向整合。这也可以利用购买竞争对手的做法加以实现。无论是纵向还是横向的，公司的组织结构都可以在纸上用图表加以表示，以反映它的组织情况。

　　（1）组织结构图——组织结构图被用来描绘企业的管理结构。有些企业太小没有组织结构图。在需要界定责任的划分和沟通渠道时，图表是有帮助的。

　　提示：在你访问一家公司时，只管向对方要一份该公司的组织结构图，只要这有

---

① 见：amzn.to/accounting4foreigners。

② 见：www.quickbooks.intuit.com和www.peachtree.com。

助于你更好地理解它。假使他们没有复印件,要求对方草绘一份给你。有时我会在进去洽谈之前要求对方秘书给我这一信息。

下面的组织结构图样本显示了一个虚构的股份公司可能拥有的组织结构,其产品是在国内外均有销售的晶体管和灯泡。在该结构图列出的每个官员所负责的部门,或许又有也能以相同方法进行图解的低一层的结构。

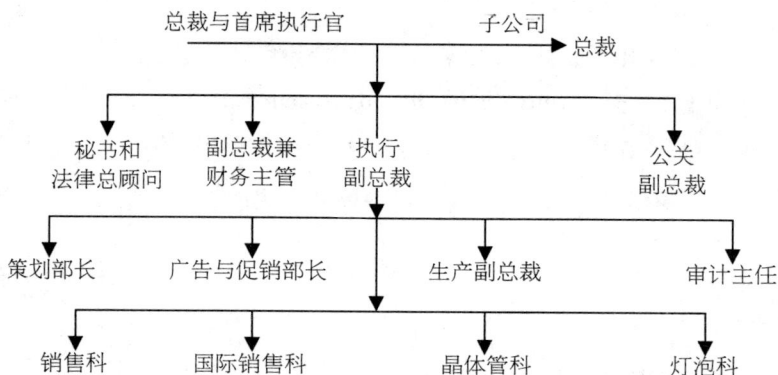

```
总裁与首席执行官          子公司
                          ──→ 总裁

   秘书和      副总裁兼    执行                    公关
  法律总顾问    财务主管   副总裁                  副总裁

策划部长    广告与促销部长      生产副总裁        审计主任

销售科      国际销售科        晶体管科          灯泡科
```

我们例子中的子公司是另一个公司,它由母公司或部分或完全地拥有。其存在可能是为了增进纵向或横向整合。在某些公司,总裁或董事长也可能被称为首席执行官(CEO)。秘书和法律总顾问办公室履行法律和公司行政功能。财务主管监管公司的所有资产和编纂向政府提交的报告。公关部确保公司在公众和行业中具有好的口碑以及就商业道德问题向管理部门提供意见。

在上述例子中,执行副总裁负责企业的日常运作,相关部门要向他(她)报告工作情况。其中包括:

- **策划部长**——负责分析和计划公司的发展方向,以及界定新产品和新市场。
- **广告与促销部长**——提升公司形象及推销产品。
- **生产副总裁**——负责采买原料和生产产品。
- **审计主任**——负责对钱和会计制度的日常管理。财政业务人员有时被称为数豆子的人(bean counter),即极善于计算的人。
- **销售科**——由负责在美国销售公司产品的销售员和经理组成。
- **国际销售科**——负责产品的国外销售。
- **生产科**——剩下的两个部门各自生产自己的产品,其内部都有相似的组织,如制造和销售。

在过去的20年中，"首席"（chief）这个术语在我们的职衔中变得流行起来。但首席执行官（CEO）往往并不总是一个公司的总裁或董事长。他通常是公司最重要的发言人和报酬最高的人。首席财务官（Chief Financial Officer，CFO）有时是公司的财务总管，在许多公司里是第二位重要人物。首席经营官（Chief Operation Officer，COO）负责管理日常活动。在一些公司里，他也是总裁，但是一般是执行或高级副总裁，就如在上表里那样。

（2）**外包和组织结构**——公司也可能不是在自己的系统里建立一个部或科来履行一种功能，而是雇用一个外面的企业（或许就是你的企业）来为他们履行这种功能，这就叫外包。其任务可以从制造产品或部件到提供图表设计、计算机或其他服务。例如，通过在印度和其他讲英语的国家建立客户呼叫服务中心，美国公司大幅降低了运营成本。我们的波音飞机的部件则是在世界各地制造的。

（3）**集权与分权结构**——一个集权化的公司要求在最高层进行决策；分权的公司则以相反的方式进行运作。在美国的企业管理中，分权管理正在迅速地取代集权模式。随着全球竞争的加剧，美国企业正在寻求更为灵活的组织结构，在必须快速开发、改进、甚至定制产品的高技术行业尤其如此。结果，许多公司精简了自己的组织结构，减少了管理人员的数量，更多地授权给跨学科的工作团队。这不仅有利于更快地做出决定，而且更好地提升了员工的士气和促进了就业的增长。通过向业务部门经理或团队提供信息以迅速做出正确决定，相关的先进技术也鼓励了这种分散化。

这正是2009年后期发生在濒临破产的通用汽车公司的事情。当时它任命了一位新的首席执行官，其目标是在传统上过度管理和集权化的企业里给予人们更多的权利，然后让他们负起责任来。这位新的首席执行官迅速改变了管理结构和管理人员，指出他们必须更快和更有效率地行动，忘记通用汽车公司由它的**烦琐程序**（过度的控制、过多的报表和检查）和慢速决策所导致的习惯做法。几年以后，通用汽车公司恢复了盈利。美国的克莱斯勒汽车公司也经历了相同的事情。当时意大利汽车制造商菲亚特购买了它，并以和通用汽车公司相同的方式进行内部整顿（cleaned house）。几年后，它也恢复了盈利。

提示：如果你经营一家小企业，并只有少量雇员，你可以通过赋权雇员进行决策以获得分权的好处。这不仅将改善他们对你和你的企业的看法，而且将使

他们的工作变得更加有趣。事实上,如果有一个雇员问你应该如何去做某件事,你应当反过来问,如果他是这个企业的所有者会做些什么。在这种情况下,他被迫进行一种不同的思考(thinking cap),也许会得出与你相同的答案。

分权管理也使得高层管理人员可以将注意力集中于公司的规划、战略和其他更广泛的问题,因为他们不用介入日常事务的决策。据调查,这些是高层管理最常做的四件事:

①战略性思考和计划(39%)

②计划的评估和监督(24%)

③内部交流(15%)

④危机管理和解决严重的问题(11%)

提示:正如你了解的,美国是不断变化的国家,在我们竞争激烈的企业环境中更是如此。作为战略性思考和计划的一部分,我的一个高管朋友一直关注于他的企业不断变化的趋势(changing landscape)。他知道他的雇员需要把预测和规划变化的工作做得更好,在这件事上,他的竞争对手已经走在前面。因此,他送给他的决策者们(经理)一本畅销书,《谁动了我的奶酪?》(*Who Moved My Cheese*?)它提供了一个成功应对时代变化和有效推进的简单方法。事实上,现在这个书名被那些熟悉该书内容的人当作一个俚语加以使用。①

(4)**日本丰田在美国的组织问题**——一直困扰着美国市场上的丰田汽车的突然加速问题,于2009年终于转变成这个全球最大汽车制造商的一场公关危机。过去的十年,有2600个客户向美国政府机构提出了投诉,声称这个问题已经造成了34人的死亡。丰田辩解说,许多投诉是不相干的。现在,其他安全问题也被揭示出来,诸如过去已经受到怀疑的转向和制动问题。丰田开始召回在美国的几百万辆车子进行免费修理,还召回了在全球的50万辆普锐斯混合动力车。之后,它的雷克萨斯越野车也

---

① 这本可在网上购买,来源很多,包括Amazon.com,其网站是http://amzn.to/cheeseslang。

被发现存在安全隐患。

2010年初,丰田宣布停止生产和销售,直到问题得到解决。三个美国国会委员会和其他政府监管机构开始调查丰田公司,以确定它是否故意忽视这些安全问题。一个纽约大陪审团和美国证券交易委员会也紧赶浪头(get on the bandwagon),命令丰田交出有关文件以便对它进行刑事和证券调查。丰田陷于困境之中(in hot water)。

丰田怎么会弄得这么一团糟的?调查人员说,其美国子公司的破碎组织结构削弱了丰田阻止安全问题达到危机阶段的能力。在前十年里,它在北美建立了一个庞大的复合体,包括工程技术中心、试验车道、金融部门、销售部门和六个制造厂。它们分布在从加利福尼亚到纽约、从加拿大到墨西哥的广阔地带。

但是,丰田没有一个单独的美国总部,所以它在这里的各个单位都是独立运营并向日本报告工作,处于一个高度集中的管理结构之中。记录显示,丰田让美国人处理广告和售后服务事务,并不加以干涉。但是当涉及钱和技术时,它就在日本加以严密控制。因此,尽管问题是发生在美国,尽管这里的经理们最了解其文化和问题的潜在严重性,但是真正的决定都不是在美国做出的。因此,无法做出协调努力来识别、研究和解决问题。

文件也表明,在丰田的那些相互脱节的美国子公司中,甚至在死亡事故的报告不断增加的情况下,有些子公司还采用最大程度减少安全召回的战略,从而为公司节约了千百万的美元。此外,早在1979年,这些突然加速引起的安全问题就受到美国丰田的一个行动小组的调查,并被记录在美国政府要求的报告中。然而,虽然这些报告被送往日本,在丰田向美国政府提交的文件中它们却最终被清除了。文件进一步显示,日本这么做已经有了几十年的历史。

与丰田在美国的组织和管理结构形成对照的是日本第二大汽车制造商本田汽车公司。它在全球拥有半自治运作而且自立的地区结构。与丰田不一样,它在美国的设计、工程技术和制造单位都向一位美国执行官报告。本田在这儿有很好的声誉,而丰田的声誉却遭到了玷污,也许是暂时的。

一位研究丰田的质量和安全问题的美国教授认为,它有一个系统的管理问题。该教授研究过800个股份公司和政府机构迅速垮台或衰弱(meltdown)的个案。他说,影响了丰田的文化和组织问题,与使得美国国家航空航天局和美国陆军工程兵团忽视结构因素的问题很相似,即他所称的傲慢、懒散和无知。结果前者的疏忽导致了哥伦比亚航天飞机的灾难(一个机械故障致使所有的宇航员都遇难),后者的疏忽导致了卡特里娜飓风的灾难(新奥尔良水灾)。

丰田现在在它的六个国外市场都任命了监管质量的高管。它也组成了一个由前美国交通部长领导的外部顾问小组,对未来要采取的步骤提出独立的看法,并加快了决定召回车子的步伐。分析家说,这帮助丰田开始缩小公司的刚性企业文化和它的最大、最重要市场——与美国之间的差距。

简言之,这是有关一个外国公司的典型例子,它既未能避免集权管理结构的缺陷,又不理解另一个国家及其人民的文化,即相信诚为上策。

工 会

工会是一个工人协会,试图通过集体行动改善其成员的经济福利和社会福利。与美国公司打交道,或许很重要的一件事是,你要知道它们是否有工会,如果有的话,这对公司会产生什么限制。

在一些国家和地区,工会附属于政党,寻求实现社会变革。朝鲜半岛的工会先是为反对1910—1945年的日本殖民统治而斗争,后来又为反对冷战时期本国的独裁政权而战斗。在美国,不存在这种与当局间的正式对立,但是我们的工会确实试图影响在诸如移民权利、医疗保健、贸易政策和最低工资运动等问题上政府的态度。我们有数千个工会,一些较大,一些较小。相比之下,中华全国总工会是具有1.23亿成员的团体。

劳资谈判是指工会和雇主间的合同谈判。如果双方之间不能达成协议,就可能发生罢工,工人不报到上班。或者雇主可能闭厂(lookout),禁止工人进入工作场所。

美国不像印度和巴基斯坦那样硬性限制劳资谈判,在那里,劳动法和诸如政府的劳工部、法庭和法院等有关机构对劳资谈判过程施加了重要的限制。美国人对公平竞争环境的信念在这一问题上又发挥了作用。

我们的工会在19世纪开始形成,到了20世纪50年代,有大约33%的非农工人属于工会会员。20世纪60年代起工会成员的数量开始下降,到2000年时,因为公司自己满足了大多数员工的要求。只有14%的非农工人参加了工会。今天这一比例是12%。此种下降与韩国是平行发生的,那里现在只有10%的劳动力属于工会,而1989年时是20%。欧盟在过去20年里也经历了类似的下降,其中人口最多的四个国家的工会化水平现在大致适中:意大利为30%,英国是29%,德国为27%,法国则是9%。

美国人对工会的赞成程度也下降了,20世纪50年代曾创下了75%的最高记录,2009年跌倒了48%的最低支持率。工会可能给其成员带来较高的工资和福利,但这会提高雇主的生产成本,迫使公司削减雇用人数或把生产转移到劳动成本要低得多的国外,特别是亚洲。美国的纺织、电子、服装和其他劳动密集型的行业尤其如此。

　　提示:如果到我国的夏威夷旅行,你会看到,那里世世代代生产甘蔗和菠萝的大片土地现在成了荒地。一个夏威夷人对我解释说,随着本地生活成本的上升(高于美国大陆的州),工会要求增加工资,并使其涨到了他们的作物不再能与比较便宜的加勒比海产品竞争的程度。结果,许多缺乏技能的农业工人失去了工作。这些工会谈判总是有着两个方面的影响。

银行和金融

　　银行和金融对于了解我们的企业如何运作的整幅图画是很重要的。它们也是在美国工作或想在美国投资的外国人的重要话题。研究显示,为了获利,外国人一般选择的做法是,将资金投向高度发达、流动性强和高效的美国金融市场,以及我们强大的股份公司和其他机构。

　　我们的经济依靠银行提供各种各样的金融服务。我们有不同种类的银行,它们在提供的服务方面会有些差别。但是"银行"这个术语一般是被用来指称所有不同种类的银行,包括商业银行、储蓄和贷款协会(S&L's)。在美国,银行为股东或私人所拥有。与之不同,一些国家既有政府拥有的银行,也有私人银行。

　　90%的美国成年人拥有允许他们开支票的银行账户。在一些经济体中,人们使用的主要是现金。当我在俄罗斯旅行时,我知道了银行并不受一些人的信赖,因为政府机构并不保证他们存款的安全。所以,在买车或公寓时,有些人会提了一箱子的现金去付款。在美国,有一个叫作联邦存款保险公司(FDIC)的政府机构,[①]保证所有银行的每个客户账户的存款(最高达25万美元)的安全。

　　美国人喜欢用信用卡,这就使得我们每月要向发卡机构(通常是个银行)还款一次。我们的大部分零售商,包括小企业,都接受信用卡,不像在一些国家只有大城

---

　　① 见:www.fdic.gov。

市和旅馆才接受信用卡。我们也将信用卡称为塑料卡（plastic），如："你收塑料卡吗？（Do you take plastic？）"我们有些银行也提供借记卡（debit card），它像信用卡一样工作，但是在交易时，钱是从持卡人的账户中扣除。欧洲的"银行卡"不同于美国，它主要集中于借记的模式，而不是信贷模式。

信贷联盟（credit union）具有银行那样的功能，并由具有共同纽带的人组成，如属于相同的教会或企业。其成员把他们的积蓄汇集在一起，赚取利息和股息。另一方面，他们也可以开支票并在需要时贷款，其利率通常要低于银行。一项皮尤调查对美国12家最大的发放信用卡的银行和12家最大的发放信用卡的信贷联盟的发放条件进行了研究，发现信贷联盟的条件和利率对消费者都更为友好。2012年，有100多万消费者受不了银行规定的费用的上涨，转向了信贷联盟。在公众哗然之后，美国银行取消了借记卡使用者要缴纳5美金手续费的规定。美国人有更多的方式可使我们的声音被听到。

美国**联邦储备系统**（美联储，Fed）是政府的中央银行，[①]与印度储备银行或那些使用欧元的国家的欧洲央行非常相似。它具有四项功能：影响经济中的货币和信贷环境，管理银行和重要的金融机构，维持金融体系的稳定和监管国家的支付系统。美联储的行动直接影响企业贷款的可得性。21世纪头10年的中期，它的疏于职守（take its eye off the ball）使我们的经济经历了自1929年以来最严重的崩溃。

投　资

投资是使用储蓄产生未来的收入。在美国，许多财政状况良好的外国人具有可以投资的基金。其他的人（全世界都有）也在美国投资。在讨论投资时，你可能听到我们提及四个术语。

- 增值（appreciatgion）发生在你所持有的一项投资的市场价格大于它的购买价时。贬值（depreciation）正好与其相反。
- 当你出售你的投资获利时，这个增值被称为**资本增益**（capital gain）。如果你以每股20美元的价格出售100股你以每股8美元买进的股票，那么你的资本增益的总数是1200美元。资本损失（capital loss）反之。

---

① 见：www.federalreserve.gov。

- **利息**是为使用别人的钱所要交付的钱。银行给你的储蓄账户支付一个固定利率的利息,以便它们能以一个更高的利率把你的资金贷给别人。
- **收益率**是反映投资回报状况的一个百分比。例如,假使一只股票支付1美元的红利,而这一股票的市场价是10美元,那么它的收益率就是诱人的10%(股息除以价格)。如果该股票价格上升到20美元,收益率就变成5%。

在美国通常有五种流行的投资:房地产、储蓄账户、债券、股票和共同基金。高收入和受过大学教育的美国人倾向于股票和共同基金,低收入和没有受过大学教育的美国人喜欢储蓄账户或定期存款。

(1)*房地产*——人们购买房屋、土地时就是进行房地产投资,其价值可能随着时间的推移而增加。然后他们希望出售这些房地产获利。我们的退休者有时把住了多年的住房卖掉以赚取很大一笔利润,再买一幢小一些的房子或公寓,靠差价来补贴生活。政府允许某些房主将他们出售自己住房的资本增益(利润)不计算在收入税中。

房地产经纪人担当出售者和购买者的中间人。一些人专门从事住房销售,另一些人专门从事商业销售。他们为购买者处理所有的文件,也许还帮助筹集资金。当这笔交易完成时,出售者向他们支付预先定好的佣金(售价的4%—6%)。两个全国性的房地产中介企业是21世纪不动产和信义房产。①

美元下跌和全球性的收入上升使得美国住宅房地产成为国际买家的**温床**(hotbed),其中一些人把它们作为度假屋。与一些国家不同,外国人在美国购买房地产是很容易的事情。事实上,现在他们占了我们全部房屋市场的8%。加拿大人是最大的外国购房者,占17%;随后是英国、墨西哥、印度和中国,它们与加拿大相差不多。2011年外国人支付的平均价大约是31.5万美元,其中62%是全现金交易。购买的房子有53%位于佛罗里达、加利福尼亚、亚利桑那和德克萨斯等阳光州。

(2)*储蓄账户*——资金存放在银行里,赚取一定年利率的利息。有几种不同类型的储蓄账户。**存折**储蓄(passbook savings)账户支付的利率最低,但是存户可随时撤回资金,不用交付罚金。父母可能一开始让年幼的孩子把他们的钱放在像猪或其他东西的**储蓄罐**(piggy bank)里,然后当他们长大一些的时候就帮其升级到存折储蓄账户,正如我做的那样。**货币市场账户**支付的利率反映了短期金融市场上货币的可

---

① 见:www.century21.com和www.coldwellbanker.com。

得性。**定期存款**(CD)的资金在规定期限(如一年或两年)内不能撤回,否则要交付罚金。但是它的固定利率高于存折储蓄账户和货币市场账户。定期存款是为孩子上大学作准备的流行储蓄手段。另一个具有税收优势的手段是**529教育计划**,其目的是通过将赠予人的全部或部分的贡献从应交的州收入税中扣除以鼓励储蓄。另一个好处是本金的增长部分可推迟交税,用于受益人的大学教育的费用也可免税。证券公司和共同基金可以为你建立一个计划。

(3)**债券**——债券代表了一种债券的发行者必须偿还给债券的购买者(债券持有者)的债务,正是他们将钱借给了发行者。有不同种类的债券,包括政府的和股份公司的。债券持有人有权获得规定利率的利息,并且有权在一个规定日期(到期日)获得规定数目(面值)的足额偿付的权利。虽然一些银行向公众出售政府发行的债券,我们的证券公司能提供更广泛的债券任你选择。

- **储蓄债券**是由联邦政府发行,受到投资者普遍欢迎,因为它们以小面值出售,而且安全可靠。例如,花25美元买的一张EE系列的债券17年以后会被偿付50美元(兑现)。也可以在这个日期之前兑现,但不能得到全部的价值。一些父母为年幼孩子的日后教育购买储蓄债券。

- **国库债券**由美国政府发行。其支付的利率高于储蓄债券。最低面额是1000美元。像股票一样,国库债券的价值是浮动的。国库债券要10年以上才会到期,也可以于到期之前在市场上出售。

- **国库券**是由美国政府发行的中期债务证券,一般是2年、5年和10年到期。

- **短期无息国库券**由政府发行,面额从1000美元开始,1个月、3个月、6个月或9个月到期。短期无息国库券不像大部分债券那样向持有者支付预先确定的固定利息,而是以其面值折扣出售。例如,一张180天的零息国库券的价格是9900美元,购买者按这个价格支付,但在180天后可以得到1万美元。

- **市政债券**由州和地方政府发行,其利息不属于联邦和(或)州的收入税征税范围。这对那些纳税率属于较高等次而又想使他们的收入避开征税的个人是有吸引力的。市政债券的利率通常低于公司债券。

- **公司债券**由企业发行,一般是以1000美元为单位,在债券到期以前会定期向持有人支付利息。由于建立在浮动利率的基础上,公司债券的市场价值也许高出偿还值或者落到偿还值之下。垃圾债券是低质量债券(高风险),其支付的利率一般会高于其他类型的债券。债券的最高安全等级是AAA,最低等级是C。

为了向债券投资者显示可以从中选择的各种利率,以下是按照从最高利率到最低利率的顺序对各种债券做出的相应排名:垃圾债券、公司债券、市政债券、30年的国库债券、10年的国库券、2年的国库券、6个月的零息国库券、3个月的零息国库券和1个月的零息国库券。利率受到风险大小和到期时间长短的影响。

（4）**股票**——与代表了发行实体的债务的债券不同,股票代表那些购买它们的人在实体中的所有权。一般来说,股票在证券交易所是以100股为单位进行交易的。**普通股**提供了一条成为公司的所有者和分享红利支付的途径。**优先股**具有普通股和债券两者的特点,但是像公司债券一样,它们也承诺一个固定回报率（利息支付）。你将听到卖空这个术语,即一个人拆借了股票并把它卖掉,然后希望以比较低的价格买回来后再把它还给借出者。这是一种典型的经纪商的做法,建议刚刚开始投资的人不要采取此种做法。

用以判断一种股票的相对价值的一个常用尺度是流行的**价格—收益比率**（P/E）。公司报告他们每股的收益时,是通过把它们的季度或年收益（纯利润）除以流通在外的股数。反过来,将一个公司股票的市场价格除以每股的收益,就可以得出一个相对的数目,它也许有助于深入了解该股票是被高估了还是低估了。例如,如果一个公司在过去的12个月中每股赚了2美元,这个股票的价格现在是40美元,它的价格—收益比率则是20。在历史上,整个市场的平均价格—收益比率为15,这意味着投资者为得到1美元的收益要支付15美元。

> 提示:一些快速增长的技术股的价格—收益比率可能超过40,而一些公共事业
> 公司的价格—收益比率则可能低于10。一般来说,与价格—收益比率较低
> 的公司相比,价格—收益比率高表明了投资者对未来的收益增长的预期
> 较为乐观。由于这是一个相对数字,一个有益的做法是,将一个公司的价
> 格—收益比率与同行业里的其他公司相比,与总的市场相比,或者与该公
> 司自己历史上的价格—收益比率作比较。

你也许听到过与美国的金融和股票联系在一起的**华尔街**这个词。它是位于纽约市金融区中心的一条重要街道的名字,也是在美国集中进行金融活动和股票交易的场所,那里有经纪行、银行和股票交易所。（世界贸易大厦也在这个地区。）你也许听到人们问:“今天华尔街在做什么?”这句话的意思就是今天股票市场怎么样。

要回答这个问题,就要在每天股票市场关闭时计算出**道琼斯工业指数**,并在媒体上加以报道,以表明那天市场的情况。30个大公司(大部分在纽约股票交易所进行交易)的股票被用来计算以它们为基础的整个市场的相对价格变动。

道琼斯指数在20世纪50年代是500左右,近年已达到14000。长时期以来,股票的收益(价格增值加上股息)持续地超过债券和其他类型投资的收益。例如,从1926年到2001年,股市的回报率是平均每年10.7%。其次是债券,回报率是5.3%。

你也许听到其他的平均指数,例如:**威尔希尔5000**指数跟踪了5000种不同的股票。**标准普尔**的平均指数也被称为**S&P 500**,它跟踪以市值为基础的500个最大公司的股票。市值是一家公司全部流通在外的股票的市场价值。2012年起,苹果公司拥有世界上最大的市值:5000亿美元(高于波兰、比利时、瑞典、沙特阿拉伯的国内生产总值),接下来是石油巨头埃克森美孚的4000亿美元。1999年,微软是曾经拥有6000亿美元市值的唯一公司;由于每股价值的下降,现在它停留在2700亿美元的水平上。

蓝筹股(blue chip)是指一支多年来一直以可靠、高价格和低收益率而闻名的全国大公司的股票。(扑克中的蓝筹股可以有最高的价值。)《财富》500强名单提供了美国500家最大公司以收益为基础的排名,其中排名第一的就是蓝筹股。《财富》杂志每年都加以公布,[1]它的网站有完整的排名名单,并提供每个公司网站的直接链接。

"市场"这个用语是指在股票市场上头进和实出股票,如果有人问你是否"进市场"了,意思就是:"你现在买了股票吗?"如果经济情况不好,你也许"退出市场"或者**冷眼旁观**(sit on the sidelines)。这是一个体育术语,意思是目前不玩。

一般来说,股票的风险比债券大,所以投资者不能以为股票总是胜于债券。由于这个原因,一些投资者通过既买股票又买债券形成自己的**投资组合**,即进行了各种投资。**多样化经营**是指投资者把他们的资金分布于不同的投资工具和市场,以便最大程度地避免集中于某一个方面。然后他们就有了一种多样化的投资组合。我们有一个提醒人的说法:**不要把你的鸡蛋放在一个篮子里**。否则,万一篮子掉在地上,你所有的鸡蛋都可能打碎。

熊与牛是表示市场如何变化所使用的标志。熊表示下跌的股票或市场,牛表示上涨的股票或市场,或者对它们持乐观看法的人。也许有人会问,你认为市场或某一股票是"熊(bearish)"还是"牛(bullish)",即你是"看跌的"还是"看涨的"。

---

① 见:www.fortune.com。

提示：你也将听到美国人把"bearish"和"bullish"用于股票市场之外的其他事情。假如有人问你："对于改善美国和你们国家的贸易关系你是持看涨态度吗？"这就是问你是否认为事情将向好的方向发展。

　　一个投资者通过叫作经纪行的企业买卖股票。经纪行中与你打交道的人被称为授权股票经纪人。他们将根据你的指示执行你的订单。此种服务要收取佣金。美国有四个主要的证券交易所：纽约证券交易所，纳斯达克证券交易所，美国证券交易所，店头市场（OTC）。

　　近期的一个发展是建立了提供在线投资的网上经纪行。这些商行允许他们的顾客应用计算机进行交易，不用找经纪人。他们的佣金是每件交易大约10美元左右，比传统的经纪行便宜多了。[1]然而，传统经纪行中的股票经纪人可以提供研究和投资建议，在线经纪行则一般不免费提供。我的一些外国朋友这两种类型账户都有。

　　（5）共同基金——它是指专业投资于各种证券的公司向投资者打包出售的不同证券的组合。共同基金这个术语在美国之外并没有得到广泛使用。共同基金公司雇用专家根据它们经营的专门基金的性质挑选特定的股票或债券，诸如货币市场基金、短期债券、长期债券、成长股、收益股、技术股、小公司、大公司等。美国有1万家这样的基金供人们选择。

　　主要的共同基金公司可能有几十种不同的基金供投资者选择，比较小的基金公司也许只有几种这样的基金。共同基金公司有网站供人们深入了解他们所提供的服务和基金，[2]一些银行和股票经纪人也同样出售这些共同基金。

　　我们的一些大型日报每个季度会按类别提供各种共同基金的列表和其在这一季度的表现。《财经》杂志（*Money*）以及它的在线网站频繁地向读者提供有关共同基金的建议。[3]《美国新闻和世界报道》杂志对前一年表现最好的共同基金提供在线的年度小结。[4]

---

　　① 一个这样的在线经纪行的网站是www.tdameritrade.com。

　　② 一个大基金公司的网站是：www.fidelity.com。

　　③ 见：www.money.cnn.com。

　　④ 见：www.usnews.com。

提示:你可以直接从共同基金公司购买共同基金,一般无须支付佣金,不像一些
　　要收取费用的银行和经纪公司。购买共同基金是你开始在股票市场投资
　　的一个最佳方式。

退休投资计划

美国有一个联邦社会保障计划,[①]它要求雇员从其工资中扣除一部分钱,存入政府发起的退休账户之中。雇主必须匹配其雇员提供的数量。退休后我们每月都会拿到一笔退休金,其数额是以我们终生的收入和我们汇入该基金的钱为基础。小布什总统在第二次当选后的第二天说,他最主要的立法重点之一是改革社会保障计划。这是一件总是受到探讨的事情。他建议修改当前的制度,允许个人将他们从工资扣除的钱的一小部分投资于安全的股票、共同基金和其他合适的退休工具,以获得更高的退休金。但是,他未能使国会相信这一新奇(newfangled)想法的价值。

除了这一退休计划之外,政府允许我们把钱存入自愿的、非政府运作的退休账户。一些共同基金公司、经纪行和银行可以帮助客户建立这种退休投资账户。有些计划可使你存入账户的钱无须作为该年挣得的工资交税。在退休后把基金取出来时是要纳税的,但税率较低,因为人们不工作时收入一般比较少。任何人都可以建立这种个人退休账户(IRAs),无论是否是工作者。罗斯个人退休账户(Roth IRA)允许投入的钱在挣得的那年纳税,而不是在退休后提取时纳税。

你也许会听到另一个退休计划,即401(K)计划。[②]这是雇主发起的储蓄计划,它允许雇员把他们总薪水的一部分存入一个储蓄或利润分成退休计划。这些计划反过来又会把它们的钱投资到股票和公共基金。雇员对于这个计划的贡献和所挣得的收入可延迟纳税,直到59.5岁或以上。投向这一计划的钱可能部分由雇主加以匹配。

提示:如果你有参加401(K)的选择权,那应该是你可以做出的最好投资之一。
　　你的雇主给你钱,而且直到你退休它的所有收益都是免税的。如果你在美

---

① 见:www.socialsecurity.gov。

② 401(K)是用授权建立此种计划的联邦税法的有关部门命名的。

国公司进行求职面试,一定要询问他们的401(K)或其他退休计划,并在全面估价你的工资时将它们计算在内。

我们有收取费用的理财规划师和顾问,他们会建议你如何将你的资金进行投资。一些理财规划师评估你财务生活的每一个方面,包括储蓄、投资、保险、税收、退休和财产计划,并帮助你制定一个能满足于你所有财务目标的详细策略或财务计划。就像美国所有事情一样,这些理财规划师和顾问有些工作很出色,有些则不行。他们一般要为给你的推荐收取佣金,无论那涉及一个保险计划还是共同基金。你也可以免费从保险经纪人或共同基金公司得到相似的投资建议。一家全国性的咨询公司是爱德华·琼斯咨询公司。[1]有一个政府网站也为明智投资提供有用的提示。[2]

商业出版物

美国出版许多金融和商业类优秀报纸和杂志,可以帮助你更多地了解如何在美国管理你的钱财和进行投资。其中也有许多能提供信息的网站。

如果你与美国商界人士打交道,可能的话,尝试使用以下出版物的名称并提及其中一篇文章,甚至在求职时也是如此。这也许会给他们留下深刻印象。

- 《华尔街日报》(*the Wall Street Journal*)是一份很受人尊敬的商业日报。除了列出股票和债券的价格外,它还针对美国和世界上的许多不同的商业话题展开讨论。[3]
- 美国的日报大部分都有一个商业专栏,提供股票和债券的价格、有关一般商业话题以及投资的文章。其中最佳的也许是《纽约时报》(*New York Times*),它也提供在线信息。[4]
- 《巴伦周刊》(*Barron's*)是一份受到信赖的商业杂志,涉及投资和商业。[5]

---

[1]　见:www.edwardjones.com。

[2]　见:www.sec.gov/investor/links/toptips.htm。

[3]　见:www.wallstreetjournal.com。

[4]　见:www.newyorktimes.com。

[5]　见:www.barrons.com。

- 《商业周刊》(*Business Week*)是美国的另一本商业杂志。①
- 《财富》(*Fortune*)可能会在公司候客室的桌子上被看到。它涵盖了广泛的商业问题,以及可能关系到公司领导人的那些问题。②
- 《福布斯》(*Forbes*)是另一本优秀的商业杂志。③
- 《财经》(*Money*)是月刊,主要针对投资公众。我总是向我的朋友推荐这本杂志,如果他们想知道如何把自己的钱进行投资的话。④

商业之王

19世纪,我们有许多成功的投资者和企业领袖。他们对美国、世界经济和我们今天所知道的生活方式产生了重大影响。其中许多是移民。事实上,今天《财富》500强中有204个公司是由移民或移民的子女建立的。在美国,有许多人都知道这些早期商业之王的名字。提到他们将显示你的广博知识。以下将按年代次序列出几个世纪以来的美国商业之王:

埃利·惠特尼(Eli Whitney, 1765—1825)是作为轧棉机的发明者让后人铭记的。在十天的时间里,他建造了一个把棉纤维与棉籽分离开来的粗糙模型,以前这活是由奴隶用手工做的。该发明使得美国南部繁荣起米。惠特尼还发展了可互换机器部件的概念,这又促使了大规模生产的概念出现。

法国的杜邦(DuPont)家族在美国化学史上赫赫有名。E. I.杜邦(1771—1834)于1802年在特拉华州开设了一家火药厂。他的孙子发明了一种廉价而卓越的炸药,使得杜邦公司成为炸药制造行业中的龙头。今天,它是世界上生产合成纤维(尼龙的先驱)、玻璃纸、合成橡胶、化学制品、油漆和其他产品的最大公司之一。

考尼列斯·范德比尔特(Cornelius Vanderbilt, 1794—1877)是美国铁路和海运的开拓者,荷兰裔。在加州淘金热高潮时,他于1851年开辟了一条从东海岸到加利福尼亚的运输线,其中包括穿越最终在那里建造了巴拿马运河的中美洲陆地。到1873年,

---

① 见:www.businessweek.com。

② 见:www.fortune.com。

③ 见:www.forbes.com。

④ 见:www.money.cnn.com。

范德比尔特通过铁路把芝加哥和纽约市连接起来。他积累了巨大财富,建立了范德比尔特大学。

安德鲁·卡内基(Andrew Carnegie, 1835—1919)是一个苏格兰出生的美国人。作为一个钢铁制造商和当时最富有的人之一,卡内基相信人们可以通过努力工作来改善他们的生活。他用自己的巨大财富建立了许多文化、教育和科学机构,用今天的美元来衡量,他捐献了大约100亿。卡内基国际和平基金会依然在寻求结束战争的道路。他说:"人们很少会取得成功,除非他们对自己正在做的事情感到乐趣。"

J.P.摩根(J. P. Morgan, 1837—1913)是美国最伟大的金融家之一。摩根财团控制了铁路、海运、农具制造、电话、电报、电力、保险和城市交通等许多经济领域。在购买了安德鲁·卡内基的公司之后,摩根建立了巨大的美国钢铁公司,并使之发展为全国第一个10亿美元级的企业。他积极地为后来成为重要企业的年轻公司筹措资金。今天,摩根大通是世界上最悠久、最大和最著名的金融机构之一。摩根还积极地向学校、图书馆和博物馆进行捐赠。

约翰·D.洛克菲勒(John D. Rockefeller, 1839—1937)建立了美孚石油公司。在政府于20世纪初终止了它的垄断之前,该公司已控制了美国90%的石油。洛克菲勒的祖先可追溯到17世纪逃到德国的法国胡格诺派教徒。他是当时美国最富有的人之一和大企业的一个象征。然而,有些人批评洛克菲勒使用了不公平的商业手段发展他的巨大帝国。后来,他因慈善而变得著名。他的孙子为建造处于纽约市的联合国总部的建筑而捐赠家产。洛克菲勒说:"目标的单一是人生取得成功的首要要素之一,无论其目的是什么。"

> 提示:在与他人开玩笑说自己的财务状况有多紧绷(缺钱)时,我们可能会说:"你认为我是谁,洛克菲勒?"

托马斯·爱迪生(Thomas Edison, 1847—1931)是荷兰—加拿大人的后裔,世界上最伟大的发明家和工业领袖之一。在他的一生中,他获得了1093项发明的专利,其中最著名的是白炽灯。他还发明了留声机、电子管、电影摄影机、看移动电影的小盒子,从而使得城市电气化成为现实。他还改善了电报和亚历山大·格雷厄姆·贝尔的电话的原始设计。今天,爱迪生建立的通用电气公司拥有广泛的国际业务。爱迪生有时一天工作20个小时,他说:"天才是1%的灵感加上99%的汗水。"

亚历山大·格雷厄姆·贝尔（Alexander Graham Bell, 1847—1922）在19世纪70年代发明了电话。此后，这位苏格兰出生的发明家继续做通信方面的试验，最终发明了用一束光传输声音的方法，这是今天的光纤系统的先驱。贝尔也从事医学研究，发明了教聋哑人讲话的技术。1888年，他建立了至今仍致力于世界探索与启蒙运动的国家地理学会。[1]该学会出版一种月刊并拥有一个电视教育频道。他说："准备工作是成功的关键，比任何其他因素都更为重要。"

乔治·伊士曼（George Eastman, 1854—1932）在1889年创办了伊士曼柯达公司，通过引入成本低、容易操作的柯达照相机和胶卷使得业余爱好者也能方便地进行摄影。近一个世纪中，它始终是全球感光胶片产品的龙头，掌握了美国近90%的胶卷和照相机的销售。随后，在20世纪80年代，日本竞争者富士胶片公司以廉价的胶卷供应打入美国市场，但是柯达不相信美国消费者会背离备受尊重的品牌。20世纪90年代末开始，柯达公司进入了极力挣扎的困境，一方面在财政上要应对胶卷销售的下降，另一方面它在转向自己所发明的数字摄影方面动作缓慢。2012年，这个有123年历史的公司终于根据破产法第11章申请保护，即按照美国的破产法进行公司重组。乔治·伊士曼故居是世界上最古老的摄影博物馆，拥有9000名摄影师拍摄的40万张照片。[2]

> 提示：曾经骄傲得意的伊士曼柯达公司是一个最好例了，说明了自满的企业文化的严重后果，在今天的全球化经济中尤其如此。另一个例子是小型的日本车引入美国一事。随着1973年的石油禁运和美国政府施加的严格的污染控制和安全法规，美国制造商举手投降（throw up their hands），开始制造质量差、设计蹩脚的车辆。（我就有一辆这样的车。）日本人在美国公司放弃的地方看到了成功机会。今天，日本品牌的车大约占了美国新车销售的40%，德国车占了12%，韩国车占了7%。

亨利·福特（Henry Ford, 1863—1947）是20世纪早期最主要的美国汽车制造商，爱尔兰裔。他发明了装配线生产方法和自己制造车子部件的做法，以减少成本。1908年，当福特汽车公司引入型号T的时候，它的售价是850美元。到1924年，装配线的发

---

① 见：www.nationalgeographic.com。

② 见：www.eastmanhouse.org。

明使得它的价格降到了290美元。现在,购买汽车处于每个普通家庭的能力之内,美国已经不一样了。福特汽车公司今天有90个制造经营点分布于世界各地。福特说过的一句话典型地反映了美国文化:"我正在寻找大量拥有无限能力的人,他们不知道有什么不能实现的。"

威尔伯·莱特(Wilbur Wright,1867—1912)和**奥维尔·莱特**(Orville Wright,1871—**1948**)是英裔兄弟,成功地发明和建造了第一架飞机。1903年,他们在北卡罗来纳州进行了驾驶世界上第一架动力驱动的航空器的飞行。在奥维尔的控制下,飞机飞行了37米(120英尺),在空中的时间为12秒。我们今天知道的飞机制造工业由此起步。

当时,**查尔斯·林白**(Charles Lindbergh)才3岁。24年后,当他成为不间断地从美国到法国的跨大西洋飞行的第一人时,一夜之间成了世界英雄。经典电影《壮志凌云》(*The Spirit of St. Louis*,1957)就是关于林白的。**艾米莉亚·埃尔哈特**(Amelia Earhart)在1932年也因成为单独飞越大西洋的首位女士而著称于世界,然后又继续创造了飞行速度记录。她最终在海上失踪并销声匿迹。2009年的电影《艾米莉亚》(*Amelia*)追溯了这位女飞行员的生命轨迹。

其他发明家

美国总是对设计和生产新产品以改善我们生活的发明者进行鼓励和奖赏。为此我们保护知识产权和专利。下面是得到公众承认的另外一些有名的发明家和他们的产品。我们的一些大公司今天仍以这些发明者的名字命名,他们的产品行销于世界各地。

1807年——**罗伯特·富尔顿**(Robert Fulton)发明的蒸汽船开启了美国河流的双向航行。这导致了向西部的进一步扩展和全球旅行。

1831年——**赛勒斯·麦考密克**(Cyrus McCormick)发明了机械收割机,它割倒竖立着的庄稼并将其收集起来。这种机器收割的粮食要多于五个使用手工工具的男子。

1836年——**塞缪尔·柯尔特**(Samuel Colt)发明了第一支手枪,它配备有一个含有5或6颗子弹的旋转弹膛和一个创新的击发装置。

1838年——**萨谬尔·摩斯**(Samuel Morse)发明了摩斯电码。1844年,第一封电文由电报线路发送,开创了通信的新纪元。

1838年——**约翰·迪尔**(John Deere)开发了美国第一片铸钢犁片。今天,迪尔公司是世界上农业机械的一个龙头制造商，在27个国家雇用了4.7万名雇员。

1843年——查尔斯·固特异（Charles Goodyear）完善了他的橡胶硫化过程，创造了一种不受温度影响的柔韧物质。今天，固特异在20个国家开办了55个工厂。

1846年——伊萨克·辛格（Isaac Singer）建造了第一台在商业上成功的缝纫机。

1853年——艾利莎·奥迪斯（Elisha Otis）载人电梯在纽约市的一个博览会上展出时引起了轰动。它每秒钟可以升高40英尺，方便了人们在高层建筑里的上上下下。

1858年——乔治·蒲尔曼（George Pullman）成功地建造了第一列铁路卧铺车。它被称为蒲尔曼火车，鼓励了人们乘火车进行长途旅行。

1859年——"上校"埃德温·德雷克（Edwin Drake）在宾夕法尼亚州的泰特斯维尔（Titusville）地区钻掘油井并在69英尺深的地方发现了石油。这导致了世界的上第一个石油繁荣时期，并使美国开始了石油勘探。美国是今天世界上的第三大石油生产国，仅次于俄罗斯和沙特阿拉伯。

1869年——乔治·威斯汀豪斯（George Westinghouse）发明了气压制动器，使得火车首次可以由司机刹住。它取代了危险的人工刹车。威斯汀豪斯的公司也制造小型家用电器。

1885年——威廉·伯勒斯（William Burroughs）发明了第一台具有实用性的记账加数两用机。

1886年——奥特马·默根塔勒（Ottmar Mergenthaler）发明了活字排版机，在巴尔的摩机械厂工作的这位德裔移民通过十年的努力实现了他的梦想。该发明被视为400年前发明活字印刷以来印刷业取得的最大进展。一个人使用这种机器一步到位地排版金属活字，一下子做了八个人的工作。从这时起，报纸、杂志和书刊的出版便快速扩展。

1886年——可口可乐由医生约翰·潘博顿（John Pemberton）发明，他是来自乔治亚州亚特兰大的一位药剂师。在该公司1919年上市时购买的一股股票今天的价值已超过29万美元。

1890年——赫尔曼·霍尔瑞斯（Herman Hollerith, 1860—1929）发明了一种基于穿孔卡和电磁的相结合的电动制表机。他的公司最后发展成为IBM（国际商用机器公司）。

1902年——威利斯·开利（Willis Carrier）设计了第一个控制室内温度和湿度的系统。今天，世界上的许多空调装置都用他的名字。

1927年——菲罗·范斯沃斯（Philo Farnsworth）展示了第一台电视机。

成功的外裔商人

美国梦是向每个努力工作的人开放的，许多移民商人在美国取得成功就是证明。以下只是一些例子：

- **法国-伊朗裔美国人企业家皮埃尔·莫拉德·奥米迪亚（Pierre Morad Omidyar）** 少年时来到美国。28岁时他建立了富于创造力的易贝（eBay）互联网拍卖网站，现在是世界上第145位和美国第47位最富有的人。他说，"我建立易贝网时只是把它作为一个实验，一种业余爱好，那时我有自己的全日制工作。"

- **安东尼·罗西（Anthony Rossi, 1900—1993）** 是意大利移民，在1947年建立了纯品康纳饮料有限公司，生产佛罗里达橙汁。该公司从开始时的50个员工发展到2004年的8000多名，成为世界上最大的柑橘类果汁生产者和销售商之一。

- **乔治·索罗斯（George Soros）** 是受纳粹迫害的幸存者，后来又逃离了他的祖国匈牙利当局的迫害，在美国成立了最成功的投资基金。据《福布斯》杂志的报道，他的资产净值为220亿美元。他说："带来积极的变化比赚钱更困难。"

- **杨致远（Jerry Yang）** 出生在中国的台湾，于1995年创造了著名的雅虎网站，当时他是斯坦福大学学习工程的研究生。《福布斯》杂志估计他的资产净值为12亿美元。

- **谢尔盖·布林（Sergey Brin）** 出生在俄罗斯，在美国获得数学和计算机科学学位。1998年，他与另一个斯坦福大学的博士生启动了谷歌搜索引擎。不久之后，它就支配了网络搜索业务。布林是世界上第四位最年轻的亿万富翁。

- **英达·诺伊（Indra Nooyi）** 出生在印度，于耶鲁获得硕士学位。在与包括了一个管理咨询公司的几家美国公司进行合作之后，她最终成为百事可乐公司的董事长兼首席执行官，这也是世界上第二大食品和饮料企业。《福布斯》杂志把她列为世界上第五位最具权势的女性。她说："这是一个多元文化的世界，我们都必须与不相同的人互动。"

- **西德尼·陶雷尔（Sidney Taurel）** 是出生在摩洛哥卡萨布兰卡的西班牙公民，在法国和美国上学。1971年，他在一个巨大的制药企业礼来公司（Eli Lilly）获得一份营销助理的工作。从20世纪90年代末起，他成为该公司的董事长和首席执行官。与此同时，他也为若干美国政府咨询机构服务。他说："我现在生活的地方就是我的家。"这也是美国其他成功移民的同样信条。

● **王嘉廉(Charles Wang)**在8岁时从中国上海来到美国。他将冠群电脑公司(Computer Associates)建设成为仅次于微软的软件巨头。2002年,在向纽约大学捐赠的一幢新建筑的揭幕仪式上,他致辞说:"我总是骄傲地宣称我是这块伟大土地上的一个移民——之所以骄傲是因为移民帮助建设了这个我们自己的国家。正如我的许多移民伙伴一样,我已经经历了艰苦的磨炼（school of hard knocks）。这些挑战和经历对美国及其人民的性格是如此重要,以至于它几乎就像是我们呼吸的空气。"

U 商业习俗

入乡随俗

——中国成语

正如你们在前面一章所学到的，美国企业和外国企业在组织和运作方式上是不一样的。不仅如此，它们在与人有关的习俗方面也是有差别的。这就是本章的主题，也是我在飞机上遇到的那位美国跨国企业的高管主要关注的一个问题。我在T章开头时曾谈到过此事。

当你了解了这些差异时，你就会更自在地处理与美国人以及他们的企业组织的关系。你也能避免代价昂贵的错误。我们在本书中一直讨论的许多一般性的社会习俗同样适用于商业环境。然而，一个差别是，与在家里或其他社会情境中相比，在办公室我们往往趋向更加正式一些（也许正确的说法应是更加专业一些）。

这一章首先讨论如何与美国人进行商务约会，然后讨论商务会议上怎样的行为举止才是得体的。

安排商务约会

外国商人也许发现，要在美国企业与一个合适的人安排一次见面是相对容易的事情，因为我们的许多企业是分权管理，可以快速做出决定。这与一些国家形成反差，在那些地方难以知道谁会签署最后完成一桩商业交易的合同。它们有着比实际参与某项交易的人具有更大影响力的各种角色。例如，在日本存在经连会（keiret-su），即由业务关系、金钱借贷关系和交叉持股（一个公司持有与之做生意的另一个公司的股份)等组成的复杂网络连接起来的工业联盟。在某些情况下,这在美国是非法的。

在一些文化里,商人往往只与那些他们认为是"朋友"的人做生意。这就要求在讨论业务之前先花大量的时间通过其他社交场合去结识预期的商业伙伴。但是,美国人却喜欢很快地就开始谈正事(get down to business)。如果你感到你的一种有价值的产品或服务会受到美国企业的关注,请只管安排会面,即使你还没有成为他们的"朋友"。以利润为取向的美国商人更加看重的是你能提供的东西而不是他们或许与你会有的短期社会关系。我们也更喜欢对他们的需要能直言不讳(be up front)的人,更喜欢真正的而不是建立在金钱利益基础上的朋友。

美国航空公司曾对来自世界各地的商人进行调查,看他们是否愿意与他们"个人并不喜欢的"人做生意。45%受调查的美国商人说他们愿意,而做出同样表示的亚洲人只有23%。可以说,我们的商业利益被置于最为重要的前排位置(a front row seat)。

在亚洲等一些文化中,商人出于尊重而不愿意对你说"不"。这甚至延伸到一次商务会面的安排,即使他们知道对你所能提供的东西不感兴趣。在美国,事情正好相反,如果不想会面,我们会告诉你。美国人倾向于说实话。

给美国企业中 个低层次的人员打一个简单的电话可能就是你为安排一次约会需做的全部事情。如果你不能确定应该找谁,有时电话接线员或前台接待员会将你引导到适当的部门。

(1)介绍信——与企业中的一位高层次的人约会,最好在打电话之前先给他发去一份介绍信。典型的情况是,高层决策者的秘书会看一看你的信,在几秒钟里要么是继续阅读你的信,然后转给另一个人或传给她的老板;要么把它丢掉。你的信可能与每天收到的十多封或更多的信进行竞争,所以发出一份有效的介绍信是很重要的。你应当这么做:

这封信(和随后的销售介绍)应该按照我们流行的 AIDA 格式写,我们以此来造成注意(Attention)、兴趣(Interest)、希望(Desire)和行动(Action)的效果。要做到这一点,介绍信应该用短句子写在一页信纸上,并包括以下这些要素:

- 称谓——使用那个人的正确姓名。告诉对方秘书你要找的人及其姓名的正确拼写。用他们的姓并使你的联系个性化,称呼对方 Dear Mr.……, Mrs.……或 Ms.……(亲爱的……先生、……女士或……小姐);而不要泛称 Sir 或 Madam(先生或夫人、女士)。

- **标题式提要**——用一短的祈使句(约20个或以下的单词)来开始你的信,以引起读信者的注意,就像报纸上的大字标题那样。告诉他们将如何从你的产品或服务中受益。例如,你可以说:"我们的电脑化的生产控制系统将至少减少贵公司20%的生产成本,就像我们的87个客户那样。"
- **可靠性和相关性**——提及你们公司向读信者的企业提供的特别的重要收益。为了显示你的可靠性,使用在读信者的这一管理层次会熟悉的若干术语解释成本的降低就会与大多数商务人士之间创造出关联。
- **如何和为什么**——指出如何得到收益以及你的产品或企业的独特性。
- **行动**——告诉读信者你不久将给他(她)打电话,以安排一次了解性的见面。如果读信者感兴趣,其秘书可能会先打电话给你做出安排。
- **再见**——包括用"真诚地"或"最好的祝愿",随后是你的签名。

记住,你在信中试图推销的是约谈,而不是产品或服务,这是新手会犯的一个常见错误。对繁忙的读信者来说,那可能是一件令人厌烦的事(turn off)。多年的广告研究认为,要使一份这样的邮件获得良好的反应,它必须具备五个要素。

①说明了会面时要讨论的产品或服务所具的一个令人印象深刻的好处。

②邮件容易阅读。

③使读信者参与进来。

④要讨论的产品或服务有新意。

⑤它确实是独特的或与众不同的。

(2)设置时间——让我们假设你得到了(land)一次与一个美国人在他(她)的办公室会面的机会。在设置时间时请考虑以下几点:

- 如果你的联系人(或其秘书)所建议的时间对你是不方便的,你可以要求另外的时间;我们并不会像一些外国人那样认为这是粗鲁的。
- 在约定时间时要把交通作为一个因素加以考虑。在美国的大城市,交通高峰时期(上午8—10点,下午4—6点)你也许要花上1—2个小时才能到达会面地点。
- 如果你从其他地方来,尽管要求介绍旅馆。
- 在美国,业务时间一般是工作日的上午9点到下午5点。我难以理解地发现,欧洲、南美和亚洲的一些国家会有几个小时的午休,这时它们的企业就不工作。美国有一个小时的午餐时间,但是企业并不关门,你甚至可能必须与一个繁忙的高管在其午餐时间会面。

准备商务约会

一旦确定了约会时间，你在出门（step out the door）会面之前需要为此做好准备。

（1）**对时间的掌握**——提前10—15分钟到达约会地点，这样万一你的联系人提前出现就可以比预定时间早些看到你，从而有更多的时间与你交谈。这也为你提供了一个缓冲地带，把你迟到的可能性降到最低。美国商务人士趋向于准时，所以如果你迟到了，这可能对你造成不利影响。如果你遇到交通堵塞不能按时到达，打个电话告诉对方或其秘书估计什么时间能够赶到。

如果你迟到了，务必表示歉意，但不用过分。在日本，迟到者必须做出深刻的、令人满意的道歉。同样，如果约定时间已到，你还必须等待一会儿才能见到你的联系人，不要认为这是无礼（可能像在你的国家那样），因为他也许还无法结束前面的约会。

（2）**约会前的邮件**——安排好你的约会之后，非常专业的做法是给对方决策者发出一封邮件，感谢他答应与你约会，确认日期与时间，并附上你们公司和产品或服务的简单信息，以便他在与你见面之前可以先熟悉一下。但是在你们见面时不要假设他已看了这份材料。越南人喜欢在实际会面之前收到一份传真，概括会面时要讨论的议程和议题。在美国，这样做没什么错，但是有点出乎意料。

（3）**你的英语**——你的英语几乎肯定好于对方对你的国家的语言的掌握。如果英语是你的第二语言，对方不能理解你说的某些内容，他或许会要求澄清。这样一种反应在某些文化中可能会被视为不礼貌，但在我们的文化中并非如此。事实上，在你开始介绍之前，应告诉他在需要你澄清的时候就说出来，但是不用为你的英语道歉；这会削弱你的地位。

如果你不能确信对方名字的正确发音，可以在通过电话安排你们的约会时先问一下他（她）的秘书，或者在会面之前看到秘书时打听一下。如果你忘了，在见面时你直接问他也是没有关系的。

为了有助于你的介绍，预先就你想要讨论的问题准备一份提纲，然后大声地排练一遍。你甚至可以带着提纲去会面，偶尔参考一下。

你也许应当查询一些合适的美国行话（buzzy words），把它们写下来，研究它们的音节和发音，这样你就可以正确地说出来。其中可能包括利润、效率、偿付、成本节约、时间节省、专利、独特的、回报率，商品使用保证，或其他适用于你的产品或服务的重要单词和独特短语。

（4）你的外貌——着装要得体,①衣服要整洁,鞋子要光亮。好的公文包会使你具有一种良好的外表。纸板箱和带有橡皮筋的宽松文件夹就显得不太专业。

（5）你的讲义——如果你计划展示图片或分发讲义,在你去开会之前,确定它们是以适当的顺序放在你的公文包里,这样在你进行介绍时就不用去寻找它们。带一张会对你们公司做出很好推荐的客户名单去。这些是你们的推荐信。简言之,要注意外表,有条理,有准备。你为你自己创造的形象就是对方对你们公司的印象。我们有一个确当的"5-P"的说法："Prior Planning Prevents Poor Performance。"（事先准备防止表现不佳。）

商务上的问候和介绍

既然你已约好了会面,并为此做好了准备,现在又到了对方的办公室,就需要知道在商务会议上怎样的行为举止才是得体的。

你的问候可能影响到会面的效果。有关规则与关于习俗和礼节的G章所讨论的颇为相似。这里再次快速扼要地重述一下:以友好的握手给人一个温暖的印象;进行眼光交流;说话要清楚和响亮;微笑;除了握手,不要有肢体接触;不要自己先坐下,要等有人示意的时候再坐。

请记住,如果对方在过去与来自你的国家的人打过交道,他可能会发现有些人有点拘谨或不够友好。所以,在赴约之前,站在镜子前面,练习一下如何表示问候。镜子里的人看上去热情友好以及真的很高兴见到你吗? 你对他的问候满意吗?

（1）礼物——第一次见面不要送礼物,这会显得你在试图收买对方的忠诚。在你们的交谈过程中,如果你有一样小的宣传品,诸如印有贵公司商标的钥匙圈或笔,你可以送给他,但不要期待有回赠。

（2）女性——与一些文化不同,我们的妇女往往持有管理职位,所以她们希望根据自己的绩效而不是性别被评判。不要问她是否已婚、住在哪儿、与谁住在一起,不要与她调情,也不要要求约会或与其谈论有关性的言论。如果你想和她握手而她又没有首先伸出手的话,你就走前一步伸出你的手。她可能会喜欢你的这一姿态,把它

---

①　参看O章中商务着装部分的建议。

作为你友好、自信和尊敬的标志。

（3）等级——在商业情景下介绍人的顺序，理论上是按照等级而不是按照性别。当你介绍两个人时，首先介绍级别高的那个人以示尊重。然而，如果你把权威等级（chain of command）弄错了，大部分人可能不会注意到。不过，要是你能做到的话，将这搞清楚仍然是件好事。

（4）商务名片——交换商务名片对我们来说不是一个重要的礼仪，这与亚洲一些文化不一样。你也许想在第一次见到对方时立刻把名片递给他，以便他能以此为参考正确地读出你的外国人的姓名。如果你把名片递过去时他没有读一下，或者他没有像在你们国家那样用双手接过名片，你不要因此感到不快。他也许一边继续看着你一边把名片放在写字台上。与有些文化不同，这不是不敬。

（5）姓名——美国人喜欢用名字而非姓，如果对方在称呼你名字的时候发音有困难，他可能会感到困惑。其实，在你与他握手的时候，就可以告诉他你的名字应当如何发音或者给他一个简单的昵称去使用。因为有些文化（尤其是日本）往往更为正式地使用姓和头衔，所以，如果别人称呼你的名字，你不要感到对你不恭。如果你觉得称呼对方的名字有点别扭，那么就用他的姓。他很可能会告诉你用他的名字，这样好让你放松。如果他这么做，就尽量适应他。

（6）就座——在问候你以后，你的业务联系人会请你坐下。一些高管喜欢坐在他们写字台的后面，让你坐在写字台的前面。也许其他人引导你坐到办公室的会议桌旁，你的业务联系人会在那里与你交谈。你们的讨论可能要求将许多文件摊在桌子上，所以坐在会议桌旁比坐在他的写字台前面更为方便。或者他会要你坐在靠近一张桌子的椅子或沙发上，他将在那儿同你展开讨论。如果他计划招待你喝咖啡，很可能会这么做。所以，如果他没有让你坐在他的写字台前面，不要像一些外国人那样以为这是不敬。

（7）饮料——如果业务联系人给你咖啡，你却喜欢别的其他饮料，你只要说"有茶吗"或者无论什么你喜欢的饮料就可以了。对你的评价不会取决于你喝些什么。如果你不想要任何饮料，只要说"不，谢谢你"就可以了。有时仅仅是出于礼貌，我会说："我很好，但是如果你有咖啡，我想要一些，谢谢你。"虽然我们交谈时我可能只是啜饮几口。

商务会议的进行

因为有些文化趋向于群体取向和寻求共识,他们的第一次商务会议往往不能做出任何决定。这与具有分散化结构的美国企业不同,我们的企业鼓励个人对他们自己的经营做出快速、独立的决定。在亚洲,完成一桩交易之前可能需要几次访问,或许还要几次晚间娱乐活动,但是在美国,一次会议就可能完成一桩交易或达成一项协议。所以,你来参加会议的时候,不要对你以为将会在未来一次会议上才能加以讨论的某件事情未做准备;也许不会有另一次会议了。

如果有其他人参加会议,那么他们和你之间会有交叉交谈,这也许不同于你们国家。如果他们有不同的看法,会公开地加以讨论,也许还会询问你的见解。你可以向在场的任何人直接提出问题。与乌克兰等国家不同,在美国个人要对会上做出的决定承担责任,无论它是好是坏;这就是为什么你可能面对探查性的提问。请做好准备。

(1)外国人的观点——美国人常常抱怨英国的经理讲得太多而且犹豫不决。英国人则抱怨法国经理专制和傲慢。法国人和英国人又抱怨美国经理讲话做事过于鲁莽(shoot from the hip)以及听话时缺乏耐心。这是因为在三种文化中经理的角色都是不相同的。

英国经理被期待像一个团队那样工作,他们的互动基本上是合作性的。在法国的单位中,明确的个人能力被赋予更大的价值。美国经理则具有高度的个人责任感,感到他们必须从一开始就进行领导。这些都产生于我们有关领导的不同概念,反过来,它又影响了举行员工会议和进行谈判的方式。

(2)会议上的领导——在美国,员工个人技能的不断发展是重要的,一些经理可能聆听团队成员的讨论,允许他们达成一个解决方案,自己只是推动讨论和解决问题,或者提供必要的信息。这与欧洲形成对照,那里的经理在整个过程中都被期待成为积极的参与者,并对问题进行指导。

在像中国和日本这样的国家,可能会有正式的一组人,其中一位领导充当发言人。如果他们中间有不同的看法,会在别的地方加以解决。讨论的过程或许是预先决定的。问题都是指向团队的领导。简言之,会议可以很好地受到控制。这些会议上的关系不是个人间的关系,而是组织间的关系。因此,个人的责任很小或没有个人责任,这与美国不同。

美国人(和意大利人)对这样的情景会感到不舒服,他们喜欢小组讨论,搞清所有的细节问题。所以,如果你与美国人打交道必须适应不同的领导过程。并不只是你需要这样,美国人与其他文化背景的人打交道时也是一样的。仅仅是要注意我们的差异而已。

(3)非正式——外国人可能发现,与美国人的会面相对地不那么正式。我们对礼仪的强调可能要弱得多。所以,不要担心在你们会面时违反了社交规则;那会使你受到拘束。

过去的十年里,越来越多的美国企业规定一周有一天每个人都可以随意穿着。在你到达会面场所时,如果东道主着装随意而你却系了领带,不要感到你穿着过于正式了。这并不会对你产生不利影响,它只会让你显得很专业。

在一些亚洲、欧洲和其他的文化中,商务谈判时的轻松玩笑被认为是失礼的。在美国一般不这么认为,我们是比较放松的。在我们的商务交谈中,你甚至会听到蹦出的一些不雅词语。如果对方讲一些笑话,他可能是试图缓和一下谈话气氛;这不是对你的不敬。你也完全可以说些轻松逗趣的话,但要避免(steer clear)脏话或粗俗玩笑。

由于德国人的微笑是表示对另一个人的喜欢,在商业环境中的微笑和笑声一般就被认为是不适当的。这与他们可能碰到的美国同行正好相反。[①]美国人认为微笑和笑声正是一种友好的姿态。所以,德国人在与美国人会面时需要重新认识这一点。

当你在对方的办公室进行交谈时,他可能以一种放松的姿势坐着,甚至把脚搁在他的办公桌或会议桌上。请不要学他的样子(follow his lead),因为这是在他的办公室,你是一位客人。也不要抽烟,除非他先这么做了。简而言之,要显得专业,但不要过分正式或随便。

闲　谈

我们在洽谈业务之前一般会聊一会儿天,以便相互知道得更多一些以缩短彼此距离。我们称此为"闲谈"(small talk)。这样的交谈是简短的。如果对方对闲谈感兴趣,一定要问他一些问题或作一些陈述,诸如:"你到过我们国家吗？"在有些文化

---

①　参看前文有关沃尔玛是如何理解这一文化差异的讨论。

中,问一些个人问题是可以接受的做法,如某人赚多少钱或他们的年龄多大。在美国的商务会见中不要这样做,因为你可能被告知这是与你无关的私事（none of your business）。

日本商人也许会问你的工作、你的职衔、你的责任、向你作汇报的员工人数等等。因为日本的语言很复杂,有许多形式的称谓,他们需要弄清这些事情,以便决定在与你讲话时使用哪种形式。在美国我们无须这么做。

> 提示:你可能需要带上一张你们国家的地图（大约8英寸×10英寸大小）,在上面用"X"表示出你所在的城市。可以将地图留给他。美国人对许多其他国家的地理知之甚少,这可能有助于你们的闲聊。在地图上订上一张你的家乡甚至你和你家庭的照片,使之个性化。这将给人留下你对你们的会面做了认真准备的印象。美国人喜欢有准备。我们有一个说法:再多做一点努力（go the extra mile）。

美国商务人士不仅欣赏做出额外努力以给他们留下深刻影响的人,并且也喜欢对许多事情具有广博知识的人,而不是只知道他们所提供的产品或服务。由于运动在美国是一件大事（big deal）,它常常成为闲聊的话题,使用关于运动的N章来确定地方运动队的名字是个好办法,这样你就可以在闲聊中提到它们,诸如:"你是扬基（Yankee）的球迷吗？"在你赴会之前先从报纸核对一下当地球队的联赛排名和上次比赛的结果。一旦获得了这些知识,你就可以在你们会面时顺当地加以运用,然后还可以将它们用于你的电子邮件和信件。

美国人也喜欢谈论我们的地理和城市。[①]记住对方的市长或州长的名字,把它用在一个句子中。例如:"在使你们的道路保持良好的维修状态方面,琼斯市长似乎做得很出色。"也可以在讲到某件与你的服务或产品有关的事情时提及他们的名字。

在你们会面之前做好研究,把这些闲谈的对话要点列在一张单子上,标出特定的名字、日期、地点和发音等。可以带上它去赴会并且偶尔看一下。这么做将会使你留下积极印象,说明你是一个有知识、有准备的人。这是美国商务人士所喜欢的。

---

① 参考关于地理的C章和关于历史的D章,以获得你可以使用的有关这些话题的信息。又,参考附录10可获得对方所在州的信息。

商谈业务

　　如果对方马上开始商谈业务（get down to business），这是提示你他很忙。也可能是他首先把谈话从轻松的交谈转向业务商谈。如果他没有这样做，而你发现时间快不够了，则可以主动转向业务商谈，以保证你有充分的时间完成你的介绍（或参加下一个会议）。总之，那是你为什么会出现在对方公司的原因。

　　由于文化的差异，在讨论业务的时候，有些事情外国人是应该记住的。

- 我们更注重逻辑；你们也许更注重情感和感觉。
- 我们的谈话是开门见山；你们的谈话则可能是迂回的。
- 我们喜欢不拘礼节的谈话；你们也许喜欢结构性的礼节。
- 我们喜欢亮出底线（指望的最终结果）的谈话；你们可能喜欢谈话范围更加广泛。我们有一个说法："让我们来讨论实质问题（get down to brass tacks）。"
- 我们喜欢"是"或"不"的回答；你们可能避免给予这样的回答或避免要求这样的回答。

　　（1）时间因素　一些美国人认为开会就是浪费时间。浪费时间就是失去时间。在操作的层面上，他们也知道项目的最后期限要得到严格遵守，而某些文化往往较少以时间和目标为取向，也不大担心错过最后期限。在美国，误了截止日期可能会使你失去未来与该企业合作的可能性。

　　我们喜欢首先被给予一张全景图。所以你的介绍开始时要范围广泛，然后有逻辑地进入细节，其方式与你看交通图相同。①一旦你开始你的演讲，快速地直奔主题。正如我们说的，不要绕圈子让我们心存悬念（leave us hanging）。

　　提示：有时我不认识的销售人员打电话给我，花了五分钟才使我理解他们为什
　　　　么打电话来。出于无奈，大多数时候我只是简单地告诉他们我不感兴趣并
　　　　挂了电话。我不愿意和讲话如此迂回曲折（round about）的人打交道。

---

　　①　美国人中的一些人在这一点上也做得不好。它是一个例子，说明为什么你不应该总是模仿所看到的美国人做事的方法。

如果你的联系人在你们交谈过程中回复了一个电话,不要感到吃惊。这并非像你们的文化所认为的那样是种失礼;你的联系人也许有一件重要的事情必须加以处理。

如果你同意在某个时间之前做某件事,如给你的联系人寄上一些文件,请遵守时间表。如果按照这个时间你有困难,就打电话或发封信说明原委并提供一个新的日期,这样对方就不会感到失望。这又是一个守时的问题。

(2)诚实——正如你已知道的,对美国人来说最重要的是寻求真实。诚实是我们西方文化的根,这可以回溯到公元前800年,当时的希腊诗人荷马(Homer)说:"我憎恶把事深藏在心中和言不由衷的人。"所以,我们的问题可能是直截了当的,一针见血,这也许又不同于你的文化。

有些外国人不愿意承认自己对某些事情的不理解,或者不愿意承认自己的错误。此种行为可能产生负面的结果。这对于来自类似韩国文化的外国人尤其重要,在那里他们如果对某些事情不理解却并不肯提问弄清楚。假使你避免(side step)提问或用迂回的方式说话,而你的联系人发现了你试图加以隐瞒或不理解的某事的真相,那么你将失去信任,并很可能失去一桩买卖。不要回避一个负面问题,你应该对它进行讨论,指出你要提供的产品或服务的积极方面,以及它如何利大于弊。

(3)利润——尽量搞清对你的联系人来说什么才是重要的,包括对于时间、质量和利润的要求,这样你就可以让你的介绍达到最佳效果。美国企业的首要目标是利润,而一些外国企业的首要目标是长期增长。真相或许介于两者之间的某个地方。

你的产品或服务的成本根据它将获得的利润和挣回为它所花的钱的时间加以衡量。有时短期利润比长期增长更为重要,或者相反。有时安装你的产品或实现你的服务所花费的时间比利润动机更为重要,尤其是如果公司中其他什么事情取决于它的安装时更是如此。这就是你在会议上需要弄清楚的,所以不要做出你在你们国家时可能会有的假设。

(4)提供参照——对方需要相信你所销售的东西是最好的选择,因为他(她)本人对此负有责任。好的参照可以帮助他(她)做出决定。提供参照(我们客户的姓名和电话号码)是我们的习俗,他们将对我们的产品或公司提供肯定的报告。可以随意地谈及你们的一些成功。要知道你们的竞争对手在做些什么,不要害怕指出你们的长处和他们的不足。指出你们竞争对手的缺点是可以的,只要是以一种专业的方式。在一些国家,频频援引名人姓名(name droping)和自夸被认为是粗俗的。在美国,只有在一个人吹嘘自己而不是其产品或服务时,才被视为非专业的。

（5）速度——美国商务人士在他们的商务会议上似乎是匆忙且有冲劲的,这与一些国家的慢节奏谈判方法成为对比。美国商人常常为此感到沮丧。例如:在泰国,业务步伐颇为缓慢。日本的企业高管在对一个问题做出回应之前要沉默很长时间。在印度尼西亚的一些商务会议上,礼貌的做法是要以平静柔和的语调说话,以及在对一个陈述做出回应之前等上10—15秒钟。在美国,这些行为可能会传递一种负面印象,即你自己都没有把握或者正在试图掩饰什么事情。

出于对速度的关注,美国企业的高管一般认为具体地逐一解决各个问题是合乎逻辑的做法,而日本等一些文化趋向于着眼于许多要同时加以探索和解决的问题。在美国的商务会议上外国人要准备适应这一转变。

（6）坦率——中国人用面子这个词来定义"脸",它意味着信任、尊重和影响力。不失面子这个概念对于亚洲人很重要,但是对美国人则不那么重要。由于这个原因,一些亚洲人感到难以说"不",而是选择表示他们会"考虑一下",或者使用其他在美国人看来像是拖延战术的微妙词语。

要避免这种间接的方式,因为我们想要一个回应,即使是"不"。正如我们在美国所讲的,实话实说。然而,如果你有事需要考虑一夜,我们有句话你可以使用:让我想一晚（Let me sleep on it）。然后,通常在第二天带着你的答案回到对方公司去。不要不理他,否则你将失去信任。记住甘地这位伟大的印度领袖所说的:"出自最深刻信念说出的'不'要好于用来逢迎或者甚至是为了避免麻烦说出的'是'。"

提示:我已经多次曝光了外国人普遍存在的这种缺乏坦诚的问题,我也必须承认,正如大多数美国人那样,我也受到了伤害。我曾遇到一位亚裔的美国大学教授,与其讨论了我正在写的这本书,问他是否有兴趣对其中一章进行评论,这章正好涵盖了他所教的一个主题。他让我用电子邮件把有关这章的一些信息传送给他,我照做了。然而我没有收到任何回应。与此同时,我得到了其他人有礼貌的回答,他们解释了为什么不能成为本书评论者的原因。在中国时我还遇到一位出版商,回国后继续就出版该书一事与她联系。一个月后,我发现她可能已对此事失去兴趣。由于其他出版商显示了兴趣,我需要知道她的最终态度,所以再次给她写信。但是,我从未收到过她的任何回答。我再次感到受到了伤害。外国人必须学会说是或不,而不是让我们悬在空中（up in the air）。我在任何情况下都不会再与这些人打交道或推荐他们。如果在商务情景下你态度含糊，将会失去信任，而且最可能的是人家不再与你打交道。

"坦率"的一个部分是进行目光接触，这在美国与其他国家间可能不同。例如，在墨西哥，只有讲话的人才能进行眼神交流，而听的人大体上是将目光移开，因为集中的、不断的目光接触被视为挑衅。在那里，甚至下属也不与他们的老板进行持续的眼神交流，出于尊重，他们只是看着地面。在美国，这可能被解释为不感兴趣，并且可能产生负面结果。

（7）结束——在越南，来访者一般被期待启动会见或发出结束会见的信号。在美国，这可能是由受访者来做。如果他在洽谈接近尾声时看了一下手表，那可能是表明他日程排得很紧（on a tight schedule）的信号。在你结束会见之前，问一下自己：是否表达了你想说的东西？是否提了问题以确定对方已经理解？你可以再把介绍的要点总结一下，问他是否还有什么问题，并感谢他抽出时间与你会面。

确定你已经有了对方的名片，这样你就有了他的名字和公司名称的正确拼写，以及他的职位和地址，以便万一你要寄信给他。假使你打算给他发送更多信息，提醒他这些信息很快就会被送到。要不断地提醒你自己，时间对一位美国公司高管极为重要。

不要期待你的东道主在你们会面结束后会护送你回到旅馆，就像在新加坡那样。他可能让秘书打电话为你叫来一辆出租车。如果他没有这样做，你可以要求这位秘书打电话，要不然你自己用手机打。要记住，在喜欢车子的美国，许多人用他们自己的车出行，所以，出于习惯美国人经常考虑不到这一点。

（8）事后——会面以后，你可以发送一封简短的信感谢对方花时间与你洽谈。你也可以通过书面形式简要地确认任何细节，诸如所讨论的价格、时间进度以及质量保证。在会面后的一两天里，你应迅速地将这一信件送出，这会给人留下一个良好的印象。如果你现在难以获得对方期望从你这儿得到的信息，应在你的信（或电话）中提一下，并向他保证很快就会送达。不要因为你在寻找这些信息而推迟了发信。美国人喜欢知道事情的进展情况（keep on top of things）。

商务应酬

你们的商务会谈可能导致两人当天或在另一个场合共进午餐或晚餐,甚至早餐(如果对方是一位繁忙的高管)。关于食物和就餐的O章讨论了就餐礼仪。这里是有关商务应酬的另外几点提示。与就餐时不讨论商务的一些国家不同, 美国正好相反。另外,如果你知道对方感兴趣于当地的一个运动队,你可以问他是否愿意在稍后的某个时间与你一起去看一场比赛,在这种情况下将由你来买票。

(1)午餐——美国吃午餐时的习俗可能不同于你的国家。如果美国人中断了商务会谈而与荷兰或丹麦的合作伙伴去一家很好的餐馆,他们也许认为我们对正在谈判的生意不认真, 因为这时他们喜欢一份快速三明治和一杯矿泉水。另一方面,如对方是法国或西班牙人,给他们一个三明治而不是去餐馆,他们也可能同样认为我们对正在谈的生意不认真。所以,合适的做法是问对方喜欢吃什么。要是你来自午餐是一天中的大餐的墨西哥,假如你对面的这位美国人选择便餐或沙拉,请不要感到吃惊。如果你们的商务午餐因为他要匆匆赶回去而突然结束,也不要认为这是失礼。还请记住,一些公司不喜欢员工在工作时间喝酒精饮料。

(2)饮料——你也许邀请对方下班后去喝一杯。与一些国家不同,如果他谢绝你的邀请,在美国这并不被看成无礼。某些文化中,形成一种个人关系对促进商业交易是很重要的, 社交饮酒实际上是不可或缺的。你可能会发现在美国则完全相反,喝酒只是可加选择的。

> 提示:如果有美国人参加你主持的带有饮酒仪式的宴会或聚会,你应当在开始之前向他解释一下:你并不期待他饮酒,除非他自己想这么做。这将营造一个美好的印象。还应问他是喜欢喝水还是软饮料,这会使他感到舒适自在,就像我曾经在海外经历的那样。你在美国如果参加一个聚会,东道主应该给予你同样的礼遇。

我们有用于特殊场合的鸡尾酒会(cocktail),或许那是一个邀请许多人享用食物饮料的庆典。如果你也在受邀之列,请用左手拿饮料而保持右手的干燥,以便与人握手。右手则以一张餐巾纸拿住食物,这样可以保持干净。

（3）礼节——在商务用餐的情况下，当你是东道主(发出邀请的人)时，邀请你的客人首先点菜。即使你是一位女性东道主，也可以对服务员说"请让我的客人先点"之类的话。这让服务员知道你是东道主，在用餐结束时会把账单给你。在商务宴会上，不论性别都由东道主买单。如果有人坚持要付，不要大惊小怪乃至破坏气氛和伤害感情，就让他去付吧。如果有人需要帮助开门、拉出椅子、提个盒子或者穿上上衣，不论性别，都请提供帮助。

V 拥有一个企业

知己知彼,百战不殆。

——孙子,中国古代军事家

许多美国人都梦想拥有自己的企业。他们希望成为自己的老板。他们希望经济独立。他们希望获得创造性的自由。他们希望充分地使用自己的技能和知识。外国人也为了相同的理由在美国创办企业。还有一些外国人开创企业是因为英语技能的缺乏为他们获得工作制造了障碍。事实上,移民拥有美国企业的11%。他们开办新企业的可能性要比土生土长的美国人高出60%,代表了所有新企业土的17%(在有些州大于30%)。外国出生的企业主在加利福尼亚州产生了所有企业收入的近1/4,在纽约州、佛罗里达州和新泽西州则是近1/5。

帮助小企业启动的联邦政府小企业管理局(Small Business Administration)的一位官员说,无论是对于"我们国家的发展和经济繁荣",还是为了"我们的国家更具竞争性",或者作为"美国梦的提醒者","移民企业家都是至关重要的"。

我们的移民拥有的企业趋向于集中在经济的低技能和高技能两端,这包括一端的小餐馆和另一端的新兴的技术和工程公司。加利福尼亚的硅谷是美国高技术经济中心,这里所有的技术企业有1/4是由来自中国和印度的移民所经营。

虽然墨西哥人和拉丁美洲人是我们的邻居,但他们创造的企业要少于更具企业家精神的亚洲移民,成功率也低于亚洲移民。此外,亚洲移民已经获得了较高的教育水平,并往往得益于大家庭,其中具有经商经历的成员在初出茅庐者面前起到了指导者和融资人的作用。

在2007—2010年经济衰退时期,移民在他们的母国习得的有关节俭、避免过度负债、依靠家庭支持等价值观帮助他们较好地战胜了困难。正如一位经济学家所说，任何把时间和精力投资到第二个国家的人都明显具有企业家精神。

由于在美国办企业不要求公民身份和居住权，非美国公民在美国可以自由地开办和扩大他们的企业，所要通过的程序也不比美国出生的小企业主更为烦琐。意识到外国人对经济的重要性，我们的政府和一些非营利组织帮助他们发展企业。例如，纽约市在2011年宣布采取三个新步骤以使移民拥有的企业更容易开创和成长：一份向移民企业家提供帮助的企业计划；用中文、朝鲜文、西班牙文和俄罗斯文讲授的免费课程，帮助移民发展开办、运行和扩展企业的技能；一个商业展览会，展示以当地为基础的移民食品制造企业，将它们与全国消费者联系起来。这些举措是与社区群体一起组织的持续一年的系列圆桌会议的结果，它们是支持和帮助移民社区发展和创造就业机会的城市议程的一部分。

作为一个移民和第一位进入总统内阁的亚太裔的美国女士，前美国劳工部长赵小兰在一个为移民举办的会议上谈论了在美国的成功经商之道。她说："获得新知识的能力极为重要，对于新来者尤其如此，因为没有一个在美国取得成功的固定公式。它是自由和开放的，有许多获取成就的不同道路。"

她强调成功的关键是知道自己，知道自己的长处和短处，倾听、了解和注意周围正在发生的事情。她也建议准业主们使用在美国的主流社会可以得到的许多援助项目和资源。她说："美国是充满了活力的蒸锅"，"各种可能性要比许多新来者能够想象的大得多"。和平队的一位前负责人则说："大多数美国人都有一颗仁慈之心，如果你有问题或担心，不要害怕请求帮助。"

在外国人为何能在美国成功开创和经营企业的问题上，我的看法（my take）如下：

- 移民往往敢于冒险和具有强烈的自立观念。
- 许多移民为了实现目标毫无怨言地长时间工作。
- 他们适应新环境的同时又保留了一些原来的文化传统。
- 他们注重建立关系和维持紧密的联系。
- 他们是创造性的和艺术性的。
- 他们趋向于提供有质量的良好服务。
- 他们重视细节。

如果你想在美国拥有一家企业，以下是你可以用来开办企业的三个不同方式，将在下面逐一加以讨论。

- 自己开办一家新企业。
- 向另一个公司支付费用，将你的企业作为它的一个地方分支加以启动。
- 购买一个现有企业。

独立地开办一家企业

当你提到计划在美国开一家企业，有人也许会说："哦！你太勇敢了，从零开始（start from scratch）。"这意味着要靠你自己做每一件事，以将不同的元素整合在一起。

对任何希望在美国开办小企业的人，我的建议都是首先与联邦政府的小企业管理局（SBA）取得联系。[1]他们提供关于要做的每件事的大量信息。小企业管理局在每个州都有办公室。

研究表明，如果有更好的计划和研究，许多的企业失败本来是可以避免的。重要的是首先制定一份企业计划，它将涵盖企业经营的所有方面，包括对收入和支出的详细估计。小企业管理局的网站可以帮助你准备这份计划。记住，作为一个一般规则（rule of thumb），[2]新企业在第一年或前两年通常没有利润。如果你要申请贷款，银行将检查你的企业计划。

有人可以向你提供收费的启动服务。可查看电话簿的"咨询"或"商业咨询"栏目。如果你找到要从他们那里购买商品的供应商，可以问问这些人的意见。一些急于获得新客户的银行也提供创业咨询服务。你可能需要一个会计师帮你建立新的簿记制度。在电话簿的"会计人员"栏目中去发现一位，如能让人推荐一位那就更好。行业协会也能向你提供关于该行业的有用信息。

> 提示：我在开创一个企业之前，将访问相似的企业，听取它们的业主和销售人员的意见。当他们知道由于地理上的距离我不会成为竞争者时，大部分人是

---

① 见：www.sba.gov。

② "rule of thumb"这个说法产生于一条古老的英国法律，它规定，你不可以用任何比你的大拇指宽的东西打你的妻子。今天它被用作表示一般的指导方针。

肯提供帮助的。我发现这是学习该行业第一手知识的最佳方式。

不同的政府机构会要求你填写各种表格和申请，以获得经营你的企业的许可。这些政府机构包括地方(市)、县、州和联邦。如果你不计划雇用雇员，过程就比较简单。查找电话簿，给每个机构打电话询问你需要填写的表格。小企业管理局或当地的商会会指引你如何与这些机构进行联系。①

不在所有权(absentee ownership)是一个术语，用以描述业主不参与企业的日常运作。以我的经验，对小企业来说，这种做法通常效果不佳。你依靠另一个人的才能和忠诚来经营你的企业，但他的利益也许与你的并不一致。正确的做法是，在你培育你的新企业时，就要开始赋予你信任的员工以更多的责任，但你仍然要监督他们的工作。

购买一个商机

一个用以替代开创自己企业的方案是，在一个让你加入它的业务的公司的帮助下，购买开办一个企业的权利。这叫特许经营(franchising)。特许经营是你和一个公司之间的协议，该公司将帮助你经营它的一个地方分支。麦当劳就是一个特许经营的最成功的例子。它拥有分布在全球119个国家的3.35万个餐饮企业，其中70%是由独立商人拥有和经营的。②授予你特许经营权的公司帮助你建立企业并对你进行培训，你要为此向它支付费用。你还要支付设施的建筑费用，并上交你每月销售额的1%。当然，好处是你可以使用一个知名品牌的名字以及它已拥有的客户群，并且可以使用授权公司的专业知识。

购买特许经营权的人的主要问题是错误理解购买者(被授予特许者)和出售者(授予特许者)的义务。这些规定权利与义务的协议往往是一个有着80页的令人困惑的文件。所以，如果你计划走这条路径，应聘用一位律师与你一起进行审核。

按照这些授予特许经营权的公司的财政力量、稳定性、增长速度以及母公司的

---

① 见：www.uschamber.com。

② 以下网站提供了特许经营的大量信息：www.franchiseexpo.com。许多杂志和网站为出售特许经营权做广告，如www.entrepreneur.com。

规模,一个金融服务企业评出了它们中的前15名。

前15名授予特许经营权的公司

排名	授予特许经营权的公司的名称和领域	启动成本(美元)
1	Subway——船形三明治、沙拉	8.6万—21.3万
2	Curves——妇女的健身和减肥中心	3.6万—4.3万
3	Quizno's——船形三明治、汤、沙拉	20.8万—24.4万
4	Jackson Hewitt Tax Service——税收准备服务	3.9万—8.5万
5	UPS Store——邮递、商业、通信服务	14.6万—24.7万
6	Sonic Drive-In Restaurants——餐馆	71万—230万
7	Jani-King——商业清洁	1.1万—3.4万
8	7-Eleven——便利店	5万—35万
9	Dunkin'Donuts——甜甜圈和烘焙食品	25.6万—110万
10	RE/MAX Int'l——房地产经纪行	2万—20万
11	KFC——炸鸡快餐店	11万—17万
12	ServiceMaster Clean——商业与住宅保洁	2.8万—10万
13	McDonald's——汉堡包、鸡、沙拉	50.6万—160万
14	Jiffy Lube——快速汽车换油	21.4万—27.3万
15	Liberty Tax Service——收入税准备服务	3.8万—4.9万

你经常会看到一些做广告出售的业务被称为商机(business opportunities),如沿着某条路线的自动售货机和陈列架。它们由那些寻找在一定区域里的个体经营者的公司提供。你的"业务"将是看管这些自动售货机或放满产品的陈列架。还有许多的这样或那样的非法项目,它们说是让你"在家工作",但是实际是要骗走你的钱(scams)。许多人在兜售商机时承诺你会赚很多钱,但是可能你并不能赚到。我的建议是,在你购买任何企业的商品时都要多加小心! 在美国我们有一个说法:"什么事似乎好得令人难以置信,它或许就是不可置信的。"

在美国有保护特许经营和商机的购买者的各种政府机构和非营利公共机构。商业改进局(BBB)是一个非营利机构,其目的是促进诚实的商业交易。[①]它们在美国各地都有办公室。打电话给它们或通过其网站去了解某个企业或商人是否曾被告发犯有不诚实或不道德的交易行为。公众是可以得到这个信息的。

联邦政府具有特许经营权和商机的卖家必须遵守的法律。联邦贸易委员会

---

① 见:www.bbb.com。

（FTC）有一个网站讨论应该避免的各类商机。[①]对于有意购买那些所谓"做自己的老板""安排自己的时间""在家工作"和"快速赚钱"的商机的任何人，它都提供建议。

你有权从你要重新进货的自动售货机和陈列架（诸如肥皂、点心、投币式公用电话）的商机卖家获得书面的信息披露。根据联邦贸易委员会的规定，这些披露必须包括以下信息以帮助你验证这一商机。

- **前购买者**——至少10位离你最近的前购买者的姓名、地址和电话号码，这样你可以安排对他们的访问和亲自核实这一机会。

- **索赔证明**——前购买者中已赚到像卖家声称你可以挣到那么多钱的人数和百分比，这样你可以判断自己有多大可能也做得那么好。这一文件也必须包括对那些利润或收入的计算方法的解释。如果商机卖家不这样做，他们就触犯了法律。

在对任何商机进行投资之前，还要认真考虑联邦贸易委员会建议的另外一些预防措施：

- **参照**——如果这个商机是一个特许经营权，研究一下披露文件。倘若该文件说以前并无购买者，但卖家还是提供了一个参照列表，你就要多加小心，因为这些参照可能是虚假的。

- **访问**——亲自到前购买者经营业务的地方访问他们。这有助于减少被虚假参考信息误导的危险。

- **通过政府渠道进行核查**——接触州总检察长办公室、州或县消费者保护机构和商业改进局，后两个地方既是商机推销商的基础所在，又是你的居住地所在，查清商机推销商是否还有未解决的投诉。这些机构多数都有网站。

- **接触商品公司**——如果这个商机涉及销售著名公司的产品，打电话给该公司的法律部门，以查明商机推销商是否有问题，询问它是否与正在宣传的这一商机还有紧密联系。

- **寻求专业帮助**——在签署合同（sign on the dotted line）之前，向律师、会计师或其他业务顾问进行咨询。

- **从容不迫**——欺骗性的商机推销者经常使用高压销售策略要你马上签署文件。如果该商机是合法的，到你此后作出决定时，它很可能还是可以获得的。

---

① 见：www.ftc.gov/bizop。

购买一个现有企业

自己成为业主的第三条道路是购买一个现有的企业。找到一个目标是很容易的。我们的日报有分类广告部分，它们被列在"企业转让"的标题之下。我们也有专用于企业出售的杂志，其中一些是免费的，在街角处的自动售货机以及餐馆和超市的外面都有。更为专业的则在杂志摊出售。互联网网站也按地区提供要出售的企业的信息。[①]业主，企业经纪人和特许经营者都使用这些广告工具。

在你购买现有企业之前，考虑一下这种做法的利弊。

购买一个企业的一些好处是：

- 你可以马上投入经营，因此立即获得收入。
- 出售者可以对你进行培训，因而缩短启动时间。
- 你可以更容易地为企业融资，因为这个企业已建立了信誉，或者出售者可能会给它提供资金。
- 你购买了一个现有的客户（顾客）基础。
- 你消除了一个潜在的竞争对手。
- 企业的地理位置可能优于你自己开办新企业的地方。

要考虑的缺点是：

- 如果你没有作研究，也许你为购买这家企业花费过多，或者比你自己启动一家企业还要花费得更多。
- 如果客户或员工对原来的业主不满意，你可能继承了一个不好的形象。
- 你也许并不了解在进入市场方面出现的新竞争，或者行业即将发生的重要变化。
- 你面临着由以前的卖者引起的问题。

如果你的搜索将你引到了一个你想你会喜欢拥有的企业，在购买之前你还需要小心采取六个步骤：

步骤1：它为什么要出售？ 第一步是要查明这个企业出售的真实原因。出售企业常用的借口是"我们要退休了"，"我们累了"，或者"我们要搬到另外一个州去"。有时，这些是真实的理由，或者是原因的一部分。其他时候业主可能是在隐瞒什么事

---

① 见：www.bizquest.com。

情。不管告诉你什么,你必须收集尽量多的信息来搞清它被出售的真实原因。在此过程中,确定这个企业是否还有增长潜力,它可能面临什么问题。

研究表明,一个企业出售的首要原因往往是它在某个方面失败了。例如,出售者意识到他的零售企业所处的地理位置不好,想卖掉后在别处再开一家。在确定它为什么被出售时,问一下业主是否同意在销售协议(见步骤5)中规定他(她)将不在一定英里之内开设一家相似的企业,因为这会夺走你的生意。如果他(她)不同意,那么你就知道有些事情不对劲了。

与房东的谈话也许会揭示它被出售的真实原因。查看房东的租借协议是否到期了。如果是,假使你选择续租,租金可能增加,或者你必须搬走。这成了该企业为什么出售的真实原因。与邻近的企业主谈一下,有时他们不仅知道那个企业而且还知道周围地区发生了什么。

步骤2:尽职调查。 如果你发现了一个符合你的实力和兴趣的企业,然后必须对它的经营作一个彻底的考察。法律术语尽职调查(due diligence)描述了在购买之前获得有关一个人或一个企业的客观和可靠信息的过程。这是一个买方确保自己获得了进行这桩交易所需的全部信息的阶段。从法律观点来说,这个责任落在你的身上,而不是卖家的身上。我们有一个说法:做好你的功课(do your homework)。

获得企业文件的复印件,证实业主所告诉你的一切,包括:

- 过去5年的财务报告,上面附有准备这些报告的会计师的姓名。我们在前面一章曾讨论过财务报告的问题。
- 银行账户对账单,以证实存款和支出与上述财务报表相吻合。
- 提交给政府的文件,如交付的销售税、员工税收和业主的收入税表格。然后,与有关机构接触以保证所有税款都已缴纳。

如果卖家拒绝向你提供这些文件中的任何一种,或者说它们不在手边,那么你就转身走开,因为如我们所说的,这表明情况不妙(something is rotten in Denmark),①或事情可疑(something is fishy)。

提示:大部分州的法律都要求财产的卖方在销售协议中披露任何已知存在的问题。然而,自作聪明的买方却不依靠这些法律,而冒事后(down the road)

---

① 这是指莎士比亚的一个以丹麦为背景的戏剧,在那里事情进行得并不顺利。

不得不对隐瞒事实的卖方发起法律诉讼的风险。

步骤3：价格。仔细地分析这个企业的要价，尤其是当业主自己担任经纪人出售它的时候。对于业主来说，这个价格似乎是合理的，但是事实上它无法得到市场的支持。像房地产经纪人一样，企业经纪人有他们所在州发给的许可证，知道出售企业的规章制度。这些经纪人善于在其他企业卖价的基础上评估一个企业的公允价值。应对经纪人提供的相似企业进行访问，通过询问大量的问题尽可能多地获得它们的信息。你可以使用获得的知识更好地与不用经纪人的卖主打交道，如果你选择这样做的话。

价格是可谈判的。你可以总是报出低于要价的价格，业主也许会接受它，或者提出一个在你的出价和最初要价之间的价格。这叫作卖方还价。你也可以在此基础上继续进行还价，并将迫使你出较少价钱的各种考虑列成一个单子然后与业主或经纪人讨论你的这些想法，以证明你提供的价格的合理性。记住，这是一个谈判过程。不要匆忙地接受他们提供的价格。

步骤4：筹措资金。银行一般不愿贷款给购买企业的个人，除非过去与他们打过交道。如果你感兴趣的那家企业与银行的关系好，银行熟悉它的经营，也许会借你一些资金去购买它。某些卖主可能进行赊销，买主只要首付20%—30%或更多一些，然后每月支付尾款。这将是你们谈判的一个部分。在你估计这个企业的盈利能力时，要把这些费用作为因素考虑进去。你能够付得出这些钱吗？

作为最后的手段，考虑从一家来自你们国家的人拥有或经营的美国银行获得财务建议或申请贷款。例如，在美国，我们有72家亚洲人拥有的银行，包括在加利福尼亚的华美银行（42-branch East West Bank），它有着42个分行，是为亚洲移民和其后代服务的。下面是其他一些银行：

- 美西银行（Bank of the West），由法国的巴黎银行拥有，在19个州有660个办事处。[1]
- 市民银行（Citizens Bank）由苏格兰皇家银行拥有，在美国有1600个支行。[2]
- 汇丰银行（HSBC Bank），英国银行巨头在美国的子公司，有500个办事处。[3]
- 永丰银行（Sovereign Bank），为西班牙标准银行（Banco Standard）拥有，有750个支行办事处。[4]

---

[1] 见：www.bankofthewest.com。

[2] 见：www.citizensbank.com。

[3] 见：www.us.hsbc.com。

[4] 见：www.sovereignbank.com。

- 道明银行（TD Bank），由加拿大道明银行财团拥有，有1000多个支行。[1]
- 联合银行（Union Bank），加利福尼亚的第五大银行，由日本巨头三菱UF金融集团拥有。[2]

步骤5：出售协议。当价格谈拢并且你已筹措到足够的资金之后，就须将所有的口头协议写在书面销售协议里，以保护你自己。协议也应该具体说明卖方将花多少时间（天或小时）在第一或前两个月中培训你和帮助你。如果你买了原有的库存用作零售，那么要以成本价而非零售价购买。如果你认为你不得不处理它们然后才能重新开始，出价则要低于成本价。坚持独立的存货盘点。记住，你正在买的是企业的资产，而不是负债（除非它是一个股份公司），这些在销售协议里也都要预作界定。要确保销售协议明确规定，在你接管该企业之前的所有债务由卖方负责。

> 提示：在签署一份销售协议之前，一定要请一位律师或一位会计师先把它读一遍，保证对这桩买卖的所有方面都进行了核查，确保你的利益得到了保护。正如在法律那章所讨论的，一旦合同签署，你就不能退回去重新谈判一个价格或作其他任何修改，除非你能证明存在欺骗。而且，法律诉讼是要花费时间和金钱的。

步骤6：成交。最后一个步骤是进入由第三方保险商（escrow）暂为保管钱款和文件的阶段，即一个独立且受信任的第三方为交易各方接收和支付钱款和（或）文件的过程。一个相似的过程也出现于你买卖房子的时候。银行、第三方保险机构和一些律师将履行这个行政功能，当然是要收取费用的。至于使用哪个第三方保险机构，买卖双方之间是可协商的。也许在其办公室里有人能流利地讲你母语的那个机构更受你的青睐。

经营你的新企业

作为移民企业主的一名咨询顾问，我告诉他们，如果理解了这本书中许多有关

---

① 见：www.tdbank.com。

② 见：www.unionbank.com。

美国以及它的人民、习俗和文化的内容,就更可能取得成功。对移民企业主来说,知道在其母国和在美国经营企业的方式的差异以及我们为什么这样做,那是很重要的。

例如,我是我们城市的一家移民拥有的小企业的顾客,它的橱窗上贴着表明接受信用卡的标志。像大部分美国人一样,我喜欢用信用卡付账。有一次买东西的时候,我被告知信用卡机器坏了,所以付了现金。在以后两个月的时间里,同样的事情又发生过3次。最后,我意识到他们只是不想接受信用卡而已,因为他们为此要付给银行费用。这种不诚实使我感到不爽,以后我就再也不去了。

你已经知道美国人相信诚为上策,我们不喜欢被利用。如果你的母国是以某种方式做事,这并不意味在美国也可以如此,包括不接受信用卡。还有,如果一位来自你的母国的朋友在其美国企业里以某种方式做事,这并不意味着它在这儿就是正确的方式。问问你们的顾客如何看待这些事情。那会使你感到吃惊。简言之,如果你想在这里取得成功,在商业交易中就要诚实,并且要尽力了解和适应我们的文化和道德标准。

为了使移民企业主的新企业能有一个良好开端,以下是我给他们提出的另外几点建议:

- **广告**——定期地而不是偶然地使用广告的做法更为可取。我们将那种偶然使用广告的做法称为碰运气(hit and miss)。大部分媒体有可让你省钱的年度优惠价格。不要忽略使用新的媒体工具来宣传你的企业,像脸谱网、推特网和博客。一本很有用的教你如何这么做的书可以从网上购得。[①]

- **外观**——我发现陈设、气味和照明经常是移民拥有的企业的一些薄弱环节。在你的企业里不要杂乱堆放东西和缺乏整洁。这可能使顾客退而避之。也许一位顾问或你们的供应商可以帮助你做出必要的改进。

- **成为你自己的顾客**——把你自己置于顾客的位置。要诚实感受。如果你自己是顾客,是否喜欢被你问候和招待的方式?走进一家企业,可以表明它是由外国人经营的第一个标志是我受招待的方式(如果我受到招待的话)。有时我会感到恼火(turn off)而走开。所以你要了解在关于习俗和礼仪的H章中讨论的友好问候的方式,这很重要。

- **竞争**——成功的一个秘诀是知道你的竞争对手在做些什么。访问他们的企业

---

① 见:www.budurl.com/blogging4retailers。

和网站。注意他们的价格。分析他们正在做的事情哪些是你喜欢的,哪些是你要避免的。

- **计算机化的设备**——有些计算机和软件供应商可能专长于你所从事的行业,他们可以提供改善你的运营状况的建议。

- **客户列表**——直接邮寄广告是向你的客户进行宣传的一种廉价而有效的方法。它具有一种个人风格。建立一个好的邮件、电子邮件和电话列表,并有效地使用它们。这是发展你的业务的好方法。

- **客户**——与你自己的客户交谈并问他们:"我们可以做些什么来改善为你的服务?"鼓励他们给你一个诚实的回答,而不只是赞美的话。

- **开支**——开支通常会超过你的计划,所以我们应准备备用金。我们有一个归之于18世纪的罗伯特·伯恩斯的说法:不管是人是鼠,即使是最好的安排设计,结局也往往出其不意。

- **自我教育**——参加展示会上的研讨会。小企业管理局和商会经常举办研讨会并专门向新企业提供出版物。为帮助小企业解决问题。小企业管理局也免费提供退休的企业专业人员的服务。SCORE①是一个免费的非营利协会,致力于通过教育和指导来帮助小企业起步、成长和实现它们的目标。其工作受到小企业管理局的支持,并有一个1.3万名志愿者的网络。

- **雇员**——为了省钱,从一开始起就可以用非全日制雇员来代替全日制雇员。良好的培训是重要的。向他们提供使用本企业产品(服务)的折扣价。请朋友作为顾客访问企业,然后获得有关你的员工如何对待顾客的看法。建立着装政策和提供书面的员工手册供他们参考。让员工帮助你一起编写这本手册,那将使他们感到自己是企业的一部分。

- **与房东的关系**——与你企业所在的房产管理者建立良好的关系。了解他们可做些什么来帮助你的企业,如参与特定的促销活动或集体广告。如果你需要重新协商即将到期的租赁合同,可能要用文件对你所提出的改善房地产的要求加以说明。

- **计划**——要灵活和注意所需的改变,这样你才不会停滞不前。要总是具有对企业进行改进的计划,无论此举是大还是小。要将这一问题置于优先考虑的

---

① 见:www.score.org。

位置,并确定在未来12个月的时间里完成的日期。一艘船需要一个始终工作的指南针,一个企业也是这样。

- **价格**——识别谁是你的一般客户和对他们具有吸引力的价格范围。你是想以100美元的价格销售一件商品(或服务)还是以10美元的价格销售10件？这个答案将影响你的销售费用、企业形象、产品、人员配备和所提供的服务。

- **促销**——如果做得正确的话,特殊的事件可以帮助你扩展业务。我推荐卡罗琳·霍华德–约翰逊(Carolyn Howard-Johnson)写的一本书:《零售商节俭的店内促销活动指南》(*A Retailer's Guide to Frugal In-Store Promotion*)。[①]它也适用于零售企业之外的不同企业。

- **贸易出版物和协会**——这些是你了解趋势、新发展和产品的良好渠道。应考虑加入商业改进局和商会以跟上时代发展。

- **销售商和供应商**——应尊重他们。有些供应商会同意不向你所处地区的竞争对手出售自己的产品,如果你的购买数量足以使他们有利可图的话。按时支付你的账单(一般是30天的付款期限)。有些供应商会给你的新公司延迟付款期限,以帮助你的启动(get it off the ground)。如果你付账有困难,诚实地与他们进行商量而不是不付。否则,他们会中止给你供货。如果你是制造商,销售商也许会向你推荐一家较大的公司为你生产部件,比你自己生产更为便宜。

祝你的新企业好运!

---

① 见:www.budurl.com/RetailersGuide。

W　谋求一份工作

知之者不如好之者,好之者不如乐之者。

——孔子,中国哲学家(公元前6世纪—前5世纪)

　　本章就如何从美国雇主那里获得一份工作的问题提供一些建议,无论这个雇主是在美国国内还是在海外。正如你已经知道的,与一些国家相比,美国人对于我们文化上该做的和不该做的采取了比较宽松的态度。但是在申请工作时,我们还是有一些准则需要遵循,其中一些与其他的文化并不相同。了解这些差异将有助于你得到一份工作。

　　与一些国家不同,我们的政府对于你的工作选择没有直接的影响。你可以自由地追求任何教育,以便为你选择的任何工作做好准备。在秘鲁时,我了解到那儿的大学有过多的学生准备成为教师,所以他们减少了教师培训项目的名额以帮助纠正这个问题。在美国,我们依靠学生通过自身的审慎调查做出正确选择,所以政府并不控制我们的大学。(这里又有独立的问题。)要获得一份在美国企业的工作必须经过三个步骤,本章旨在帮你为在这一过程中取得满意的结果做好准备。三个步骤是:

　　①发现工作机会。

　　②准备和向预期雇主提交简历(resume),总结你的工作经验和培训。(我们有时也称简历为curriculum vitae,一个在欧洲更经常听到的术语。)

　　③与预期雇主进行面谈。

发现工作机会

在美国,用以了解职位空缺的渠道可能不同于其他国家。例如,在中国,企业一般不会像我们那样经常地使用报纸广告或招聘机构招聘白领员工。它们更愿意使用当地劳动局举办的一星期两次或三次的招聘会。我们确实有独立的工作招聘会,但是还有许多其他的渠道。

(1)到哪里寻找——以下是你可以找到工作机会的地方。

- **个人接触**——许多公司喜欢对公司内部的人举荐的申请者进行面试。估计它们中的75%不做职位空缺的广告,而是依靠推荐。所以,要接触你的家庭成员、朋友、以前的同事、老师和熟人,让他们知道你在找工作。这叫作网络化。

- **招聘广告**——这些广告出现在我们报纸的 “招聘员工”或“工作机会”的栏目中。通常周日最多,就像意大利的星期四和星期五报纸有就业增刊一样。有些报纸也在网上提供招聘一览表,如《纽约时报》。[1]

- **州就业办公室**——每个州的就业办公室都按雇主的需求推荐雇员。它们可能提供一个顾问帮助你寻找工作。州就业办公室的联络方式被列在电话簿中或互联网上。[2]

- **私人就业机构**——这些机构为它们的客户寻找合格员工以填补空缺职位发布信息。我们称其中的专业人员为猎头(head hunters),因为他们搜索被认为最适合某个工作的人。[3]

- **临时雇员机构**——这些机构寻找职工以填补它们的客户提供的非全日制空缺职位。现在,越来越多的雇主雇用非全日制工人,这样可以对他们进行评估,以决定其日后是否适合永久性的工作。[4]

- **招聘会**——当地的求职者聚集到一个有许多雇主寻找未来员工的场所。双方在桌子旁边或在分割的小间里进行相互交流。

---

[1]　见:listings.nytimes.com/classifiedsmarketplace。

[2]　例如,加州就业发展部的网站是 www.edd.ca.gov。

[3]　最大的猎头公司的网站是www.kornferry.com。

[4]　一个全国性的“临时雇员机构”的网站是www.kellyservices.com。

- **邮寄简历**——未经要求就向一个公司投寄简历的做法不值得推荐,除非你和那里的某个人已经交谈过,他们要求你邮寄简历,或者该公司正在做广告招聘。如果用人单位见了简历以后对你感兴趣,会要求你去它们的办公室接受面试。
- **互联网**——个别公司可能在自己的网站的"就业"栏目中列出职位空缺。[①]
- **学校**——大部分大学有就业中心,帮助学生寻找工作。许多大学,如加州大学洛杉矶分校,甚至帮助学生学习更多的寻找工作技巧。[②]

(2)**指导就业的专业人员**——指导就业的专业人员不仅可以帮助你找工作,而且在你付费的情况下有些会对你的职业发展给予建议。[③]他们说,成功的关键是采取积极的方法和为你自己创造机会,而不仅仅是投寄简历和阅读在线招聘广告。如果你现在或将来要找工作,以下是他们的建议:

- **拓展你的知识**——探索在线课程和地方证书项目,以拓展你的行业知识和才能。这会增加你适用于各种雇主的要求的能力。
- **社区服务团体**——参与这些组织。它们对建立你的网络和磨炼你的专业技能颇为有用。接触你所属领域而不是你们公司的10个新人,这对你会很有帮助,无论你是处于当前的岗位还是以后进入工作市场。
- **社交网站**——加入人际关系网、脸谱网、推特网等。越来越多的雇主通过这些社交网站和专业网站寻找候选人和做招聘广告。确保在你的网页上创造和维持一个职业形象,因为雇主也许在查找更新过的资料。在网站上把你的社会生活和专业生活分割开来。不要贴上可能导致一位雇主在是否雇用你的问题上要三思而后行的东西。
- **专业和行业协会**——这些团体可能提供培训和教育的机会,它们中的大部分每年都会举行几场联络活动。你或许正是在一场活动中见到了一个能帮你找

---

① 微软的有关网站是http://careers.microsoft.com/。为许多不同公司列出职位空缺的机构都有自己运作的网站,如www.job.com。如果你愿意搬家,它们的资源尤其具有价值。以下是能帮助你缩小搜索范围的一些网站。科学工作:http://aaas.sciencecareers.org/jobseekerx/;按照地区或雇主:www.employmentguide.com;受欢迎的城市、州和工作类别:www.flipdog.com;美国和国外:www.jobs.com;联邦政府:www.usajobs.gov。

② 见:www.career.ucla.edu。

③ 见:www.challengergray.com。

到一份新的工作的人。

- **保持积极**——当许多有关寻找工作的消息都是负面的时候，那确实容易使人感到气馁。但是，你要保持乐观和积极的态度。要知道，甚至在经济最为景气的时候，寻找工作一事本身也会充满了拒绝。

准备求职信

好了，现在你已瞄准了一个工作机会，下一步就是提交你的简历。记住，无论简历是以打印件还是电子邮件提交，总是要附上一封求职信。求职信应该是用打字机或计算机打印出来，就像在西班牙和意大利那样。我们与法国不一样，那里的求职信是用手写的，据说以此可以透露一些有关申请人的信息。要使用质量好的白纸。记住，要使求职信保持专业性，不要弄巧成拙或过于花哨。你的求职信有三个目的：

①它对你作了介绍和解释你为什么提送简历。

②它确认了你想被加以考虑的职位。

③你以一种与正式简历相比不那么结构化的形式简短地推销了自己。

求职信有三个部分：

- **引言**——这部分陈述你为什么提送自己的简历，也许还有你是如何听说这个职位空缺的。如果有朋友推荐你，写出他（她）的姓名。

- **主要部分**——这部分简要地突出你的资格，也许包括你的学位、获得的荣誉、经历或个人的长处。如果你特别感兴趣于这份工作，解释一下原因。

- **结束**——请求给予你一份申请表格或一次面谈。说明你的简历与此求职信同时送上。感谢他们愿意考虑你的申请。

以下是你的求职信的适当格式及样本：

- 置于一页纸的中央，要单倍行距，留一英寸（2.54厘米）的页边空白。

  如果你没有预先印有抬头的信笺，打印的信头要列出你的地址、日期（月份要全拼）、雇主的姓名和地址（如果能够得到的话），这样你就可以把它寄给一个特定的人而不是一个部门。

- 在雇主地址的下面，写上称呼，然后是冒号（:）。如果你不确定称夫人还是小姐，就用女士。

- 最后用表示敬意的套话结束求职信，如"Sincerely"（真诚地）或"Best wishes"

（最美好的祝愿。注意：wishes的第一个字母不用大写），随后空四行和打印上你的姓名。在你的打印姓名上面签上你的姓名。如果你附上了简历，在你的姓名下面隔一行写上"附件"。如果你送上了一份以上的附件，括号内写上数量，如附件（3）。

- 如果你的信是用计算机打印的，选择一种简单的打印字体，或者是Times Roman 或者是Ariel，[①]就像下面的样本信。要通过激光打印机打印，因为一些点阵打印机不能印出看上去很专业的信件。

求职信样本

德国　柏林
幸福街123号
123-456-789

2012年1月10日

纽约，NY12345
繁忙大街123号
Acme媒体集团
罗伯特·琼斯先生，人事部经理

亲爱的琼斯先生：

　　我写这封信是试图申请贵公司正在招聘的初级平面艺术家职位。我是从贵公司在我们大学报纸上所做的招聘广告得知这一空缺的。

　　我将于今年6月以优异的成绩从柏林大学毕业，获得艺术学士学位。我4年的平均绩点是3.55。我得到了3D动画证书，这是我的专业。我在学校里学了12年的英语。在托福考试中，我取得了很高的分数，随信附上有关的证明信。

　　在过去的一年，我教大学本科生初等平面设计课。我也帮助系里组织"春天开放日"展览，向公众和雇主展示学生的作品。在上学的时候我还为柏林当地几个媒体公司做过兼职工作。

　　我对你们的公司特别感兴趣，贵公司的产品（尤其是碟片和杂志）以及向客户提供的网络服务深深地吸引了我。

　　我附上的简历提供了进一步的信息以供你们审阅。在你们计划今年3月到我们校园访问时，我可以与您见面。盼望听到您的回复。

　　多谢您对我的申请能够加以考虑。

　　真诚地

　　Ann Schmidt

附件（3）

---

① 这里是指英文的两种字体。——译者

写简历

　　职业化是在雇主评审简历时最能给他们留下印象的一种素质，无论这份简历是打印的还是网上提交的。它应该写得很好，而且视觉上赏心悦目。工作人员（或电脑扫描仪）要扫描一摞简历，为每份简历所花的时间或许不超过30秒。由于这个原因，美国人的简历只有一页纸，本质上是总结性的，与某些文化中6至7页的简历形成鲜明对照。如果你送一份6页纸的简历到美国公司，他们不会加以阅读。打印字体和纸面格式与求职信相同：保持简洁。如果你的简历通过了最初的筛选，就会被送往这个空缺职位所在部门的负责人。要是它通过了第二关，就会通知你接受一次面试，首先是在人事部门，如果你通过了，接下来是到部门负责人那里。

　　你应该做点努力在简历中向审阅者推销你的技能、经验和成就，就像下面的简历样本所显示的。

- **定制**——要使你的每份简历适合正在申请的工作。只列出与那个职位有关的技能和资格。一般性的简历不会有什么效果。投寄200份一般性简历的人如果收到两个回应，就算是幸运的了。
- **成就**——要做出有力的陈述，不只是列出一张工作职责的单子。使用加"ed"的行为动词，如"reduced"（减少了）。
- **使用粗体打印**——突出职位头衔和就业单位。
- **简洁**——完整的句子是没有必要的，因为你的简历是一个清单，不是论述。要具体。不要说"我善于与人相处"，要说"监管10个人和部门，产出一年增加24%"。要使用数字、百分比和美元数。
- **易于阅读**——留有充分的白色空间（不写字的地方），以方便快速的阅读。使用着重号（就像左边黑的圆点）形成漂亮的白色空间。
- **诚实**——如果雇主看到你是在明显地说谎或者夸张，你就不会得到考虑。还有，如果他们在雇用以后发现你说谎了，那也是解雇的理由。记住我们讲过的，"实话实说"。

（1）**要避免的东西**——以下这些内容不应该出现在你的简历之中：

- 难以理解的缩写和技术术语。
- 用着重号和不完整的句子来消除"我"这个代词。

- 难以措辞的负面或尴尬的事情,包括离开工作的原因、遇到的工作问题、疾病等。
- 可以开始到新单位上班的日期。
- 烦琐的细节:年龄、种族、体重、身高、性别、健康状况、政治立场、婚姻状况、孩子数目、无关的嗜好、并不重要的考试分数(如果与申请的工作有关,托福成绩是可以的)、喜好运动、宗教信仰、家庭背景、自置居所、社会保险号码、驾驶证号码、地理偏好、你的照片,现在或以前单位的主管人的姓名与头衔、薪水要求。
- 为了避免歧视,不要询问应试者的年龄、种族、出生国、婚姻或父母状况,或残疾情况。那是不合法的。在简历中也要避免提及这些事情。

(2)简历的组成部分——好了,到目前为止一切顺利。让我们现在着手把你看上去显得很专业的简历组合起来。虽然没有一个适用于一切情况特定格式,但是所有的简历至少应该包括四个基本部分:开头、目标、工作经历和教育,正如下面简历样本所显示的。诸如技能和兴趣等其他的部分,如果适合于所申请的工作,也可以加上。

①信头——开始写一份简历时,先将你的姓名、地址、电话号码(工作单位、家里、手机)以及电子邮件地址写在顶端的中央。名字应该用粗体,这样显得醒目。如果你没有电话,找一个你肯定能收到所有信息的电话号码。有提供这种服务的公司,每月收取少量的费用。[①]

②目标——让你的目标具体化。每个人都想要一个"可利用我的技能的挑战性职位",但这是不恰当的、模糊的和常用的说法。要说明能更有效地帮助你实现目标的行业,以及你正在寻找的职业。如果你不能具体化,就不要陈述目标。你每投送一份简历,也许都要对目标稍做修正,使它适合于你正在申请的那个职位。以下是一些具体的例子。

- 在房地产法律方面获得一个法律秘书的职位。
- 在中等到大型的平面设计机构中寻求管理职位。
- 在充满活力的高科技制造公司中获得材料管理职位。

③经历——一个雇主首先希望你在最近两份工作中的特定技能和经验能与这个空缺职位相匹配。所以,你要列出你以前的工作、技能和成就。雇主探查的是以下一些问题。

---

① 见:www.answerunited.com。

- 该申请者是否已在适当的层次和领域内工作了足够的年数?

- 该申请者是否缺乏任何重要的经验?

- 该申请者是否具有足够广度和深度的技术知识?

- 该申请者是否具有这个职位所要求的监管、管理或领导技能?

- 该申请者是否具有可靠的成就记录,如晋升、奖励、证书、与增加盈利或减少成本有关的成就?

- 该申请者应允的就职日期与公司的要求之间是否存在差距?这是否有可能表明他隐瞒了什么情况?

简历样本

托马斯·B.琼斯

加州94567、旧金山

苹果街123号

(456)345-6789

tjones@aol.com

目标:一个先进国际股份公司的媒体服务经理

技能:程序设计语言:Visual Basic、Java、C、C++

脚本和标记语言:HTML、XML、Java Script

互联网技术:ASP、DHTML、微软事务处理服务器

数据库技术:SQL Server、Oracle

经历:Acme媒体公司,马萨诸塞州波士顿

媒体设计经理　1996—2011

- 管理43名员工和一个由17个餐饮企业、经销商和政府账户组成的业务组合,年销售量为1500万美元。

- 通过使用分散化的项目团队,降低员工流动率40%。

- 通过实施新的发票制度和有关程序,使客户账单收集时间减少45%、差错减少18%。

- 通过设计和实施新的项目管理制度,使员工生产率增加25%、销售金额增加29%。

好莱坞媒体公司,加州好莱坞

媒体设计经理　1991—1996

- 管理一个组合,在电视、电影、光碟和无线电行业的年销售量是900万美元。

- 雇用、培训和监管19名全日制员工,以及20—25个各种账户。承包自由媒体设计人员。

- 通过改善项目监测系统和加快部门沟通,减少了15%的开销。

教育:波士顿大学——工商管理学士;平面设计硕士。

特殊兴趣:流利的西班牙语、日语和英语。

参加的专业组织:国际媒体经理学会。2011年AGDS奖的获得者。

有两个基本的简历格式可用于列出工作经历：

- 按年代顺序排列的简历以时间顺序列出各个工作，从你最近的工作开始，并向后推移(正如简历样本所显示的)。
- 功能式的简历是按特定领域的技能和能力对工作进行分组。

大部分雇主喜欢按年代顺序排列的简历。然而，如果你正在一个你以前没有经历过的领域寻找工作，那么就使用功能式技能格式，在按技能列出你的工作之前先介绍你有关的经验和技能，在你简历的经历部分，也对工作历史进行总结，确定你的成就，并界定你的技能。

- 列出你的就业(或重要的志愿者工作)地。包括每个机构的名称和所在城市，以及这一工作开始和结束的日子、所担任的职位。
- 通过总结你的主要责任，陈述你的职责和作用。写出你使用的技能，所需的知识和利用的设备。列出你最大的成就、项目和职责。

如有必要，你可以首先有一个被称为技能的独立部分，然后列出与所申请工作有关的技能，正如简历样本所显示的。雇主寻找两种类型的技能：硬技能和软技能。

- 硬技能是获得的，诸如计算机语言、打字速度、多年的经营管理和所使用的工具。
- 软技能是作为成就的一个结果而传送的，如交流和人际交往技巧、可靠性、强劲动力、充沛精力和守时准点。为了更有说服力，可以解释一下你是如何获得这些技能的而不只是列举它们。

在描述你的**经验**成就时，使用可衡量的词语：节省的钱、增加的利润、用数字表示的效果，以及你的行动对工作场所的人、地方和事情产生的影响。例如：

- 通过实施数字档案系统，减少了50%的搜索文件时间。
- 通过开辟新的销售地区和使用新的人员，增加了30%的销售。
- 通过实施新的雇员福利项目，减少了14%的员工流动率。
- 通过对工资管理部门的自动化改造，每年节省了6.1万美元。

④教育、特长、参加的专业组织——在简历的最后部分，列出你所受的教育和职业培训，包括地点、日期和得到的证书与文凭。突出与你正在申请的职位有关的任何特定的学习或培训领域，或参加的专业组织。正如简历样本所显示的，如果你具有特殊的兴趣，如熟练地掌握一种语言，也可以用此名称列出一个单独部分。

面　试

一般的大企业设有人事部门(也称作人力资源部门,HR)。他们挑选预期雇员进行最初的工作面试。如果你看起来符合要求,他们将安排与你面谈。如果约你面试的是一家小公司,可能只有雇主与你谈话。

一旦得到一个面试机会,在跨入公司大门之前应对它作更多的研究,这对你会很有好处。一些公司建有提供有关其信息的网站。当你置身于他们公司大楼里的时候,要具有敏锐的观察力,尽可能多了解一些东西。阅读他们可能有的小册子或其他信息。注意那儿的人是如何着装的。这些细节可能告诉你你与这个企业是否相配,帮你改善在面试中的表现。以下是另外一些需要事先加以考虑的事项:

- 面试时间的安排。研究表明,上午的中段时间进行面试对于申请者比较有利,这时面试者不是太忙,也没有因为一整天的工作已经精疲力尽。
- 早一些到达,因为你或许被要求填写申请表格。在表格上所问的许多东西在你简历上都有,但是你仍然需要整洁填写并回答所有问题。
- 可能会要求你提供证明人,所以把他们的姓名、地址和电话号码都随身带着。
- 去面试时带上成绩单、推荐信或奖状的原件。在你提送简历时,**不要附上这些文件,除非特别要求你这样做**。即使这么要求,你也只应寄送复印件,绝不要寄原件。
- 一个高质量的公文包会增加你的专业形象。
- 对办公室人员要作自我介绍,要有礼貌。[①]面试者可能会问及这些人对你的印象(get their take)。
- 另外再准备一些你简历的复印件。

(1)使天平倾向你这一边——有一项对雇用经理的调查,以确定他们使用了哪些因素来决定雇用这个人而不是那一个人。以下是一些人所说的话:

- **信心**——"信心是重要的,但信心和傲慢之间有一条分界线。"
- **创造力**——"我们往往问一些古怪的问题去测试候选人的反应。我可能问,'如果你是一块糖,你将是什么样的糖?'"
- **笼统的表达**——"我很讨厌这样的情况:在我问一个候选人他最喜欢做的事

---

① 　参看关于习俗和礼仪的G章,复习一下习俗与问候。

情是什么的时候,他的回答是'所有事情'。"

- **兴趣**——"当一位候选人显示了为你公司工作的真实愿望时，他往往就是你想从最后入围的选手中雇用的那个人。"
- **语言**——"如果我面试的那个人使用许多商业行话(business speak)，以致我对他的个性没有留下任何印象,我一般会略过他。"
- **积极的态度**——"有两件事可能成为关键因素(deal breaker)：态度和核心价值观。积极的态度、强烈的职业道德和坚定的价值观将胜过(trump)更多的经验和技能。"
- **准备**——"当候选人进来时所准备的有关工作和公司的问题与我对候选人要提的问题一样多时,我知道我有了合适的候选人可加雇用。"
- **真诚**——"如果我对候选人仍然犹豫不决(on the fence)，但是他们花时间给我发电子邮件,感谢我让他们参加面试,这就向我表明他们具有积极性、做事得体和专业的。"

一所大学对寻找工作的近期本科毕业生的研究发现：

- 约一半的人在求职面试时着装不适当。
- 几乎1/3的人在求职面试时迟到。
- 多于1/4的人在求职面试时未做准备，对他们申请的公司没有进行充分的研究。
- 近1/4的人在求职面试时表现出的口语技巧很糟糕,包括语法混杂。

(2)**你的衣着**——为了受到他人的认真对待,请穿整洁、干净和合适的衣服。①以下是有关面试时如何创建一个专业形象的几个快速提示：

- **颜色**——穿颜色(如海军蓝)、风格和式样都显得柔和的衣服。公文包、手提包和鞋子的颜色也都应该是保守的,并且情况良好。
- **服装**——男士应该穿西装和打领带,即使该公司的服装是商务休闲装。女士应该同样穿简单的西装、礼服或定做的套装。避免穿皮夹克和高领毛衣。
- **裙子的底边**——应该不高于膝盖3英寸(约7.62厘米)以上。不要穿短过膝盖的裤子或紧身裤接受面试。
- **风格**——避免穿过时的翻领太宽或太窄(1英寸或不到)的西装。男士的夹克

---

① 参看关于着装和外表的O章。

应该是较为宽松而非紧身的。

- **首饰**——应该低调,不惹眼。一个手不要戴两个以上的戒指,一个耳朵戴一个耳环。请不要戴脸部首饰或脚镯。
- **指甲**——指甲应该修剪好。闪光的指甲油是不受欢迎的。
- **钱包**——女士也许在公文包内塞一个小的皮夹子或钱包以避免带两个包。印花的或时髦的手提包是不可取的。
- **鞋子**——露趾的、无后跟的或运动鞋是不可接受的。
- **气味**——只用少量或不用香水及剃须后润肤液。
- **袜子**——虽然现在妇女不穿袜子光着腿更为时尚,但是根据公司和其地理位置的不同,这样做有时或许并不合适。在接受面试时请穿袜子,甚至是在夏天。袜子可以是中性颜色或与你鞋子相配的流行色。

(3)你的举止——做你自己,而不是你认为他们想看到的你。遵循以下这些准则来帮助真实的你在面试过程中有出色表现。

- **积极**——你的回答要积极。如果被问及过去不愉快的工作或你的最大弱点,也要诚实回答。例如,你也许显露出在团队面前演讲是你最需要改进的一个方面,但是你正在上公共演讲课。
- **身体语言**——身体语言是一种非口语沟通,所以不要扭动身子,不要低头垂肩,不要在椅子里转来转去,不要抖脚,不要将双臂交叉放在胸前(它看起来像在防卫),或者搓手搓腿。这些都显示了你的紧张。做一个深呼吸,然后放松。
- **热情**——力图不要让紧张阻碍了你的热情和对这份工作的兴趣。如果你碰巧先有一次电话访问,使你的声音充满活力、热情并清晰。你的面试者正在倾听你发出的这些信号。
- **诚实**——美国最大的一千家企业被要求界定申请者给面试者留下最深刻印象的一个品质,而能力和愿意做这份工作的愿望除外。结果,诚实占了第一位。如果回答时谨慎遮掩或只说你认为面试者想要听到的话,这将使你显得不诚实。但也不要夸大其词。

(4)开始你的面试——不要一开始就讨论这份工作。最初闲聊一会儿,这样面试者可以判断你的社交能力。① 以下是可能谈到的一些话题。

---

① 参见U章关于商业习俗的部分。

- 对你进入公司或面试者的办公室所看到的某件积极的事情进行评论。
- 主要将你的面试者作为一个个体加以了解,而不仅仅是一个对别人进行面试的人。
- 专注于向面试者传送你的信息以及观察他的反应。如果他不理解你的意思,就再试一次,或者问他是否需要更多的信息。
- 根据你被问及的问题类型,力图弄清对于你的面试者来说什么问题才是重要的。

(5)回答问题——为了了解你,面试者也许首先提一些一般性的问题,接着询问你的经历和寻找新职位的原因。随后,他可能询问你未来的职业计划和你申请这份工作的动机。当你发现自己处于聚光灯下(in the spotlight),你的回答应该清楚、贴切。在你去面试之前,请一位朋友向你提出各种问题,然后你们两人诚实地评价你的回答。罗勃海佛国际(Robert Half International)是一家美国人力资源公司。它对650名美国和加拿大经理进行了调查,要他们列出一个能对求职者提供最深入了解的问题。以下是五个最重要的问题:

- "你能告诉我一点关于你自己的情况吗?"
- "你为什么想加入我们的公司?"
- "你的最大弱点是什么?"

提示:就业咨询公司说,你对这个问题做出的反应应当是,提及一个不会直接影响到你完成正在接受面试的这份工作的能力的小弱点,并且描述你如何克服这一弱点的。

- "你认为五年内你能达到什么水平?"
- "你为什么想离开你现在的雇主?"

要做到适当地回答以上的和一些其他问题,请参考以下的原则:

- **仔细倾听**——如果一个问题不清楚,礼貌地要求进一步澄清。这在电话访谈中尤其重要,因为你无法获得来自于面试者的视觉线索。
- **停顿**——在回答一个问题之前,考虑各种可能性。
- **困难**——要真实地回答问题,但不要挑起可能给你带来困难的话题。
- **直奔主题**——这是我的外国朋友普遍存在的一个问题,他们在回答问题之前往往要讲一个既长又不必要的背景故事。先问一下面试者是否需要这一信息。

- **薪水**——当问及你的薪水要求时,雇主说最好的反应是表示它并非简单固定的,要取决于你的责任和公司提供的经济福利(医疗保健、退休计划、儿童保育等)。如果再进一步问你,就给出一个你所期望的大致的薪水幅度。请尽管询问这个职位的薪水范围,以及他们的退休计划。在考虑整个薪酬时,关于商业和金融的U章介绍的401(K)退休计划应该是个因素。
- **成功**——在回答问题时聚焦于你过去的成功。
- **主题**——不要试图改变话题,这是面试者的工作。

记住,面试是个双向的谈话。对于面试者来说,他想评估你的技能、能力和经验水平。对于你来说,面试是推销你自己和评估这个职位。在向你提出问题以后,面试者一般会邀请你也这么做。雇主对能提出重要问题的求职者会有深刻的印象,如:"公司期望在三年内达到什么水平?"或"你们的公司为什么能取得成功?"

(6)**结束面试**——面试结束之前,重申任何你感到值得强调的要点。你可以对你所擅长的若干技能进行一下小结,因为在对这一所申请的职位有了更多了解之后你认为这些技能正是该职位所要求的。如果你事后感到你对一个问题本应该回答得更好一些,这没问题,你可以再讲一遍。(演员试镜也是如此,在经过几次尝试后,他们对自己要扮演的角色有了更多的了解。)

> 提示:如果你对这份工作感兴趣,在表达了这一点之前不要离开。否则,面试者会认为你没有兴趣。还有,你也许应该说,你很感谢他们将你的简历存档,以防这次没有被选中而公司可能出现另一个职位空缺。换言之,要显示出对这一职位、面试者和公司的兴趣。

应感谢面试者在为这份工作挑选雇员时能够考虑到你。在你离开之前要一张面试者的商务名片。首先主动与对方握手,即使你是女性。

在你回家以后,发一封简短的一页纸的感谢信给面试者,并重申你对该公司和该职位的兴趣。如果你与一个以上的人谈了话,要单独地感谢他们每一个人(或者可以分别给他们写信,或者在一封信中提到他们每个人的名字)。扼要重述你现在认为将导致你求职成功的有关重要长处。纠正你感到在聚光灯下可能被误解的任何问题。解释你为什么仍然对这一工作感兴趣。

　　提示：雇主说来自应试者的感谢信是非常罕见的，这就是写感谢信能取得有效
　　*成果的一个原因。将你的面试者当作一个社交场合里的东道主。*①

　　求职面试很像我曾经经历过的演戏试镜。你要预先考虑你将说什么。你要尽力避免紧张。你要进行你的"表演"。等回到家后，想到了150件你说错和做错的各种事情。这是一种很好的评估你的表现的做法，因为这样你就可以知道在下次求职面试时如何才能做得更好。请再次记住，就像演员一样，你认为你做错的事对于面试者来说也许不是什么大问题（a big deal）。所以对自己要宽容一点，这是我艰难才学会的东西。

　　祝你求职好运！

辞　职

　　职业顾问说，②如果你对现在的工作有着严重的不满而准备离开，最好尽早和你的上司谈一下，不要拖到你变得非常恼怒或郁闷（get to a boiling point）以及说了或做了你日后可能后悔的话或事。人们会尊重你；如果你们不能达成一致意见，找一个建设性的方式离开。以下是他们推荐你在离开工作之前要做的五件事。

- 向同事发送一封群发的邮件，告诉他们：你对接下来要做的事感到很兴奋，无论情况如何，没有人想听你说你要离开是因为讨厌现在的工作。要做出积极的解释，这样你会给你的同事留下一个好印象，他们也许会向你推荐其他的机会。
- 在你做了什么可量化的事情之后马上就走，比如一个成功的销售时期，这样你可以为你的简历带走有形的成果。在一个项目成功完成之后离开也可以淡化你的退出可能造成的任何负面影响。
- 做个成熟的人。不是责备公司，而是承认该工作或行业不适合你，然后就离开。
- 主动提出帮助发现和培训你的接替者。同事们会记住和欣赏你的这一做法。
- 至少提前两个星期通知你的公司，但是不要认为管理层一定会接受你的辞职。为了保护自己，一旦发出通知后马上下载你将需要的所有有关联系和信息。当然，前提是法律上你有权这么做。

---

① 　参看关于习俗和礼仪的G章。

② 　见：brazencareerist.com。

今天的工作市场

美国劳工部识别了从现在起到2018年预计将快速增长的职业。①这些职业在今天有着很高的需求量,估计在今后10年里仍将继续维持这一趋势。见以下统计:

当前增长最快的15个职业和它们的平均年薪

职业	年薪(美元)
生物医学工程师	7.74万②
网络系统和数据通信分析师	7.11万
家庭健康助理	2.046万
个人和家庭看护助理	1.918万
财务检查师	7.093万
医学科学家	7.259万
医师助理	8.123万
护肤专家	2.873万
生物化学学家和生物物理学家	8.284万
运动治疗师	3.964万
物理治疗师助理	2.376万
牙科保健师	6.657万
兽医技师及技术员	2.89万
牙医助理	3.238万
计算机软件工程师(应用)	8.543万

美国五个报酬最高的工作

工作	年薪(美元)
外科医生	21.977万
麻醉医生	21.175万
口腔颌面外科医生	21.071万
整牙医生	20.619万
妇产科医生	20.447万

美国五个报酬最低的工作

工作	年薪(美元)
食品准备/服务	1.812万
烹调,快餐	1.823万
洗碗工	1.833万
洗头工	1.889万
酒保/餐厅服务员	1.89万

---

① 见:www.dol.gov。

② 到2018年工作数目增加72%。

付　税

恭喜你！你有工作了！你猜怎么着？现在，根据各种因素，你必须对你被支付的钱纳税。正如我们所说的，在美国**有两件事是肯定的：死亡和税收**。为了支付给你钱，你必须首先从联邦政府获得一个**社会保险号码**（SSN）。[①]这个9位数字将跟随你终生。雇主用你的社会保险号码向州政府和联邦政府报告你的工资。实际上，这是其他国家使用的一种公民身份证号码，虽然我们不承认。（这里又是独立性的问题。）也许你需要的不是社会保险号码（取决于你的法律身份和你的签证类型），而是个人报税识别号码（ITIN）。填写和提交国税局（IRS）的表格W-7，即可得到个人报税识别号码。你可以在网上下载这个或许多其他表格以及有关信息，[②]或者与国税局在当地的办公室进行联系。我们有三个层面的税收。

（1）**联邦税**——联邦政府要求每个在美国工作的人对他们在美国通过各种来源得到的收入付税，主要是就业薪资、小费、利息和红利支付、资本利得、出租物业的收入，以及赢得的钱。某些人必须对他们从美国之外的来源得到的钱付税。雇主被要求在1月31日之前向你提供国税局的表格W-2，即工资和税务报表。它显示了前面一年你挣了多少钱和被扣除了什么税款。你使用这一表格去填写每年的州和联邦所得税表，它们最晚在4月15日必须被寄出。如果你欠了税款而且又晚交，就要被罚款。记住，你的雇主必须向国税局报告所有支付给你的钱款。如果你不填报税单，它就会知道，并将与你联系以了解原因，并可能判处罚款。逃税是被驱逐出境的理由。附录5提供了国税局表格1040的样本，它被用来报告你的年终税收。也有比较简单的表格（1040EZ）用于简单的文件归档，它最可能是为学生和非永久性居民所使用。如果你在美国挣了钱，而签证类别是F（学生）、J（交流项目）、M（职业学校），将需要填报所得税申报表。根据你的收入来源和性质，你可能不必付税。如果你认为你的收入是免税的，请谨慎行事（play it safe）、不要冒险，无论如何要考虑填报所得税申报表。如果你不这样做，有可能陷入法律麻烦。

一个外国人是指任何在美国但又不是美国公民的人。为了征税的目的，国税局把外国人分为居民或非居民。居民外国人在世界各地的收入一般都要交税。被划分为

---

① 见：www.socialsecurity.gov。

② 见：www.irs.gov。

居民外国人，你必须符合两个标准中的一个。

- **绿卡**——美国公民和移民事务局（USCIS）发放的绿卡允许你在永久性的基础上于美国生活和工作（5年以后你可以申请公民身份）。
- **实际居留**——如果你当年实际在美国住满31天并在3年里住满183天。（包括当年和之前的两年）。

如果这两项标准都不符合，你就被划为非居民外国人。[1]你填写你的所得税表格可能需要帮助。多于80%的美国纳税人都寻求报税员的帮助，或使用税务软件。[2]大学生也许从学校的国际学生中心获得帮助。也有许多组织和税务会计帮助准备报税表，只收取少许费用。

（2）*州税*——这是向本州的居住者征收的税。正像有那么多的事情在各州之间都不相同一样，州税也有很大的差异。

- **收入税**——大部分州也对与联邦政府规定的那些来源的收入征税。有7个州没有收入税：阿拉斯加州、佛罗里达州、内华达州、南达科他州、德克萨斯州、华盛顿州和怀俄明州。州税率最高的是夏威夷，为11%。伊利诺伊最低，为3%。访问你所在州的网站看看你的收入如何交税。如果你在这些无税州面试求职，要把税收节减视为你报酬的一个部分。
- **销售税**——这是在购买某些商品时支付的税款。在某些国家它被称为消费增值税（VAT）。但是美国没有全国性的销售税，而由每个州确定比例，阿拉斯加州、特拉华州、蒙大拿州、新罕布什尔州和俄勒冈州除外。销售税不包括在产品所标明的价格之内，收银员在收款台把销售税添加进去。在那些有销售税的州，销售税一般是商品价格的6%—9%。一些市和县在基本的州销售税税率之上还添加小额的税收。（在某些情况下，你可以用你交纳的州销售税抵销你的收入税。）

（3）*地方税*——在美国，有些地区对我们的个人财产征收年税，像车子、房子、飞机、拖车和船。财产税最低的10个州都在南方，那儿的私房拥有者一年的财产税平均不到1000美元，而在东部要付的是这一数字的6倍多。如果你的国家或地区没有同样的税收，这也许显得有点奇怪，例如中国就是，不过它也在试验利用房产税压制投机性购房。有些国家只是在购房时一次性地征税。如果你在美国购买房子，房地产经纪人会把去年的税单告诉你；如果这是新盖的房子，则会对它要付的房产税进行评估。

---

[1]　有关居民/非居民身份的信息可从网站www.irs.gov/pub/irs-pdf/p519.pdf获得。

[2]　如Turbo Tax（www.turbotax.com）。

第四部分

美国的语言

写英语甚至讲英语不是一种科学而是一种艺术。没有什么词汇是可靠的。无论谁写英语，即使只是一句话，都会涉及一场永无中止的努力。要尽力克服模糊、晦涩、修饰性形容词的诱惑，拉丁文和希腊文的侵蚀，特别是语言中被堆满的陈旧短语和废弃隐喻。

　　　　　　　——乔治·奥威尔（George Orwell，1903—1950），英国作家

X 让我们更好地使用英语语法

条理化和简洁化是掌握一门学科的最初步骤。

——托马斯·曼（Thomas Mann），20世纪德国小说家

这一章将识别外国人在使用英语时通常都会碰到的语法问题，以及讨论可以克服这些障碍的方法。语法界定了如何正确地使用一种语言的不同成分。在关于更好地讲英语的Y章中，我们解决的是如何更加有效地说英语的问题。这两章是紧密联系的（hand in hand）。正确使用语法将助你更好地与美国人进行交流，使你留下良好印象（favorable light）。

就像你可能已经知道的，英语语法中充满了普遍性，而普遍性中又充满了例外。甚至例外之中还有例外。这就是为什么英语是最难掌握的语言之一的原因。事实上，欧洲最近的一项研究发现，大多数孩子在小学一年级就掌握了他们语言的基本要素。但是，讲英语的孩子需要2年到3年的学习时间才能达到同样水平。为什么会这样？语言学家相信，这是因为英语音节结构（词汇中的单音单位）复杂以及拼写缺乏一致性。我们将在本章和下一章中讨论这两个问题。

提示：英语讲得很好的人会发现，并非我们的"疯狂英语"中的所有例外和规则都会在本章中得到讨论。为了识别、简化和解释外国人所犯的典型错误，我将注意力集中在一般的规则上，而非所有的可能性。那些试图进行更深入学习的人应当获得一本高级的英语语法书，如可以从书店和网上买到

的《实用英语语法》(*A Practical English Grammar*)。①

在我的那些以英语为第二语言（ESL）的外国朋友和学生中，大多数人在自己的国家就已经开始学英语，或者在美国上过英语课，或者两者兼而有之。他们中的多数人对于我们基本的语法规则都有较好的理解，但是在讲和写语法正确的句子方面仍会出现问题。我甚至发现，我在中国所教的英语教师也是如此。造成这一问题的部分原因是，外国人没有机会将自己所学到的知识运用于真实的环境。就像我的那些当教师的学生一样，他们在基本语法考试方面可能做得很好，但是在力图将这些实际使用时就会出错。

即使你认为自己已经掌握了足够的英语语法知识，在读完本章以后，你也会写出或讲出更好的英文。请抱着开放的心态，不要跳过本章。由于它采用了直线的组织结构，学习时不要着急，理解了一节以后再进入下一节。

请注意：

关于英语语法的部分内容已从本书的中文版中删去，有兴趣的读者，在世界各地都可通过amazon.com购得本书的英文版或电子版。

---

① 见：www.Amazon.com。

Y　让我们更好地讲英语

说话和口才并不是一回事情;讲和讲得好是两回事情。

傻子也可以说话,但是只有富于智慧的人才能演讲。

——海因里希·海涅(Heinrich Heine),19世纪的德国诗人

作为一个演员、教师和周游世界者,我迷恋于话语的力量。我也对影响我们话语的质量以及它被理解的程度的因素感兴趣。本章中,你将了解一些这方面的因素。通过润色和改善你的话语,你在与美国人打交道时会变得更为有效,提升你的形象。

本章的目的是解决外国人在讲英语时容易出现的共同问题。为了保持简洁以及将重点置于这些问题之上,它就不涉及其他的规则和例外了。

我们从诸如元音和辅音这样一些基础内容开始,然后进入改善我们交流技巧的技术。或许像你一样,有些外国人对这些介绍性的发声方法知道得很多。但是我仍然希望你能加以复习和练习,因为就像我在所教的班上了解到的,许多知道这些基础内容的人在讲话时并不能恰当地应用它们,因此他们的话语的质量受到了损害。另外,就像语法错误遭到传递一样,外国的教师和讲英语的人也传递着共同的发音错误。所以,在学习这一章时,不要匆匆忙忙。在转入下一节之前要尽力理解前面一节的内容。

我向你提供三种基本方法以改善你的英语口语:如何清晰发出单个声音,如何把单个声音结合起来正确读出单词,然后如何将单词结合起来取得满意的句子节奏。一旦掌握了这些技巧,你就能减弱原来的口音,更好地进行交流。

这是我的有关清晰话语的公式:

$$\boxed{单个声音} + \boxed{词的发音} + \boxed{句子节奏} = \boxed{清晰话语}$$

在访问其他国家的时候,我总是研究当地人所讲的英语,以识别出他们具有的共同问题。只要作一些本章中将要讨论的简单改进,他们所讲的英语就能好得多。

- 一位越南导游的词汇极为丰富,但是不能发好辅音。结果,我怀疑我们的团只理解了他所讲内容的20%多一点。
- 一位新加坡导游英语讲得很好,但是在完成句子的后半部分的时候,她降低了音量。结果,我们就无法理解她的意思。
- 一位日本导游总是匆匆忙忙地发出她句子中最后一个词的音,在开始下一句之前难得停顿一下。这就使得我们要猜测(scratch our heads)她刚才说的是什么。知道我是个演员以后,这位导游就问我如何看待她的英语"演讲方式"。在我说明了她的问题并向她提供了解决问题的小技巧以后,她很快就改过来了,但是只持续了5分钟,然后又恢复了坏习惯。这也是我们所有人在试图改变说话方式时往往会遇到的事情。
- 在理解印度人和新西兰人所讲的英语时,我也有困难,这是因为他们快速讲话的自然趋势配上了不像我们那样强调辅音的口音。

所有这些例子中的问题都是许多讲英语的外国人所共有的。进行一些诸如本章所介绍的练习可以使得他们能够更好地进行交流,即使他们认为自己的英语已经讲得很好了。向他们传输了那些坏习惯的教师和朋友可能也是这么想的。但是,"一切要靠实践证明"(the proof is in the pudding)。在我们所说的例子中,证据是听的人是否能够真正理解讲话者的意思。

请注意:

关于如何讲英语的部分内容已从本书的中文版中删去,有兴趣的读者,可通过amazo.com购得本书的英文版或电子版。

第五部分

附录及译者后记

Z 附 录

1. 林肯的葛底斯堡演说

林肯总统的葛底斯堡演说被视为美国历史上最著名的演讲之一。美国内战期间,在北方军队打败了南方邦联的军队以后,他于宾夕法尼亚州葛底斯堡国家战士公墓的落成典礼上发表了这一演说。葛底斯堡战役招致了4年内战期间的最大伤亡。① 演说一开始提到的"87年以前"是指1776年的美国独立战争。

宾夕法尼亚州葛底斯堡

1863年11月19日

87年以前,我们的先辈在这个大陆上创建了一个新的国家。它表现为自由,致力于人人生而平等的信条。

现在我们正从事一场伟大的内战,它将考验这个国家,或者任何一个表现为自由和致力于人人生而平等信条的国家是否能够长久维持下去。我们相聚在这场战争的一个伟大战场上,我们来到这里是为了将该战场的一部分奉献给那些为了国家能够生存而献身的人,作为他们最后的安息之所。我们这样做是完全适合的、恰当的。

但是,从更广泛的意义上说,我们是不能奉献、圣化和神化这片土地的,因为那

---

① 葛底斯堡国家军事公园的网站见:www.nps.gov/gett/index.htm。

些曾经在这里战斗过的勇敢人，包括活着的和逝去的，已经圣化了这片土地，无论是加强还是减弱其圣化程度都远非我们的微薄之力能够做到。这个世界将很少留意，也不会长久记得我们今天在此所说的话，但是，它永远不会忘记那些勇士在这里所做的事情。毋宁说，我们活着的人，应该献身于那些在这里战斗的人至今已经出色地推进但是尚未完成的工作。毋宁说，我们这些聚集于此的人要献身于我们依然面临的伟大任务，即从这些尊敬的死者身上汲取更多的献身精神，以完成他们为之献出了最后的绝对忠诚的事业；坚决不让死者白白牺牲；让这个国家在上帝的保佑下获得自由的新生；让这个民有、民治和民享的政府与世长存。①

---

① 翻译这一演说时，参考了"百度"中已有的一些中文版本，特此说明。——译者

2. 美国50所顶尖的文理学院①

《美国新闻和世界报道》(*US News & World Report*)

在2015年发布(括号中为所在州的缩写)②

排名	学校	中译名
1	Williams College(MA)	威廉姆斯学院
2	Amherst College(MA)	阿默斯特学院
3	Swarthmore College(PA)	斯沃斯莫尔学院
4	Bowdoin College(ME)	鲍登学院
4	Middlebury College(VT)	明德学院
4	Pomona College(CA)	波莫纳学院
4	Wellesley College(MA)	威尔斯利学院
8	Carleton College(MN)	卡尔顿学院
9	Claremont McKenna College(CA)	克莱蒙特·麦肯纳学院
9	Davidson College(NC)	戴维森学院
9	US Naval Academy(MD)	美国海军学院
12	Haverford College(PA)	哈维穆德学院
12	Vassar College(NY)	瓦萨学院
14	Hamilton College(NY)	汉密尔顿学院
14	Harvey Mudd College(CA)	哈维穆德学院
14	Smith College(MA)	史密斯学院
14	Washington and Lee U.(VA)	华盛顿与李大学
14	Wesleyan University(CT)	卫斯理大学
19	Colby College(ME)	科尔比学院
19	Colgate University(NY)	科尔盖特大学
19	Grinnell College(IA)	格林奈尔学院
22	US Military Academy(NY)	美国军事学院(西点军校)
23	Macalester College(MN)	麦卡利斯特学院
23	Oberlin College(OH)	欧柏林学院
25	Bates College(ME)	贝兹学院

---

① 《美国新闻和世界报道》每年从每个学院收集16项以上的学术方面的指标,并按照对其价值的判断赋予每项指标以一定的权重,最后根据它们的综合的加权分数对各类学校做出排名。这一刊物的网站提供了有关美国1400所大学的信息。它也提供了有关学费、录取率、奖学金的信息和许多其他宝贵的数据。见:www.usnews.com/education。

② 原书采用的是2012年的数据,译者采用了2015年的数据,两者的排名略有差别。——译者

续表

排名	学校	中译名
25	Bryn Mawr College（PA）	布林茅尔学院
25	Colorado College（CO）	科罗拉多学院
25	Kenyon College（OH）	凯尼恩学院
29	Barnard College（NY）	巴纳德学院
29	Scripps College（CA）	斯克利普斯学院
29	US Air Force Academy（CO）	美国空军学院
32	Bucknell University（PA）	巴克内尔大学
32	College of the Holy Cross（MA）	圣十字学院
32	University of Richmond（VA）	里士满大学
35	Mount Holyoke College（MA）	曼荷莲学院
36	Pitzer College（CA）	匹泽学院
37	Lafayette College（PA）	拉斐特学院
38	Skidmore College（NY）	斯基德莫尔学院
38	Union College（NY）	联合学院
40	Dickinson College（PA）	狄金森学院
40	Franklin and Marshall College（PA）	富兰克林与马歇尔学院
40	Whitman College（WA）	惠特曼学院
43	Occidental College（CA）	西方学院
44	Trinity College（CT）	三一学院
45	Bard College（NY）	巴德学院
45	Centre College（KY）	森特学院
45	Soka University of America（CA）	美国创价大学
48	Connecticut College（CT）	康涅狄格学院
48	Gettysburg College（PA）	葛底斯堡学院
48	Sewanee-University of the South（TN）	西沃恩南方大学

3. 美国50所顶尖的大学①

《美国新闻和世界报道》在2015年发布②

排名	学校	中译名
1	Princeton University (NJ)	普林斯顿大学
2	Harvard University (MA)	哈佛大学
3	Yale University (CT)	耶鲁大学
4	Columbia University (NY)	哥伦比亚大学
4	Stanford University (CA)	斯坦福大学
4	University of Chicago (IL)	芝加哥大学
7	Massachusetts Institute of Technology	麻省理工学院
8	Duke University (NC)	杜克大学
9	University of Pennsylvania	宾州大学
10	California Institute of Technology	加州理工学院
10	John Hopkins University (MD)	约翰霍普金斯大学
12	Dartmouth College (NH)	达特茅斯学院
12	Northwest University (IL)	西北大学
14	Brown University (RI)	布朗大学
15	Cornell University (NY)	康奈尔大学
15	Vanderbilt University (TN)	范登堡大学
15	Washington University in St. Louis (MO)	圣路易斯华盛顿大学
18	Rice University (TX)	莱斯大学
18	University of Notre Dame (IN)	圣母大学
20	University of California-Berkeley*	加州大学伯克利分校
21	Emory University (GA)	埃默里大学
21	Georgetown University (DC)	乔治城大学
23	Carnegie Mellon University (PA)	卡耐基梅隆大学
23	University of California-Los Angeles*	加州大学洛杉机分校
23	University of Southern California	南加州大学
26	University of Virginia	弗吉尼亚大学
27	Tufts University (MA)	塔夫茨大学
27	Wake Forest University (NC)	维克森林大学
29	University of Michigan-Ann Arbor*	密西根大学安娜堡分校
30	Boston College (MA)	波士顿学院
30	University of North Carolina- Chapel Hill*	北卡罗来纳大学教堂山分校
32	New York University (NY)	纽约大学

---

① 带*号者为公立学校。

② 原书采用的是2012年的数据,译者采用了2015年的数据,两者的排名略有差别。——译者

续表

排名	学校	中译名
33	University of Rochester(NY)	罗彻斯特大学
34	Brandeis University(MA)	布兰迪斯大学
34	College of William and Mary(VA)	威廉与玛丽学院
36	Georgia Institute of Technology*	乔治亚理工学院
37	Case Western Reserve University(OH)	凯斯西储大学
37	University of California-Santa Barbara*	加州大学圣巴巴拉分校
39	University of California-Irvine*	加州大学尔湾分校
39	University of California-San Diego*	加州大学圣迭戈分校
41	Boston University(MA)	波士顿大学
41	Rensselaer Polytechnic Institute(NY)	伦斯勒理工学院
41	Tulane University(LA)	杜兰大学
41	University of California-Davis*	加州大学戴维斯分校
41	University of Illinois-Urbana-Champaign*	伊利诺伊大学香槟分校
41	University of Wisconsin-Madison*	威斯康辛大学麦迪逊分校
47	Lehigh University(PA)	利哈伊大学
47	Northeastern University(MA)	东北大学
47	Pennsylvania State University-University Park*	宾夕法尼亚州立大学帕克校区
47	University of Florida*	佛罗里达大学

4. 美国国际学生比例最高的大学

《美国新闻和世界报道》在2015年发布①

排名	学校	中译名	比例
1	Florida Institute of Technology	佛罗里达理工学院	33%
2	New School(NY)	新学院	32%
3	Illinois Institute of Technology	伊利诺伊理工大学	30%
4	University of Tulsa(OK)	塔尔萨大学	27%
5	Lynn University(FL)	林恩大学	23%
6	Carnegie Mellon University (PA)	卡内基梅隆大学	21%
7	Andrews University(MI)	安德鲁斯大学	20%
7	University of California-San Diego	加州大学圣迭戈分校	20%
9	Boston University(MA)	波士顿大学	19%
9	Northeastern University(MA)	东北大学	19%
9	University of San Francisco(CA)	旧金山大学	19%
12	Brandeis University(MA)	布兰迪斯大学	18%
12	Purdue University-West Lafayette(IN)	普渡大学西拉法叶校区	18%
14	University of Rochester(NY)	罗彻斯特大学	17%
15	University at Buffalo-SUNY	纽约州立大学布法罗分校	16%
16	Emory University(GA)	埃默里大学	15%
16	New York University	纽约大学	15%
16	University of Illinois-Urbana -Champaign	伊利诺伊大学香槟分校	15%
16	University of Washington(WA)	华盛顿大学	15%
20	Clark University(MA)	克拉克大学	14%
20	University of California-Berkeley	加州大学伯克利分校	14%
20	University of Miami(FL)	迈阿密大学	14%
23	Columbia University(NY)	哥伦比亚大学	13%
23	Drexel University(PA)	德雷塞尔大学	13%
23	Michigan State University	密歇根州立大学	13%
23	University of California-Los Angeles	加州大学洛杉矶分校	13%
23	University of Oregon	俄勒冈大学	13%
23	University of Southern California	南加州大学	13%
23	Worcester Polytechnic Institute(MA)	伍斯特理工学院	13%

---

① 原书采用的是2012年的数据,中译本采用了2015年的数据,两者的排名有不小差别。——译者

5. 收入税税表1040样本①

Form 1040 Department of the Treasury—Internal Revenue Service (99)
U.S. Individual Income Tax Return **2015** OMB No. 1545-0074 IRS Use Only—Do not write or staple in this space.

For the year Jan. 1–Dec. 31, 2015, or other tax year beginning , 2015, ending , 20 See separate Instructions.

Your first name and initial | Last name | Your social security number

If a joint return, spouse's first name and initial | Last name | Spouse's social security number

Home address (number and street). If you have a P.O. box, see instructions. | Apt. no. | ▲ Make sure the SSN(s) above and on line 6c are correct.

City, town or post office, state, and ZIP code. If you have a foreign address, also complete spaces below (see instructions).

Presidential Election Campaign
Check here if you, or your spouse if filing jointly, want $3 to go to this fund. Checking a box below will not change your tax or refund. ☐ You ☐ Spouse

Foreign country name | Foreign province/state/county | Foreign postal code

Filing Status
Check only one box.
1 ☐ Single
2 ☐ Married filing jointly (even if only one had income)
3 ☐ Married filing separately. Enter spouse's SSN above and full name here. ▶
4 ☐ Head of household (with qualifying person). (See instructions.) If the qualifying person is a child but not your dependent, enter this child's name here. ▶
5 ☐ Qualifying widow(er) with dependent child

Exemptions
6a ☐ Yourself. If someone can claim you as a dependent, do not check box 6a
b ☐ Spouse
}
Boxes checked on 6a and 6b
No. of children on 6c who:

c Dependents:
(1) First name | Last name | (2) Dependent's social security number | (3) Dependent's relationship to you | (4) ✓ if child under age 17 qualifying for child tax credit (see instructions)
☐
☐
☐
☐

If more than four dependents, see instructions and check here ▶ ☐

• lived with you
• did not live with you due to divorce or separation (see instructions)
Dependents on 6c not entered above

d Total number of exemptions claimed

Add numbers on lines above ▶

Income

Attach Form(s) W-2 here. Also attach Forms W-2G and 1099-R if tax was withheld.

If you did not get a W-2, see instructions.

7 Wages, salaries, tips, etc. Attach Form(s) W-2 | 7
8a Taxable interest. Attach Schedule B if required | 8a
b Tax-exempt interest. Do not include on line 8a | 8b
9a Ordinary dividends. Attach Schedule B if required | 9a
b Qualified dividends | 9b
10 Taxable refunds, credits, or offsets of state and local income taxes | 10
11 Alimony received | 11
12 Business income or (loss). Attach Schedule C or C-EZ | 12
13 Capital gain or (loss). Attach Schedule D if required. If not required, check here ▶ ☐ | 13
14 Other gains or (losses). Attach Form 4797 | 14
15a IRA distributions | 15a | b Taxable amount | 15b
16a Pensions and annuities | 16a | b Taxable amount | 16b
17 Rental real estate, royalties, partnerships, S corporations, trusts, etc. Attach Schedule E | 17
18 Farm income or (loss). Attach Schedule F | 18
19 Unemployment compensation | 19
20a Social security benefits | 20a | b Taxable amount | 20b
21 Other income. List type and amount | 21
22 Combine the amounts in the far right column for lines 7 through 21. This is your total income ▶ | 22

Adjusted Gross Income

23 Educator expenses | 23
24 Certain business expenses of reservists, performing artists, and fee-basis government officials. Attach Form 2106 or 2106-EZ | 24
25 Health savings account deduction. Attach Form 8889 | 25
26 Moving expenses. Attach Form 3903 | 26
27 Deductible part of self-employment tax. Attach Schedule SE | 27
28 Self-employed SEP, SIMPLE, and qualified plans | 28
29 Self-employed health insurance deduction | 29
30 Penalty on early withdrawal of savings | 30
31a Alimony paid b Recipient's SSN ▶ | 31a
32 IRA deduction | 32
33 Student loan interest deduction | 33
34 Tuition and fees. Attach Form 8917 | 34
35 Domestic production activities deduction. Attach Form 8903 | 35
36 Add lines 23 through 35 | 36
37 Subtract line 36 from line 22. This is your adjusted gross income ▶ | 37

For Disclosure, Privacy Act, and Paperwork Reduction Act Notice, see separate Instructions. Cat. No. 11320B Form **1040** (2015)

---

① 原书采用的是2011年的表格,译者采用了2015年的表格,两者略有差别。——译者

6. 收入税申报表1040样本

Form 1040 (2015)　　Page **2**

Tax and Credits	38	Amount from line 37 (adjusted gross income)	**38**	
	39a	Check { ☐ You were born before January 2, 1951, ☐ Blind. } Total boxes		
		If: { ☐ Spouse was born before January 2, 1951, ☐ Blind. } checked ▶ 39a		
	b	If your spouse itemizes on a separate return or you were a dual-status alien, check here▶ 39b☐		
Standard Deduction for—	40	Itemized deductions (from Schedule A) or your standard deduction (see left margin)	**40**	
	41	Subtract line 40 from line 38	**41**	
• People who check any box on line 39a or 39b or who can be claimed as a dependent, see instructions.	42	Exemptions. If line 38 is $154,950 or less, multiply $4,000 by the number on line 6d. Otherwise, see instructions	**42**	
	43	**Taxable income.** Subtract line 42 from line 41. If line 42 is more than line 41, enter -0- . .	**43**	
	44	Tax (see instructions). Check if any from: a ☐ Form(s) 8814 b ☐ Form 4972 c ☐ _____	**44**	
	45	Alternative minimum tax (see instructions). Attach Form 6251	**45**	
• All others:	46	Excess advance premium tax credit repayment. Attach Form 8962 . . .	**46**	
Single or Married filing separately, $6,300	47	Add lines 44, 45, and 46 . . . . ▶	**47**	
Married filing jointly or Qualifying widow(er), $12,600	48	Foreign tax credit. Attach Form 1116 if required . . .	**48**	
	49	Credit for child and dependent care expenses. Attach Form 2441	**49**	
	50	Education credits from Form 8863, line 19	**50**	
	51	Retirement savings contributions credit. Attach Form 8880	**51**	
Head of household, $9,250	52	Child tax credit. Attach Schedule 8812, if required . . .	**52**	
	53	Residential energy credits. Attach Form 5695 . . .	**53**	
	54	Other credits from Form: a ☐ 3800 b ☐ 8801 c ☐	**54**	
	55	Add lines 48 through 54. These are your total credits	**55**	
	56	Subtract line 55 from line 47. If line 55 is more than line 47, enter -0- . . ▶	**56**	
Other Taxes	57	Self-employment tax. Attach Schedule SE	**57**	
	58	Unreported social security and Medicare tax from Form: a ☐ 4137 b ☐ 8919	**58**	
	59	Additional tax on IRAs, other qualified retirement plans, etc. Attach Form 5329 if required	**59**	
	60a	Household employment taxes from Schedule H	**60a**	
	b	First-time homebuyer credit repayment. Attach Form 5405 if required . . .	**60b**	
	61	Health care: individual responsibility (see instructions)　Full-year coverage ☐	**61**	
	62	Taxes from: a ☐ Form 8959 b ☐ Form 8960 c ☐ instructions;　enter code(s)	**62**	
	63	Add lines 56 through 62. This is your total tax . . . . ▶	**63**	
Payments	64	Federal income tax withheld from Forms W-2 and 1099 . .	**64**	
	65	2015 estimated tax payments and amount applied from 2014 return	**65**	
If you have a qualifying child, attach Schedule EIC.	66a	**Earned income credit (EIC)**	**66a**	
	b	Nontaxable combat pay election 66b		
	67	Additional child tax credit. Attach Schedule 8812 . . .	**67**	
	68	American opportunity credit from Form 8863, line 8 . . .	**68**	
	69	Net premium tax credit. Attach Form 8962	**69**	
	70	Amount paid with request for extension to file	**70**	
	71	Excess social security and tier 1 RRTA tax withheld	**71**	
	72	Credit for federal tax on fuels. Attach Form 4136 . . .	**72**	
	73	Credits from Form: a ☐ 2439 b ☐ Reserved c ☐ 8885 d ☐	**73**	
	74	Add lines 64, 65, 66a, and 67 through 73. These are your total payments . . . . . ▶	**74**	
Refund	75	If line 74 is more than line 63, subtract line 63 from line 74. This is the amount you overpaid	**75**	
	76a	Amount of line 75 you want refunded to you. If Form 8888 is attached, check here . ▶ ☐	**76a**	
Direct deposit? See Instructions.	▶ b	Routing number ||||||||| ▶ c Type: ☐ Checking ☐ Savings		
	▶ d	Account number |||||||||||||||||		
	77	Amount of line 75 you want applied to your 2016 estimated tax ▶ 77		
Amount You Owe	78	**Amount you owe.** Subtract line 74 from line 63. For details on how to pay, see instructions ▶	**78**	
	79	Estimated tax penalty (see instructions) 79		
Third Party Designee		Do you want to allow another person to discuss this return with the IRS (see instructions)? ☐ **Yes.** Complete below. ☐ **No**		
		Designee's name ▶ _____ Phone no. ▶ _____ Personal identification number (PIN) ▶ _____		

Sign Here
Joint return? See Instructions.
Keep a copy for your records.

Under penalties of perjury, I declare that I have examined this return and accompanying schedules and statements, and to the best of my knowledge and belief, they are true, correct, and complete. Declaration of preparer (other than taxpayer) is based on all information of which preparer has any knowledge.

Your signature	Date	Your occupation	Daytime phone number
Spouse's signature. If a joint return, both must sign.	Date	Spouse's occupation	If the IRS sent you an Identity Protection PIN, enter it here (see inst.)

Paid Preparer Use Only

Print/Type preparer's name	Preparer's signature	Date	Check ☐ if self-employed	PTIN
Firm's name ▶			Firm's EIN ▶	
Firm's address ▶			Phone no.	

www.irs.gov/form1040　　Form **1040** (2015)

关于**收入税申报表 1040 的内容说明**[①]

- **基本资料**——包括本人与配偶的姓名、社会保险号码、家庭住址等。

- **报税身份**（**filing status**）——分为单身、与配偶合并申报、与配偶分开申报、户主、带有需抚养子女的寡居等不同类型。

- **免税额**（**exemptions**）——每个人都有免税额,家中人口越多,可享受的免税额也就越大。

- **收入**（**income**）——在过去一年中获得的所有收入,包括薪水、存款利息、股票分红、退休金,等等。

- **调整后的收入**（**adjusted gross income**）——就是扣除某些可以免税的支出后的收入,包括教育费用、支付学生贷款利息、赡养费、自雇者的医保费用、放入传统个人退休账户的存款、提前领出定期存款的罚金等。

- **税和贷款**（**tax and credits**）——这实际上是本人应缴的税款和抵税额的问题。本人调整后的收入都应交税。但是,为某些贷款所付利息可以部分用来抵税,如为了照顾孩子和其他受赡养者所借贷款、购买住房所借贷款等。此外还有若干其他支出可以部分用来抵税,如超过一定限额的医疗费用、为慈善事业的捐款捐物等。

- **已缴税款**（**payment**）——这是指当年已预交的税款,如雇主已从本人的薪资中扣除的联邦收入税等。

- **退税**（**refund**）——如果本人已缴税款已经超出了应缴税款,可以按照差额向国税局索要退税。

- **欠税额**（**amount you owe**）——如果本人已缴税款不够应缴税款,则须算出差额。

- **签名**——填好税表并检查无误之后,本人必须签名,然后将它与补税支票在4月15日以前寄往指定地点。

---

① 此说明非原书所有,乃是译者所写,以帮助读者理解收入税表1040的大致内容。——译者

7. 普利策文学奖

　　普利策文学奖是年度奖项,授予由美国作者所写、最好与美国生活有关、以书的形式出版的小说。1917年,《纽约环球报》(*New York Globe*)的出版商约瑟夫·普利策(Joseph Pulitzer)通过向哥伦比亚大学捐款建立了普利策奖(The Pulitzer Prize),对外国人来说,获奖小说构成了精选的阅读书目,因为这些书的情节或主题描绘的并不一定就是美国生活的积极方面,虽然它们描绘的经常是美国人性格的积极方面。

　　以下是部分广受欢迎的作家和小说。如果你对美国人提及这些作家和小说,他们很可能会知道的。许多小说也被拍成了电影。

年度	作者	获奖小说
1937	玛格丽特·米切尔 (Margaret Mitchell)	《飘》 (*Gone with the Wind*)
1939	玛乔利·金·罗琳斯 (Marjorie Kinnan Rawlings)	《鹿苑长春》 (*Yearlings*)
1940	约翰·斯坦贝克 (John Steinbeck)	《愤怒的葡萄》 (*The Grapes of Wrath*)
1943	厄普顿·辛克莱 (Upton Sinclair)	《龙齿》 (*Dragon's Teeth*)
1945	约翰·赫西 (John Hersey)	《钟归阿达诺》 (*A Bell for Adano*)
1947	罗伯特·潘·沃伦 (Robert Penn Warren)	《国王的人马》 (*All the King's Men*)
1948	詹姆斯·A.米契纳 (James A. Michener)	《南太平洋故事集》 (*Tales of the South Pacific*)
1952	赫尔曼·沃克 (Herman Wouk)	《凯恩号哗变》 (*The Caine Mutiny*)
1953	欧内斯特·海明威 (Ernest Hemingway)	《老人与海》 (*The Old Man and the Sea*)
1955	威廉·福克纳 (William Faulkner)	《寓言》 (*A Fable*)
1956	马金莱·肯托 (Mackinlay Kantor)	《安德森维尔》 (*Andersonville*)
1960	艾伦·德鲁里 (Allen Drury)	《华府风云》 (*Advise and Consent*)
1961	哈泼·李 (Harper Lee)	《杀死一只知更鸟》 (*To Kill a Mockingbird*)
1963	威廉·福克纳 (William Faulkner)	《掠夺者》 (*Reivers*)

续表

年度	作者	获奖小说
1968	威廉·斯泰伦 （William Styron）	《纳特·特纳的自白》 （*The Confessions of Nat Turner*）
1976	索尔·贝洛 （Saul Bellow）	《洪堡的礼物》 （*Humboldt's Gift*）
1979	约翰·契弗 （John Cheever）	《约翰·契弗短篇小说选》 （*The Stories of John Cheever*）
1980	诺曼·梅勒 （Norman Mailer）	《刽子手之歌》 （*The Executioner's Song*）
1982	约翰·厄普代克 （John Updike）	《兔子富了》 （*Rabbit is Rich*）
1984	威廉·肯尼迪 （William Kennedy）	《紫苑草》 （*Ironweed*）
1988	托妮·莫里森 （Toni Morrison）	《心爱的人》 （*Beloved*）
1998	菲利普·罗斯 （Philip Roth）	《美国牧歌》 （*American Pastoral*）
1999	迈克尔·坎宁安 （Michael Cunningham）	《时时刻刻》 （*The Hours*）
2001	迈克尔·查邦 （Michael Chabon）	《卡瓦利和克雷的神奇冒险》 （*The Amazing Adventures of Kavalier & Clay*）
2002	理查德·拉索 （Richard Russo）	《帝国的崩塌》 （*Empire Falls*）
2003	杰佛瑞·尤金尼德斯 （Jeffrey Eugenides）	《中性》 （*Middlesex*）
2005	玛丽莲·罗宾逊 （Marilynne Robinson）	《基列家书》 （*Gilead*）
2006	杰拉尔丁·布鲁克斯 （Geraldine Brooks）	《马奇》 （*March*）
2007	戈马克·麦卡锡 （Cormac McCarthy）	《路》 （*The Road*）
2008	朱诺·迪亚兹 （Junot Diaz）	《奥斯卡·瓦奥短暂而奇妙的一生》 （*The Brief Wondrous Life of Oscar Wao*）
2009	伊丽莎白·斯特劳特 （Elizabeth Strout）	《奥利芙·吉特里奇》 （*Olive Kitteridge*）
2010	保罗·哈丁 （Paul Harding）	《修补匠》 （*Tinkers*）
2011	詹妮弗·伊根 （Jennifer Egan）	《恶棍来访》 （*A Visit from the Goon Squad*）
2013①	亚当·约翰逊 （Adam Johnson）	《孤儿领袖的儿子》 （*The Orphan Master's Son*）
2014	唐娜·塔特 （Donna Tartt）	《金翅雀》 （*The Goldfinch*）
2015	安东尼·杜尔 （Anthony Doerr）	《看不到的光明》 （*All the Light We Cannot See*）
2016	阮越清 （Viet Thanh Nguyen）	《同情者》 （*The Sympathizer*）

① 2013—2016年普利策文学奖获得者及其作品为译者所补充，原著未及列出。——译者

8. 奥斯卡最佳影片奖

以下是自1927年授予奥斯卡最佳影片奖以来历年获得该奖项的影片。[①]

年份	中译名	英文
1928	《翼》	*Wings*
1929	《红伶秘史》(《百老汇的旋律》)	*Broadway Melody*
1930	《西线无战事》	*All Quiet On the Western Front*
1931	《壮志千秋》	*Cimarron*
1932	《大饭店》	*Grand Hotel*
1933	《乱世春秋》	*Cavalcade*
1934	《一夜风流》	*It Happened One Night*
1935	《叛舰喋血记》	*Mutiny On the Bounty*
1936	《歌舞大王齐格飞》	*The Great Ziegfeld*
1937	《左拉传》	*The Life of Emily Zola*
1938	《浮生若梦》	*You Can't Take It With You*
1939	《飘》	*Gone With the Wind*
1940	《蝴蝶梦》	*Rebecca*
1941	《翡翠谷》	*How Green Was My Valley*
1942	《忠勇之家》	*Mrs. Miniver*
1943	《卡萨布兰卡》	*Casablanca*
1944	《与我同行》	*Going My Way*
1945	《失去的周末》	*The Lost Weekend*
1946	《黄金时代》	*The Best Years Of Our Lives*
1947	《君子协定》	*Gentlemen's Agreement*
1948	《哈姆雷特》	*Hamlet*
1949	《国王的人马》	*All the King's Men*
1950	《彗星美人》	*All About Eve*
1951	《一个美国人在巴黎》	*An American in Paris*
1952	《戏王之王》	*The Greatest Show On Earth*
1953	《乱世忠魂》	*Freon Here to Eternity*
1954	《码头风云》	*On the Waterfront*
1955	《马蒂》	*Marty*
1956	《环游地球80天》	*Around the World In 80 Days*
1957	《桂河大桥》	*The Bridge On the River Kwai*
1958	《金粉世界》	*Gigi*

[①] 要了解有关影片的信息,见:www.imdb.com。

续表

年份	中译名	英文
1959	《宾虚》	Ben Hur
1960	《桃色公寓》	The Apartment
1961	《西区故事》	West Side Story
1962	《阿拉伯的劳伦斯》	Lawrence of Arabia
1963	《汤姆·琼斯》	Tom Jones
1964	《窈窕淑女》	My Fair Lady
1965	《音乐之声》	The Sound of Music
1966	《四季之人》	A Man for All Seasons
1967	《炎热的夜晚》	In the Heat of the Night
1968	《雾都孤儿》	Oliver!
1969	《午夜牛郎》	Midnight Cowboy
1970	《巴顿将军》	Patton
1971	《法国贩毒网》	The French Connection
1972	《教父》	The Godfather
1973	《骗中骗》	The Sting
1974	《教父2》	The Godfather II
1975	《飞越疯人院》	One Flew Over the Cuckoo's Nest
1976	《洛奇》	Rocky
1977	《安妮·霍尔》	Annie Hall
1978	《猎鹿人》	The Deer Hunter
1979	《克莱默夫妇》	Kramer vs. Kramer
1980	《普通人》	Ordinary People
1981	《火的战车》	Chariots of Fire
1982	《甘地传》	Gandhi
1983	《母女情深》	Terms of Endearment
1984	《莫扎特》	Amadeus
1985	《走出非洲》	Out of Africa
1986	《野战排》	Platoon
1987	《末代皇帝》	The Last Emperor
1988	《雨人》	Rain Man
1989	《为戴茜小姐开车》	Driving Miss Daisy
1990	《与狼共舞》	Danes with Wolves
1991	《沉默的羔羊》	Silence of Lambs
1992	《不可饶恕》	Unforgiven
1993	《辛德勒的名单》	Schindler's List
1994	《阿甘正传》	Forest Gump
1995	《勇敢的心》	Braveheart
1996	《英国病人》	The English Patient

续表

年份	中译名	英文
1997	《泰坦尼克号》	Titanic
1998	《莎翁情史》	Shakespeare In Love
1999	《美国丽人》	American Beauty
2000	《角斗士》	Gladiator
2001	《美丽心灵》	A Beautiful Mind
2002	《芝加哥》	Chicago
2003	《指环王3：王者归来》	Lord of The Rings：Return of King
2004	《百万美元宝贝》	Million Dollar Baby
2005	《撞车》	Crash[1]
2006	《无间道风云》(《无间行者》)	The Departed[2]
2007	《老无所依》	No Country for Old Men
2008	《贫民窟的百万富翁》	Slumdog Millionaire
2009	《拆弹部队》	The Hurt Locker
2010	《国王的演讲》	The King's Speech
2011	《艺术家》	The Artist
2012[3]	《逃离德黑兰》	Argo
2013	《为奴12年》	Twelve Years a Slave
2014	《鸟人》	Birdman
2015	《聚焦》	Spotlight

---

[1] 原著称2005年奥斯卡最佳影片为《断背山》(Brokeback Mountain)，应为疏忽，因为该片只是获得提名。不过，其导演李安获得最佳导演奖。——译者

[2] 原著称2006年奥斯卡最佳影片影片为《通天塔》(Babel)，应为疏忽，因为该片只是获得提名。——译者

[3] 2012—2015年奥斯卡最佳影片名单为译者所补充，原著未及列出。——译者

9. 是的，弗吉尼亚，确实有圣诞老人

　　1897年，8岁的小姑娘弗吉尼亚（Virginia）给《太阳报》（*New York Sun*）写了一封信，询问是否确实存在圣诞老人。报纸对她的回答成了历史上重印次数最多的社论，以几十种语言部分地或完全地出现在书刊、影片、其他报纸的社论、海报和邮票之中。以下即是《太阳报》在1897年9月21日（星期二）刊载的这一社论的中文翻译以及原文。

确实有圣诞老人吗？

　　我们高兴地立即以醒目的方式回答下述小读者的来信，同时为它的作者也属于《太阳报》之友表示由衷的感激。

　　亲爱的编辑：
　　　　我今年8岁。
　　　　我的一些小朋友说，没有圣诞老人。
　　　　爸爸告诉我："如果《太阳报》也这么说，那就是真的。"
　　　　请告诉我实话；确实有圣诞老人吗？

弗吉尼亚·奥汉隆
第95西街，115号。

　　弗吉尼亚：
　　你的小朋友们说错了。在这个怀疑一切的时代，他们也感染上了怀疑主义。除非亲眼所见，他们不相信任何东西。他们觉得自己的小小头脑可以理解一切。弗吉尼亚，所有的头脑，无论是大人还是孩子的，都是很小的。在我们这个浩瀚的宇宙里，如果与我们周边的无边无际的世界相比，如果以掌握所有的真理和知识所需要的智能加以衡量，人类就其理解能力而言只不过是一只昆虫、一只蚂蚁而已。
　　是的，弗吉尼亚，确实有一位圣诞老人。他当然存在的，就像爱、慷慨和奉献是存

在的一样。你知道,它们充满了你的生活,使得你的生活变得十分美好和快乐。唉,要是没有圣诞老人,这个世界会是多么的枯燥乏味,就会像没有可爱的小弗吉尼亚们一样的枯燥乏味。那样,就没有孩童般的信仰,没有诗意,也没有能让大家相信它们的存在的浪漫。那样,我们就没有任何感官和视觉以外的乐趣可言。那样,烂漫童年照亮了这个世界的永恒之光也会熄灭。

不相信圣诞老人?你可能也不相信那些可爱的精灵!你或许会让你的爸爸雇用一些人在平安夜守着每个烟囱来抓住圣诞老人。但是,即使他们没有看到圣诞老人从烟囱里下来,那又能证明什么呢?没有人见过圣诞老人,但是这并不表示就没有圣诞老人。在这个世界上,最真实的东西是小孩和大人都无法看到的。你曾经亲眼看到过精灵在草地上跳舞吗?当然没有,但这并不能证明他们就不存在。谁也不能将这世上人们并未看到也无法看到的所有奇迹都构思或想象出来。

你可以撕开拨浪鼓,看看里面是什么发出了响声。可是即使是最强壮的人,甚至是世上曾经有过的所有最强壮的人联合起来,也无法撕开遮住我们并未看到的世界的面纱。只有信仰、诗意、爱和浪漫才能够为我们推开窗帘,展示和描绘出窗外无与伦比的美丽和荣耀。这一切都是真的吗?啊,弗吉尼亚,在整个世界上,再没有什么比这更真实更持久的了。

没有圣诞老人?感谢上帝!圣诞老人不仅活着并且会永远活着。弗吉尼亚,从现在开始的1000年间,从现在开始的10万年间,他将继续使童年之心感受到欢乐与高兴。①

提示:"是的,弗吉尼亚,确实有圣诞老人"这句话有时被讽刺性地用来表示不可能的事情是不会发生的,不要过于乐观了。例如,你可以与老板开玩笑说:"我可以加薪并获得另外两周的假期吗?"老板可能微笑着回答:"是的,弗吉尼亚,确实有圣诞老人。"他甚至还可以开玩笑说:"没问题。还有什么事情是你喜欢的?"另一方面,这句话也可以被用来肯定奇迹有可能发生。我们只有根据说这话时的语境和语气来辨别它的真正含义。

---

① 翻译这一社论时,参考了"百度"中已有的一些译法,特此说明。——译者

The Sun

TUESDAY, SEPTEMBER 21, 1897.

Is There a Santa Claus?

We take pleasure in answering at once and thus prominently the communication below, expressing at the same time our great gratification that its faithful author is numbered among the friends of THE SUN:

"DEAR EDITOR: I am 8 years old.

"Some of my little friends say there is no Santa Claus.

"Papa says 'If you see it in THE SUN it's so.'

"Please tell me the truth, is there a Santa Claus?

"VIRGINIA O'HANLON.

"115 WEST NINETY-FIFTH STREET."

VIRGINIA, your little friends are wrong. They have been affected by the skepticism of a skeptical age. They do not believe except they see. They think that nothing can be which is not comprehensible by their little minds. All minds, VIRGINIA, whether they be men's or children's, are little. In this great universe of ours man is a mere insect, an ant, in his intellect, as compared with the boundless world about him, as measured by the intelligence capable of grasping the whole of truth and knowledge.

Yes, VIRGINIA, there is a Santa Claus. He exists as certainly as love and generosity and devotion exist, and you know that they abound and give to your life its highest beauty and joy. Alas! how dreary would be the world if there were no Santa Claus. It would be as dreary as if there were no VIRGINIAS. There would be no childlike faith then, no poetry, no romance to make tolerable this existence. We should have no enjoyment, except in sense and sight. The eternal light with which childhood fills the world would be extinguished.

Not believe in Santa Claus! You might as well not believe in fairies! You might get your papa to hire men to watch in all the chimneys on Christmas Eve to catch Santa Claus, but even if they did not see Santa Claus coming down, what would that prove? Nobody sees Santa Claus, but that is no sign that there is no Santa Claus. The most real things in the world are those that neither children nor men can see. Did you ever see fairies dancing on the lawn? Of course not, but that's no proof that they are not there. Nobody can conceive or imagine all the wonders there are unseen and unseeable in the world.

You may tear apart the baby's rattle and see what makes the noise inside, but there is a veil covering the unseen world which not the strongest man, nor even the united strength of all the strongest men that ever lived, could tear apart. Only faith, fancy, poetry, love, romance, can push aside that curtain and view and picture the supernal beauty and glory beyond. Is it all real? Ah, VIRGINIA, in all this world there is nothing else real and abiding.

No Santa Claus! Thank God! he lives, and he lives forever. A thousand years from now, VIRGINIA, nay, ten times ten thousand years from now, he will continue to make glad the heart of childhood.

10. 美国的50个州①

　　美国人是很以州为导向的。所以，在与美国朋友交谈时，如果能提及有关他们所属州的事实、人名和地方以丰富讨论内容，那对外国人是很有好处的。

美国的50个州及缩写②

州名及缩写	中译名	州名及缩写	中译名
AK-Alaska	阿拉斯加	MT-Montana	蒙大拿
AL-Alabama	阿拉巴马	NC-North Carolina	北卡罗来纳
AR-Arkansas	阿肯色	ND-North Dakota	北达科他
AZ-Arizona	亚利桑那	NE-Nebraska	内布拉斯加
CA-California	加利福尼亚	NH-New Hampshire	新罕布什尔
CO-Colorado	科罗拉多	NJ-New Jersey	新泽西
CT-Connecticut	康涅狄格	NM-New Mexico	新墨西哥
DE-Delaware	特拉华	NV-Nevada	内华达
FL-Florida	佛罗里达	NY-New York	纽约
GA-Georgia	佐治亚	OH-Ohio	俄亥俄
HI-Hawaii	夏威夷	OK-Oklahoma	俄克拉荷马
IA-Iowa	艾奥瓦	OR-Oregon	俄勒冈
ID-Idaho	爱达荷	PA-Pennsylvania	宾夕法尼亚
IL-Illinois	伊利诺伊	RI-Rhode Island	罗德岛
IN-Indiana	印第安纳	SC-South Carolina	南卡罗来纳
KS-Kansas	堪萨斯	SD-South Dakota	南达科他
KY-Kentucky	肯塔基	TN-Tennessee	田纳西
LA-Louisiana	路易斯安那	TX-Texas	德克萨斯
MA-Massachusetts	马萨诸塞	UT-Utah	犹他
MD-Maryland	马里兰	VT-Vermont	佛蒙特
ME-Maine	缅因	VA-Virginia	弗吉尼亚
MI-Michigan	密歇根	WA-Washington	华盛顿

---

　　①　美国首都华盛顿哥伦比亚特区（Washington D.C.）不包括在50个州之内。——译者

　　②　要获得有关每个州的最新信息，可以在"state"后面与"us"前面打上州名的正式缩写。如查找阿拉巴马州最新信息的网站是：www.state.al.us。要获得另外的一般信息，见：www.netstate.com。要获得有关每个州的参议员的信息，见：www.senate.gov。要获得有关每个州的大量信息，见：www.infoplease.com/states。

州名及缩写	中译名	州名及缩写	中译名
MN-Minnesota	明尼苏达	WI-Wisconsin	威斯康辛
MO-Missouri	密苏里	WV-West Virginia	西弗吉尼亚
MS-Mississippi	密西西比	WY-Wyoming	怀俄明

美国行政区划图

U.S. states and their capital city locations.　　(Courtesy of www.worldatlas.com)

11. 美国政府关于本国历史的测试题

你认为自己对美国知道了多少？我对从未在美国住过或访问过的外国人了解美国的程度感到惊讶，也为我的学生希望就有关美国的常识接受测试的热情感到惊讶。

为此,我给了他们美国政府用来测试公民资格申请者的试卷。这一归化测试有两个主题:英语和公民所需知识。申请者被期待能在基本的英语交流方面显示出良好的技巧,包括读、写和讲。此外,对于成为美国文化的特征的那些基本权利和自由的理解也将得到测试。在通过归化测试和进行了归化宣誓以后,申请者就成了美国公民。

在下述100个有关美国的题目中,申请者将被问及10个问题。面试官员会用英语读出问题,申请者也需要用英语作答。为了获得通过,其中至少6个问题必须得到正确的回答。

有关测试过程以及取得公民资格的途径,政府网站提供了更多信息。[1]另一个网站提供了免费测试,[2]这样有助于申请者为在归化面试的时候接受公民和移民事务局(USCIS)官员的测试做好更充分的准备。对其他人来说,这可以帮助他们扩大有关美国的知识。

美国的大多数中学生应当都能回答这些问题。在读过本书以后,你也应该能够回答这些问题。如果你做到了,那就表明你对美国有了一个很好的全面理解。

关于美国历史的测试题及答案

问题	答案
1. 美国国旗是什么颜色？	红色、白色和蓝色
2. 美国国旗上有多少颗星？	50颗
3. 我们的国旗上的星星是什么颜色？	白色
4. 我们的国旗上的星星意味着什么？	每一颗星代表合众国中的一个州
5. 我们的国旗上有多少条纹？	13条
6. 这些条纹是什么颜色？	红色和白色
7. 我们的国旗上的条纹意味着什么？	它们代表最初的13个州

---

① 见:www.uscis.gov。

② 见:www.immigrationquiz.com。

续表

问题	答案
8. 合众国内有多少个州?	50个州
9. 7月4日被称为什么?	独立日
10. 哪一天我们庆祝独立日?	7月4日
11. 从谁那里独立?	英国
12. 独立战争时期我们与谁进行战争?	英国
13. 谁是美国的第一任总统?	乔治·华盛顿
14. 今天谁是美国的总统?	唐纳德·特朗普
15. 今天谁是美国的副总统?	迈克彭斯
16. 谁来选美国的总统?	总统选举团①
17. 如果总统过世,谁将成为美国的总统?	副总统
18. 我们隔多久选一次总统?	4年
19. 宪法是什么?	国家的最高法
20. 可以对宪法进行修改吗?	可以
21. 我们把对宪法的修改称为什么?	修正案
22. 宪法有了多少修改或修正案?	27条
23. 我们的政府由几部分构成?	3个部分
24. 我们政府的3个部分是哪些?	立法、行政和司法
25. 我们政府的立法部门是什么?	国会
26. 什么部门负责制定美国的法律?	国会
27. 国会的组成成分是什么?	参议院和众议院
28. 国会的责任是什么?	制定法律
29. 国会成员由谁选举?	人民
30. 国会中有多少参议员?	100人,每州2人
31. 你能够说出来自你所在州的两位参议员的名字吗?	_____和_____
32. 隔多久我们选一次参议员?	6年
33. 众院中有多少众议员?	435人
34. 隔多久我们选一次众议员?	2年
35. 谁组成了我们政府的行政部门?	总统、内阁和由内阁成员领导的各部
36. 我们政府的司法部门是什么?	最高法院
37. 最高法院的责任是什么?	解释法律
38. 美国的最高法律是什么?	宪法
39. 人权法案是什么?	最初的10条宪法修正案
40. 你所在州的首府是哪里?	_____
41. 谁是你所在州的州长?	_____

① 总统选举团的解释,见:www.archives.gov/federal-register/electoral-college/about.html。

问题	答案
42. 如果总统和副总统都过世，谁将成为美国的总统？	众议院议长
43. 谁是美国最高法院的首席法官？①	约翰·罗伯茨（John Roberts, Jr.）
44. 你能说出最初的13个州吗？	康涅狄格、特拉华、佐治亚、马里兰、马萨诸塞、新罕布什尔、新泽西、纽约、北卡罗来纳、宾夕法尼亚、罗德岛、南卡罗来纳和弗吉尼亚
45. "不自由、毋宁死"是谁说的？	帕特里克·亨利（Patrick Henry）
46. 第二次世界大战期间哪些国家是我们的主要盟国（朋友）？	英国、加拿大、澳大利亚、新西兰、法国、苏联和中国
47. 哪个州是我们的第49个州？	阿拉斯加
48. 一位总统可以做多少个任期？	2个
49. 谁是马丁·路德·金？	一位人权领袖
50. 谁是你的当地政府的市长？	————
51. 按照美国宪法，一个人必须满足某些条件才有资格成为美国总统。说出这些要求中的一个。	必须是天生的美国公民，到担任总统时年龄必须至少达到35岁，必须在美国已经居住了至少14年
52. 为什么在参院中正好有100名参议员？	50个州，每州有2名参议员
53. 最高法院法官由谁挑选？	由总统任命，由国会批准
54. 最高法院有多少名法官？	9名
55. 清教徒来到美国的主要原因是什么？	为了获得宗教自由
56. 州政府的行政首长叫什么？	州长（governor）
57. 市政府的行政首长叫什么？	市长（mayor）
58. 哪一节日是由来到北美的殖民地开拓者首先加以庆祝的？	感恩节
59. 谁是《独立宣言》的主要作者？	托马斯·杰斐逊
60. 《独立宣言》于何时通过？	1776年7月4日
61. 《独立宣言》的基本信念是什么？	人皆生而平等
62. 美国的国歌是什么？	《星光灿烂的旗帜》（又译《星条旗之歌》，*The Star-Spangled Banner*）
63. 《星光灿烂的旗帜》是谁写的？	弗朗西斯·斯科特·基（Francis Scott Key）
64. 我们的言论自由源自何处？	《人权法案》
65. 美国最低的选举年龄是多大？	18岁
66. 谁签署法案使之成为法律？	总统
67. 什么是美国最高等的法院？	最高法院
68. 内战期间谁是美国的总统？	亚伯拉罕·林肯
69. 《解放黑人奴隶宣言》的作用是什么？	使奴隶获得了自由
70. 向总统提出建议的特殊群体是什么？	内阁
71. 哪位总统被称为美国的"国父"？	乔治·华盛顿

① 关于最高法院的信息，见：www.supremecourt.gov。

续表

问题	答案
72. 哪个州是美国的第50个州？	夏威夷
73. 谁帮助了来到北美的清教徒？	美国印第安人（美国原住民）
74. 哪艘船将第一批移民带到了北美？	五月花号（Mayflower）
75. 因为英国的控制，美国最初的13个州被称为什么？	殖民地
76. 说出3种由人权法案保障的权利或自由？	1）言论、出版、宗教、和平集会自由 2）携带武器权利（有权携带武器或拥有枪支，虽然受到某些限制） 3）和平时期未经人民同意，政府不得使士兵驻扎或住宿于他们的家中 4）没有搜查令，政府不得搜查或取走一个人的财产 5）一个人不能因为同一罪行被审判两次和无须作不利于自己的证明 6）被控犯有罪行的人仍然具有某些权利，如出庭和聘请律师的权利 7）在大多数情况下接受陪审团的审讯的权利 8）保护人民免受过分或不合理的罚款，或者残酷或不寻常的惩罚 9）除了那些在宪法中提到的外，人民还拥有其他权利 10）任何没有给予联邦政府的权力，都是州或人民的权力
77. 谁有权宣战？	国会
78. 说出一条保障或者致力于选举权的修正案	第15、19、24、26条[①]
79. 哪位总统解放了奴隶？	亚伯拉罕·林肯
80. 宪法被写于哪一年？	1787年
81. 宪法最初的修正案被称为什么？	《人权法案》
82. 说出联合国的一个目的。	帮助各国讨论和努力解决世界问题；向许多国家提供经济援助
83. 国会在哪里开会？	在华盛顿D.C.的国会大厦
84. 宪法和人权法案保障了谁的权利？	每个人的（公民和住在美国的非公民）
85. 宪法的引言被称为什么？	序言（preamble）
86. 说出做美国公民的一个好处。	获得联邦政府的工作，用美国护照旅行，为近亲属申请到美国居住
87. 被授予美国公民的最重要的权利是什么？	选举权
88. 什么是美国国会大厦？	国会开会的地方
89. 什么是白宫？	总统的官邸和办公室。
90. 白宫位于何处？	华盛顿D.C.（宾夕法尼亚大道1600号）

① 见：www.usconstitution.net/const.html。

续表

问题	答案
91. 什么是总统官邸的名称?	白宫
92. 说出一种由第一修正案加以保障的权利。	言论、出版、宗教、和平集会和要求政府变革的自由
93. 谁是美国军队的总司令?	总统
94. 哪位总统是首位美国军队的总司令?	乔治·华盛顿
95. 我们在哪个月进行总统选举?	11月
96. 新总统在哪个月宣誓就职?	1月
97. 一位参议员可以被重选多少次?	没有限制
98. 一位众议员或妇女可以被重选多少次?	没有限制
99. 今天美国有哪两个主要政党?	民主党和共和党
100. 美国有多少个州?	50个

译者后记

经过半年多的努力，我们3个人终于将兰斯·约翰逊（Lance Johnson）的《从A到Z：行走美国必备宝典》（以下简称《行走美国》）一书译完了。在将书稿寄往出版社的前夕，感到有必要将自己阅读和翻译此书的一些体会和做法写出来，与中文版的读者分享。

关于本书的价值

由于经常要在中美两国之间来往，就想找一本能全面和系统介绍有助于在美国生活和立足的书。但是，正像该书作者所说的，他之所以决心自己动手写《行走美国》就是因为找不到这么一本书，我们在网上反复搜索的结果也只找到这么一本基本符合要求的书。

我们有两个说法，一是入境问俗，一是入乡随俗。其实，问俗是随俗的基础。去到一个陌生的地方，特别是国外，先要"问"清楚那里的风俗和习惯，了解它的文化；然后才能再决定哪些是该"随"的（当然不能全盘接受）。而本书正是一本有关"疯狂"美国的"知识大全"，它不仅简要地分析了美国的地理历史、政治制度、人口组成、法律宗教等宏观的背景知识，而且广泛包含了涉及美国的习俗礼仪、恋爱婚姻、学校教育、文学艺术、电影媒体、体育运动、食物用餐、着装打扮、节日传统、商业金融，甚至度量衡制度等实用性极强的丰富内容，为我们进入美国前后的"问俗"乃至有选择地"随俗"打下了基础，也为虽不去美国但希望了解这个国家的读者提供了捷径。

可以相信，如果有读者能够耐心地将这本四五十万字的《行走美国》仔细看完，肯定能够加深对美国、美国人和美国文化的理解。与此同时，读者也可以依据自己原来对美国的了解程度和当前的需要在本书中找到自己最需要的内容。比如说，尽管译者过去对美国的生活有一定的了解，也有若干美国朋友，但书中有关习俗和礼节的章节，包括用餐和着装的习俗、各种节日的庆祝活动，还是最能吸引我的内容。看了以后，过去这些方面的零散知识或感受就系统化了，能够串联起来了。

关于本书的观点、材料和结构

作为一本有关"疯狂"美国的"知识大全"，《行走美国》在观点阐述、材料选取和结构组织方面无疑具有自己的鲜明特色，尽管还存在一些需要改进和提高的地方（至少在译者看来如此）。

首先是观点阐述。客观地说，在介绍和分析美国、美国人与美国文化的时候，《行走美国》这本书是比较公正的，不仅提出了它们的积极方面，而且分析了它们的消极方面，不仅有肯定，同时也有批评。更为可贵的是，作者在字里行间显示出对美国的少数族群、移民、妇女等弱势群体的同情。此外，作者反复强调，美国是一个幅员辽阔的多元化国家，而且是一个处于不断变化过程中的国家，因此，书中的介绍虽然符合美国的整体状况，但在局部地区可能并不适合，而且现在的情况和10年以前相比可能有所不同。当然，因为可以理解的原因，作者在分析美国的政治制度、美国的对外政策以及美国人的价值规范时偶尔会自觉或不知觉地流露出一种优越感，这在将美国与有的国家进行比较时表现得尤为明显。与此同时，对于一些复杂的概念，如民族、族群等，作者的界定不够明确，使用有时不够严谨。相信我们的读者对此具有足够的分析和鉴别能力。

其次是材料选取。如前所说，材料丰富是《行走美国》的最重要的特点之一。一方面，它运用了许多其他机构和个人的研究或调查成果；另一方面，作为一个阅历颇为丰富的美国人，作者结合了他个人的亲身经验和观察，包括与外国人以及移民的接触，以及对他们的行为与心理的分析。这些都是非常难得的，确实开阔了我们的视野，拓展了我们的思路。但是，要注意的是，这本书并非一本学术著作。例如，即使是来自重要渠道的调查材料，也没有注明出处。所以，如果读者要引用书中的材料，最好能够找到它们的原始来源。

再有，《行走美国》这本书的结构组织可谓独具匠心，它涵盖了26个主题，几乎涉及美国、美国人和美国文化的所有重要方面，而它们又被组织成为传统、文化、商务和语言（中文本未译）四个大的方面，使读者易于掌握。但是，在译者看来，个别章节的内容显得有些过于专业，缺乏普遍的实用性，如会计知识。有些内容则是该写而没有写，如怎样申请驾照或其他身份证件、怎样租房买房、怎样在银行开户或贷款。这些都是每个准备在美国生活一段时期的人会遇到的问题。

一些技术性的说明

翻译过程中，我们遵循了尊重作者和忠实于原著的原则。在此前提下，为了对读者（其实也是对作者本人）负责，在征得编辑同意的情况下，译者做了一些技术性的处理，在此有必要加以说明：

第一，对附录中的材料进行了更新。《行走美国》出版于2012年，距今已经4年，附录中有的材料已经滞后。为此，我们对一些附录作了补充和纠正（如普利策文学奖和奥斯卡最佳影片奖的获得者），对另外一些附录则做了更换（如美国顶尖的学院和大学、接受国际学生比例最高的大学，收入税税表样本等）。

第二，删除了一些无关的或不宜的内容，对有的段落的叙述层次进行了调整。作者思维颇为活跃，而且喜欢进行比较，例如，在讲到美国国歌的时候，又提到了英国、印度等国的国歌。为了使中译本更为简洁一些，我们删除了个别与主题无关的句子或词组。与此同时，原著有的段落的条理不够清楚，在翻译时，我们对其叙述层次作了一些微调。

第三，将网站及一些其他的内容都转移到注释部分。在正文中，作者介绍了许多的网站。另外，作者在讲到某个问题时，总是不厌其烦地提醒读者参考本书的某些有关章节。为了使得译文的叙述更加具有连贯性、更加紧凑，我们将这些网址和提醒都转移到脚注之中，以供需要的读者进行查询。

第四，保留了少许英文原文。既然是本译著，自然应该是将原著从英文译成中文。但是，在某些情况下，我们仍然保留了英文。情况之一是介绍问候礼仪时。这时，对读者来说最重要的是有必要知道用英文应当怎么讲，所以我们保留了英文，然后在括号里翻译成中文。情况之二是作者使用美国的谚语和俚语时。原著中有许多这样的词语，如旁敲侧击（beat around the bush）、冰山一角（tip of iceberg）、大量的（a train load）。作者特别用黑体标出，并要读者记住它们（见"作者关于充分利用本书的方法的建议"）。如果不看英文，就不能理解和体会这些谚语和俚语的微妙含义，更无法加以记忆。为此我们在括号里附上了英文。情况之三是在介绍某些食品、衣服、商店、运动规则时。这时倘若只是译出中文，到美国后就是见到了它们也不知如何称呼，或者听到了它们的英文名称却不知所云，如"当中有洞的炸面圈"（donuts）。为此，我们在中文后用括号注明了英文。

第五，一些地名我们尽量用音译，不用中文简称。中国人经常喜欢用中文简称称呼一些美国地名（特别是比较长的地名），如加州、旧金山、宾州、费城等。这样虽然是方便了，但是在和美国人交谈时很可能无法迅速地以英语称呼这些地名。为此，我们在正文中尽量使用这些地名的完整音译，如加利福尼亚、圣弗朗西斯科、宾夕法尼亚、费拉德尔菲亚、华盛顿D.C.等。只有少数情况除外，如在附录中提到加利福尼亚州立大学洛杉矶分校时，我们就简称加州大学洛杉矶分校。

在我们翻译过程中，读到网上一篇文章，例举了一些专家学者在翻译过程中闹出的笑话，我们深感震撼。细想起来，翻译出错，甚至出洋相，既可能是态度问题，也可能是水平问题。态度问题无须解释，水平问题则涉及对英语的理解能力、中文的表述能力以及知识的广博程度，而最后一点在翻译《行走美国》这样一本"知识大全"时尤为重要，其中一些内容确实是我们不熟悉甚至很生疏的。因此，尽管我们做了努力，仍然知道错误难免，只求不要闹出太离谱的笑话。但是，无论错误是大是小，如果读者发现了，诚恳恭请大家指正，我们一定认真对待。